汽车拖拉机构造与理论

QICHE TUOLAJI GOUZAO YU LILUN

主　编　聂佳梅　施爱平
副主编　杨春兰　王东伟
参　编　邹亮亮　赵　静
蒋银静　张孝良
成中秋　王志鹏
周海超　杨　建
鲍林晓　车华军
主　审　朱茂桃

江苏大学出版社
JIANGSU UNIVERSITY PRESS
镇　江

内容提要

本书将汽车和拖拉机的技术统编在一起，全面阐述了现代汽车、拖拉机的构造与理论的相关知识。全书共分为九章，主要内容分为四大部分：发动机、底盘构造、工作装置和动力学分析。发动机部分主要讲述汽车、拖拉机用发动机的总体构造和工作原理、机体组与曲柄连杆机构、换气系统、燃油供给系统、润滑系统、冷却系统、起动系统和点火系统。底盘部分主要讲述汽车、拖拉机底盘各部分典型零部件的结构和工作原理，内容包括离合器、变速器、万向传动装置、驱动桥的构造和原理；车架、车桥、车轮、悬架的结构和工作原理；轮式车辆及履带式车辆转向系统的结构和工作原理；常见的几种制动器及制动管路布置形式。工作装置部分主要讲述拖拉机牵引装置、动力输出装置、悬挂装置和举倾装置的结构和工作原理。动力学分析部分包括发动机动力学、汽车总体动力学和拖拉机总体动力学三部分。

图书在版编目(CIP)数据

汽车拖拉机构造与理论 / 聂佳梅，施爱平主编. —镇江：江苏大学出版社，2016.7(2023.8 重印)
ISBN 978-7-5684-0220-0

Ⅰ.①汽… Ⅱ.①聂… ②施… Ⅲ.①汽车—理论②汽车—构造③拖拉机—理论④拖拉机—构造 Ⅳ.①U46 ②S219

中国版本图书馆 CIP 数据核字(2016)第 126829 号

汽车拖拉机构造与理论
Qiche Tuolaji Gouzao Yu Lilun

主　　编/聂佳梅　施爱平
责任编辑/吴蒙蒙
出版发行/江苏大学出版社
地　　址/江苏省镇江市京口区学府路 301 号(邮编：212013)
电　　话/0511-84446464(传真)
网　　址/http://press.ujs.edu.cn
印　　刷/苏州市古得堡数码印刷有限公司
开　　本/787 mm×1 092 mm　1/16
印　　张/25.5
字　　数/640 千字
版　　次/2016 年 7 月第 1 版
印　　次/2023 年 8 月第 3 次印刷
书　　号/ISBN 978-7-5684-0220-0
定　　价/60.00 元

前　言

汽车和拖拉机在外形和使用领域方面存在着很大的区别，但它们的结构和工作原理有许多相同和相似之处。《汽车拖拉机构造与理论》将汽车和拖拉机的技术知识统编在一起，全面阐述了现代汽车、拖拉机的总体构造，着重讲解发动机、底盘的各部分结构、工作原理及其动力学分析，突出新技术的应用，使读者能够学以致用。

具体来说，本书具有以下特点：

1. 注重共性，突出差异。根据汽车和拖拉机的结构与性能特点，本书的编写既注重二者的共性内容，又突出了二者的差异。

2. 系统性、灵活性强。本书将发动机、底盘的构造与理论相互融合，既便于系统理解与知识掌握，又能够满足不同的查阅需求。对本书中的内容灵活取舍，能够满足不同专业和不同学时的教学需要。

本书既可作为高等院校农业工程类（汽车、拖拉机、农业机械化）专业教材，又可供从事汽车、拖拉机、内燃机、工程机械的教学、研究、设计、制造、使用、修理等工作的工程技术人员参考。

为做好本书的编写工作，江苏大学出版社于 2015 年 7 月主持召开了由高校、研究院所和企业人员共同参与的教材编写会议。经过探讨，会议确定了本书的名称和内容，完善了编写大纲，并提出了编写的格式要求及注意事项。

本书共分为九章，由聂佳梅和施爱平担任主编，杨春兰和王东伟担任副主编。其中，江苏大学聂佳梅编写绪论、第三章、第五章，青岛农业大学王东伟编写第一章第一、四节，山东农业大学邹亮亮编写第一章第二节，山东理工大学赵静编写第一章第三节，广西大学杨春兰编写第一章第五、六节以及第六章，广西机电职业技术学院蒋银静编写第一章第七节，江苏大学张孝良编写第一章第八节，江苏大学成中秋编写第一章第九节，洛阳拖拉机研究所王志鹏编写第二章，江苏大学周海超编写第四章第一、二、三、五、六节，江苏大学杨建编写第四章第四节，洛阳拖拉机研究所鲍林晓编写第七章，江苏大学车华军编写第八章、第九章。江苏大学施爱平对全书结构体系进行指导，江苏大学聂佳梅负责统稿。

本书由江苏大学车辆工程系朱茂桃教授主审，朱茂桃教授对全书进行了详细的审阅，针对书稿体系和编写大纲提出了许多宝贵的意见，在此表示衷心的感谢。

本书在组织编写的过程中参考了大量文献，引用了许多前人的有益成果，得到了许多同仁的大力支持，在此向所有参考文献资料的作者和在书稿处理过程中提供帮助的老师、同学表示诚挚的谢意！

汽车、拖拉机技术发展日新月异，内容多而广泛。由于编者的水平和经验有限，书中内容难免有错误或不当之处，诚恳欢迎使用本书的师生及广大读者批评指正，我们将在今后的学习工作中及时补充整理，以便对读者有更多的帮助。

编　者

前 言

目　　录

绪 论

一、汽车拖拉机国内外发展概况

1. 汽车发展概况

1769 年,法国人 N·J·居纽(Cugnot)制造了世界上第一辆蒸汽驱动三轮汽车。1879 年,德国工程师卡尔·本茨(Karl Benz)首次试验成功一台二冲程试验性发动机。1883 年 10 月,他创立了"本茨公司和莱茵煤气发动机厂",1885 年,他在曼海姆制成了第一辆本茨专利机动车,该车为三轮汽车,采用一台二冲程单缸 0.9 马力(0.66kW)的汽油机,此车具备了现代汽车的一些基本特点,如火花点火、水冷循环、钢管车架、钢板弹簧悬架、后轮驱动前轮转向和制动手把等。1886 年的 1 月 29 日,卡尔·本茨为其机动车申请了专利,同年 10 月,卡尔·本茨的三轮机动车获得了德国专利权(专利号:37435a)。这就是公认的世界上第一辆现代汽车。由于上述原因,人们一般都将 1886 年作为汽车元年,也有些学者把卡尔·本茨制成第一辆三轮汽车之年(1885 年)视为汽车诞生年。

1956 年 10 月,我国建成第一个汽车制造厂——长春第一汽车制造厂,开始生产解放牌 CA10 型 4 t 载重货车,从此结束了我国不能生产汽车的历史。1958 年该厂又制造了我国第一辆轿车——东风牌轿车,接着又开始小批量生产红旗 CA770 轿车,汽车的生产规模迅速扩大。20 世纪 50 年代后期和 60 年代,一批汽车修配企业相继改成汽车制造厂,此外也建立了一批公共交通车辆工厂,使我国汽车的品种和产量进一步发展。这批工厂及其产品主要有南京汽车制造厂生产的跃进 NJ130 轻型货车、上海汽车制造厂生产的黄河牌重型货车、北京汽车制造厂生产的 BJ212 轻型越野车、北京第二汽车制造厂生产的 BJ130 轻型货车、上海汽车制造厂生产的 SH760 中级轿车、上海客车厂生产的 SK640 和 SK660 客车等。我国规模最大的第二汽车制造厂于 1975 年建成投产,EQ240 越野汽车和东风 EQ140 货车相继正式批量投产。

20 世纪 80 年代以来,在改革开放的正确方针指导下,我国汽车工业又以更高的速度发展。在加速我国汽车产品更新换代和新产品开发,进一步提高产品产量、增加品种的同时,积极、有重点、有选择地引进国外先进技术,合资生产汽车,并使汽车零部件国产化。据不完全统计,2013 年汽车行业产销量双双破 2 000 万。进入 2014 年,汽车行业的支持政策不断颁布,汽车产销量虽有所增长,但增速仍在低位徘徊。前瞻产业研究院《2015—2020 年中国汽车整车制造行业需求前景预测与投资战略规划分析报告》的数据显示,2014 年前三季度,我国汽车产、销量分别为 1 722.59 万辆、1 700.04 万辆,分别较上年同期增长 8.08%、

7.05%。其中,乘用车的占比进一步提高,2014年前三季度达到了83.27%。随着农村经济的迅速发展,汽车开始进入农村家庭。为了适应农村发展的需要,全国各地相继建起了众多的三轮、低速载货汽车制造厂。由于农用车的结构和性能介于拖拉机和汽车之间,功率和载质量不大,中低速运输适合农村道路,价格和使用水平适合于购买力不高的农民,因而深受欢迎。

我国新阶段汽车工业发展有以下特点:把轿车工业作为发展的重点;引进外资,建立合资企业;引进国外产品、工艺和管理方法,实行高起点、大批量的起步方针,很快形成一定规模;企业初步做到按市场机制运行。现在,我国已经有自主汽车品牌,如吉利、奇瑞、比亚迪、夏利等,汽车的品质也有了很大的提高。

2. 拖拉机发展概况

法国的阿拉巴尔特和美国伊利诺伊州的R·C·帕尔文分别在1856年和1873年发明了最早的蒸汽动力拖拉机。19世纪30年代,已有人开始研究用蒸汽车辆牵引农机具进行田间作业。但当时所能造出的蒸汽机牵引车辆(即蒸汽拖拉机的前身)犹如一个小火车头,它即使不陷在田里,也会把土压得很实,根本无法耕种。1851年,英国的法拉斯和史密斯首次用蒸汽机实现了农田机械耕作。最初的拖拉机笨重而昂贵,使用不便,往往需数人操作,适用于在广阔原野上耕作,一般个体农民难以负担。1889年,美国芝加哥的查达发动机公司制造出了世界上第一台使用汽油内燃机的农用拖拉机——"巴加"号拖拉机。由于内燃机比较轻便,易于操作,而且工作效率高,故它的出现为拖拉机的推广应用打下了基础。20世纪初,瑞典、德国、匈牙利和英国等国几乎同时制造出以柴油内燃机为动力的拖拉机,第一次世界大战期间,由于战争的原因,劳动力不足、农产品价格上涨,这促进了农田拖拉机的发展。

在轮式拖拉机的发展中,最初人们是将钢制的车轮加宽,加大着地面积,以减小压强的,但效果并不好,后来又想出在钢轮外加一层橡胶保护层的办法,汽车轮胎诞生后,人们先后给拖拉机使用了实心胎和充气胎。但汽车轮胎并不完全适用于拖拉机:一是汽车轮胎的沟纹过于浅细;二是人们发现拖拉机在轮胎气不足时反而比气很足时的软地行驶性能更好。1932年,美国的菲尔斯当轮胎和橡胶公司生产出一种大尺寸的高花纹低压充气橡胶轮胎。这是第一种真正适用于农用拖拉机的轮胎,它极大地提高了轮式拖拉机的行驶和牵引性能。到19世纪40年代末,在北美、西欧和澳大利亚等地,拖拉机已取代了牲畜,成为农场的主要动力,此后,拖拉机又在东欧、亚洲、南美和非洲得到推广使用。

1949年前我国无拖拉机工业。新中国成立后,为了发展农业生产,于1959年建成我国第一个拖拉机厂——洛阳第一拖拉机制造厂,开始生产东方红牌拖拉机。此后全国各地先后建成一批柴油机厂和拖拉机厂,生产各种型号的拖拉机和农用柴油机。据不完全统计,截至2014年底我国拖拉机社会保有量超过2 334.8万台,其中大中型拖拉机572万台,拖拉机年产量超过232.21万台,而且种类、型号齐全。

目前,国外拖拉机正在向大功率、多挡位、高速度、四轮驱动、自动控制、负载变速和驾驶舒适、安全等方向发展,随着液压、电子、监控及计算机技术广泛应用于拖拉机,拖拉机的操纵、控制、调节及监视等逐步趋于自动化。在拖拉机制造方面逐步采用了新材料、新技术,提高了零部件的工作性能和拖拉机的可靠性,延长了使用寿命,而且动力性和经济性好。

由于我国国情的原因，过去50年我国生产的拖拉机一直以中小型为主，大型拖拉机比例较小，轮式拖拉机主要是两轮驱动。随着国民经济的发展和科学技术的进步，近年来我国拖拉机的功率范围不断拓宽，功率普遍上延，73.6 kW(100马力)以上的大型四轮驱动拖拉机型号增多，拖拉机的总体设计制造水平普遍提高，新材料、新技术普遍开始应用于拖拉机产品，并已进入国际市场。

二、汽车类型

汽车是由动力装置驱动，具有4个或4个以上车轮的非轨道承载车辆，其主要用途是载运人员或货物、牵引载运人员或货物。汽车可以按照不同的方法分成不同的类型。

(一) 按用途分类

1. 普通运输汽车

(1) 轿车：乘坐2~9个乘员(包括驾驶员)，主要供私人使用。轿车可按发动机工作容积(发动机排量)分级，见表0-1。

表0-1　轿车的分类

类型	发动机排量/L	车型
微型	≤1.0	夏利、奥拓
普通型	>1.0~1.6	富康、捷达
中级	>1.6~2.5	桑塔纳、奥迪100
中高级	>2.5~4.0	皇冠、奔驰300
高级	>4.0	CA770、卡迪拉克、林肯

(2) 客车：乘坐9个以上乘员，主要供公共服务用。按照服务方式不同，客车的构造亦不同，可分为城市公共客车、长途客车、团体客车、游览客车等类型。

城市公共客车由于乘客上下车频繁，其地板离地高度较低并设有2~3扇客门，车内设站立位置，故车内通道应有足够的高度与宽度。长途客车由于乘坐时间长，车内全部布置座席，通常只有1扇客门，乘坐舒适性要求较高，还须设有若干个行李舱。团体客车供机关、团体使用，行车时间和路线较灵活，不设行李舱。游览客车有较舒适的座位，其车窗尺寸较大，以便开阔视野。

客车可按车辆长度分级：

微型客车——长度3.5 m以下；

轻型客车——长度3.5~7 m；

中型客车——长度7~10 m；

大型客车——长度10~12 m；

特大型客车——包括铰接式客车(车辆长度大于12 m)和双层客车(长度10~12 m)两种。

(3) 货车：用于运载各种货物，在其驾驶室内还可容纳2~6个乘员。由于所运载的货物种类繁多，货车的装载量及车厢的结构也各有不同，主要分为普通货车和专用货车两大类型。

普通货车具有栏板式车厢,可运载各种货物。

专用货车通常由普通货车改装,其车厢是为专门运载某种类型的货物而设计的,如运载易污货物的闭式车厢,运载易腐食品的冷藏车厢,运载砂土矿石的自卸车厢,运载液体、气体或粒状固体的罐式车厢,运载大型货物的平台式车厢,等等。

货车可按其总质量分级:

微型货车——总质量小于1.8 t;

轻型货车——总质量为1.8~6 t;

中型货车——总质量为6~14 t;

重型货车——总质量大于14 t。

(4) 牵引汽车:专门或主要用于牵引挂车的汽车,通常可分为半挂牵引汽车和全挂牵引汽车等类型。半挂牵引汽车后部设有牵引座,用来牵引和支承半挂车前端。全挂牵引汽车本身带有车厢,其外形虽与货车相似,但车辆长度和轴距较短,而且尾部设有拖钩。牵引汽车都装设有一部分挂车制动装置及挂车电气接线板等。

2. 特种用途汽车

这种汽车根据特殊的使用要求设计或改装而成,主要执行运输以外的任务。具有装甲或武器的作战车辆不属此列,而被列为军事特种车辆。

(1) 娱乐汽车:专供假日娱乐消遣的汽车,运输已不是此种汽车的主要任务,如旅游汽车、高尔夫球场专用汽车、海滩游玩汽车等。

(2) 竞赛汽车:按照特定的竞赛规范设计的汽车。著名的竞赛规范有一级方程式竞赛、拉力赛等。竞赛汽车的结构和设计原理虽然与其他汽车大致相同,但其用途却很特殊。由于竞赛过程中汽车的各种零部件及其性能都需经受极其严峻的考验,因而往往竞赛汽车上集中使用了大量尖端科技成果。各厂商为了争夺锦标也不惜大量投资进行代价昂贵的研制工作。因此,举办汽车竞赛对促进汽车科技发展具有重要作用,也是各厂商及其赞助者相互竞争和进行广告宣传的好时机。

(3) 特种作业汽车:指在汽车上安装各种特殊设备进行下列特种作业的车辆,如商业售货车、环卫环保作业车、市政建设工程作业车、农牧副渔作业车、石油地质作业车、医疗救护车、公安消防车、机场作业车等类型。

(二) 按动力装置类型分类

1. 活塞式内燃机汽车

根据其使用的燃料不同,通常分为汽油车和柴油车。汽油和柴油在近期内仍将是活塞式内燃机的主要燃料,而各种代用燃料的研究工作也在大力开展,例如以丙烷和丁烷为主的液化石油气,甲醇和乙醇以及它们的衍生产品,等等。

活塞式内燃机还可按其活塞的运动方式分为往复活塞式和旋转活塞式内燃机等类型。

2. 电动汽车

其动力装置是直流电动机。电动汽车的优点是无废气排出、不产生污染、噪声小、能量转换效率高、易实现操纵自动化。电动机的供能装置通常是化学蓄电池。传统式的铅蓄电池在重量、充电间隔时间、寿命、放电能力等方面还不完全令人满意,从而限制了电动汽车的普及。

但是,汽车公害、能源等社会问题的进一步突出,又会促使电动汽车的研究和推广工作加快步伐。

目前,碱性蓄电池(镍-镉电池、镍-铁电池)的研究取得了较大的进展。这种电池性能好、重量轻,但是制造工艺较复杂,价格过高。

此外,电动机的供能装置也可以是太阳能电池,或者是其他形式的电源。

3. 燃气轮机汽车

与活塞式内燃机相比,燃气轮机功率大、质量小,转矩特性好,所使用的燃油无严格限制,但其耗油量大、噪声较大,制造成本也较高。

(三) 按行驶道路条件分类

1. 公路用车

公路用车是指主要行驶于公路和城市道路的汽车。公路用车的长度、宽度、高度、单轴负荷等均受交通法规的限制。

2. 非公路用车

非公路用车主要有两类:一类是本身的外廓尺寸、单轴负荷等参数超出了法规限制而不适于公路行驶,只能在矿山、机场和工地内的无路地区或专用道路上行驶的汽车;另一类是越野汽车。

越野汽车是一种能在复杂的无路地面上行驶的高通过性汽车。越野汽车可以是乘用车、客车,也可以是货车或其他用途的汽车。常见的轮式越野汽车都配备越野轮胎并采用全轮驱动。

越野汽车可按总质量分级:

轻型越野汽车——总质量小于5 t;

中型越野汽车——总质量5~13 t;

重型越野汽车——总质量大于13 t。

(四) 按行驶机构的特征分类

1. 轮式汽车

通常可分为非全轮驱动和全轮驱动两种形式。汽车的驱动形式一般用符号“$n \times m$”表示,其中n为车轮总数(在1个轮毂上安装双轮辋和轮胎仍算1个车轮),m为驱动轮数。

2. 其他型式的车辆

如履带式车辆、雪橇式车辆、气垫式车辆、步行机械式车辆等。

三、汽车总体构造

汽车的类型很多,虽然各类汽车的总体构造有所不同,但它们的基本组成是一致的,都由发动机、底盘、车身和电气设备四大部分组成,如图0-1所示。

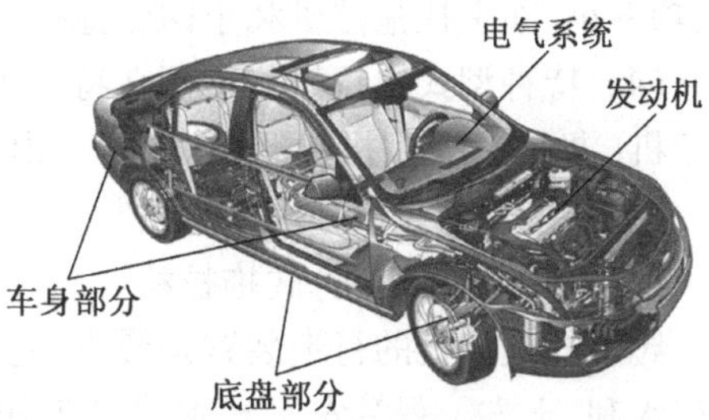

图0-1 汽车总体构造

(1) 发动机:汽车的动力装置,是汽车的“心脏”。其作用是使燃料燃烧后产生动力,然后通过底盘的传动系统驱动汽车行驶。汽车发动机由曲柄连杆机构、配气机构、燃料供给系、冷却系、润滑系、点火系和起动系,即“二大机构、五大系统”组成。

(2) 底盘:汽车的基础,可以称为汽车的“骨骼”。其作用是接受发动机的动力,使汽车产生运动,并保证正常行驶;同时用于支撑、安装汽车其他各部件、总成。底盘由传动系、行驶系、转向系和制动系四大系统组成。

(3) 车身:汽车的载体,用以装载驾驶员操纵装置、载客或载货。货车车身由驾驶室和货厢(或封闭式货厢)组成;轿车和客车车身是一个整体,有承载式车身和非承载式车身两种。

(4) 电气设备:由电源(发电机和蓄电池)、汽油发动机点火系、起动系、照明与信号装置、空调、仪表等组成。汽车电子设备主要有电控燃油喷射系统及微机控制点火系、电控自动变速器、电控防抱死制动系统(ABS)、电控门锁、自动防盗报警装置、车辆网络系统和汽车音响等。

四、拖拉机类型

拖拉机用于牵引和驱动作业机械完成各项移动式作业,也可作固定作业动力。由发动机、传动、行走、转向、液压悬挂、动力输出、电器仪表、驾驶操纵及牵引等系统或装置组成。按照不同的分类标准,拖拉机可以分成不同的类型。

(一) 按用途分类

1. 工业拖拉机

工业拖拉机主要用于筑路、矿山、水利、石油和建筑等工程上,也可用于农田基本建设作业。

2. 林业拖拉机

林业拖拉机主要用于林区集材,即把采伐下来的木材收集并运往林场。如果配带专用机具,也可进行植树、造林和伐木作业,如 J-80 型和 J-50A 型拖拉机。林业拖拉机一般带有绞盘、搭载板和清除障碍装置等。

3. 农业拖拉机

农业拖拉机主要用于农业生产,按用途不同又可分为:

(1) 普通拖拉机。应用范围较广,主要用于一般条件下的农田移动作业、固定作业和运输作业等,如丰收-180、泰山-25、铁牛-650 等型号的拖拉机。

(2) 中耕拖拉机。主要适于中耕作业,也兼用于其他作业。例如长春-400 型即属万能中耕拖拉机,它的特点是拖拉机离地间隙较大(一般在 630 mm 以上),轮胎较窄。

(3) 园艺拖拉机。主要适于果园、菜地、茶林等地作业。它的特点是体积小、机动灵活、功率小,如手扶拖拉机和小四轮拖拉机。

(4) 特种型式拖拉机。适于在特殊工作环境下作业或适应某种特殊需要。例如,船形拖拉机(湖北-12 型机耕船、机滚船)、山地拖拉机、水田拖拉机等。

(二) 按行走装置分类

1. 履带(也叫链轨)式拖拉机

履带式拖拉机的行走装置是履带,它主要适用于土质黏重、潮湿地块的田间作业,以及农田水利、土方工程等农田基本建设工作。目前我国生产的都是全履带式拖拉机,如东方红-75、东方红-802、东方红-70T、东方红-1002/1202 等型号的拖拉机。

2. 轮式拖拉机

轮式拖拉机的行走装置是轮子。按其行走轮或轮轴的数量不同又可分为手扶式和轮式拖拉机两种。

（1）手扶拖拉机

它的行走轮轴只有一根。轮轴上只有一个车轮的称为独轮拖拉机，轮轴上有两个车轮的称为双轮拖拉机。由于它们只有一根轮轴，因此在农田作业时操作者多为步行，用手扶持操纵拖拉机工作，所以，我国习惯上将具有单轴独轮和双轮拖拉机称为手扶拖拉机，如工农－12（工农－12K）、东风－12 型等手扶拖拉机。手扶拖拉机实际上是轮式拖拉机的一种。

手扶拖拉机还可根据带动农具的方法不同分为：

① 牵引型手扶拖拉机。它只能用于牵引作业，如牵引犁、耙进行农田作业，牵引挂车运输等。

② 驱动型手扶拖拉机。它与旋耕机做成一体，只能进行旋耕作业，不能做牵引工作。

③ 兼用型手扶拖拉机。它兼有上述两种机型的作业性能，由于它的使用范围较广，所以目前生产的手扶拖拉机多属此种。

（2）轮式拖拉机

轮式拖拉机有两根行走轮轴。轮轴上有 3 个车轮的称为三轮拖拉机；轮轴上有 4 个车轮的称为四轮拖拉机。通常所说的轮式拖拉机是指双轴三轮和四轮这两种形式的拖拉机，我国目前生产和应用最广泛的是四轮拖拉机。按驱动形式不同，四轮拖拉机还分为：

① 两轮驱动轮式拖拉机。一般为后两轮驱动、前两轮转向，驱动形式的代号以 4×2 来表示（4 和 2 分别表示车轮总数和驱动轮数）。在农业上主要用于一般田间作业、排灌和农副产品加工以及运输等项作业。

② 四轮驱动轮式拖拉机。前后各 2 个轮，都由发动机驱动，驱动形式代号为 4×4。在农业上主要用于土质黏重地深翻、泥泞道路运输等作业；在林业上用于集材和短途运材。

③ 船形拖拉机。船形拖拉机是我国创造的一种水田用拖拉机，它的特点是用船体支承整机重量，适于湖田、深泥脚水田作业。

④ 耕整机。耕整机是我国近几年新开发的一种结构简单、采用独轮或双轮驱动，适用于小块地水耕与旱耕的简易小型农用动力机械。

（三）按功率大小分类

（1）大型拖拉机：功率为 73.6 kW（100 马力）以上。

（2）中型拖拉机：功率为 14.7～73.6 kW（20～100 马力）。

（3）小型拖拉机：功率为 14.7 kW（20 马力）以下。

（四）不同类型拖拉机的特点

不同类型拖拉机具有不同的特点，不仅体现在结构上，而且还体现在它们的体积、重量、材料消耗、制造成本、牵引力和对土壤及作物的适应范围等各个方面。

1. 履带式拖拉机

由于履带式拖拉机通过卷绕的履带支承在地面上，履带与地面接触面积大、压强（单位面积的压力）小，如东方红－802 型的接地压力为 44.1 kPa（0.45 kg/cm^2），所以拖拉机不易下陷；又由于履带板上有很多履刺插入土内，易于抓住土层，在潮湿泥泞或松软土壤上不易打滑，因此具有良好的牵引附着性能；与同等功率的其他类型拖拉机相比，它能发出较大的牵引力，因而履带式拖拉机对不同的地面和土壤条件适应性好，并能做其他类型拖拉机难以胜任的开荒、深翻和农田基本建设等繁重的工作。它的缺点是体积大而笨重，消耗金属多，价格和维修费用高，配套农机具较少，作业范围较窄，易破坏路面而不适于公路运输，所以，综合利用性能低。

2. 两轮驱动轮式拖拉机

其特点基本与履带式拖拉机相反。它的体积较小，重量较轻，消耗金属较少，价格和维修费用较低，配套农机具较多，作业范围较广，能用于公路运输，每年使用的时间也较长，所以综合利用性能较高。我国两轮驱动的轮式拖拉机主产和销售量都比较大。它的缺点是对地面压强大，在田间工作时轮胎气压一般为 83.3 ~ 137.2 kPa（0.85 ~ 1.4 kg/cm^2），硬路面一般为 147 ~ 196 kPa（1.5 ~ 2.0 kg/cm^2），易陷车；在潮湿泥泞或松软土壤上易打滑，牵引附着性能差，不能发出较大的牵引力。因此，两轮驱动的轮式拖拉机在需要牵引力较大或路面及土壤条件差的情况下工作时（如开荒、深翻、农田基本建设、爬越路面障碍等），工作质量不如履带式拖拉机。

3. 四轮驱动式拖拉机

其特点介于两轮驱动轮式拖拉机和履带式拖拉机之间，是兼有以上两种拖拉机某些优点的机型。由于它是四轮驱动，所以牵引性能比两轮驱动的轮式拖拉机高 20% ~ 50%。它适于挂带重型或宽幅高效农具，也适于农田基本建设工作。在中等温度土壤上作业时，它与履带式拖拉机的工作质量相差不多，但在高湿度黏重土壤上作业时相差较大。在结构上，它比两轮驱动轮式拖拉机复杂，价格高，但比履带式拖拉机消耗金属少，价格低。

4. 手扶拖拉机

其特点是体积小，重量轻，结构简单，价格便宜，机动灵活，通过性能好。它不仅是小块水田、旱田和丘陵地区的良好耕作机械，而且适于果园、菜园的多项作业。此外，手扶拖拉机还能与各种农副产品加工机械配套，既可作固定作业又可作短途运输，每年使用时间很长，综合利用性能很高。因此，在我国生产和使用的拖拉机中，手扶拖拉机数量最多。它的缺点是功率小，生产率低，经济性较差，水田作业劳动强度大。

5. 船形拖拉机

目前，船形拖拉机的主要型式是机耕和机滚船。它是我国南方水田地区近来发展的一种新型的拖拉机，主要在水田、湖田作为动力与耕、耙、滚作业机具配套使用；若把驱动轮换为胶轮也可作为动力配带挂车运输用。它的工作原理是利用船体支承整机的重量，通过一般为楔形的铁轮与土层作用推动船体滑移前进，并带动配套农具在水田里作业。在低洼地、烂泥较深、无硬底层、耕牛和拖拉机很难进行作业的田里，由于它不沉陷、不破坏土壤、前进阻力小，所以比一般型式的拖拉机和耕牛具有很大的适应性。它的缺点是作业范围较窄、作业项目较少、综合利用性能低。但由于制造简单、价格低，在泥较深的水田、湖田进行耕、耙、滚作业中能发挥较大的作用，因此还是深受欢迎的一种拖拉机。

五、拖拉机的使用性能

拖拉机在使用过程中所表现出来的性能，叫作拖拉机的使用性能，它是评价拖拉机的重要依据。

1. 拖拉机的可靠性

拖拉机的可靠性，是表示拖拉机在规定的使用条件和时间内工作的可靠程度，通常以拖拉机零部件的使用寿命来衡量。

由于拖拉机各零部件的工作条件不同及制造水平不同，它们的寿命标准也不同。一般农用拖拉机各部件在第一次大修前应具有的使用寿命为：发动机 5 000 h，传动系统 6 000 h，行走系统 3 500 ~ 5 000 h，无故障工作时数为 750 h。

2. 拖拉机的经济性

拖拉机经济性主要是指燃料消耗经济性。拖拉机的打滑率、滚动阻力、润滑油耗量、维修和折旧费等也影响其经济性。

拖拉机燃油消耗的经济性是用每千瓦小时耗油量，即比耗油量来评价的，对耕整地来说，可用每亩地耗油量来衡量。

3. 拖拉机的牵引、附着性能

拖拉机牵引性能是指拖拉机发挥牵引力的能力，牵引力大即为牵引性能强；拖拉机附着性能是指其行走机构对地面的附着（“抓住”土层）能力。

附着性能好，牵引性能也就好，因此这两者常相提并论。附着性能强，拖拉机用于牵引力上的功率就能得到充分的发挥，因此具有同样功率的拖拉机，附着性能强者，其牵引力就大。由于拖拉机主要用于牵引作业，因此在评价拖拉机是否有劲时，不仅要看拖拉机内燃机功率的大小，而且还要比较拖拉机牵引功率及牵引力的大小。

4. 拖拉机的通过性能

通过性能包括对地面通过性能和对行间通过性能两个方面。

对地面的通过性能是指对各种地面的通过性能。如果拖拉机能在潮湿泥泞、低洼有水、冰雪滑路地面行驶顺利，能在雨季地湿、松软或砂土团里工作正常，能在狭小弯路上通行、爬越沟埂容易等，都说明拖拉机的通过性能好。

对行间通过性能是指拖拉机在作物之间（或果树之下）通过的性能。如拖拉机在行间或果树下工作，少伤枝、叶、果，少压损根苗则为通过性能好。

一般说来，拖拉机的外形尺寸小、重量轻，行走装置对地面接地压力小、拖拉机最低点离地面间隙（地隙）大，其通过性能就好。接地压力主要与机重和行走装置的类型有关，重量轻、行走装置接地面积大（如履带），则接地压力小。中耕拖拉机（如长春 - 400 型拖拉机）离地间隙大，可保证中耕时不易损伤中耕作物的枝叶等。

5. 拖拉机的机动性

拖拉机的机动性包括拖拉机行驶的直线性及操纵性两个方面。

当拖拉机向前或向后直线行驶时不自动偏离直线方向，由于外界影响而偏离后，又有足够的自动回正的能力，称为行走直线性好。通常所说的拖拉机跑偏，就是指拖拉机行驶直线性不好。

拖拉机操纵性能是指拖拉机能按所需路线行驶及制动、起步可靠的性能。拖拉机操纵轻便、灵活、转弯半径小，制动、起步顺利，挂挡可靠，则称为操纵性好。

6. 拖拉机的稳定性

拖拉机的稳定性是指拖拉机能保持自身稳定，防止翻车的性能，特别是拖拉机在坡地上行驶时，其稳定性更为重要。拖拉机的稳定性主要与拖拉机的重心高度及重心在轴距与轮距（履带为轨距）间的位置有关，重心低，轴距、轮距（或轨距）大，稳定性就好。一般说来，拖拉机离地间隙大，通过性能好，但稳定性差。

六、国产汽车、拖拉机产品型号

（一）国产汽车产品型号编制规则

汽车型号应能表明汽车的厂牌、类型和主要特征参数等。该项国家标准规定，国家汽车型号均应由汉语拼音字母和阿拉伯数字组成。汽车型号包括首部、中部和尾部三部分：

首部——由 2 个或 3 个汉语拼音字母组成，是识别企业名称的代号。例如：CA 代表第一汽车制造厂，EQ 代表第二汽车制造厂，TJ 代表天津汽车制造厂等。

中部——由 4 位阿拉伯数字组成，分为首位、中间两位和末位。

首位数字表示车辆类别：1 表示载货汽车、2 表示越野汽车、3 表示自卸汽车、4 表示牵引汽车、5 表示专用汽车、6 表示客车、7 表示轿车、9 表示半挂车或专用半挂车。

中间两位代表各类汽车的主要特征参数，对于首位为 1 ~ 5 的，表示汽车总质量；对于首位为 6 的，“数字 ×0. 1 m”表示车辆的总长度；对于首位为 7 的，“数字 ×0. 1 L”表示汽车发动机工作容积；对于首位为 9 的，表示汽车的总质量。

末位表示企业自定序号。

尾部——由拼音字母或（和）阿拉伯数字组成，可以表示专用汽车的分类或变型车与基本型的区别。

示例：

BJ2020S：BJ 代表北京汽车制造厂，2 代表越野车，02 代表该车总质量为 2 t，0 代表该车为第一代产品，S 为厂家自定义。

TJ7131U：TJ 代表天津汽车制造厂，7 代表轿车，13 代表排气量为 1. 3 L，1 代表该车为第二代产品，U 为厂家自定义。

注意：最后一位数字较易弄错，0 代表的第一代产品，而不是 1，在此 1 代表的是第二代产品。

（二）国产拖拉机产品的名称和型号

我国在没有颁布《拖拉机产品型号编制规则》标准之前，拖拉机产品的名称及型号，一般按下列原则编制：

（1）拖拉机的名称应能表示其功用和特点，一般由基本名称和附加名称两部分组成。基本名称为拖拉机，附加名称一般用行走部分的特征加以区别，列于基本名称之前如履带式拖拉机、轮式拖拉机、手扶拖拉机等。

（2）拖拉机的型号，是用有政治意义的词或地名或表示用途的汉字和内燃机标定功率（马力）近似值的数字两部分组成，两者间用短横线“ - ”分开。如：东方红 - 802、铁牛 - 55、东风 - 12、上海 - 50、集材 - 50 等型号。

可见拖拉机老产品名称及型号的编制是很简单的。现举实例说明拖拉机的全称含义：

（1）东风 - 12 手扶拖拉机：表示功率为 12 马力、型号为东风 - 12 型的手扶式拖拉机。

（2）铁牛 - 55 型拖拉机：表示功率为 55 马力、型号为铁牛 - 55 型的轮式拖拉机（在拖拉机全称中一般“轮式”不标明而省略）。

为便于管理，国家有关部门针对拖拉机产品型号制定了一定的编制规则。我国工业和信息化部于 2014 年 7 月 9 日发布了最新的《农林拖拉机型号编制规则》（JB/T 9831—2014），规定了农林拖拉机型号的组成和编制方法，适用于农林拖拉机型号的编制。

（1）拖拉机型号一般由系列代号、功率代号、型式代号、功能代号和区别标志组成，其排列顺序如下：

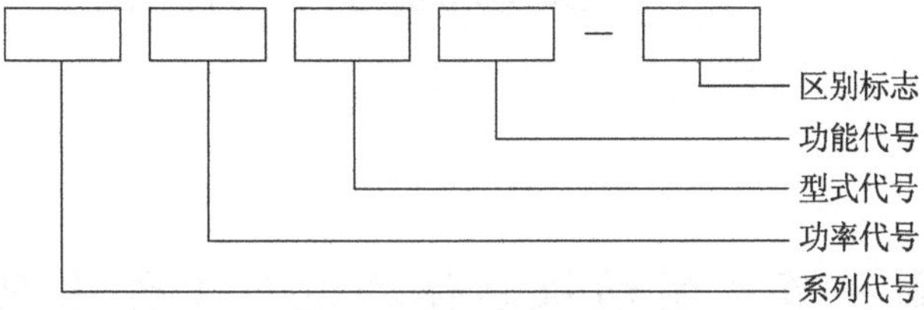

（2）系列代号用不多于 3 个大写汉语拼音字母表示（I，O 除外），用以区别不同系列或不同设计的机型。如无必要，系列代号可省略。

（3）功率代号用发动机标定功率值（kW）乘以系数 1.36 后取近似的整数表示。

（4）型式代号采用阿拉伯数字表示：0 表示后轮驱动四轮式；1 表示手扶式（单轴式）；2 表示履带式；3 表示三轮式或并置前轮式；4 表示四轮驱动式；5 表示自走底盘式；9 表示船形。

（5）功能代号采用下列字母符号：缺省表示一般农业用；G 表示果园用；H 表示高地隙中耕用；J 表示集材用；L 表示营林用；D 表示大棚用；E 表示工程用；P 表示坡地用；S 表示水田用；T 表示运输用；Y 表示园艺用；Z 表示沼泽地用。

（6）结构经重大改进后，可加注区别标志，区别标志用大写的英文字母（I，O 除外）或（和）阿拉伯数字表示。

示例：

121：9 kW 左右（12 马力）的手扶拖拉机；

150 – 1：11 kW 左右（15 马力）的后轮驱动四轮式拖拉机，第一次改进型；

502J – 2：37 kW 左右（50 马力）的履带式集材拖拉机，第二次改进型；

B144D：B 系列 10 kW 左右（14 马力）的四轮驱动式大棚用拖拉机；

121T：9 kW 左右的手扶变形运输机。

第一章 发动机结构与原理

第一节 发动机总体构造与工作原理

一、发动机分类与总体构造

(一) 发动机分类

发动机是一种能量转换的动力机械,凡是将某种形式的能量转变为机械能的机器都统称为发动机,如热力发动机、风力发动机和水力发动机等。热力发动机是指将燃料燃烧所产生的热能转变为机械能的机器。根据燃料燃烧所处部位的不同,热力发动机又可分为内燃机和外燃机两类。燃料在发动机外部燃烧的称为外燃机,如蒸汽机、汽轮机等。燃料在发动机内部燃烧的称为内燃机,如柴油机、汽油机等。

内燃机具有热效率高、功率范围广、适应性好、结构紧凑、尺寸小、使用操作方便、起动迅速等优点,广泛应用于国防、交通运输、工业、农业等方面。汽车、拖拉机发动机都采用内燃机。

汽车、拖拉机发动机的类型很多,通常按不同特征作如下分类。

1. 按所用燃料分类

按燃料不同分为汽油机、柴油机、石油液化气机、沼气机、天然气机等。

2. 按每循环活塞行程数分类

按每个工作循环中活塞运动行程数不同,分为二冲程发动机和四冲程发动机。

3. 按气缸数分类

根据发动机气缸数量不同分为单缸发动机和多缸发动机。

4. 按进气方式分类

按发动机进气过程中的进气状态不同,分为增压发动机和非增压发动机。

5. 按冷却方式分类

按发动机的冷却介质与方式不同,分为水冷式发动机和风冷式发动机。

6. 按着火方式分类

根据发动机可燃混合气着火方式不同,分为压燃式发动机和点燃式发动机。

7. 按转速分类

根据发动机转速的高低不同,分为高速发动机和低速发动机。

8. 按气缸排列方式分类

根据气缸是否直立和多缸发动机的各气缸排列关系，分为立式发动机、卧式发动机、V形发动机、对置式发动机等。

9. 按用途分类

根据发动机用途不同，分为汽车用发动机、拖拉机用发动机、船用发动机和工程机械用发动机等。

（二）发动机总体构造

虽然发动机类型和结构不同、具体构造多种多样，并由许多机构和零部件构成，但其基本构造相同。为保证发动机连续进行工作循环、实现能量转换，并使其能持续地正常工作，根据各组成部分的作用不同，发动机总体构成包括机体组件与曲柄连杆机构、换气系统、燃料供给系统、润滑系统、冷却系统、点火系统（汽油机）和起动系统。

1. 机体组件与曲柄连杆机构

机体组件包括机体、气缸盖、气缸套、油底壳等。机体组件是发动机的骨架，用于支承和安装所有运动部件和系统。曲柄连杆机构主要由活塞、连杆、曲轴及飞轮等组成，其功用是将活塞的往复运动转变为曲轴的旋转运动，并将作用在活塞顶部的燃气压力转变为曲轴的转矩输出。

2. 换气系统

换气系统由空气滤清器、进排气管道、配气机构、消声器等组成。其功用是定时开关进、排气门，实现气缸的换气；过滤空气中的杂质，保证进气清洁；降低排气噪音。

3. 燃油供给系统

根据发动机所用燃料不同，燃油供给系统分为柴油机燃油供给系统和汽油机燃油供给系统。

柴油机燃油供给系统由燃油箱、燃油滤清器、输油泵、燃油泵、喷油器等组成。其功用是定时、定量、定压地向燃烧室内喷入雾化柴油，并创造良好的燃烧条件，满足燃烧过程的需要。

汽油机燃油供给系统由燃油箱、燃油滤清器、输油泵、化油器或汽油喷射系统组成。其功用是将汽油与空气按一定比例混合成各种浓度的可燃混合气供入燃烧室，以满足汽油机各种工况下的要求。其中，汽油喷射系统由燃油箱、电动汽油泵、滤清器、输油管、回油管、分配油管、油压调节器、电控喷油器、电控单元等组成。

4. 润滑系统

润滑系统由集滤器、机油泵、机油滤清器、机油散热器、油道、机油压力表等组成。其功用是将机油压送到发动机各运动件的摩擦表面，以减少运动件的摩擦和磨损，带走摩擦热量，清洗表面磨屑，密封和防止零件锈蚀。

5. 冷却系统

冷却系统由散热器、水泵、风扇、水套、节温器、机体散热片等组成。冷却系统的功用是冷却受热机件，保证发动机在适宜的温度下正常工作。

6. 起动系统

起动系统由蓄电池、起动机、起动开关等组成。其功用是起动发动机，使发动机由静止状态转入稳定运转状态。

7. 点火系统

汽油机设有点火系统，它由蓄电池、发电机、调节器、分电器、点火线圈、火花塞等组成。

点火系统的功用是定时产生电火花，点燃混合气。柴油机没有点火系统。

（三）发动机基本术语

为学习发动机基本结构与工作原理，首先要掌握发动机的基本术语及其含义。图1-1为单缸四冲程发动机的基本构造简图，它由气缸、气缸盖、进气门、排气门、喷油器、活塞、活塞销、连杆、曲轴、飞轮等组成。

气缸的顶部由缸盖密封，通过进、排气门实现气缸的换气过程。气缸内的活塞经连杆与曲轴连接，曲轴的一端固定有飞轮。活塞在气缸内做往复直线运动，经连杆转变成曲轴的旋转运动；曲轴的旋转运动也可经连杆转变成活塞的往复直线运动；活塞往复一次，曲轴旋转一周。

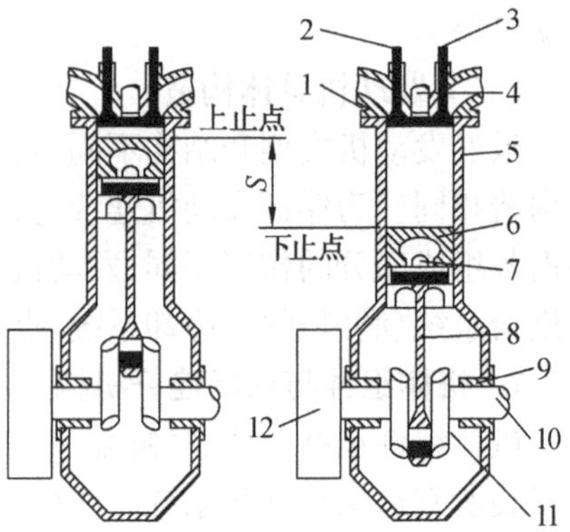

1—气缸盖；2—排气门；3—进气门；4—喷油器；5—气缸；6—活塞；7—活塞销；8—连杆；9—主轴承；10—曲轴；11—曲柄；12—飞轮

图1-1 发动机基本构造简图

常用的发动机基本术语如下：

（1）上止点。活塞顶距离曲轴回转中心最远处为上止点。

（2）下止点。活塞顶距曲轴回转中心最近处为下止点。

（3）活塞行程。上下止点间的距离，称活塞的行程，常用S表示，即曲轴旋转半周(180°)，活塞运动一个行程。

（4）燃烧室容积。活塞位于上止点时，活塞顶至气缸盖下部的封闭空间称为燃烧室，燃烧室所占据的容积称为燃烧室容积，用V_c(L)表示。

（5）气缸工作容积。活塞从上止点运动到下止点时所扫过的空间容积称为工作容积，也称气缸排量，用V_h(L)表示。

$$V_h = \frac{\pi D^2 S}{4} \times 10^{-3} \tag{1-1}$$

式中：D——气缸直径，mm；

S——活塞行程，mm。

（6）气缸总容积。活塞位于下止点时，活塞顶与气缸盖之间的封闭容积，用V_a(L)表示。它等于气缸工作容积与燃烧室容积之和。

$$V_a = V_h + V_c \tag{1-2}$$

（7）压缩比。气缸总容积与燃烧室容积之比称为压缩比，用ε表示。

$$\varepsilon = \frac{V_a}{V_c} = \frac{V_h + V_c}{V_c} = 1 + \frac{V_h}{V_c} \tag{1-3}$$

压缩比的大小反映了活塞从下止点运动到上止点时，气体在气缸内被压缩的程度。不同类型的发动机对压缩比的要求不同，柴油机的压缩比一般为16～22，汽油机的压缩比一般为6～11。

（8）发动机排量。发动机各气缸工作容积之和称为发动机的排量，用V(L)表示。

$$V = V_h i \tag{1-4}$$

式中：i——气缸数。

二、发动机工作原理

（一）单缸四冲程发动机工作原理

四冲程发动机工作时，利用气缸中可燃混合气燃烧后产生的高压燃气推动活塞向下运动，并通过连杆带动曲轴旋转对外做功，将燃料燃烧的热能转换为曲轴转动的机械能。这一能量转换过程必须历经进气、压缩、做功、排气4个行程，活塞在气缸中往复两次完成一个工作循环（见图1-2）。

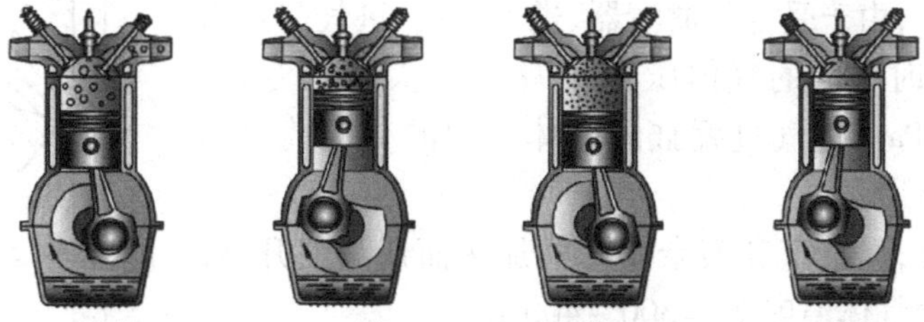

(a) 进气　　(b) 压缩　　(c) 做功　　(d) 排气

图1-2　单缸四冲程发动机工作原理

发动机进行工作循环过程时，活塞在气缸内往复运动，进气门与排气门按规律开、关，气缸容积和气体压力不断变化。各个过程的气体压力 p 随气缸容积 V 的改变而变化，这一变化可用 p-V 曲线图来表示。这种表示气缸内气体压力随气缸容积变化规律的曲线所围成的图为示功图（见图1-3）。

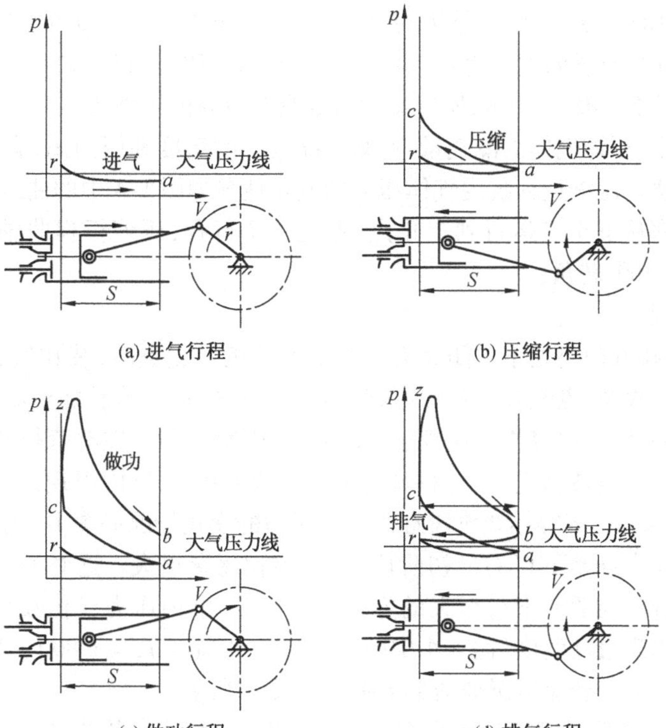

(a) 进气行程　　(b) 压缩行程

(c) 做功行程　　(d) 排气行程

图1-3　单缸四冲程发动机的示功图

1. 单缸四冲程柴油机工作原理

(1) 进气行程

进气行程开始时,活塞位于上止点位置,因气缸内残留有上一循环未排净的废气,故气缸内的压力稍高于大气压力,如图 1-4 中 r 点所示。这时进气门打开,排气门关闭。由于曲轴的旋转,通过连杆带动活塞由上止点向下止点移动,随着活塞的下行,气缸内容积增大、压力降低。当压力低于大气压力时,在压差作用下,外部新鲜空气由进气道进入气缸。当活塞运行到下止点、曲轴旋转 180°转角时进气过程结束(图 1-4中的 a 点)。

在进气过程中,由于受空气滤清器、进气管道、进气门等阻力影响,进气结束时缸内的气体压力 p_a 略低于大气压力 p_0,p_a=78.5~93.2 kPa。进气过程缸内气体压力的变化情况如图 1-4中曲线段 ra 所示。

空气进入气缸,受缸壁和残余废气的加热而使温度升高,进气结束时的缸内气体温度 T_a=300~400 K。

进气行程活塞从上止点运行到下止点,走完一个行程,进气行程曲轴旋转 180°转角。

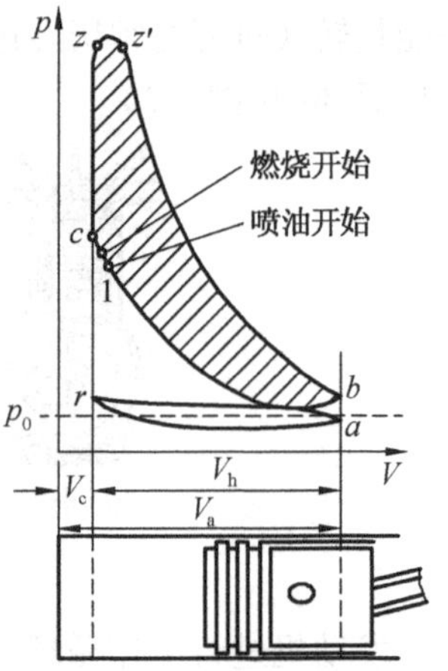

图 1-4 四冲程柴油机示功图

(2) 压缩行程

在飞轮旋转惯性的作用下,曲轴继续旋转并带动活塞由下止点向上止点运行,这时进、排气门都处于关闭状态。随着活塞的上移,气缸容积减小,气体受到压缩使压力和温度上升,当活塞到达上止点时,压缩过程结束(图 1-4 中的 c 点)。压缩结束时,缸内压力 p_c=2 000~4 900 kPa,缸内温度 T_c=750~950 K。柴油的自燃温度约为 600 K,为实现高温气体引燃柴油的目的,要求压缩终了的温度比自燃温度高 200~300 K,所以柴油机都具有较高的压缩比。

在压缩过程中,压缩气体的漏气量少,则压缩终了的温度和压力高,有利于混合气的可靠着火和充分燃烧。压缩过程缸内气体压力的变化情况如图 1-4 中的曲线段 ac 所示。

压缩行程活塞从下止点运行到上止点,走完一个行程,压缩行程曲轴旋转 180°转角。至此,曲轴旋转了 360°转角。

(3) 做功行程

做功行程进、排气门仍处于关闭状态。当活塞接近上止点时,装在气缸体(或气缸盖)上的火花塞发出电火花,点燃被压缩的可燃混合气。从燃料开始燃烧至活塞越过上止点开始下行之前的时间,因缸内容积变化较小,称为等容燃烧阶段。在等容燃烧阶段燃烧剧烈,进入缸内的大部分燃料被燃烧,缸内的温度和压力迅速升高,缸内出现最高压力,最高压力 p_z=5 900~8 800 kPa。等容燃烧阶段缸内气体压力的变化情况如图 1-4 中曲线段 cz 所示。

活塞越过上止点开始下行的最初阶段,缸内容积逐渐增大。这时燃烧仍在进行,燃烧后气体膨胀占用容积与活塞下行增大的容积基本相等,缸内压力变化较小,称为等压燃烧阶段。这时缸内出现最高温度(图 1-4 中的 z'点),最高温度 $T_{z'}$=1 800~2 200 K。等压燃烧阶段缸内气体压力的变化情况如图 1-4 中曲线段 zz'所示。

高温高压燃气推动活塞从上止点向下止点运动,通过连杆使曲轴旋转并输出机械能。随着活塞的下行,缸内容积增大,压力迅速降低。活塞到达下止点时,做功过程结束(图 1-4

中的 b 点）。做功过程结束时缸内气体压力 $p_b=290\sim580$ kPa，缸内温度 $T_b=1\ 000\sim1\ 300$ K。做功行程缸内气体压力的变化情况如图 1-4 中曲线段 $z'b$ 所示。

在做功行程中，燃烧气体的充分膨胀有利于热效率的提高，改善其动力性能和经济性能。做功行程活塞从上止点运行到下止点，走完一个行程，做功行程曲轴旋转 180°转角。

（4）排气行程

做功行程结束后，由于飞轮的惯性作用曲轴继续旋转，活塞由下止点向上止点移动，排气门打开，进气门关闭。此时由于缸内压力高于外界大气压力，燃烧后的废气在压差作用下排出，称为压差排气。随后，在活塞上行的推赶下将废气排出，称为活塞排气，活塞到达上止点时排气门晚关，利用惯性进行最后阶段的排气。由于存在排气管道和消音器的阻力，缸内的废气不可能彻底排除干净，所以排气结束时缸内气体压力 p_r 略高于大气压力 p_0（图 1-4 中的 r 点），$p_r=100\sim120$ kPa，缸内温度 $T_r=500\sim800$ K。排气过程缸内气体压力的变化情况如图 1-4 中曲线段 br 所示。

排气过程结束后，活塞又回到上止点位置。至此，活塞经历了进气、压缩、做功、排气 4 个连续不断的工作过程，完成一个工作循环。此后，曲轴在飞轮惯性力的作用下继续转动，重复上述工作过程，连续不断地循环下去，使发动机长时间地运转。

排气行程活塞从下止点运行到上止点，走完一个行程，排气行程曲轴旋转 180°转角。至此，曲轴旋转了 720°转角，完成一个工作循环。

用 4 个行程完成一个工作循环的发动机，称为四冲程发动机。四冲程发动机完成一个工作循环曲轴转两圈，即 720°转角。用 2 个行程完成一个工作循环的发动机，称为二冲程发动机。二冲程发动机完成一个工作循环曲轴转一圈，即 360°转角。四冲程发动机的工作过程见表 1-1。

表 1-1　单缸四冲程发动机的工作过程

行程顺序	行程名称	活塞运动方向	气门位置		曲轴转角	旋转动力
			进气门	排气门		
1	进气	向下	开	关	0°～180°	飞轮惯性力
2	压缩	向上	关	关	180°～360°	飞轮惯性力
3	做功	向下	关	关	360°～540°	气体压力
4	排气	向上	关	开	540°～720°	飞轮惯性力

由上述工作过程可知，四冲程发动机的各行程都有其特性和规律，并互相联系和影响。其中进气、压缩、排气 3 个行程为做功行程做准备，不但不做功而且消耗功；只有做功行程对外做功，同时为其他 3 个行程提供能量。因 4 个行程只有 1 个行程做功，所以单缸四冲程发动机的工作不平稳。为改善曲轴旋转的不均匀性，必须设置较大的飞轮。

2. 单缸四冲程汽油机工作原理

四冲程汽油机的工作原理与四冲程柴油机基本相似，每个工作循环同样历经进气、压缩、做功、排气 4 个行程，其结构如图 1-5 所示。

（1）进气行程

进气过程进入气缸的是可燃混合气。由于汽油机的转速比柴油机高，进气时间短，以及受节气门的影响，其进气阻力较大，故进气终了时缸内压力略低于柴油机，$p_a=73.6\sim$

88.3 kPa;温度比柴油机略高,$T_a = 350 \sim 400$ K。进气过程缸内气体压力的变化情况如图 1-3 中的曲线段 *ra* 所示。

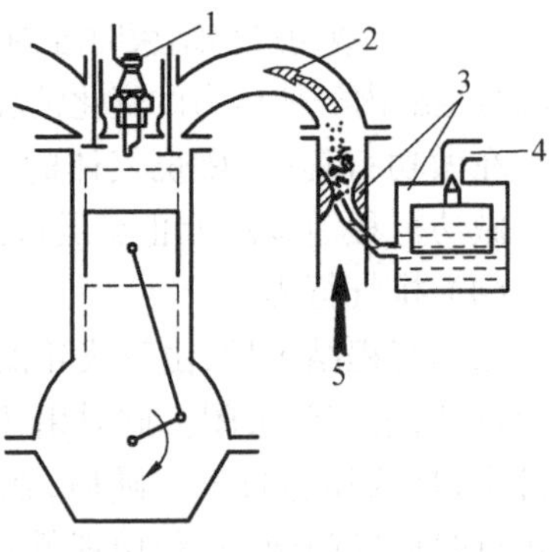

1—火花塞;2—可燃混合气体;
3—化油器;4—汽油入口;5—空气
图 1-5　单缸四冲程汽油机机构简图

(2)压缩行程

汽油机在压缩过程压缩的是混合气。由于汽油具有较低的燃点,压缩终了采用火花塞跳火的点燃方式着火,因而汽油机采用较小的压缩比。由于汽油机的压缩比比柴油机小,所以压缩终了的压力和温度比柴油机低。一般 $p_c = 830 \sim 1\ 960$ kPa,$T_c = 500 \sim 700$ K。压缩过程缸内气体压力的变化情况如图 1-3 中的曲线段 *ac* 所示。

(3)做功行程

当压缩接近终了时,火花塞跳火点燃混合气。从火花塞跳火至活塞运动到上止点时的曲轴转角,称为点火提前角。由于汽油混合气的形成从进气过程开始,汽油与空气的混合时间较长,所以混合气的质量较好。火花塞一旦跳火,混合气迅速开始燃烧,缸内出现最高压力和最高温度,$p_z = 2\ 900 \sim 4\ 900$ kPa,$T_z = 2\ 200 \sim 2\ 800$ K。从缸内形成火焰中心开始到出现最高压力为止,为等容燃烧阶段。随后活塞下行,压力迅速下降。所以,汽油机的燃烧过程只有等容燃烧阶段,无等压燃烧阶段。燃烧过程缸内气体压力的变化情况如图 1-3 中的曲线段 *cz* 所示。活塞越过上止点后,活塞由燃烧产生的高压气体推动下行,并经连杆推动曲轴旋转对外做功。缸内容积增大,压力迅速降低。活塞到达下止点时,做功过程结束。做功过程结束时缸内气体压力 $p_b = 290 \sim 490$ kPa,缸内温度 $T_b = 1\ 500 \sim 1\ 700$ K。做功过程缸内气体压力的变化情况如图 1-3 中的曲线段 *zb* 所示。

(4)排气行程

汽油机排气行程与柴油机基本相同,在气缸内外的压差作用和活塞上行的推动下将废气排出。排气终了的气体压力 $p_r = 103 \sim 123$ kPa,温度 $T_r = 900 \sim 1\ 100$ K。排气过程缸内气体压力的变化情况如图 1-3 中的曲线段 *br* 所示。

排气过程结束后,活塞又回到上止点位置。重复上述工作过程,连续不断地循环下去,使汽油机长时间地运转。

3. 四冲程柴油机与四冲程汽油机的比较

(1)着火方式不同。柴油机进气过程吸入气缸的是空气,压缩接近终了时将柴油喷入气缸,利用气缸内的高温气体自行着火燃烧,称为压燃式;汽油机在压缩接近终了时则采用电火花点燃混合气,称为点燃式。

(2)压缩比不同。柴油机的压缩比较高,燃气膨胀较充分,膨胀终了的温度较低,热量利用程度较好,耗油率较低,汽油机则相反。所以,柴油机的经济性比汽油机好。

(3)柴油机平均压力高。柴油机最大压力较高,机件受力大,刚度和强度要求较高,与同等功率的汽油机相比,体积和重量大。柴油机的喷油泵和喷油器精密度高,加工较困难,制造成本较高。柴油机的工作噪声也较大。

(4)燃烧类型不同。柴油机的燃烧过程既有等容加热(燃烧)阶段又有等压加热(燃烧)阶段,属混合加热循环;而汽油机只有等容加热阶段,属等容加热循环。柴油机和汽油机工作过程中各点的压力和温度都不同,详见表 1-2。

表 1-2 发动机工作过程中各点的状态参数

发动机类型参数	汽油机	柴油机	发动机类型参数	汽油机	柴油机
p_a/kPa	73.6~88.3	78.5~93.2	T_z,$T_{z'}$/K	2 200~2 800	1 800~2 200
T_a/K	350~400	300~400	p_b/kPa	290~490	290~580
p_c/kPa	830~1 960	2 000~4 900	T_b/K	1 500~1 700	1 000~1 300
T_c/K	500~700	750~950	p_r/kPa	103~123	100~120
p_z/kPa	2 900~4 900	5 900~8 800	T_r/K	900~1 100	500~800

（二）多缸四冲程发动机工作原理

单缸四冲程发动机每一工作循环中，只有一个行程是工作行程，其余 3 个行程为辅助行程并消耗功，故其曲轴旋转不均匀、工作稳定性差、功率小。随着时代的发展，要求发动机的功率越来越大、稳定性越来越高，因而诞生了多缸四冲程发动机。

由两个或两个以上气缸所组成的发动机，称为多缸发动机。多缸发动机各缸的活塞连杆组件都连接在同一根曲轴上，用一根曲轴输出功率。多缸发动机的曲轴每转 180°，各缸都完成自己的一个行程；曲轴转 720°，每个缸都完成一个工作循环，做功一次。为了提高整机的平稳性，应尽量将各缸发火做功相对曲轴的转角均匀分布。一个缸发火做功后到另一个缸发火做功时的曲轴转角，称为发火间隔角，用 α 表示。

$$\alpha = \frac{720}{i} \tag{1-5}$$

式中：i——气缸数。

二缸发动机因受曲轴结构限制，其做功行程不可能均布，一般最小发火间隔角为 360°；三缸发动机的发火间隔角为 240°。四缸发动机的发火间隔角为 180°，四个曲柄布置在同一平面内，1，4 缸与 2，3 缸互相错开 180°，其工作顺序有两种，即 1—3—4—2 或 1—2—4—3，详见表 1-3。

表 1-3 四缸四冲程发动机的工作过程

工作顺序	1—3—4—2				1—2—4—3			
曲轴转角	各缸工作过程				各缸工作过程			
	一缸	二缸	三缸	四缸	一缸	二缸	三缸	四缸
0°~180°	做功	排气	压缩	进气	做功	压缩	排气	进气
180°~360°	排气	进气	做功	压缩	排气	做功	进气	压缩
360°~540°	进气	压缩	排气	做功	进气	排气	压缩	做功
540°~720°	压缩	做功	进气	排气	压缩	进气	做功	排气

（三）二冲程发动机工作原理

二冲程发动机有二冲程汽油机和二冲程柴油机。目前我国在大、中型拖拉机的柴油机上采用单缸二冲程汽油机作为起动用发动机。在农用小型动力机械上也常用二冲程汽油机。

1. 二冲程发动机的结构特点及工作原理

（1）结构特点

二冲程发动机的结构特点是无专设的配气机构，而在气缸壁不同高度上设有进气孔、排气孔和换气孔。二冲程汽油机(图 1-6)的进气孔与化油器相接;二冲程柴油机的进气孔与空气滤清器相接。二冲程发动机的排气孔与排气管相连接,换气孔与密封的曲轴箱相通。二冲程汽油机的缸盖上安装火花塞,二冲程柴油机缸盖上安装喷油器。

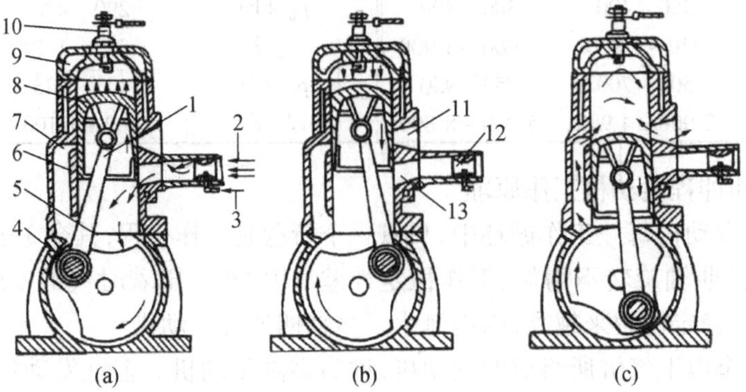

1—连杆; 2—空气; 3—燃油; 4—曲轴; 5—曲轴箱; 6—缸体; 7—换气孔; 8—活塞;
9—气缸盖; 10—火花塞; 11—排气孔; 12—化油器; 13—进气孔

图 1-6　二冲程汽油机结构及工作过程简图

(2) 二冲程汽油机工作原理

二冲程汽油机工作时,汽油和空气的可燃混合气先进入曲轴箱,通过活塞向下运动使曲轴箱内容积减小,气体压力上升,气体经换气道和换气孔送入气缸。气缸的进气和排气是通过活塞的上下移动使各孔依次开闭完成的。其工作过程如下:

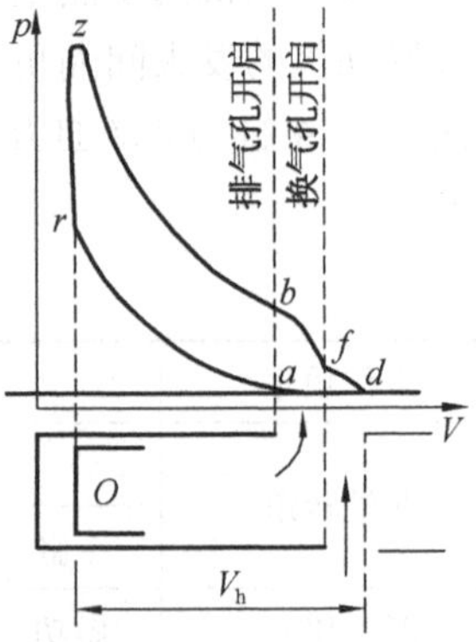

图 1-7　二冲程汽油机示功图

第一冲程(图 1-6 a)活塞从下止点向上移动,当活塞关闭换气孔和排气孔后,开始压缩已经充入气缸的可燃混合气,气缸内的压力、温度升高(图 1-7 中曲线段 *ar*)。在活塞接近上止点时,火花塞跳火(喷油器喷油)点燃混合气,并迅速燃烧,使气缸内气体压力和温度急剧升高,当活塞到达上止点时,缸内的最高压力 p_z = 1 960 ~ 3 430 kPa,最高温度 T_z = 2 100 ~ 2 300 K(图 1-7 中曲线段 *rz*);在活塞上移时,曲轴箱内容积增大,压力降低。当活塞上移到进气孔被开启时,可燃混合气由进气孔被吸入曲轴箱内。第一冲程完成压缩过程、燃烧过程和曲轴箱进气过程。

第二冲程(图 1-6 b,c),活塞处于上止点位置,燃烧后的高压气体推动活塞下行做功(图 1-7 中曲线段 *zb*)。当活塞下行 2/3 行程时排气口被打开(图 1-7 中 *b* 点),这时缸内气体压力高于外界大气压力,在压差下进行排气,随后换气口被打开(图 1-7 中 *f* 点)。活塞下行做功时,其裙部先关闭进气口,曲轴箱容积减小,压力升高。当换气口打开时,曲轴箱内的气体经换气口冲入气缸,并在活塞的导流下将废气从排气口赶出,称为扫气(图 1-6 c)。同时气体充满气缸。第二冲程完成做功过程、排气过程、换气(气缸进气)过程。发动机用 2 个行程完成一个工作循环。

2. 二冲程发动机性能特点

二冲程发动机曲轴转一圈,即 360°曲轴转角,完成一个工作循环,做功一次;而四冲程发动机曲轴转两圈,即 720°曲轴转角,完成一个工作循环,做功一次。在排量、压缩比和转速相同的条件下,理论上二冲程发动机比四冲程发动机的功率大一倍,但因排气和换气占去了总行程的1/3,做功有效行程短,能量利用不充分,实际上二冲程发动机的输出功率只比四冲程发动机大0.5~0.7倍。二冲程发动机利用压差和扫气排气,排气不净、进气不足,换气过程中,有少量新鲜气体随废气排出,经济性差。

由于二冲程发动机做功时间间隔短,发动机工作较平稳,可采用尺寸较小的飞轮,同时二冲程发动机没有专设的配气机构,结构简单、体积小、重量轻,单位比重功率大,多用于小功率的汽油机和大功率的柴油机上。

三、内燃机产品型号

为了便于内燃机的制造、营销、使用、维修和管理,我国于2008年重新审定颁布了内燃机名称和型号编制方法的国家标准(GB/T 725—2008)。该标准主要内容包括:内燃机产品名称均按所采用的燃料命名,如柴油机、汽油机、煤气机、沼气机、双(多种)燃料发动机等;内燃机型号由阿拉伯数字和汉语拼音字母组成。

内燃机型号包含下列四部分,如图1-8所示。

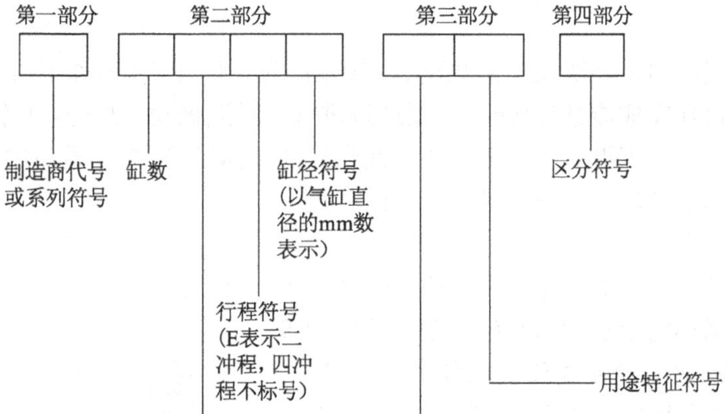

气缸布置型式符号

符号	含义
无符号	直列及单缸卧式
V	V形
P	平卧式

结构特征符号

符号	结构特征
无符号	水冷
F	风冷
N	凝气冷却
S	十字头式
DZ	可倒转(直接换向)
Z	增压
ZL	增压中冷

符号	用途
无符号	通用型及固定动力
T	拖拉机
M	摩托车
G	工程机械
Q	车用
J	铁路机车
D	发动机组
C	船用主机,右机基本型
CZ	船用主机,左机基本型
Y	农用运输车
L	林业机械

图1-8　内燃机型号编制方法

第一部分　为产品制造商代号或系列符号,由制造厂根据需要自选相应字母表示,但需主管部门或主管标准化机构核准。

第二部分 由缸数、冲程符号、气缸布置型式符号、缸径符号组成。

第三部分 由结构特征和用途特征符号组成，以字母表示。

第四部分 区分符号，同一系列产品因改进等原因需要区分时，由制造厂选用适当符号表示。

内燃机型号编制示例如下。

汽油机：

1E65F——单缸、二冲程、缸径 65 mm、风冷、通用型汽油机；

4100Q——四缸、四冲程、缸径 100 mm、水冷、车用汽油机。

柴油机：

495T——四缸、直列、四冲程、缸径 95 mm、水冷、拖拉机用柴油机；

4120F——四缸、直列、四冲程、缸径 120 mm、风冷、通用柴油机；

YZ6102Q——扬州柴油机厂制造、六缸、直列、四冲程、缸径 102 mm、水冷、车用柴油机。

四、内燃机循环过程

内燃机利用燃料在气缸内燃烧所发出的热能，以气体作为工作介质（简称工质），将热能转变为机械功。内燃机在完成能量转换时，必须经过进气、压缩、做功、排气这 4 个过程，即一个工作循环才能完成。为了提高内燃机的动力性和经济性，必须研究各循环过程中介质的变化情况及其影响因素，以便改进和提高内燃机的性能。

（一）内燃机实际循环

内燃机的实际循环即工作循环，由进气、压缩、做功和排气 4 个过程组成。实际循环的示功图（圆角示功图）如图 1-9 所示。示功图上各特征点之间的曲线段表示各个工作过程，封闭曲线 $bb'czb$ 所包围的面积代表气体（工质）完成一个工作循环对活塞所做的功，称为正功。曲线 $rb'ar$ 所包围的面积，代表进排气过程中的能量损失，称为换气损失，为负功。在一般发动机的测试方法下，换气损失作为发动机机械损失的一部分，因此，封闭曲线 $bb'czb$ 所包围的面积代表循环的指示功，用 W_i 表示。对于相同缸径的内燃机，工作循环进行的越好，做功越多，则封闭曲线 $bb'czb$ 所包围的面积就越大。

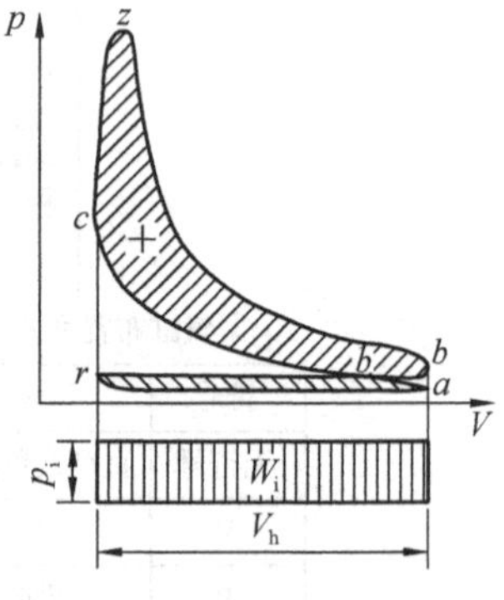

图 1-9 内燃机实际示功图与平均指示压力

（二）内燃机理论循环

在内燃机实际循环过程中，燃料化学能转变为机械功的过程是非常复杂的。内燃机工作时需要不断地吸入新气、排出废气，气缸中的各种气体成分不断变化；同时存在各种损失，如燃烧不完全损失、缸壁的散热损失和换气损失等。这就使得在研究内燃机工作循环的热功转换过程中，难于掌握其主要矛盾。为了抓住内燃机工作循环的主要矛盾，把实际循环加以简化，抽象出理论循环（图 1-10），并作如下假定：

（1）缸内气体是不需要更换的理想工质，因此没有进气过程；

（2）压缩过程和膨胀、做功过程在绝热情况下进行，不考虑热交换；

（3）燃料的燃烧过程和排气过程，以工质从热源和冷源中定容吸热与放热来完成；

（4）工质的比热是常数，不随温度和压力而变化。

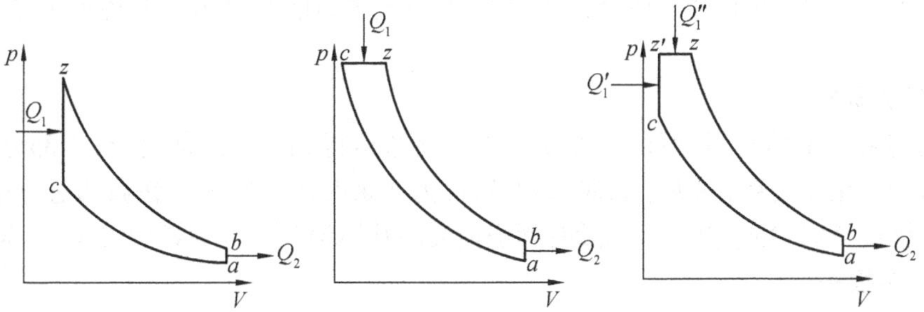

(a) 等容加热循环　(b) 等压加热循环　(c) 混合加热循环

图 1-10　内燃机的理论循环

理论循环大大简化了内燃机实际发生的复杂变化，使我们可以用热力学方法对循环进行研究，分析影响内燃机动力性和经济性的主要因素，从而找到提高内燃机性能的途径，为内燃机的技术改进指明方向。

为了使理论循环尽量符合各类内燃机实际循环的特点，通常按照对工质加热的方式把理论循环分为以下 3 种：

（1）等容加热循环。循环做功所需的热量是在等容过程加入的。如汽油机混合气的燃烧迅速，缸内温度和压力迅速增加，燃烧放热可认为是在气缸容积一定的情况下进行的，因此可简化为等容加热循环（图 1-10 a）。

（2）等压加热循环。循环做功所需的热量是在等压过程加入的。如在高增压和低速大型柴油机中，由于受燃烧最高压力的限制，大部分燃料在上止点以后燃烧，活塞下行容积的增大量与燃料燃烧气体的膨胀所占用的容积基本相等，燃烧是在气缸压力基本不变的条件下进行，因此可简化等压加热循环（图 1-10 b）。

（3）混合加热循环。循环做功所需的热量，是在等容加热过程和等压加热过程加入的。高速柴油机的工作循环属于这种理论循环（图 1-10 c）。

可见，等容加热循环和等压加热循环是混合加热循环的特殊情况。

（三）内燃机循环损失

根据热力学第二定律，即使在理想的热机中，也不可能将全部热能转变为机械功。在内燃机实际循环中因为存有各种损失，使转变为有效功的热量比例更小。因此为了使内燃机实际循环中的更多热量转变为有效功，必须尽量减少各种损失。与理论循环相比，实际循环存在以下各种损失（图 1-11）。

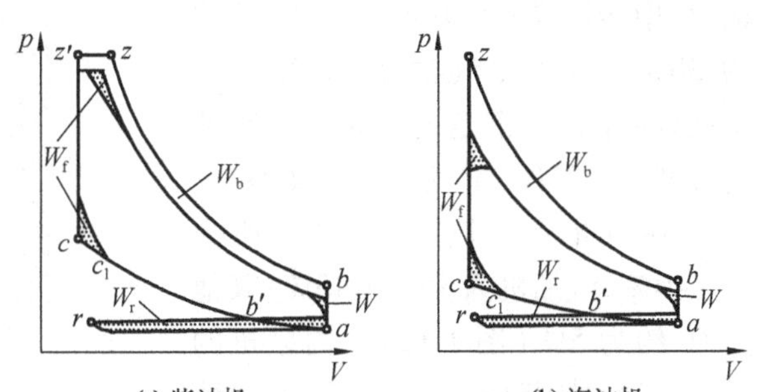

(a) 柴油机　(b) 汽油机

W_b—工质比热变化、传热、流动损失等损失；W_f—燃烧损失；W_r—换气损失；W—提前排气损失

图 1-11　内燃机实际循环与理论循环的差别

1. 换气损失

实际循环的工质是空气和燃烧产

物,为了循环的重复进行,必须更换工质。

在工质的更换中,因工质流动需要克服进、排气系统阻力所消耗的功,用 W_r 表示;因配气定时要求,排气门提前打开所造成的排气提前损失,用 W 表示。上述损失统称为换气损失。

2. 燃烧损失

燃烧需要一定的时间,所以喷油或点火在活塞运行到上止点前进行,少部分燃料的提前燃烧增加了压缩功耗,减少了膨胀做功量,称为非瞬时燃烧损失。在做功过程中,仍有少量燃料在燃烧,称为补燃损失。非瞬时燃烧损失和补燃损失统称为燃烧损失,用 W_f 表示。

3. 传热损失

压缩、燃烧、做功过程中,工质通过缸壁向外散热引起的损失,称为传热损失。

4. 工质比热变化损失

燃烧时,工质发生物理和化学变化,工质的比热随温度的升高而增大,在相同加热量下,实际循环的压力和温度升高程度比理论循环低,以致热效率低;缸内温度升高后,有些燃烧产物发生复分解而吸热,使燃烧阶段的压力和温度上升得少,以致循环平均压力和热效率下降。上述燃烧过程中的热量损失,称为比热变化损失。

5. 流动损失

活塞的高速运动使工质在气缸内形成涡流,造成压力损失。在分开式燃烧室中,工质通过狭小的通道时引起强烈的节流损失。涡流压力损失和节流损失,统称为流动损失。

6. 泄漏损失

活塞环处的工质泄漏总是存在的,泄漏量与内燃机的技术状态、配合间隙和工况等因素有关。因泄漏造成的损失称为泄漏损失。

传热损失、比热变化损失、流动损失和泄漏损失之和用 W_b 表示。

由于以上这些损失,使柴油机的热效率由理论循环的 61% 下降为实际循环的 45%;汽油机实际循环的热效率更低,仅 30% 左右。

由实验测定,内燃机在实际工作中,进入气缸的燃料在完全燃烧后所产生的热量 Q_T 中转换成有效功的热量 Q:柴油机为 30% ~ 40%,汽油机为 20% ~ 30%;由冷却介质带走的热量 Q_S:柴油机为 20% ~ 25%,汽油机为 25% ~ 30%;由废气带走的热量 Q_r:柴油机为 35% ~40%,汽油机为 40% ~45%;其他损失 Q_r 约为 5%(图 1-12)。内燃机的热量利用与内燃机的负荷、转速、燃料性质及使用、维护有关,正确使用和维护是提高内燃机动力性和经济性的重要措施。

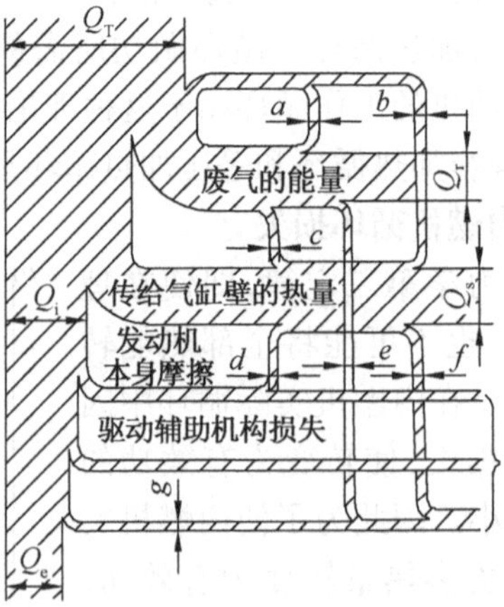

a—由残余废气和排气中回收的热量;b—由气缸壁传给进气的热量;c—排气传给冷却水的热量;d—摩擦热传给冷却水的热量;e—从排气系统辐射的热量;f—从冷却系和水套缸壁带走的热量

图 1-12　内燃机的热平衡

五、发动机主要性能指标

发动机的主要性能指标有动力性能指标(有效转矩、有效功率、发动机转速等),经济性能指标(有效热效率、有效燃油消耗率)和运转性能指标(排放指标、噪声和起动性能等)。

(一)动力性能指标

1. 有效转矩

发动机通过飞轮对外输出的平均转矩称为有效转矩,以 T_{tq}表示。有效转矩与外界施加于发动机曲轴上的阻力矩相平衡。

2. 有效功率

发动机通过飞轮对外输出的功率称为有效功率,以 P_e 表示。它等于有效转矩与曲轴角速度的乘积。发动机的有效功率可以用台架试验的方法测定,有效转矩和曲轴转速可用测功器测定,然后用下式计算发动机的有效功率(kW),即

$$P_e = T_{tq}\frac{2\pi n}{60}\times 10^{-3} = \frac{T_{tq}n}{9\ 550} \tag{1-6}$$

式中:T_{tq}——有效转矩,N · m;

n——曲轴转速,r/min。

3. 发动机转速

发动机曲轴每分钟的回转数称为发动机转速,用 n 表示,单位为 r/min。

发动机转速的高低,关系到单位时间内做功次数的多少或发动机有效功率的大小,即发动机的有效功率随转速的不同而改变。因此,在说明发动机有效功率的大小时,必须同时指明其相应的转速。发动机产品标牌上规定的有效功率及其相应的转速分别称作标定功率和标定转速。发动机在标定功率和标定转速下的工作状况称作标定工况。标定功率不是发动机所能发出的最大功率,它是根据发动机用途而制定的有效功率最大使用限度。同一种型号的发动机,当其用途不同时,标定功率值并不相同。有效转矩也随发动机工况而变化。因此,汽车发动机以其所能输出的最大转矩及其相应的转速作为评价发动机动力性的一个指标。

(二)经济性能指标

发动机经济性指标包括有效热效率和有效燃油消耗率等。

1. 有效热效率

燃料燃烧所产生的热量转化为有效功的百分数称为有效热效率,记作 η_e。显然,为获得一定数量的有效功所消耗的热量越少,有效热效率越高,发动机的经济性越好。

2. 有效燃油消耗率

发动机每发出 1 kW 有效功率,在 1 h 内所消耗的燃油质量(以 g 为单位),称为燃油消耗率,用 b_e 表示,单位为 g/(kW · h)。很明显,燃油消耗率越低,经济性越好。

燃油消耗率为

$$b_e = \frac{B}{P_e}\times 10^{-3} \tag{1-7}$$

式中:B——发动机在单位时间内的耗油量,kg/h,可由试验测定。

发动机的性能指标是随着许多因素而变化的，其变化规律称为发动机特性。

（三）运转性能指标

发动机的运转性能指标主要指排放指标、噪声、起动性能等。

1. 排放指标

发动机的排气中含有多种对人体有害的物质，主要有一氧化碳（CO）、碳氢化合物（HC）、氮氧化物（NO_x）、二氧化硫（SO_2）、醛类和微粒（含碳烟）等。这些污染物及正常燃烧产物二氧化碳（CO_2）对人体健康及生态环境造成了极大的危害。为了控制汽车排放污染物对生态环境的危害，世界上许多国家对车辆的排放制定了严格的法规。我国主要参照欧洲排放法规，2001 年开始颁布并实施汽车排放法规，目前执行国Ⅳ标准，相当于 ECE2000（Euro Ⅳ）水平，北京市已于 2016 年 1 月 1 日率先实施国Ⅴ标准。

2. 噪声

噪声是发动机工作时发出的一种声强和频率无一定规律的声音，主要有燃烧噪声和机械噪声。它不仅损害人们的听觉器官，还伤害神经系统、心血管系统、消化系统和内分泌系统，容易使人性情烦躁、反应迟钝、耳聋，诱发高血压和神经系统的疾病。汽车是城市主要噪声源之一，发动机又是汽车的主要噪声源，应该予以控制。我国的噪声标准中规定，小于 150 kW 的发动机噪声不大于 83 dB（A），大于 150 kW 的发动机噪声不大于 84 dB（A）。

3. 起动性能

起动性能是表征发动机起动难易的指标。发动机起动性能好，便于汽车起步行驶，同时减少了起动时的功率消耗和发动机的磨损。

起动性能一般以一定条件下的起动时间长短来衡量。我国标准规定，不采用特殊的低温起动措施，汽油机在 -10 ℃、柴油机在 -5 ℃以下的气温条件下起动，能在 15 s 以内达到自行运转。

4. 可靠性

可靠性是指发动机在规定的运转条件下，具有持续工作、不至因为故障而影响正常运转的能力，一般以保证期内的不停车故障数、停车故障数、更换主要零件和重要零件数等具体指标来衡量。按照汽车内燃机可靠性试验方法的规定，我国汽车内燃机应能在标定工况下连续运行 300 ~ 1 000 h。

5. 耐久性

耐久性是指发动机在规定的运转条件下，长期工作而不大修的性能。一般以发动机从开始使用到第 1 次大修前累计运转的时间表示。

上述发动机的性能指标，对不同用途的发动机要求是不同的。各项指标之间既相互联系又相互制约，往往为了降低排气污染，而不得不牺牲发动机的动力和经济性能指标。

第二节　机体组与曲柄连杆机构

一、概述

曲柄连杆机构的功用是将燃料燃烧时产生的热能转变为活塞往复运动的机械能，再通过连杆将活塞的往复运动变为曲轴的旋转运动而对外输出动力。

曲柄连杆机构由机体组、活塞连杆组和曲轴飞轮组三部分组成。

发动机在做功时，气缸内最高温度高达 1 500 K 以上，最高压力可达 5 ~ 9 MPa，现代汽车发动机转速可达 3 000 ~ 6 000 r/min，可见活塞有着很大的线速度。此外，可燃混合气和燃烧废气接触的部件（如气缸、气缸盖、活塞组等）还将受到化学腐蚀的作用。因此，曲柄连杆机构工作条件的特点是高温、高压、高速和化学腐蚀。

由于曲柄连杆机构在高压下做变速运动，因此它在工作中的受力情况很复杂。其中有气体作用力、运动质量惯性力、摩擦力及外界阻力等。摩擦力主要取决于运动零件的制造质量与润滑情况，其数值相对较小，在对机构进行受力分析时可以忽略不计。上述各种力作用在曲柄连杆机构和机体的有关零件上，使它们受到压缩、拉伸、弯曲和扭转等不同形式的载荷。为了保证工作可靠、减小磨损，在结构上必须采取相应的措施。

二、机体组

机体组主要由机体、油底壳、气缸盖和气缸垫等不动件组成，如图 1-13 所示。

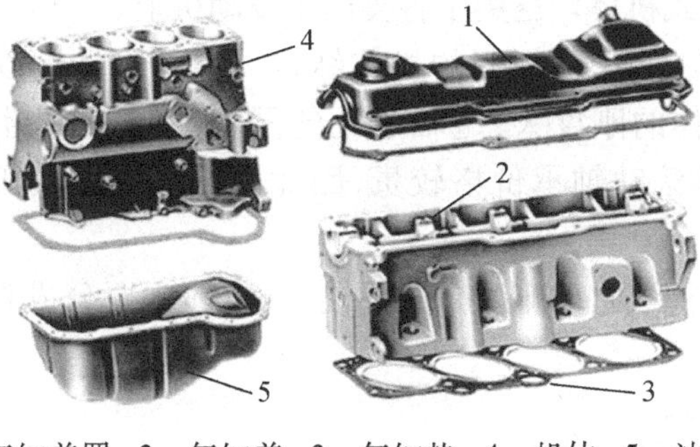

1—气缸盖罩；2—气缸盖；3—气缸垫；4—机体；5—油底壳

图 1-13　机体组

（一）机体

机体一般用灰铸铁或铝合金铸成，机体可称为气缸体 - 曲轴箱。机体上部的圆柱形空腔称为气缸体，下半部为支承曲轴的曲轴箱，其内腔为曲轴运动的空间。在气缸体内部铸有许多加强筋，冷却水套和润滑油道等，如图 1-14 所示。

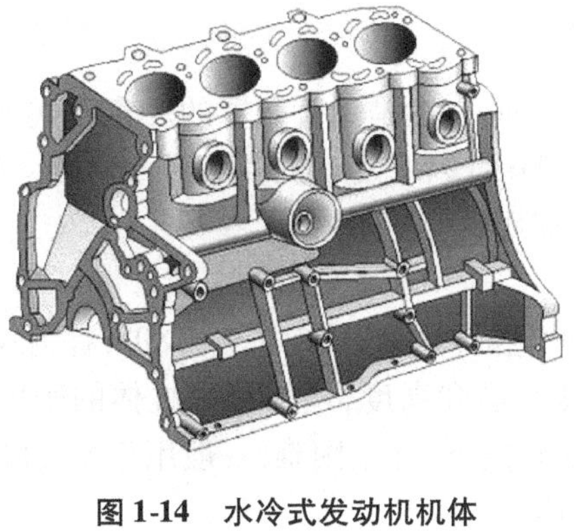

图 1-14　水冷式发动机机体

按照曲轴箱机构形式的不同，机体分为平底式、龙门式和隧道式 3 种，如图 1-15 所示。

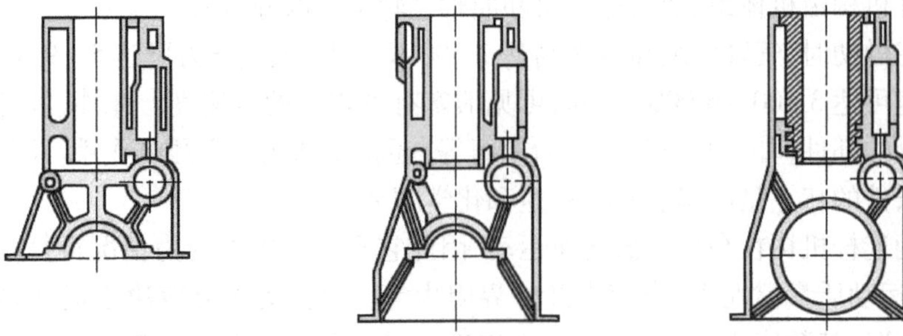

(a) 平底式 (b) 龙门式 (c) 隧道式

图 1-15 机体的结构形式

平底式机体的底平面与曲轴轴线齐平，机体高度小、重量轻、结构紧凑，便于加工拆卸，但与另外两种机体组相比刚度和强度差。通常轿车和轻型货车发动机多采用平底式机体。

龙门式机体是指底平面下沉到曲轴轴线以下的机体。机体底平面到曲轴轴线的距离称为龙门高度。龙门式机体由于高度增加，其弯曲强度和扭转刚度较好，但其工艺性差、结构笨重、加工困难。龙门式机体广泛用于各类汽车发动机上。

隧道式机体是指主轴承孔不剖分的机体结构。这种机体配以窄型滚动轴承可以缩短机体长度。隧道式机体的刚度大，主轴承孔的同轴度好，但是由于大直径滚动轴承的圆周速度不能很大，而且滚动轴承价格较贵，因此限制了隧道式机体在高速发动机上的应用。

对于多缸发动机，按照气缸的排列方式不同，气缸体主要分成直列式、V 形和对置式 3 种，如图 1-16 所示。

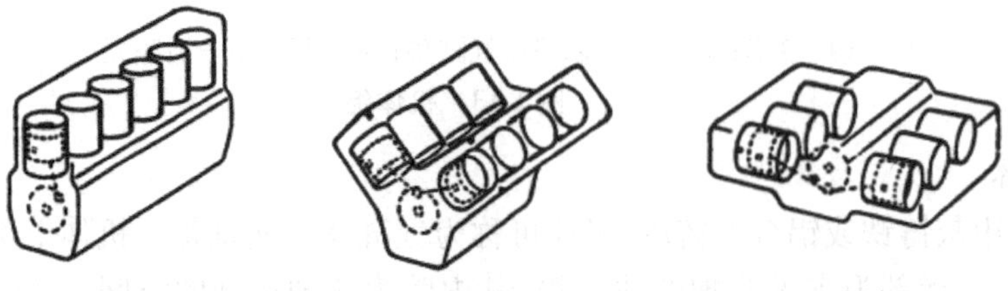

(a) 直列式 (b) V形 (c) 对置形

图 1-16 多缸发动机的排列型式

1. 直列式

发动机的各个气缸排成一列，一般是垂直布置的。直列式气缸体结构简单，易加工，但发动机长度和高度较大。一般 6 缸以下发动机多采用直列式。例如捷达轿车、富康轿车、红旗轿车所使用的发动机均为直列式气缸体。

2. V 形

气缸排成两列，左右两列气缸中心线的夹角 $\gamma < 180°$，称为 V 形发动机。V 形发动机与直列发动机相比，缩短了机体长度和高度，增加了气缸体的刚度，减轻了发动机的重量，但加大了发动机的宽度，且形状较复杂，加工困难，一般用于 8 缸以上的发动机，但有的 6 缸发动机也采用这种形式的气缸体。

3. 对置式

气缸排成两列，左右两列气缸在同一水平面上，即左右两列气缸中心线的夹角 $\gamma=180°$，称为对置式发动机。它的特点是高度低，总体布置方便，有利于风冷。但这种气缸应用较少。

(二) 气缸盖

气缸盖安装在气缸体的上面，从上部密封气缸并构成燃烧室，如图 1-17 所示。它经常与高温高压燃气相接触，因此承受很大的热负荷和机械负荷。气缸盖应当选用导热性好、机械强度和热强度高、铸造性能好的材料，一般采用优质灰铸铁或合金铸铁铸成。

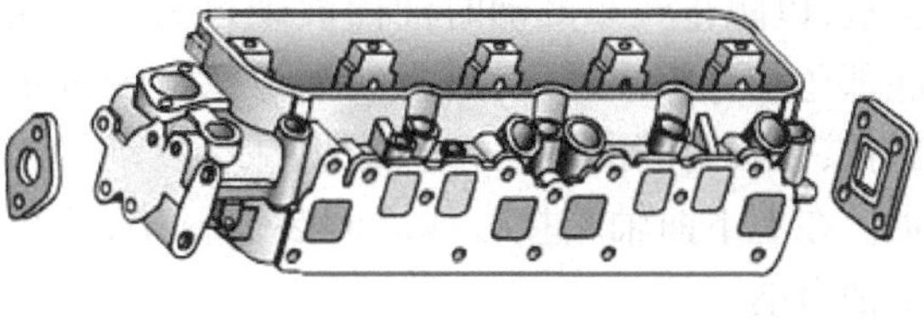

图 1-17　气缸盖

水冷发动机的气缸盖内部有冷却水套，缸盖下端面的冷却水孔与缸体的冷却水孔相通。利用循环水来冷却燃烧室等高温部分。缸盖上还装有进、排气门座和气门导管孔，用于安装进、排气门，还有进气通道和排气通道等。汽油机的气缸盖上加工有安装火花塞的孔，而柴油机的气缸盖上加工有安装喷油器的孔。顶置凸轮轴式发动机的气缸盖上还加工有凸轮轴轴承孔，用以安装凸轮轴。

气缸盖是燃烧室的组成部分，燃烧室的形状对发动机的工作影响很大，由于汽油机和柴油机的燃烧方式不同，其气缸盖上组成燃烧室的部分差别较大。汽油机的燃烧室主要在气缸盖上，而柴油机的燃烧室主要在活塞顶部的凹坑。

(三) 气缸垫

气缸垫装在气缸盖和气缸体之间，其功用是保证气缸盖与气缸体接触面的密封，防止漏气、漏水和漏油，如图 1-18 所示。气缸垫的材料要有一定的弹性，能补偿结合面的不平度，以确保密封，同时要有好的耐热性和耐压性，在高温高压下不烧损、不变形。目前应用较多的是铜皮－棉结构的气缸垫，由于铜皮－棉气缸垫翻边处有三层铜皮，压紧时较之石棉不易变形。有的发动机还采用在石棉中心用编织的钢丝网或有孔钢板为骨架，两面用石棉及橡胶黏结剂压成的气缸垫。

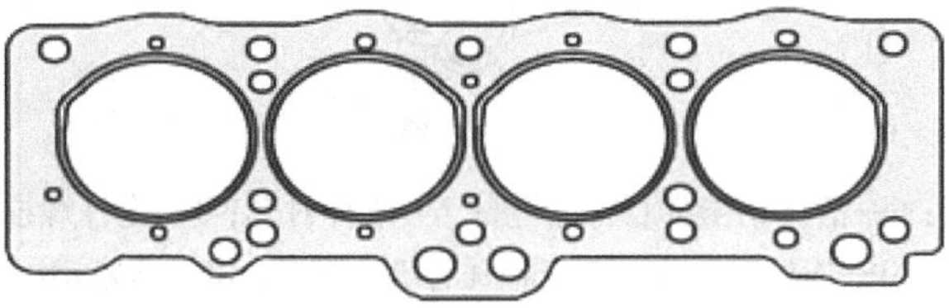

图 1-18　气缸垫

安装气缸垫时，首先要检查气缸垫的质量和完好程度，并且要将光滑的一面朝向气缸体。所有气缸垫上的孔要和气缸体上的孔对齐。其次要严格按照说明书上的要求装好气缸盖螺栓。拧紧气缸盖螺栓时，必须由中央对称地向四周扩展的顺序分 2 ~ 3 次进行，最后一次拧紧到规定的力矩。

（四）油底壳

油底壳安装在机体下部，其主要功用是储存机油并封闭曲轴箱，如图 1-19 所示。油底壳受力很小，一般采用薄钢板冲压而成，其形状取决于发动机的总体布置和机油的容量。油底壳内装有稳油挡板，以防止汽车颠动时油面波动过大。油底壳底部还装有放油螺塞，通常放油螺塞上装有永久磁铁，以吸附润滑油中的金属屑，减少发动机的磨损。在上下曲轴箱接合面之间装有衬垫，防止润滑油泄漏。

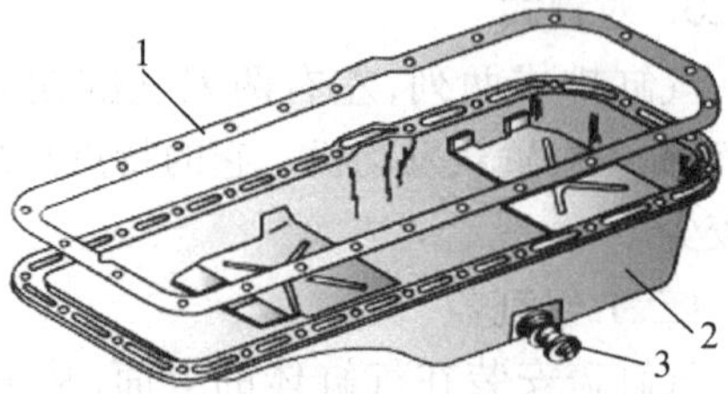

1—密封垫；2—油底壳；3—放油螺塞

图 1-19　油底壳

三、活塞连杆组

活塞连杆组件主要由活塞、活塞环、活塞销、连杆、连杆轴瓦组成，如图 1-20 所示。

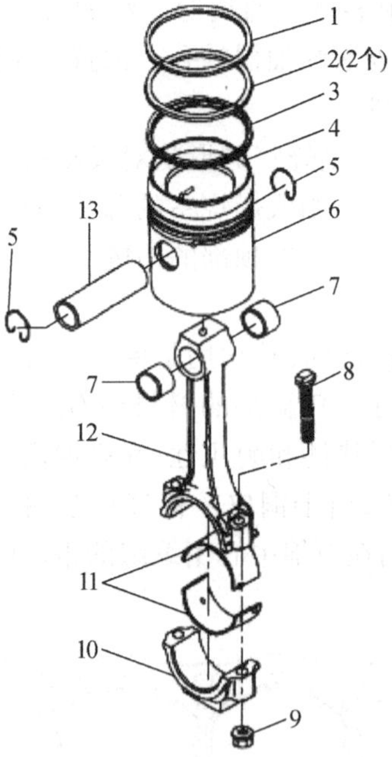

1，2，3，4—活塞环；5—活塞销卡环；6—活塞；7—连杆衬套；8—连杆螺栓；9—连杆螺母；10—连杆盖；11—连杆轴瓦；12—连杆；13—活塞销

图 1-20　活塞连杆组

（一）活塞

活塞的主要功用是承受燃烧气体压力，并将此力通过活塞销传给连杆以推动曲轴旋转。此外，活塞顶部与气缸盖、气缸壁共同组成燃烧室。

活塞要求具有足够的刚度和强度，传力可靠、导热性能好，耐高温、高压，耐磨损，质量小，尽可能减小往复惯性力。

现代汽车发动机不论是汽油机还是柴油机，广泛采用高强度铝合金活塞，只在极少数低速柴油发动机上采用铸铁或耐热钢活塞。

活塞可视为由顶部、头部和裙部 3 部分构成，如图 1-21 所示。

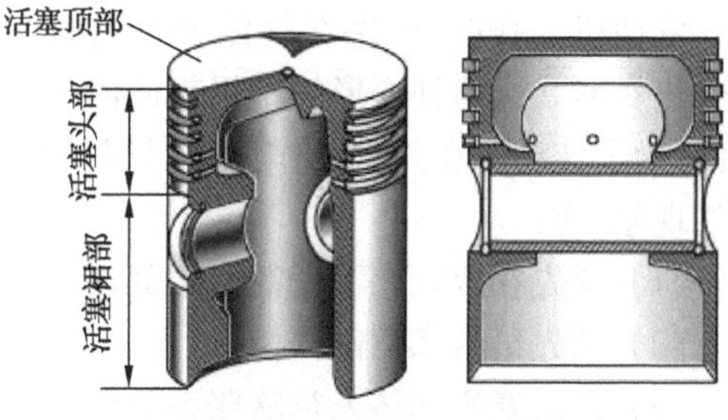

(a) 部分剖面 (b) 全剖面

图 1-21 活塞的基本结构

1. 活塞顶部

汽油机活塞顶部的形状与燃烧室形状和压缩比大小有关，可分为平顶、凸顶和凹顶 3 种，如图 1-22 所示。大多数汽油机采用平顶活塞，其优点是受热面积小，加工简单。采用凸顶活塞，起导向作用，有利于改善换气作用；采用凹顶活塞，可以通过改变活塞顶上凹坑的尺寸来调节发动机的压缩比。

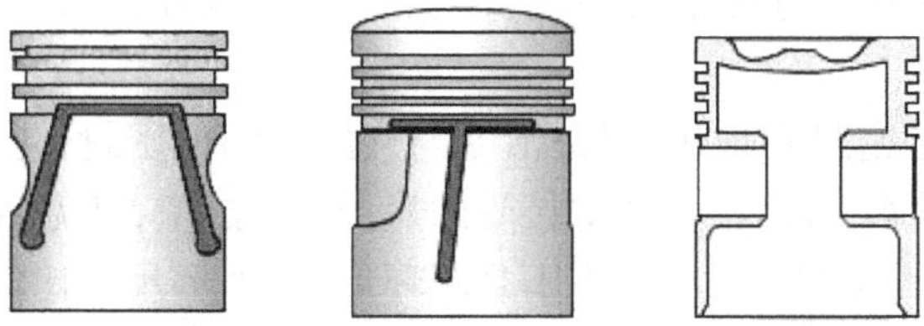

(a) 平顶 (b) 凸顶 (c) 凹顶

图 1-22 活塞顶的形状

柴油机活塞顶部形状取决于混合气形成方式和燃烧室形状。在分隔式燃烧室柴油机的活塞顶部设有形状不同的浅凹坑，以便在主燃烧室内形成二次涡流，增进混合气形成与燃烧。柴油机还有另一类燃烧室，称为直喷式燃烧室，其全部容积都集中在气缸内，且在活塞顶部设有深浅不一、形状各异的燃烧室凹坑。在直喷式燃烧室的柴油机中，喷油器将燃油直接喷入燃烧室凹坑内，使其与运动气流相混合，形成可燃混合气并燃烧。

2. 活塞头部

活塞头部是指活塞顶部至最下面一道环槽之间的部分，用来承受气体压力和传递热量。

活塞头部有若干用以安装活塞环的环槽，称为活塞槽部。活塞槽部用来安装气环和油环，起到密封和传热的作用，汽油机一般有 3 个环槽，其中上面 2 个为气环槽，下面 1 个为油环槽，在油环槽底部还加工有回油孔或横向切槽，油环从气缸壁上刮下来的多余机油，经回油孔或横向切槽流回油底壳。而柴油机由于压缩比较高，安装了 4 个环槽，其中有 3 个为气环槽，1 个为油环槽。

活塞环槽的磨损是影响活塞使用寿命的重要因素。在强化程度较高的发动机中，第一道环槽温度较高，磨损严重。为了增强环槽的耐磨性，通常在第一环槽或第一、二环槽处镶嵌耐热护圈。

3. 活塞裙部

活塞裙部是指油环槽以下的活塞部分。活塞裙部的形状应该保证活塞在气缸内得到良好的导向作用。另外，活塞裙部应使气缸与活塞之间在任何工况下都保持均匀的、适宜的间隙。间隙过大，活塞敲缸；间隙过小，活塞可能被气缸卡住。此外，裙部应有足够的实际承压面积，以承受侧向力。

发动机工作时，活塞在气体力和侧向力的作用下发生机械变形，而活塞受热膨胀时还发生热变形。这两种变形的结果都使活塞裙部在活塞销孔轴线方向及活塞顶部尺寸增大。因此，为了使活塞在正常工作温度时保持较均匀的间隙，避免出现在气缸内卡死或加大磨损的现象，应：

（1）预先在冷状态下把活塞裙部加工成特定的形状；

（2）预先给活塞裙部开槽；

（3）在活塞裙部铸入热膨胀系数低的恒范钢片；

（4）实现活塞冷却；

（5）采用活塞销孔偏移结构。

（二）活塞环

活塞环是具有弹性开口的环，活塞环可分气环和油环两种。

1. 气环

气环的主要功用是密封和传热，保证活塞与气缸壁间的密封，防止气缸内的可燃混合气和高温燃气漏入曲轴箱，并将活塞顶部接受的热传给气缸壁，避免活塞过热。

活塞环有一个切口，且在自由状态下不是圆环形，其外形尺寸比气缸的内径大些，因此它随活塞一起装入气缸后，便产生弹力而紧贴在环槽的下端面上。当活塞环装入气缸后，在其自身的弹力作用下，环的外圆面与气缸壁贴紧形成第一密封面，气缸内的高压气体不可能通过第一密封面泄漏。高压气体可能通过活塞环与气缸壁之间的间隙进入活塞环的侧隙和径向间隙中。进入侧隙中的高压气体使环的下侧面与环槽的下侧面贴紧形成第二密封面，高压气体也不可能通过第二密封面泄漏。进入径向间隙中的高压气体只能使环的外圆面与气缸壁更加贴紧。最后漏入曲轴箱内的气体就很少了，一般仅为进气量的0.2% ~1.0%。

气环按断面的形状可分为矩形环、扭曲环、锥面环、梯形环和桶面环等，如图1-23所示。

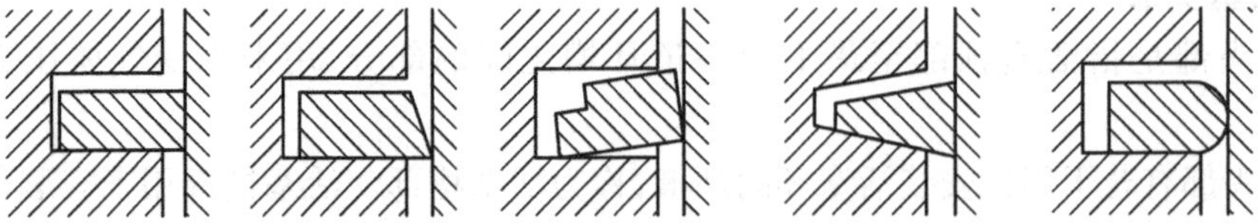

(a) 矩形环　(b) 锥面环　(c) 扭曲环　(d) 梯形环　(e) 桶面环

图1-23　气环断面形状

2. 油环

油环的主要功用是刮除飞溅到气缸壁上的多余的机油，并在气缸壁上涂布一层均匀的油膜，既可以防止机油窜入气缸燃烧，又可以减少活塞、活塞环与气缸壁的摩擦阻力，同时还可以起到封气的辅助作用。

油环分普通油环和组合油环两种，如图1-24所示。

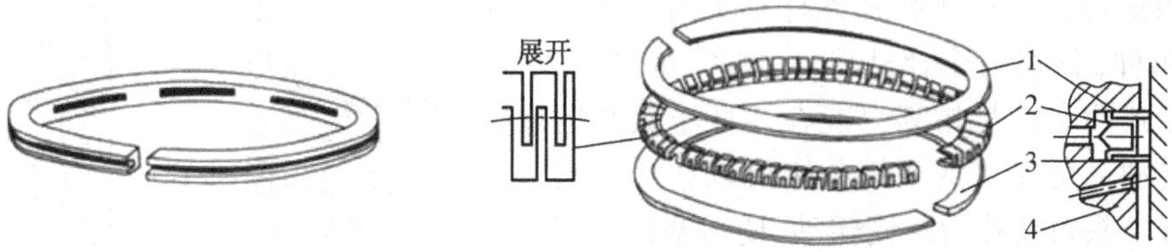

(a) 普通油环　　　　(b) 组合油环

1—上刮片；2—衬簧；3—下刮片；4—活塞

图 1-24　油环

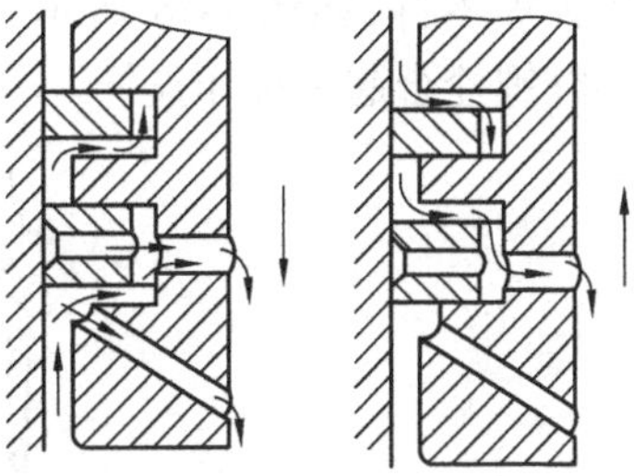

(a) 活塞下行　　(b) 活塞上行

图 1-25　油环的刮油作用

普通油环一般是用合金铸铁制造而成的，这种油环应用最广泛。在环的外表面中间有环形槽，槽中钻有长方形或圆形小孔，刮下的机油经小孔流回油底壳，以便减少环与气缸壁的接触面积，提高接触压力。油环的刮油作用如图 1-25 所示。通常油环都要有一道或两道刮油的锐边，油环上和活塞上要有足够的泄油通道，使刮下的机油能顺畅地下泄，避免因节流使油压升高，将油环推离气缸壁而失去控油能力。

单体油环与环槽间有侧面间隙，因此当油环由于正常的轴向移动或颤振而处在油环槽中间时，少量机油就可以通过侧隙上窜。这是单体油环的一个缺点，高速时影响较大，所以现代高速发动机多改用组合式油环。

组合式油环主要分为钢片组合油环和螺旋撑簧油环两种。钢片组合油环由衬环、刮片环组成。它具有对缸壁接触压力高而均匀、刮油能力强、密封良好、使用寿命长等优点，但加工费时，成本高。螺旋撑簧油环是在普通油环内径环面内安装一个螺旋弹簧，以增加对缸壁的接触压力，当油环磨损后弹簧能够自动补偿，使油环仍能保持良好的刮油性能。这种油环制造和安装较方便。

（三）活塞销

活塞销用来连接活塞和连杆，并将活塞承受的力传给连杆。活塞销在高温条件下承受很大的周期性冲击负荷，且由于活塞销在销孔内摆动角度不大，难以形成润滑油膜，因此润滑条件较差。为此活塞销必须有足够的刚度、强度和耐磨性，质量尽可能小，销与销孔应该有适当的配合间隙和良好的表面质量。

活塞销内孔形状分为圆柱形、两段截锥形、组合形三类，如图 1-26 所示。圆柱形内孔加工容易，但活塞销的质量较大。两段截锥形内孔的活塞质量较小，又接近于等强度梁的要求（因活塞销所承受的弯矩在中部最大，距中部越远越小），但孔的加工较复杂。组合形内孔的结构介于两者之间。

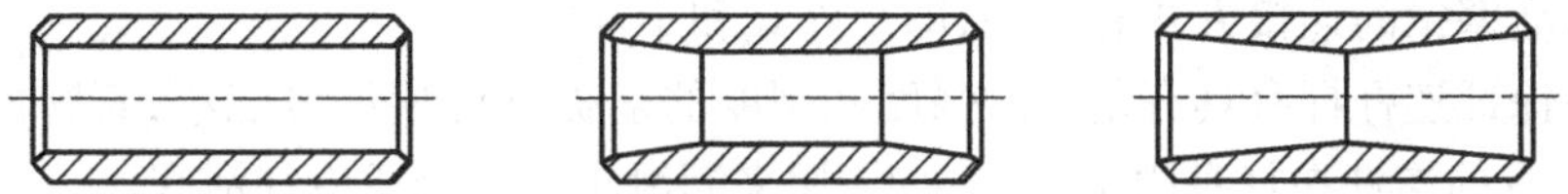

(a) 圆柱形　　(b) 组合形　　(c) 两段截锥形

图 1-26　活塞销的内孔形状

活塞销与活塞销座孔及连杆小头衬套孔的连接方式有两种，分别为全浮式和半浮式，如图 1-27 所示。半浮式活塞销是指其只能在连杆小头孔内或销座孔内转动。全浮式活塞销分别可以在活塞销座孔内和连杆小头衬套孔内缓慢转动，使活塞销磨损较均匀，目前多采用全浮式。

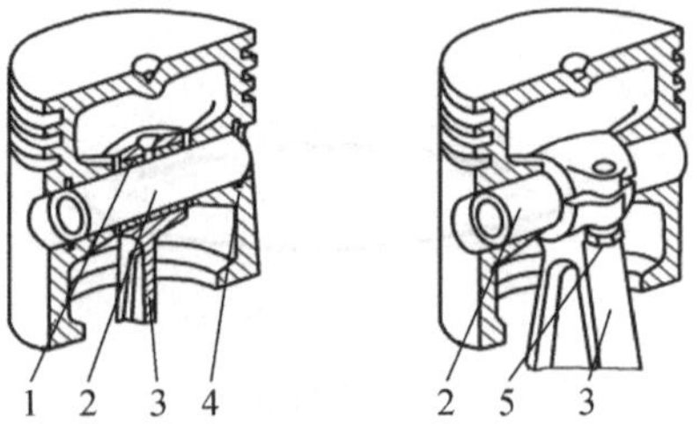

(a) 全浮式　(b) 半浮式

1—连杆衬套；2—活塞销；3—连杆；4—活塞销卡环；5—紧固螺栓

图 1-27　活塞销的连接方式

(四) 连杆组

连杆组包括连杆体(包括连杆盖)、连杆螺栓、连杆轴瓦等零件，如图 1-28 所示。习惯上常把连杆体和连杆螺栓合起来称作连杆。

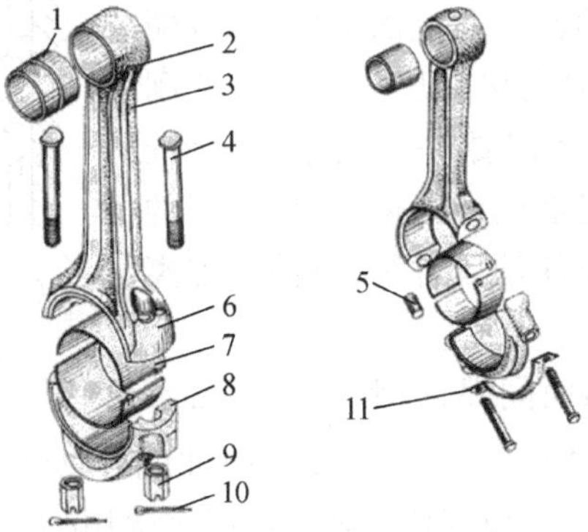

(a) 平切口式　(b) 斜切口式

1—连杆衬套；2—连杆小头；3—杆身；4—连杆螺栓；5—定位销；6—连杆大头；7—连杆轴瓦；8—连杆盖；9—连杆螺母；10—开口销；11—锁片

图 1-28　连杆组

连杆组的功用是将活塞承受的力传给曲轴，并将活塞的往复运动转变为曲轴的旋转运动。连杆组主要受压缩、拉伸和弯曲等交变负荷。最大压缩载荷出现在做功行程下止点附近，最大拉伸载荷出现在进气行程上止点附近。因此，连杆体和连杆盖一般采用高强度的优质中碳钢或中碳合金钢。

1. 连杆体

连杆体主要由连杆小头、杆身和连杆大头(包括连杆盖)三部分构成。连杆小头与活塞销连接，同活塞一起做往复运动。在全浮式连接的连杆小头孔内压装有减磨功能的青铜衬套或铁基粉末冶金衬套。在连杆小头和衬套上一般加工有积存飞溅润滑油的油槽或油孔，起到润滑衬套和活塞销的作用。

小头的结构形状取决于活塞销的尺寸及其与连杆小头的连接方式。在汽车发动机中连杆小头与活塞销的连接方式有两种，即全浮式和半浮式。

为了在保证连杆杆身具有足够的强度和刚度的前提下质量尽可能小，其断面一般做成“工”字形。有的连杆在杆身内加工有油道，用来润滑小头衬套或冷却活塞。

连杆大头与曲轴的连杆轴颈相连，连杆大头除应具有足够的刚度外，外形尺寸要小，质量要轻，拆卸发动机时能从气缸上端取出。连杆大头通常采用剖分式，剖分面有垂直于连杆中心线的平切口式(图 1-28 a)和相对于连杆中心线倾斜 30°~60°的斜切口式(图 1-28 b)两种。前者多用于汽油机连杆;后者多用于柴油机连杆。

斜切口式连杆承受惯性力拉伸时,在切口方向受到较大的横向分力,致使连杆螺栓承受剪切作用,故一般采用以下定位措施:

(1) 止口定位(图 1-29 a):优点是工艺简单,缺点是定位不大可靠,无法防止连杆盖止口向外变形或连杆大头止口向内变形。

(2) 套筒定位(图 1-29 b):在连杆盖的螺栓孔内压配刚度大且剪切强度高的套筒,为使连杆盖拆装方便,其与连杆大头保持高精度的配合间隙。但这种定位方式工艺复杂,要求高。

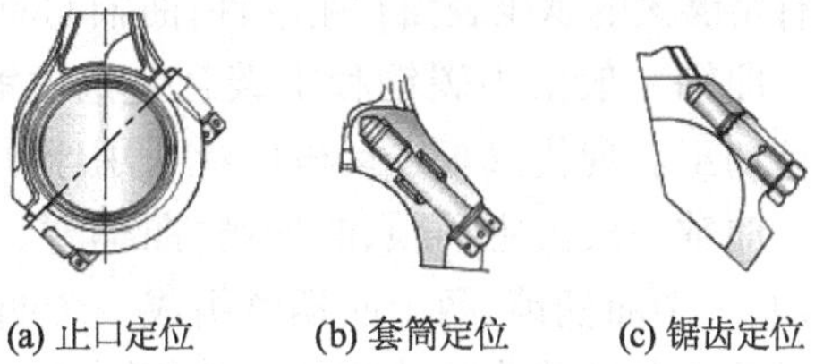

图 1-29 斜切口式连杆的定位方式

(3) 锯齿定位(图 1-29 c):定位可靠,结构紧凑,但对锯齿精度要求严格,维修不便。

2. 连杆螺栓

连杆盖和连杆大头用连杆螺栓连在一起,工作时连杆螺栓承受交变载荷,因此在结构上应尽量增大连杆螺栓的弹性,而在加工方面要精细加工过渡圆角,消除应力集中,以提高其抗疲劳强度。连杆螺栓用优质合金钢制造,如 40Cr,35CrMo 等。经调质后滚压螺纹,表面进行防锈处理。

3. 连杆轴瓦

连杆大头内的瓦片式滑动轴承称为连杆轴瓦。轴瓦分为上下两个半片,在自由状态下非半圆形,当安装入连杆大头孔内时,两个瓦片因组装压力变形,均匀的紧贴在大头壁孔上。轴瓦材料目前多采用薄壁钢背轴瓦,在其内表面浇铸有减磨合金层,因此连杆工作时具有很好的承载和导热能力。

四、曲轴飞轮组

曲轴飞轮组主要由曲轴、飞轮及其他一些附件组成,如图 1-30 所示。

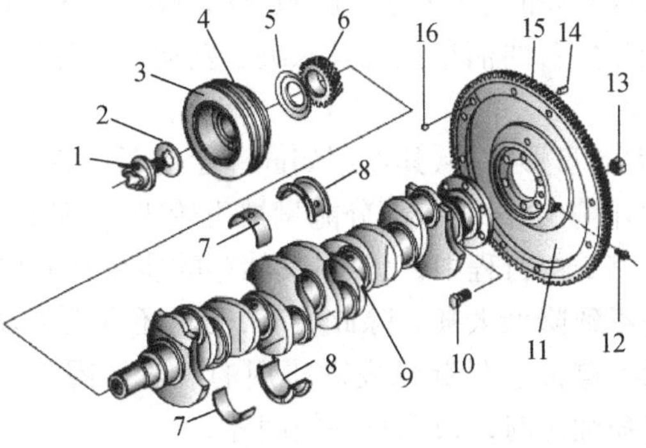

1—起动爪; 2—起动爪紧锁垫圈; 3—扭转减振器; 4—带轮; 5—挡油片; 6—正时齿轮; 7—主轴承上下轴瓦; 8—中间主轴瓦; 9—曲轴; 10—螺柱; 11—飞轮; 12—润滑脂嘴; 13—螺母; 14—圆柱销; 15—齿圈; 16—一、六缸活塞处在上止点时的记号(钢球)

图 1-30 曲轴飞轮组分解图

（一）曲轴

曲轴的功用是把活塞、连杆传来的气体力转变为转矩，用以驱动汽车的传动系统、发动机的配气机构及其他辅助装置。曲轴在周期性变化的气体力、惯性力及其力矩的共同作用下工作，承受弯曲和扭转交变载荷。因此，曲轴应有足够的抗弯曲、抗扭转的疲劳强度和刚度；轴颈应有足够大的承压表面和耐磨性；曲轴的质量应尽量小；对各轴颈的润滑应该充分。

曲轴一般由中碳钢和中碳合金钢模锻而成，轴颈表面经高频淬火或氮化处理，最后进行精加工。现代汽车发动机广泛采用球墨铸铁曲轴。

曲轴一般由主轴颈、曲柄销、曲柄臂、平衡重块等组成，如图 1-31 所示。一般由两个主轴颈、一个曲柄销、两个曲柄臂组成一个曲柄。单缸发动机的曲轴只有一个曲柄，多缸直列式发动机曲轴的曲柄数与气缸数相同，V 形发动机曲轴的曲柄数等于气缸数的一半。

1. 主轴颈

主轴颈是曲轴的支承部分，通过主轴承支承在曲轴箱的主轴承座中。主轴颈的数目不仅与发动机气缸数目有关，还取决于曲轴的支承方式。曲轴的支承方式一般有两种，一种是全支承曲轴，另一种是非全支承曲轴。在相邻的两曲拐间都设置一个主轴颈的曲轴，称为全支承曲轴，否则称为非全支承曲轴。柴油机及负荷较大的汽油机一般采用全支承曲轴，中小负荷的汽油机则多采用非全支承曲轴。

2. 曲柄销

曲柄销也叫连杆轴颈，是曲轴与连杆的连接部分。

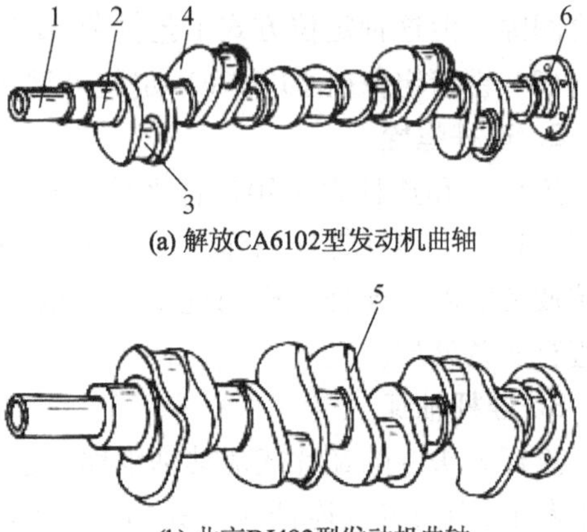

(a) 解放CA6102型发动机曲轴

(b) 北京BJ492型发动机曲轴

1—前端轴；2—主轴颈；3—连杆轴颈（曲柄销）；
4—曲柄臂；5—平衡重块；6—后端凸缘

图 1-31 曲轴

3. 曲柄臂

曲柄臂是主轴颈与曲柄销的连接部分。一般为了平衡惯性力，曲柄臂处铸有平衡重块，以使曲轴旋转平稳。

各曲柄的相对位置或曲柄布置取决于气缸数、气缸排列型式和发动机工作顺序。当气缸数和气缸排列型式确定之后，曲柄布置就只取决于发动机工作顺序。

（二）飞轮

飞轮是转动惯量很大的盘形零件，其作用如同一个能量存储器。在做功行程中发动机传输给曲轴的能量，除对外输出外，还有部分能量被飞轮吸收，从而使曲轴的转速不会升高很多。在排气、进气和压缩 3 个行程中，飞轮将其储存的能量释放出来补偿这 3 个行程所消耗的功，从而使曲轴转速不致降低太甚。除此之外，飞轮还有下列功用：飞轮是摩擦式离合器的主动件；在飞轮轮缘上镶嵌有供起动发动机用的飞轮齿圈；在飞轮上还刻有上止点记号，用来校准点火时刻或喷油定时以及调整气门间隙。

（三）曲轴扭转减振器

当发动机工作时，曲轴在周期性变化的转矩作用下，各曲柄之间发生周期性相对扭转的现象称为扭转振动，简称扭振。当发动机转矩的变化频率与曲轴扭转的自振频率相同或成整数倍时，就会发生共振。共振时扭转振幅增大，并导致传动机构磨损加剧，发动机功率下降，甚至使曲轴断裂。为了消减曲轴的扭转振动，现代汽车发动机多在扭转振幅最大的曲轴前端安装扭转减振器。汽车发动机多采用橡胶扭转减振器、硅油扭转减振器和硅油－橡胶扭转减振器等。

1. 橡胶扭转减振器

图 1-32 所示为橡胶摩擦式扭转减振器，减振器壳体与曲轴连接，减振器壳体与扭转振动惯性质量粘结在硫化橡胶层上。发动机工作时，减振器壳体与曲轴一起振动，由于惯性质量滞后于减振器壳体，因而在两者之间产生相对运动，使橡胶层来回揉搓，振动能量被橡胶的内摩擦阻尼吸收，从而使曲轴的扭振得以消减。橡胶扭转减振器结构简单，工作可靠，制造容易，在汽车上广为应用。但其阻尼作用小，橡胶容易老化，故在大功率发动机上较少应用。

2. 硅油扭转减振器

图 1-33 为硅油减振器的结构示意图。硅油减振器的壳体 1 固联在曲轴前端，壳体 1 内的惯性圆盘 3 可绕光滑耐磨的减磨衬套 4 自由转动。当曲轴发生扭振时，惯性圆盘 3 的转动惯量较大，它的运动总是滞后于壳体 1 的运动，此时惯性圆盘 3 与壳体 1 间隙内的硅油 2 将会消耗振动能量，从而达到减弱扭振振幅的目的。但是硅油减振器的密封较为困难，且硅油在与空气接触过程中容易变质，从而影响了减振器的减振效果。

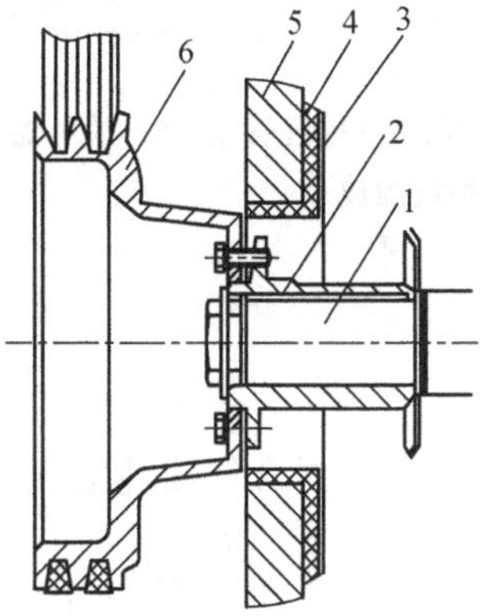

1—曲轴前端；2—带轮轮毂；3—减振器圆盘；
4—橡胶垫；5—惯性盘；6—带轮

图 1-32　橡胶摩擦式扭转减振器

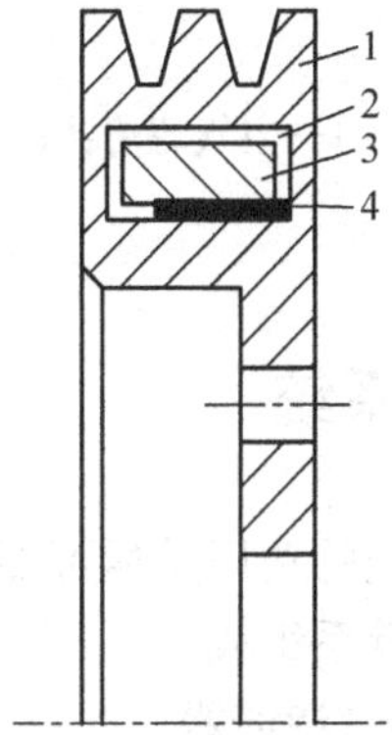

1—壳体；2—硅油；
3—惯性圆盘；4—减磨衬套

图 1-33　硅油减振器

3. 硅油－橡胶扭转减振器

硅油－橡胶扭转减振器集中了硅油扭转减振器和橡胶扭转减振器二者的优点，体积小、质量轻、减振性能稳定等。

第三节　换气系统

一、换气系统的功用与组成

1. 换气系统的功用

换气系统的功用是按照发动机工作循环和着火次序适时地开启和关闭各缸的进排气

门,使足量的新鲜空气或空气与燃油的混合气及时进入气缸,并及时、安全且尽可能彻底地排出燃烧后的废气。

2. 换气系统的组成

一般的换气系统如图1-34所示,主要由空气滤清器、进气管系、配气机构、排气管系、消声器等组成。发动机工作时,空气先经过空气滤清器过滤,然后经进气管道、进气门而进入气缸;燃烧所产生的废气经排气门进入排气歧管,再由排气歧管进入排气管、催化转换器和消声器,最后由排气尾管排到大气中。

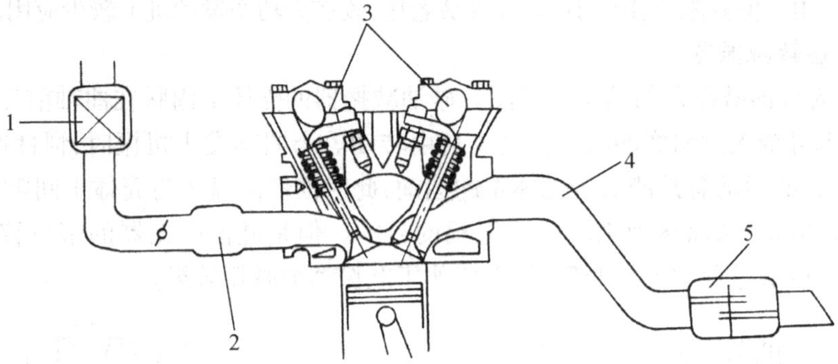

1—空气滤清器;2—进气管系;3—配气机构;4—排气管系;5—消声器

图1-34 发动机换气系统组成

二、进气系统

进气系统的功用是尽可能多且均匀地向各缸供给可燃混合气或纯空气,主要由空气滤清器和进气管系组成。

(一) 空气滤清器

空气滤清器的功用是滤去空气中所含的尘土和杂质,让洁净的空气进入气缸,以减少气缸、活塞、活塞环等有关零件的磨损,延长发动机的使用寿命。空气滤清器的结构如图1-35所示,主要由空气滤清器盖、滤芯、壳体及进气导流管等组成。

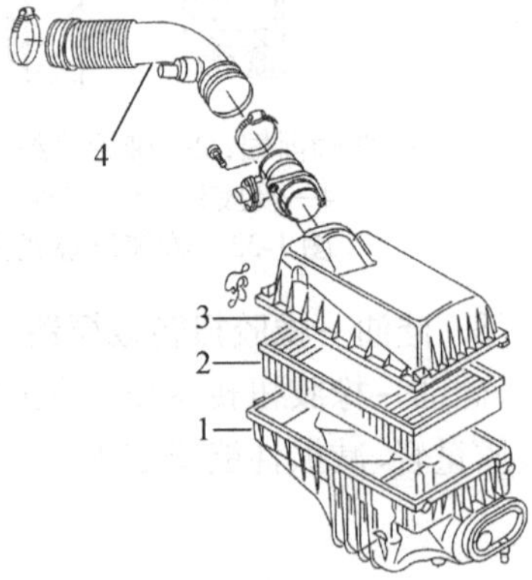

1—空气滤清器盖;2—滤芯;3—壳体;4—进气导流管

图1-35 空气滤清器

根据滤芯的材料不同,空气滤清器可分为干式、油浴式、离心式和聚氨酯式等。

1. 干式空气滤清器

干式空气滤清器通过用树脂处理的纸质滤芯对空气进行过滤,如图1-36所示。过滤的效果与滤纸的筛孔大小有关,0.001 mm的筛孔可将绝大多数灰尘隔离,滤清效率可达99.5%以上。纸质滤芯的寿命取决于纸面大小(通常成波折状以提高过滤面积)及空气本身的清洁程度,纸质滤芯不能清洗,可用压缩空气吹去积灰,严重沾污时必须更换。

纸滤芯使用寿命长,吸附杂质的能力强,滤清效果好,但不能反复使用,需定期更换。

2. 油浴式空气滤清器

油浴式空气滤清器(图 1-37)用于多灰尘条件下工作的发动机(如越野汽车发动机),其滤芯多用金属网卷成圆筒形或将金属丝填塞在有孔眼的滤芯外壳中制成。在滤芯下面的壳底有一油池,所吸入的空气碰到油面,颗粒较大的尘粒被机油所吸附,而细小的尘粒则随空气穿过有机油的滤芯时被滤芯所吸附。

油浴式空气滤清器可滤掉空气中 95% ~97% 的灰尘,滤芯清洗后可重复使用。

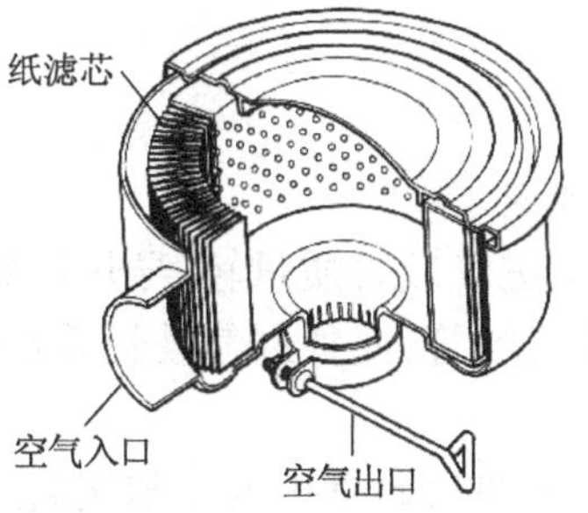

图 1-36　纸滤芯滤清器

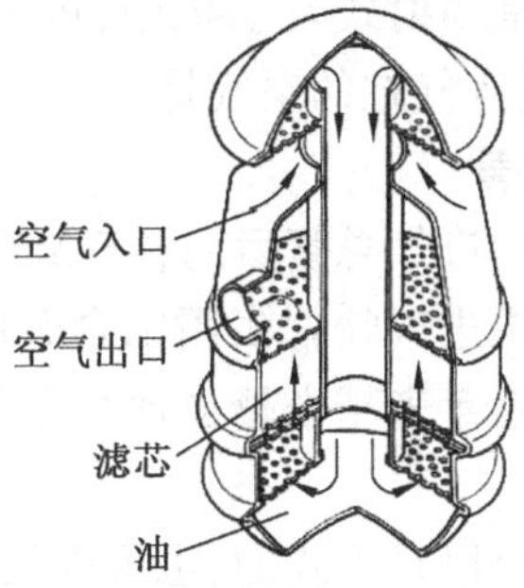

图 1-37　油浴式空气滤清器

3. 离心式空气滤清器

离心式空气滤清器如图 1-38 所示。其工作原理如下:压缩空气由输入口进入过滤器内部后,由于旋风叶片的导向,在内部产生强烈的旋转,在离心力的作用下,空气中混有的大颗粒固体杂质、液态水滴和油滴等被甩到过滤器壳体内表面上,在重力作用下沿壁面沉降到底部,由手动或自动排水器排出。气体通过滤芯 5 进一步清除其中的固态粒子,洁净的空气从输出口输出。挡水板可防止气流的旋涡卷起沉积的污水,造成二次污染。它多与纸质滤芯一起组成复合式空气滤清器,用在矿用自卸汽车上。

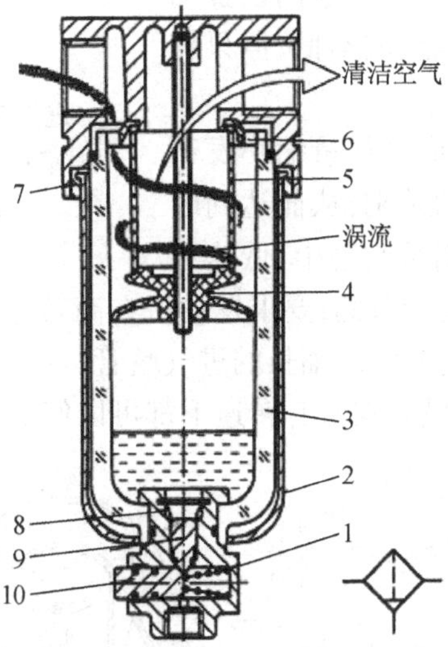

1—复位弹簧; 2—保护罩; 3—水杯; 4—挡水板; 5—滤芯;6—旋风叶片;
7—卡圈; 8—锥形弹簧; 9—阀芯; 10—手动放水按钮

图 1-38　离心式空气滤清器

（二）进气管系

进气管系由进气总管和进气歧管组成。

1. 进气总管

进气总管是指空气滤清器至进气歧管之间的管道。为了提高发动机的充气效率，按照有效利用进气压力波的原理设计进气管的长度、形状和结构。

进气总管上常附有各种形状的气室，以减小节气门开度频繁变化时的进气脉动。

在电控燃油喷射式发动机中，进气总管还装有空气流量计或进气歧管绝对压力传感器，以便计量进入气缸的空气量。

2. 进气歧管

进气歧管指进气总管后向各气缸分配空气的支管。

轿车发动机进气歧管多用铝合金制造，铝合金进气歧管质量轻、导热性好。电控汽油喷射式发动机近年来越来越多地采用复合塑料进气歧管，此种进气歧管质量轻、内壁光滑且无须加工。

进气歧管可以是干式的，也可以是湿式的。湿式进气歧管中的冷却液通道是在进气歧管内部直接铸造出来的。

为了改善发动机暖机时的燃油雾化，在一些V6或V8发动机的进气歧管上连接一根排气通道，利用废气的热量加热进气道的可燃混合气。

在进气过程中，气体流动具有间歇性和波动性，在进气歧管内产生一定幅度的压力波，为了充分利用气流压力的波动效应，提高进气效率，有的发动机在进气管旁设置与进气管相通的谐振腔，构成谐振进气系统（图1-39）或在进气管内设置动力腔。这两种进气装置工作可靠、成本低，但只能在特定转速下增加进气量。

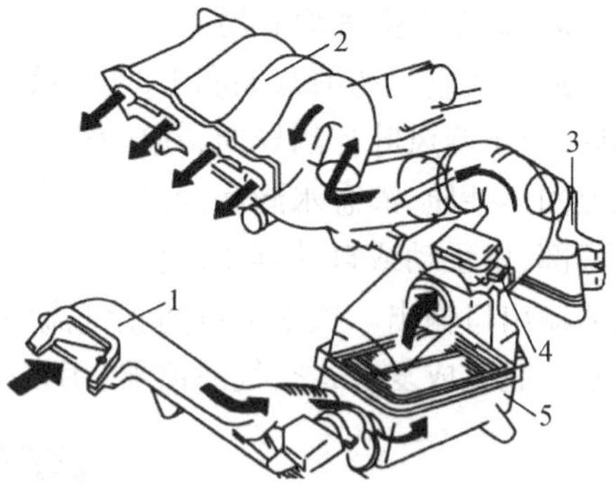

1—进气导流管；2—进气歧管；3—主谐振室；4—气流量计；5—空气滤清器

图1-39 谐振进气装置

为了充分利用进气波动效应并尽量缩小发动机在高、低速运转时进气速度的差别，从而达到改善发动机经济性及动力性，特别是改善中、低速和中、小负荷时的经济性和动力性的目的，要求发动机在高转速、大负荷时装备粗短的进气歧管，而在中、低转速和中、小负荷时配用细长的进气歧管。可变进气歧管（图1-40）就是适应这种要求而设计的。可变进气歧管在所有转速下都可以使发动机转矩平均提高5%。

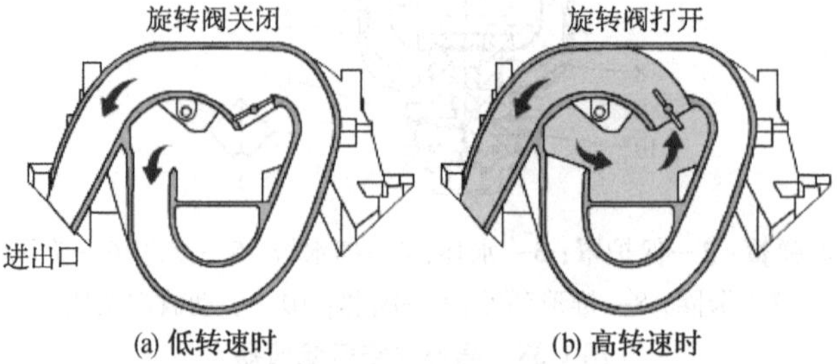

图1-40 可变进气歧管

三、配气机构

（一）配气机构的功用、分类与组成

1. 配气机构的功用

配气机构是发动机换气系统的核心结构，其功用是按照各缸的工作过程和顺序，定时开启和关闭进、排气门，及时吸进新鲜空气和排出废气，当气缸处于压缩和做功行程时，气门应具有足够的密封性，以保证发动机的正常运转。

2. 配气机构的分类

配气机构根据气门安装位置的不同，可分为侧置式和顶置式两种。侧置式气门位于气缸侧面的机体上，顶置式气门位于气缸盖上。顶置式气门能使燃烧室紧凑，达到较高的压缩比，使进气阻力较小，有利于充分进气，所以现代汽车拖拉机发动机均采用这种型式。

顶置式气门配气机构如图 1-41 所示，它由凸轮轴、挺柱、推杆、摇臂、摇臂轴与气门组等组成。气门在气门弹簧的作用下，紧贴在气门座上。当曲轴转动时，通过正时齿轮使凸轮轴转动，当凸轮的凸起部分顶着挺柱时，挺柱推动推杆上行，推杆推动摇臂绕摇臂轴摆动，压缩气门弹簧，使气门打开。当凸轮的凸起部分转过之后，推杆上的力解除，气门在弹簧的作用力下随即紧闭。

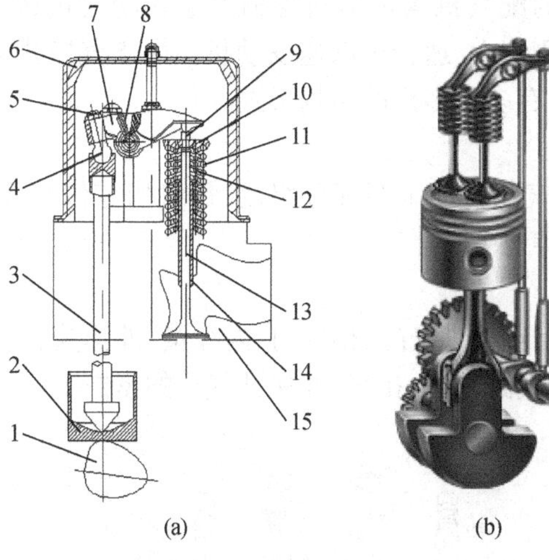

1—凸轮轴；2—挺柱；3—推杆；4—调整螺钉；5—锁紧螺母；6—气门罩室；7—摇臂；8—摇臂轴；9—锁片；10—气门弹簧座；11—气门主弹簧；12—气门副弹簧；13—气门；14—气门导杆；15—气缸盖

图 1-41 顶置式气门配气机构

顶置式气门配气机构凸轮轴的位置有下置式（图 1-41）、中置式（图 1-42 a）和上置式（图 1-42 b）3 种。

凸轮轴置于曲轴箱内的配气机构为凸轮轴下置式配气机构。下置凸轮轴由曲轴定时齿轮驱动。发动机工作时，曲轴通过定时齿轮驱动凸轮轴旋转。当凸轮的上升段顶起挺柱时，经推杆和气门间隙调整螺钉推动摇臂绕摇臂轴摆动，压缩气门弹簧使气门开启。当凸轮的下降段与挺柱接触时，气门在气门弹簧力的作用下逐渐关闭。四冲程发动机每完成一个工作循环,每个气缸进、排气一次。这时曲轴转两周,而凸轮轴只旋转一周,所以曲轴与凸轮轴的转速比或传动比为 2∶1。

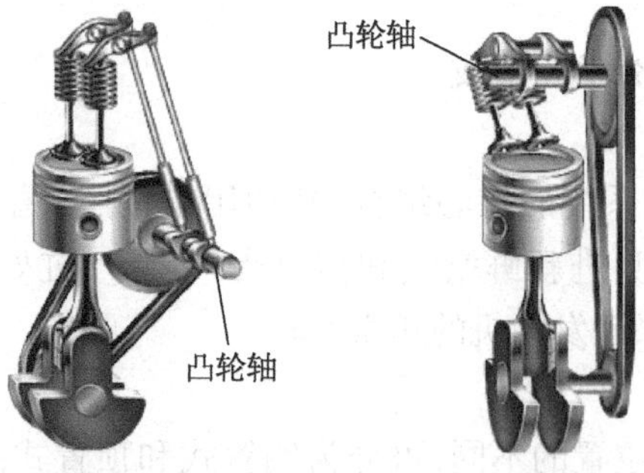

(a) 凸轮轴中置式 (b) 凸轮轴上置式

图 1-42 顶置式气门配气机构形式

凸轮轴置于机体上部的配气机构被称为凸轮轴中置式配气机构。其与凸轮轴下置式配气机构的组成相比,减少了推杆,从而减轻了配气机构的往复运动质量,增大了机构的刚度,适用于较高转速的发动机。有些凸轮轴中置式配气机构的组成与凸轮轴下置式配气机构没有什么区别,只是推杆较短而已,如 YC6105Q、6110A、依维柯 8210.22S 和福特 2.5ID 等发动机。

凸轮轴置于气缸盖上的配气机构称为凸轮轴上置式配气机构。其主要优点是运动件少,传动链短,整个机构的刚度大,适合于高速发动机。由于气门排列和气门驱动形式的不同,凸轮轴上置式配气机构有多种多样的结构形式。

3. 配气机构的组成

配气机构由气门组和气门传动组两部分组成,每组的零件组成则与气门的位置、凸轮轴的位置和气门驱动形式等有关。

1)气门组

如图 1-43 所示,气门组包括进气门、排气门、内弹簧、外弹簧、气门弹簧座、进气门锁片、排气门锁片和挡圈等,实现气缸的进、排气,并保证气缸的密封。

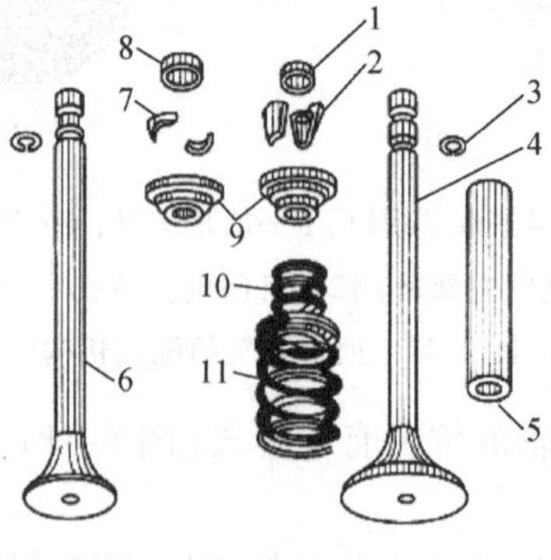

1—进气门顶帽; 2—进气门锁片; 3—挡圈; 4—进气门; 5—气门导管; 6—排气门; 7—排气门锁片; 8—排气门顶帽; 9—气门弹簧座; 10—内弹簧; 11—外弹簧

图 1-43 气门组

（1）气门

气门由气门头与气门杆两部分组成，分别与气门座及导管相配合。气门头为圆盘形，在位置许可的情况下，气门头直径越大，对进、排气越有利。由于受到位置的限制，多数发动机的进气门都比排气门大一些。因为增大进气门可减小进气阻力，提高充气量，比起增大排气门减小排气阻力，可收到更多的效益。气门头部锥面一般为45°，经精加工后，与气门座配对研磨。研磨好之后，斜面中部形成宽度为1.5～2.5 mm的无光泽、灰色接触环带。研磨之后的气门应对号入“座”，不准调错。气门杆呈圆柱形，与气门头制成一体，两者连接处制成圆滑过渡，以减小进、排气阻力，并增加强度。气门杆经磨光后装入导管中，气门就在导管内上下运动。气门尾端制成锥体或环槽，用来安装气门锁片（锁夹），以固定气门弹簧座。4125A，4115T，2125及485柴油机的气门杆尾端还有小的挡圈槽，用以安装挡圈（卡簧），以防气门弹簧折断或锁片脱落时气门落入气缸内而造成严重事故。

（2）气门导管

当气门上下运动时，导管起导向作用，保证气门与气门座对中，配合严密。杆身与导管之间应有较小的间隙。导管多采用球墨铸铁或铁基粉末冶金制成，压装在气缸盖导管座孔中，然后经精铰加工。气门导管压配好之后高出气缸盖上平面的高度，根据各种机型而定，过高过低都不适宜。如导管过高，打开气门时，弹簧座、气门锁夹易与导管相碰，产生敲击声，导致零件早期损坏，严重时也会造成摇臂折断，推杆弯曲；如导管高度过低，会影响进、排气的畅通，严重时会使气门关闭不严。

（3）气门弹簧

气门弹簧的功用是自动关闭气门。为了使气门与气门座紧密贴合，气门弹簧装配时要预先加以压缩，使它具有一定的预紧力。现在多数柴油机上采用双气门弹簧（4125A柴油机为单弹簧），且内外弹簧的旋向相反。这样，两根弹簧的振动频率不等，从而可以避免共振现象，而且当一根弹簧因故折断时，其弹簧圈不致卡入另一根弹簧圈内，另一根弹簧仍可支持气门，使它不落入气缸内。

（4）气门旋转机构

为了改善气门与气门座密封面的工作条件，可设法使气门在工作中能相对于气门座缓慢旋转，使气门头部温度均匀，减少气门头部变形的可能性。同时气门缓慢旋转时在密封锥面上产生轻微的摩擦力，有阻止沉积物形成的自洁作用。此外，气门杆部的润滑条件也由于缓慢旋转而得到改善。因此，不少发动机装有气门旋转机构，以提高气门工作的可靠性和使用寿命。

2）传动组

顶置式气门配气机构的传动组由挺柱、推杆、摇臂和摇臂轴、凸轮轴等组成。它的主要功能是将凸轮轴的动力传递给进、排气门，使进、排气门按照配气相位规定的时间开启和关闭。

（1）挺柱

挺柱用以使凸轮的回转运动变为往复直线运动。挺柱的底平面与凸轮接触，顶面呈凹球形与推杆接触。为了提高耐磨性，挺柱都用碳钢制成，工作表面经热处理。为了使挺柱磨损均匀，挺杆安装到导管中以后，其中心线与凸轮中心线不重合，而是互相偏置一定距离。这样，当凸轮转动时，挺杆除做上下运动外，还可绕自身中心线做小量转动（图1-44）。

通常进、排气挺柱的结构完全相同。

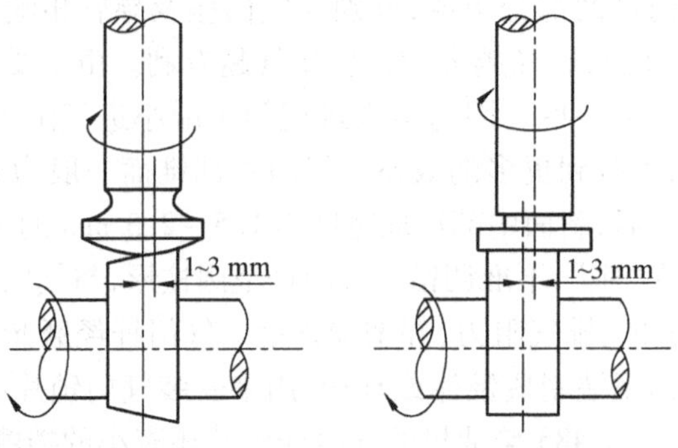

(a) 球面挺柱　　(b) 平底挺柱

图 1-44　挺柱自动旋转机构

（2）推杆

推杆多为细长杆，用无缝钢管或圆钢制成。推杆下端与挺柱接触，上端与摇臂接触。当摇臂摆动时，两杆做圆弧运动，因此推杆不仅要做上下运动，而且做小量的摆动，为此，推杆的下端制成凸球面形状，以便与挺柱的凹球面接触，上端多数制成凹球面与调整螺钉的凸球面接触。不论采取哪种型式，端头都必须经过热处理。

（3）摇臂和摇臂轴

如图 1-45 所示，摇臂装在摇臂轴上，将推杆传来的力改变运动方向后作用在气门杆上，用以推开气门。摇臂多数采用碳钢模锻而成，也有采用球墨铸铁铸成的。摇臂分长短两臂，长臂顶端制成圆弧面，与气门杆接触，短臂一端装有调整螺钉，用以调整气门间隙。摇臂中一般钻有油孔，以润滑其两端。摇臂轴是一根空心轴，安装在摇臂轴支座中，摇臂轴支座用螺钉固定在气缸盖上。摇臂轴除支承摇臂外，还兼作油道。机油经气缸盖油道，进入摇臂支座油孔，然后进入摇臂轴油道，再通过摇臂轴上油孔以润滑摇臂衬套，从摇臂小孔流出的机油用来润滑摇臂两端。为了防止摇臂轴向移动，在两摇臂之间装有弹簧；为了防止摇臂轴转动而引起油孔错位，在摇臂支座上有固定螺钉。4125A 型柴油机的摇臂轴制成两部分，中间用连接管连接，其目的是便于安装。连接处有密封垫，安装时需注意。

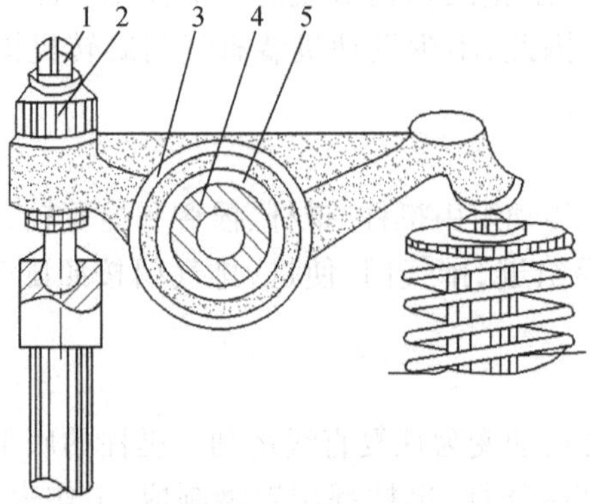

1—调整螺钉；2—锁紧螺母；3—摇臂；4—摇臂轴；5—衬套

图 1-45　摇臂

（4）凸轮轴

凸轮轴是气门传动组的动力部件，其功用是根据发动机各缸的工作顺序及时地开启和关闭进、排气门。发动机工作时，凸轮受到气门间歇性开启的周期性冲击载荷，凸轮工作面受到很大的摩擦，而凸轮轴变形弯曲又将严重影响气门的开闭时刻和开度。因此，要求凸轮表面耐磨并有足够大的强度和刚度。

大多数凸轮和凸轮轴制成整体式（图1-46），当凸轮轴较长时，可采用分段制造。凸轮轴以轴颈支承在机体轴承上，一般每隔两个气缸用一个轴颈支承，四缸发动机的凸轮轴则用三道轴颈来支承。凸轮轴都采用不可分轴承，安装时凸轮轴从机体的一端插入轴承内，因此支承轴颈的尺寸必须大于凸轮外形的最大尺寸。

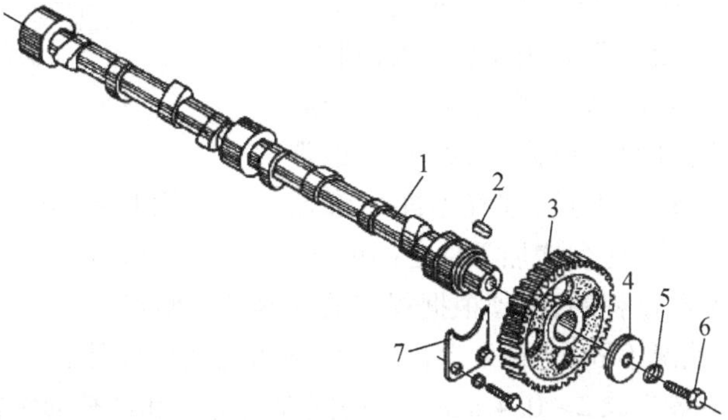

1—凸轮轴；2—键；3—正时齿轮；4—凸轮轴衬套；5—垫片；6—螺栓；7—止推片

图1-46　凸轮轴

各凸轮的相对位置和凸轮的外形轮廓线是凸轮轴结构的核心。一个曲线形状良好的凸轮，不仅能使气门在开启时间内有较大的开度，以增加进气量，同时还使整个配气机构零件不至于因运动中加速度过高而产生较大的惯性力，导致零件迅速磨损。

发动机各个气缸的同名凸轮（进气或排气凸轮）的相对角位置取决于发动机的工作顺序、行程数和气缸数目。图1-47为4125A型柴油机凸轮轴，4125A型柴油机的工作顺序为1—3—4—2，前后相继工作的两缸的同名凸轮之间的夹角为360°/i（i为气缸数）。四缸四行程发动机两同名凸轮之间的夹角为90°，其排列顺序与工作顺序相同。同一气缸的进、排气凸轮之间的夹角取决于配气相位。

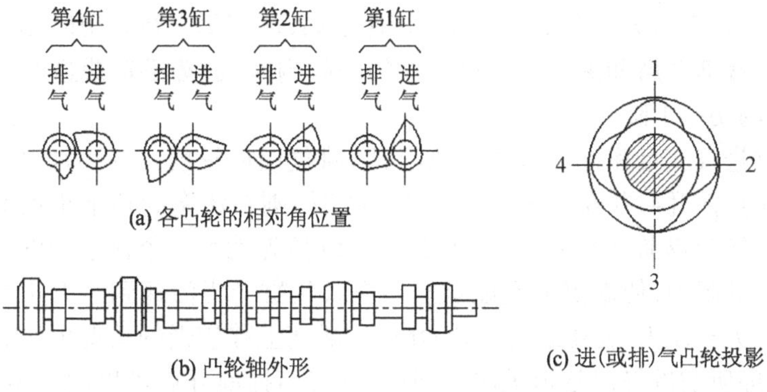

图1-47　4125A型柴油机凸轮轴

由于配气正时齿轮多用斜齿轮，凸轮轴在工作中易产生轴向窜动，影响配气正时，为了防止产生轴向移动，凸轮轴必须进行轴向定位。一般采用止推片进行轴向定位，也有采用止推螺栓进行轴向定位的。图1-48为正时齿轮安装记号。

（二）气门间隙与配气相位

1. 气门间隙

为了保证气门关闭严密，当气门关闭时，气门杆尾端与摇臂头之间留有适当的间隙，此间隙称为气门间隙。若不留间隙，发动机工作时，由于零件受热膨胀变长（主要是气门杆、挺柱及推杆）而使气门顶开，造成气门关闭不严，功率下降，使气门密封面严重积炭或烧坏。反之，若气门间隙过大，则进、排气门开启迟后，关闭提早，缩短了进、排气门开启的延续时间，降低了气门的开启高度，改变了正常的配气相位，使发动机充气不足、排气不净而降低功率。同时气门间隙过大，还会增加零件之间的撞击，加速零件磨损。因此，气门间隙应调整适当，装配及使用维修过程中，必须根据规定的数值进行调整。

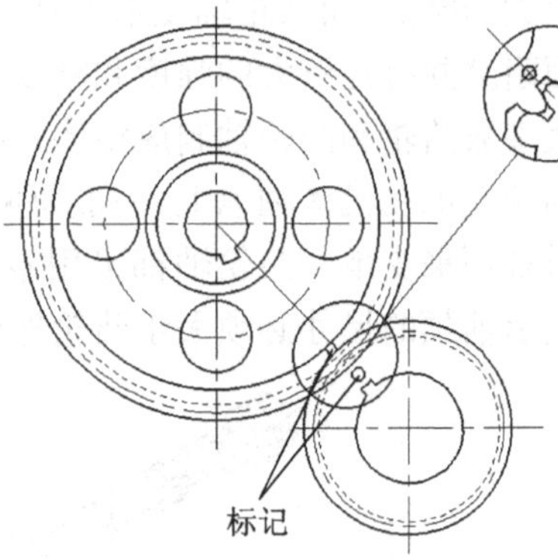

图1-48　正时齿轮安装记号

由于构造及温度状况不同，各种发动机气门间隙的数值也不同。不同机型的气门间隙值是经试验确定的，一般为0.2～0.4 mm。气门间隙的检查和调整通常在冷状态下进行，一般发动机都规定有冷态的气门间隙值，也有发动机规定有“热车”间隙。热车时的间隙比冷态时小0.05 mm。由于排气门温度比进气门高，所以排气门的间隙比进气门间隙要大些。4125A型柴油机气门间隙的规定值：进气门间隙，冷车时为0.30 mm，热车时为0.25 mm；排气门间隙，冷车时为0.35 mm，热车时为0.30 mm。

气门间隙采用厚薄规测量。调整气门间隙时，必须使活塞处于压缩行程上止点附近，此时进、排气门都处于关闭状态。对于多缸发动机，一般首先确定第一缸的上止点，调整好第一缸的气门间隙后，再根据该机的工作顺序和着火间隔角，依次对其他各缸的气门间隙进行调整。

2. 配气相位

配气相位是指进、排气门实际开闭的时刻和延续的时间，一般用曲轴转角来表示。如图1-49所示，发动机工作时，理论上进气门应该在上止点时开，在下止点时关，而排气门在下止点时开，在上止点时关。由于发动机的转速很高，活塞每一行程历时相当短，而且气门在凸轮轴作用下逐渐开启和关闭。在这样短的时间内换气，势必造成进气不足、排气不彻底，导致发动机的功率下降。

为保证气缸进气充足和排气彻底，实际上进、排气门应提前打开和延迟关闭，即进气门在活塞到达上止点前开启并在下止点后关闭；排气门则在活塞到达下止点前开启，而在上止点后关闭。进气门提前打开是为了保证进气系统预先就有一个比较大的气体通道面积，减小开始进气时的阻力，使新鲜充量能顺利地充入气缸。当活塞到达下止点时，气缸内压力仍然低于外界大气压力，在压缩行程开始阶段，活塞上移较慢的情况下，仍可以利用气流惯性继续进气，即所谓进气门延迟关闭。同样，排气门提前开启可以利用做功行程即将结束时气缸内外压力差实现快速自由排气，而且稍微早开排气门不仅不影响做功行程的做功,反而可以减少排气行程所消耗的功,使气缸内的废气较好地排出。高温废气的迅速排出,还可以防止发动机过热。排气门延迟关闭是为利用排气行程终了时气缸内废气压力仍高于大气压力和气流惯性,更多地清除气缸内的废气。

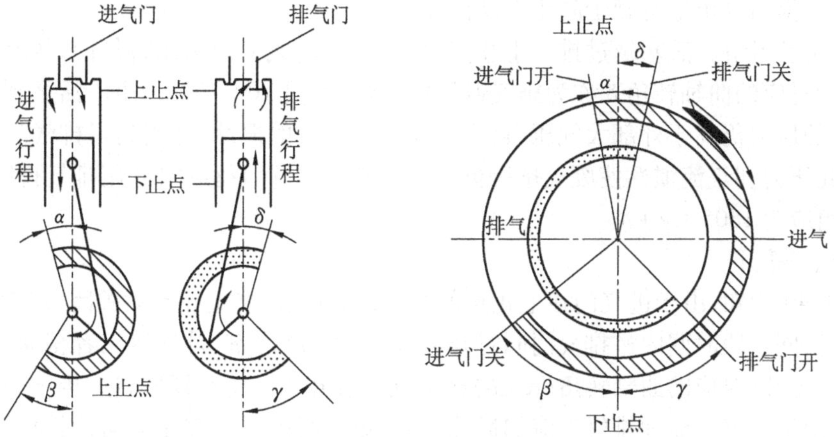

图 1-49　配气相位图

（1）进气相位

① 进气提前角。在排气行程终了、活塞到达上止点之前,进气门便提前开启。从进气门开启到上止点间所对应的曲轴转角 α 称为进气提前角。α 角一般为 10°~30°。进气门提前开启,保证了进气行程开始阶段气门已有较大的开度,有利于提高充气量。

② 进气迟闭角。活塞到达进气下止点后开始,上行(压缩行程开始)一段,关闭进气门,从下止点至进气门关闭所对应的曲轴转角 β 称为进气迟闭角。β 角一般为 40°~70°。进气门迟后关闭的目的是充分利用进气行程结束前缸内存在的压力差和较高的气流惯性以继续进气。下止点过后,随着活塞的上行,气缸内的压力逐渐增大,进气气流速度也逐渐减小,从理论上讲,当气缸内外压力差消失,流速接近零时,关闭进气门,此时对应的 β 角最佳。若 β 角过大,会引起进气倒流现象。从以上分析可知,进气门持续开启时若用曲轴转角来表示,即进气持续角应为 $180° + \alpha + \beta$。常见车型配气相位可参考表 1-4。

表 1-4　发动机配气相位参数一览表

型　号	开闭时刻			
	进气门开(上止点前) α/(°)	进气门关(下止点后) β/(°)	排气门开(下止点前) γ/(°)	排气门关(上止点后) δ/(°)
CA6110	30	54	70	28
6102Q	14	50	56	16
CA6113	30	54	70	28
奥迪 A6 1.8	16	38	38	8
奥迪 A6 1.8T	16	38	38	8
奥迪 A6 2.4	12	36	38	8
奥迪 A6 2.8	12	42	38	8

（2）排气相位

① 排气提前角。在做功行程,活塞到达下止点之前,排气门提前打开,从排气门打开至

下止点间所对应的曲轴转角 γ 称为排气提前角。γ 角一般为 40°～80°。排气门适当提前打开，虽然损失了一定的做功行程和功率，但可以利用较高的缸内压力将大部分燃烧废气迅速排出，待活塞上行时缸内压力已大幅下降，可以使排气行程所消耗的功率大为减少。此外，高温废气提前排出也有利于防止发动机过热。

② 排气迟闭角。活塞越过排气上止点，延迟一定时刻后再关闭排气门，从上止点到排气门关闭所对应的曲轴转角 δ 称为排气迟闭角。δ 一般为 10°～30°。由于活塞到达上止点时，气缸内的压力仍高于外部大气压，且废气气流有一定的惯性，适当延迟排气门关闭时刻可以利用此压力和气流惯性使废气排得更干净。排气门开启持续时间用排气持续角表示，排气持续角应为 $180° + \gamma + \delta$。

(3) 气门叠开

由图 1-49 所知，由于进气门在上止点前开启，而排气门在上止点后关闭，这就出现了在上止点附近，同一段时间内进排气门同时开启，进气道、燃烧室、排气道三者相通的情况，通常称为气门叠开，对应的曲轴转角($\alpha + \delta$)称为气门叠开角。叠开期间，进、排气门的开度均比较小，且由于进气气流和排气气流的惯性较大，短时间内不会改变流向，因而只要气门叠开角选择适当，就不会出现废气倒流进入进气管和新鲜气体随废气排出的问题。若选择不当，叠开角过大，发动机小负荷运转时则会出现上述问题，致使发动机换气质量下降。

配气相位对发动机的性能有很大影响，对于不同的发动机，由于结构形式、转速各不相同，因而配气相位也不相同。即使同一台发动机，随转速的不同，对配气相位的要求也不同。现代发动机上采用了可变配气相位的控制机构。

四、排气系统

(一) 排气管系

排气管系由排气歧管和排气总管组成(图 1-50)。它的作用是汇集发动机各缸的废气，使之安全地排入大气中。根据发动机排气管数不同，排气管系可分为单排气系统和双排气系统。直列发动机通常采用单排气系统(图 1-50)，V 形发动机有的采用单排气系统(图 1-51 a)，也有的采用双排气系统(图 1-51 b)。

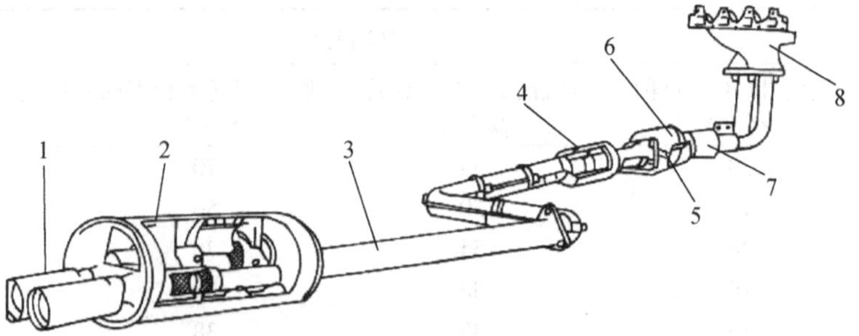

1—排气尾管；2—主消声器；3—后排气管；4—副消声器；
5—排气温度传感器；6—催化转化器；7—排气总管；8—排气歧管

图 1-50 排气管系与消声器

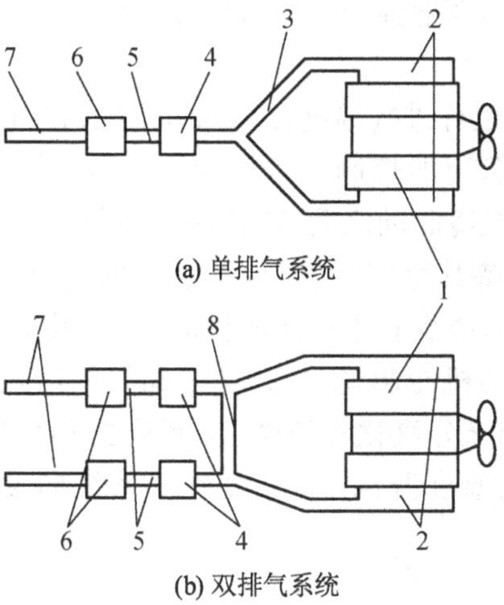

1—发动机；2—排气歧管；3—叉形管；4—催化转换器；
5—排气管；6—消声器；7—排气尾管；8—连通管

图 1-51　V 形发动机排气系统示意图

一般排气歧管由铸铁或球墨铸铁制造，近些年来采用不锈钢排气歧管的汽车越来越多，其原因是不锈钢排气歧管质量轻，耐久性好，同时内壁光滑，排气阻力小。排气歧管的形状十分重要。为了不使各缸排气相互干扰及不出现排气倒流现象，并尽可能地利用惯性排气，应该将排气歧管做得尽可能长，而且各缸支管应该相互独立、长度相等。

（二）排气消声器

发动机工作，排气门刚打开时，排气压力达 0.3～0.5 MPa，温度为 600～800 ℃。同时，由于排气的间歇性，使气流呈脉动式。如果让废气直接排入大气，必然产生强烈的气流脉动噪声，并且高温气体排入大气，有时还带有未燃烧完全的火焰或火星，也会对环境造成危害。因此，必须在汽车上安装消声器，以减小排气噪声和消除废气中的火焰或火星，使废气安全地排入大气。

消声器的基本工作原理：通过多次变动排气气流方向或重复使气流通过收缩又扩大的断面，或将气流分割为许多小的支流并沿着不平滑的平面流动等方法，消耗废气中的能量，衰减排气气流的压力波，降低噪声。

典型的排气消声器构造如图 1-52 所示，它的外壳用薄钢板制成，有的还在消声器内充填吸声材料。消声器两端各有一入口和出口，中间有隔板，将其分隔成几个尺寸不同的消声室，各消声室间用多孔管连接。废气进入多孔管和消声室后，膨胀冷却，不断改变流动方向，逐渐降低压力，衰减压力波动，消耗了能量，最终使排气噪声得到消减。

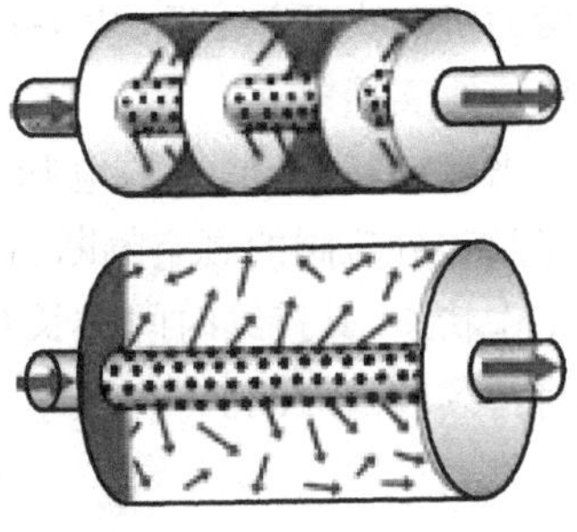

图 1-52　排气消声器

（三）发动机排气净化装置

随着汽车保有量的与日俱增，汽车排气对人类健康的危害及对环境的污染也日甚一日。对此，世界各国都制定了相应的法规和标准，以期把汽车有害排放物控制在较低的水平。为了满足排放标准，必须对发动机排气进行净化。近几年来,汽车业界开发和创制出许多净化排气的新技术和新装置。

1. 恒温进气系统

恒温进气系统(图 1-53)也称进气温度自动调节系统,它由空气加热装置(又称热炉)和安装在空气滤清器进气导流管上的控制装置构成。恒温进气系统多用于化油器式或节气门体喷射式发动机。当发动机冷起动之后,在怠速或小节气门开度下工作时,由于温度低,须供给发动机浓混合气以保持其稳定运转,但浓混合气燃烧不完全,排气中 CO 和 HC 较多;若供给稀混合气,虽然可以减少有害气体的排放,但在低温下发动机不能稳定运转。恒温进气系统的功用就是在发动机冷起动之后,向发动机供给热空气,这时即使供给的是稀混合气,热空气也能促使汽油充分汽化和燃烧,从而减少 CO 和 HC 的排放,同时改善发动机低温运转性能。当发动机温度升高后,恒温进气系统向发动机供给未经加热的环境空气。

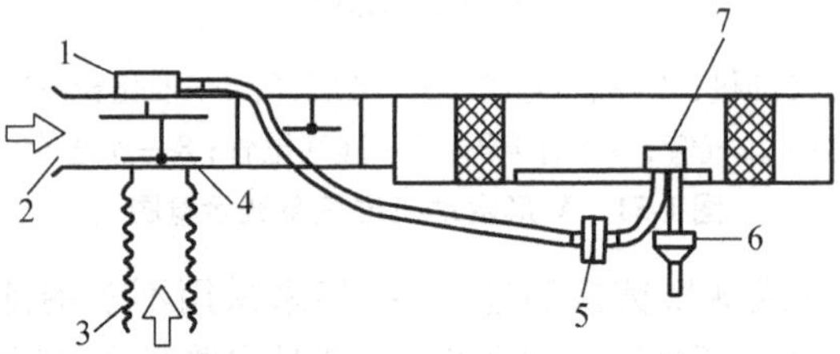

1—真空马达; 2—冷空气进口; 3—热空气进口; 4—活门;
5—反向延迟阀; 6—单向活门; 7—热敏开关

图 1-53 切诺基发动机恒温进气系统

2. 二次空气喷射系统

目前有很多汽车发动机装有二次空气喷射系统。虽然二次空气喷射系统有各种各样的结构,但其功用基本相同,即利用空气泵将新鲜空气经空气喷管喷入排气道或催化转换器,使排气中的 CO 和 HC 进一步氧化或燃烧成为二氧化碳和水。

图 1-54 为电脑控制的二次空气喷射系统,它由空气泵、旁通线圈及旁通阀、分流线圈及分流阀、空气分配管、空气喷管和单向止回阀等组成。空气泵通常由发动机驱动,空气泵产生的低压空气称作二次空气。在分流阀及排气道之间及分流阀与催化转换器之间均装有单向止回阀,以防止排气进入二次空气喷射系统。分流线圈及旁通线圈由电脑控制,当接通发动机点火开关之后,电源电压便施加到两个线圈的绕组上,电脑通过对每个绕组提供接地使线圈通电。

当发动机起动之后,电脑不使旁通线圈和分流线圈通电,于是这两个线圈同时把通向旁通阀和分流阀的真空隔断,这时空气泵送出的空气经旁通阀进入大气。这种状态称为启动工作状态,其持续时间的长短取决于发动机的温度。如果发动机温度很低,启动工作状态将持续较长时间。

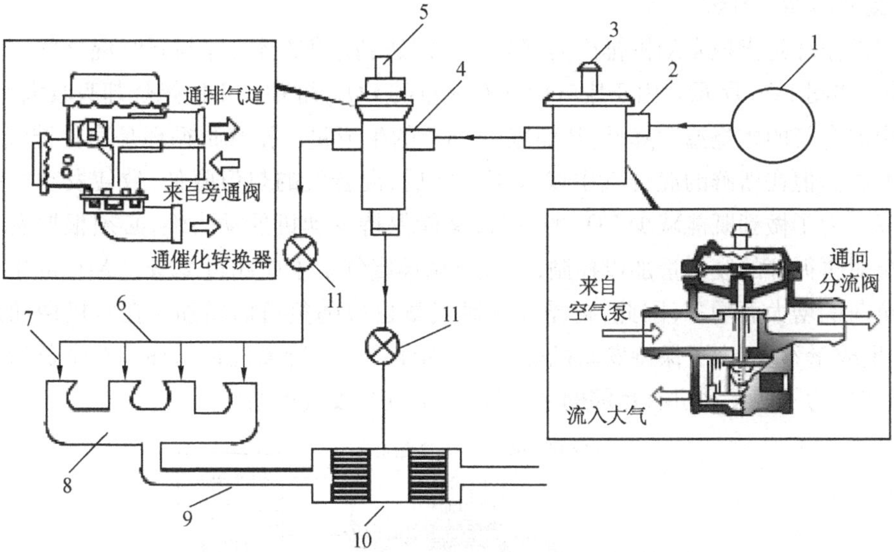

1—空气泵；2—旁通阀；3,5—真空管；4—分流阀；6—空气分配管；7—空气喷管；
8—排气歧管；9—排气管；10—催化转换器；11—单向止回阀

图 1-54　二次空气喷射系统

发动机在预热期间，电脑同时使旁通线圈和分流线圈通电。这时进气管真空度分别经旁通阀和分流线圈传送到旁通阀和分流阀。空气泵送出的空气此时经旁通阀流入分流阀，再由分流阀流入空气分配管，最后由空气喷管喷入排气管。

当发动机在正常的冷却液温度下工作时，电脑只使旁通线圈通电而分流线圈不通电，通向分流阀的真空度被分流线圈隔断。这时，空气泵送出的空气经旁通阀进入分流阀，再经分流阀进入氧化催化转换器。

3. 催化转换器

催化转换器是利用催化剂的作用将排气中的 CO，HC 和 NO_x 转换为对人体无害的气体的一种排气净化装置，也称作催化净化转换器。金属铂、钯或铑均可作催化剂。在化学反应过程中，催化剂只促进反应的进行，不是反应物的一部分。

催化转换器有氧化催化转换器和三元催化转换器。氧化催化转换器只将排气中的 CO 和 HC 氧化为 CO_2 和 H_2O，因此这种催化转换器也称作二元催化转换器。必须向氧化催化转换器供给二次空气作为氧化剂，才能使其有效地工作。三元催化转换器（图 1-55）可同时减少 CO，HC 和 NO_x 的排放，它以排气中的 CO 和 HC 作为还原剂，将 NO_x 还原为 N_2 和 O_2，而 CO 和 HC 在还原反应中被氧化为 CO_2 和 H_2O。当同时采用两种转换器时，通常把两者放在同一个转换器外壳内，而且三元催化转换器置于氧化催化转换器前面。排气经过三元催化转换器之后，部分未被氧化的 CO 和 HC 继续在氧化催化转换器中与供入的二次空气进行氧化反应。

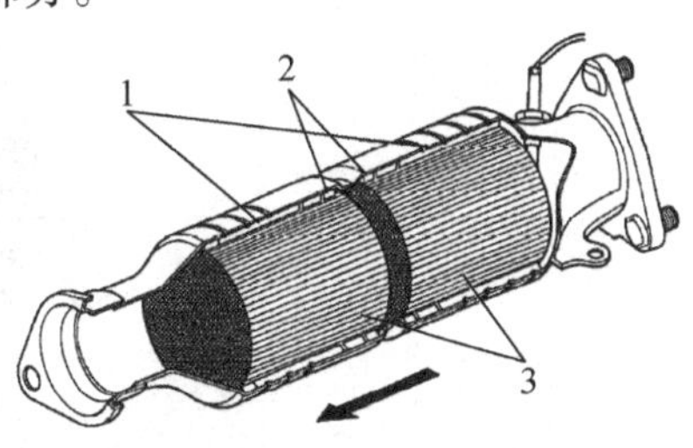

1—波纹网；2—支撑环；3—双床转换器

图 1-55　三元催化转换器

4. 废气再循环系统

废气再循环是指把发动机排出的部分废气回送到进气歧管，并与新鲜混合气一起再次进入气缸，如图1-56所示。由于废气中含有大量的CO_2，而CO_2不能燃烧却吸收大量的热，使气缸中混合气的燃烧温度降低，从而减少NO_x的生成量。排气再循环是净化排气中NO_x的主要方法。但在新鲜的混合气中掺入废气之后，混合气的热值降低，致使发动机的有效功率下降。为了做到既能减少NO_x的排放，又能保持发动机的动力性，必须根据发动机运转的工况对再循环的废气量加以控制，一般再循环废气量不应超过20%。NO_x的生成量随发动机负荷的增大而增多，因此，再循环的废气量也应随负荷而增加。在暖机期间或怠速时，NO_x生成量不多，为了保持发动机运转的稳定性，不进行废气再循环。在全负荷或高转速下工作时，为了使发动机有足够的动力性，也不进行废气再循环。

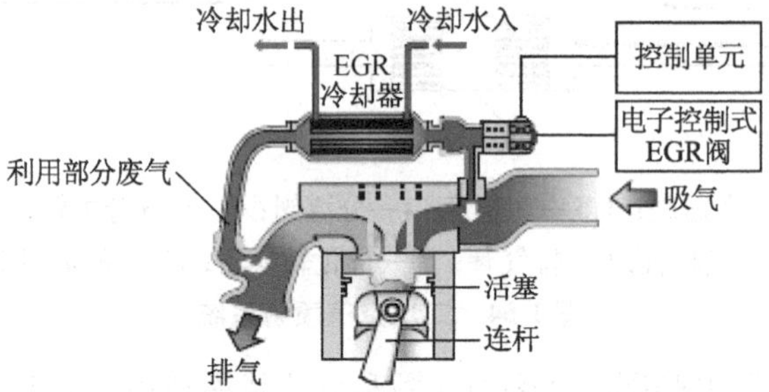

图1-56 废气再循环系统

5. 强制式曲轴箱通风系统

强制式曲轴箱通风系统又称PCV系统。在发动机工作时，会有部分可燃混合气和燃烧产物经活塞环由气缸窜入曲轴箱内。当发动机在低温下运行时，还可能有液态燃油漏入曲轴箱。这些物质如不及时清除，将加速机油变质并使机件受到腐蚀或锈蚀。又因为窜入曲轴箱内的气体中含有HC及其他污染物，所以不允许把这种气体排放到大气中。现代汽车发动机所采用的强制式曲轴箱通风系统（图1-57）就是防止曲轴箱气体被排放到大气中的净化装置。

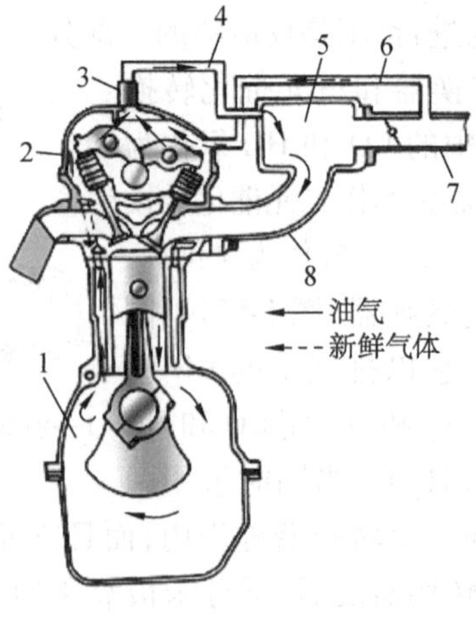

1—曲轴箱；2—气缸盖罩；3—PVC阀；4—回流管；5—稳压箱；6—通风管；7—进气总管；8—进气歧管

图1-57 强制式曲轴箱通风系统

强制式曲轴箱通风是指将从曲轴箱抽出的气体导入发动机的进气管，吸入气缸再燃烧，这种通风方式称为强制通风。

五、发动机的增压技术

增压就是将空气预先压缩后再供入气缸，以提高进气密度、增加进气量的一项技术。

由于进气量的增加，可相应地增加循环供油量，从而增加发动机的功率（一般可增加10%～60%，有的甚至成倍增长）；同时增压还可以改善燃油经济性，降低有害气体排放，其CO和HC的排放仅为非增压发动机的1/3～1/2。

进气增压的方法有废气涡轮增压、机械增压、气波增压等，其中以废气涡轮增压技术最为成熟，效率高且应用最广。

废气涡轮增压是利用发动机排气时的能量冲击涡轮机（见图1-58），使它高速旋转，并通过传动轴带动压气机高速旋转，将空气增压，再经进气管进入气缸。

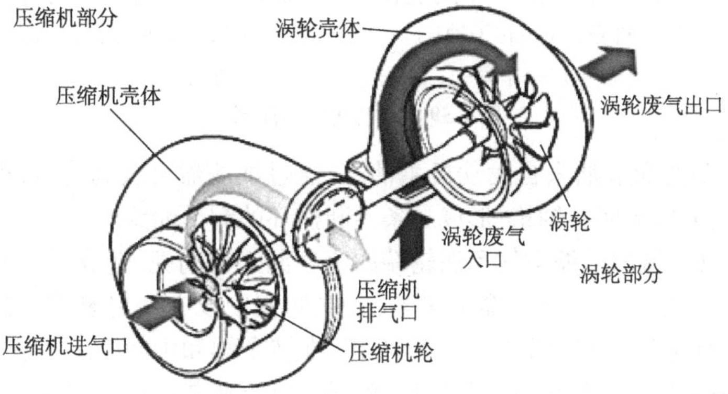

图1-58　废气涡轮增压示意图

涡轮机与压气机通过中间体组装在一起，称为增压器。按废气在涡轮机中的流动方向不同，增压器可分为径流式和轴流式两大类，车用发动机多采用径流式涡轮增压器。

图1-59所示为径流式废气涡轮增压器，它由涡轮壳、中间壳、压气机壳、轴承等主要零件组成。涡轮壳4与发动机排气管连接。压气机壳与空气道相连，而其出口则通往进气管。压气机叶轮11和涡轮2支承在浮动轴承16上做高速旋转。涡轮用高强度、耐热、耐腐蚀的合金钢精密铸造而成，焊在转子轴上，叶轮为铝合金铸件，用螺母固定在转子轴上。

废气涡轮增压器的转子轴转速高达11 000～13 000 r/min。一般机械中常用的轴承不能保证转子轴在超高速下工作，目前普遍采用浮动轴承。浮动轴承16与转子轴10和中间壳14之间都有间隙，当转子轴高速旋转时，具有250～400 kPa压力的润滑油充满这两个间隙，使浮动轴承在内外两层油膜中随转子轴同时旋转，但其转速比转子轴低得多，从而使轴承对轴承孔和转子轴的相对线速度大大下降。

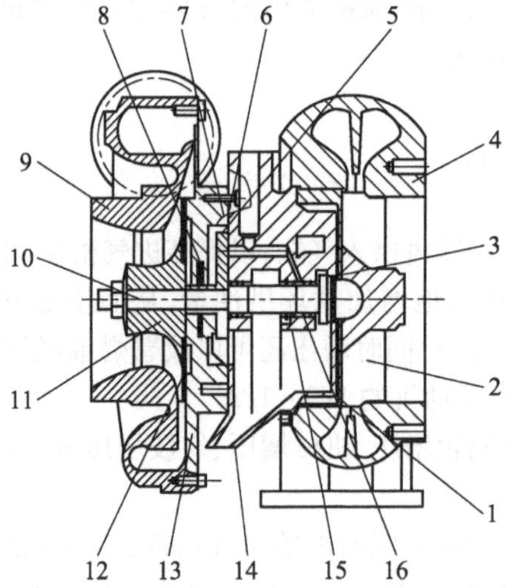

1—隔热板；2—涡轮；3—密封环；4—涡轮壳；5—推力轴承；6—O 形橡胶密封圈；7—膜片弹簧；8—密封套；9—压气机壳；10—转子轴；11—压力机叶轮；12—密封环；13—压气机后盖板；14—中间壳；15—卡环；16—浮动轴承

图 1-59　废气涡轮增压器

增压器所需要的润滑油来自发动机主油道，通过细滤器再次滤清后，进入增压器的中间壳，经其下部出油口流回曲轴箱，形成一条不断循环的润滑油路。

为了防止压气机端的压缩空气和涡轮端的废气漏入中间壳，造成增压效果下降和涡轮功率降低，以及高温废气对轴承寿命的影响，在中间壳中设有密封装置。在压气机叶轮和中间壳之间装有 O 形橡胶密封圈 6 和密封环 12，在转子轴和中间壳之间装有密封环 3。此外，为了防止润滑油进入压气机，在压气机端的转子轴上还装有挡油密封套 8。在中间壳 14 和涡轮壳 4 之间装有隔热板 1，以减少高温废气对润滑油的不利影响。

废气涡轮增压器的冷却，一般是采用自然空气冷却，也有的在中间壳制有夹水层，通过水管与发动机的冷却系统相连。

第四节　柴油机燃油供给系统

一、柴油机燃油供给系统的功用与组成

1. 柴油机燃油供给系统的功用

柴油机燃油供给系统的功用是根据柴油机工况的要求，定时、定量、定压地向燃烧室喷入清洁、雾化的柴油，为柴油与空气混合气的形成和燃烧提供良好条件。柴油机燃油供给系统的工作对柴油机的动力性、经济性、使用可靠性和环境污染有着重要的影响。

2. 柴油机燃油供给系统的组成

柴油机燃油供给系统一般由喷油泵、喷油器和调速器等主要部件及柴油箱、输油泵、柴

油滤清器、高低压油管等辅助装置组成。

图 1-60 为柴油机燃油供给系统简图。柴油机运转时，柴油自燃油箱 11 经低压油管被吸入输油泵 8，并以 50～100 kPa 的压力压至柴油细滤器 1，经过滤清后的清洁柴油被送入喷油泵 7，再经过喷油泵增压后经高压油管 3 送到各缸的喷油器 4，最后喷入燃烧室与受压缩的空气进行混合并燃烧。从喷油器针阀偶件泄出的少量柴油，经回油管 2 流回柴油箱。因为输油泵的供油量大于喷油泵的喷油量，多余的柴油经单向回油阀送回输油泵，有的柴油机中回油则直接回到柴油箱。

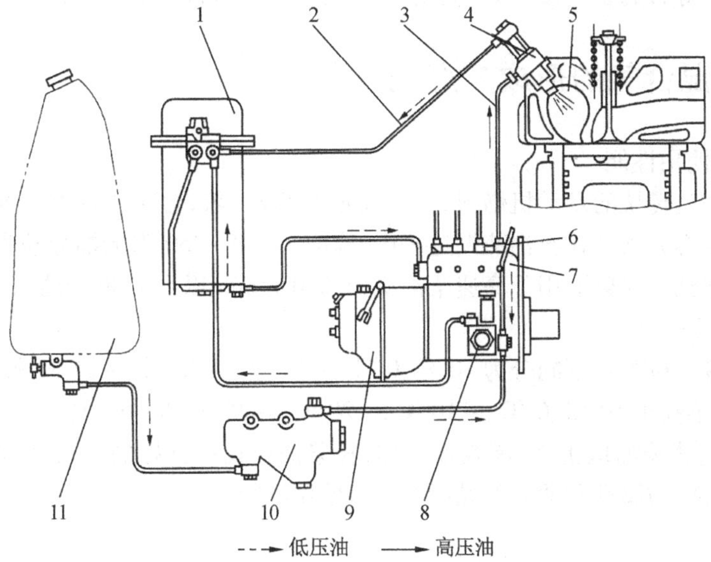

1—柴油细滤器；2,6—回油管；3—高压油管；4—喷油器；5—涡流室；7—喷油泵；
8—输油泵；9—调速器；10—柴油粗滤器；11—燃油箱

图 1-60　柴油机燃油供给系统简图

3. 柴油机燃油供给系统应满足的要求

为保证柴油机获得良好的工作性能，柴油机燃油供给系统应满足以下基本要求：

(1) 供油量。供油量应与柴油机工况相适应，要求各循环供油量稳定，多缸柴油机各缸供油量均匀，并能够在一定的范围内随负荷的变化自动调节。

(2) 供油时间。柴油应在恰当时刻喷入燃烧室，延续喷油时间应在最有利的范围内。多缸柴油机还应保证各缸的供油时间基本一致。

柴油机燃油供给系统开始供油时间一般用供油提前角或喷油提前角表示：喷油泵开始向高压油管供油时，活塞相对上止点的相应曲轴转角称为供油提前角；喷油器开始向燃烧室喷射燃油时，活塞相对上止点的相应曲轴转角称为喷油提前角。

由于喷油泵至喷油器的柴油在高压作用下有一定的可压缩性，高压油管也存在微量的膨胀变形，喷油器开始向燃烧室喷油的时刻滞后于喷油泵向高压油管供油时刻，即供油提前角总是大于喷油提前角。

对于一定燃烧室型式的柴油机，最佳供油（或喷油）提前角的大小与柴油机转速和供油量有关。转速越高，供油量越大，最佳供油提前角应当越大，使燃烧过程能在活塞上止点附近完成，以获得大的功率和小的燃油消耗率。最理想的情况是供油提前角能随转速和供油量的变化而相应改变，但这样会使机构复杂。一般说明书所规定的供油提前角是指柴油机在标定转速下的最佳供油时刻。

（3）喷油质量。喷入燃烧室的柴油油束应与燃烧室配合良好，油束的雾化、射程和形状应符合燃烧室的要求，喷射干脆利落、无后滴。

（4）喷油规律。根据每单位时间或单位喷油泵凸轮轴转角的喷油量（又称喷油速率）随时间或喷油泵凸轮轴转角而变化的规律称为喷油规律。喷油规律应同混合气的形成和燃烧过程配合良好，以获得合适的燃烧速率、压力增长率和最大爆发压力。

二、柴油机混合气的形成与燃烧

（一）柴油使用性能

柴油和汽油是传统的发动机燃料，其主要成分为碳、氢，含量占 97% ~98%，另外还有少量的硫、氧、氮等元素。在石油蒸馏过程中，温度为 200 ~350 ℃的馏分即为柴油。柴油分为轻柴油和重柴油。轻柴油用于高速柴油机（1 000 r/min 以上），重柴油用于中、低速柴油机（1 000 r/min 以下）。

轻柴油的牌号按凝点不同分为 10 号、0 号、-10 号、-20 号、-35 号和 -50 号 6 个级别，其凝点分别不高于 10 ℃、0 ℃、-10 ℃、-20 ℃、-35 ℃和 -50 ℃。

为了保证高速柴油机正常、高效地工作，轻柴油应具有良好的发火性、低温流动性、蒸发性、化学安定性、防腐性和适当的黏度等诸多使用性能。

1. 发火性

发火性指柴油的自燃能力，用十六烷值评定。柴油的十六烷值越大，发火性越好，容易自燃。但随着十六烷值的增大，柴油凝点也相应升高，蒸发性变差，车用柴油的十六烷值一般为 40 ~50。

2. 蒸发性

蒸发性指柴油蒸发汽化的能力，用柴油馏出某一百分比的温度范围即馏程和闪点表示。例如：50% 馏出温度即柴油馏出 50% 的温度，此温度越低，柴油的蒸发性越好。国家标准规定此温度不得高于 300 ℃，但没有规定最低温度界限。

为了控制柴油的蒸发性不至过强，标准中规定了闪点的最低数值。柴油的闪点指在一定的试验条件下，当柴油蒸气与周围空气形成的混合气接近火焰时，开始出现闪火的温度。闪点低，蒸发性好。

3. 低温流动性

用柴油的凝点和冷滤点评定低温流动性。凝点是指柴油失去流动性开始凝固时的温度，而冷滤点则是指在特定的试验条件下，在 1 min 内柴油开始不能流过过滤器 20 mL 时的最高温度。一般柴油的冷滤点比其凝点高 4 ~6 ℃。

选用柴油时，凝点一般要低于最低环境温度 5 ℃以上。例如，最低环境温度为 -15 ℃时，可选用 -20 号柴油。凝点过高，将造成油路的堵塞；而选用凝点过低的柴油则是不经济的。

4. 黏度

黏度是评定柴油稀稠度的一项指标，与柴油的流动性有关。黏度随温度而变化，当温度升高时，黏度减小，流动性增强；反之，黏度增大，流动性减弱。

（二）柴油机混合气的形成特点

柴油的蒸发性和流动性比汽油差，因此柴油机不能像汽油机那样在气缸外部形成可燃混合气，只能在接近压缩行程终点时通过喷油器把柴油以雾状喷入气缸并在炽热的空气中蒸发、扩散，与空气混合形成可燃混合气（即以气缸内部混合的方式形成可燃混合气）。最终在压缩行程终了时借助压缩温度自行发火燃烧，即压燃着火方式。

柴油机可燃混合气的形成时间极短，一般全负荷时的供油持续时间只有 15°～35°曲轴转角，这就给柴油机中柴油与空气的良好混合和完全燃烧带来了很大困难。柴油机喷油与燃烧重叠，出现边燃烧、边喷油、边混合的情况，气缸内各处混合气浓度很不均匀，极易造成燃烧不完全、排气冒黑烟及动力性和经济性下降等不良后果。

（三）柴油机混合气的形成方式

1. 空间雾化混合

将燃油喷射到燃烧室空间当中，通过燃油与空气之间的相互运动和扩散，在燃烧室形成可燃混合气的方式称为空间雾化混合。这一混合方式中起主要作用的因素是燃油与空气的相对运动速度。相对运动速度越高，油粒与空气的摩擦和碰撞越激烈，分散后的油粒越细小，混合气越均匀。

空间雾化混合包含宏观的混合气形成与微观的混合气形成两种情况。通过喷油器的喷射，使燃油在整个燃烧室空间尽可能地均匀分布，这是混合气的宏观形成；通过喷油器的雾化，使油粒细化并尽快地蒸发与扩散，以气态形式与周围的空气均匀混合，这是混合气的微观形成。混合气的宏观形成对于提高燃烧室内的空气利用率，促使燃烧过程完全、充分有很大的作用；混合气的微观形成对于混合气的着火和燃料的完全燃烧有显著的作用。

2. 油膜蒸发混合

油膜蒸发混合是指将燃油沿壁面顺气流喷射，在燃烧室中强烈的涡流作用下，在燃烧室壁面上形成一层很薄的油膜。在较低的燃烧室壁温控制下，底层油膜保持液态，表层油膜开始以较低速度蒸发，加上喷油射束在空间的少量蒸发，形成少量可燃混合气。着火后，随燃烧的进行，油膜受热逐层加速蒸发，使混合气的形成和燃烧加快。这一混合方式中起主要作用的因素是燃烧室壁面温度、空气相对运动速度和油膜厚度。

柴油机中混合气的形成方式是复杂和多样的，即上述混合气的形成方式在实际柴油机中并不是单一存在的，往往是多种方式并存的。以中、小型车用直喷式柴油机为例，在以空间雾化混合为主的同时，到达壁面的燃油又存在撞击和油膜蒸发混合等其他混合方式。

（四）过量空气系数

使燃油完全燃烧，理论上所需的空气量称为理论空气量。在柴油机工作过程中，实际提供的空气量往往并不等于理论空气量。为了评定柴油机工作过程中所用空气量的多少，即形成的混合气浓度的大小，引入过量空气系数和空燃比的概念。

柴油机工作过程中，燃烧 1 kg 燃油实际供给的空气量 L 与理论空气量 L_0 之比，称为过量空气系数，用 α 表示，即

$$\alpha = \frac{L}{L_0}$$

过量空气系数是柴油机工作过程中的一个重要参数。过量空气系数大于 1 称为稀混合

气,小于1称为浓混合气,等于1称为标准混合气。对于柴油机,由于燃油难与空气均匀混合,要多给气缸供气,过量空气系数总是大于1。

(五)柴油机混合气的燃烧过程

柴油机工作过程中,混合气的形成与燃烧都在瞬间完成。根据气缸温度和压力的变化情况,可将柴油机内混合气的燃烧按曲轴转角分为4个阶段,如图1-61所示(图中虚线为未供油时气缸的压力变化曲线)。

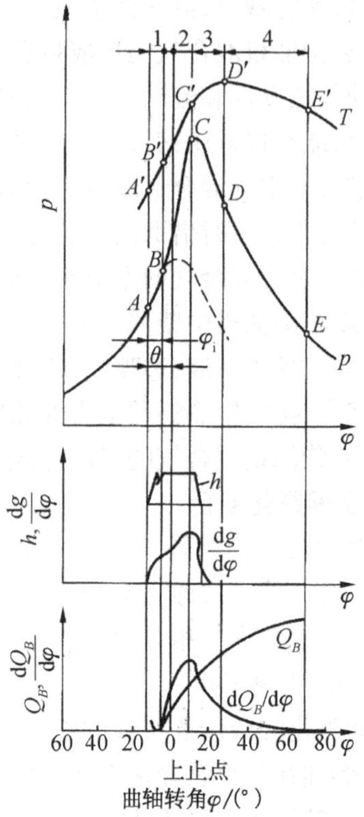

p—气缸内压力;T—气缸内温度;
h—喷油器针阀升程;Q_B 累计的放热量;
$\frac{dg}{d\varphi}$—喷油速率;$\frac{dQ_B}{d\varphi}$—放热速率

图1-61 柴油机燃烧过程、喷油速率和放热规律

1. 着火延迟期

如图1-61中的 *AB* 段所示,即从燃油开始喷入燃烧室内(*A* 点)到由于燃烧引起压力升高使压力线明显脱离压缩线开始急剧上升(*B* 点),此阶段又称滞燃期。随压缩过程的进行,缸内空气压力和温度不断升高,在上止点附近气体温度高达600 ℃以上,高于燃料在当时压力下的自燃温度。在 *A* 点被喷入气缸的柴油经过一系列复杂的物理化学过程,包括雾化、蒸发、扩散、与空气混合等物理准备阶段以及低温多阶段着火的化学准备阶段,在空燃比、压力、温度及流速等条件合适处,多点同时着火,随着着火区域的扩展,缸内压力和温度升高,并脱离压缩线。虽然对于局部而言,物理过程和化学过程是相继进行的,但对于整体而言,物理过程和化学过程是重叠在一起的。

以秒和曲轴转角为单位的着火延迟期,分别用 τ_i 和 ϕ_i 表示。一般 $\phi_i = 8° \sim 12°$,$\tau_i = 0.000\ 7 \sim 0.003$ s。

影响着火延迟期长短的主要因素是燃烧室内工质的状况,此外还有燃烧室的形式和缸壁温度等。着火延迟期不能过长,也不能过短。着火延迟期若过长,则喷出的油量多,导致速燃期压力急剧升高,柴油机工作粗暴;着火延迟期若过短,又会导致可燃混合气形成困难,柴油机动力性、经济性能恶化。

2. 速燃期

如图1-61中的 *BC* 段所示,即从压力脱离压缩线开始急剧上升(*B* 点)至达到最大压力处(*C* 点)。速燃期内,由于在着火延迟期内做好燃前准备的可燃混合气多点大面积同时着火,而且是在活塞靠近上止点时气缸容积较小的情况下发生的,因此气体的温度、压力急剧升高,燃烧放热速率 $dQ_B/d\varphi$ 很快达到峰值。

通常用平均压力升高率 $\Delta p/\Delta\varphi$ 及最大压力升高率 $(dp/d\varphi)_{max}$ 来表示压力急剧升高的程度。压力升高率的大小对柴油机性能有至关重要的影响,一般柴油机 $dp/d\varphi = 0.2 \sim 0.6$ MPa/℃A,直喷式柴油机 $dp/d\varphi = 0.4 \sim 0.6$ MPa/℃A。从提高动力性和经济性的角度出发，希望 $dp/d\varphi$ 大一些为好，但 $dp/d\varphi$ 过大会使柴油机工作粗暴、噪声明显增加，运动零部件受到过大冲击载荷。

为控制压力升高率，应减少着火延迟期内的可燃混合气量。一般来说，可以从两方面考虑：一方面可缩短着火延迟期的时间；另一方面可减少着火延迟期内喷入的燃油或可能形成可燃混合气的燃油。$dp/d\varphi$ 和最大爆发压力的控制一直是柴油机的重要研究课题。

3. 缓燃期

如图 1-61 中的 *CD* 段所示，即从最大压力点（*C* 点）至最高温度点（*D* 点）。缓燃期开始时，气缸内可能还在喷油（大负荷时），速燃期也留下大量的燃烧中间产物，这时气缸内有燃油蒸气和空气混合气的燃烧，也有燃油粒的燃烧，属于扩散燃烧。由于活塞在上止点处运动方向的改变，气缸容积缓缓增大，所以虽然燃烧仍放出热量，但气缸内的压力在一定曲轴转角范围内变化不大。缓燃期结束时，柴油机燃烧室内的最高温度可达 2 000 ℃左右，这一时刻一般在上止点后的 20°～35°曲轴转角处出现。

由于缓燃期发生在气缸容积逐渐加大的情况下，气缸内气流运动已经减弱，废气弥漫，氧气减少，燃烧条件变差，故燃烧越来越慢，但燃气温度却很高。燃烧室的高温不但使燃料裂解的可能性加大，而且高温也会使燃烧产物的比热和热容量增大；随着活塞的下移，散热面积逐渐增加，从而使燃烧放出的热量因传给缸壁而损失较多。一般来讲，高速柴油机这个时期不要过长，否则会使放热时间过长，循环热效率下降，即缓燃期不要缓燃，而是越快越好。加快缓燃期燃烧的关键是加快混合气形成。

4. 补燃期

如图 1-61 中的 *DE* 段所示，即从最高温度点（*D* 点）至燃油基本燃烧完（*E* 点）。补燃期的终点很难准确确定，一般当放热量达到循环总放热量的 95%～99% 时，就可以认为补燃期结束，也就是整个燃烧过程结束。由于燃烧时间短促，混合气又不均匀，总有少量燃油拖延到膨胀过程中继续燃烧。特别在高速、高负荷工况下，因过量空气系数小，混合气形成和燃烧的时间更短，这种补燃现象就更为严重。补燃期过长，缸内压力不断下降，燃烧放出的热量得不到有效利用，还使排气温度提高，导致散热损失增大，对柴油机的经济性不利。此外，补燃期过长还增加了有关零部件的热负荷。因此应尽量缩短补燃期，减少补燃所占的百分比。

柴油在缸内燃烧时，总体空气是过量的，只是混合不均匀造成局部缺氧。因此，加强缸内气体运动，可以加速补燃期的混合气形成和燃烧，而且会使炭烟及不完全燃烧成分加速氧化。此外，选用十六烷值较高的柴油和采用高压缩比（15～20），提高气缸内温度，也可以缩短补燃期。

（六）柴油机燃烧室

由于柴油机混合气的形成和燃烧均在燃烧室内进行，所以燃烧室结构直接影响所形成的混合气的品质和燃烧状况。

按结构形式，柴油机燃烧室分为两大类：直喷式燃烧室和分隔式燃烧室。

1. 直喷式燃烧室

直喷式燃烧室也称为统一式燃烧室。直喷式燃烧室由凹形活塞顶、气缸盖底面及气缸所围成的空间组成。燃油由喷油器高压直接喷射到燃烧室中，燃油喷射形状与燃烧室形状匹配，在燃烧室内较强的空气涡流运动作用下，混合气迅速形成。

根据活塞顶部凹坑的形状，直喷式燃烧室分为开式燃烧室和半开式燃烧室两类。开式燃烧室有浅盆形，半开式燃烧室有ω形、挤流缩口形、球形等。常见的直喷式燃烧室结构如图1-62所示。

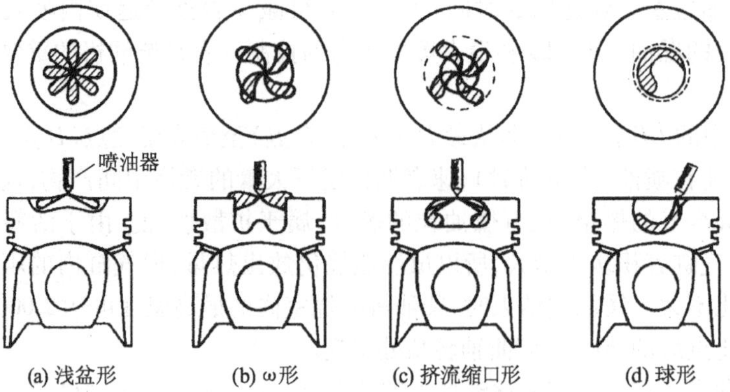

图1-62 常见直喷式燃烧室结构

（1）浅盆形燃烧室

浅盆形燃烧室（图1-62 a）属于开式燃烧室，活塞顶中心呈略有凸起的浅ω形或平底的浅盆形，凹坑较浅，凹坑直径与活塞直径之比一般大于0.7。

浅盆形燃烧室一般不组织或只有很弱的涡流，在混合气形成过程中空气运动所起的作用相对很小。混合气的形成主要依靠燃油的喷射，因此对雾化质量，也就是对喷射系统有很高的要求。为了使燃油雾锥和燃烧室形状相适应，并与空气良好地混合，通常采用多孔式喷油器（常见的为7～12孔），而且喷射压力较高，最大喷射压力达到100 MPa以上。

浅盆形燃烧室结构简单紧凑，散热面积小，因而热效率较高、经济性较好，而且也容易形成最初的燃料着火条件，起动比较容易。但是这种燃烧室压力增长率 $dp/d\varphi$ 高，最高燃烧压力大，燃烧温度高，工作粗暴；同时，NO_x 和排气烟度较高，噪声、振动及机械负荷较大。浅盆形燃烧室空气利用率相对较低，一般采用增压来保证较大的过量空气系数（1.5～2.2），以实现完善的燃烧。

开式燃烧室一般适用于缸径较大（≥140 mm）、转速较低（≤2 000 r/min）的柴油机，随缸径的不同，其结构形状也有所不同。

（2）ω形燃烧室

ω形燃烧室（图1-62 b）属于半开式燃烧室，在活塞顶部设有比较深的凹坑，其中ω形凹坑的中心凸起是为了帮助形成涡流以及排除气流运动很弱的中心区域的空气而设置的。该类燃烧室通常采用螺旋进气道，空气经螺旋进气道进入气缸后产生中等强度绕气缸轴线旋转的进气涡流，以促进混合气的形成并改善燃烧状况。喷入的燃油一部分分布在燃烧室的空间内，另一部分被空气涡流甩到燃烧室壁面上，形成油膜。空气运动以进气涡流为主，挤流为辅。由于利用燃油喷射和空气运动两方面的作用形成混合气，因而比浅盘形更容易形成均匀的混合气，空气利用率提高，可在过量空气系数为1.3～1.5的条件下实现完全燃烧。ω形燃烧室要求喷射压力较高，一般为18～25 MPa，并且燃料喷射形状要与燃烧室形状相吻合。一般采用多孔喷油器，常见的为4～6孔。

通常，空气运动的强度随着转速的提高而增大，而涡流强度过强或过弱会造成油束贯穿不足或过度，从而影响混合气的形成和燃烧，故 ω 形燃烧室对转速变化较为敏感，一般适用于缸径 40 ~ 80 mm、转速低于 4 500 r/min 的柴油机中。若应用于更小缸径的柴油机中，则会在燃油喷射、气流运动与燃烧室形状的配合上出现困难；同时，喷孔直径过小和喷油压力过高，也给制造和使用提出了更高的要求。尽管如此，ω 形燃烧室的应用范围仍在向着小缸径方向发展。

（3）挤流缩口形燃烧室

挤流缩口形燃烧室（图 1-62 c）属于半开式燃烧室，混合气的形成原理与 ω 形燃烧室基本相同，最大区别就是采用了缩口形的燃烧室凹坑，这就使得挤流和逆挤流运动更加强烈，涡流和湍流能保持较长时间。挤流口抑制了较浓的混合气过早地流出燃烧室凹坑，使初期燃烧在还原气氛中进行，压力升高率较低，因此 NO_x 排放和燃烧噪声均较 ω 形燃烧室低。但是，由于挤流口的节流作用，活塞的热负荷高，挤流口边缘容易烧损，喷孔易堵塞，加工也比一般 ω 形燃烧室复杂。

（4）球形燃烧室

球形燃烧室（图 1-62 d）也属于半开式燃烧室，其活塞顶部的燃烧室凹坑为球形。在进气过程中，空气沿螺旋进气道进入形成强烈的进气涡流。在压缩接近终了时，燃油自喷油器顺气流并接近燃烧室切向的方向喷入燃烧室。在强烈的空气涡流作用下，绝大部分燃料被均匀喷涂在燃烧室壁面上，形成了一层很薄的油膜，只有极少量的燃油喷散在燃烧室空间上。均布的油膜从燃烧室壁面上吸热，逐层蒸发，并迅速与空气混合。喷散在空间的部分雾状燃料，最先完成与空气的混合而着火，形成火源，并引燃由油膜蒸发形成的混合气。随着燃烧的进行，燃烧室内的温度越来越高，油膜蒸发越来越快，混合和燃烧互相促进，使燃烧过程及时进行。

球形燃烧室一般采用单孔（喷孔直径 0.5 ~ 0.7 mm）或双孔（喷孔直径 0.3 ~ 0.5 mm）喷油器，喷射压力为 17 ~ 22 MPa。

在球形燃烧室中，混合气的形成方式以油膜蒸发为主。初期混合气形成较慢，在着火延迟期内形成并积聚的混合气量较少，燃烧初期压力增长率较低，使柴油机工作比较柔和，由于是逐层蒸发、逐层燃烧，不易出现高温裂解冒黑烟的现象。其缺点是柴油机低温起动比较困难，在低速和低负荷时工作性能较差。

2. 分隔式燃烧室

分隔式燃烧室由两部分空间组成，一部分位于活塞顶部和缸盖底面之间，称为主燃烧室；另一部分位于气缸盖内，称为副燃烧室。主、副燃烧室由一个或数个通道相连通，燃油不直接喷入主燃烧室，而是喷入副燃烧室内。

常用的分隔式燃烧室有涡流室式和预燃室式两种（图 1-63）。

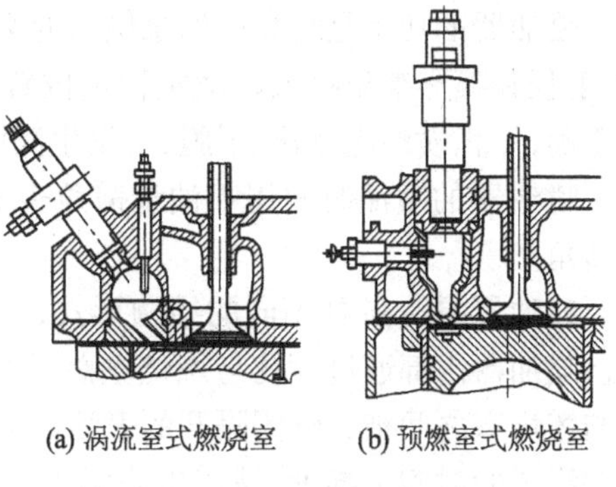

(a) 涡流室式燃烧室　　(b) 预燃室式燃烧室

图 1-63　分隔式燃烧室

（1）涡流室式燃烧室

涡流室式燃烧室的结构如图 1-63 a 所示。涡流室容积占整个燃烧室容积的 50% ~ 60%。涡流室的形状有近似球形、上部半球形下部圆柱形等。涡流室与主燃烧室之间的通道面积为活塞面积的 1% ~ 3.5%，通道方向与活塞顶成一定的倾斜角度，其截面形状也有许多种。

构成主燃烧室的活塞顶部一般也有各种形状的导流槽或浅凹坑，如双涡流式凹坑、铲击式凹坑（图 1-64）。

在压缩过程中，空气从主燃烧室经通道挤入涡流室，在涡流室内形成强烈的有组织的压缩涡流（一次涡流），压缩涡流在混合气形成中起主要作用。燃油顺涡流方向喷入副室，迅速扩散蒸发混合。着火一般由喷雾的前端开始，火焰在随涡流做旋转运动的同时，很快扩散至整个涡流室（一次混合燃烧）。随涡流室内温度和压力的升高，燃气带着未完全燃烧的燃料和中间产物经连接通道高速冲入主燃烧室，在活塞顶部导流槽导引下再次形成强烈的涡流（二次涡流），与主燃烧室内的空气进一步混合燃烧（二次混合燃烧），完成整个燃烧过程。

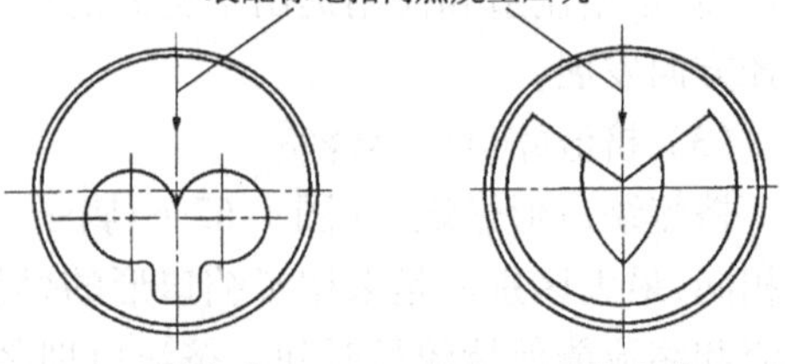

图 1-64　活塞顶凹坑

（2）预燃室式燃烧室

预燃室式燃烧室的结构如图 1-63 b 所示。根据气阀数的多少，预燃室可以偏置于气缸的一侧（对于二气阀），也可以置于气缸中心线上或其附近（对于四气阀）。预燃室容积占整个燃烧室容积的 25% ~ 45%，预燃室与主燃烧室之间的通道面积为活塞截面积的 0. 3% ~0. 6% 。

预燃室式燃烧室的工作原理与涡流室燃烧室相似，都是采用浓稀两段混合燃烧。在压缩过程中，气缸内部分空气流入预燃室内，由于连接通道截面积很小，且不与预燃室相切，所以在预燃室内形成强烈的无组织的湍流。湍流使一部分燃油雾化混合，当着火燃烧后，预燃室内的压力和温度迅速升高，利用这部分燃油燃烧的能量，将预燃室内一部分燃烧的浓混合气高速喷入主燃烧室内，并在主燃烧室内形成工质的运动，即燃烧涡流和湍流，促使其余部分的燃油在主燃烧室内迅速与空气混合并燃烧。

三、喷油器

喷油器的功用是将高压油泵供给的柴油雾化，并按一定的喷油压力、喷雾细度、喷油规律、射程和喷雾锥角喷入燃烧室特定位置，与空气混合燃烧。喷油器喷油开始和终了时刻应正确，停止喷油应迅速、干脆，不发生滴漏现象。

喷油器的喷油时间用喷油提前角表示，即喷油器开始喷油时，活塞距上止点对应的曲轴转角。

喷油器具有各种不同的结构形式，归纳起来可分为两大类，即开式喷油器和闭式喷油器。喷油器内部通过喷孔与燃烧室总是相连通的称为开式喷油器；非喷射时间，喷油器内部与燃烧室之间被一针阀隔开的喷油器称为闭式喷油器。开式喷油器喷射质量差、喷射开始和终了的时刻不准确、易产生滴漏和积炭，故在现代柴油机上已很少采用。现代柴油机一般采用闭式喷油器。

闭式喷油器常见的型式有孔式与轴针式两种。

（一）孔式喷油器

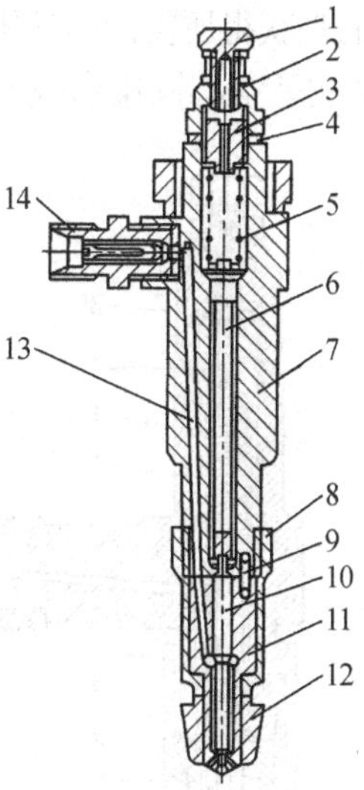

1—回油管螺栓；2—调压螺钉护帽；3—调压螺钉；4—垫圈；5—调压弹簧；6—顶杆；7—喷油器体；8—紧固螺套；9—定位销；10—针阀；11—针阀体；12—喷油器锥体；13—油道；14—进油管接头

图 1-65　孔式喷油器

孔式喷油器主要用于直喷式燃烧室。喷孔数目一般为 1 ~ 8 个，喷孔直径为 0.25 ~ 0.8 mm。喷孔数目与喷射方向要根据燃烧室的形状、空气涡流的情况及对喷雾质量的要求来确定。图 1-65 所示为一柴油机长型孔式喷油器结构。喷油器由针阀 10、针阀体 11、顶杆 6、调压弹簧 5、调压螺钉 3 及喷油器体 7 等组成。其中针阀、针阀体是一副精密偶件。针阀上部的导向圆柱面与针阀体是高精度的滑动配合，其配合间隙为 0.002 ~ 0.004 mm。配合间隙过大，可能发生泄漏而使油压下降；间隙过小，针阀不能自由移动。针阀中部的锥面全部露出在针阀体的环形油腔中，其作用是承受由油压造成的轴向推力以使针阀上升，此锥面称为承压锥面。针阀下端的锥面与针阀体相应的内锥面配合，以实现喷油嘴内腔的密封，称为密封锥面。针阀上部的圆柱面及下端的密封锥面与针阀体相应的配合面经过精磨后再相互研磨而保证它们的配合精度，选配和研磨好的一副针阀偶件不能互换。

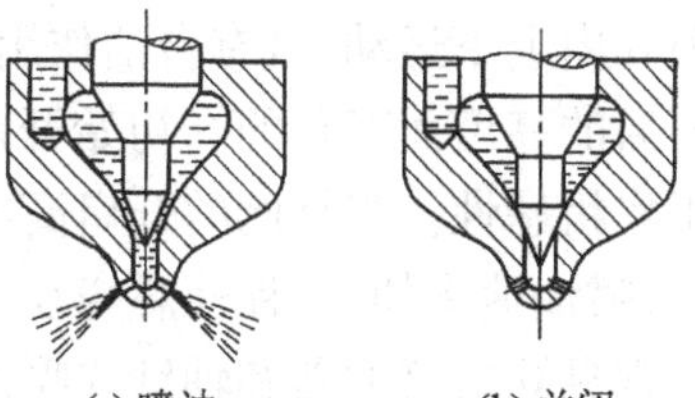

(a) 喷油　　(b) 关闭

图 1-66　孔式喷油器工作过程示意图

喷油器的工作过程：装在喷油泵体上部的调压弹簧 5 通过顶杆 6 将针阀 10 紧压在针阀体 11 的密封锥面上，将喷孔关闭。当喷油泵工作时，输出的高压柴油从油管接头 14 进入喷油器体 7 和针阀体中的油道而到达针阀的环形空间——高压油腔，压力油作用在针阀的承压锥面上，形成了一个向上的轴向推力，当压力升高到足以克服调压弹簧的压力时，针阀向上升起，针阀的密封锥面离开阀座，打开喷孔开始喷油，如图 1-66 a 所示。喷射开始时的喷油压力取决于调压弹簧的预紧力，而调压弹簧的预紧力可通过调压螺钉 3 调整。当喷油泵停止供油时，高压油管内的压力迅速下降，针阀在调压弹簧的作用下迅速回位，关闭油孔，停止喷油，如图 1-66 b 所示。

喷油器喷油时，会有少量的柴油从针阀与针阀体的配合间隙处渗漏，这部分柴油可以起到润滑配合表面的作用，并沿顶杆周围的空隙上升。为了防止渗漏出的少量柴油在针阀上部累积并形成背面高压，影响喷射压力，在喷油器上端设有回油接头。这部分柴油通过回油管螺栓上的孔进入回油管，流回柴油滤清器。

（二）轴针式喷油器

轴针式喷油器通常用于分隔式燃烧室，其结构如图 1-67 所示。

轴针式喷油器的构造和工作原理与孔式喷油器基本相似，只是喷油嘴的结构有所区别，其特点是针阀在密封锥面以下伸出一个轴针，并一直延伸到喷孔外，形状有圆柱形、顺锥形和倒锥形3种,目的是获得所需的喷注锥角。轴针与喷孔形成圆柱形缝隙(约0.005 mm),使得喷射时形成的喷柱呈空心圆锥形或圆柱形。轴针式喷油器的工作原理如图1-68所示。

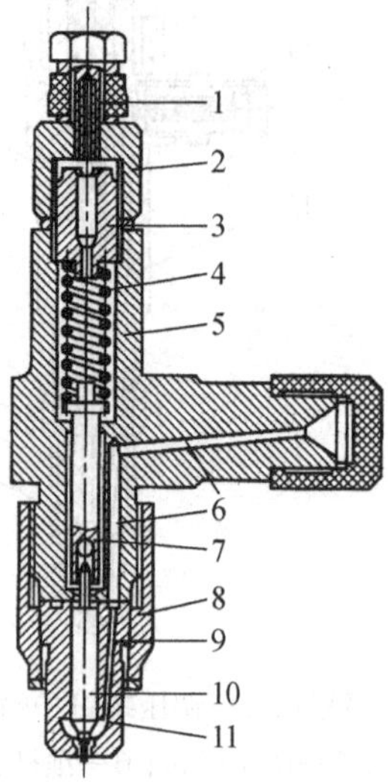

1—回油管螺栓;2—调压螺钉护帽;3—调压螺钉;
4—调压弹簧;5—喷油器体;6—进油道;7—顶杆;
8—紧固螺套;9—喷油嘴进油道;10—针阀;11—针阀体

图1-67　轴针式喷油器

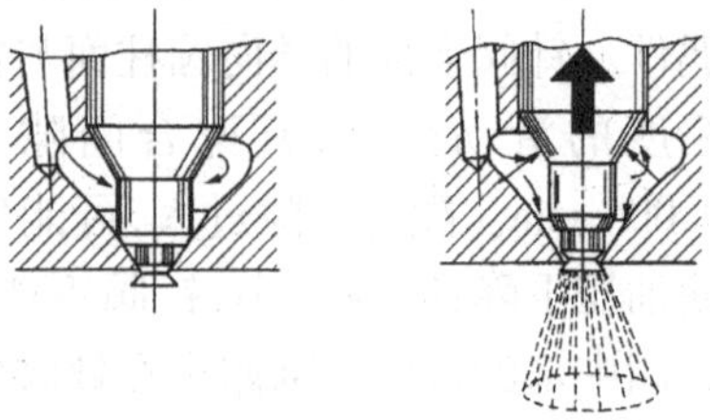

(a) 进油　(b) 喷射

图1-68　轴针式喷油器工作原理

一般轴针式喷油器只有1个喷孔,喷孔直径一般为1~3 mm。由于喷孔直径较大,轴针在喷孔内上下运动,具有自洁作用,喷孔不易积炭。另外,轴针式喷油器喷孔的面积是随轴针开启的高度而变化的。初始开启的面积较小,初始喷油速率也较小,有利于减轻柴油机的工作粗暴性。当针阀的开启高度超过0.1~0.16 mm以后,喷孔处的柴油流通面积迅速增加,喷油速率加大,促使燃烧在上止点附近完成。

常见孔式喷油器和轴针式喷油器喷油嘴的头部结构形式如图1-69所示。图1-69 d为分流轴针式喷油嘴,其主喷孔旁有1个与主喷孔轴线成20°~30°的直径约0.2 mm的副喷孔。此种喷嘴主要用于涡流室式燃烧室,让部分燃油在喷油初期由副喷孔喷到涡流室中心,以改善柴油机的起动性能。

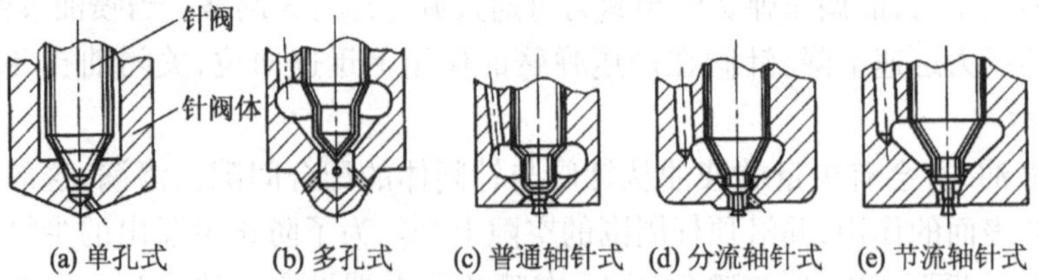

(a) 单孔式　(b) 多孔式　(c) 普通轴针式　(d) 分流轴针式　(e) 节流轴针式

图1-69　喷油嘴形式

四、喷油泵

喷油泵是柴油机燃料供给系统中最重要的部件之一。其功用是按照柴油机的运行工况和气缸工作顺序,定时、定量地向喷油器输送高压燃油。多缸柴油机的喷油泵应满足下列要求。

(1) 各缸供油量相等。在标定工况下,各缸供油量相差不超过3% ~4%。喷油泵的供油量应随柴油机工况的变化而变化,为此,喷油泵必须有供油量调节装置。

(2) 各缸供油提前角相同,误差小于0.5° ~1°曲轴转角。

(3) 各缸供油持续时间一致。

(4) 能迅速停止供油,以防止喷油器发生滴漏现象。

喷油泵的种类很多,常用的有柱塞式喷油泵、转子分配式喷油泵和 PT 型燃油供给系统 3 类。

(一) 柱塞式喷油泵

1. 柱塞式喷油泵工作原理

柱塞式喷油泵的构造如图 1-70 所示。其中柱塞 6 和柱塞套 5 组成柱塞偶件,出油阀 3 和出油阀座 4 组成出油阀偶件,它们均安装在喷油泵体中。柱塞偶件是提高柴油压力的主要零件。柱塞弹簧 8 通过弹簧下座 9 与柱塞相连,它总是力图使柱塞向下运动。柱塞下部装有滚轮 - 挺柱体总成,由喷油泵凸轮轴驱动。出油阀上装有出油阀弹簧 2,出油阀弹簧将出油阀紧压在出油阀座上,使其处于常闭状态。

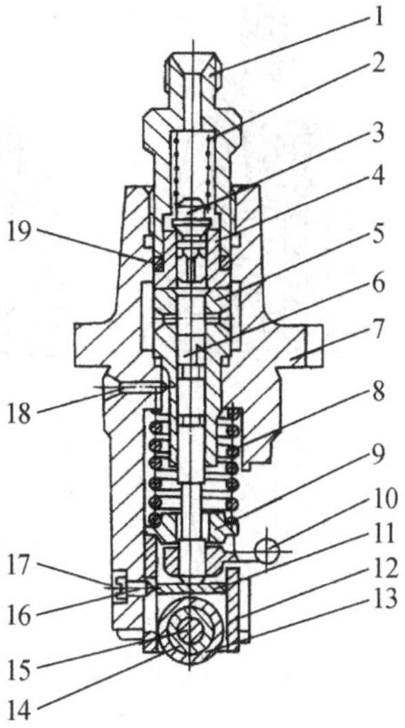

1—出油阀紧座; 2—出油阀弹簧; 3—出油阀; 4—出油阀座; 5—柱塞套; 6—柱塞; 7—泵体; 8—柱塞弹簧; 9—弹簧下座; 10—调节臂; 11—调整垫块; 12—挺柱体; 13—滚轮; 14—滚轮衬套; 15—滚轮轴; 16—导向销; 17—卡簧; 18—定位圆柱销; 19—垫圈

图 1-70　柱塞式喷油泵

柱塞式喷油泵的工作原理如图 1-71 所示。喷油泵工作时,随着凸轮轴的转动,柱塞在柱塞套中做上、下往复运动。当柱塞顶面下移至柱塞套油孔 5 以下或柱塞停驻在下止点位置时,柴油在输油泵压力和柱塞下行吸力的共同作用下从喷油泵的低压油腔经油孔 5 充入柱塞顶部的空腔或称柱塞腔(图 1-71 a)。在柱塞从其下止点上移的过程中,将有部分柴油从柱塞腔经油孔 5 被挤回低压油腔,这一过程一直延续到柱塞顶面将油孔的上边缘封闭为止(图 1-71 b)。此后,柱塞继续上移,柱塞腔内的油压骤然增高,当油压增大到足以克服出油阀弹簧 8 的预紧力时,出油阀 7 被顶起。当出油阀密封锥面已经离开出油阀座,但减压环带尚在出油阀座孔内时,喷油泵仍然不能供油。仅当减压环带全部离开出油阀座孔之后,高压柴油才能经出油阀上的切槽供入高压油管,并经喷油器喷入燃烧室(图 1-71 c)。当活塞上移至图 1-71 d 所示的位置时,柱塞上的螺旋槽 3 将油孔 5 的下边缘打开,此时柱塞腔内的高压柴油经柱塞上的直槽 4、螺旋槽 3 和油孔 5 流回喷油泵的低压油腔,供油终止。由于柱塞腔的油压急剧下降,出油阀在出油阀弹簧和高压柴油的作用下迅速回落。当减压环带的下边缘进入出油阀座孔时,高压油管与柱塞腔的通路被切断,使燃油不能从高压油管流回柱塞腔。当出油阀完全落座之后,高压管路系统的容积因为空出减压环带的体积而增大,致使高压管路系统内的油压迅速降低,喷油器立即停止喷油,从而避免喷油器滴漏和其他不正常喷射现象的发生。

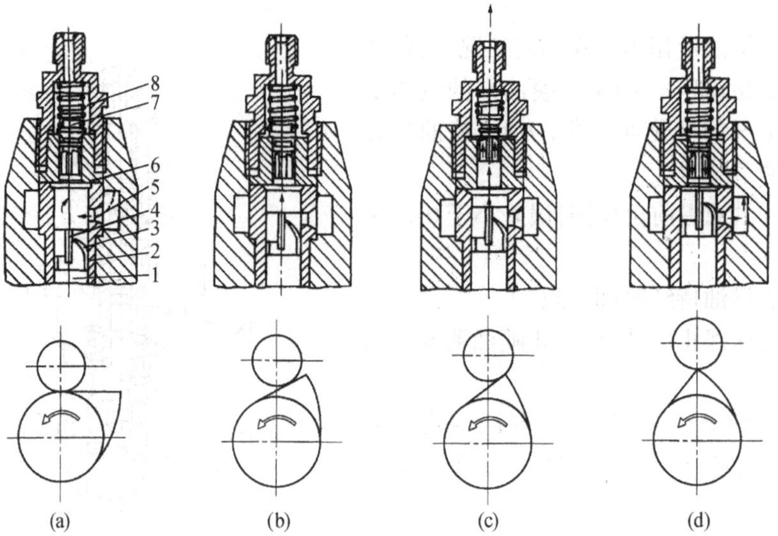

1—柱塞；2—柱塞套；3—螺旋槽；4—直槽；5—柱塞套油孔；
6—出油阀座；7—出油阀；8—出油阀弹簧

图 1-71　柱塞式喷油泵工作原理

柱塞由下止点移动到上止点所经过的距离称为柱塞行程,也就是喷油泵凸轮的最大升程。由上述泵油过程可知,喷油泵并不是在整个柱塞行程内都供油,只是在柱塞顶面封闭柱塞套油孔到柱塞螺旋槽打开柱塞套油孔这段柱塞行程内供油,这段柱塞行程称为有效柱塞行程。显然,柱塞有效行程越大,供油的持续时间越长,喷油泵每一次的泵油量(即循环供油量)便越大。欲改变柱塞有效行程,只需转动柱塞改变螺旋槽与柱塞套油孔的相对位置即可。

另外,柱塞泵的循环供油量还与柱塞的运动速度即喷油泵凸轮轴的转速有关。当柱塞与柱塞套的相对位置不动,喷射压力一定时,喷油泵的循环供油量随喷油泵凸轮轴转速的变化而变化的规律称为柱塞泵的速度特性。随着喷油泵凸轮轴转速的增加,循环供油量增多;反之减少。其原因是进油孔的节流作用和柱塞偶件之间的渗油作用都与两者的相对运动有关。

2. 柱塞式喷油泵的结构

多缸柱塞式喷油泵由分泵、油量调节机构、传动机构和喷油泵体组成。

(1) 分泵

分泵是喷油泵的泵油机构,多缸柴油机中分泵的数量与柴油机气缸数相等。分泵的基本结构如图 1-70 所示,主要由柱塞偶件、出油阀偶件、柱塞弹簧、出油阀弹簧、弹簧下座、出油阀紧座等组成。

柱塞偶件由柱塞和柱塞套组成(图 1-72)。它的功用是提高柴油压力,以满足喷油器喷射压力的要求,控制供油量和供油时间。柱塞和柱塞套是一副精密配合的偶件,要求具有高精度、低粗糙度和良好的耐磨性,通常采用优质合金钢制造,通过精密加工和研磨,并经过分级配对互研。互研后柱塞偶件的配合间隙控制在 0.001 5 ~ 0.002 5 mm。使用中应成对使用,不可互换。

柱塞套上一般加工有2个径向孔。孔5仅承担进油任务，一般称为进油孔；孔6与斜油槽相对，兼具进油和回油任务，一般称为进回油孔。按照两油孔的轴向位置可分为平孔和高低油孔两种型式。在某些尺寸较小的柱塞偶件中，柱塞套上只有一个油孔，兼做进、回油之用。在柱塞套外圆柱面上部开有定位槽，柱塞套装入喷油泵体后，用定位螺钉插入此槽内定位，以保证正确的安装位置，防止柱塞在工作中发生转动。

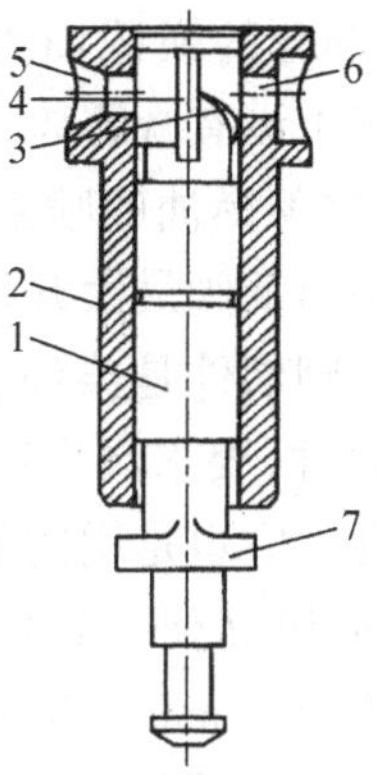

1—柱塞；2—柱塞套；3—螺旋槽；4—直槽；5,6—油孔；7—榫舌

图1-72　柱塞偶件

为了调节供油量，在柱塞头部圆柱面加工有斜油槽。图1-73表示了3种不同的柱塞头部的型式。图1-73 a所示是供油开始时刻不变，通过改变供油终了时刻来改变供油量的柱塞，目前一般均采用这种型式。图1-73 b所示是供油终了时刻不变，通过改变开始供油的时刻来改变供油量的柱塞。图1-73 c是供油开始和终了时刻都可改变的柱塞。

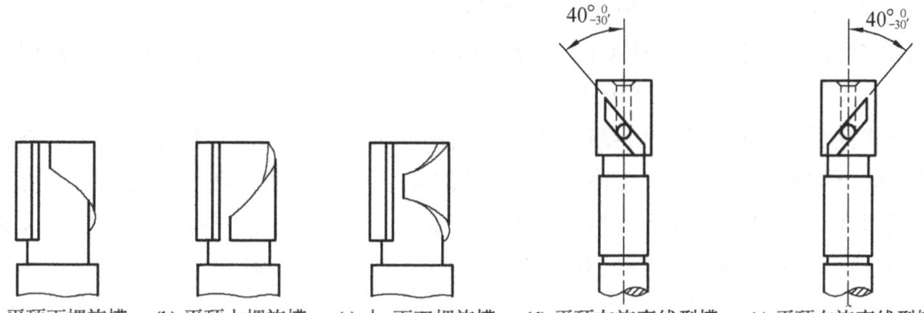

图1-73　柱塞斜油槽型式

柱塞斜槽的形状通常有螺旋形斜槽（图1-73 a,c）和直线斜槽（图1-73 d,e）。由于直线斜槽的工艺较好，我国生产的Ⅰ，Ⅱ号系列喷油泵的柱塞均加工成直线斜槽，斜槽的方向根据喷油泵的要求不同，有左旋斜槽和右旋斜槽之分。

柱塞上端面一般均加工有轴向油道（中心孔），该油道经过径向油道与斜槽相通，作回油之用（图1-73 d,e）。有的柱塞没有开轴向油道而加工成一直槽，其作用也相同（图1-72）。采用轴向油道有利于提高柱塞的寿命。因为直槽的存在，在柴油的作用下会引起柱塞侧压力，致使磨损偏于直槽边缘（高压柴油冲击造成的磨损）和直槽相对180°的柱塞表面上；而对于有轴向油道的柱塞，高压柴油流经轴向油道使柱塞受力均匀，而且高压柴油的冲击磨损也不会影响柱塞的配合表面。

柱塞的中部通常开有环形槽，以储存少量柴油润滑工作表面。柱塞套的内部为光滑的圆柱形孔，与柱塞的外圆柱面相配合。

出油阀偶件由出油阀和出油阀座等组成（图1-74）。它的功用是出油、断油和断油后迅速降低高压油管的剩余压力，使喷油器迅速停止供油而不出现滴漏现象。

出油阀的密封锥面与出油阀座的接触表面经过精细研磨。出油阀减压环带与出油阀座孔的配合间隙很小。减压环带以下的出油阀表面是其在出油阀座孔内往复运动的导向面,导向部分的横截面为"十"字形。在有些出油阀紧座中设有减容体,旨在减小高压管路系统的容积,改善燃油的喷射过程。此外,减容体还起到限制出油阀最大升程的作用。

出油阀偶件是柴油机燃油供给系统的第三副精密偶件,要求具有高精度、低粗糙度和良好的耐磨性。它也是用优质合金钢制造的,加工中经过选配和互研,其工作表面的径向间隙为0.006~0.016 mm。应成对使用,不可互换。

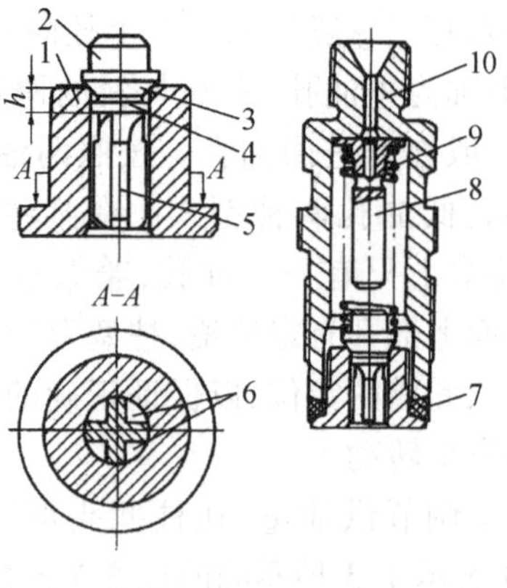

1—出油阀座;2—出油阀;3—密封锥面;4—减压环带;5—导向面;6—切槽;7—密封衬垫;8—减容体;9—出油阀弹簧;10—出油阀紧座

图1-74　出油阀偶件

(2) 油量调节机构

油量调节机构的功用是根据柴油机负荷的变化来改变喷油泵的供油量,且保证各缸的供油量一致。

由喷油泵的工作原理可知,柱塞每循环的供油量取决于有效柱塞行程的大小,由于斜槽的存在,只要转动柱塞就可以改变柱塞的有效行程,从而达到调节供油量的目的。常用的油量调节机构有齿杆式、拨叉式和球销式3种。

齿杆式油量调节机构如图1-75 a所示。油量调节套筒4松套在柱塞套1上。在油量调节套筒4的下端开有2个纵向切槽,柱塞下端的2个凸耳5就嵌在切槽之中。调节齿圈6用螺钉锁紧在油量调节套筒上并与调节齿杆3啮合。当齿杆做往复运动时,柱塞2被带着转动,从而改变循环供油量。当松开齿圈的锁紧螺钉,将油量调节套筒及柱塞相对于柱塞套转动一个角度时,可调整各缸油量的大小和均匀性(该项工作要在专门的喷油泵试验台上进行)。这种调节机构的优点是传动平稳、工作比较可靠、寿命长,但结构尺寸较大。

拨叉式油量调节机构如图1-75 b所示。在柱塞下端压装有调节臂10,臂的球头插入调节叉9的槽内,而调节叉9则用螺钉7紧固在调节拉杆8上。移动调节拉杆则可转动柱塞,从而改变循环供油量。松开调节叉上的螺钉,调整调节叉在调节拉杆上的位置,可以调整各缸供油量的大小和均匀性。这种调节机构的优点是结构简单、容易制造。

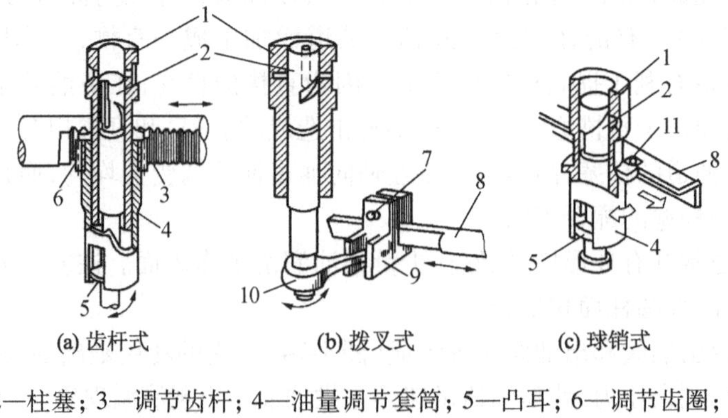

1—柱塞套;2—柱塞;3—调节齿杆;4—油量调节套筒;5—凸耳;6—调节齿圈;7—紧固螺钉;8—调节拉杆;9—调节叉;10—调节臂;11—钢球

图1-75　油量调节机构

球销式油量调节机构如图 1-75 c 所示。其作用方式与齿杆式油量调节机构相近。该机构没有采用调节齿圈,而是在调节套筒的上部嵌有一个小钢球 11,调节拉杆的横断面呈角钢形,在其水平的直角边上开有小方槽口,该方槽口与调节套筒 4 上的小钢球啮合。当移动调节拉杆时,通过钢球调节套筒与柱塞一起随着转动,从而改变循环供油量。这种调节机构的优点是结构简单、工作可靠、制造方便。

(3) 传动机构

多缸合成式喷油泵的传动机构由凸轮轴和滚轮 - 挺柱体总成组成。

① 凸轮轴:其功用是使喷油泵按照柴油机的工作顺序和喷油规律向各缸供油。凸轮轴两端通过轴承支撑在泵体上,前端装有联轴节及机械离心式供油提前角自动调整装置,后端与调速器相连。凸轮轴上加工出的凸轮数量与分泵的数目相等,各凸轮间的夹角与配套柴油机的气缸数有关,并与气缸工作顺序相适应。通常在凸轮轴中部设有驱动输油泵的偏心轮。凸轮轴一般由曲轴定时齿轮驱动,四冲程柴油机喷油泵凸轮轴的转速是曲轴转速的一半,以实现在凸轮轴一转之内向各气缸供油一次。根据不同燃烧室对喷油规律的不同要求,凸轮外形有凸面凸轮、切线凸轮和凹面凸轮 3 种不同的形状。

② 滚轮 - 挺柱体总成:其功用是将凸轮的运动传给柱塞。为了保证各分泵的供油开始角和供油间隔角一致,要求各滚轮体的工作高度一致,存在差异时必须调整。滚轮 - 挺柱总成常见的型式有垫块调整式(图 1-70)和螺钉调整式(图 1-76)两种。

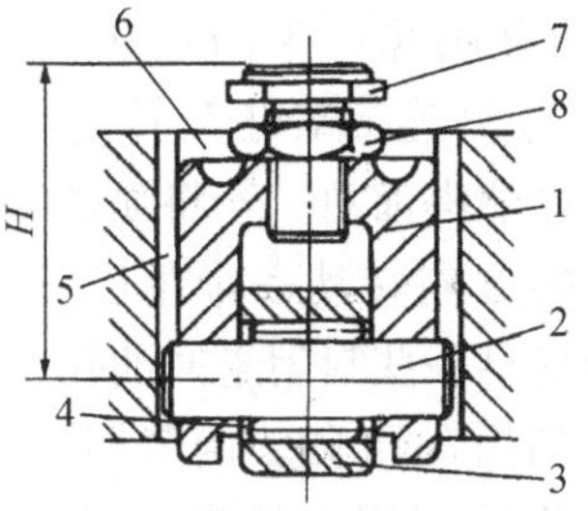

1—挺柱体; 2—滚轮轴; 3—滚轮;
4—滚针轴承; 5—定位长槽; 6—挺柱孔;
7—调整螺钉; 8—锁紧螺母

图 1-76 滚轮 - 挺柱体总成件

垫块调整式通过增减垫块来调整滚轮体的工作高度。挺柱体下部侧面开有导向槽,导向销插入槽中,挺柱体只能做上下往复运动而不能绕自身轴线转动,以避免滚轮和凸轮卡死。

螺钉调整式通过拧进拧出调整螺钉 7 来调整滚轮体的工作高度。加长的滚轮轴 2 的两端插入挺柱孔 6 的定位长槽 5 中,使挺柱体在挺柱孔内只能做上下往复运动,而不能绕其自身的轴线旋转。滚轮和滚轮轴之间镶有滚针轴承,也可镶衬套。

(4) 供油提前角自动调节装置

为了保证在气缸内形成良好的混合气,改善燃烧条件,喷油器必须有一个合适的喷油提前角。所谓喷油提前角是指当喷油器开始向气缸内喷油时曲轴曲柄位置与活塞运动到上止点时曲轴曲柄位置之间的夹角。另外,将高压油泵开始向高压油管中供油时,曲轴曲柄位置与活塞运动到上止点时的曲轴曲柄位置之间的夹角称为供油提前角。最佳的喷油提前角是在标定转速和额定负荷的条件下确定的,其值还会随着燃料性质和发动机工况的变化而变化,同时由于凸轮、滚轮等传动部件的磨损,喷油提前角也会变化。因此,喷油器的喷油提前角必须能够进行调整。而喷油提前角调整只有通过调整喷油泵的供油提前角才能得以实现。

喷油泵供油提前角调整的方法有两种。一种是改变滚轮 - 挺柱体总成的工作高度。如前所述,通过增减垫块或调节调整螺钉可使滚轮体的高度发生变化。当滚轮体高度增大

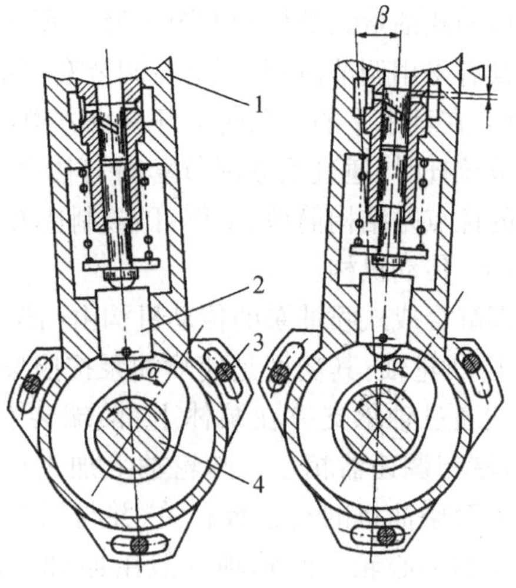

1—喷油泵体；2—滚轮－挺柱体；
3—螺钉；4—凸轮轴

图 1-77 供油提前角的调整

时，喷油泵柱塞提前封闭了柱塞套上的进回油孔，供油提前角增大；反之，供油提前角减小。在这里，将高压油泵开始向高压油管中供油时，滚轮－挺柱体中心线与凸轮对称中心线之间的夹角称为供油开始角。这种调节只是用来补偿加工和装配误差，调节的幅度很小，一般用于调整单个分泵。喷油泵供油提前角调整的另一方法是改变凸轮轴与滚轮－挺柱体总成的相对位置。通常在喷油泵固定板上开弧形孔进行调整，如图 1-77 所示。在喷油泵固定板上开有 3 个弧形螺钉孔，喷油泵用螺钉 3 固定在正时齿轮室上。调整时，松开连接螺钉 3，转动喷油泵体 1，即可改变供油提前角。若将喷油泵体逆着凸轮轴旋转的方向转动一个角度 β，则柱塞的上端面便提早一些封闭进回油孔，供油提前角增大；反之，则减少。

喷油提前角自动调节器实际上是喷油泵供油提前角自动调节装置。供油提前角对柴油机性能有很大的影响，过大或过小均会使柴油机的动力性和经济性恶化。为了保证柴油机有良好的使用性能，必须使其在最佳供油提前角下工作。在转速和供油量一定的条件下，能获得最大功率和最小燃油消耗率的供油时刻，称为最佳供油提前角。最佳供油提前角随柴油机的转速和负荷而变化，转速越高，负荷越大，最佳供油提前角也越大。

工作中柴油机的转速和负荷都在很大范围内变化，所以现代车用柴油机都装有喷油提前角自动调节器。这样，当柴油机工况发生变化时，才能自动地进行调节，使喷油泵始终保持最佳供油时刻。喷油提前角是由供油提前角保证的。改变柴油机曲轴与喷油泵凸轮轴的相对角位置可以调节喷油泵供油提前角。

目前广为应用的机械离心式喷油提前角自动调节器，只能响应柴油机转速的变化，并据此进行供油提前角的自动调节。其结构形式虽多，但工作原理基本相同。图 1-78 所示为解放 CA6110－Ⅱ型柴油机喷油提前角自动调节器。调节器壳体用螺栓与喷油泵的驱动轴相连，为主动件。2 个飞块 7 松套在调节器壳体端面的 2 个销钉上，外面还套装 2 个弹簧座 13，飞块的另一端各压装 1 个销钉，每个销钉上各松套着 1 个滚轮内座圈 8 和滚轮 9。从动盘 19 与喷油泵凸轮轴相连接。从动盘两臂的弧形侧面 E（图 1-79）与滚轮 9 接触，侧面 F 压在两个弹簧 11 的一端，弹簧的另一端支撑在弹簧座 13 上。调速器为一密封体，内腔充有机油以供润滑。

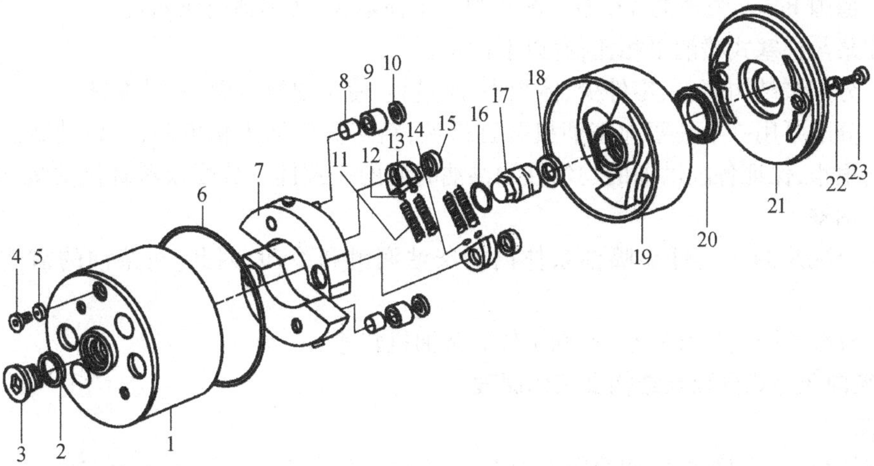

1—驱动盘；2,10—垫圈；3—放油螺塞；4—螺塞；5,22—垫片；6,16—O 形密封圈；
7—飞块；8—滚轮内座圈；9—滚轮；11—弹簧；12,14,18—弹簧垫圈；13—弹簧座；15—定位圈；
17—螺母；19—从动盘；20—油封；21—盖；23—螺栓

图 1-78　机械离心式供油提前角自动调节器

喷油提前角自动调节器的工作原理如图 1-79 所示。柴油机工作时，驱动盘通过销钉带动飞块和从动盘一起旋转。两个飞块 7 在离心力的作用下绕驱动盘上的销钉向外摆动，滚轮对从动盘的两个弧形侧面 E 产生推力，迫使从动盘沿箭头所示方向相对于调节器壳体超前转过一个角度 α，直到弹簧作用在 F 侧面上的压缩弹力与飞块离心力平衡为止，于是从动盘与调节器壳体同步旋转（图 1-79 b）。当转速升高时，飞块离心力增大，其活动端进一步向外甩出，滚轮迫使从动盘沿箭头所示方向相对于调速器壳体再超前转过一个角度，直到弹簧的压缩弹力与飞块离心力达到新的平衡状态为止。这样，供油提前角便相应增大。反之，当柴油机转速降低时，供油提前角相应减小。解放 CA6110 - Ⅱ型柴油机喷油提前角自动调节器的调节范围为 0° ~6°30′(500 ~1 650 r/min)。

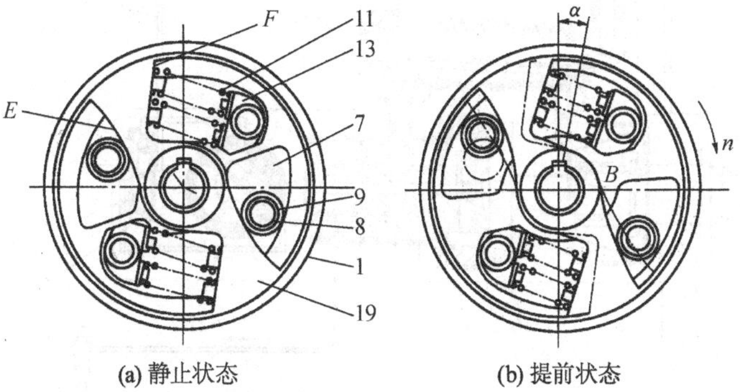

1—驱动盘；7—飞块；8—滚轮内座圈；9—滚轮；11—弹簧；13—弹簧座；19—从动盘

图 1-79　供油提前角自动调节器工作原理

（二）分配式喷油泵

分配式喷油泵简称分配泵，是另一种结构形式的喷油泵，有转子式和单柱塞式两类。英国 CAV 公司的 DPA 型分配泵和法国 SIGMA 公司的 PRs 型分配泵均属转子式，也称径向压缩式。德国 Bosch 公司的 VE 型分配泵则为单柱塞式,又称轴向压缩式。

分配泵与柱塞式喷油泵相比,有以下优点:

(1) 分配泵结构简单、零件少、体积小、质量轻,使用中故障少,容易维修。

(2) 分配泵用一个柱塞向柴油机各缸供油,精密偶件加工精度高,可以使各缸之间供油量差别很小,保证各缸供油的均匀性和供油时间的一致性。分配泵单缸供油量和供油提前角不需调整。

(3) 分配泵的运动件靠喷油泵体内的柴油润滑和冷却,因此,对柴油的清洁度要求很高。

(4) 分配泵凸轮的升程小,有利于提高柴油机转速。

1. 径向压缩式分配泵结构及工作原理

1) 结构

径向压缩式分配泵的结构简图如图 1-80 所示。它主要由以下几部分组成:

(1) 滑片式二级输油泵。它使燃油适当增压,以保证分配泵的必要进油量,并通过调节阀 8 控制输油泵的出口压力。

(2) 高压泵。它是分配泵的关键组成部件,由分配泵外壳、分配套筒 12、内凸轮 14 和旋转的分配转子 13、柱塞 17、滚柱 15 等零件组成,起进油、泵油和配油的作用。

(3) 油量调节机构。采用侧面开有轴向油槽的圆柱形控制阀 4,转动控制阀可以改变供油量。控制阀上端通过杆系同时与加速踏板和调速器连接。

(4) 供油提前角自动调节机构。利用二级输油泵输出油压的高低,通过活塞使内凸轮转动一定的角度,使供油提前角随转速或负荷的变化而自动调节,以改善柴油机的工作性能。

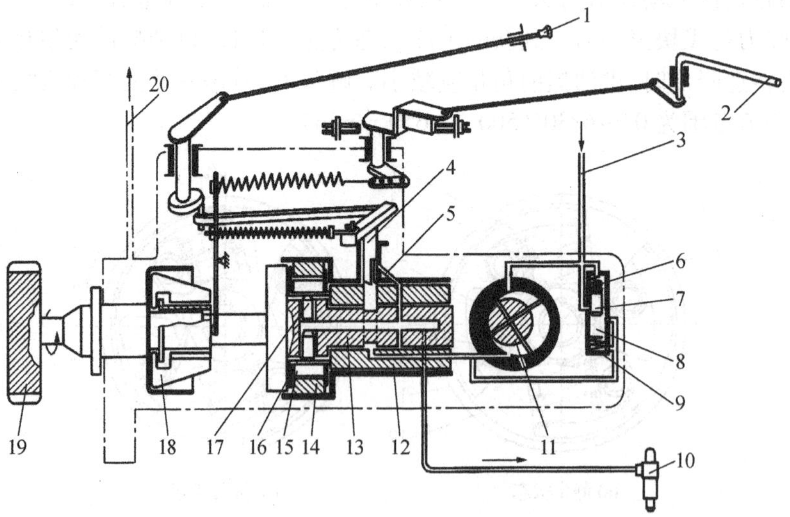

1—停油拉杆; 2—油门拉杆; 3—进油道; 4—油量控制阀; 5—油道; 6、9—弹簧; 7—滑柱; 8—调节阀
10—喷油器; 11—滑片式输油泵; 12—分配套筒; 13—分配转子; 14—内凸轮; 15—滚柱; 16—滚柱座
17—柱塞; 18—离心飞块; 19—花键轴; 20—溢油道

图 1-80 径向压缩式分配泵结构简图

2）工作原理

来自滤清器的清洁柴油经过进油道 3、调节阀 8 进入滑片式输油泵 11；在输油泵作用下，柴油经分配套筒 12 的轴向油道流到分配转子 13 的环槽。在环槽处油流分为两支：其一流向供油提前角的自动调节机构；其二进入油量控制阀 4。从油量控制阀出来的燃油经壳体、分配套筒、分配转子的径向油道，进入分配转子的轴向中心油道，再流入 2 个柱塞之间的空腔内。当燃油受到柱塞的压缩后产生高压，高压油沿分配转子中心油道和分配孔直到各缸喷油器 10。

图 1-81 所示为径向压缩式分配转子的进油与配油。当分配转子 13 转动时（图 1-80），带动滚柱座 16、滚柱 15 和柱塞 17 绕其轴心线一起转动。当滚柱越过内凸轮 14 的凸起后，两柱塞在离心力的作用下被甩向两端，使两柱塞间空腔产生真空度。当分配转子上某一进油孔与分配套筒上的进油孔对上时（图 1-81 a），柴油在二级输油泵的压力作用下进入柱塞间的空腔，完成进油。

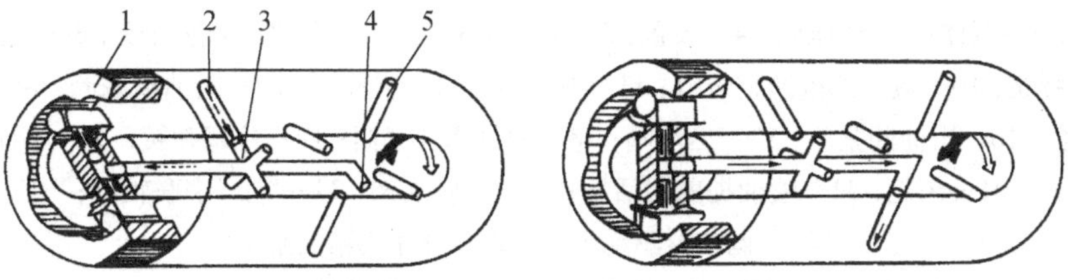

(a) 分配泵的进油过程　　(b) 分配泵配油过程

1—内凸轮；2—进油道；3—进油孔；4—分配孔；5—出油孔

图 1-81　径向压缩式分配泵的进油与配油

随着分配转子的转动，滚轮越过内凸轮 14 的最低点后，被内凸轮推动，向着接近转子中心方向运动，而使对置的柱塞被向内推向转子中心：于是柴油被压缩而产生高压。此时分配转子的分配孔正好与分配套筒上的某一缸出油孔 5 对上（图 1-81 b），高压柴油被送到某一缸的喷油器，实现高压配油。

由于径向压缩式分配泵对分配转子和分配套筒、柱塞和柱塞孔的配合精度要求较高，滚轮座结构复杂和内凸轮加工不便，特别是高速适应性较差等缺点，使其在柴油机上的应用日趋减少。

2. 轴向压缩式分配泵结构及工作原理

1）结构

轴向压缩式分配泵（简称 VE 型分配泵）应用较广泛。其主要由泵体、泵盖、滑片式输油泵、泵油机构、断油电磁阀和喷油提前器等组成，如图 1-82 所示。

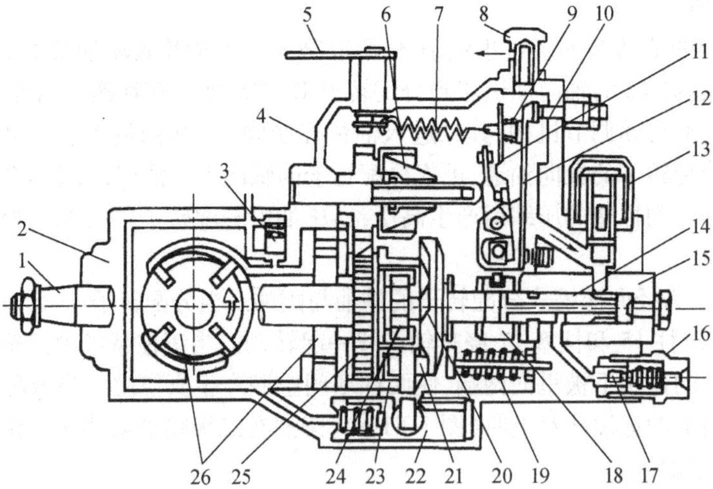

1—驱动轴；2—泵体；3—调压阀；4—泵盖；5—调速手柄；6—飞锤；7—调速弹簧；8—回油电磁阀；9—怠速弹簧；10—最大油量调整螺钉；11—张力杆；12—调整杆；13—断油电磁阀；14—柱塞；15—柱塞套；16—出油阀紧座；17—出油阀；18—油量调节套筒；19—柱塞弹簧；20—平面凸轮盘；21—滚轮；22—喷油提前器活塞；23—滚轮支架；24—“十”字联轴器；25—调速器驱动齿轮；26—滑片式输油泵

图 1-82　VE 型分配泵结构示意图

（1）泵体和泵盖

泵体 2 和泵盖 4 用铝合金铸成，支承着喷油泵的所有零部件。泵盖与泵体之间用橡胶垫密封，不得漏油。泵盖上安装有回油电磁阀 8、调速手柄 5、最大油量调整螺钉 10 等。

（2）驱动机构

驱动机构由驱动轴、调速器驱动齿轮、滚轮支架、滚轮、“十”字联轴器和平面凸轮盘等组成，如图 1-83 所示。

工作时，驱动轴由柴油机曲轴通过中间传动装置驱动。传动轴一方面带动滑片式输油泵转动，同时通过调速器驱动齿轮 2 带动调速器工作。另一方面，传动轴右端通过“十”字联轴器 5 带动平面凸轮盘 6 转动；凸轮盘上的凸轮数与柴油机气缸数相同，并紧靠在滚轮 4 上，滚轮支承在滚轮支架 3 上；平面凸轮盘 6 转动的同时受滚轮 4 的作用，还作左右往复运动，驱动分配泵的柱塞也作转动和往复运动。

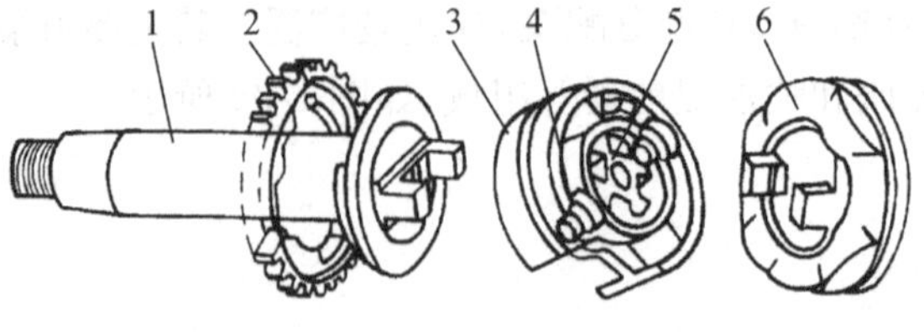

1—驱动轴；2—调速器驱动齿轮；3—滚轮支架；4—滚轮；5—“十”字联轴器；6—平面凸轮盘

图 1-83　VE 型分配泵驱动机构

（3）滑片式输油泵

滑片式输油泵 26（图 1-82）安装在 VE 泵入口，由驱动轴 1 驱动，并由调压阀 3 调节压力,用于产生一定压力的燃油充满整个泵腔,润滑冷却泵体内的所有运动零件,并为泵油机构提供一定压力的低压柴油。

(4) 泵油机构

泵油机构是 VE 分配泵的关键部件,用以定时、定量地产生高压油。它主要由柱塞、柱塞套、油量调节套筒、柱塞弹簧、出油阀偶件等组成(图 1-84)。

柱塞 10 与柱塞套 3、柱塞 10 与油量调节套筒 9 是两对精密偶件。在柱塞的左端开有定位槽 19(图 1-84 c),与平面凸轮盘 11 的定位销 20 相啮合(图 1-84 b)。平面凸轮盘的运动,带动柱塞做相应的转动和往复运动。柱塞的右端开有 4 条相隔 90°的进油槽 13(图 1-84 c);中部开有一个出油孔 15、一条压力平衡槽 16 和泄油孔 18,柱塞还有中心油道与各进、出油孔及泄油孔相通。

柱塞套 3 被固定在泵头 7 上(图 1-84 a),其右端有一个进油孔,位置与柱塞的 4 条进油槽相对应,柱塞每旋转一周,进油孔与各进油槽各接通一次;中部开有一个出油孔,柱塞每转一周,柱塞套出油孔分别与柱塞出油孔各相通一次。

油量调节套筒 9 上的凹坑与调速器相连,可在柱塞上左右移动。当柱塞向右运动到露出泄油孔 18 时,柱塞中心油道上的高压油泄压。

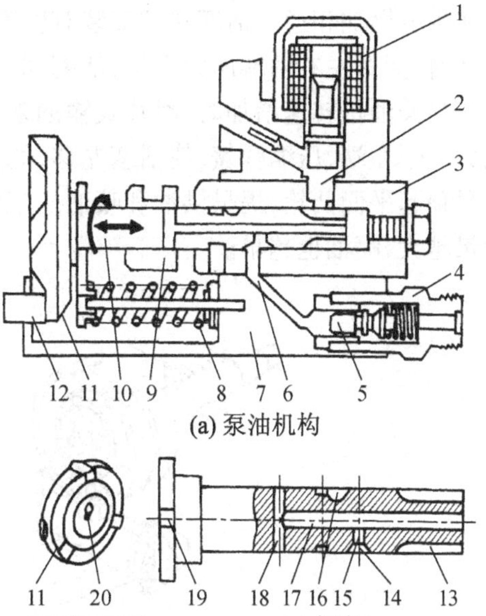

(a) 泵油机构

(b) 平面凸轮盘　　(c) 柱塞

1—断油电磁阀;2—进油孔; 3—柱塞套; 4—出油阀紧座; 5—出油阀偶件; 6—出油孔; 7—泵头; 8—柱塞弹簧; 9—油量调节套筒; 10—柱塞; 11—平面凸轮盘; 12—滚轮; 13—进油槽; 14—出油槽; 15—出油孔; 16—压力平衡槽; 17—中心油道; 18—泄油孔; 19—定位槽; 20—定位销

图 1-84　VE 型分配泵泵油机构

(5) 断油电磁阀

VE 型分配泵装有断油电磁阀(图 1-85)。柴油机起动时,将起动开关 13 闭合(旋至 ST 位置),从蓄电池 12 来的电流直接流过电磁线圈 1,产生的电磁吸力压缩回位弹簧 2 把阀门 3 吸起,使进油孔 4 打开,燃油进入泵油机构。

柴油机起动后,将起动开关旋至 ON 位置,此时由于电路串入了电阻 14,电流变小,但由于油压作用,阀门仍保持开启。

柴油机需要停止运转时,将起动开关旋至 OFF 位置,电路断开,阀门在回位弹簧 2 的作用下落座,切断油路,停止供油。

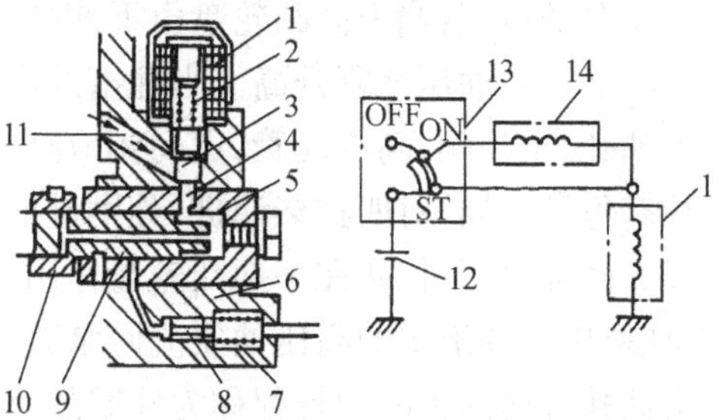

1—电磁线圈; 2—回位弹簧; 3—阀门; 4—进油孔; 5—柱塞套; 6—泵头; 7—出油阀弹簧; 8—出油阀偶件; 9—柱塞; 10—油量调节套筒; 11—进油道; 12—蓄电池; 13—启动开关; 14—电阻

图 1-85　VE 型分配泵断油电磁阀

(6) 喷油提前器

VE 泵的喷油提前器属于液压式,其结

构如图 1-86 所示。

滚轮座 2 通过传动销 4 和连接销 10 与提前器活塞 9 相连接。活塞右端有一小孔 A,与泵体内腔燃油相通。活塞左端安装有弹簧 11,与滑片式输油泵进油腔相通。当柴油机稳定运转时,活塞左右两端压力平衡,活塞和滚轮座不动。

当柴油机转速增加时,滑片式输油泵运转加快,泵腔油压升高,使提前器活塞 9 的右端压力大于左端,压缩弹簧,使活塞左移,通过传动销 4,带动滚轮座 2 顺时针旋转,导致滚轮 3 提早顶起平面凸轮,提早供油和喷油。柴油机转速越高,泵腔燃油压力也越大,活塞向左移动量越大,喷油也越早。

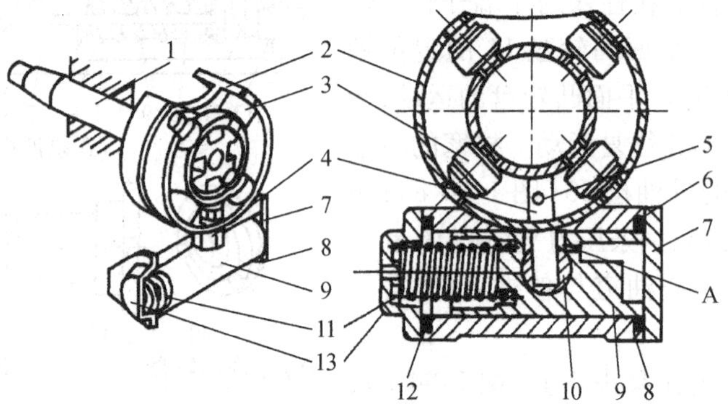

1—驱动轴; 2—滚轮座; 3—滚轮; 4—传动销; 5—止动销; 6,12—O 形圈; 7—侧盖板; 8—泵体; 9—提前器活塞; 10—连接销; 11—弹簧; 13—侧盖; A—油孔

图 1-86 VE 型分配泵喷油提前器

2) 工作原理

以四缸柴油机配用的 VE 型分配泵为例,说明其工作原理(图 1-84 a)。

(1) 进油过程:当平面凸轮盘 11 的下凹部分转到与滚轮 12 接触时,在柱塞弹簧 8 的作用下,转动着的柱塞向左移动,接近终点时,泄油孔 18 完全被油量调节套筒 9 所封闭。当柱塞的一个进油槽与柱塞套的进油孔相对时,泵腔中的燃油便进入柱塞中心油道,直至柱塞进油槽与柱塞套的进油孔错开,进油结束。

(2) 泵油过程:当平面凸轮盘由下凹部分向凸起部分转动时,柱塞由左向右运动,此时柱塞中心油道的油压急剧升高。当柱塞的出油槽与柱塞套的一个出油孔相对时,高压燃油便经出油孔、出油阀、高压油管,送到相应缸的喷油器中。

柱塞每转一周,对四缸柴油机,分别进油 4 次,出油 4 次,向每个气缸供油 1 次。

(3) 回油过程:柱塞在平面凸轮盘作用下继续右移,当柱塞的泄油孔露出,并与泵腔相通时,柱塞中心油道中的高压油便流回泵腔,油压急剧下降,供油结束。柱塞从出油槽与柱塞套出油孔接通到关闭的行程称为柱塞的有效行程。柱塞的有效行程越大,向外供油量越多。移动油量调节套筒 9 的位置,即可改变柱塞的有效行程,从而改变 VE 分配泵的供油量。

(4) 均压过程:柱塞上加工有压力平衡槽 16,它始终与泵腔相通。当供油结束,柱塞转过 180°时,柱塞上的压力平衡槽 16 便与该缸柱塞套出油孔相通泄压,使与泵腔油压平衡,从而使各缸分配油路内的压力在燃油喷射前趋于均衡,保证各缸喷油量均匀。

五、调速器

(一) 调速器的功用和类型

调速器是一种自动调节装置,它可根据柴油机负荷的变化,自动增减喷油泵的供油量,使柴油机能够以稳定的转速运行。

如前所述,喷油泵每个工作循环的供油量主要取决于调节拉杆的位置,此外,还受到喷油泵速度特性的影响。柴油机在实际工作过程中,外界的负荷是经常变化的。当柴油机负荷突然由大变小时,供油调节拉杆可能由于某种原因仍保持在原来的大供油量位置,显然,柴油机转速会升高。这时在喷油泵速度特性的作用下,供油量会继续增大,促使柴油机转速进一步升高。这种供油与转速之间的恶性循环将导致柴油机超速或"飞车",从而造成排气冒黑烟、柴油机过热,往复运动零件的惯性力增大,使某些机件因过热或过载而损坏。当柴油机负荷突然增大时,其情况正好相反,即供油量减小,使柴油机转速突然下降以至熄灭。柴油机超速或怠速不稳,往往出于偶然的原因,驾驶员难以及时做出反应。这时,唯有调速器能够根据柴油机转速的变化及时调节喷油泵的供油量,保持柴油机转速的稳定。

车用柴油机调速器按其工作原理的不同,可分为机械式、气动式、液压式、机械气动复合式、机械液压复合式和电子式等。机械式调速器利用随喷油泵凸轮轴一起旋转的飞块产生的离心力实现调速,结构简单、工作可靠、性能良好,目前应用最广。气动式调速器通过膜片感知进气管真空度的变化,自动调节供油量达到调速目的。

按功能不同可分为单程式、双程式、全程式调速器。

(1) 单程式调速器:只在某一规定的转速下起作用,一般用于恒定转速工况的柴油机(如发电机组)。

(2) 两极式调速器:能在两个规定的转速下起作用,它既可以保持柴油机低速稳定运转,又能限制柴油机的最高转速。中、小型车用柴油机多数采用两极式调速器,以起到防止超速和稳定怠速的作用。

(3) 全程式调速器:它不仅能保持低速稳定运转和限制最高转速,而且还能使柴油机在整个工作转速范围内的任何转速下稳定运转。拖拉机和重型车辆柴油机多采用全程式调速器。

(二) 机械式调速器的工作原理

机械调速器主要由两个基本部分组成,即转速感应元件和调整供油拉杆位置的执行机构。感应元件为具有一定质量且与调速弹簧相平衡的钢球(或飞锤、飞块等惯性元件)。当转速发生变化时,利用感应元件旋转时产生的离心力的变化来驱动执行机构以改变供油拉杆的位置。

1. 单程式调速器

图 1-87 为机械式单程调速器原理示意图。喷油泵凸轮轴 3 带动调速器传动盘 2 旋转,在传动盘的内锥面上开有凹槽,槽中装有钢球 4。在支承轴 7 上装有推力盘 5。推力盘的运动可以带动供油拉杆 1 左右移动。在推力盘 5 与弹簧座 8(固定在支承轴上)之间装有带一定预紧力的调速弹簧 6,供油拉杆的最大供油位置由支承轴的凸肩限定。

当喷油泵凸轮轴旋转时,传动盘、钢球一起旋转,钢球在旋转时产生离心力,企图沿径向向外飞开。钢球的离心力作用在推力盘的斜锥面上产生一个轴向分力 $\boldsymbol{F}_1$，该力企图使推力盘向左移动并带动供油拉杆减少供油量。在推力盘的另一侧受到调速弹簧的压力 $\boldsymbol{F}_t$ 的作用，该弹簧力总是力图使推力盘向右移动并带动供油拉杆增大供油量。

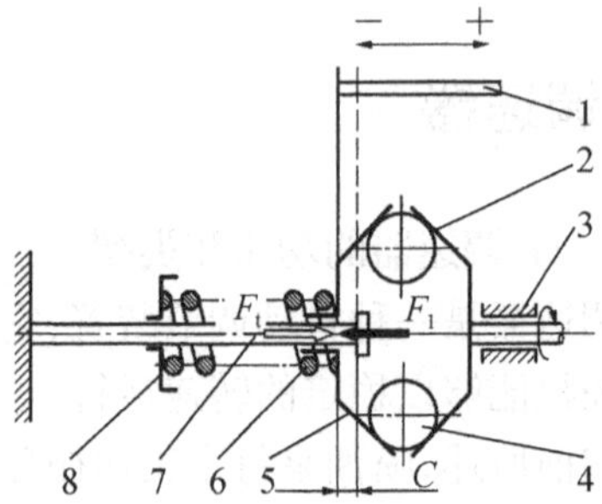

1—供油拉杆；2—传动盘；3—喷油泵凸轮轴；4—钢球；5—推力盘；6—调速弹簧；7—支承轴；8—弹簧座

图 1-87　机械式单程调速器工作原理图

柴油机不工作时，供油拉杆在弹簧力的作用下处于最大的供油位置（图 1-87 中虚线的位置）。柴油机开始工作后，曲轴的转速逐渐升高，钢球的离心力也逐渐增大，但由于该离心力小于调速弹簧的压力，因此推力盘保持不动。当柴油机转速升高到某一转速时，钢球离心力的轴向分力与弹簧的压力相等，调速器处于暂时平衡，这一转速叫作标定转速。此时，推力盘与支承轴凸肩之间，既没有力的作用，也没有间隙存在，供油拉杆保持原来的位置不变。

当柴油机负荷减少时，供油量超过了实际需要，柴油机输出的扭矩超过了负载阻力矩，柴油机转速会进一步升高。钢球离心力的分力也随之增大，直至超过调速弹簧的预紧力后，钢球便迫使推力盘左移并带动供油拉杆减少供油量，直到供油量重新与负荷相适应为止，柴油机转速便停止继续升高，推力盘也停止运动，调速器便在新的条件下获得平衡。此时，在推力盘与支承轴凸肩之间产生了间隙 C，柴油机的转速与负荷减少前相比要稍高一些。

当负荷重新增加时，则柴油机转速会降低，其作用正好与上述过程相反，调速弹簧推动供油拉杆增加供油量，直到两者重新适应为止。

2. 两极式调速器

图 1-88 为两极式调速器原理示意图。与单程式调速器相比，两极式调速器在推力盘 5 与弹簧座 9（固定在支承轴上）之间装有两根调速弹簧。外调速弹簧 7 的刚度较弱，预紧力小，紧贴于推力盘 5 上。另一根内调速弹簧 8 刚度强，预紧力大，安装时与推力盘保持一定距离。此外，供油拉杆除由调速器控制外又可由操纵者直接控制（图中未画出）。

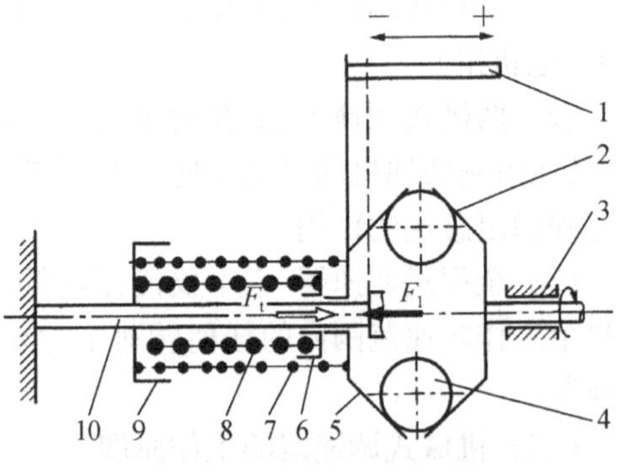

1—供油拉杆；2—传动盘；3—喷油泵凸轮轴；4—钢球；5—推力盘；6—内弹簧座；7—外调速弹簧；8—内调速弹簧；9—弹簧座；10—支承轴

图 1-88　两极式调速器工作原理图

柴油机未起动时，外弹簧作用在推力盘上，通过推力盘将供油拉杆向右推向循环供油量最大的位置。柴油机起动后，转速上升，钢球离心力的轴向分力 $\boldsymbol{F}_1$ 随之增大。由于外弹簧预紧力小且弹性弱，钢球离心力的轴向分力 $\boldsymbol{F}_1$ 很快大于外弹簧弹力 $\boldsymbol{F}_t$，所以可以推动供油拉杆向左移动减少供油量，调速器开始起作用，此时对应的柴油机转速叫作最低怠速转速。当转速继续升高使推力盘 5 与内弹簧接触时，由于内弹簧的预紧力大且刚性强，弹簧弹力 $\boldsymbol{F}_t$ 瞬时增大。此时转速继续升高，但离心力的轴向分力 $\boldsymbol{F}_1$ 不足以克服内、外弹簧的弹力

F_t，供油拉杆保持不动，供油量不变，调速器停止起作用。当柴油机转速继续升高到使 $F_1 = F_t$，此时对应的转速为柴油机的额定转速。当转速再稍许增高时，$F_1 > F_t$，推力盘将压缩内、外弹簧，调速器再次起作用，使供油拉杆向左移动，供油量减少，转速又回落到稍高于额定转速的某个值。

由此可见，两极式调速器只在低于怠速和高于额定转速时才起作用，在两者之间则不起作用。在怠速和额定转速之间，供油量由操纵人员推动操纵杆自行调节。

3. 全程式调速器

单程式调速器由于调速弹簧的预紧力是固定的，所以只能在某一转速范围内起作用。如果将装在支承轴上的弹簧座做成可移动的，由驾驶员通过操纵杆控制，就转变成了如图 1-89 所示的弹簧预紧力可调的全程式调速器了。

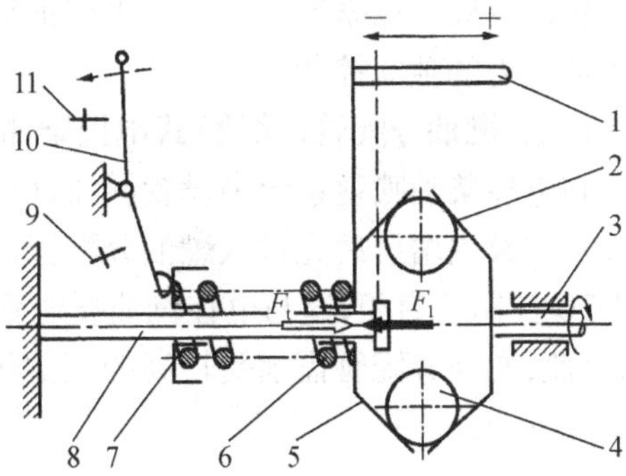

1—供油拉杆；2—传动盘；3—喷油泵凸轮轴；4—钢球；5—推力盘；6—调速弹簧；7—支承轴；8—弹簧座；9—怠速限制螺钉；10—操纵杆；11—高速限制螺钉

图 1-89　全程式调速器工作原理图

全程式调速器的特点是调速弹簧的弹力在一定范围内，可以根据操作者的需要予以改变。在怠速限制螺钉 9 和高速限制螺钉 11 的约束下，通过转动操纵杆 10，使调速弹簧 6 的弹力可以按需改变。当转动操纵杆使之与高速限制螺钉 11 接触时，调速弹簧预紧度最大，若柴油机无负荷，则调速器控制最高空转转速。若操纵杆与怠速限制螺钉 9 接触，调速弹簧预紧度最小，则调速器控制柴油机怠速转速。

操纵杆所处的位置不同，调速弹簧的预紧力也不一样，调速器的调速范围也发生改变。随着操纵杆位置的变化，使其起到无数个单程调速器的作用。

六、柴油机电子控制燃油喷射系统

（一）柴油电子控制燃油喷射系统特点

随着环境保护力度的加强和能源供应压力的加剧，为了适应严格的柴油机排放标准的需要，进一步改善柴油机运转性能和降低燃油消耗率显得异常必要。从 20 世纪 80 年代初期开始，各种电子控制柴油喷射系统（以下简称“电控柴油喷射系统”）相继问世。在电子技术高速发展的推动下，电子控制燃油喷射系统在柴油机上逐渐得到应用，并日趋广泛。与传统的机械控制柴油喷射系统相比，电控柴油喷射系统有下列优点：

（1）机械控制喷射系统的基本控制信息是柴油机的转速和加速踏板的位置，而电控喷射系统则通过许多传感器检测柴油机的运行状态和环境条件，并由电控单元计算出适应柴油机运行状况的控制量，然后由执行器实施。因此，电控喷射系统控制精确、灵敏，而且在需要扩大控制功能时，只需改变电控单元的存储软件，便可实现综合控制。

（2）机械控制喷射系统往往由于设定错误和磨损等原因，而使喷油时刻产生误差。但是，在电控喷射系统中，总是根据曲轴位置的基本信号进行再检查，因此不存在产生失调的可能性。

（3）在电控喷射系统中，通过改换输入装置的程序和数据，可以改变控制特性，一种喷射系统可用于多种柴油机。在此过程中不需要机械加工，故可缩短开发新产品的周期，有利于降低成本。

（二）电控柴油喷射系统的发展与基本类型

在二十几年的发展过程中，电控柴油喷射系统先后形成了两种基本类型，即位置控制型和时间控制型。20 世纪 90 年代，燃油分配管（共轨）式时间控制型电控柴油喷射系统得到了快速发展。该系统不仅可以更加精确地控制喷油量和喷油定时，还能实现对喷油规律和喷油压力的独立控制。

（三）燃油分配管（共轨）式电控柴油喷射系统

在电控柴油喷射系统中设置燃油分配管始于 20 世纪 90 年代中期。在这类系统中，燃油在供油泵内增压后先供入燃油分配管，再由燃油分配管分配到各缸喷油器。喷油器直接由 ECU 控制其启闭，这与电控汽油喷射系统基本相同，所不同的是，由于柴油机喷油压力较高，因此，燃油分配管需承受较高的燃油压力。燃油分配管（共轨）式电控柴油喷射系统如图 1-90 所示。

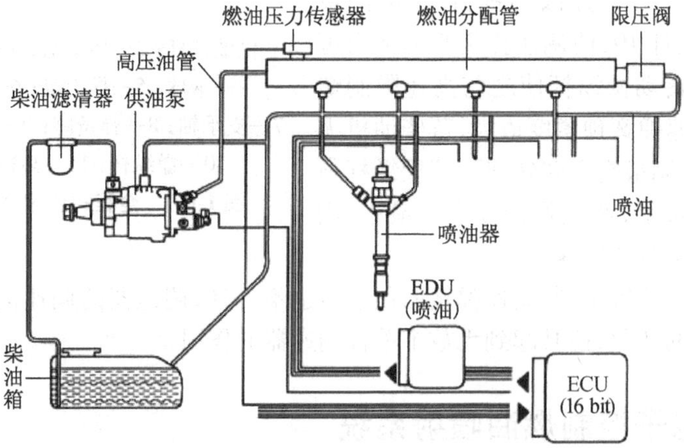

图 1-90　燃油分配管（共轨）式电控柴油喷射系统

1. 控制功能

（1）喷油量的控制：ECU 根据加速踏板位置和柴油机转速等传感器的信号确定基本喷油量，再按进气管压力和燃油温度等传感器及起动开关输入的信息进行修正，最后计算出最佳喷油量，并向喷油器通电。ECU 通过控制通向喷油器的电脉冲宽度（通电时间）来控制喷油量。

（2）喷油定时的控制：ECU 根据加速踏板位置和柴油机转速确定基本喷油时刻，再按进气管压力和冷却液温度等传感器及起动开关输入的信号进行修正，最后确定出最佳喷油时刻，ECU 按此时刻向喷油器通电，即 ECU 对喷油器通电的时刻决定了喷油始点。

（3）喷油压力的控制：喷油压力等于燃油分配管内的燃油压力。在燃油分配管上设置燃油压力传感器和限压阀，后者用来防止燃油分配管内油压过高。

（4）喷油规律的控制：喷油规律是指喷油速率随时间或曲轴转角的变化关系，而喷油速率则是指单位时间的喷油量。由于喷油规律对柴油机的性能有重要影响，因此，针对具有不同混合气形成与燃烧方式的柴油机应选择不同的喷油规律。在燃油分配管式电控柴油喷射系统中,当喷油压力保持不变时,喷油量取决于ECU对喷油器的通电脉冲宽度。因此,只要改变指令脉冲就可以改变喷油规律。喷油规律控制如图1-91所示。

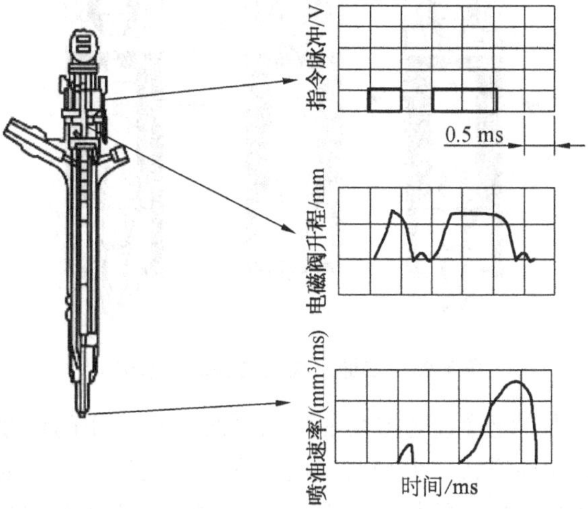

图1-91　喷油规律的控制

2. 主要组件的结构与工作原理

(1) 喷油器: 其功用是按照电控单元的指令在既定时刻以一定的规律将一定数量的燃油喷入气缸。喷油器品种很多,但其基本原理相同,结构相似。日本电装公司生产的二通阀式喷油器的结构如图1-92所示。

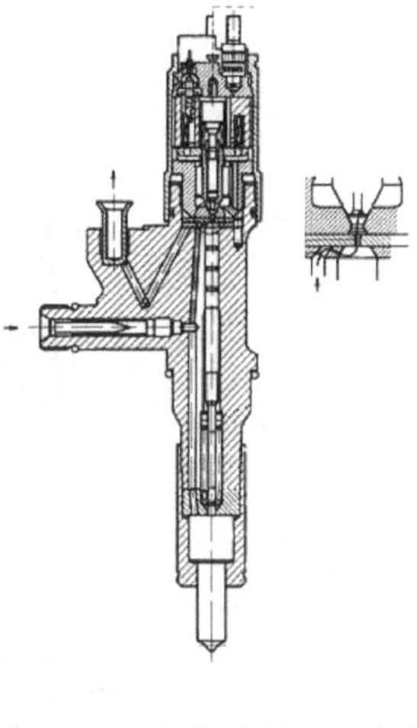

图1-92　二通阀式喷油器结构

二通阀式喷油器的工作原理(图1-93):二通阀由内阀和外阀组成,内阀不动,外阀可动。外阀在ECU未向喷油器通电时被弹簧力和燃油压力压紧在外阀座面上,回油口被封闭。来自燃油分配管的高压燃油从进油口向上经进油量孔进入控制室,向下进入喷油嘴压力室。控制室内的燃油压力经油压活塞作用到喷油嘴的针阀上,这时针阀处于关闭状态。当ECU对喷油器通电时,外阀被电磁力吸引向上提起,回油口被打开,控制室内的高压燃油经回油量孔和回油口流回柴油箱,控制室内的燃油压力下降。这时喷油嘴压力室仍为高压,于是在高压燃油的作用下针阀开启并向气缸内喷油。当ECU对喷油器断电时,电磁力消失,外阀在弹簧力的作用下重新压在外阀座面上,回油口被封闭,控制室内的燃油压力升高,使针阀回落,喷油结束。

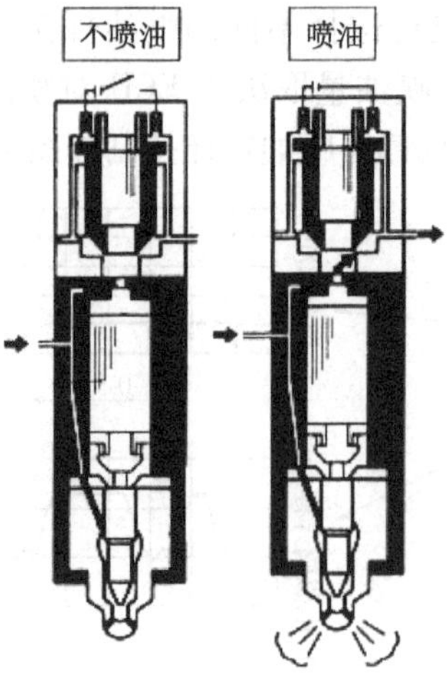

图 1-93　二通阀式喷油器工作原理

（2）供油泵：在燃油分配管式电控柴油喷射系统中所应用的供油泵多为柱塞式泵，其中包括直列柱塞式和径向柱塞式。大型柴油机多采用直列柱塞式供油泵，而中小型柴油机多采用径向柱塞式供油泵。柱塞的数量一般为 2～3 个，驱动柱塞的凸轮则有单作用式、双作用式、三作用式和四作用式等。图 1-94 所示为几种常见的供油泵类型。

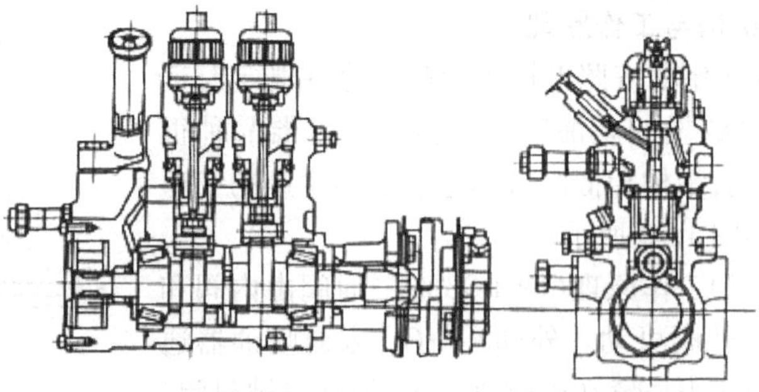

(a) 双柱塞三作用直列柱塞式

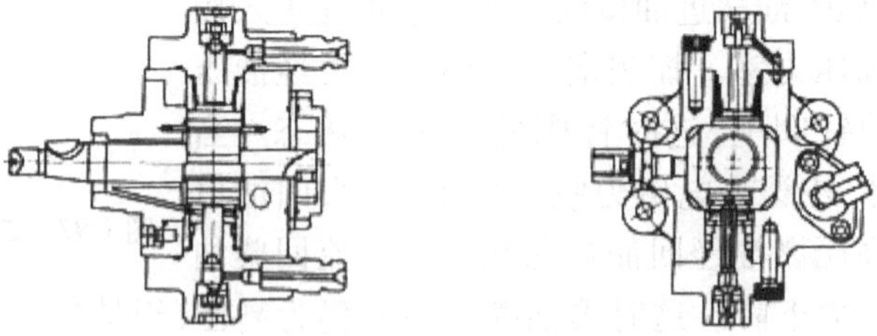

(b) 双柱塞四作用径向柱塞式

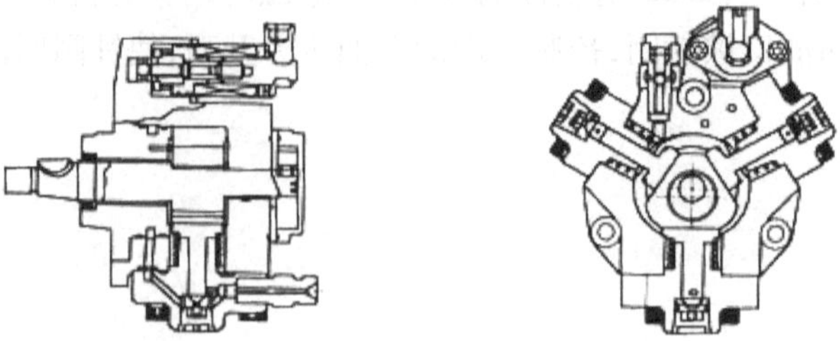

(c) 三柱塞三作用径向柱塞式

图 1-94　供油泵类型

德国波许公司生产的三柱塞单作用径向柱塞式供油泵的结构如图 1-95 所示。3 个柱塞互成 120°夹角。凸轮轴每转一圈有 3 个供油行程。此外，在供油泵上还装有断油阀和调压阀。由于供油泵是按最大供油量设计的，因此在怠速或小负荷工作时，将有部分燃油经调压阀流回柴油箱，以保持燃油分配管的燃油压力不变。但这部分燃油由于被柱塞压缩而消耗了部分压缩功。为了消除这部分能量损失特装置了电磁式断油阀，当柴油机在怠速或小负荷工作时，ECU 对断油阀通电，断油阀中的可动铁心被电磁力吸引向下顶开进油阀，使柱塞腔内的燃油在柱塞压油行程中经进油阀返回低压油道而不受压缩，从而减少了功率损失。

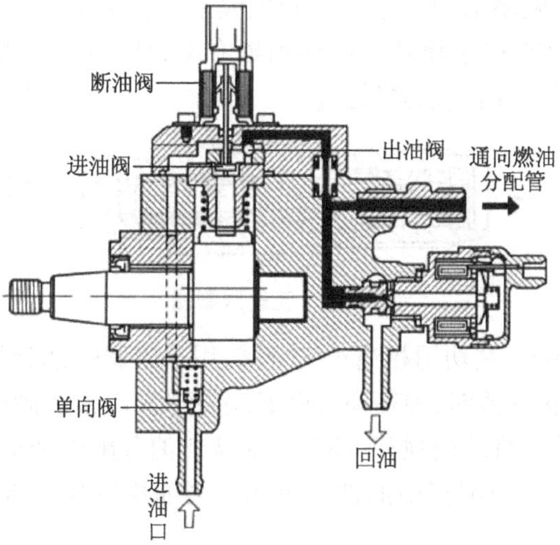

图 1-95　波许供油泵结构简图

(3) 燃油分配管(图 1-96)：电控柴油喷射系统中的燃油分配管，工作压力较高，一般为 120 ~ 140 MPa，其上安装有燃油压力传感器、流量限制器和限压阀等。

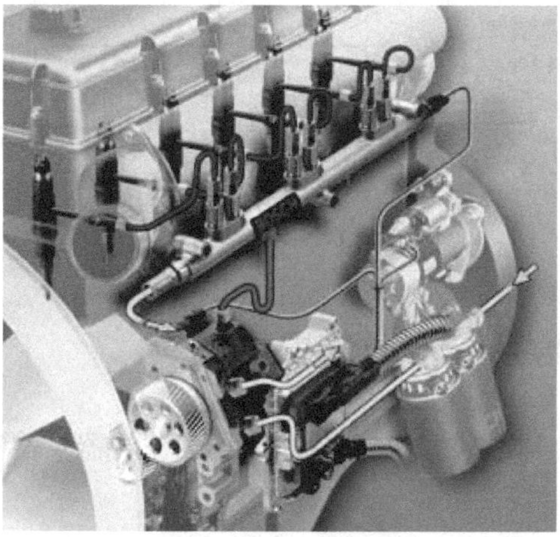

图 1-96　燃油分配管

(4) 燃油压力传感器(图 1-97)：其功用是测量燃油分配管中的实时压力，并将测量结果传输给 ECU 作为燃油分配管内油压的反馈控制信号。燃油压力传感器由膜片、求值电路板、电器接头和外壳等构成。燃油分配管内的燃油压力经燃油压力传递孔作用于由半导体压电敏感元件制成的膜片上,膜片因受压而变形,从而使膜片表面涂层的电阻值发生改变,并在电阻电桥中转换为电压信号,此电压信号经求值电路放大后传输给 ECU。

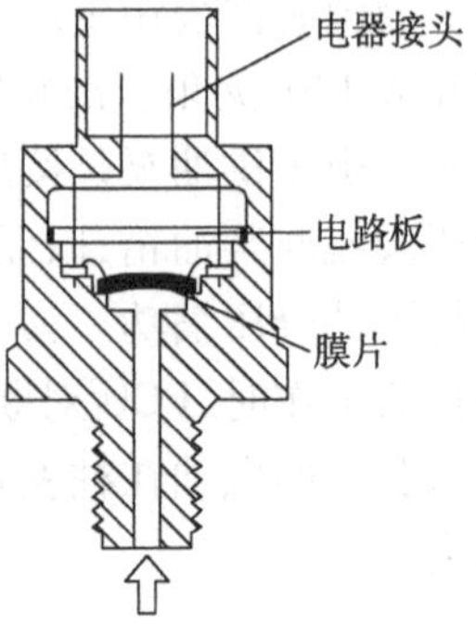

图 1-97 燃油压力传感器

(5) 流量限制器(图 1-98):其功用是防止喷油器可能出现的超常喷油现象。流量限制器一端连接燃油分配管,另一端连接喷油泵。在正常流量的情况下,活塞和球阀在燃油压力的推动下向右移动,并停驻在流量限制器内的某一中间位置上。若由于某种原因流量突然加大,活塞和球阀被燃油推到最右端,球阀压在阀座上,将出油孔封闭,终止向喷油器供油。

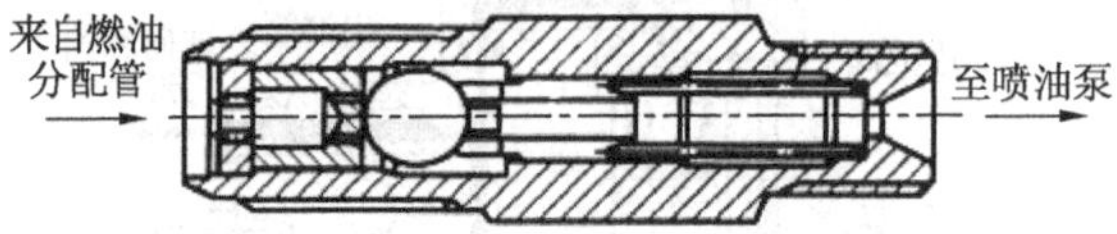

图 1-98 流量限制器

(6) 限压阀(图 1-99):其功用相当于安全阀,用来限制燃油分配管中的油压过高。当燃油分配管中的油压为正常值时,弹簧通过弹簧座将球阀压紧在阀座上。当燃油压力超过正常值时,燃油克服弹簧力将球阀顶开,部分燃油从燃油分配管经球阀、弹簧座的边缘和空心螺栓流回柴油箱,使燃油分配管中的油压下降。当油压恢复正常后,球阀又被弹簧压紧在阀座上,终止回油。

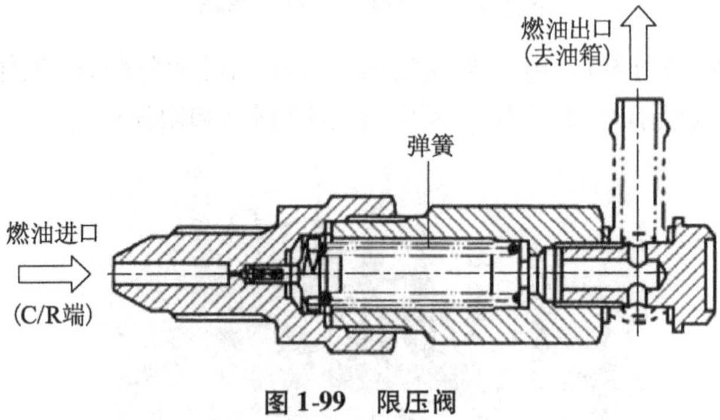

图 1-99 限压阀

七、柴油机燃油供给系统辅助装置

柴油机燃油供给系统辅助装置包括燃油箱、柴油滤清器及输油泵等,它们安装在燃料供给系统的低压油路上。

(一) 燃油箱

燃油箱的功用是储存燃油。对于拖拉机,燃油箱容量应能保证其持续工作 10 h 以上。对于汽车,其油箱容量应能保证其行驶 400 ~ 600 km。

燃油箱一般用薄钢板冲压焊接而成。燃油箱的数量及安装位置根据整体布置而定。

除了储油之外，燃油箱还应能使燃油中的水分和杂质得到初步过滤沉淀。通常，在加油口处设置过滤网，使加入的燃油得到初步过滤。在油箱底部设有放油螺塞，用以定期排除油箱中沉积的水和污物。

为了防止油面下降时油箱内形成一定真空而影响供油，通常在油箱盖上开有通气孔。对于较大的油箱，为了提高油箱的刚度和避免燃油振荡，在其内部设有隔板。为了指示油箱中的燃油存量，常设有油箱油尺或在油箱外部装透明塑料管直接观察。汽车燃油箱中装有油面高度传感器，其显示表头装在驾驶室仪表上。

（二）柴油滤清器

柴油的清洁程度对燃油系统，尤其是对喷油泵和喷油器中精密偶件的工作可靠性和使用寿命有很大的影响。柴油在运输和储存过程中，不可避免地会混入灰尘、水分和金属容器表面的锈蚀物等杂质。长期储存之后，柴油还可能氧化变质而结焦。

柴油滤清器的功用是滤除柴油中的杂质。对滤清器的基本要求是阻力小、寿命长、过滤效率高。

滤清器对机械杂质和水的过滤主要依赖其滤芯微孔的阻拦作用。根据制作材料的不同，有金属缝隙滤芯、棉纱滤芯、多孔陶瓷滤芯和微孔纸质滤芯。纸质滤芯具有流量大、阻力小、滤清效率高、使用寿命长、质量轻、成本低等优点，因此被广泛应用在拖拉机、汽车上。

纸质滤芯柴油滤清器的结构如图 1-100 所示。来自输油泵的柴油从进油口 5 进入滤清器壳体 6 与纸质滤芯 7 之间的空隙，然后经过滤芯过滤之后，由中心杆 8 经出油口 3 流出。柴油中的机械杂质和尘土被过滤掉，水分沉淀在壳体内。在滤清器盖上设限压阀 2，当油压超过 0.1 ~ 0.15 MPa 时，限压阀开启，多余的柴油自进油口经限压阀直接返回柴油箱。

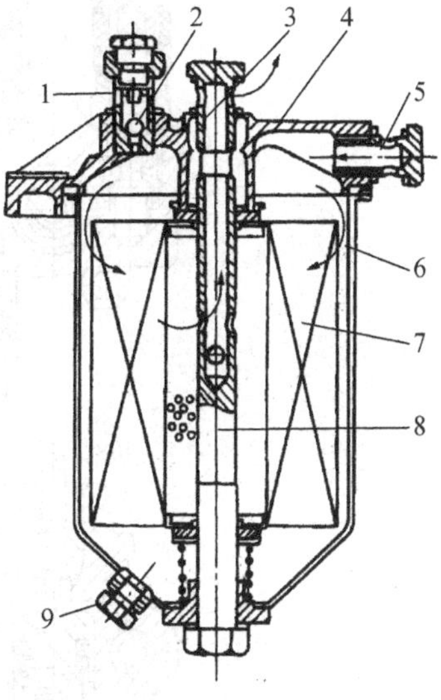

1—旁通孔；2—限压阀；3—出油口；
4—滤清器盖；5—进油口；6—滤清器壳体；
7—纸质滤芯；8—中心杆；9—放油塞

图 1-100　纸滤芯柴油滤清器

在某些重型车辆柴油机上，经常装置粗、细两级滤清器。当两级滤清器串联使用时，粗滤器采用毛毡等纤维滤芯，细滤器仍用纸滤芯。毛毡滤芯可滤除粒度为 5 ~ 10 μm 的杂质。毛毡具有一定的机械强度和弹性，可清洗后重复使用。

（三）输油泵

输油泵的功用是保证有足够的柴油自柴油箱输送到喷油泵，并维持一定的供油压力，以克服管路及柴油滤清器阻力，使柴油在低压管路中循环。输油泵的输油量一般为柴油机全负荷需要量的 3 ~ 4 倍。

输油泵的结构形式有膜片式、滑片式、活塞式及齿轮式等。膜片式和滑片式输油泵分别作为分配式喷油泵的一级和二级输油泵，而活塞式输油泵则与柱塞式喷油泵配套使用。

1. 活塞式输油泵

活塞式输油泵安装在柱塞式喷油泵的侧面，并由喷油泵凸轮轴上的偏心轮驱动。

活塞式输油泵的结构如图 1-101 a 所示，它主要由泵体、机械油泵总成、手动油泵总成、止回阀和油道等组成。

其工作过程如图 1-101 b 所示。输油泵活塞将泵体内腔分为上下两个腔体。当喷油泵凸轮轴 12 转动时,活塞 5 在顶杆 10 和活塞弹簧 6 的作用下往复运动。当偏心轮 11 推动顶杆下行时,活塞克服活塞弹簧的弹力下行,这时下面腔体的油压增高,进油阀被关闭,出油阀被推开。由于上面腔体的容积增大,原来处于下腔的燃油便经过油道流到上腔。当偏心轮的向径由大变小时,活塞便在活塞弹簧的作用下向上运动,这时上腔的油压增高,出油阀关闭,燃油便经过上出油道流向滤清器;而与此同时,下腔由于容积增大,进油阀被吸开,燃油从进油管接头进入下腔。也就是当活塞向上运动时,同时完成了吸油和向外输油两个过程。

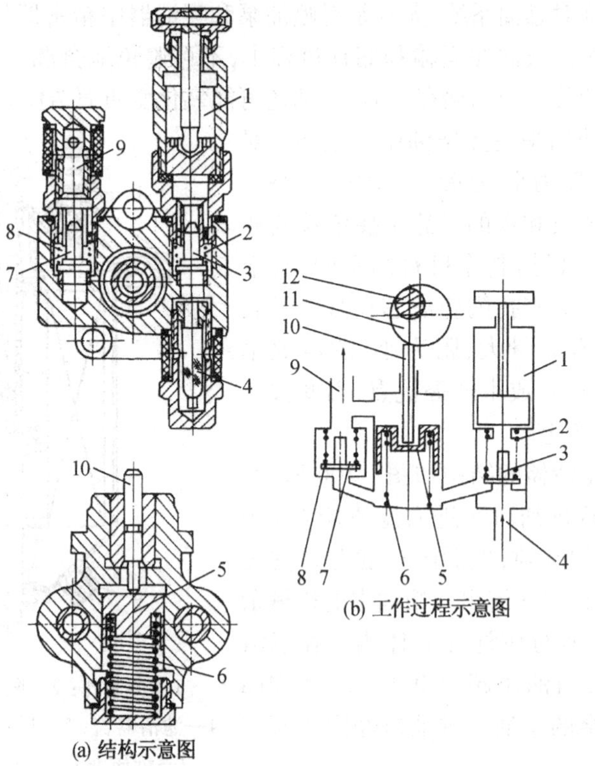

1—手压泵;2—弹簧;3—进油阀;4—进油管接头;5—活塞;6—活塞弹簧;7—出油阀;8—弹簧;9—出油管接头;10—顶杆;11—偏心轮;12—喷油泵凸轮轴

图 1-101 活塞式输油泵结构

显然,当柴油机在一定转速下工作时,对于输油泵来讲,其输油量的大小取决于活塞的行程。而活塞的最大行程由偏心轮的偏心距所决定。当活塞以最大行程工作时,输油量最大;活塞行程减小时,输油量也会降低。但在柴油机工作时,一般情况下输油泵所供给的油量都比需要的大得多。为此,这种输油泵的活塞行程可以自动调节,以改变输送的燃油量,其原理简述如下:

当柴油机需要的油量减少时,输油泵对外供油就少,活塞上腔的油压就会增高。活塞弹簧的弹力还没有将活塞推至全行程时便和上腔的燃油压力相平衡,因而缩短了活塞的行程,减少了输油量;反之,则会增大一些行程,从而增加输油量。

为了在起动前使燃油充满滤清器及喷油泵,并排除低压油路的空气,活塞式输油泵 10

上一般均装有手压泵。当不用手压泵时，应将手柄拧紧，以免柴油机工作时吸入空气。

2. 膜片式输油泵

膜片式输油泵的输出压力较低，一般常作为分配泵的一级输油泵，其结构如图 1-102 所示。

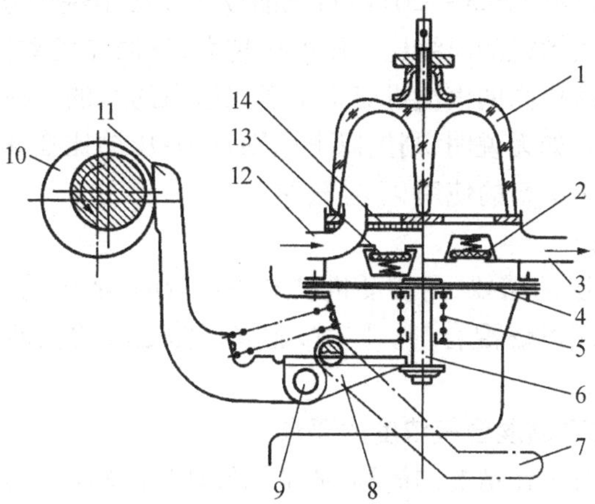

1—油杯；2—出油阀；3—出油管口；4—膜片；5—膜片弹簧；6—拉杆；7—手压杆；8—连接杆；9—摇臂轴；10—偏心轮；11—摇臂；12—进油管口；13—进油阀；14—滤网

图 1-102 膜片式输油泵

膜片式输油泵一般由发动机上的配气凸轮轴来驱动。其输油过程为：当偏心轮 10 转动到其凸起部分抵靠摇臂 11 时，则推动摇臂 11 和拉杆 6 使膜片向下运动，这时膜片上方空间容积增大，进油阀被吸开，燃油由进油管接头流入膜片上方空间；当偏心轮转过后，膜片弹簧便将膜片向上顶起，使膜片上方油压增高，出油阀被推开，输油泵经出油管口对外输油。由于膜片的行程由膜片弹簧的弹力和膜片上方的出油压力确定，因此膜片式输油泵也能根据负荷大小自动调节输油量。

同样，为了在起动前排除低压油路中的空气，在膜片式输油泵上也装有手压杆，手压杆可直接驱动连接杆，使输油泵供油。

第五节 汽油机燃油供给系统

一、概述

1. 汽油的质量要求

汽油机的燃料是汽油，汽油性能的优劣对汽油发动机的动力性、经济性、可靠性及使用寿命均有重大影响。对汽油的质量有如下要求：

（1）蒸发性好，保证发动机在冬季容易起动，在夏季不易产生气阻并能充分燃烧；

（2）抗爆性好，辛烷值符合要求，保证发动机工作稳定、运转正常，不发生爆震，以充分利用发动机功率；

(3) 安定性好,即诱导期长,实际胶质要小,使汽油在长期的储存过程中不会发生辛烷值降低、酸度增大、颜色变深等质量变化,也不至于生成过多的胶状及酸性物质;

(4) 腐蚀性低,在储存及使用过程中,保证汽油不会腐蚀储油容器及汽油机。

2. 汽油的选用

我国车用汽油标准(GB 17930—2011)将汽油按研究法辛烷值分为90号、93号、97号。汽油选用的主要依据为发动机的压缩比。压缩比越大,汽油在发动机气缸内燃烧产生爆燃的可能性越大,因此,压缩比高的汽油机应采用辛烷值高的汽油。在实际选用时,应按汽车使用说明书的要求选用。如无说明,则按以下原则选用:压缩比在8.5~9.5之间的车辆选用93号汽油;压缩比大于9.5的使用97号汽油。

3. 燃油系统的作用

根据发动机运转工况的需要,向发动机供给一定量的、清洁的、雾化良好的汽油,以便与一定量的空气混合形成可燃混合气。同时,能够存储足够的汽油,以保证汽车有较远的续航里程。

4. 发动机各工况对可燃混合气浓度的要求

发动机工况是发动机工作情况的简称,通常用发动机的转速和负荷来表示。

汽车在行驶过程中的载荷、车速、路况等经常变化,因此,汽车发动机工作时有以下特点:① 工况变化范围大,负荷可从0变到100%,转速可从最低稳定转速变化到最高转速;② 在汽车行驶的大部分时间内,发动机在中等负荷下工作。

车用汽油机在不同工况下对可燃混合气的浓度有不同的要求,分述如下:

(1) 冷起动工况。发动机冷起动时,气缸温度低,汽油不易蒸发汽化,且发动机转速低,空气在进气道中流速低,致使汽油雾化不良,导致气缸内可燃混合气中汽油蒸气过少,可燃混合气过稀,发动机不能着火燃烧。因此,为了使发动机顺利起动,要求燃料系统供给极浓可燃混合气($\lambda=0.2\sim0.66$)。

(2) 怠速及小负荷工况。发动机怠速为对外无功率输出情况下的最低发动机转速。此时,节气门处于接近关闭位置,吸入的空气量极少,且汽油雾化蒸发不良,并有废气的稀释,使发动机燃烧速度减慢甚至熄火。为保证这种品质不良的可燃混合气能正常燃烧,燃料系统应提供较浓的可燃混合气($\lambda=0.6\sim0.8$),节气门略开大。发动机进入小负荷(节气门开度在30%以内)时,由于进入的空气量略有增加,可燃混合气的品质逐渐改善,因而可燃混合气浓度可以减小至$\lambda=0.7\sim0.9$。虽然可燃混合气浓度略有减小,但仍属浓混合气,目的是保证汽油机在小负荷工况的稳定性。

(3) 加速工况。加速时,节气门开度突然加大,吸入气缸的空气量立刻增加,而汽油由于惯性大不能立即增加,再加上雾化汽油的颗粒大跟不上气流流动,使之部分附着在进气管内壁上。因此,气缸内的可燃混合气在加速的瞬间变稀,不易点燃。为改善车用汽油机的加速性能,燃料系统应能在节气门突然开大时,及时地自动增加供油量,补偿瞬间变稀的可燃混合气。

(4) 中等负荷工况。此时节气门的开度为30%~85%,是车用汽油机最常用的工况。为满足发动机经济性的要求,应供给$\lambda=0.9\sim1.1$的可燃混合气(其中,主要是$\lambda>1$的稀混合气)。发动机由中等负荷转入大负荷时,可燃混合气由经济混合气变为功率混合气。发动机由小负荷转入中负荷时,随着负荷的增加,节气门逐渐开大,可燃混合气逐渐变稀。

(5) 大负荷及全负荷。当节气门接近全开或达到全开时,为发动机大负荷及全负荷工况。此时要求发动机发出最大功率来克服较大的外界阻力或加速行驶,为此应供给 $\lambda = 0.85 \sim 0.95$ 的功率混合气。

综上所述,由于发动机必须根据运转状态使可燃混合气浓度发生变化,因此,为了满足汽油发动机在各种工况下都能配制出最佳的混合气浓度,现代车用汽油机均采用电控汽油喷射系统。它通过控制单元改变控制喷油器开启的脉冲宽度,自动配制出合适浓度的可燃混合气,来满足发动机在各种工况下的需求。

二、电控汽油喷射系统的优点及分类

汽油机燃料供给系统经历了化油器和电子控制喷射两个阶段。1892 年,美国人杜里埃发明了喉管型喷雾化油器,此后在汽油机上使用了近百年。1967 年,德国博世公司推出了电控燃油喷射装置(EFI),成为内燃机发展史上的又一重大突破。20 世纪 70 年代至 80 年代,化油器式燃油喷射系统因存在对空燃比控制精度低,各缸均匀性差,反应不灵敏且容易气阻和结冰等问题,不能满足日益严格的排放和节能法规要求而逐渐被强制淘汰。我国 2001 年 7 月 1 日以后生产的汽油发动机禁止装用化油器。目前,汽车用汽油发动机都采用电控汽油喷射系统。

(一) 电控汽油喷射系统的优点

(1) 可对可燃混合气成分和点火提前角进行精确地控制,使发动机在任何工况下都处于最佳的工作状态。

(2) 进气道中未设喉管,进气道截面增加,减小了进气阻力,增加了进气量,发动机的充气效率得以提高,从而增加了发动机的功率和转矩。

(3) 因进气温度较低而使爆燃得到有效控制,因而可采用较高的压缩比。

(4) 若配以高能点火装置,则可使发动机燃用稀薄可燃混合气。

(5) 发动机的冷起动性和加速性较好。

(6) 多点汽油喷射系统可使发动机各缸可燃混合气的分配更加均匀,使发动机运转更加平稳。

(7) 可减少油耗和改善排放性能。

(二) 电控汽油喷射系统的分类

1. 按汽油喷射方式分类

(1) 连续喷射系统:在发动机工作时,喷油器持续不断地喷油。这种方式多用于早期的机械控制式喷射系统,现已基本淘汰。

(2) 间歇喷射系统:在发动机工作期间间断喷油,喷油量的多少取决于喷油器开启时间的长短。按喷油时序的不同又可分为顺序喷射、分组喷射和同时喷射 3 种方式。

现在的汽油喷射系统主要采用顺序喷射方式,其他方式由于排污较大均已被淘汰。

2. 按喷射部位的不同分类

(1) 缸外喷射:即燃油在进气道内喷射(图 1-103),又分为单点喷射(SPI)和多点喷射系统(MPI)。单点喷射系统是用安装在节气门体上的一个喷油器喷射,结构简单,但因不能解决各缸混合气分配不均匀的问题而满足不了法规要求,已经被淘汰。多点喷射是在每个气缸的进气口处安装一个喷油器，喷油量控制精确，各缸均匀性好。目前大多数车型采用多点缸外喷射的汽油供给系统。

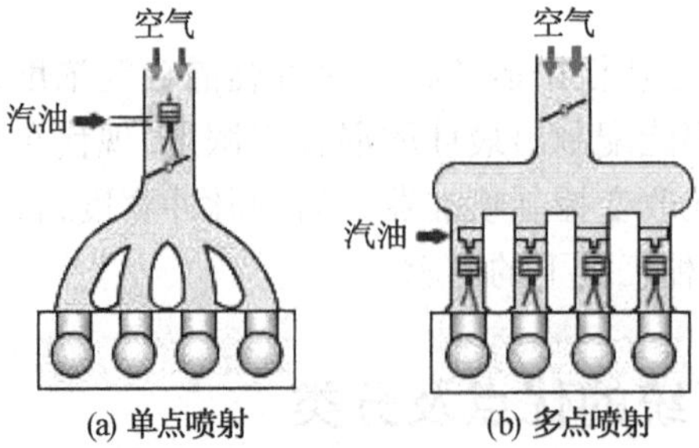

图 1-103　燃油单点喷射与多点喷射示意图

（2）缸内喷射：即燃油直接喷射到气缸内。这种喷射技术的喷雾效果较好，并可在缸内产生浓度渐变的分层混合气，因此可以用超稀的混合气工作，使油耗和污染物排放量大大降低。

3. 按进气量的检测方式分类

（1）直接测量方式（流量型、L 型）：用空气流量传感器直接检测出进气管的空气流量，用测得的空气流量除以发动机的转速而得到每一循环的空气量，由此算出每一循环的汽油喷射量。此方法检测精度高，目前使用较为广泛。图 1-104 所示为 L 型电控汽油机燃油喷射系统示意图。

（2）间接测量方式（压力型、D 型）：通过压力传感器测出进气管的压力，再根据发动机的转速间接地推算出进气流量，从而确定汽油喷射量。因进气管压力与吸入的空气量间不是简单的线性关系，故此法的检测精度不高。图 1-105 所示为 D 型电控汽油机燃油喷射系统示意图。

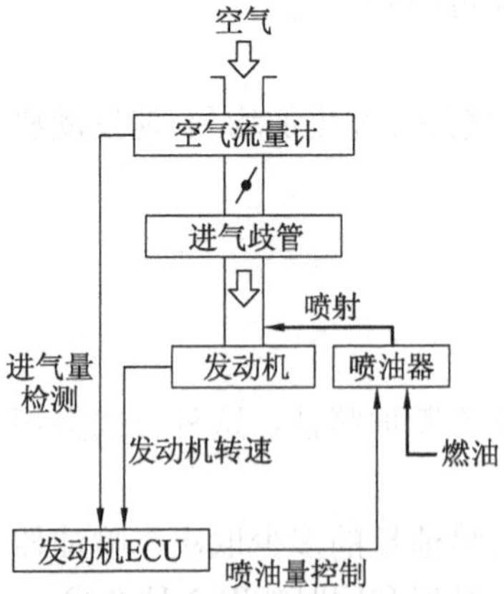

图 1-104　L 型电控汽油机燃油喷射系统示意图

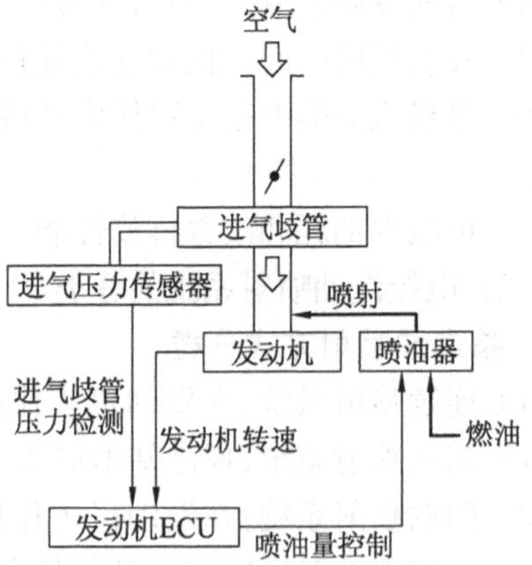

图 1-105　D 型电控汽油机燃油喷射系统示意图

三、电控汽油喷射系统的构造与工作原理

电控汽油喷射式燃料系统由燃油供给系统、空气供给系统、电子控制系统组成，如图

1-106 所示。其基本工作原理如下：ECU 根据安装在发动机上的各种传感器（如空气流量计、发动机转速传感器、节气门位置传感器等）测出发动机的各种运行参数，确定在该状态下发动机所需要的喷油量、喷油正时和最佳点火提前角，并向燃油泵、喷油器、点火装置等发出执行指令，保证发动机的正常运转。

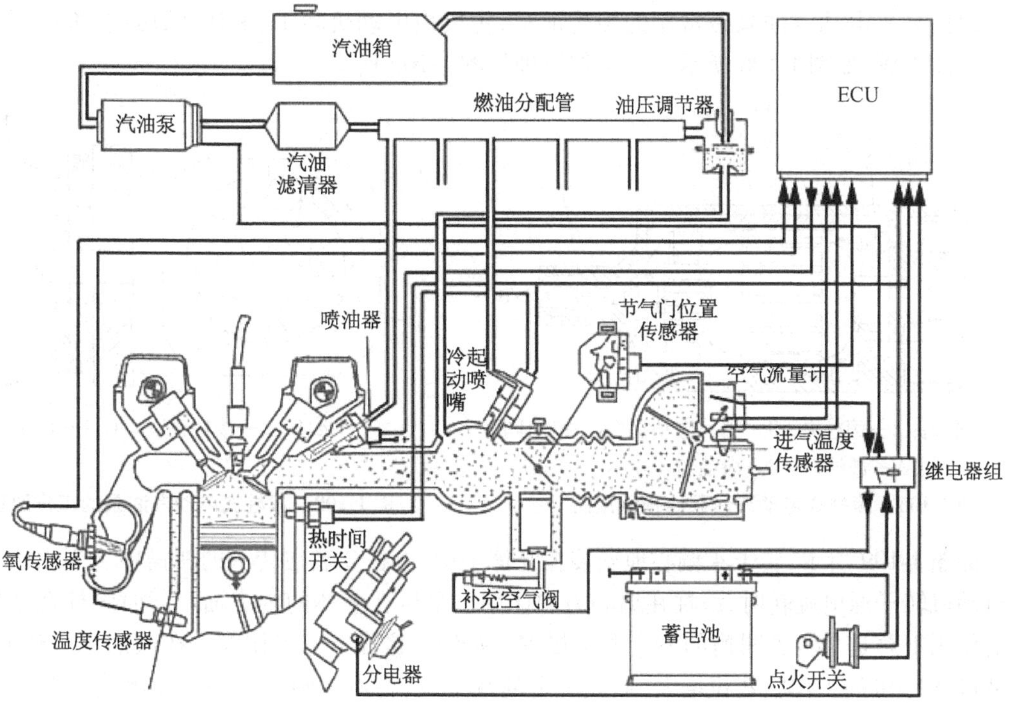

图 1-106　电控汽油喷射系统

(一) 燃油供给系统

燃油供给系统的功用是向气缸内供给燃烧时所需的一定量的燃油，主要由汽油箱、电动汽油泵、汽油滤清器、燃油压力调节器、燃油分配管、油压脉动缓冲器及喷油器等组成。

1. 汽油箱

汽油箱用来储存汽油，其数目、容量、形状及安装位置随车型和发动机排量而定。对一般汽车而言，汽油箱的容量应使汽车的续航里程达 300 ~ 600 km。

汽油箱通常由钢板或塑料制成。为防止液面由于行车振动而外溢，在油箱内部装有挡油板；在汽油箱上还装有液面传感器、出油开关和放油螺塞等。

2. 汽油滤清器

汽油滤清器安装在汽油箱和汽油泵之间，用来滤去汽油中的水分和杂质，以减少汽油泵和喷油器等部件的故障。电控汽油喷射式燃料供给系统多使用一次性的、不可拆卸纸质滤芯汽油滤清器，如图 1-107 所示，主要由中央多孔筒、纸质滤芯、多孔滤纸外筒及滤清器壳体组成。此类滤清器，在使用中不需清洗，且滤清效果好，使用一定时间或里程后应整体更换。

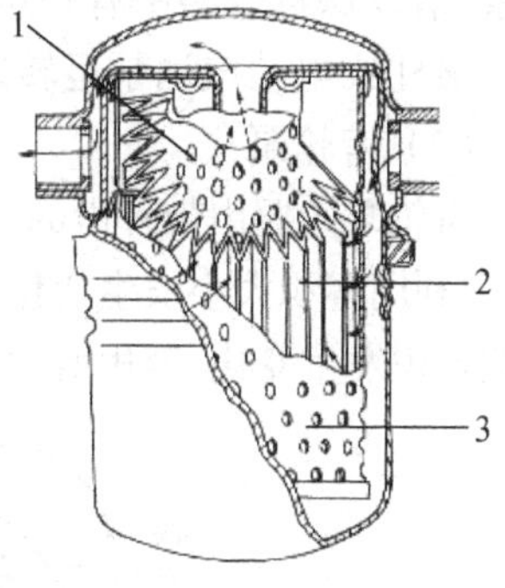

1—滤芯内衬筒；2—纸质滤芯；
3—滤芯外衬筒

图 1-107　纸质滤芯汽油滤清器

3. 电动汽油泵

汽油泵的作用是给电控汽油喷射系统提供具有一定压力(0.3～0.5 MPa)的汽油。根据泵体结构不同,可分为滚柱泵、齿轮泵和涡轮泵。

(1) 滚柱泵

滚柱泵是电动汽油泵最常用的结构形式,主要由电动机转子、滚柱、限压阀、单向阀和油泵壳体组成,如图 1-108 所示。其工作原理如图 1-109 所示。

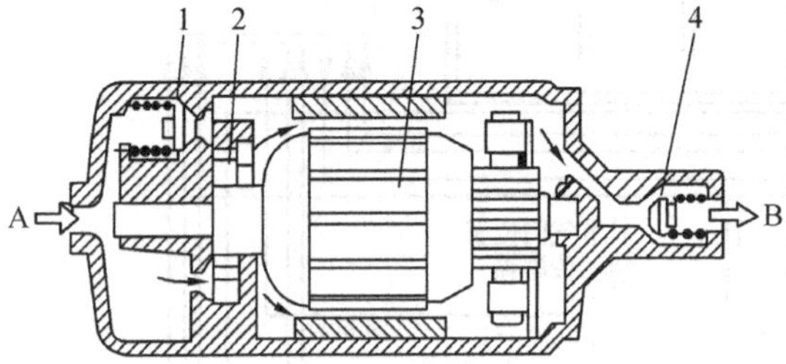

1—安全阀; 2—滚柱泵; 3—驱动电动机; 4—单向阀
A—进油口; B—出油口

图 1-108 滚柱式电动汽油泵结构示意图

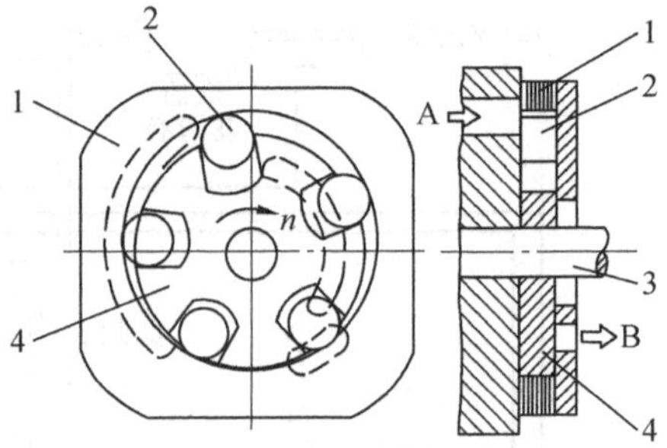

1—泵体; 2—滚柱; 3—轴; 4—转子

图 1-109 滚柱式电动汽油泵的工作原理

如图 1-109 所示,转子 4 偏心地安装在泵体 1 中,滚柱 2 装在转子的凹槽中。当永磁直流电动机转子通电旋转时,滚柱在离心力的作用下紧压在泵体的内表面。同时滚柱在惯性力的作用下总是与转子凹槽的一个侧面贴紧,从而形成若干个工作腔。在汽油泵工作时,进油口 A 一侧的工作腔容积增大,形成一定的真空度,将汽油吸入泵内。在出油口 B 一侧的工作腔容积减小,滚柱之间的油压升高,高压汽油经出油口流出。

汽油泵固定在汽油箱底部,泵油压力可达 0.2～0.47 MPa,油压波动较小(只有 2 kPa 左右)。

安全阀的功用是当油压超过 0.45 MPa 时开启,使汽油回流到进油口,以防止油压过高,损坏汽油泵。在出油口处设有单向阀,当发动机停机时关闭,防止管路中的汽油倒流回汽油泵,借以保持管路中有一定的油压,以便比较容易地再次起动发动机。

滚柱式电动汽油泵运转时噪声大,油压脉动也大,而且泵体内表面和转子容易磨损。

(2) 齿轮泵

齿轮泵主要由带外齿的主动齿轮、带内齿的从动齿轮和泵体组成,工作原理与滚柱泵相同,即利用容积大小发生变化来输送燃油。当电动机旋转时,内齿轮旋转并与外齿轮啮合,使泵腔容积发生变化,容积增大一侧将燃油吸入,容积减小的一侧将燃油压出,如图 1-110 所示。

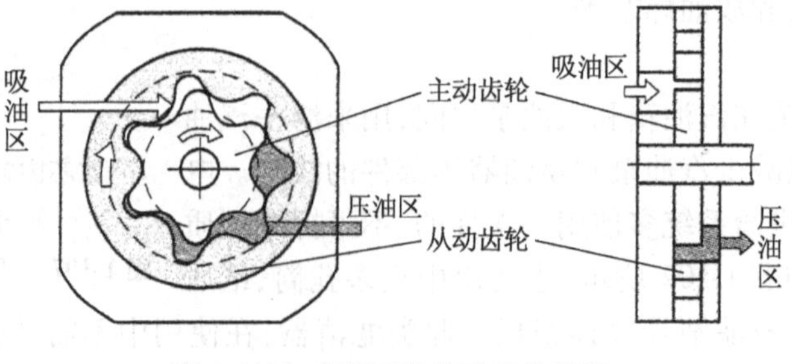

图 1-110 齿轮泵结构及工作原理

（3）涡轮泵

涡轮泵的结构组成如图 1-111 所示，主要由电刷 3、电枢 4 及磁极 5 组成的电动机，叶轮 6 和泵盖 8 和壳体 9 组成的涡轮泵体，以及出油阀 1、卸压阀 2 等组成。

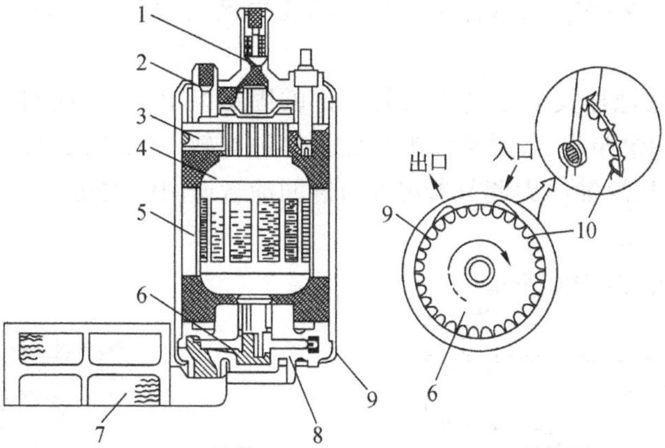

1—出油阀；2—卸压阀；3—电刷；4—电枢；5—磁极；6—叶轮；
7—滤网；8—泵盖；9—壳体；10—叶片

图 1-111　涡轮泵结构及工作原理

叶轮 6 及叶片 10 是一个圆形平板，在平板的圆周上加工有小槽，形成泵油叶片。叶轮旋转时，小槽内的汽油随同叶轮一同高速旋转，在离心力的作用下，出口处油压增高，进口处产生真空，使汽油从进口吸入、出口泵出。

涡轮泵运转噪声小，油压脉动小，泵油压力高，叶片磨损小，使用寿命长。

4. 燃油压力调节器

燃油压力调节器的功用是根据进气歧管压力的变化调节进入喷油器的汽油压力，保证喷油器的燃油压力与进气管压力之差为恒定值。这样，从喷油器喷出的燃油量便只取决于喷油器的开启时间，电控单元能够通过控制喷油时间来控制喷油量。

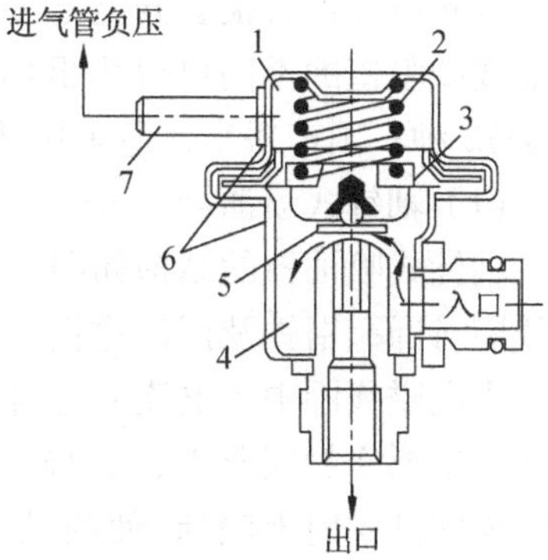

1—弹簧室；2—弹簧；3—阀座；
4—燃油室；5—回油阀；6—壳体；
7—通进气管

图 1-112　燃油压力调节器

燃油压力调节器一般装在汽油分配管的一端，可使汽油压力保持在 0. 25 ~ 0. 30 MPa。其结构如图 1-112 所示，金属壳内的膜片把内腔分为弹簧室和燃油室。弹簧室内有一根通气管与进气歧管相通，使供油系统中的油压不仅取决于弹簧预紧力，还取决于进气歧管内的气体压力。当输入的汽油压力高于弹簧预紧力与进气歧管压力之和时，汽油推动膜片向上压缩弹簧，打开回油阀，使部分汽油流回油箱，油路中的油压降低；当油压低于弹簧预紧力与进气歧管压力之和时，回油阀关闭，油压升高。如此，喷油压力随进气歧管压力的变化而变化，从而使喷油压力与进气歧管压力差值保持恒定。

5. 燃油分配管

燃油分配管，也称“燃油共轨”，如图 1-113 所示，其功用是将燃油均匀、等压的分配到各喷油器。此外，还有储油蓄压的作用。燃油导轨截面较大，其容积油量相对于发动机的喷油量来说，要多出很多，这样可防止燃油压力波动，保证各缸喷油器的喷油量尽可能相等。

燃油导轨总成用螺栓安装在进气歧管下部的固定座上，与喷油器相连，并向喷油器分配燃油。燃油由汽油泵泵出，经脉动缓冲器流入燃油导轨。燃油压力调节器保持正常的系统压力，多余的燃油从燃油压力调节器出油口经回油管返回燃油箱。

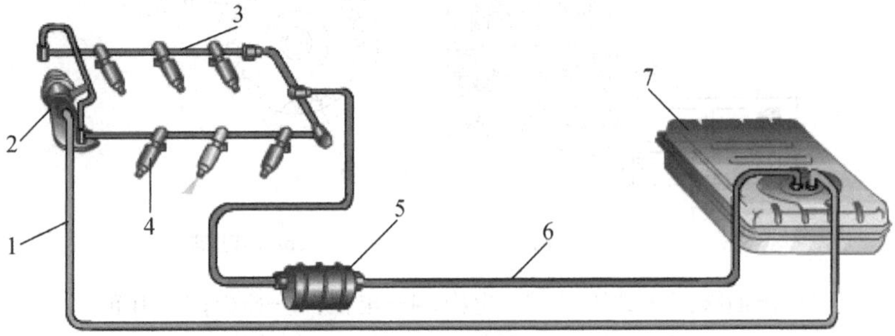

1—回油管；2—压力调节器；3—油轨；4—喷油器；5—燃油滤清器；6—进油管；7—燃油箱

图 1-113 燃油分配管与其他元件的连接关系

6. 喷油器

喷油器，俗称喷嘴，是电子控制燃油喷射系统中最重要的一个执行元件，安装在燃油分配管上。它的功用是按照电控单元的指令在恒压下定时定量地将汽油喷入进气道内并与其中的空气混合形成可燃混合气。

电磁喷油器有很多分类方法，按总体结构不同，可分为轴针式、球阀式和片阀式 3 种；按电磁线圈阻值的不同可分为低阻型（1 ~ 3 Ω）和高阻型（13 ~ 18 Ω）2 种。国产轿车普遍采用球阀式高阻型喷油器。

（1）轴针式喷油器

轴针式喷油器的结构如图 1-114 所示，主要由线束插座、电磁线圈、针阀、衔铁及回位弹簧等组成。

当电磁线圈中无电流通过时，喷油器针阀在弹簧力作用下紧压在锥形密封阀座上；当电磁线圈通电时，产生的磁场将衔铁 5 连同针阀向上吸起，使喷油口打开，燃油喷出。为了使燃油充分雾化，针阀前端磨出一段轴针 7。轴针式喷油器抗污染能力强，自洁性能较好。

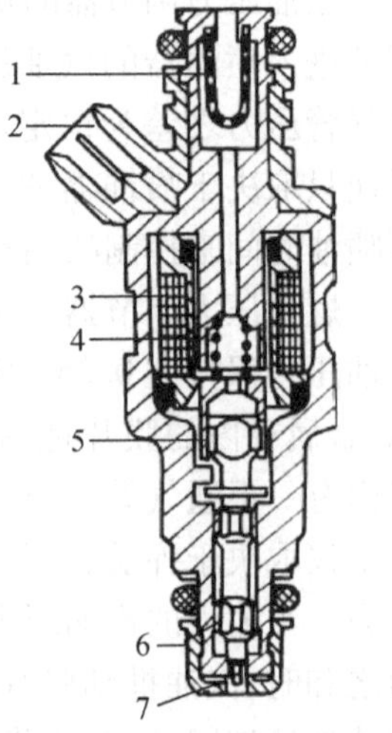

1—燃油滤网；2—线束插座；3—电磁线圈；4—回位弹簧；5—衔铁；6—针阀；7—轴针

图 1-114 轴针式喷油器

（2）球阀式喷油器

球阀式喷油器的结构如图 1-115 所示，其构造及工作原理与轴针式喷油器的基本相同，只是两者针阀的结构不同。球阀的针阀是由钢球、导杆和衔铁用激光焊接成的整体结构，其质量只有普通轴针式的一半。球阀式喷油器质量轻，动态响应快，且密封性能好。

（3）片阀式喷油器

片阀式喷油器如图1-116所示，在结构上采用质量轻的片阀11和孔式阀座2，具有动态流量范围大、抗堵塞能力强等特点。当喷油脉冲信号通过喷油器电磁线圈9时，磁场力克服弹簧预紧力和燃油压力，将片阀11吸起，使其离开阀座2上的密封环，燃油从阀座2的计量孔喷出。

当喷油脉冲信号结束后，喷油器电磁线圈的电流被切断，磁场力迅速消失，片阀在弹簧力和油压力作用下紧压在阀座上，阀门关闭，喷油器停止喷油。

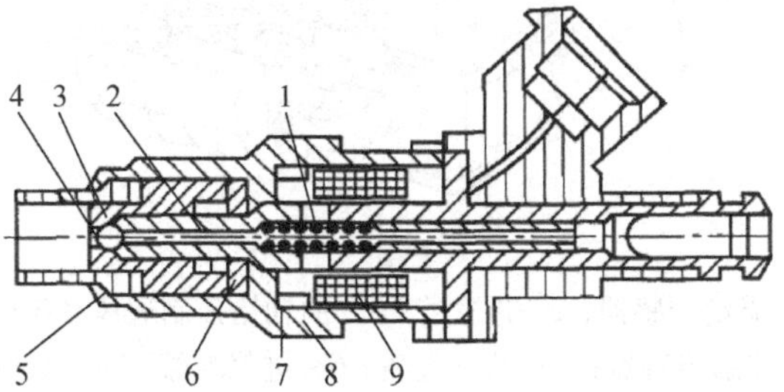

1—回位弹簧；2—针阀；3—阀座；4—喷孔；5—护套；
6—挡块；7—衔铁；8—喷油器体；9—电磁线圈

图1-115　球阀式喷油器

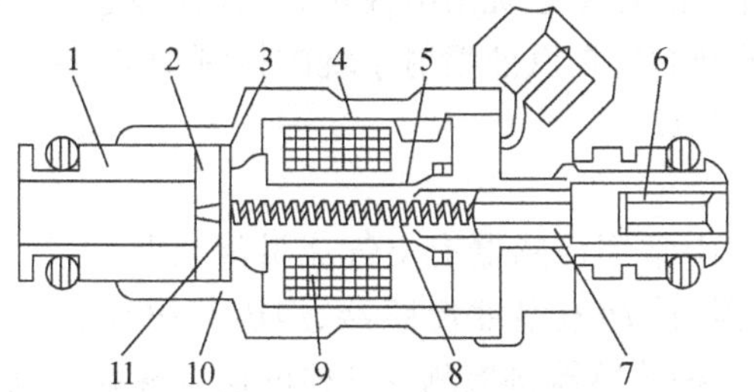

1—喷油器套；2—阀座；3—挡圈；4—喷油器体；5—铁芯；6—滤网；7—调压滑套；
8—回位弹簧；9—电磁线圈；10—限位圈；11—片阀

图1-116　片阀式喷油器

7. 油压脉动缓冲器

油压脉动缓冲器的作用是减小汽油管路中的压力波动，并抑制喷油器或汽油压力调节器在开启与关闭过程中产生的压力脉冲噪声。

油压脉动缓冲器采用膜片与弹簧组成的缓冲装置，膜片将内腔分为空气室和燃油室，如图1-117所示。当油压脉动的汽油进入脉动缓冲器时，该脉动压力通过膜片传给弹簧而被吸收，从而起到缓冲作用。

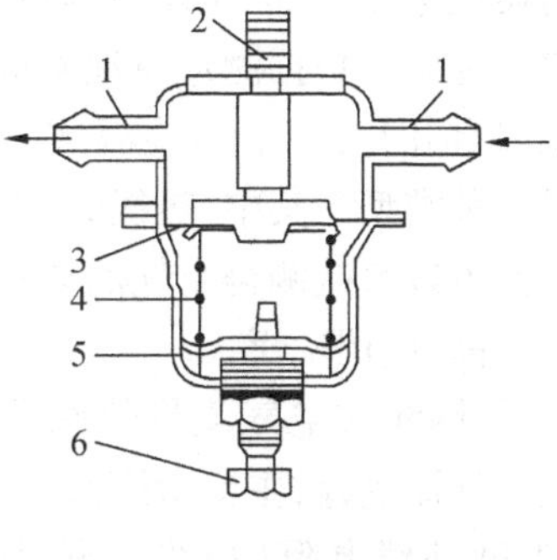

1—燃油接头；2—固定螺钉；3—膜片；
4—压力弹簧；5—壳体；6—调节螺钉

图1-117　燃油脉动缓冲器的结构

（二）空气供给系统

空气供给系统的功用是供给与发动机负荷相适应的清洁空气，直接或间接计量空气质量，与喷油器喷出的汽油形成最佳可燃混合气。空气供给系统主要由空气滤清器、进气总管、进气歧管、空气流量传感器等组成,如图 1-118 所示。其中空气滤清器、进气总管、进气歧管的构造与工作原理在第三章中介绍,空气流量传感器、节气门位置传感器和怠速控制阀等将在下面电子控制系统主要组件中进行介绍。

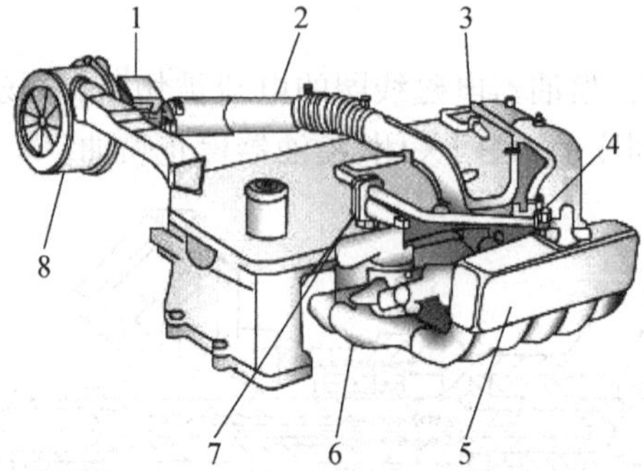

1—空气流量传感器; 2—进气管; 3—曲轴箱强制通风系统管接口;
4—节气门怠速开度控制传感器; 5— 进气总管; 6—进气歧管; 7—怠速阀; 8—空气滤清器

图 1-118　空气供给系统实物图

(三) 电子控制系统

电子控制系统的功用主要是根据发动机运转状况和车辆运行状况确定燃油的最佳喷射量。电控汽油喷射系统中的控制系统由电控单元、各种传感器、执行器,以及连接它们的控制电路所组成。不同类型的电控汽油喷射系统的控制功能、控制方式和控制电路的布置不完全一样,但基本原理相似。

1. 传感器

发动机电子控制系统中常用传感器有空气流量传感器、进气温度传感器、节气门位置传感器、发动机转速传感器、冷却液温度传感器、爆震传感器、氧传感器、凸轮轴位置传感器、曲轴位置传感器等。各种传感器将检测发动机的运行参数,然后输入给 ECU。

(1) 空气流量传感器

空气流量传感器又称空气流量计,其功用是测量发动机进气量的大小,并将测量结果转换成电信号传给 ECU,以供 ECU 计算确定喷油量。根据测量原理不同,空气流量传感器有叶片式、卡门旋涡式、热线式及热膜式几种类型。其中,热线式和热膜式质量流量计可以直接测得空气的质量流量,相对精度较高,应用广泛。

① 热线式空气流量传感器:亦称为热线式空气流量计,主要由感知空气流量的热线、温度补偿电阻(冷线)、精密电阻、混合电路、采样管、保护网、接线座等组成,如图 1-119 所示。

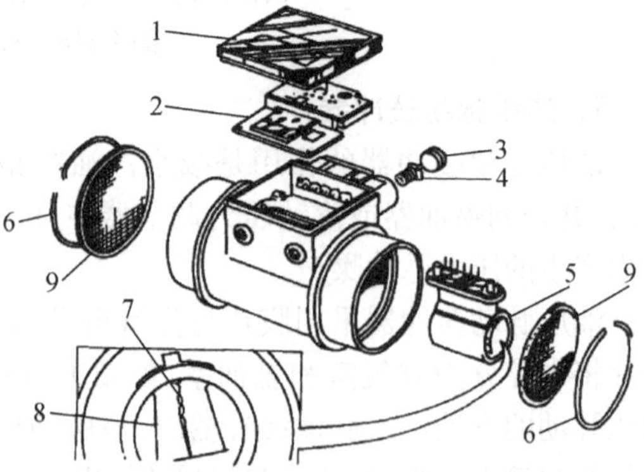

1—密封盖; 2—电路板; 3—堵塞;
4—调节螺钉; 5—测试管; 6—卡环;
7—冷线; 8—热线; 9—网状格栅

图 1-119　热线式空气流量传感器

热线式空气流量计的进气管内装有一

个与电路相连的铂丝(热线),通电后铂丝发热。发动机起动后,空气流过铂丝周围,铂丝被冷却,其铂薄膜电阻随之改变,相连的桥式电路将改变电流以保持铂丝温度恒定。因此,当空气流量变化时,通过铂丝的电流也随之改变。电脑通过采集电压或频率的改变即可推算出流入进气管的空气流量。一般热线式空气流量计的前后端均装有保护网,前端的保护网用于进气整流,后端的保护网可防止发动机回火烧坏铂丝。

热线式空气流量传感器价格较高,目前只在一些高级轿车上采用。

② 热膜式空气流量传感器:它与热线式空气流量传感器的结构与工作原理基本相同。但它不采用热线,而是将热线、湿度补偿电阻及精密电阻用厚膜工艺镀在一块陶瓷基片上,称为热膜电阻。由于热膜式空气流量计的工作可靠性比热线式的高,使用寿命更长,因此运用日益广泛。

(2) 进气歧管压力传感器

在汽车电控系统中,检测进气歧管压力一般采用硅半导体压敏电阻效应式传感器,该传感器主要由硅膜片、真空室、混合集成电路、压力转换元件等组成。进气歧管的安装位置比较灵活,只要能将进气歧管内的进气压力引入传感器的真空管内,传感器就可以安装。

半导体压敏电阻式进气岐管绝对压力传感器的工作原理如图 1-120 所示,硅膜片一面为真空室,另一面导入进气歧管压力。在压力差的作用下,硅膜片会产生应力,使半导体的电阻发生变化,引起电桥电路中有电压或电流输出。在电桥输出端根据电压或电流信号的大小计算进气歧管压力的高低。

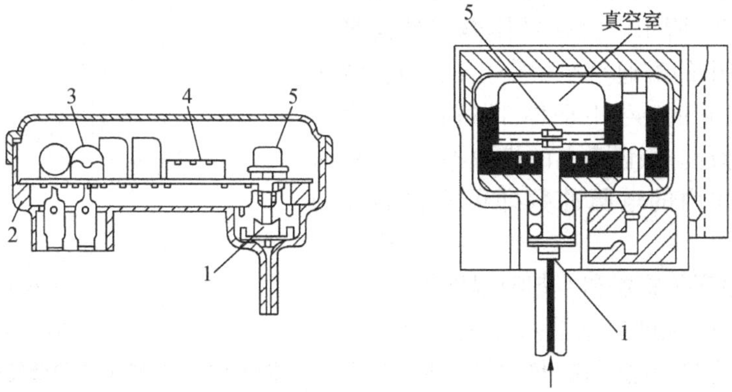

1—滤清器; 2—塑料外壳; 3—MFI 过滤器; 4—混合集成电路; 5—压力转换元件

图 1-120　半导体压敏电阻式进气歧管绝对压力传感器

(3) 节气门位置传感器

节气门位置传感器用来检测节气门的开度,它可将开度情况转换成电信号输送给计算机,作为判定发动机运转工况的依据。它安装在节气门体上,通过节气门轴与节气门联动。常用的节气门位置传感器有滑动电阻式、触点式、综合式 3 种。这里主要介绍滑动电阻式节气门位置传感器。

滑动电阻式节气门位置传感器实际上是一种线性电位器,如图 1-121 所示,主要由可变电阻、节气门轴和壳体组成。可变电阻的滑臂与节气门轴一同转动,从而改变输入电脑的信号电压。它可以向计算机输送节气门开度的全部信号,从而提高发动机的控制精度。

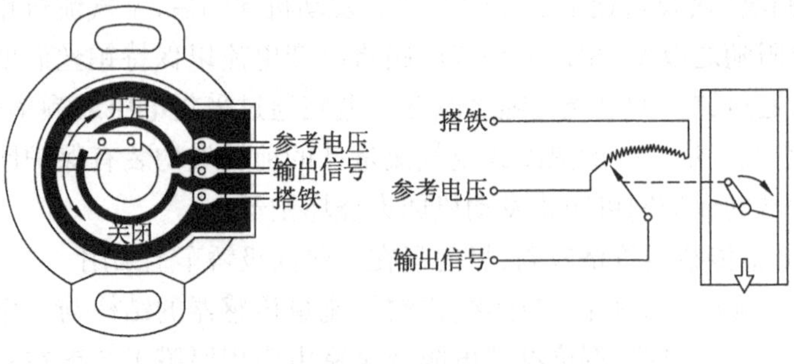

图 1-121　滑动电阻式节气门位置传感器

（4）曲轴位置传感器与凸轮轴位置传感器

曲轴位置传感器又称发动机转速与曲轴转角传感器，安装在曲轴的前部、中部或飞轮上，其作用是采集曲轴转动角度信号、曲轴位置信号和发动机转速信号，并输入控制单元，以便确定点火时刻和喷油时刻。

凸轮轴位置传感器又称判缸传感器。凸轮轴位置传感器安装在凸轮轴的前部、后部或分电器内，其作用是采集进气凸轮轴的位置信号，并输入控制单元，以便控制单元识别 1 缸压缩上止点，从而进行喷油顺序控制、点火时刻控制和爆震选择控制。

根据工作原理的不同，目前主要有：磁脉冲式、霍尔式和光电式曲轴、凸轮轴位置传感器。

磁脉冲式曲轴位置与凸轮轴位置传感器的工作原理如图 1-122 所示。由磁导体做成的齿盘旋转时，会使线圈中的磁通量产生变化，从而在线圈中产生有规律变化的感生电动势，即每转过一个齿就产生一个电脉冲。因齿盘上的齿数不变，ECU 通过测得单位时间内的电脉冲数即可测得曲轴的转速。

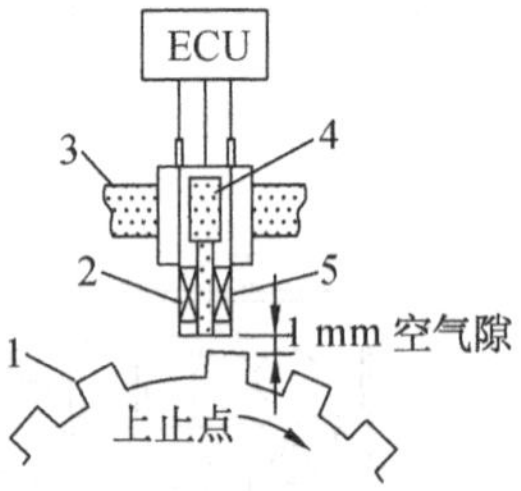

1—齿盘；2—线圈；
3—曲轴箱壳或分电器壳；
4—永久磁铁；5—铁芯

图 1-122　曲轴位置和凸轮轴位置传感器

（5）进气温度传感器和冷却液温度传感器

汽车上采用的温度传感器按原理与物理性能的不同，主要分为热敏电阻式、热敏铁氧体式、石蜡式等。由于热敏电阻式温度传感器结构简单、成本低廉、灵敏度高、工作可靠，被现代汽车广泛使用。进气温度传感器与冷却液温度传感器的结构和工作原理相同，均采用热敏电阻检测温度。

热敏电阻式温度传感器主要由热敏电阻、金属引线、接线等组成，其结构如图 1-123 所示。传感器的两个电极用导线与控制器相连，控制器中串联一个分压电阻，传感器信号线上的电压等于热敏电阻的分压。当测量对象温度升高时，热敏电阻阻值减小，分压值降低；反之，测量对象温度降低时，热敏电阻阻值增大，分压值升高。控制器根据接收到的电压信号来计算相应的温度值。

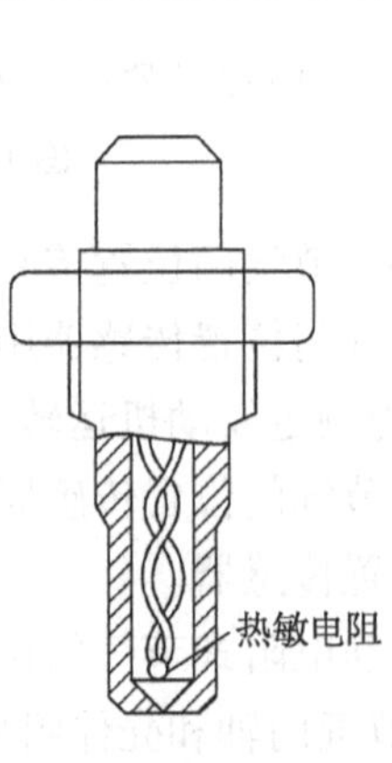

图 1-123　热敏电阻式温度传感器

（6）氧传感器

氧传感器用于检测废气中氧分子含量并将其转换成电信号传送给 ECU。ECU 可根据此信号修正混合气的浓度。目前广泛使用的是氧化锆氧传感器，它实际上是一个气敏电池。如图 1-124 所示，锆管的内侧通新鲜空气，外侧通燃烧后的废气。当锆管内外两侧氧的浓度不同时，它的两电极间就会产生电压差，而且浓度差越大电压差也越大。如果发动机使用含铅汽油，氧传感器在短时间内就会“中毒”失效。有的发动机用 CO 传感器代替氧传感器。

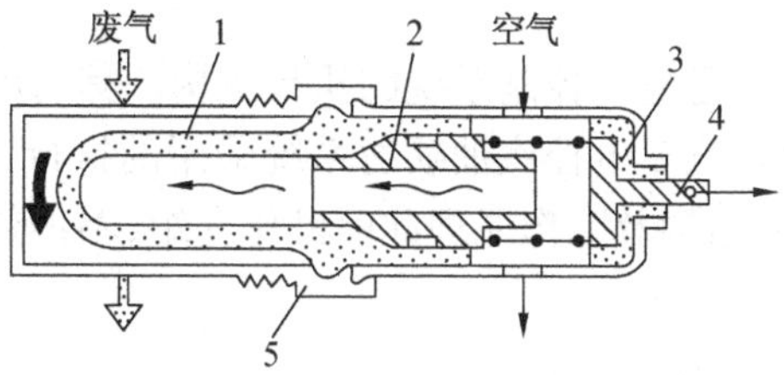

1—锆管；2—电极；3—绝缘物；4—换头；5—外壳

图 1-124　氧传感器

2. 控制器（ECU）

控制器的全称是电子控制器，又称电子控制单元，是以单片微型计算机为核心，具有强大的数学运算、逻辑判断、数据处理与数据管理等功能的电子控制装置。

控制器是汽车电子控制系统的核心，其功能是分析处理传感器采集到的各种信息，并向受控装置（执行器）发出控制指令。发动机控制器的工作环境很苛刻：极端的工作温度；剧烈的温度波动；受油、气、液的污染；受巨大的振动和冲击；系统内外电波干扰等。为确保安全与可靠，电子元件必须保持极高的耐环境性和可靠性。

控制器主要由输入级（输入回路）、微处理器和输出级 3 部分组成，如图 1-125 所示。

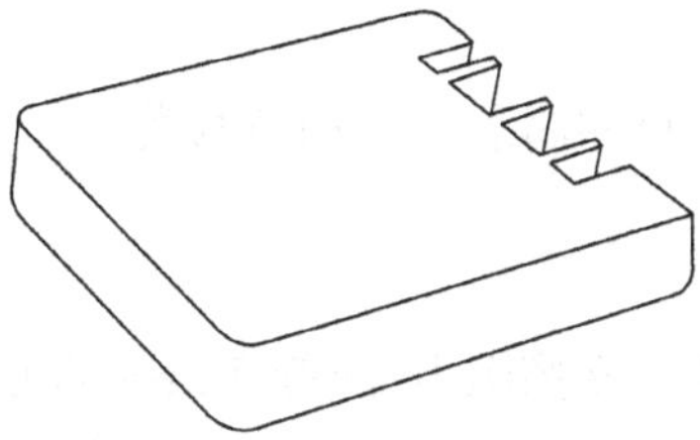

(a) 外观

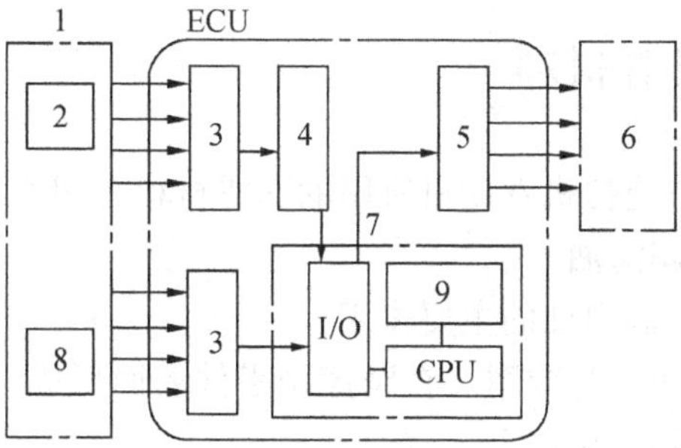

(b) 构造

1—传感器；2—模拟信号；3—输入回路；4—A/D 转换器；5—输出回路；

6—执行器；7—计算机；8—数字信号；9—存储器（RAM/ROM）

图 1-125　控制器的组成

电控单元中的输入级指的是 ECU 输入回路，它通常由 ECU 内置的 A/D 转换器和数字输入缓冲器两部分组成。输入级的作用是将系统中各个传感器检测到的信号经过 I/O 接口变换成微机能够接收的数字信号，完成汽车运行过程中对其工况状态的实时检测。

电控单元中的微处理器是在一块集成电路芯片上装有中央处理器、存储器及 I/O 接口电路，它独有的硬件结构、指令系统和多种输入、输出能力，提供了有效的控制功能。同时，它还具有较强的运算功能，因此它不但是一种高效的过程控制机，也是一种有效的数据处理器。

电控单元的输出级又称输出回路，它的作用是根据微机发出的指令，控制执行器动作。由于微机只能发出微弱的电信号，电压一般不超过 5 V，不能直接驱动执行元件，因此必须通过输出级对控制指令进行放大、译码或 D/A 转换，变成可以驱动各种执行元件的强电信号。

3. 执行器

执行器又称为执行元件，是电子控制系统的执行机构。其功用是接收 ECU 发出的控制指令，完成具体的执行动作。汽车电控汽油喷射系统采用的执行器主要有电动燃油泵和电磁喷油器等。相关执行器的结构及工作原理此前已作介绍，不再赘述。

第六节　润滑系统

发动机工作时，相对运动表面之间必然有摩擦。摩擦产生的阻力和阻力矩会消耗发动机的功率，使相对运动表面发热和磨损。摩擦表面的发热超过允许极限时将破坏零件的机械性能，使磨损加剧，摩擦阻力进一步增大，如此恶性循环，发动机很快就损坏，因此为保证发动机长期正常工作，必须设法减小摩擦阻力。

发动机润滑系统的功用就是向各摩擦表面提供干净的润滑油，以减少摩擦损失和零件的磨损；通过润滑油的循环，冷却和净化摩擦表面；润滑油膜附着在零件表面，能防止零件的氧化和腐蚀；在活塞、活塞环和气缸壁之间形成的润滑油膜，可增强气缸的密封性。此外，润滑油还在换气系统中的液压挺柱和可变气门升程控制中起传力和控制作用。

一、润滑材料

汽车拖拉机发动机所用的润滑材料有润滑油（机油）和润滑脂（黄油）两类。

1. 润滑油

（1）润滑油的主要作用

① 润滑与减摩。在摩擦副零件表面形成油膜，减少摩擦阻力，降低磨损及动力消耗等是机油的首要作用。

② 冷却。靠机油的循环流动，带走部分摩擦热和燃烧传导的热量。

③ 密封。辅助活塞环密封，防止燃气窜入曲轴箱。

④ 清洁。机油中的清净分散剂能清洗掉部件表层的漆膜沉积物，使油泥和其他污染物分散成细小颗粒，悬浮在油中，保持机件清洁。

⑤ 防腐防锈。机油中的添加剂可以中和燃料燃烧的酸性产物和机油氧化时产生的有机酸。

（2）润滑油的主要性能

① 黏度：是指润滑油受外力作用移动时，分子间产生的内摩擦力大小。它是润滑油分

级和选用的主要依据。黏度过小,在高温、高压下容易从摩擦表面流失,不能形成足够厚的油膜;黏度过大,冷起动阻力增加,起动困难,润滑油不能及时被泵送至摩擦表面,导致起动磨损严重。

② 黏温性:是指润滑油黏度随温度而变化的特性。发动机从起动到满负荷工作,温度变化范围大,导致润滑油温度变化大于100 ℃。若润滑油的黏度随温度变化太大,就会使高温时黏度太低,而低温时黏度太高,影响正常润滑。

③ 氧化安定性:是指润滑油抵抗氧化作用不使其性质发生永久变化的能力。润滑油工作温度高达95 ℃,产生氧化后,颜色变暗,黏度增加,酸性增大,并产生胶状沉淀物。氧化变质的润滑油将腐蚀发动机零件,甚至破坏发动机的正常工作。

④ 其他性能:如防腐性、起泡性、清静分散性等,它们对发动机的润滑都产生一定的影响,需要加入各种添加剂,保证润滑油的性能。

(3) 润滑油的分类

世界广泛采用美国汽车工程师协会(SAE)的发动机润滑油黏度分类法和美国石油协会(API)的发动机润滑油使用性能分类法。

美国汽车工程师协会按照润滑油的黏度等级把润滑油分为冬季用润滑油和非冬季用润滑油。冬季润滑油有SAE0W,SAE5W,SAE10W,SAE15W,SAE20W,SAE25W等6个牌号;非冬季润滑油有SAE20,SAE30,SAE40,SAE50等4个牌号。号数较大的润滑油黏度大,宜在较高的温度下使用。上述各牌号润滑油只有单一的黏度等级,也称单级机油,使用这种润滑油时,用户需根据季节和气温的变化及时更换润滑油。目前使用的润滑油多为多级机油,即能满足季节和温度变化两方面黏度要求的机油,有SAE5W/20,SAE15W/30,SAE20W/40,SAE25W/50等几种牌号,可冬夏通用。

API分类法是美国石油协会根据润滑油的性能及其最合适的使用场所,将润滑油分为S系列和C系列两种。S系列为汽油机润滑油,目前有SA,SB,SC,SD,SE,SF,SG,SH,SJ等9个级别;C系列为柴油机润滑油,目前有CA,CB,CC,CD,CE,CF,CH等7个级别。同系列润滑油字母序号越靠后,使用性能越好,适用于机型越新或强化程度越高的情况。其中,SA,SB和CA级别的润滑油除非制造厂商推荐,否则已不再使用。

我国润滑油的分类也参照了SAE和API的分类方法。

(4) 润滑油的选用

① 汽油机选择用汽油机机油,柴油机选择用柴油机机油。

② 根据汽车发动机的强化程度选用合适的润滑油使用级别,强化程度越高,应选用更高级别的机油。

③ 根据地区的季节气温选用适当黏度等级的润滑油,可参照图1-126进行。具体机型应根据发动机使用说明书的要求进行润滑油选用和保养。

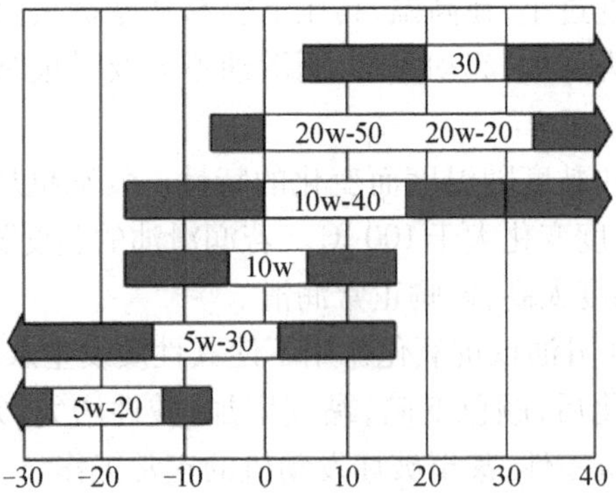

图 1-126　按当地环境温度选择润滑油

2. 润滑脂

润滑脂也称黄油,是将稠化剂掺入液体润滑剂中制成的一种稳定的固体或半固体产品,其中可以加入旨在改善润滑脂某种特性的添加剂。润滑脂具有良好的黏温性,在常温下可附着于垂直表面而不流淌,并能在敞开或密封不良的摩擦部位工作,具有防水、防尘、密封作用。

汽车拖拉机的发动机主要在水泵轴承及发电机轴承使用润滑脂,目前普遍推荐使用汽车通用锂基润滑脂,这种润滑脂具有良好的高、低温适应性,可在 -30 ~ 120 ℃的温度范围内使用;具有良好的抗水性和防锈性能,可用于与水接触的潮湿摩擦部位;具有良好的安定性和润滑性,可在高速运转的机械部位使用,不变质、不流失,保证润滑。

二、润滑方式

根据汽车拖拉机发动机不同运动表面的工作特点,分别采用以下不同的润滑方式:

(1) 压力润滑:将润滑油以一定压力输送到摩擦表面的润滑方式。压力润滑主要用于负荷大、相对运动速度高的摩擦面,如主轴承、连杆轴承、凸轮轴轴承、配气机构摇臂轴等处。

(2) 飞溅润滑:利用发动机工作时运动零件(曲轴和凸轮轴)飞溅起来的油滴或油雾来润滑摩擦表面的润滑方式。该方式主要用于外露表面、负荷较小的摩擦表面,如气缸壁、活塞销、凸轮、挺柱等。

(3) 定期润滑:即润滑脂润滑,对于一些负荷较小的发动机辅助装置,如水泵、发电机、起动机的轴承等只需定期定量地加注润滑脂即可。

三、润滑系统的组成

润滑系统一般由储油装置、升压装置、滤清装置、检查装置和安全装置等组成。

(1) 储油装置:即油底壳,其容量除了要满足润滑系统工作时最大循环油量的要求,还应考虑机油自然散热的要求。容量大则机油在油底壳内停留时间长,自然散热多,但受到结构尺寸限制,不可能做得太大。

(2) 升压装置:即机油泵,机油泵通过油管将油底壳中的机油吸入、加压并送入滤清装置,使机油在发动机内循环流动。机油泵一般布置在油底壳内,以降低吸油高度,使发动机起动时能很快泵油。机油泵的吸油管应保持浸沉在油面以下,以防止吸入空气,影响润滑系的正常工作。

(3) 滤清装置:包括集滤器和机油滤清器(常分为粗滤器和细滤器两种),用来滤除机油中的各种杂质,保证润滑油的清洁。

(4) 检查装置:包括机油压力表和机油温度表、机油标尺等,用来指示润滑系的工作状况。

(5) 安全装置:包括限压阀、回油阀(亦称调压阀)和旁通阀(亦称安全阀),用来保证润滑系统油压正常及油路畅通。

四、润滑系统油路

不同发动机的润滑油路大致相似,只是由于润滑系统的工作条件和某些具体结构的不同而稍有差别,对负荷较大的曲轴主轴颈、连杆轴颈、凸轮轴颈等采用压力润滑,而气缸、活塞、齿轮等则采用飞溅润滑。发动机的润滑油路如图 1-127 所示。

当发动机工作时,油底壳中的润滑油被机油泵吸出,经过机油滤清器过滤,进入主油道再分多路。第一路经主油道将润滑油分配到各曲轴主轴承,再经曲轴上的斜油孔通往各连杆轴承,由连杆体上的油道通往连杆小头衬套,流出的润滑油喷向活塞销、气缸壁;第二路经主油道将润滑油分配到各凸轮轴主轴承,同时经凸轮轴正时齿轮润滑正时齿轮室的所有齿轮;第三路经气缸体上的一个通向气缸体上平面的油道,经气缸盖油道到摇臂轴中心,再分配到各摇臂轴和气门顶,如果是顶置式凸轮轴,则可以润滑凸轮轴轴颈和液压顶杆。同时,曲轴旋转带动连杆摆动,连杆大头撞击润滑油,使润滑油飞溅到活塞、气缸表面进行润滑。

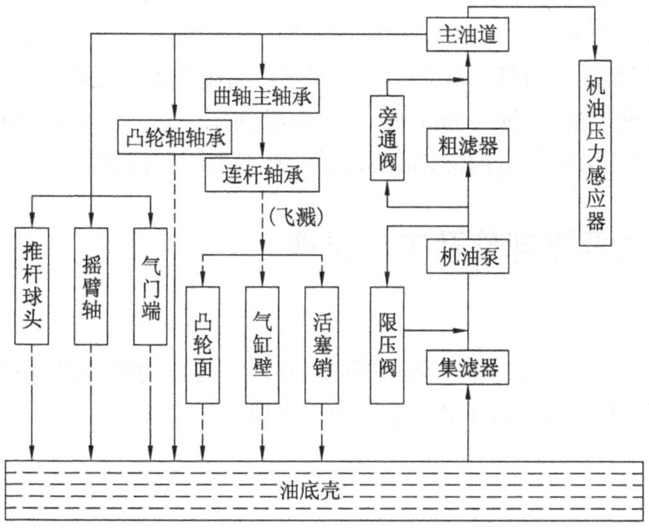

图 1-127　发动机润滑油路示意图

图 1-128 为上海桑塔纳轿车 JV 型 1. 8 L 汽油发动机的润滑系统油路,它采用复合式润滑系统。发动机工作时,润滑油由集滤器 6 初步过滤后进入机油泵 7,经机油泵提高压力后泵入机油滤清器 2,从滤清器出来的润滑油进入主油道。进入主油道的润滑油经曲轴箱上的 5 条并联横向斜油道引导到曲轴主轴承,润滑主轴颈,再经曲轴内的油道流入 4 个连杆轴承,润滑连杆轴颈。润滑油再经过连杆杆身的油道润滑活塞销,并对活塞进行喷油冷却。中间轴 10 的润滑由发动机前边第一条横向斜油道供给。与主油道垂直的油道将润滑油送到气缸盖纵向油道,再通过 5 道并联的横向斜油道将润滑油送到凸轮轴 11,润滑凸轮轴轴颈。在气缸盖和气缸体右侧(由前向后看)布置有回油孔,使气缸盖上的润滑油流回曲轴箱。

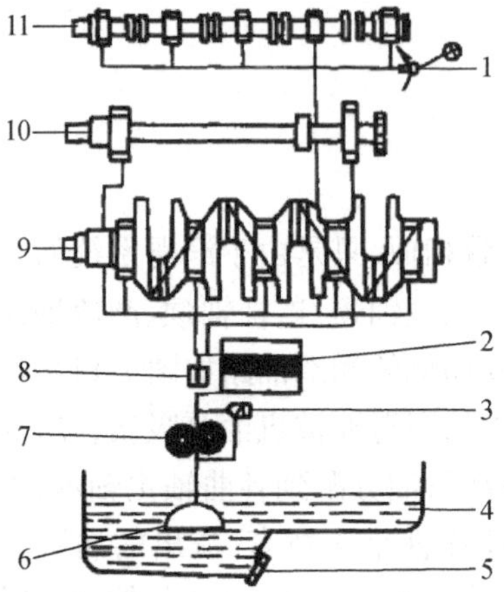

1—低压油压开关; 2—机油滤清器;3—限压阀;4—油底壳;5—放油螺塞; 6—机油集滤器;
7—机油泵; 8—高压油压开关;9—曲轴; 10—中间轴; 11—凸轮轴

图 1-128　上海桑塔纳轿车 JV 型 1. 8 L 汽油发动机的润滑系统油路

润滑系统的报警系统装有两个油压开关,低压油压开关 1 和高压油压开关 8 均位于润滑油滤清器支架上。当打开点火开关,位于仪表板中的润滑油压力警告灯开始闪烁,起动发动机。当润滑油压力大于 0. 03 MPa 时,低压油压开关断开,警告灯自动熄灭。当发动机低速运转时,如果润滑油压力低于 0. 03 MPa,则低压油压开关触点闭合,润滑油压力警告灯闪烁。当发动机转速超过 2 150 r/min 时,如果润滑油压力达不到0. 18 MPa,高压油压开关的触点断开,润滑油压力警告灯闪烁,而且警报蜂鸣器也同时报警。

五、润滑系统主要零部件及工作原理

(一) 机油泵

机油泵的功用是将油底壳中的润滑油吸出,并以一定压力输送到摩擦表面。按结构不同可分为齿轮式(图 1-129)和转子式(图 1-130)两种。

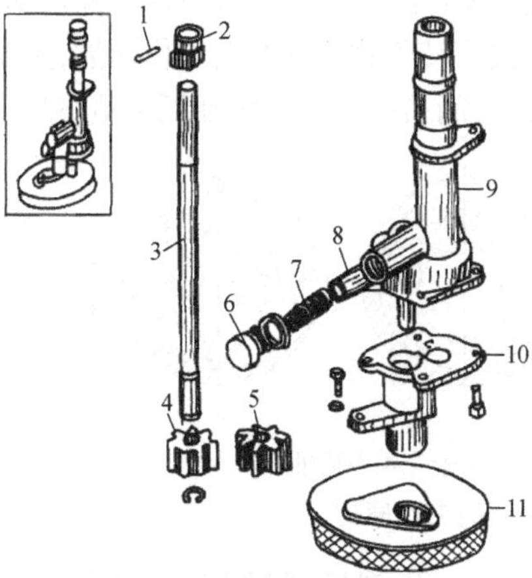

1—销；2—机油泵驱动齿轮；
3—机油泵驱动齿轮轴；4—主动齿轮；
5—从动齿轮；6—安全阀螺塞；7—弹簧；8—安全阀；
9—机油泵体；10—油泵盖；11—机油集滤器

图 1-129 齿轮式机油泵结构

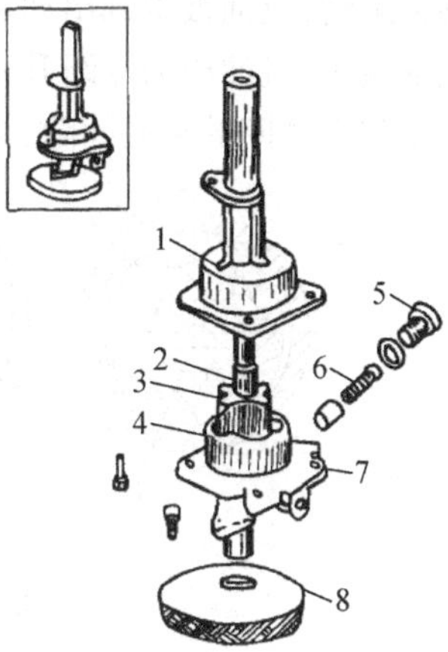

1—机油上泵体；2—轴；
3—内转子；4—外转子；
5—安全阀螺塞；6—弹簧；
7—机油泵下泵体；8—机油集滤器

图 1-130 转子式机油泵结构

1. 齿轮式机油泵

齿轮式机油泵工作原理如图 1-131 所示。在机油泵壳体内装有一对主、从动齿轮，两齿轮与壳体内壁间的间隙很小。发动机工作时，齿轮按图中所示箭头方向旋转，进油腔 1 因轮齿脱离啮合容积增大，产生一定的真空度，润滑油便从进油口被吸入并充满进油腔。随着齿轮旋转，将齿间所存的润滑油带到出油腔 3。由于出油腔轮齿进入啮合状态，轮齿间容积减小，油压升高，润滑油便经出油口送进发动机油道。机油泵通常由凸轮轴上的斜齿轮或曲轴前端的齿轮驱动。在发动机工作时，机油泵齿轮不断旋转，从而保证润滑油在润滑油路中连续不断地循环。

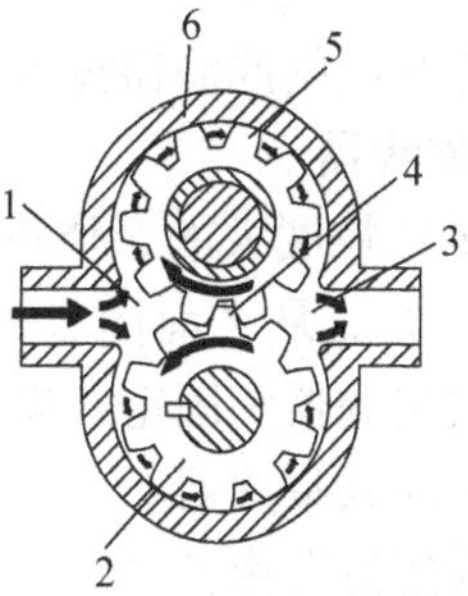

1—进油腔；2—主动齿轮；3—出油腔；
4—泄压槽；5—从动齿轮；6—壳体

图 1-131 齿轮式机油泵工作原理

齿轮式机油泵结构简单，制造方便，工作可靠，故应用广泛。

2. 转子式机油泵

转子式机油泵采用内啮合方式，具有结构紧凑，吸油真空度高，泵油量较大，并且供油均匀、噪声小等优点。当机油泵安装在曲轴箱外且位置较高时，用这种机油泵较为合适。

转子式机油泵的工作原理如图 1-132 所示。转子式机油泵主要由外转子 1、内转子 2、壳体 3 和泵轴 4 组成。壳体的端面处加工有 2 个相互隔开的配油槽(图中虚线)，分别与进油道和出油道相通。内转子固定在泵轴上，外转子空套在泵体内。内转子有 4 个凸齿，外转子有 5 个凹齿，它们相互啮合，可以看作是一对只相差一个齿的偏心内啮合齿轮传动。油泵工作时，内转子带动外转子向同一方向转动，转子的齿形齿廓使转子转到任何角度内外转子之间都有接触点，使内、外转子间形成 4 个工作腔，随着转子的转动，这 4 个工作腔的容积不断变化。在进油道一侧的配油槽处，内外转子脱开啮合，容积逐渐增大，产生真空度，机油被吸入空腔内。

转子继续旋转,机油被带到出油道一侧的配油槽处(图中右侧虚线),内外转子进入啮合,油腔容积逐渐减小,机油压力逐渐升高并从配油槽处送出。转子式机油泵的工作性能,主要取决于内外转子与壳体间的端面间隙,为此,在盖板与壳体之间装有很薄的耐油纸调整垫片。

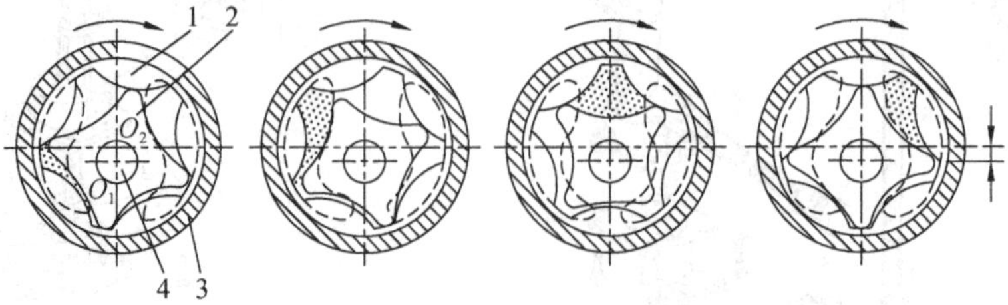

1—外转子; 2—内转子; 3—壳体; 4—泵轴

图 1-132　转子式机油泵的工作原理

为保证发动机在最困难的工作条件下(低速、大负荷、温度高)润滑可靠,机油泵的实际供油量应比润滑系的循环油量大 2 ~ 3 倍,多余的润滑油通过润滑系统中的限压阀直接流回油底壳。

(二) 机油滤清器

为了保证发动机的滤清效果,润滑系统一般使用多级滤清器,集滤器、粗滤器和细滤器分别串联或并联在主油道中。与主油道串联的滤清器称为全流式滤清器,一般为粗滤器;与主油道并联的滤清器称为分流式滤清器,一般为细滤器。

1. 集滤器

为防止粒度大的杂质进入机油泵,集滤器通常安装在机油泵之前的吸油口端。集滤器目前分为浮式集滤器和固定式集滤器两种。

(1) 浮式集滤器

浮式集滤器由浮子 3、外罩 1 和滤网 2 等组成,如图 1-133 所示。滤网通过外罩固定在浮子上,并靠滤网本身的弹力使滤网中心部位的环口压在外罩上,在外罩四周有缺口。浮子是空心密封的,以便漂浮在润滑油的液面上。由于吸油管 4 与固定管 5 之间是活套在一起的,彼此可相对运动,使集滤器总成可借浮子的浮力保持在油面上,并随油面高低自由升降。

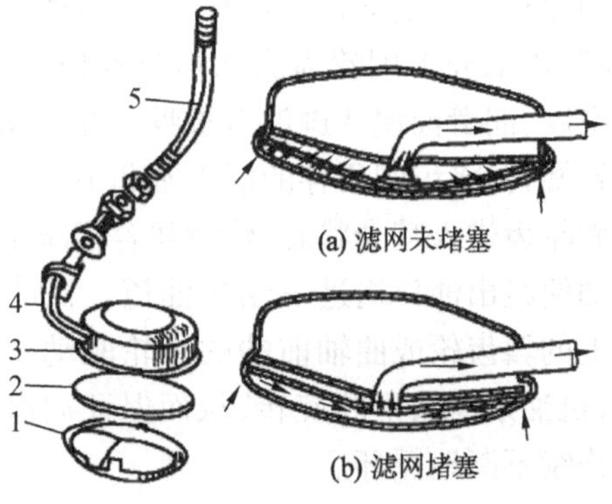

1—外罩; 2—滤网; 3—浮子;
4—吸油管; 5—固定管

图 1-133　浮式集滤器

如图 1-133 所示,发动机工作时,润滑油从油底壳经集滤器滤网过滤掉粗大机械杂质后进入吸油泵;当滤网被杂质堵塞时,滤网上部的真空度增大,克服滤网的弹力而将滤网吸起,使滤网中心的圆孔脱离外罩,这时润滑油不经滤网直接通过圆孔进入吸油管,以保持润滑油的正常输送。

(2) 固定式集滤器

固定式集滤器如图 1-134 所示,吸油管的上端有与机油泵进油孔连接的凸缘,下端与滤网支座中心固定连接。集滤器罩 1 的翻边包在支座外缘凸台上,滤网夹装在支座与罩之间,滤网靠自身的弹力紧压在罩上。罩的边缘有 4 个缺口,形成进油通道。当机油泵工作时,润滑油从罩的缺口处经滤网被吸入，粗大的杂质被滤网滤去，然后经吸油管进入机油泵。

浮式集滤器漂浮于机油表面吸油，能吸入油面上较清洁的机油，但油面上的泡沫也容易被吸入，使机油压力降低，导致润滑不良，目前应用已不多。与浮式集滤器相比，固定式集滤器吸入的润滑油清洁度稍差，但其结构简单，还能防止泡沫进入润滑系统，润滑可靠，因而逐步取代了浮式集滤器。

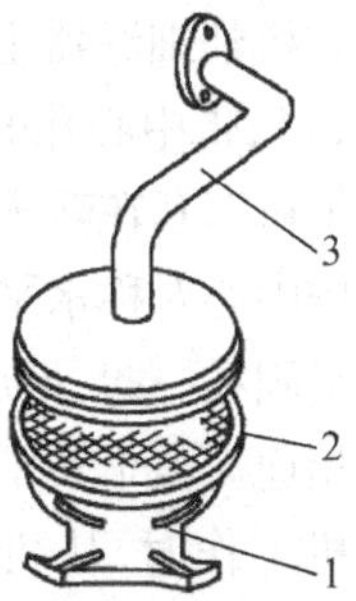

1—集滤器罩；2—滤网；3—吸油管

图 1-134 固定式集滤器

2. 机油粗滤器

机油粗滤器用来滤除机油中粒度较大（直径为 0.05 ~ 0.10 mm）的杂质，通常属全流式滤清器，它对机油产生较小的流动阻力，一般串联在机油泵与主油道之间。根据滤芯的不同，粗滤器有不同的结构形式，有金属片式、纸质式等。由于纸质式粗滤器结构简单、质量轻、成本低等优点，被现代汽车发动机普遍采用。

纸质滤芯式粗滤器主要由滤清器壳体、滤芯和旁通阀等组成，如图 1-135 所示。滤清器壳体由上盖 1 和外壳 3 组成，滤芯 4 用经过树脂处理的微孔滤纸制成，滤芯的两端由环形密封圈 2 和 6 密封，用金属丝网或带有网眼的薄铁皮作为滤芯的骨架，微孔滤纸折叠成波纹形以增大过滤面积（图 1-136）。

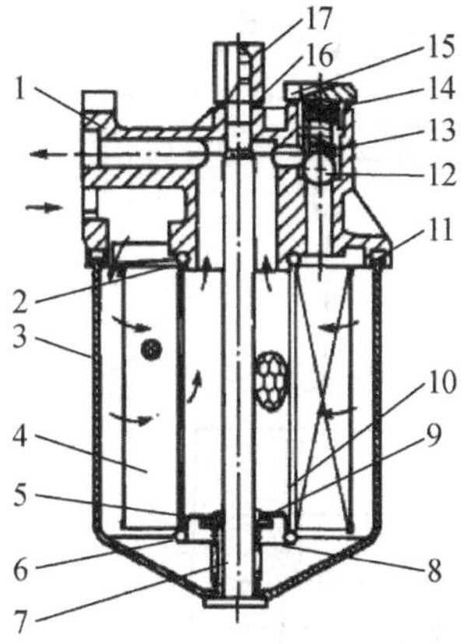

1—上盖；2,6,11,14,16—密封圈；3—外壳；4—滤芯；
5—托板；7—拉杆；8,13—弹簧；9—垫圈；10—芯筒；
12—旁通阀；15—阀座；17—螺母

图 1-135 纸质机油粗滤器

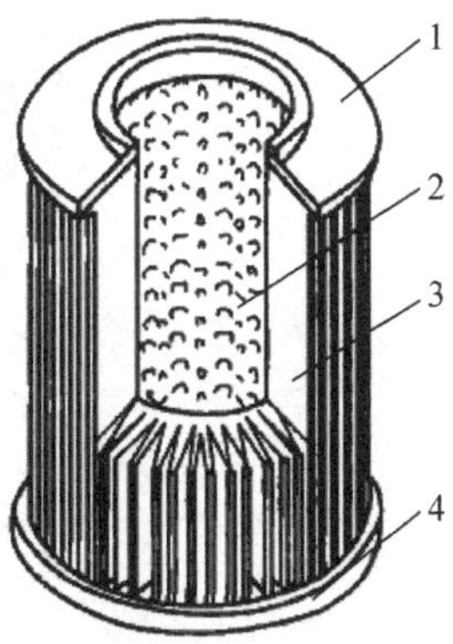

1—上端盖；2—芯筒；
3—微孔滤纸；4—下端盖

图 1-136 纸质滤芯

粗滤器工作时，机油由上盖的进油孔进入滤芯周围，通过滤芯过滤后，从上盖的出油孔流出，进入主油道。当滤芯被积污堵塞，其内外压差达到 0.15 ~ 0.17 MPa 时，旁通阀 12 即被顶开，大部分机油不经滤芯滤清，直接进入主油道，以保证主油道有机油供给。

3. 机油细滤器

机油细滤器（亦称分流式滤清器）用以滤除直径为 0.001 mm 以上的细小机械杂质及胶质。这种滤清器由于对润滑油的流动阻力较大，因此与主油道并联，只有 10% ~ 15% 的润滑油通过。细滤器有过滤式和离心式两种，过滤式细滤器存在滤清能力和过滤能力的矛盾，因此多数发动机采用离心式细滤器。

离心式机油细滤器主要由底座、转子体、外罩等部分组成，如图1-137所示。底座上设有进油限压阀1，带中心孔的转子轴9装在底座4上，并用转子轴止推片2锁紧。转子体通过上、下两个转子衬套套在转子轴上，可以自由转动，并由上、下两个弹簧挡圈作轴向定位，转子下端装有两个按中心对称水平安装的喷嘴3。导流罩8套装在转子体上，紧固螺母12将转子罩7与转子体紧固在一起，形成一个空腔，通过导流罩、转子体及转子轴上对应的径向油孔与转子轴中心孔相通。整个转子用外罩盖住，并通过盖形螺母14和垫片13将其固定在底座上。

发动机工作时，从机油泵送来的润滑油进入细滤器进油孔D。当油压低于工作压力(0.147 MPa)时，进油限压阀1关闭，润滑油不能进入细滤器而全部供给主油道，以保证发动机可靠润滑。当油压超过工作压力时，进油限压阀打开，润滑油沿壳体中的转子轴内的中心油道，经转子轴油孔B、转子体进油孔C、导流罩油孔A流入转子罩7内腔后，又经导流罩导流从两个喷嘴3喷出，转子在喷射反作用力推动下高速旋转，润滑油中的机械杂质在离心力的作用下被甩向转子罩内壁。洁净的润滑油不断从喷嘴喷出，并经出油口流向油底壳。

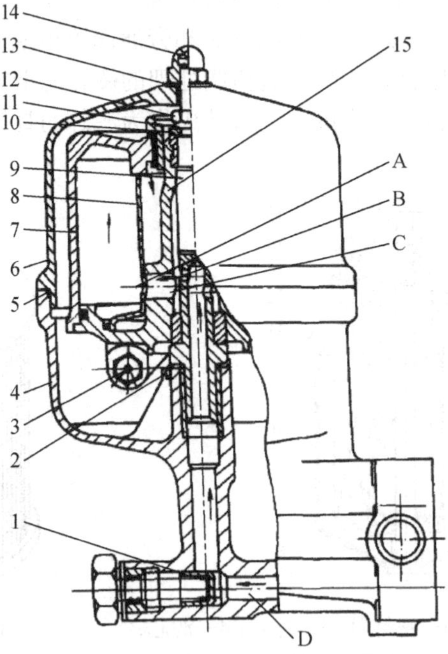

1—进油限压阀；2—转子轴止推片；3—喷嘴；4—底座；5—外罩密封圈；6—外罩；7—转子罩；8—导流罩；9—转子轴；10—止推垫；11—垫圈；12—紧固螺母；13—垫片；14—盖形螺母；15—转子体；A—导流罩油孔；B—转子轴油孔；C—转子体进油孔；D—细滤器进油孔

图1-137　FL100型离心式机油细滤器

(三) 机油冷却器

发动机工作时，润滑油在发动机机体内循环，温度可高达95 ℃，过高的温度使润滑油的黏度下降，润滑能力降低，因此一些高性能、热负荷较大的发动机，为使润滑油保持在最有利的温度范围内工作，保持润滑油具有一定的黏度，还装有机油冷却器，以对润滑油进行强制性冷却。

机油冷却器有风冷式和水冷式两种形式。风冷式机油冷却器一般安装在发动机冷却系统散热器的前面，其结构和工作原理与冷却系统的散热器相似，利用汽车行驶时迎面风对润滑油进行冷却，多用于赛车或热负荷大的增压汽车上。普通轿车上一般用水冷式机油冷却器，靠冷却液对润滑油进行冷却。水冷式机油冷却器连接在机油粗滤器上，润滑油经滤清器滤清后直接进入机油冷却器，从冷却器芯内流过，与冷却器芯外流过的、从散热器引来的冷却液进行热交换，从而使高温机油得以冷却降温。

水冷式机油冷却器外形尺寸小，布置方便，机油温度稳定，不会造成冷却过度。

（四）安全阀、回油阀和旁通阀

为保证润滑系统的正常工作，在润滑系统中通常都设有安全阀、回油阀和旁通阀。

1．安全阀

安全阀也称限压阀，安装在机油泵的出油道上，用于限制润滑系统中润滑油的最高压力，保证机油泵压力既要克服滤清器及管路、油道的阻力，满足机体主油道内机油压力的要求，又防止系统压力过高而使油管破裂、密封件损坏，以及机油泵过载。工作时，机油泵由发动机驱动，机油泵的泵油压力随发动机转速的增加而增高，为防止压力过高，在润滑油路中设有安全阀。当油压超过规定值时，安全阀打开，多余的润滑油经安全阀流回机油泵的进油腔或直接流回油底壳。

2．回油阀

回油阀安装在主油道中，防止主油道压力过高。当主油道压力超过规定值时，回油阀开启，使多余的机油流回油底壳。

3．旁通阀

旁通阀安装在机油滤清器上并与滤芯并联，用来保证润滑系统内油路畅通。当机油滤清器被杂质堵塞、油路不畅通时，在滤清器的前后油路间产生压力差。当此压力差达到一定数值时，旁通阀开启，润滑油直接流入主油道，以保证对发动机各部分的正常润滑。

第七节　冷却系统

一、冷却系统的功用与分类

1．功用

冷却系统的功用是使发动机在所有工况下都保持在最适宜的温度范围内工作。

发动机工作期间，缸内混合气最高温度可以达到 2 500 ℃，即使发动机在怠速或中等转速下，燃烧室的平均温度也在 1 000 ℃以上。若不对发动机采取必要的冷却措施，活塞、气缸、气缸盖和气门等直接与高温可燃混合气接触的零部件会强烈受热，导致发动机工作温度过高（过热），从而引起充气系数下降和燃烧不正常（产生爆震或早燃），这不仅会使润滑油燃损或变质，造成润滑能力下降，使零部件急剧磨损，还会出现卡死、损坏等现象。

但冷却过度，又会使发动机过冷，从而产生各种不良后果：进入气缸的可燃混合气（或空气）因温度过低而使点燃困难和燃烧延迟，造成发动机功率下降及油耗上升；润滑油黏度增大，不能形成良好的润滑油膜，使摩擦损失加大；未汽化的燃油冲刷摩擦表面（气缸壁、活塞等)上的油膜;可燃混合气与温度较低的气缸壁接触,使润滑油变稀而影响润滑。这些不良后果将导致发动机功率下降,燃料消耗增加,发动机寿命缩短。

2. 分类

按冷却介质的不同,发动机冷却系统可分为两类:

(1) 水冷系。把发动机受热零件吸收的热量,通过冷却液散入大气中而进行冷却的一系列装置,称为水冷系统。水冷系统因冷却均匀,强度大,易调节,便于冬季起动而广泛用于汽车发动机上。

(2) 风冷系。以空气为冷却介质的冷却系统称为风冷系统。风冷系统噪声大,功耗大,仅用于部分小排量及军用汽车发动机。

目前,汽车拖拉机上广泛采用的水冷式发动机正常工作温度(冷却液温度)一般为 80 ~ 90 ℃。

二、冷却液

目前,发动机冷却液多是乙二醇与水的混合物。乙二醇是一种无色黏稠液体,能与水以一定比例混合,如桑塔纳系列轿车的冷却液中乙二醇的质量分数 45.6%,水的质量分数 54.4%,沸点在 106 ℃以上,冰点在 -25 ℃以下。

发动机冷却液通常还包含防腐蚀添加剂和抗泡沫添加剂。防腐蚀添加剂(硼酸盐、磷酸盐、硅酸盐等)可延缓或阻止发动机水套壁及散热器的锈蚀和腐蚀。冷却液中的空气在水泵叶轮的搅动下会产生很多泡沫,这些泡沫将妨碍水套壁的散热,影响发动机的冷却效果,加入抗泡沫添加剂(硅油等)能有效地抑制泡沫的产生。在使用过程中,防腐蚀添加剂和抗泡沫添加剂会逐渐消耗殆尽。因此,应定期更换冷却液。乙二醇有毒,且有较强的吸水性,在发动机冷却液中,一般还要加入着色剂,使其呈蓝绿色或黄色,以便识别和发现冷却液的泄漏。

三、水冷系统

(一) 水冷系统的组成及工作循环

1. 组成

汽车发动机的冷却系统一般为强制循环式水冷系统,即利用水泵将冷却液的压力提高,强制冷却液在发动机冷却系统中循环流动,它由散热器、冷却风扇、水泵、节温器和储液罐等组成,如图 1-138 所示。

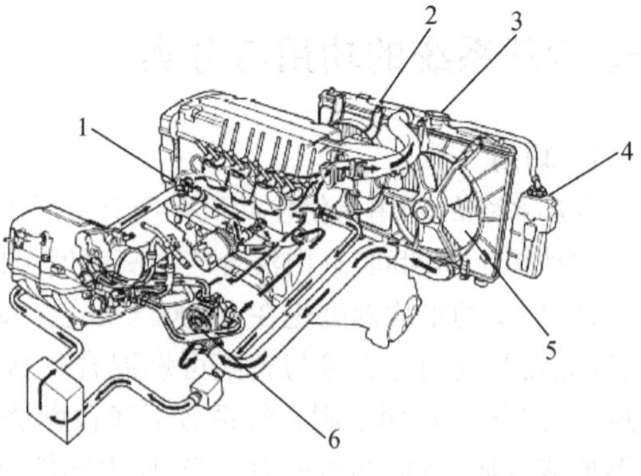

1—水泵; 2—散热器; 3—散热器盖;
4—储液罐; 5—冷却风扇; 6—节温器

图 1-138 发动机水冷系统的组成

2. 工作循环

通常,冷却液在冷却系统内的循环流动路线有两条,一条为大循环,另一条为小循环。

当发动机冷却液温度低时,冷却液经

水泵增压后，进入发动机的机体水套，再从水套壁周围流过并从水套壁吸热而升温，然后向上流入气缸盖水套，从气缸盖水套壁吸热之后流经节温器、小循环通道，返回发动机机体水套，进行小循环。

当发动机冷却液温度升高到一定值时，冷却液经节温器及散热器进水软管流入散热器，在散热器中，冷却液向流过散热器周围的空气散热降温，最后冷却液经散热器出水软管返回水泵，进行大循环。

当冷却液温度在大、小循环的温度之间时，冷却液大循环、小循环同时存在，以调节发动机温度。

（二）水冷系统的主要部件

1. 散热器

散热器俗称水箱，主要功用是将冷却液在水套中吸收的热量传给外界大气，使其温度下降。散热器主要由散热器芯6、散热器盖2、进水室5和出水室7等组成，如图1-139所示。进、出水室分别与发动机气缸盖上的出水管口及水泵的进水管口用软管连接。出水室下部设有放水阀，必要时可将散热器内的冷却液放掉。

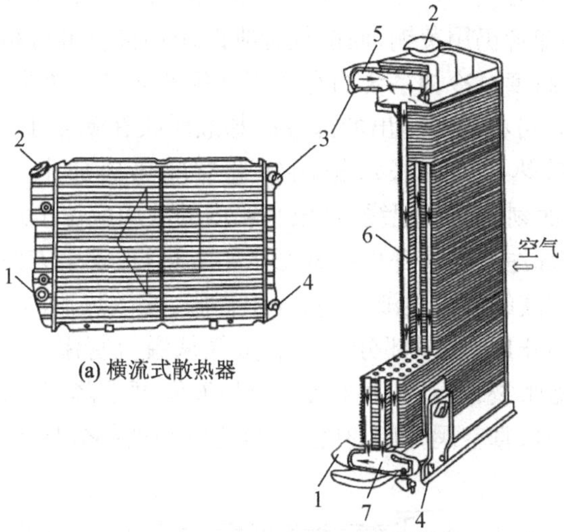

1—出水口；2—散热器盖；3—进水口；4—放水阀；5—进水室；6—散热器芯；7—出水室

图1-139 散热器的组成

散热器芯的常见结构形式有管片式、管带式、板式3种。

（1）管片式

散热器芯由若干扁形冷却管2和散热片1构成，如图1-140 a所示；冷却管置于进、出水室之间，是冷却液的通道。散热片套装在扁形冷却管周围以增大散热面积及增加整个散热器的刚度和强度。管片式散热器散热面积大，气流阻力小，结构刚度好，但制造工艺较复杂，成本较高。

（2）管带式

散热器芯由扁平冷却管2及波形散热带3组成，如图1-140 b所示。冷却管为扁管并与波形散热带相间地焊接在一起。与管片式散热器相比，管带式散热器制造简单，质量轻，成本低，散热能力较强，但刚度差。

（3）板式

板式散热器芯结构如图 1-140 c 所示，其冷却液通道由成对的金属面板焊接而成。该种散热器芯散热效果好，结构简单，但焊缝较多，刚度较差，不易维修。

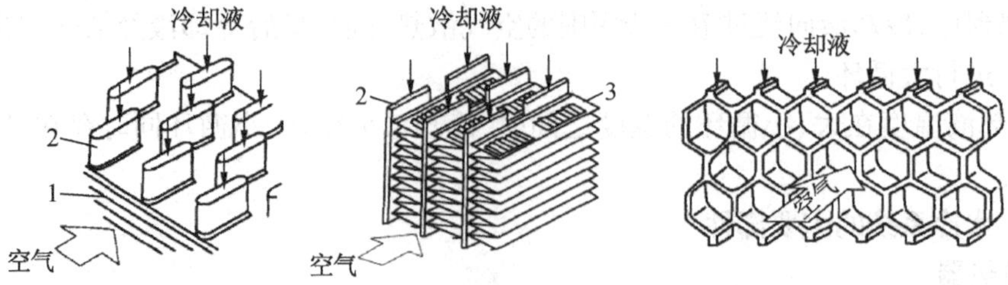

(a) 管片式　(b) 管带式　(c) 板式

1—散热片；2—冷却管；3—散热带

图 1-140　散热器芯的结构

散热器多采用导热性、焊接性和耐蚀性好的黄铜制造。为减轻质量，近年来铝制散热器芯广泛用于使用条件较好的轿车上，并且有些散热器的进、出水室由复合塑料制成。也有些发动机散热器的冷却管仍用黄铜，而散热片则改用铝锰合金材料。

正确的冷却液液面高度对冷却系统的有效工作极其重要。因此，有些汽车上装有冷却液回收装置（膨胀水箱），可将受热溢出的部分冷却液回收在膨胀水箱内，当冷却液降温时，部分冷却液又被吸回散热器。膨胀水箱用软管与散热器加水口上的溢流管连接（图 1-141）。补偿水箱外表面刻有两标记线，补偿水箱内的液面应位于这两标记线之间。这样，检查冷却液液面高度和加注冷却液都可在补偿水箱上进行，安全方便。

发动机运转后，冷却液的温度逐渐升高，容积膨胀，使散热器内压力升高。当压力升高到超过预定值时，蒸气阀开启，使一部分冷却液蒸气从溢流管溢出，流入补偿水箱，冷却系统压力下降，防止散热器胀裂；发动机停机后，冷却液温度下降，当冷却系统内的压力降到大气压力以下出现真空时，真空阀开启，补偿水箱的冷却液部分地流回散热器，以防止散热器被大气压力压瘪。

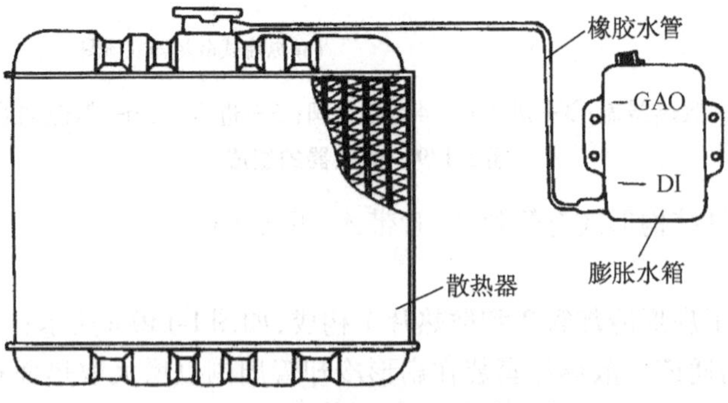

图 1-141　散热器与膨胀水箱结构

目前，汽车上广泛采用闭式水冷系统，在这种散热器盖上装有自动阀门，如图 1-142 所示，可以自动调节冷却系统内的压力，改善冷却效果。

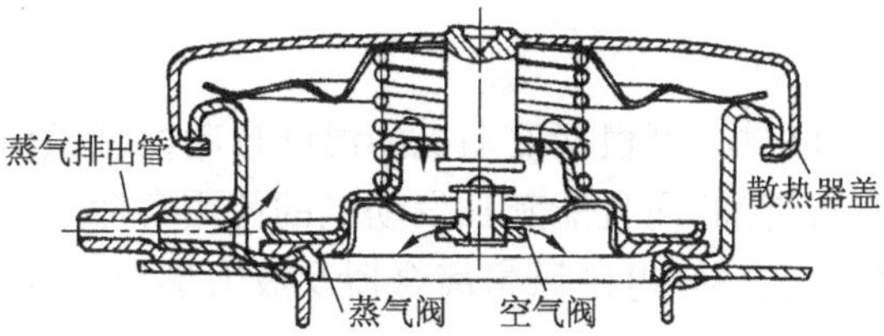

(a) 空气阀开启

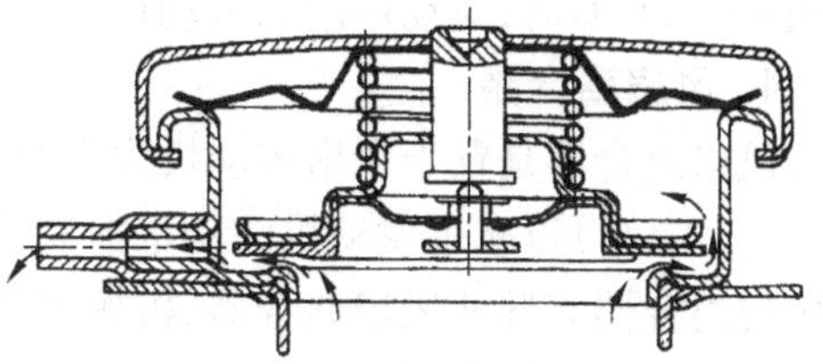

(b) 蒸气阀开启

图 1-142　自动阀门

当冷却系统内温度升高,蒸气压力升高到一定值时,压力阀弹簧受压缩,打开阀门,以防散热器胀裂。冷却系统内部压力稍高于大气压力,可提高冷却液沸点。当散热器内部压力降低,并超过某一值时,真空阀开启,使外部空气进入散热器,以防散热器内产生真空。

2. 水泵

水泵通常安装在发动机前端,与风扇同轴,一起通过带轮由发动机曲轴驱动。水泵的作用是对冷却液加压,使之在冷却系统中循环流动。汽车发动机广泛采用离心式水泵(图 1-143),主要由叶轮和水泵壳体等组成。

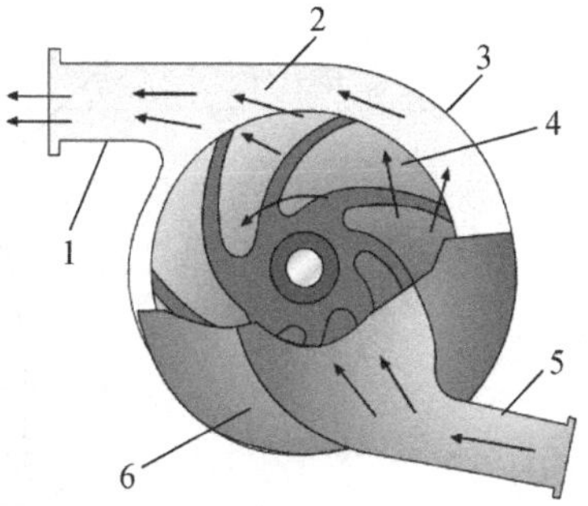

1—出水管; 2—出水腔 B; 3—壳体;
4—叶轮; 5—进水管; 6—出水腔 A

图 1-143　离心式水泵结构

叶轮由铸铁或塑料制成,通常有 6 ~ 9 个径向直叶片或后弯叶片;水泵壳体由铸铁或铸铝制造,进、出水管均与水泵壳体铸成一体。离心式水泵具有结构简单,质量轻,尺寸小及维修方便等优点。

当叶轮旋转时,水泵内的冷却液被叶片带动一起旋转,并在离心力的作用下甩向水泵壳体边缘,将动能转变为水的压力能,将冷却液沿与叶轮成切线方向的出水管压入发动机的冷却水套。与此同时,在叶轮中心处因具有负压而使散热器中的水经进水管被吸入。

3. 风扇

风扇一般安装在散热器的后面,其功用是使冷却空气在风道内不断快速流动,提高流经散热器的空气流速和流量,带走发动机和散热器散发的热量,加速冷却液的冷却;同时对发动机其他附件也有一定的冷却作用。

风扇的扇风量主要取决于风扇直径、转速、叶片形状、叶片安装角度及叶片数目等。叶片的断面形状有圆弧形和翼形两种,前者由薄钢板冲压而成,后者用塑料或铝合金铸制。翼形风扇效率高、消耗功率少,在轿车和轻型汽车上得到了广泛的应用。一般叶片与风扇旋转平面成 30° ~45°(叶片安装角)。叶片数为 4、5、6 或 7 片。叶片之间的间隔角或相等,或不相等。间隔角不等的叶片可以减小叶片旋转时的振动和噪声。

由于电动风扇无动力损失,结构简单,布置方便,近年来在轿车上广泛采用,它使用蓄电池的电能驱动,与发动机的转速无关。电动风扇一般有高速和低速两个挡位,转速通过温控热敏电阻开关控制。当散热器出口冷却液温度为 92 ~97 ℃时,温控开关接通驱动电动风扇的电动机低速挡,风扇开始低速运转;当冷却液温度为 99 ~105 ℃时,温控开关接通电动机高速挡,风扇以较高的转速运转,以提高冷却强度,防止发动机过热;当冷却液温度下降到 84 ~ 91 ℃时,电动风扇的电动机停止工作。

4. 风扇离合器

风扇离合器是置于风扇传动机构中的离合机构,可根据发动机的温度自动控制风扇的转速,它不仅可以减少发动机的功率损失,节省燃油,而且能延长发动机的使用寿命。常见的风扇离合器有硅油风扇离合器、机械式风扇离合器、电磁风扇离合器及液力耦合器等,其中硅油风扇离合器应用最广泛。

硅油风扇离合器的组成如图 1-144 所示,主动轴固定在风扇的带轮上并由曲轴带动。主动板紧固在主动轴壳体的左端且随主动轴一起转动,从动板、前盖及壳体连成一体。风扇固定在壳体上,壳体通过轴承支撑在主动轴上。双金属感温器装在前盖上,其一端固定在前盖上,另一端嵌在阀片轴中。前盖与从动板之间的空腔为储油腔,其中储有高黏度的硅油。壳体与从动板之间的空间为工作腔。从动板上有进油孔、回油孔和漏油孔。

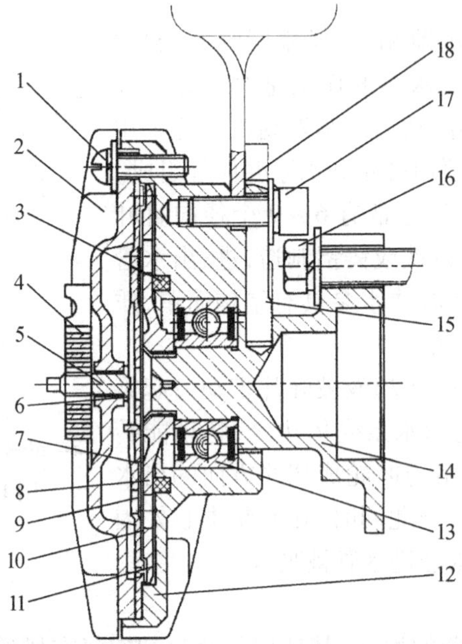

1—螺钉; 2—前盖; 3—密封毛毡圈; 4—双金属感温器; 5—阀片轴; 6—漏油孔;
7—阀片; 8—主动板; 9—进油孔; 10—从动板; 11—回油孔; 12—壳体;
13—轴承; 14—主动轴; 15—锁止板; 16—螺栓; 17—内六角螺钉; 18—风扇

图 1-144 硅油风扇离合器的组成

发动机冷却液温度较低时,阀片不偏转,进油孔关闭,工作腔内无油,风扇离合器处于分离状态。这时风扇随同离合器壳体一起在主动轴上空转打滑,转速很低。当发动机的负荷增加使吹向双金属感温器的气流温度超过一定值时,阀片转到将进油孔打开的位置,于是硅油从储油腔进入工作腔,主动板利用硅油的黏性带动离合器壳体和风扇转动,此时离合器处于接合状态,风扇转速得到提高以适应发动机需要增强冷却的需要。若发动机的负荷减小,流经双金属感温器的气流温度降低时,双金属感温器复原,阀片将进油孔关闭,工作腔内硅油继续从回油孔流向储油腔,直到甩空为止。这时风扇离合器又回到分离状态。漏油孔的作用是防止硅油风扇离合器在静态时从阀片轴周围泄漏硅油。

5. 百叶窗

由于节温器的存在，在冬季冷车起动后的热车过程中，或在严寒地区冷却液温度较低时，水只进行小循环，水在散热器内有冻结的危险。为此，需在散热器前安装挡风装置——百叶窗，用来调节流过散热器的空气流量，以调节冷却液的冷却强度，使发动机保持在狭窄的正常温度范围内，并保持机罩内的正常温度不低于 20 ℃，以改善燃油的汽化条件，减少排气污染。

百叶窗由许多片活动挡板组成，安装在散热器前面，有垂直安装的，也有水平安装的。百叶窗的开度通过一套操纵机构由驾驶员控制，有些汽车采用调温器来自动控制百叶窗开度。

6. 节温器

节温器一般安装在冷却水循环通路中，控制冷却液的流动路径。其作用是根据发动机冷却液温度的高低，自动改变冷却液的循环路线及流量，使发动机始终在最适宜的温度下工作。目前汽车上应用较多的是蜡式节温器，它具有对水压影响不敏感、工作性能稳定、水流阻力小、结构坚固和使用寿命长等优点。图 1-145 所示为蜡式双阀门节温器的结构。中心杆的上端固定于支架，下端插入胶管的中心孔内。胶管与外壳之间的环形内腔装有石蜡。节温器外壳上端装有主阀门，下端套装有副阀门，弹簧位于主阀门与支架下底之间。

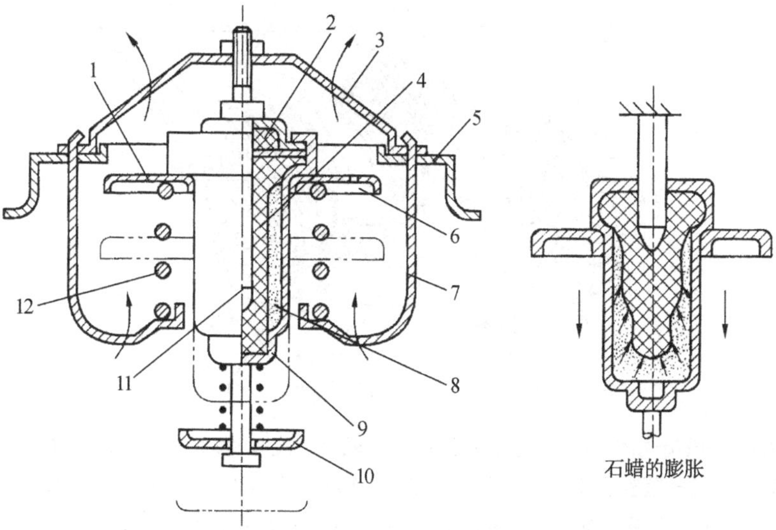

1—主阀门；2—盖和密封垫；3—上支架；4—胶管；5—阀座；6—通气孔；
7—下支架；8—石蜡；9—感应体；10—副阀门；11—中心杆；12—弹簧

图 1-145　蜡式双阀门节温器的结构

低温时，石蜡呈固态，弹簧将主阀门压在阀座上，而副阀门开启，冷却液进行小循环。当温度升高时，节温器外壳中的石蜡由固态变为液态，体积增大，在外壳容积不能增大的情况下，石蜡挤压胶管，胶管收缩而对中心杆锥状端头产生推力，因中心杆固定在支架上不能移动，只能使外壳压缩弹簧向下移动并带动阀门下行。这时，主阀门打开，副阀门关闭，冷却液经主阀门流入散热器，进行大循环。当温度在主阀门开始开启至完全开启时的温度范围内时，主阀门和副阀门均部分开启，整个冷却系统内，部分冷却液进行大循环，部分进行小循环。

四、风冷系统

风冷却系统利用高速空气直接吹过气缸盖和气缸体的外表面,把从气缸内部传出的热量散发到大气中去,以保证发动机在最有利的温度范围内工作。虽然风冷却系统与水冷却系统相比,具有结构简单、重量轻、故障少等优点,但其对材料质量要求高,且冷却不均匀,工作噪声大,目前在汽车上使用较少。

发动机气缸和气缸盖采用传热较好的铝合金铸成,为了增大散热面积,各缸一般都分开制造,在气缸和气缸盖表面分布许多均匀排列的散热片,以增大散热面积,利用车辆行驶时的高速空气流,把热量吹散到大气中去。

发动机风冷系统如图1-146所示。气缸体和气缸盖装到整体的曲轴箱上,曲轴通过风扇传动带驱动风扇叶轮旋转,将环境温度下的冷却空气吸入,经导流板将其引向气缸体及气缸盖并将发动机的热量带走,然后经热风出口排出。当高速空气流吹过气缸体及气缸盖的散热片时,便把其热量散到了大气中,保证了发动机在最适宜的温度范围内工作。

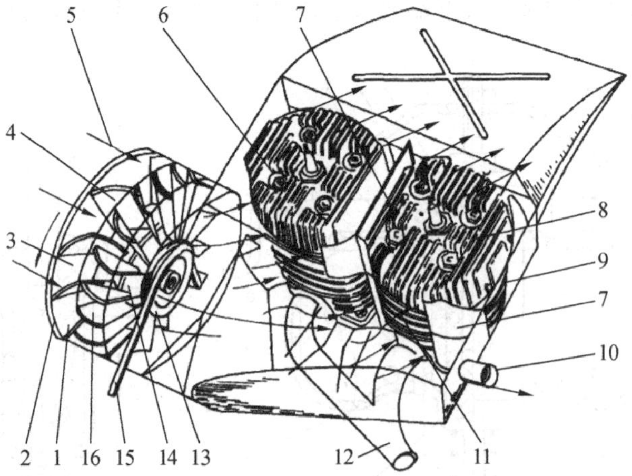

1—风扇;2—风扇壳体;3—风扇导流定子;4—风扇导流叶片;5—冷却空气;6—气缸盖;7—导流板;8—气缸盖散热片;9—气缸体散热片;10—热风出口;11—气缸体;12—排气歧管;13—风扇带轮;14—风扇叶轮;15—风扇传动带;16—风扇叶片

图1-146 发动机风冷系统

第八节 起动系统

一、概述

(一) 发动机的起动

因发动机不能自行由静止转入工作状态,必须用外力转动曲轴,直到曲轴达到发动机开始燃烧所必需的转速，保证混合气的形成、压缩和点火能够顺利进行。发动机由静止转入工作状态的全过程，称发动机的起动。完成发动机起动过程所需的一系列装置称发动机起动装置。

发动机起动时，必须克服气缸内被压缩气体的阻力、发动机本身机件及其附件内相对运动零件之间的摩擦阻力。克服这些阻力所需要的转矩，称为起动转矩。

柴油机的压缩比比汽油机大，其起动转矩也大，所以柴油机所需的起动功率大，可达 5 kW 或更大，为使电枢电流不致过大，其电压一般采用 24 V。汽油机所用起动电机的功率一般在 1.5 kW 以下，电压为 12 V。

发动机起动所必需的曲轴转速，称为起动转速。汽油机要求起动转速不低于 50～70 r/min，车用柴油机要求不低于 150～300 r/min。

起动性能是发动机的一个重要指标，衡量发动机起动性能好坏一般用起动时间来表示。我国标准规定，不采用特殊的低温起动措施，汽油机在 －10 ℃、柴油机在 －5 ℃以下的气温条件下起动，能在 15 s 以内达到自行运转。

起动系统的作用就是按照发动机要求，提供一定的转矩，使发动机达到规定的起动转速，顺利完成起动过程。

（二）发动机的起动方式

1. 人力起动（手摇起动或绳拉起动）

人力起动时，只需将起动手柄端头的横销嵌入发动机曲轴前端的起动爪内，摇动手柄即可转动曲轴，使发动机起动。这种起动方式操作不便，且加重了驾驶员的劳动强度。故目前仅在一些装有中、小功率汽油机的汽车上，还备有起动摇柄和起动爪，作为后备起动装置，或用于检修、调整发动机或起动电路故障时转动曲轴。

2. 辅助汽油机起动

由于汽油机起动性能好，能在较低温度下使柴油机可靠起动，且可以长时间带动柴油机运转（可连续带动长达 15 min），还可以利用汽油机加热的冷却水和排出的废气来预热主机，减少起动阻力。但其起动装置体积大，结构复杂，造价高，起动操作复杂，只用于大功率柴油机的起动。

3. 电力起动机起动

以电动机作为动力源，当电动机轴上的驱动齿轮与发动机飞轮周缘上的环齿啮合时，电动机旋转而产生的动力就通过飞轮传递给发动机曲轴，使曲轴旋转带动发动机起动。电动机以蓄电池为电源，结构简单，操作方便，起动迅速可靠。目前，几乎所有的汽车发动机都采用电力起动机起动。

（三）电力起动系统组成及工作原理

电力起动系统主要由蓄电池、起动机、起动继电器、点火开关等组成，如图 1-147 所示。

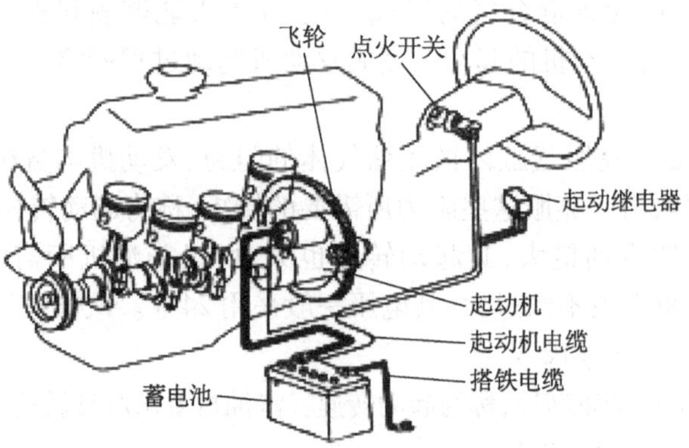

图 1-147　电力起动系统组成

在起动时，当点火开关置于起动挡时，首先接通起动控制电路，电磁开关闭合，蓄电池电流经电磁开关流入起动机，并使其转动。同时，电磁开关还将推动驱动齿轮与发动机飞轮齿圈相啮合，带动发动机转动。当发动机完成着火并加速运转后，飞轮有反过来带动起动齿轮运转的趋势时，起动机上的单向离合器等机构使起动机的驱动齿轮相对于起动机电枢轴空转，以保护起动机。此时，驾驶员将点火开关转到点火挡，切断起动机控制电路，驱动齿轮退回，起动机停止运转。

二、电动机起动装置

电动机起动装置主要由直流电动机、传动机构和控制机构等组成，如图 1-148 所示。

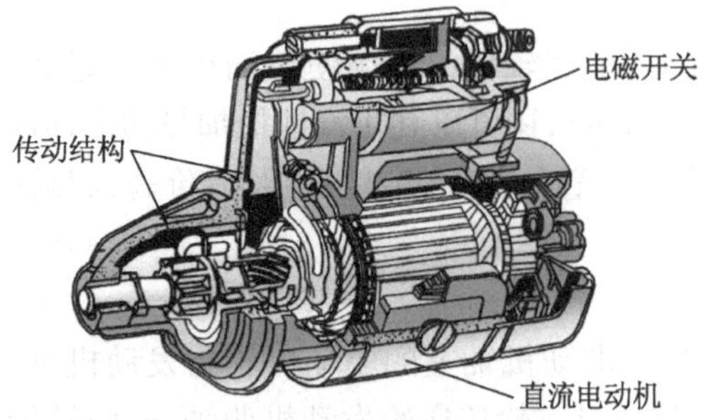

图 1-148　起动机的组成

（一）直流电动机

直流电动机在直流电压的作用下，产生旋转力矩。接通起动开关起动发动机时，电动机轴旋转，并通过驱动齿轮和飞轮的环齿驱动发动机曲轴旋转，使发动机起动。

起动机的直流电动机按磁场产生方式的不同分为永磁电动机和励磁电动机，励磁电动机又根据磁场绕组和电枢绕组连接方式的不同分为串励电动机、并励电动机和复励电动机。其中，串励电动机在起动机的直流电动机中应用最多，它由电枢、磁极铁芯、电刷和电刷架、机壳、端盖等组成，如图 1-149 所示。

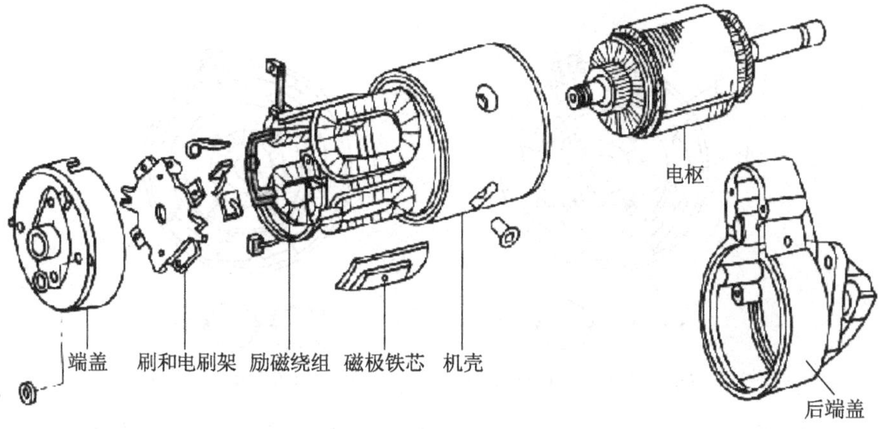

图 1-149　串励直流电动机

1. 电枢

电枢是直流电动机的转子部分,用来在起动机通电时,与磁场相互作用而产生电磁转矩。电枢总成由换向器、铁芯、绕组和电枢轴组成,如图 1-150 所示。

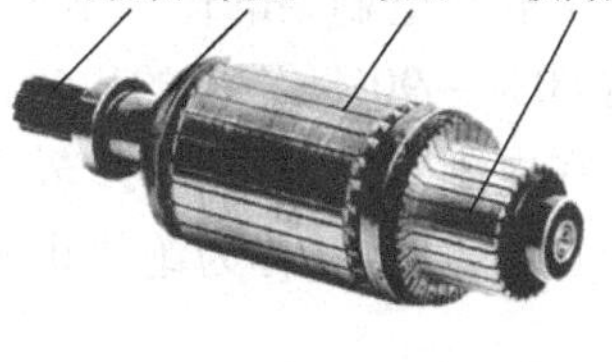

图 1-150　电枢总成

电枢铁芯由外圆带槽的硅钢片叠成,压装在电枢轴上;电枢绕组一般都采用较粗的矩形截面的裸铜线绕制而成,并且多采用波绕法,以使结构紧凑,并可通过较大的电流,获得较大的电磁力矩。由于绕组嵌装在硅钢片的槽中,为了防止电枢绕组搭铁和匝间短路,在电枢绕组与铁芯之间和电枢绕组匝间,用绝缘性能良好的绝缘纸隔开。高速时,为了避免电枢绕组由于离心力的作用而甩出,在铁芯槽口的两侧用轧纹将绕组压紧。换向器由铜片和云母片相间叠压而成,压装在电枢轴上。电枢绕组各线圈的两端焊接在相应铜片的接线凸缘上,经过绝缘电刷和搭铁电刷分别与起动机磁场绕组一端和起动机壳体连接。换向器的作用是把通入电刷的直流电流转变为电枢绕组中导体所需的交变电流。电枢轴除了铁芯和换向器外,还制有螺旋槽或花键槽,以便安装传动装置。电枢轴两端通过轴承支撑在起动机前、后端盖上。

2. 磁极

磁极由铁芯和励磁绕组构成,其作用是在电动机中产生磁场。磁极铁芯一般由低碳钢制成,并通过螺钉固定在电动机壳体上,通过外壳构成磁回路。励磁绕组套装在每个磁极铁芯上,用矩形截面的裸铜线绕制。为了产生足够强度的磁场来使电枢产生足够的起动转矩,磁极的数量一般为两对,功率较大的起动机也采用三对。励磁绕组有两种连接方式:一是励磁绕组全部串联,二是励磁绕组两两串联之后再并联的复式接法,如图 1-151 所示。无论采用何种连接,其产生的磁极必须相互交错。

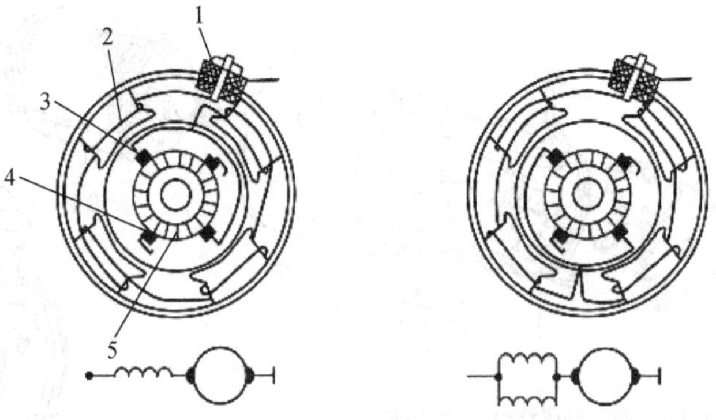

(a) 4个绕组相互串联　　(b) 2个绕组串联后并联

1—绝缘接线柱；2—励磁绕组；3—绝缘电刷；4—搭铁电刷；5—换向器

图1-151　励磁绕组的接法

3. 电刷与电刷架

电刷与电刷架的作用是将直流电引入电动机。电刷由铜与石墨压制而成，其中铜的质量占80% ~90%，石墨的质量占10% ~20%，以减小电阻，增加耐磨性及提高机械强度。电刷装在电刷架中，由盘形弹簧压紧到换向器上。4 个电刷架均固定在前端盖上，其中 2 个电刷架与端盖绝缘，称为绝缘电刷架；另外 2 个电刷架与端盖直接铆合而搭铁，称为搭铁电刷架。

4. 壳体及轴承

壳体主要起支撑和保护作用，用钢管制成，一端开有窗口，作观察电刷与换向器之用，平时用防尘箍盖住。机壳上只有一个电流接线柱(与外壳绝缘)，并在内部与励磁绕组的一端连接。起动机轴承由于结构的限制一般采用滑动轴承，用于支撑电枢轴。

(二) 传动机构

1. 传动机构的作用

起动机的传动机构安装在电动机电枢的延长轴上，用来在起动发动机时，将驱动齿轮与电枢轴联成一体，使发动机起动。发动机起动后，飞轮转速提高，它将带着驱动齿轮高速旋转，这会使电枢轴因超速旋转而损坏。因此，在发动机起动后，驱动齿轮的转速超过电枢轴的正常转速时，传动机构应使驱动齿轮与电枢轴自动脱开，防止电动机超速。为此，起动机的传动机构中必须具有超速保护装置。

2. 传动机构的类型

车用起动机的传动机构也称为啮合机构，有如下类型：

(1) 惯性啮合式传动机构。接通点火开关起动发动机时，驱动齿轮靠惯性力的作用，沿电枢轴移出与飞轮啮合，使发动机起动；发动机起动后，当飞轮的转速超过电枢轴转速时，驱动齿轮靠惯性力的作用退回，脱离与飞轮的啮合，防止电动机超速。

(2) 强制啮合式传动机构。接通起动开关起动发动机时，驱动齿轮靠杠杆机构的作用沿电枢轴移出，与飞轮环齿啮合，使发动机起动；发动机起动后，切断起动开关，外力的作用消除后，驱动齿轮在回位弹簧的作用下退回，脱离与飞轮环齿的啮合。

(3) 电枢移动式啮合机构。起动机不工作时，起动机的电枢与磁极错开。接通起动开关起动发动机时,在磁极磁力的作用下,整个电枢连同驱动齿轮移动与磁极对齐的同时,驱动齿轮与飞轮环齿进入啮合。发动机起动后,切断起动开关,磁极退磁,电枢轴连同驱动齿轮退回,脱离与飞轮的啮合。

3. 超速保护装置

超速保护装置是起动机驱动齿轮与电枢轴之间的离合机构,也称为单向离合器。在发动机起动之后,发动机转速较高,飞轮环齿的转速超过起动小齿轮的转速,这时单向离合器起作用,防止起动小齿轮超载。

常用的单向离合器有滚柱式、弹簧式、摩擦片式等多种形式。

(1) 滚柱式单向离合器

图 1-152 所示为滚柱式单向离合器。驱动齿轮5与外壳1 连成一体,外壳内装有离合器外环9,与传动导管固定连接,起动机电枢轴通过花键与传动导管的花键连接使其能够旋转。驱动齿轮 5 相对于离合器外环9 能自由的转动。在外壳1 与离合器外环 9 形成的楔形槽内分别装有一套滚柱 6 与滚柱弹簧 3,滚柱挡板 2 压住滚柱 6 后与外壳1 相互扣合密封。在传动导管外面套有推动凸缘 7 和缓冲弹簧 8。整个单向离合器总成利用传动导管套在电枢轴的花键上,离合器总成在推动凸缘 7 的作用下,可以在轴上移动,也可以随轴转动。

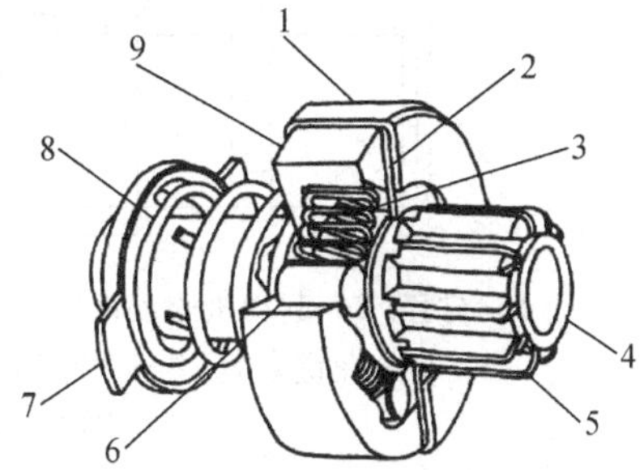

1—外壳; 2—滚柱挡板; 3—滚柱弹簧;
4—铜套; 5—驱动齿轮; 6—滚柱;
7—推动凸缘; 8—缓冲弹簧; 9—离合器外环

图 1-152 滚柱式单向离合器

滚柱式单向离合器的工作原理如图 1-153 所示。发动机起动时,拨叉将离合器总成沿电枢轴花键推出,驱动齿轮 5 与发动机飞轮齿圈啮合,同时起动机通电,转矩由电枢轴传递到离合器外环4,滚柱弹簧2 压迫滚柱3 滚向逐渐收缩的豁口,滚柱楔紧驱动齿轮。这样,驱动齿轮 5 和离合器外环 4 锁定在一起,起动机转矩传递到发动机飞轮齿圈而起动发动机。

当发动机起动并以自身动力运转时,发动机飞轮齿圈企图拖动驱动齿轮以比起动机电枢轴快得多的速度旋转,在摩擦力的作用下,滚柱滚到楔形槽宽敞的空隙部分,从而释放驱动齿轮,使驱动齿轮轴可以相对于电枢自由打滑。这样转矩就不能从驱动齿轮传到电枢,从而防止了电枢超速飞散的危险。

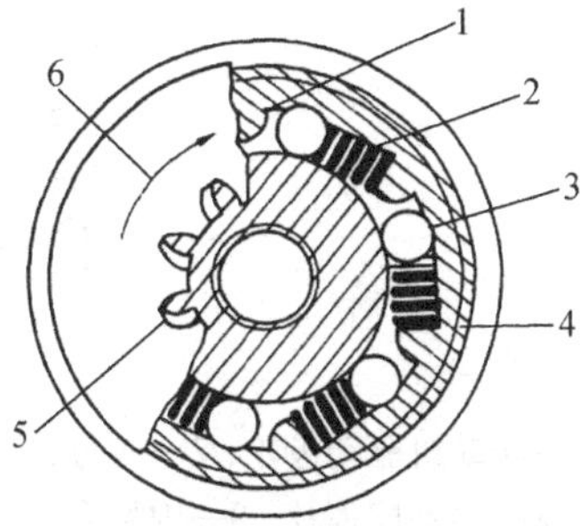

1—逐渐收缩的豁口; 2—滚柱弹簧;
3—滚柱; 4—离合器外环;
5—驱动齿轮; 6—电枢轴旋转方向

图 1-153 滚柱式离合器工作原理

(2) 弹簧式单向离合器

图 1-154 所示为弹簧式单向离合器,它安装在电枢的延长轴上,驱动齿轮 2 的右端空套在花键套筒 7 左端的外圆面上,两个扇形块 4 装入驱动齿轮右端相应的缺口中,并深入花键套筒 7 左端的环槽内,使驱动齿轮与花键套筒之间,既可以一起做轴向移动,又可以相对滑转。离合弹簧 5 在自由状态下的内径小于驱动齿轮 2 和花键套筒 7 相应外面圆的外径,在

安装状态下弹簧紧套在外圆面上,弹簧5与护套6之间有间隙。起动时,起动机的电枢轴带动花键套筒旋转,有使弹簧5收缩的趋势,弹簧被箍紧在相应外圆面上。于是,起动机的转矩靠弹簧与外圆面之间的摩擦传递给驱动齿轮,通过飞轮齿轮带动曲轴旋转,使发动机起动。发动机一旦起动,驱动齿轮的转速超过花键套筒的转速,弹簧5张开,驱动齿轮2在花键套筒7上滑转,与电枢轴脱开,防止电动机超速。

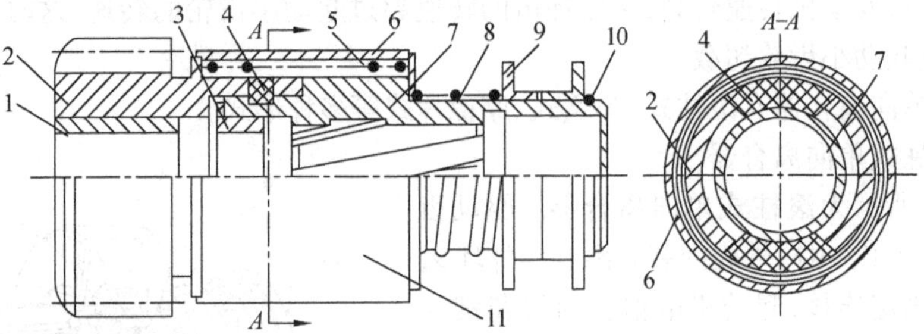

1—衬套；2—起动机驱动齿轮；3—限位套；4—扇形块；5—离合弹簧；6—护套；
7—花键套筒；8—缓冲弹簧；9—滑套；10—卡环；11—电枢延长轴

图 1-154　弹簧式单向离合器

(3) 摩擦片式单向离合器

摩擦片式单向离合器可以传递较大的转矩,常用于大功率起动机上,其结构如图1-155所示。

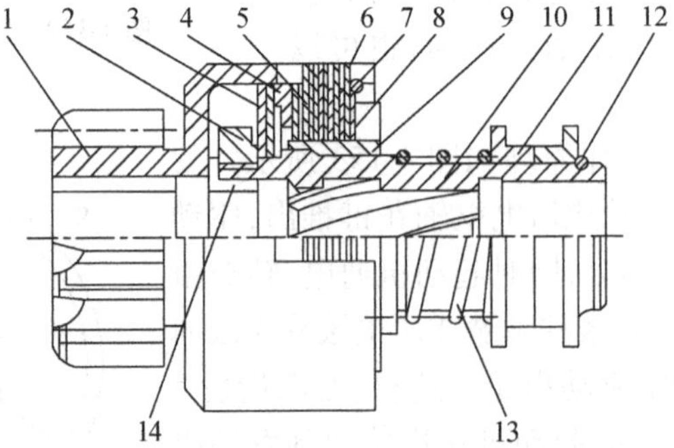

1—起动机驱动齿轮；2—螺母；3—弹性垫圈；4—压环；5—调整垫圈；6—从动摩擦片；7—卡环；
8—主动摩擦片；9—内接合鼓；10—花键套筒；11—滑套；12—卡环；13—弹簧；14—限位块

图 1-155　摩擦片式单向离合器

驱动齿轮1与离合器的外接合鼓连成一体,内接合鼓9靠三线螺旋花键套装在花键套筒10的左端,花键套筒则通过内螺旋花键套装在电枢轴的花键部分。主动摩擦片8的内圆有4个凸起,嵌入内接合鼓9外圆的4个直槽中。从动摩擦片的外圆有4个凸起,嵌入外接合鼓内圆的4个直槽中。摩擦片之间的压力可通过调整垫圈5调整。

发动机起动时,起动机的电磁转矩通过电枢轴传递给花键套筒。由于内接合鼓与花键套筒之间的转速差,内接合鼓沿花键套筒左移,将从动片与主动片压紧使外接合鼓与内接合鼓连成一体,即驱动齿轮与电枢轴连成一体,起动机的转矩通过驱动齿轮和飞轮传递给发动机的曲轴,使发动机起动。

发动机起动后,飞轮带着驱动齿轮和外接合鼓高速旋转,外接合鼓的转速超过电枢轴和花键套筒的转速，内接合鼓沿花键右移，从动片与主动片分开，使驱动齿轮与电枢轴脱开，防止电动机超速。

（三）控制机构

起动机的控制机构也称为操纵机构，其作用是控制起动机主电路的通、断和驱动齿轮的移出和退回。

起动机的控制机构分为直接操纵式和电磁操纵式两种。直接操纵式控制机构检修方便，且不消耗电能，有利于提高起动转速，但驾驶员劳动强度大，不易远距离操纵，目前已很少应用。

电磁操纵式控制机构俗称电磁开关，其使用方便，工作可靠，并适合远距离操纵，目前应用广泛。电磁操纵式控制机构的结构如图 1-156 中的点画线框内的部分所示。作为操纵元件的活动铁芯 4 由驾驶员用开关通过电磁线圈进行控制。多数起动机的电磁线圈由保持线圈 5 和吸拉线圈 6 两部分组成，吸拉线圈和保持线圈绕在黄铜套 11 上，两线圈的绕向相同，吸拉线圈和电动机电枢绕组串联（主电路未接通时），保持线圈的一端搭铁，另一端与吸拉线圈接在同一接线柱 7 上；在黄铜套内装有活动铁芯 4 和挡铁 12，活动铁芯的后端与拨叉 3 的上端相连，挡铁 12 是固定不动的，其中心孔内穿有推杆，推杆端部的接触盘 13 用以接通起动机的主电路。拨叉 3 通过销钉支撑在起动机上，拨叉下端插入单向离合器的移动衬套中。主接线柱 14，15 和接触盘 13 组成主开关。

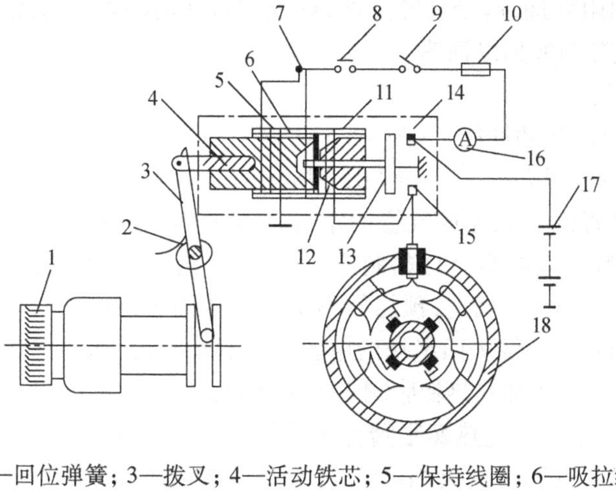

1—单向离合器；2—回位弹簧；3—拨叉；4—活动铁芯；5—保持线圈；6—吸拉线圈；7—接线柱；8—起动按钮；9—总开关；10—熔断器；11—黄铜套；12—挡铁；13—接触盘；14，15—主接线柱；16—电流表；17—蓄电池；18—电动机

图 1-156　电磁操纵式控制机构的结构示意图

起动发动机时，接通总开关，按下起动按钮，吸拉线圈和保持线圈的电路被接通，其电流通路为：

蓄电池正极→主接线柱 14→电流表总开关→起动按钮接线柱 7→主接线柱 15→搭铁蓄电池负极

这时吸拉线圈和保持线圈产生的电磁力方向相同，互相叠加，使活动铁芯很容易地克服回位弹簧的弹力而右行，一方面带动拨叉将单向离合器推出，使驱动齿轮与飞轮齿圈可靠啮合；另一方面通过推杆推动接触盘与主接线柱 14，15 接触，接通主开关。

主开关接通后，吸拉线圈被短路，电磁开关的工作位置靠保持线圈的吸力来维持，同时蓄电池经过主开关给电动机的励磁绕组和电枢绕组提供大的起动电流，使电枢轴产生足够的电磁力矩，带动曲轴旋转而起动发动机，其电流通路为：

蓄电池正极→主接线柱14→搭铁蓄电池负极

发动机起动后，在松开起动按钮的瞬间，吸拉线圈和保持线圈是串联关系，两线圈所产生的磁通方向相反，互相抵消，于是活动铁芯在回位弹簧的作用下迅速回位，驱使驱动齿轮退出啮合，接触盘在其右端小弹簧的作用下脱离接触，主开关断开，切断了起动机的主电路，起动机停止运转。

电磁操纵式控制机构的起动开关通常与点火开关制成一体。为了减少流过点火开关的电流，防止点火开关早期损坏，有些起动机的控制电路中接有继电器。

此外，为了在起动发动机时曲轴能获得足够的起动转矩和必要的起动转速，使发动机能迅速可靠地起动，除选用足够功率的起动机和简单可靠的控制电路外，还必须正确选择驱动齿轮和飞轮齿圈的齿数，以获得适当的传动比。该传动比一般为10~15。

三、起动辅助装置

在寒冷地区和严寒季节起动发动机时，由于机油黏度增高，起动阻力矩增大，同时燃料汽化不良，蓄电池内阻增加，起动性能变坏，使发动机起动困难。为此，在冬季起动时应设法将进气、润滑油或冷却液加以预热。

1. 进气预热装置

为了改善发动机的起动性能，一些中、小功率柴油机上装有进气预热器作为冷起动预热装置。图1-157所示为一种电火焰预热器，安装于进气管内对流经进气管的空气进行加热。热膨胀阀管3由膨胀系数较大的金属材料制成，其一端与进油管相连，另一端与球阀杆4（阀芯）相连，预热器不工作时球阀5将进油口堵死，热膨胀阀管3外绕表面绝缘的电阻丝。起动时，接通预热器电路后，电阻丝发热加热热膨胀阀管3使其伸长并带动阀芯下降，球阀5打开，柴油流经热膨胀阀管3受热汽化从其内腔喷出，被炽热的电阻丝点燃变成火焰喷入进气管，预热进气，方便起动。当关闭预热开关时，电路切断使电阻丝变冷，热膨胀阀管3冷却收缩，球阀重新落座，堵住柴油使火焰熄灭，预热停止。

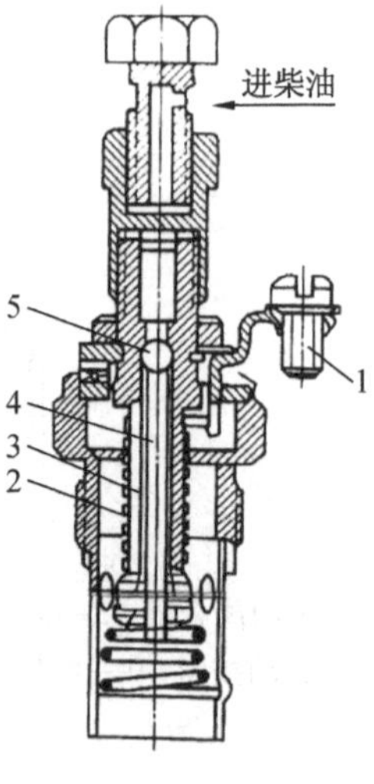

1—接线螺柱；2—电阻丝；3—热膨胀阀管；4—球阀杆；5—球阀

图1-157 进气预热器

2. 燃烧室内空气预热装置

采用涡流室式或预燃室式燃烧室的柴油发动机，由于燃烧室表面积大，在压缩行程中的热量损失较直接喷射式大，更难以起动。为此，在涡流室式或预燃室式柴油机的燃烧室中可以安装电热塞，在起动时对燃烧室内的空气加以预热。

常用的电热塞有开式电热塞、密封式电热塞等多种形式。图1-158所示为一种闭式电热塞，电热塞中心螺杆2用导线并联到蓄电池上，电阻丝8一端焊在中心螺杆2上，另一端焊在不锈钢制造的耐高温发热体钢套9的底部。起动前，先用专用开关接通电热塞电路，电阻丝 8 产生高温，发热体钢套 9 很快红热，使气缸内空气温度升高，从而提高了压缩终了的空气温度，使喷入气缸的柴油容易着火。

每缸一个电热塞，每个电热塞的中心螺杆并联与电源相接。电热塞通电时间一般不应超过 1 min。发动机起动后，应立即将电热塞断电。若起动失败，应停歇 1 min 后再进行第二次起动，否则将缩短电热塞的使用寿命。

3. 起动液喷射装置

图 1-159 所示为采用喷射乙醚起动液的低温起动装置，它主要用于某些柴油发动机的起动预热。喷嘴安装在柴油机进气管内，起动液喷射罐内充有压缩气体氮气和乙醚、丙酮、石油醚等易燃燃料。低温起动柴油机时，将起动开关钥匙转到起动位置使曲轴转动，同时按下乙醚起动开关使乙醚喷入进气管并进入气缸。由于起动液是易燃燃料，可以在较低的温度下迅速着火，点燃喷入燃烧室内的柴油。

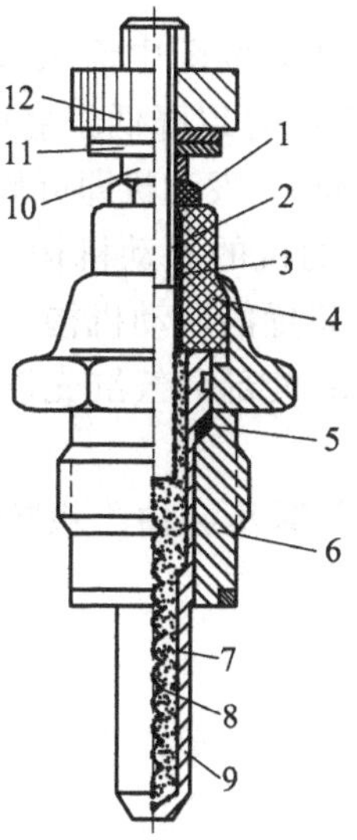

1—固定螺母；2—中心螺杆；
3—胶粘剂；4—绝缘体；5—垫圈；
6—外壳；7—填充剂；8—电阻丝；
9—发热体缸套；10—弹簧垫圈；
11—压线垫圈；12—压线螺母

图 1-158　闭式电热塞

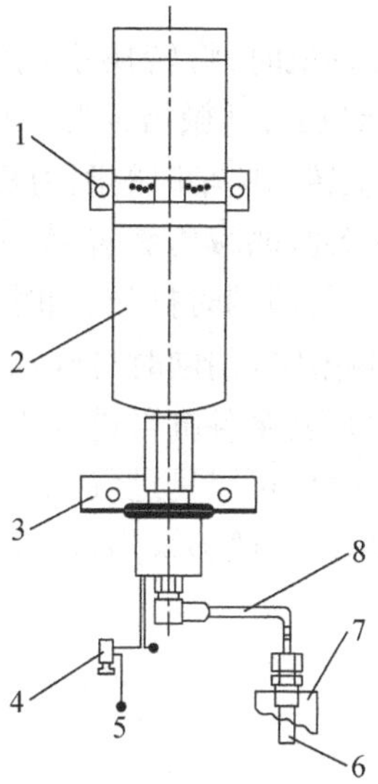

1—液罐夹紧装置；2—液罐；
3—支架；4—点火开关；
5—接电源；6—喷嘴；
7—发动机进气管；8—尼龙管

图 1-159　乙醚喷射装置

4. 起动减压装置

某些柴油发动机采用起动减压装置降低起动转矩、提高起动转速，以改善起动性能，如图 1-160 所示。

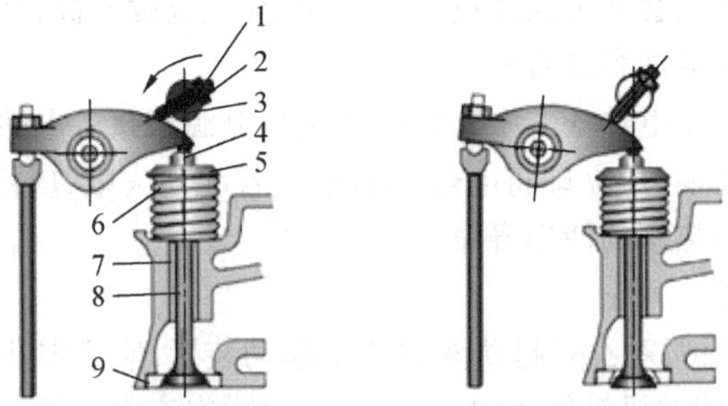

(a) 非减压位置　　(b) 减压位置

1—调整螺钉；2—锁紧螺母；3—轴；4—气门顶帽；5—气门弹簧座；6—气门弹簧；7—气门导管；8—气门；9—气门座

图 1-160　起动减压装置工作原理

起动发动机时，将转换手柄转到减压位置，使调整螺钉 1 按图中箭头方向转动到图 1-160 b所示位置，并微微顶开气门（气门一般压下 1 ~ 1. 25 mm）以降低压缩行程的初始阻力，使起动机转动曲轴时的阻力矩减小。此后，将手柄扳回原位，发动机即可顺利起动。

发动机各缸的减压装置是一套联动机构。中、小型柴油机的联动机构一般采用同步式，即各减压气门同时打开、同时关闭。大功率柴油机减压装置的联动机构一般为分级式，即起动前各减压气门同时打开，起动时各减压气门分级关闭，使部分气缸先进入正常工作，发动机预热后其余各缸再进入正常工作。

减压的气门可以是进气门，也可以是排气门。用排气门减压会由于炭粒吸入气缸，加速机件的磨损，一般多采用进气门减压。

第九节　点火系统

一、概述

（一）点火系统的功用

汽油发动机气缸内燃料与空气的混合气，在压缩行程终了时温度很高，但还没能达到其自燃点，需采用高压电火花点火，为此在汽油机的燃烧室内装有火花塞。能够按时在火花塞电极间产生电火花的全部设备，称为发动机点火系统。

点火系统的基本功用是在发动机各种工况和使用条件下，在气缸内适时、准确、可靠地产生电火花，以点燃可燃混合气，使汽油发动机实现做功。

（二）点火系统的类型

发动机点火系统按其组成和产生高压电方式的不同，可分为传统蓄电池点火系统、电子点火系统、微机控制点火系统和磁电机点火系统。

1. 传统蓄电池点火系统

由蓄电池或发电机供给 6 V、12 V 或 24 V 的低压直流电，借点火线圈和断电器将低压电转变为高压电，再通过分电器分配到各缸火花塞，使火花塞两电极之间产生电火花，点燃可燃混合气。传统蓄电池点火系统由于产生的高压电电压比较低、高速时工作不可靠、使用过程中需经常检查和维护等，目前正在逐渐被半导体点火系统和微机控制点火系统所取代。

2. 电子点火系统

由蓄电池或发电机供给低压直流电，借点火线圈和由半导体器件组成的点火控制器将低压电转变为高压电，再通过分电器分配到各缸火花塞，使火花塞两电极之间产生电火花，点燃可燃混合气。与传统蓄电池点火系统相比，它具有点火可靠、使用方便等优点，在汽车上得到广泛应用。

3. 微机控制点火系统

以蓄电池和发电机为电源，由微机控制系统根据各种传感器提供的反映发动机工况的信息，发出点火控制信号，控制点火时刻，通过点火线圈将电源的低压电转变为高压电，再由分电器将高压电分送到各缸火花塞，点燃可燃混合气。它还可以取消分电器，由微机控制系统直接进行高压电的分配，是现代最新型的点火系统，已广泛应用在轿车上。

4. 磁电机点火系统

它由磁电机本身直接产生高压电，不需另设低压电源。与传统蓄电池点火系统相比，磁电机点火系统在发动机中、高转速范围内产生的电压较高，工作可靠；但在发动机低转速时产生的电压较低，不利于发动机起动。因此，磁电机点火系统多用于主要在高速、满负荷下工作的赛车发动机，以及某些不带蓄电池的摩托车发动机和拖拉机的汽油机上。

（三）点火系统应满足的基本要求

点火系统应在发动机各种工况和使用条件下保证可靠而准确地点火。为此，点火系统应满足以下基本要求。

1. 能产生足以击穿火花塞两电极间隙的高电压

使火花塞两电极之间的间隙击穿而产生电火花所需要的电压，称为火花塞击穿电压。火花塞击穿电压的大小与电极之间的距离（火花塞间隙）、气缸内的压力和温度、电极的温度、发动机的工作状况等因素有关。试验表明，发动机正常运行时，火花塞的击穿电压为7 ~ 8 kV，发动机冷起动时约达19 kV。为了使发动机在各种不同的工况下均能可靠点火，要求火花塞击穿电压达到15 ~ 20 kV。

2. 电火花应具有足够的点火能量

发动机正常工作时，由于混合气压缩终了的温度接近其自燃温度，仅需1 ~ 5 mJ的火花能量。但在混合气过浓或是过稀时，发动机起动、怠速或节气门急剧打开时，则需要较高的火花能量。并且随着现代发动机对经济性和排气净化要求的提高，迫切需要提高火花能量。因此，为了保证可靠点火，高能电子点火系一般应具有80 ~ 100 mJ的火花能量，起动时应产生高于100 mJ的火花能量。

3. 点火时刻应与发动机的工作状态相适应

首先，点火系统应按发动机的工作顺序进行点火。其次，必须在最有利的时刻进行点火。由于混合气在气缸内燃烧占用一定的时间，所以混合气不应在压缩行程上止点处点火，而应适当提前，使活塞达到上止点时，混合气已得到充分燃烧，从而使发动机获得较大功率。

（四）点火系统的特点

汽车发动机的点火系统与汽车上其他电气设备一样，采用单线制连接，即电源的一个电极用导线与各用电设备相连,而电源的另一个电极则通过发动机机体、汽车车架和车身等金属构件与各用电设备相连,称为搭铁,其性质相当于一般电路中的接地。搭铁的电极可以是正极也可以是负极。因为热的金属表面比冷的金属表面容易发射电子,发动机工作时,火花塞的中心电极较侧电极温度高,因而电子容易从中心电极向侧电极发射,使火花塞间隙处离子化程度高,火花塞间隙容易被击穿,击穿电压可降低15% ~20%。因此,无论整车电气系统采用正极搭铁还是负极搭铁,点火线圈的内部连接或外部接线均应保证点火瞬间火花塞中心电极为负极,即火花塞电流应从火花塞的侧电极流向中心电极。

二、传统点火系统

传统点火系统利用机械式触点的开、闭来控制点火时间,由于其结构简单、成本低、工作较可靠,发生故障容易排除,因而长期以来得到广泛应用。随着现代汽车技术的进步,汽油机日益向着高转速、高压缩比、高性能方向发展,其经济技术指标不断提高,对排气净化要求也越来越严格,因此,传统点火系统受到了限制。但是,现代汽车使用的各种点火系统都是在传统点火系统的基础上发展起来的,因此有必要对传统点火系统进行介绍。

(一) 传统点火系统的组成

传统点火系统也称蓄电池点火系统,由电源(蓄电池)、点火开关、点火线圈、分电器、火花塞等组成,如图1-161所示。

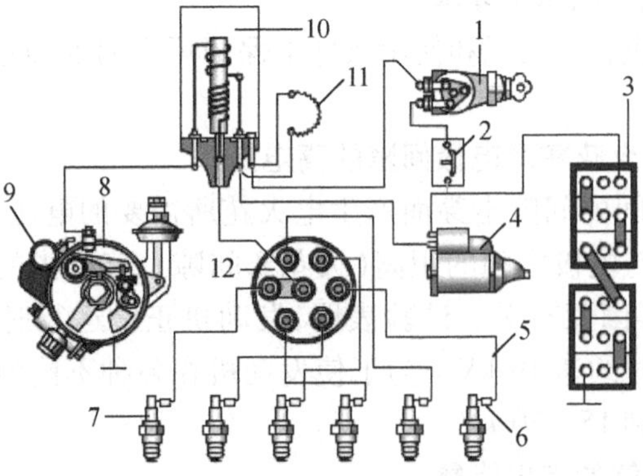

1—点火开关; 2—电流表; 3—蓄电池; 4—起动机; 5—高压导线; 6—阻尼电阻; 7—火花塞; 8—断电器; 9—电容器; 10—点火线圈; 11—附加电阻; 12—配电器

图1-161 传统点火系统的组成

(1) 电源。电源由蓄电池和发电机构成,提供点火系统工作时所需要的能量,标称电压一般为12 V。

(2) 点火开关。点火开关用来控制点火系统初级电路的通断。

(3) 点火线圈。点火线圈实际上是一个互感变压器,在铁芯上同时缠绕初级绕组(也称为低压线圈)与次级绕组(也称为高压线圈),其作用是在点火时刻瞬间由断电器断开连接蓄电池的初级绕组电路,使次级绕组瞬间产生15 ~20 kV的高压电。

(4) 分电器。分电器由断电器、配电器、电容器和点火提前调节装置等组成,其作用是由断电器接通和切断低压电路,使点火线圈及时产生高压电;由配电器按汽油机各缸的点火顺序将高压电送至火花塞;由点火提前调节装置自动调节点火时间。电容器安装在分电器壳上,与断电器触点并联,减小断电器触点断开时所产生的电火花,防止触点烧蚀,延长其使用寿命;同时加速点火线圈中磁通的变化,提高点火电压。

(5) 火花塞。火花塞安装在气缸盖上,电极端深入燃烧室并与点火线圈的次级绕组相连,作用是接受高压电使电极间产生电火花,点燃混合气。

(二) 传统点火系统的工作原理

如图 1-161 所示,在点火开关 1 接通的情况下,旋转的曲轴带动分电器轴旋转,使断电器内触点反复地开闭,切断和接通点火线圈 10 中的初级绕组电路,使点火线圈中的次级绕组产生高压感应电,并通过高压导线送往火花塞 7,使电极间产生电火花点燃混合气。

点火系统的工作过程分为 3 个阶段:断电器触点闭合阶段、断电器触点打开阶段、火花塞电极间火花放电阶段。

1. 断电器触点闭合阶段

点火系统的初级电路包括蓄电池、点火开关、附加电阻、点火线圈的初级绕组、断电器及电容器等,其工作原理如图 1-162 所示。断电器触点闭合时,点火系统的初级电路被接通,其初级电流的流动路径为:蓄电池正极→点火开关 SW→点火线圈的“+”接线柱→附加电阻→“开关”接线柱→点火线圈的初级绕组→“-”接线柱→断电器触点→搭铁→蓄电池负极。

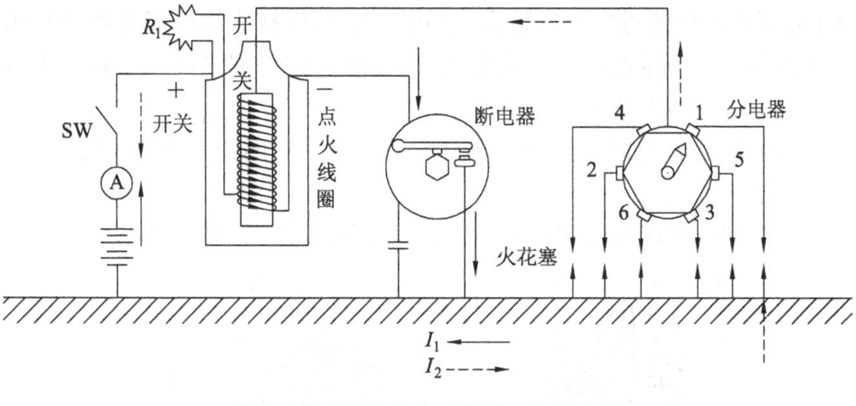

图 1-162 传统点火系统的工作示意图

断电器触点闭合后,随着初级回路中电流的增长,点火线圈中的磁场能量逐渐增加。因此,把触点闭合这段时间称为点火系统的储能过程。

初级回路中电流增长时,不仅在初级绕组中产生自感电动势,同时在次级绕组中也会产生互感电动势。但由于磁通的增加较缓慢,该电动势较小,为 1.5 ~ 2 kV,尚不能达到击穿电压。

2. 断电器触点打开阶段

断电器触点闭合一段时间后,被分电器凸轮顶开,此时初级回路被切断,初级回路中的电流突然消失,它所形成的磁场也随之迅速变化,在两个绕组中都感应出电动势。由于次级绕组的匝数多而感应出 15 ~ 20 kV 的电动势,它足以击穿火花塞的电极间隙,产生火花,点燃混合气。

在触点间并联一个电容器后,当触点打开时,点火线圈的初级绕组与电容器形成闭合回路,所产生的 200 ~ 300 V 自感电动势向电容器迅速充电,触点间不再形成强烈的火花,延长了触点的使用寿命;同时触点打开后,初级绕组和电容器形成一振荡回路,充了电的电容器通过初级绕组进行振荡放电。当电容器第一次放电时,电流以相反的方向通过初级绕组,加速了磁场的消失,使次级绕组中感应电动势显著提高。同时,当触点再次闭合时,电容器也可以使初级绕组中的电流迅速达到最大值。可见,有了电容器后就能减小触点火花,延长触点寿命并增强次级高压。

3. 火花塞电极间火花放电

当点火线圈次级电压达到击穿电压时,火花塞间隙被击穿而形成火花,这时在次级电路中形成次级电流,次级电流的回路是:次级绕组→“开关”接线柱→附加电阻→“+”接线柱→点火开关→电流表→蓄电池→搭铁→火花塞旁电极→中心电极→配电器(旁电极、分火头)→次级绕组,如图 1-162 中的标注方向。

分电器轴与曲轴的传动比是 2∶1,即曲轴每转 2 圈分电器轴转 1 圈,各缸按点火顺序轮流点火一次。汽油机工作时,上述过程周而复始地重复着,若要停止汽油机的工作,只要断开点火开关,切断初级电路即可。

(三) 传统点火系统的主要部件

1. 点火线圈

点火线圈可产生足以在火花塞电极间引燃火花的高压电。初级和次级绕组都环绕在铁芯上,初级绕组用漆包粗线,次级绕组用漆包细线,次级绕组的匝数大约是初级绕组的 100 倍。由于初级绕组中流过的电流较大,发热量大,所以初级绕组绕在次级绕组的外面,便于散热。初级绕组的一端连接在点火器上,次级绕组的一端连接在火花塞上,两个线圈各自的另一端则连接在蓄电池上。

按照点火线圈磁路的形式不同,分为开磁路点火线圈和闭磁路点火线圈。

(1) 开磁路点火线圈

开磁路点火线圈有两接线柱式和三接线柱式之分,如图 1-163 所示。

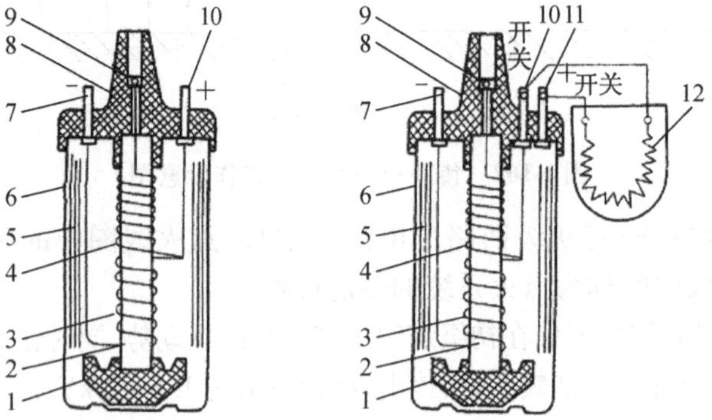

1—瓷杯; 2—铁芯; 3—初级绕组; 4—次级绕组; 5—钢片; 6—外壳; 7—“ - ”接线柱; 8—胶木盖; 9—高压线接柱; 10—“ + ”或开关接线柱; 11— “ + 开关”接线柱; 12—附加电阻

图 1-163　开磁路点火线圈

三接线柱式点火线圈上装有一附加电阻,接在标有“开关”和“ + 开关”的两接线柱上。附加电阻又称热敏电阻,用电阻温度系数较大的低碳钢丝或镍铬丝制成,在汽油机工作时,自动调节初级电流,以改善高速时的点火特性。

两接线柱式点火线圈无附加电阻,只有分别标有“+”“-”标记的两个接线柱。其“-”接线柱接至分电器触点,而“+”接线柱上接有两根导线,其中一根导线接至起动机电磁开关的附加电阻短路接柱上,另一根导线接至点火开关,此导线就是附加电阻线。

开磁路点火线圈由于漏磁较多,能量损失较多,能量转换率只有60%,因此主要用于传统点火系统中。

（2）闭磁路点火线圈

闭磁路点火线圈如图1-164所示,将初级绕组和次级绕组都绕在“口”字形或“日”字形的铁芯上。初级绕组在铁芯中产生的磁通,通过铁芯构成闭合磁路。

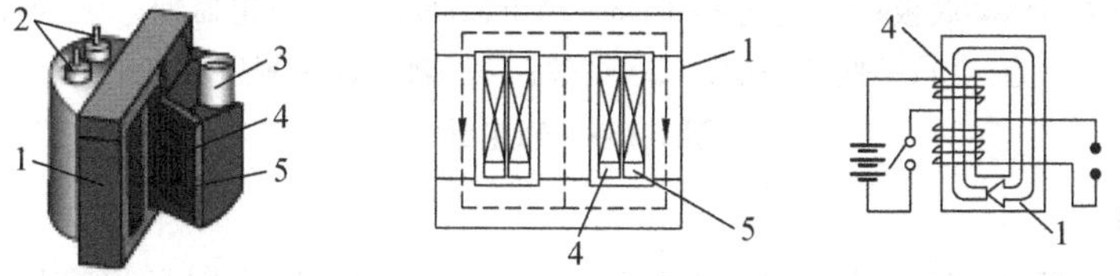

(a) 闭磁路点火线圈外形　(b)“日”字形铁芯的磁路　(c)“口”字形铁芯的磁路

1—铁芯；2—低压接线柱；3—高压插孔；4—初级绕组；5—次级绕组

图1-164　闭磁路点火线圈

这种形式的点火线圈漏磁损失较小,能量转换的效率较高。另外,闭磁路点火线圈还具有体积小、质量轻等优点,故已在电子点火系统中广泛采用。

2. 分电器

分电器由断电器、配电器、电容器和点火提前装置等组成,又称分电器总成,如图1-165所示。

分电器的壳体由铸铝制成,下部压有石墨青铜衬套,分电器轴下端与机油泵连接,利用速比1∶1的斜齿轮由凸轮轴经机油泵驱动或直接由凸轮轴驱动。

（1）断电器

如图1-166所示,断电器主要由动触点、定触点和断电器凸轮等构成,其功用是按照汽油机发火顺序和各缸工作循环要求,定时断开点火线圈初级绕组电路并适时接通。断电器装在固定板上,固定板上又装有活动板,其上装有触点副。定触点固定在分电器内的活动板上并搭铁,动触点固定在触点臂的一端,触点臂的另一端有孔,套在销钉上并与分电器绝缘,触点臂中部连有夹布胶木顶块,靠弹簧片压紧在凸轮上。触点臂经弹簧片和导线与壳体外面的绝缘接线柱连接。凸轮的凸角数和汽油机的气缸数相同,凸轮由分电器轴驱动运转,从而使触点周期性地开启和闭合。

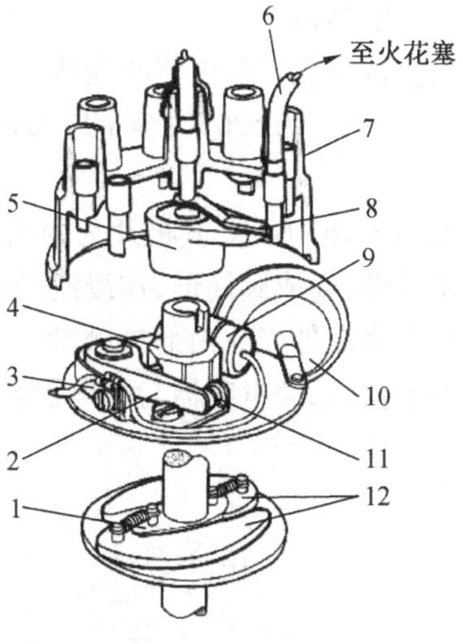

1—离心点火提前调节装置；2—断电臂；3—弹簧片；4—断电器；5—分火头；6—高压导线；7—分电器盖；8—分电臂；9—电容器；10—真空点火提前调节装置；11—触点；12—飞块

图1-165　分电器结构

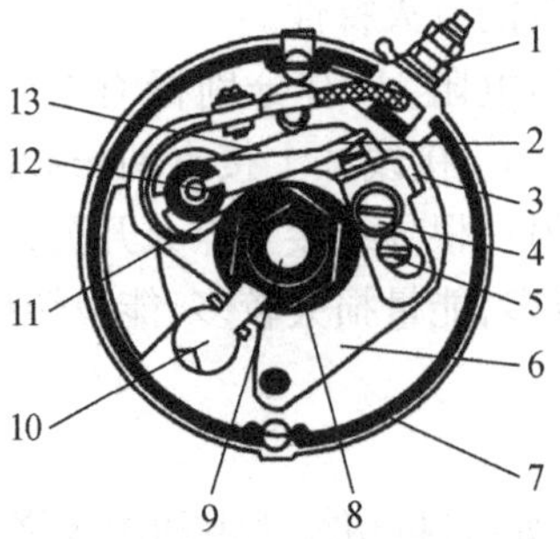

1—接线柱；2—活动触点臂与活动触点；3—固定触点与支架；4—固定螺钉；5—偏心调整螺钉；6—断电器活动底板；7—分电器壳；8—断电器凸轮；9—分电器轴；10—油毡；11—胶木顶块；12—销轴；13—触点臂弹簧片

图 1-166　断电器

（2）配电器

配电器由分电器盖、分火头、炭精触头和高压线等组成，其功用是将高压电按汽油机各气缸的点火顺序和工作循环及时配送至相应的火花塞。分火头插装在凸轮的顶端并与凸轮一起转动。分电器盖的中间有中心高压线座孔，其内装有带弹簧的炭精触头，压在分火头的导电铜片上，在分电器盖的四周有与汽油机气缸数相等的旁电极通至盖上的金属套孔座，用来安装高压分缸线。分火头旋转时，导电片在距离旁电极 0.2 ~ 0.8 mm 间隙处越过，当断电器触点打开时，高压电自导电片跳至与其相对的旁电极，再经高压分线送至火花塞。

（3）电容器

电容器安装在分电器的壳体上，目前发动机点火系统所用的电容器一般均为纸介质式电容器，其耐压为 500 V，容量应为 0.25 ~ 0.5 F 之间，用固定夹和螺钉拧装于分电器壳体的外面。

如图 1-167 所示，其极片为两条狭长的金属箔带，用两条同样狭长的很薄的绝缘纸与极片交错重叠，卷成圆筒形，在浸渍蜡绝缘介质后，装入圆筒形的金属外壳 4 中加以密封。一个极片与金属外壳在内部接触，另一极片与引出外壳的导线连接。电容器外壳固定在分电器外壳上搭铁，使电容器与断电器触点并联。

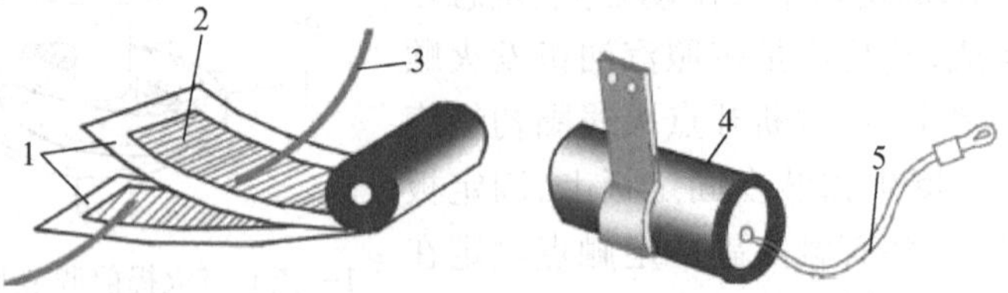

1—纸带；2—箔带；3—软导线；4—外壳；5—引线

图 1-167　电容器

（4）点火提前调节装置

点火提前调节装置分为离心式点火提前调节装置和真空式点火提前调节装置，安装在分电器上，能随汽油机转速和负荷的变化而自动改变点火提前角。

① 离心式点火提前调节装置。其结构如图 1-168 所示，装在分电器内，它能随汽油机

的转速变化自动调节点火提前角的大小。随着汽油机转速的提高，重块5的离心力增大，将克服弹簧的拉力而甩开，于是销钉推动拨板3及凸轮，沿原来旋转方向相对于轴转过一个角度，使凸轮提前顶开触点，使点火提前角增大；反之，转速降低时，弹簧将重块拉回，点火提前角减小。

两个重块的弹簧由不同粗细的钢丝绕成，弹力不同。低速范围内只有细弹簧起作用，点火提前角增大得较快；而在高速范围内，由于两根弹簧同时工作，因而点火提前角增大比较平稳，使之更符合汽油机的要求。

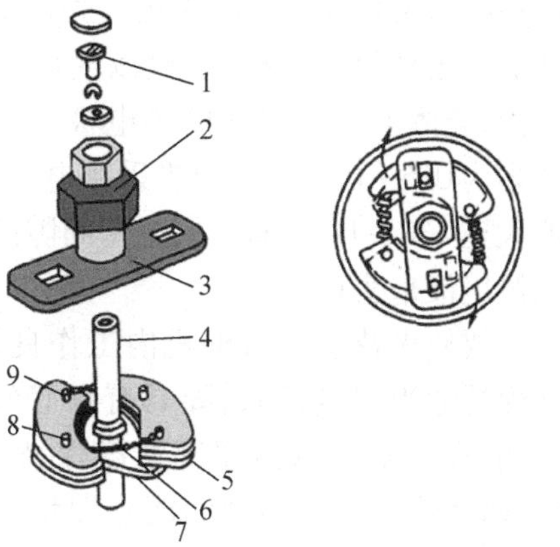

1—凸轮固定螺钉及垫圈；2—凸轮；
3—拨板；4—分电器轴；5—重块；
6—弹簧；7—托板；8—销钉；9—柱销

图1-168　离心式点火提前调节装置

② 真空点火提前调节装置。其结构如图1-169所示，安装在分电器外壳的外侧，它能随汽油机的负荷变化自动调节点火提前角的大小。当汽油机负荷变小时，节气门开度变小，小孔处的真空度较大，吸动膜片向右拱曲，拉杆4拉动活动板带着断电器的触点副逆着分电器轴旋转方向转动一定的角度，使触点提前打开，点火提前角增大；反之，点火提前角自动变小。在怠速时，节气门关闭，小孔处于节气门上方，真空度几乎为零，点火提前角基本不变。

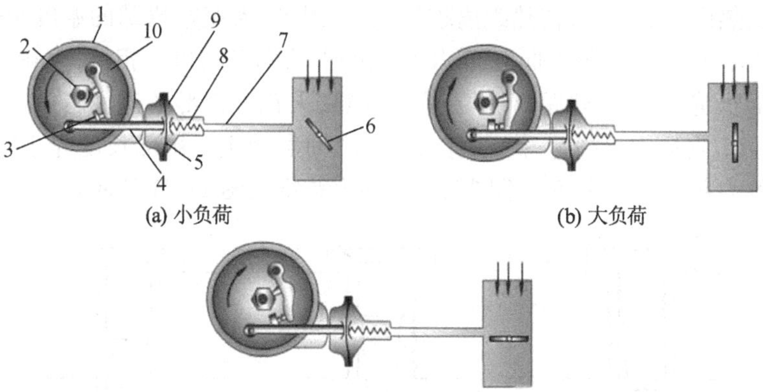

(a) 小负荷　　(b) 大负荷

(c) 怠速工况

1—分电器壳体；2—凸轮；3—触点副；4—拉杆；5—膜片；6—节气门；7—真空连接管；
8—弹簧；9—真空点火提前装置外壳；10—活动底板

图1-169　真空点火提前调节装置的工作原理

3. 火花塞

火花塞的功用是将点火线圈产生的脉冲高压电引入燃烧室，并在其两个电极之间产生电火花，以点燃可燃混合气。

火花塞的结构如图1-170所示，主要由中心电极、侧电极、钢壳、瓷绝缘体等组成。在钢制壳体的内部固定有高氧化铝陶瓷绝缘体，在绝缘体中心孔的上部有金属杆，杆的上端有接线螺母，用来接高压导线；下部装有中心电极，中心电极由镍锰合金钢或采用镍包铜制成，具有良好的耐高温性能和耐腐蚀性能。金属杆与中心电极之间用导体玻璃密封，钢制内垫圈起密封和导热的作用。壳体的上部有便于拆装的六角平面,下部有螺纹以便旋装在发动机气缸盖内,壳体下端是弯曲的侧电极。火花塞的电极间隙多为0.6~0.7 mm,但当采用电子点火时,间隙可增大至1.0~1.2 mm。火花塞间隙的调整可通过扳动侧电极来实现。

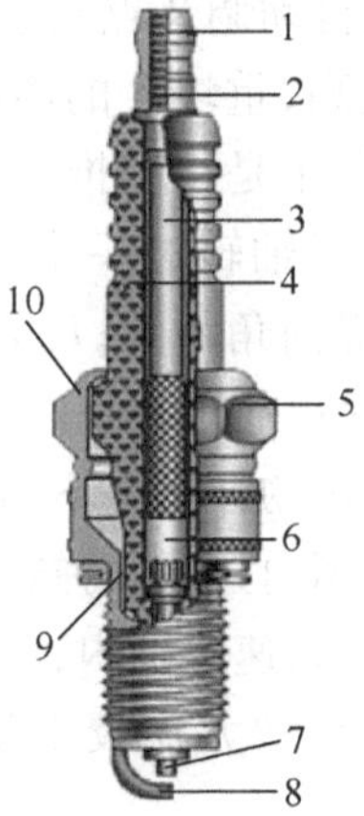

1—螺母; 2—连接螺纹;3—金属杆; 4—绝缘体; 5—壳体; 6—导电密封玻璃; 7—中心电极; 8—侧电极; 9,10—内垫圈

图1-170　火花塞的结构

要使火花塞在汽油机内工作良好,必须使火花塞保持适当温度,即需要具有良好的热特性。实践证明,火花塞绝缘体裙部温度保持在500~700 ℃时,落在绝缘体上的油滴能立即烧去而又不引起炽热点火,这个温度称为火花塞的自洁温度。低于该温度,火花塞因积炭而漏电,导致不点火;高于该温度,又容易引起炽热点火,导致早燃,甚至在进气行程中燃烧,产生发动机回火现象。因此,无论哪一种类型的发动机,在发动机工作时,火花塞裙部的温度都应该保持在自洁温度的范围内。但是,各种发动机气缸内的燃烧状况是不同的,所以气缸内的温度也不尽相同,这就要求配用不同热特性的火花塞。火花塞的热特性主要决定于绝缘体裙部的长度。不同的发动机,当气缸内温度及温度分布状况相同时,火花塞绝缘体裙部越长,其受热面积越大,且传热距离越长,散热困难,火花塞裙部的温度越高,这种火花塞称为"热型"火花塞,它适用于低速、低压缩比的小功率发动机。相反,火花塞绝缘体裙部越短,其受热面积越小,且传热距离缩短,容易散热,火花塞裙部的温度越低,这种火花塞称为"冷型"火花塞,它适用于高速、高压缩比大功率的发动机。裙部长度介于冷型与热型之间的火花塞,称为普通型火花塞。不同热特性的火花塞如图1-171所示。

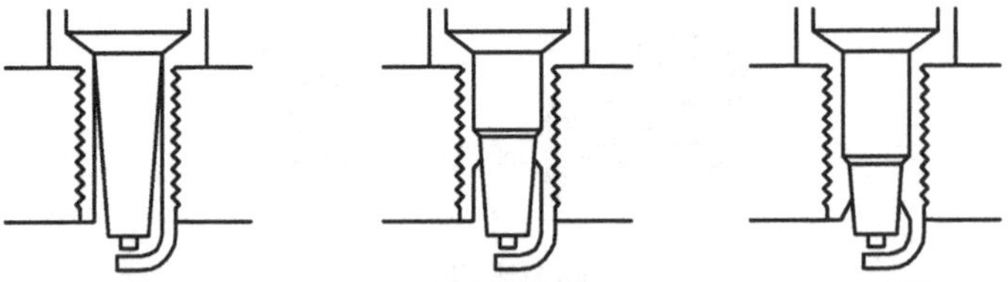

(a) 热型　(b) 普通型　(c) 冷型

图1-171　火花塞型式

三、电子点火系统

近年来,汽车发动机向着多缸、高转速、高压缩比的方向发展,人们还力图通过改善混合气的燃烧状况,以及燃用稀混合气,以达到减少排气污染和节约燃油的目的。这些都要求汽车的点火系统能够提供足够高的次级电压、火花能量和最佳点火时刻。传统点火系统已经不能满足这些要求。因此,近几十年来各国都在积极探索改进途径,并研制了一系列的电子点火系统。电子点火系统具有以下优点:

（1）因为没有频繁开、关的机械式触点，从根本上消除了初级绕组的自感电压造成触点的氧化、烧蚀和磨损等问题，使用中几乎不需要维修和经常换件。

（2）点火线圈的次级高压得到了大幅提升，有效地改善和保证了汽油机点火的可靠性能。

（3）电磁能量得到充分利用，高电压形成迅速，火花能量大。

（4）点火时间控制精确，汽油机各种工况下的混合气均能得到完全燃烧，从而提高了汽油机的动力性和经济性，降低了废气污染。

（5）能适应现代汽油机高速、高压缩比的发展需求。

目前国内外汽车上使用的电子点火系统主要分为有触点的电子点火系统和无触点的电子点火系统两大类。无论是哪一类电子点火系统，都是利用电子元件（晶体三极管）作为开关来接通或断开点火系统的初级电路，通过点火线圈来产生高压电。

（一）有触点电子点火系统

有触点电子点火装置用减小触点电流的方法，减小触点火花，改善点火性能，它是一种半导体辅助点火装置。除了与传统点火系统一样具有电源、点火开关、分电器、点火线圈、火花塞之外，还在点火线圈初级绕组的电路中，增加了由三极管 V_T 和电阻、电容等组成的点火控制电路，如图 1-172 所示。断电器的触点串联在三极管的基极电路中，控制三极管的导通与截止。

接通点火开关 SW，当断电器触点闭合时，三极管的基极电路被接通，使三极管饱和导通，接通了点火线圈的初级电路。其路径是：三极管的基极电流从蓄电池“+”→点火开关 SW→点火线圈初级绕组 N_1→附加电阻 R_f→三极管的发射极 e、基极 b→电阻 R_2→断电器触点 K→搭铁→蓄电池“-”。点火线圈初级绕组的电流从蓄电池“+”→点火开关 SW→点火线圈初级绕组 N_1→附加电阻 R_f→三极管的发射极 e、集电极 c→搭铁→蓄电池“-”，使点火线圈的铁芯中积蓄了磁场能。

当断电器触点分开时，三极管的基极电路被切断，三极管由导通变为截止，切断了点火线圈初级绕组的电路，初级电流迅速下降到零，在点火线圈次级绕组中产生高压电，击穿火花塞间隙，点燃混合气。

发动机工作时，断电器触点不断地闭合、分开，控制三极管的导通与截止以及初级电路的通断，以此控制点火系统的工作。

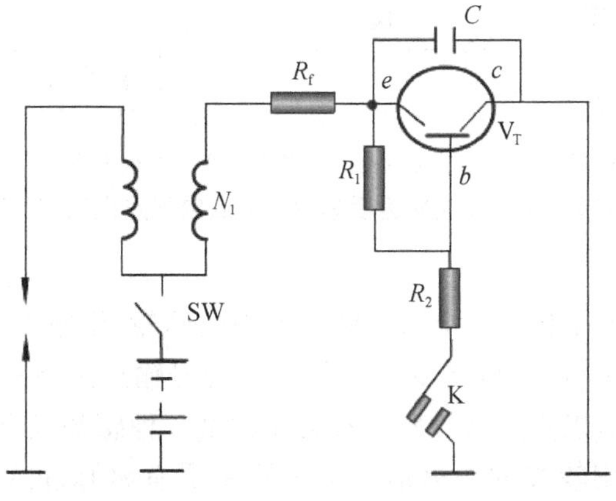

图 1-172　有触点电子点火系统的电路原理图

(二) 无触点电子点火系统

无触点电子点火系统利用传感器代替断电器触点,产生点火信号,控制点火线圈的通断和点火系统的工作,可以克服与触点相关的一切缺点,在国内外汽车上应用十分广泛。无触点电子点火系统,如图1-173所示,主要由点火信号发生器(传感器)、点火控制器、点火线圈、分电器、火花塞等组成。其中分电器主要包括配电器和离心提前装置、真空提前装置,它们的作用、结构和工作原理与传统点火系统对应部分完全相同。

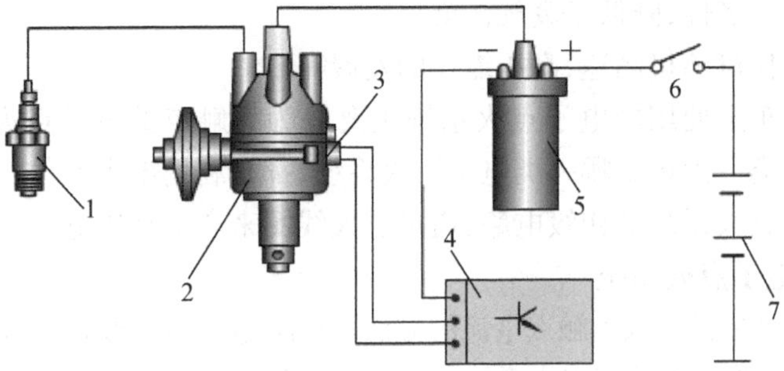

1—火花塞; 2—分电器; 3—点火信号发生器; 4—点火控制器; 5—点火线圈; 6—点火开关; 7—电源

图1-173　无触点电子点火系统的组成

图1-174为一汽大众捷达轿车的无触点电子点火系统原理图,接通点火开关,当点火信号发生器(霍尔效应传感器)发出点火信号,输出具有一定幅值的正脉冲时,就会触发点火控制器,使其中的功率三极管导通,于是点火线圈的初级电路接通。初级电流由电源的"+"极→点火开关→点火线圈的"+"接线柱→点火线圈的初级绕组 L_1→点火线圈的"-"接线柱→点火控制器→搭铁→电源的"-"极。由于点火线圈初级绕组中有电流通过,于是点火线圈中便形成磁场,将电能转变为磁场能储存起来。

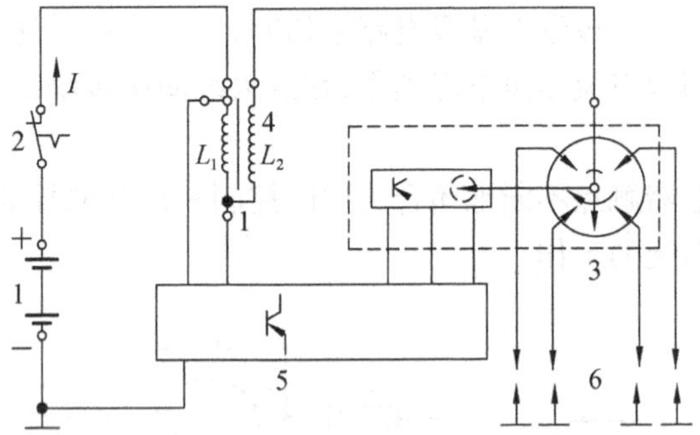

1—电源; 2—点火开关; 3—带点火信号发生器的分电器; 4—点火线圈; 5—点火控制器; 6—火花塞

图1-174　一汽大众捷达轿车的无触点电子点火系统原理图

1. 点火信号发生器

点火信号发生器取代了传统点火系统断电器中的凸轮,用来判定活塞在气缸中所处的位置,并将非电量的活塞位置信号转变成为脉冲电信号输送到点火控制器,从而保证火花塞在恰当的时刻点火。所以点火信号发生器实际就是一种感知发动机工作状况,发出点火信号的传感器。目前应用较多的点火信号发生器主要有磁脉冲式、霍尔效应式和光电效应式。

（1）磁脉冲式点火信号发生器

磁脉冲式点火信号发生器如图 1-175 所示，由信号转子、传感线圈、铁芯和永久磁铁等构成。信号转子外缘有与气缸数相等的凸齿，由分电器轴带动旋转。永久磁铁的磁通经信号转子的凸齿、传感线圈的铁芯、永久磁铁构成磁路。当信号转子由分电器轴带动旋转时，传感器线圈内感应出交变电动势。

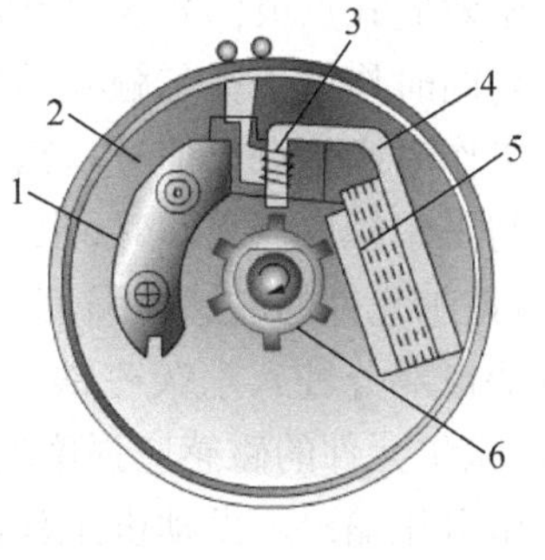

1—底板；2—活动底板；3—传感线圈；4—铁芯；5—永久磁铁；6—信号转子

图 1-175　磁脉冲式点火信号发生器

信号转子处于图 1-176 a 所示位置时，凸齿逐渐转向信号线圈铁芯，间隙逐渐减小，穿过铁芯的磁通量逐渐增多；信号转子处于图 1-176 b 所示位置时，凸齿与信号线圈铁芯间隙最小，穿过铁芯的磁通量最大，但磁通量变化率为零，所以传感线圈的感应电动势减小到零；信号转子继续转动，凸齿逐渐离开信号线圈铁芯，间隙逐渐变大，穿过铁芯的磁通量逐渐减少，传感线圈中的感应电动势逐渐增大，但方向与磁通增加时相反。当信号转子转到图 1-176 c 所示位置时，磁通减少的变化率最大，信号线圈中的感应电动势达到反向最大值。随着信号转子不断旋转，传感线圈中产生大小和方向不断变化的脉冲电压信号。

磁脉冲式点火信号发生器结构简单，成本较低，因而应用最为广泛。

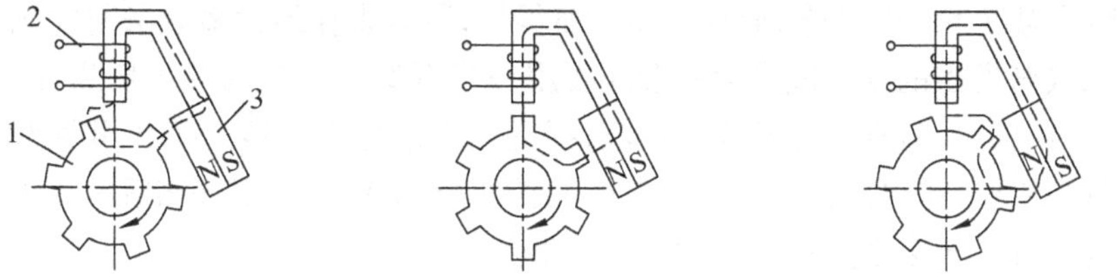

(a) 转子凸齿转向线圈铁芯　(b) 转子凸齿与线圈铁芯中心线对齐　(c) 转子凸齿离开线圈铁芯

1—信号转子；2—传感线圈；3—永久磁铁

图 1-176　磁脉冲式点火信号发生器工作原理

（2）霍尔效应式点火信号发生器

霍尔效应式点火信号发生器安装在分电器内。由霍尔触发器、永久磁铁和由分电器轴驱动的带缺口的转子组成，如图 1-177 所示。

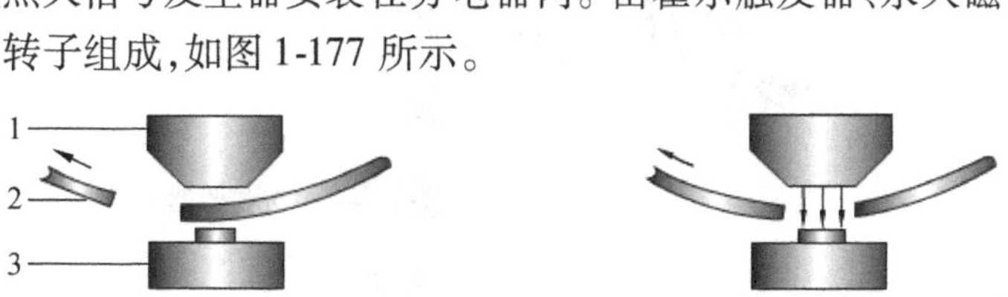

(a) 转子叶片处于永久磁铁和霍尔触发器之间　(b) 转子缺口处于永久磁铁和霍尔触发器之间

1—永久磁铁；2—带缺口的转子；3—霍尔触发器

图 1-177　霍尔效应式点火信号发生器工作示意图

霍尔触发器（也称霍尔元件）是一个带集成电路的半导体基片。当直流电压作用于触发器的两端时，便有电流在其中通过，如果在垂直于电流的方向还有外加磁场的作用，则在垂直于电流和磁场的方向上产生电压，该电压称为霍尔电压，这种现象称为霍尔效应。

霍尔效应式点火信号发生器是利用霍尔元件的霍尔效应工作的，即利用只有在直流电压和磁场同时作用于霍尔触发器时，才能在触发器中产生电压信号的现象制成传感器，在发动机工作时产生点火信号。霍尔发生器的工作原理，如图1-177所示，当转子叶片进入永久磁铁与霍尔触发器之间时，永久磁铁的磁力线被转子叶片旁路，不能作用到霍尔触发器上，通过霍尔元件的磁感应强度近似为零，霍尔元件不产生电压；随着信号转子的转动，当转子的缺口部分进入永久磁铁与霍尔触发器之间时，磁力线穿过缺口作用于霍尔触发器上，通过霍尔元件的磁感应强度增高，在外加电压和磁场的共同作用下，霍尔元件的输出端便有霍尔电压输出。发动机工作时，转子不断旋转，转子的缺口交替地在永久磁铁与霍尔触发器之间穿过，使霍尔触发器中产生变化的电压信号，并经内部的集成电路整形为规则的方波信号，输入点火控制电路，控制点火系统工作。

霍尔效应式点火信号发生器比磁脉冲式点火信号发生器的性能稳定，耐久性好、寿命长，点火精度高，且不受温度、灰尘、油污等影响，特别是输出的电压信号不受发动机转速的影响，使发动机低速点火性能良好，容易起动，因而其应用日益广泛。

(3) 光电效应式点火信号发生器

光电效应式点火信号发生器是利用光电效应原理，以红外线或可见光光束进行触发的，主要由遮光盘(信号转子)、遮光盘轴、光源、光接收器(光敏元件)等组成，如图1-178所示。光源可用白炽灯，也可用发光二极管。由于发光二极管比白炽灯耐振动、耐高温，能在150 ℃的环境温度下持续工作，而且工作寿命很长，所以现在绝大多数采用发光二极管作光源。发光二极管发出的红外线光束一般还要用一只近似半球形的透镜聚焦，以便缩小光束宽度，增大光束强度，有利于光接收器接收，提高点火信号发生器的工作可靠性。光接收器可以是光敏二极管，也可以是光敏三极管。光接收器与光源相对，并相隔一定的距离，以便光源发出的红外线光束聚焦后照射到光接收器上。

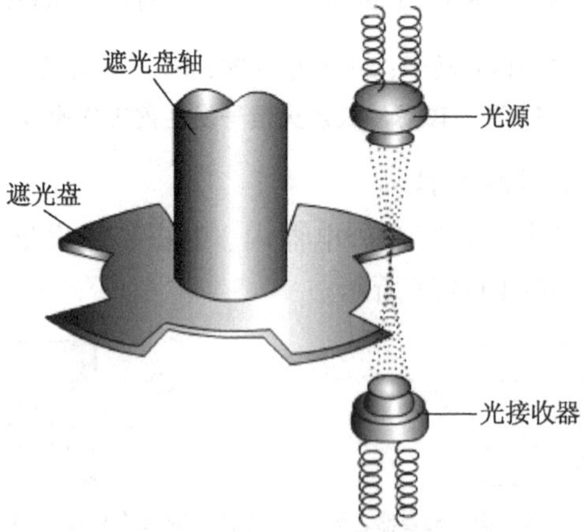

图1-178　光电效应式点火信号发生器

遮光盘一般用金属或塑料制成，安装在分电器轴上，位于分火头下面。遮光盘的外缘介于光源与光接收器之间，遮光盘的外缘上开有缺口，缺口数等于发动机气缸数。缺口处允许红外线光束通过，其余实体部分则能挡住光束。当遮光盘随分电器轴转动时，光源发出的射向光接收器的光束被遮光盘交替挡住，因而光接收器(光敏二极管或光敏三极管)交替导通与截止，形成电脉冲信号。该电信号引入点火控制器即可控制初级电流的通断，从而控制点火系统的工作。遮光盘每转一圈，光接收器输出的电信号的个数等于发动机气缸数，正好供每缸各点火一次。

2. 点火控制器

点火控制器用来将传感器输入的脉冲点火信号进行整形、放大，转变为点火控制信号，通过开关型大功率三极管控制点火线圈初级绕组电路的通、断和点火系统的工作，可以把点火线圈初级电流由 4 ~ 5 A 放大至 7 ~ 10 A。

点火控制器是由点火系统专用的集成电路芯片、电阻、电容、稳压管、达林顿管等组成的混合集成电路点火控制模块，安置在点火线圈上。

3. 点火线圈

电子点火系统采用点火控制器控制初级电路的通断，使点火线圈的初级电流可以增大，所以电子点火系统采用的点火线圈的电感和电阻一般均较小，多采用闭磁路点火线圈。

4. 分电器

电子点火系统的分电器与传统点火系统的分电器不同，半导体点火系统的分电器取消了断电器和电容器，增加了点火信号发生器。有些点火控制器能够随着发动机转速变化自动调节点火提前角，所以这些分电器去掉了离心提前调节机构，只保留真空提前调节机构，配电器的机构则无变化。

5. 火花塞

电子点火系统比传统点火系统的点火能量提高了，火花塞电极间隙也有所增加，一般为 0.8 ~ 1.0 mm。为了适应稀薄混合气燃烧，有的甚至达到 1.0 ~ 1.2 mm，并且各种车型差异也较大。

四、微机控制点火系统

无触点电子点火系统取消了机械式断电器，并配上高能点火线圈，使点火系统具有点火能量大、点火电压高，能够实现点火的恒流控制、闭合角控制等多种控制功能，对改善汽油机的性能起到了很大的作用。但是，这种点火系统的点火信号发生器不能自动调节点火提前角，需要采用离心调节器和真空调节器调节点火提前角，点火时间控制精度低、响应慢，不能保证汽油机在各种工况下均在最佳时刻点火。

1976 年，美国通用汽车公司首次将微处理器应用于汽车汽油机点火控制。此后，以微处理器为控制核心的微机控制系统在汽车上得到了广泛应用。

采用微机控制点火提前角，考虑的因素更加全面，控制精度更高，使汽油机在各种工况下都能在最佳时刻点火，进一步提高了汽油机的动力性能、燃油经济性能及排放净化性能。

（一）微机控制点火系统的特点

在微机控制点火系统中，点火控制包括点火提前角的控制、通电时间控制和爆震控制 3 个方面，并具有以下 3 个特点：

（1）在各种工况及环境条件下，一般可获得最佳点火提前角，从而使发动机在动力性、经济性、排放性及工作稳定性等方面均处于最理想的情况。

（2）在全部工作范围内，一般可对点火线圈的导通时间进行控制，从而使线圈中存储的点火能量保持恒定不变,提高了点火的可靠性,有效地防止了点火线圈过热,减少了能源消耗。此外,该系统很容易实现在全部工作范围内提供稀薄燃烧所需恒定点火能量的目标。

(3) 通过闭环控制技术,可使各缸点火提前角控制在刚好不发生爆震的临界状态,从而获得较高的燃烧效率,有利于提高发动机的各种性能。

(二) 微机控制点火系统的分类

1. 按高压配电方式不同分

按高压配电方式不同可分为机械高压配电和电子高压配电两类:

① 机械高压配电系统采用传统的分电器分配点火线圈产生的高压。因此这种改进型的微机控制点火系统还有分电器,但只相当于传统分电器中的配电器的功能。

② 电子高压配电系统由电子控制进行高压分配,这种全电子微机控制点火系统又分两种类型:一种是无分电器但点火线圈与火花塞之间还用高压导线连接;另一种则无高压导线,每个火花塞上面直接连接着一个点火线圈。

2. 按点火方式不同分

按点火方式不同可分为分组同时点火式和直接点火式:

① 分组同时点火方式一般是将各缸火花塞两两分组,每次点火都是同组的两缸火花塞同时进行。其中一缸是有效点火,成对的另一缸为排气行程,是无效点火。由于排气行程缸内的温度高、压力低,因此跳火电压很低,能量的损失很小。分组同时点火方式又有二极管分配方式和点火线圈分配方式两种不同的高压配电形式。

② 直接点火方式每缸火花塞都单独配有一个点火线圈,一般是将点火线圈直接安装在火花塞的上面,因此可省去高压导线。

3. 按是否有反馈控制分

按是否有反馈控制可分为开环控制方式和闭环控制方式:

① 开环控制方式的微机控制点火系统中无爆燃传感器,控制器只是以反映发动机工况、状态的各传感器信号对点火提前角进行控制。

② 闭环控制方式的微机控制点火系统中设有发动机爆燃传感器,通过发动机爆燃传感器反馈发动机爆燃情况,做出点火提前角的修正控制。闭环控制方式可使点火提前角控制更接近爆燃区,可更有效地利用发动机的功率。因此,目前的微机控制点火系统大都采用闭环控制方式。

(三) 微机控制点火系统的组成与工作原理

微机控制点火系统一般由电源、传感器、电子控制系统(ECU)、点火控制模块、配电器、火花塞等组成,如图 1-179 所示。

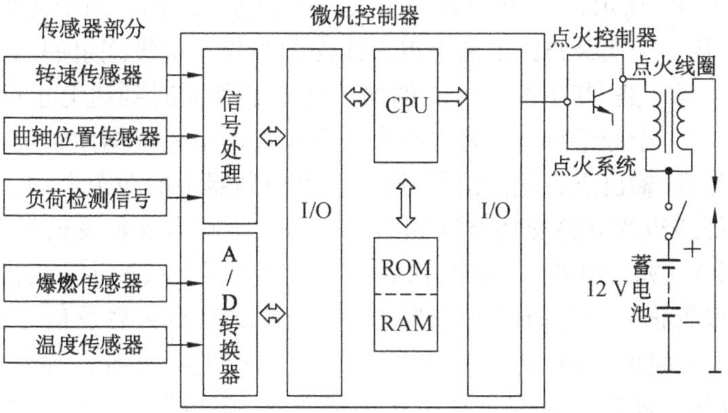

图 1-179 微机控制点火系统的组成

1. 电源

电源供给点火系统所需的点火能量,一般由蓄电池和发电机共同组成。

2. 传感器

传感器主要用于检测发动机各运行参数的变化,为 ECU 提供点火提前角的控制依据。其中,最主要的传感器是发动机转速传感器、进气歧管绝对压力传感器、曲轴位置传感器以及凸轮轴位置传感器。此外还有冷却液温度传感器、爆燃传感器、节气门位置传感器及起动开关信号传感器、空调开关信号传感器等。

3. 电子控制系统(ECU)

ECU 是点火系统的中枢。在发动机工作时,它不断地采集各传感器的信息,按事先设置的程序计算出最佳点火提前角,并向点火控制装置发出点火指令。

4. 点火控制模块

点火控制模块是 ECU 的一个执行机构,可将电子控制系统输出的点火信号进行功率放大后,再驱动点火线圈工作。

发动机运行时,ECU 不断地采集发动机的转速、负荷、冷却水温度、进气温度等信号,并根据存储器 ROM 中存储的有关程序与数据,确定该工况下最佳点火提前角和初级电路的最佳导通角,并以此向点火控制模块发出控制指令。

点火控制模块根据 ECU 的点火指令,控制点火线圈初级电路的导通和截止。当电路导通时,有电流从点火线圈中的初级线圈通过,点火线圈此时将点火能量以磁场的形式储存起来。当初级线圈中的电流被切断时,在其次级线圈中将产生很高的感应电动势(15 ~ 20 kV),经配电器送至工作气缸的火花塞,点火能量被瞬间释放,并迅速点燃气缸内的可燃混合气,发动机完成做功过程。

此外,在带有爆燃传感器的点火提前角闭环控制系统中,ECU 还可根据爆燃传感器的输入信号来判断发动机的爆燃程度,并将点火提前角控制在轻微爆燃的范围内,使发动机能获得较高的燃烧效率。

(四) 微机控制点火系统的点火方式

1. 二极管分配同时点火方式

二极管配电方式是利用二极管的单向导通特性,对点火线圈产生的高压电进行分配的同时点火。如图1-180所示，与二极管配电方式相配的点火线圈有两个初级绕组、一个次级绕组，相当于是共用一个次级绕组的两个点火线圈的组件。次级绕组的两端通过4个高压二极管与火花塞组成回路，其中配对点火的两个活塞必须同时到达上止点，即一个处于压缩行程上止点时，另一个处于排气行程上止点。微机控制单元根据曲轴位置等传感器输入的信息，经计算、处理，输出点火控制信号，通过点火控制器中的两个大功率三极管，按点火顺序控制两个初级绕组的电路交替接通和断开。当1，4缸点火触发信号输入点火控制器时，大功率三极管V_1、初级绕组N_1断电，次级绕组产生虚线箭头所示方向的高压电动势，此时1，4缸高压二极管正向导通而使火花塞跳火。当2，3缸点火触发信号输入点火控制器时，大功率三极管V_2截止，初级绕组N_1断电，次级绕组产生实线箭头所示方向的高压电动势，此时2，3缸高压二极管导通，故2，3缸火花塞跳火。二极管配电方式的主要特点是一个点火线圈组件为4个火花塞提供高压电，因此特别适宜于四缸或八缸发动机。

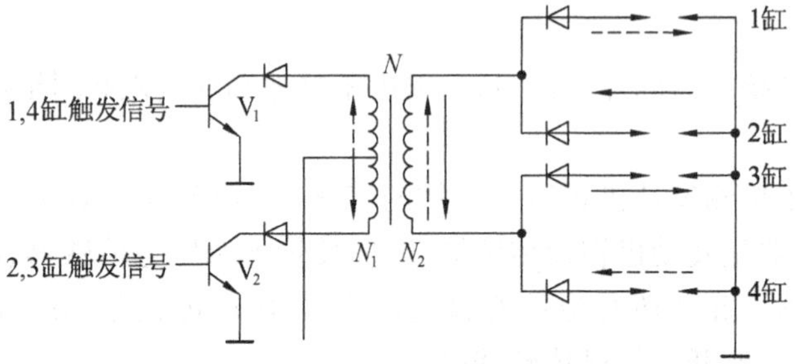

图1-180　二极管分配同时点火方式

2. 点火线圈分配同时点火方式

点火线圈配电方式是一种直接用点火线圈分配高压电的同时点火方式，如图1-181所示。几个相互屏蔽的、结构独立的点火线圈组合成一体，称为点火线圈组件。四缸机的点火线圈组件有2个独立的点火线圈，六缸机的点火线圈组件有3个独立的点火线圈。每个点火线圈供给配对的2个缸的火花塞以高压电。点火控制器中有与点火线圈数量相等的功率三极管，各控制一个点火线圈的工作。点火控制器根据电脑提供的点火信号，由气缸判别电路按点火顺序轮流激发功率三极管，使其导通或截止，以此控制点火线圈初级绕组的通断，产生次级电压而点火。点火线圈配电方式点火系统是应用最广泛的一种无分电器微机控制点火系统。

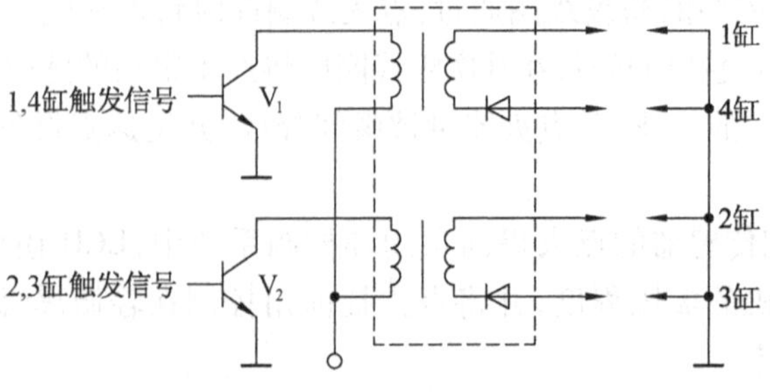

图1-181　点火线圈分配同时点火方式

（五）点火提前角的控制

1. 起动时点火提前角控制

（1）起动初始点火提前角控制

在起动期间，发动机的转速很低，此时的发动机负荷信号（进气管压力信号或进气流量信号）不稳定，因此通常将点火提前角固定在初始点火提前角。ECU 根据点火开关信号、发动机转速与曲轴位置传感器信号进行初始点火提前角控制，并直接由集成电路产生点火定时信号。

（2）起动非初始点火提前角控制

为提高起动性能，一些发动机起动时的点火时间并非是初始点火提前角，而是由电子点火控制系统根据发动机的温度和起动转速对起动点火提前角进行不同的控制。

① 正常起动转速情况。在正常的起动转速（100 r/min 以上）下起动，主要考虑的是温度对发动机燃烧的影响。在温度低于 0 ℃时，从点火到迅速燃烧需较长的时间，故需适当增大点火提前角。

② 低起动转速情况。在起动转速很低（100 r/min 以下）时，保持原有的点火提前角可能会出现在活塞运行到上止点前混合气就已迅速燃烧起来的情况，引起起动困难或造成反转。为避免此种情况，ECU 根据起动转速的降低来减小点火提前角，并由下式确定低速起动点火提前角：

$$\text{低速起动点火提前角} = \text{正常起动转速点火提前角} \times \frac{\text{起动转速}}{100}$$

电子点火控制系统根据点火开关信号、发动机转速与曲轴位置传感器信号及发动机冷却液温度传感器信号对点火提前角进行控制，使发动机在低温或低起动转速的情况下能顺利起动。

2. 起动后点火提前角控制

当发动机起动后，点火开关提供的起动信号消失，ECU 随即转入起动后点火提前角控制，ECU 中的 CPU 对点火定时信号进行控制。其点火提前角由基本点火提前角和修正点火提前角两部分组成。

（1）基本点火提前角控制

① 怠速时基本点火提前角控制。发动机处于怠速运转状态时，微机根据发动机的转速和空调开关是否接通来确定不同的基本点火提前角。怠速基本点火提前角控制有关的信号有节气门位置信号、发动机转速信号和空调开关信号。

② 正常运转时基本点火提前角控制。发动机处于正常运转状态（怠速触点断开）时，微机根据进气管压力传感器（或进气流量传感器）和发动机转速传感器的信号，通过查找、计算后得到基本点火提前角值。正常运转基本点火提前角控制的有关信号有节气门位置信号、发动机转速信号、进气流量或进气管压力信号。

（2）修正点火提前角控制

修正点火提前角是基本点火提前角乘以适当的系数得到的点火提前角。不同型号的发动机，其修正系数各不相同，所修正的项目也不尽相同。

① 暖机修正。发动机冷车起动后，当发动机冷却水温度较低时，应增大点火提前角。暖机过程中，随冷却水温度升高，修正曲线的形状与提前角的大小随车型不同而异，如图

1-182所示。暖机过程中，控制信号主要有冷却水温度信号、进气歧管压力（或进气量）信号、节气门位置信号等。

② 怠速稳定修正。发动机在怠速运行期间，由于发动机负荷变化使发动机转速改变，ECU 要调整点火提前角，使发动机在规定的怠速转速下稳定运转，如图 1-183 所示。怠速运转时，ECU 不断地计算发动机的平均转速。当发动机的转速低于规定的怠速转速时，ECU 根据与怠速目标转速差值的大小相应地增大点火提前角；当发动机转速高于规定的怠速时，推迟点火提前角。怠速稳定修正信号主要有发动机转速信号、节气门开度信号、车速信号、空调信号等。

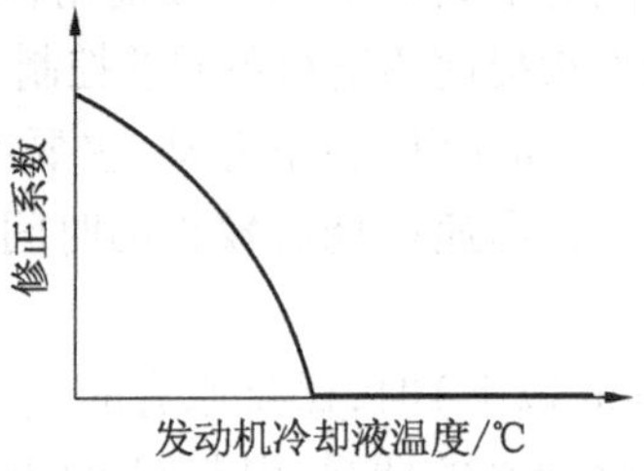

图 1-182　暖机修正

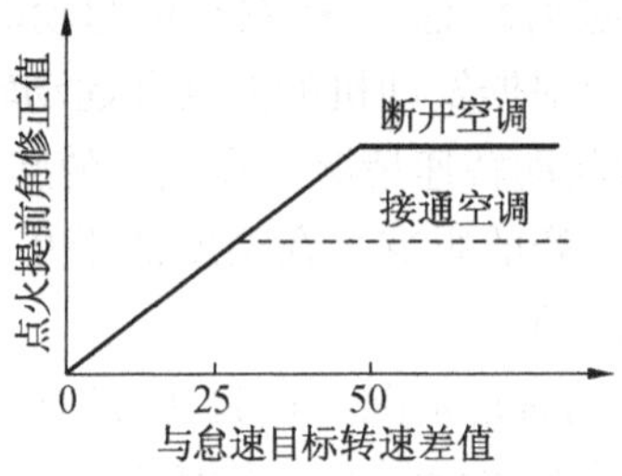

图 1-183　怠速稳定修正

③ 过热修正。发动机处于正常运行工况（怠速触点断开），当冷却水温度过高时，为了避免产生爆震，应将点火提前角推迟。发动机处于怠速工况运行（怠速触点闭合），当冷却水温度过高时，为了避免发动机长时间过热，应将点火提前角增大，如图 1-184 所示。过热修正控制信号主要有冷却水温度信号、节气门位置信号等。

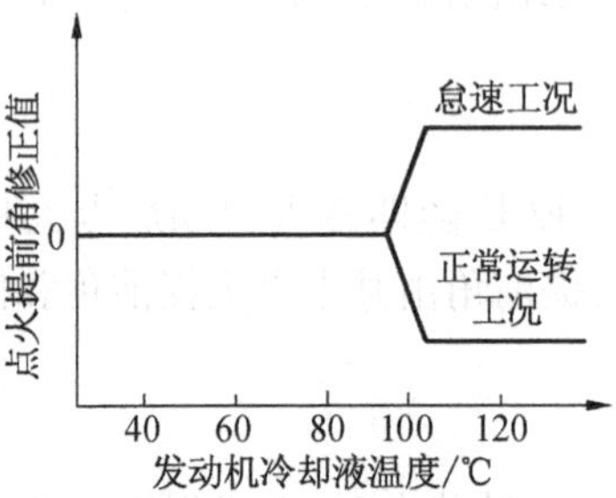

图 1-184　过热修正

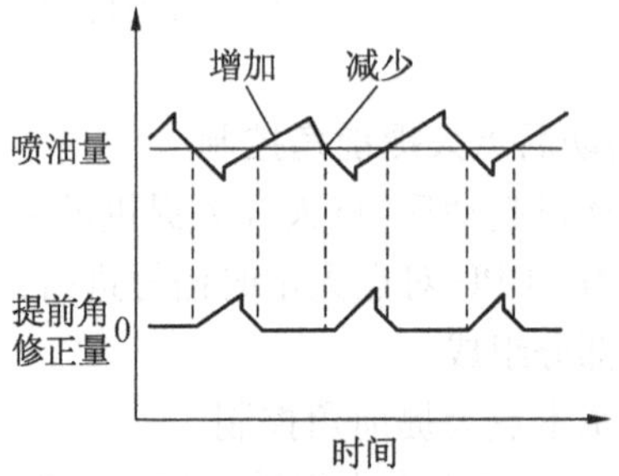

图 1-185　空燃比反馈修正

④ 空燃比反馈修正。装有氧传感器的发动机，当电子控制器根据氧传感器的反馈信号对空燃比进行修正时，随着喷油量的增加或减少，会引起发动机的转速在一定的范围内波动。为提高发动机怠速的稳定性，控制器在控制喷油量减少的同时，适当地增大点火提前角。ECU 根据氧传感器反馈信号、节气门位置信号、发动机冷却液温度信号、车速信号进行空燃比反馈点火提前角修正，如图 1-185 所示。

⑤ 发动机爆燃修正。当发动机产生爆燃时，对基本点火提前角进行适当的修正（减小点火提前角），以迅速消除爆燃，如图 1-186 所示。

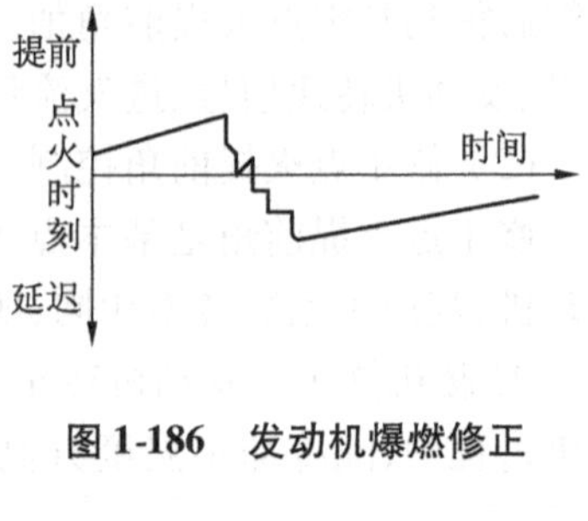

图 1-186　发动机爆燃修正

⑥ 最大提前和推迟控制。发动机工作时的实际点火

提前角是初始点火提前角、基本点火提前角、修正点火提前角之和。如果根据发动机实际工况和状态计算得到的实际点火提前角过大或过小，会导致发动机工作不正常。因此，微机点火时刻控制系统设定了一个实际点火提前角的数值范围，以控制发动机工作时其点火提前角不会超出正常工作的极限值。

不同的发动机，其设定的点火提前角的最大和最小极限值不同，一般其最大值和最小值在如下范围：最大点火提前角 35°～45°；最小点火提前角 -10°～0°。

思考题

1. 发动机是如何分类的？

2. 简述柴油机与汽油机的总体构成及其组成部分的功用。

3. 解释下列基本名词术语：上止点、下止点、活塞行程、燃烧室容积、气缸工作容积、气缸总容积、压缩比、发动机排量。

4. 压缩比大小对发动机动力性和经济性有何影响？

5. 四冲程柴油机和四冲程汽油机的主要结构和工作原理有何异同？

6. 简述单缸四冲程发动机的工作过程。

7. 二冲程发动机与四冲程发动机相比有哪些优点和不足？

8. 发动机的主要性能指标有哪几类？各类指标主要包括哪些？并简述其物理意义。

9. 曲柄连杆机构的组成及功用是什么？

10. 安装气缸垫需要注意哪些问题？

11. 活塞环的主要作用是什么？

12. 为什么有的连杆剖分面采用斜口式？常见的斜口式定位方式有哪些？

13. 飞轮的结构特点和功用是什么？

14. 简述发动机换气系统的组成及功用。

15. 发动机上为什么要装空气滤清器？空气滤清器有哪几种结构形式？

16. 为什么发动机在大负荷、高转速时应装备粗短的进气歧管，而在低转速和中、小负荷时应装备细长的进气歧管？

17. 配气机构有什么功用？何谓顶置式气门配气机构？顶置式气门配气机构由哪些零部件组成？

18. 气门弹簧起什么作用？为什么在装配气门弹簧时要预先压缩？

19. 何谓气门间隙？为什么要留气门间隙？分析气门间隙过大或过小的危害。

20. 何谓发动机的配气相位？其进、排气门提前开启和延迟关闭有什么意义？

21. 发动机为什么要采取增压技术？有什么优点？

22. 简述废气涡轮增压的基本结构和工作原理。

23. 柴油机燃油供给系统主要由哪几部分组成？

24. 对柴油机的燃油供给系统有哪些基本要求？

25. 可燃混合气的形成方式有几种？

26. 柴油机可燃混合气的燃烧一般分为哪几个过程？各有什么特点？

27. 柴油机燃烧室有哪几种型式？各自的工作特点如何？

28. 柴油机喷油泵有哪几种型式？

29. 简述柱塞式喷油泵的工作过程。

30. 喷油嘴有哪几种类型？影响油束特性的因素有哪些？

31. 何谓供油提前角与喷油提前角？后者对柴油机性能有何影响？

32. 柱塞式喷油泵的供油提前角有哪几种调整方法？

33. A 型喷油泵在结构上有何特点？

34. 简述轴向压缩式分配泵的组成及工作原理。

35. 调速器的功用是什么？其有哪些种类？

36. 为什么汽车、拖拉机上的柴油机必须加装调速器？试说明全程式调速器的工作原理。

37. 喷油提前角自动调节器和调速器的作用有何不同？

38. RQ 型调速器如何实现两极调速？

39. 输油泵的输油压力是靠什么保证的？为什么？

40. 柴油机电子控制燃油喷射系统的燃油喷射量是如何控制的？

41. 汽油是用什么指标进行标号的？这一指标反映了汽油的哪方面性能？

42. 汽车发动机运行工况对混合气成分有何要求？

43. 电控汽油喷射系统由哪几部分组成？系统中有哪些传感器？

44. 在电控汽油喷射系统中，喷油器的实际喷油量是如何确定的？试述其过程。

45. 试比较多点与单点喷射系统的优缺点。

46. 试比较各种空气流量计的优缺点。

47. 试述磁脉冲式曲轴位置传感器的结构及其工作原理。

48. 润滑系统一般由哪些零部件组成？安全阀、旁通阀和回油阀各有何功用？

49. 机油有哪些功用？

50. 为什么在机油中加入各种添加剂？

51. 凸齿较多的转子式机油泵有何利弊？

52. 采用双机油滤清器时，它们是并联还是串联于润滑油路中？为什么？

53. 离心式机油滤清器转子的旋转运动是怎样产生的？

54. 冷却系统的功用是什么？发动机的冷却强度为什么要调节？如何调节？

55. 若发动机正常工作一段时间后停机，冷却系统中的冷却液会发生什么现象？

56. 为什么在汽车空调系统运行时，电动风扇需连续不停地工作？

57. 如果蜡式节温器中的石蜡漏失，节温器将处于怎样的工作状态？发动机会出现什么故障？

58. 风冷发动机的冷却系统有何特点？其冷却强度如何调节？

59. 滚柱式、摩擦片式和弹簧式单向传动机构各有何优缺点？

60. 点火系统的基本功用和基本要求有哪些？

61. 试说明传统点火系统由哪些部分组成？各组成部分的作用是什么？

62. 画出传统点火系统线路图，并指出高、低压电路中电流流动的方向。

63. 汽车发动机的点火系统为什么必须设置真空点火提前和离心点火提前调节装置？

它们是怎样工作的？

64. 无触点式电子点火系统由哪些部分组成？各组成部分的作用如何？

65. 无触点式电子点火系统常用的传感器有哪些类型？说明它们的结构和工作原理。

66. 试述无分电器微机控制点火系统的组成，并简述其工作原理。

第二章 发动机动力学

第一节 曲柄连杆机构的运动与受力分析

一、曲柄连杆机构的分类及特性参数

曲柄连杆机构由活塞组、连杆组和曲轴组组成，它将活塞的往复运动转化为曲柄的旋转运动。在往复活塞式发动机中主要采用中心曲柄连杆机构、偏心曲柄连杆机构和主、副连杆式曲柄连杆机构，如图 2-1 所示。

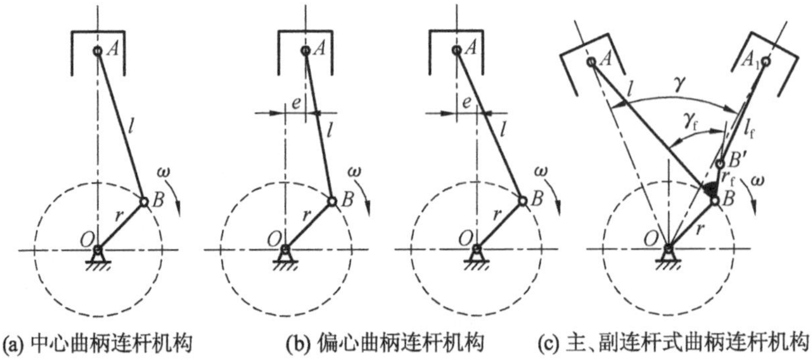

图 2-1 曲柄连杆机构简图

1. 中心曲柄连杆机构

气缸中心线通过并垂直于曲轴回转中心线的曲柄连杆机构，称为中心曲柄连杆机构。这种机构的运动特性由连杆比 $\lambda = r/l$ 确定，其中 r 为曲柄半径，l 为连杆长度。

2. 偏心曲柄连杆机构

偏心曲柄连杆机构的气缸中心线偏离曲轴回转中心线。这种机构的偏心率为 $\xi = e/r$，其中 e 为气缸中心线相对曲轴中心线的偏移量。当气缸中心线朝曲轴回转方向偏置时，气缸中心线位于曲轴回转中心线的右侧，活塞作用于气缸壁的力较小，减小了气缸与活塞间的磨损，降低了发动机的活塞敲击噪声。

3. 主、副连杆式曲柄连杆机构

主、副连杆式曲柄连杆机构中主连杆与曲轴构成中心曲柄连杆机构，副连杆大头与主

连杆体上的某一点相连。根据内燃机列数的不同，一个曲柄可以连接一个主连杆和若干个副连杆，从而形成不同形式的多列式发动机。这种机构的特性参数有主连杆比 $\lambda=r/l$，副连杆比 $\lambda_f=r_f/l_f$，半径比 $\zeta=r_f/r$，气缸夹角 γ 及主副连杆夹角 γ_f 等。其中 l_f 为副连杆长度、γ_f 为副连杆曲柄半径。

二、中心曲柄连杆机构运动学

中心曲柄连杆机构在发动机中应用广泛，因此本章只对中心曲柄连杆机构进行运动学分析。

发动机运转过程中，活塞沿气缸中心线做往复直线运动，曲柄绕曲轴中心线做旋转运动，连杆做平面复合运动。

图 2-2 中 O 点为曲轴的中心，A 点为活塞销中心位置，OB 为曲柄半径 r，AB 为连杆长度 l，α 为曲柄转角。当 $\alpha=0°$时，表示活塞和曲柄销在上止点位置，分别对应 A' 和 B' 两点；当 $\alpha=180°$时，表示活塞和曲柄销位于下止点位置，分别对应于 A'' 和 B''两点。β 为连杆摆动角，是指连杆轴线偏离气缸轴线的角度，逆时针为正，顺时针为负。

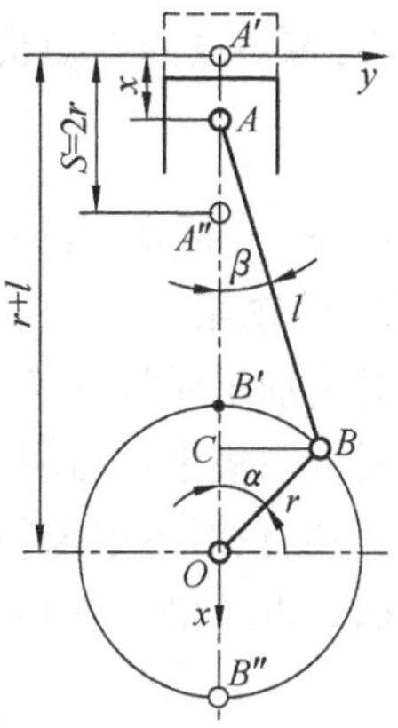

图 2-2　中心曲柄连杆机构

1. 曲柄运动

现代中、高速内燃机在稳定运转过程中，通常认为曲柄是做近似匀速转动的，其角速度为 $\omega=\mathrm{d}\alpha/\mathrm{d}t=\pi n/30(\mathrm{rad/s})$，$n$ 为转速。

2. 活塞位移

对曲柄连杆机构运动规律的研究，主要在于研究活塞的运动规律。当曲柄转过 α 角时，活塞的位移为

$$x=A'A=A'O-AO=A'O-AC-CO=r+l-r\cos\alpha-l\cos\beta \tag{2-1}$$

其中 $\lambda=r/l=\sin\beta/\sin\alpha$，$\cos\beta=1-\dfrac{\lambda^2\sin^2\alpha}{2}-\dfrac{\lambda^4\sin^4\alpha}{1\times2\times4}-\cdots$，

λ 一般取值为 1/4 ~ 1/3，所以

$$\cos\beta\approx1-\frac{1}{2}\lambda^2\sin^2\alpha \tag{2-2}$$

将式(2-2)代入式(2-1)中，可得

$$x=r(1+\frac{1}{2}\lambda\sin^2\alpha-\cos\alpha)=r[(1-\cos\alpha)+\frac{\lambda}{4}(1-\cos2\alpha)] \tag{2-3}$$

3. 活塞速度

将活塞位移对时间 t 求导数，则活塞速度为

$$v=\mathrm{d}x/\mathrm{d}t=\frac{\mathrm{d}x}{\mathrm{d}\alpha}\cdot\frac{\mathrm{d}\alpha}{\mathrm{d}t}=r\omega(\sin\alpha+\frac{\lambda}{2}\sin2\alpha) \tag{2-4}$$

4. 活塞加速度

将活塞速度对时间 t 求导数，则活塞加速度为

$$a=\mathrm{d}v/\mathrm{d}t=\frac{\mathrm{d}v}{\mathrm{d}\alpha}\cdot\frac{\mathrm{d}\alpha}{\mathrm{d}t}=r\omega^2(\cos\alpha+\lambda\cos2\alpha) \tag{2-5}$$

三、曲柄连杆机构的质量换算

依据动力学等效原则,将曲柄连杆机构各零部件复杂的分布质量按其运动规律进行分组,用分组后的集中质量来代替实际的质量系统。

1. 活塞组

活塞组包括活塞、活塞环、活塞销及其附属零件。活塞组的零件沿气缸中心线运动的过程中,每一点的运动状态相同,认为其质量集中在活塞销中心,用 m_a 表示。

$$m_a = \sum m_{ai} \tag{2-6}$$

式中:m_{ai}——活塞组的各零件质量。

2. 曲轴组

对曲轴组质量的换算原则是旋转惯性力保持不变。曲轴组是匀速转动的,可以将曲轴组的质量用集中在曲柄销轴线上的质量来代替。主轴颈的质心与旋转轴线重合,不产生离心力,一般只对不平衡部分的质量进行换算。曲柄销及曲柄不平衡部分的质量,可以换算到曲柄 r 处,如图 2-3 所示。换算关系如下:

$$m_k = m_{k1} + 2m_{k2}\rho/r \tag{2-7}$$

式中:m_{k1}——曲柄销质量;

m_{k2}——曲柄的不平衡质量;

ρ——曲柄不平衡部分质心到曲柄旋转中心的距离。

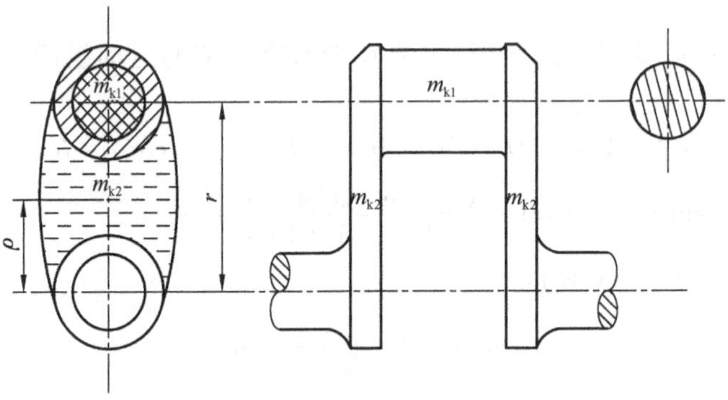

图 2-3　曲柄质量换算

3. 连杆组

通常将连杆组的质量分别集中在连杆大头和连杆小头,连杆组质量换算如图 2-4 所示。为了保证质量换算后的连杆组质量与实际连杆组的质量等效,必须满足以下 3 个条件:

(1) 连杆组质量不变,即 $m_c = m_{c1} + m_{c2}$;

(2) 连杆组质心不变,即 $m_{c1}l_1 = m_{c2}l_2$;

(3) 连杆组相对于质心 G 的转动惯量 I_G 不变,即 $I_G = m_{c1}l_1^2 + m_{c2}l_2^2$。

实际计算过程中,不可能完全满足以上 3 个等效条件,从简化计算的角度来讲,用连杆大头和小头的质量来近似代替连杆组的质量,只考虑前两个条件可得:

$$\begin{cases} m_{c1} = m_c l_2 / l \\ m_{c2} = m_c l_1 / l \end{cases} \tag{2-8}$$

式中：m_{c1}——在连杆小头中心处做往复运动的质量；

m_{c2}——在连杆大头中心处做旋转运动的质量。

4. 曲柄连杆机构

曲柄连杆机构可由无质量的刚性杆连接的两个集中质量组成的质量系统来代替，如图2-5所示。

往复运动的质量

$$m_j = m_a + m_{c1} = m_a + m_c l_2 / l \tag{2-9}$$

旋转运动的质量

$$m_r = m_k + m_{c2} = m_{k1} + 2m_{k2}\rho / r + m_c l_1 / l \tag{2-10}$$

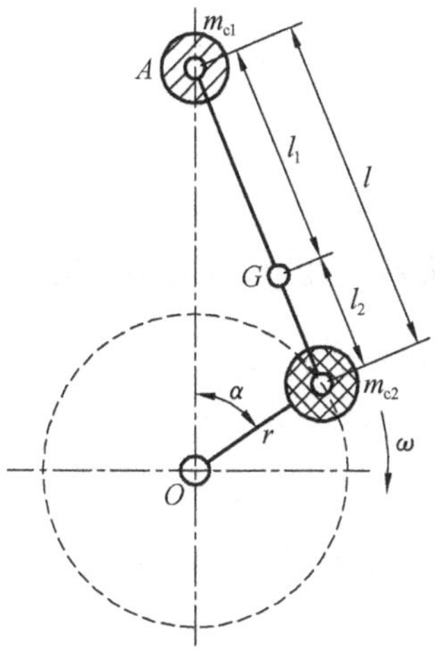

图2-4　连杆组质量换算

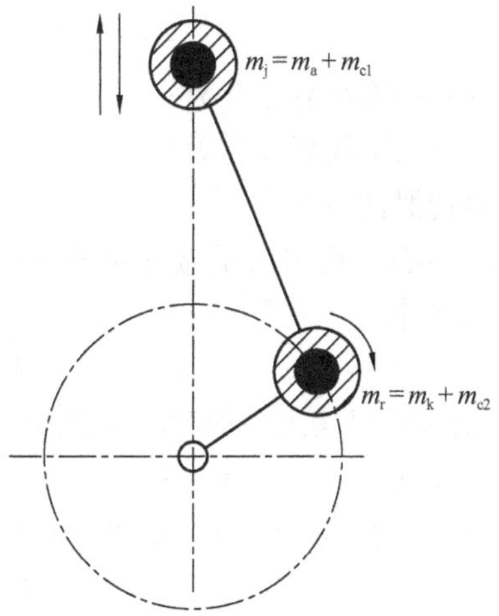

图2-5　曲柄连杆机构的当量质量系统

四、中心曲柄连杆机构的受力分析

发动机运转过程中，气缸内的气体压力、机构运动质量的惯性力、摩擦阻力和作用在曲轴上的工作阻力矩共同作用于曲柄连杆机构。摩擦力与相对运动零部件的粗糙度和润滑条件有关，且其变化规律很难掌握，鉴于摩擦力的数值较小，一般可忽略不计。工作阻力矩与主动力处于平衡状态，它取决于外界工作负荷的性质和大小。下面主要分析的是气体压力和惯性力对曲柄连杆机构的影响。

1. 气体压力

气缸内的气体压力是发动机对外做功的主动力，它作用于活塞的顶部，随着曲轴转角的变化而变化。在气缸内的可燃混合气燃烧时，气体压力急剧增加，在活塞位于上止点稍后位置时，气体压力达到最大值。此时作用在活塞顶部的总压力为

$$F_g = \frac{\pi D^2 (p_g - p_0)}{4} \times 10^{-6} \tag{2-11}$$

式中：F_g——作用在活塞顶部的气体总压力，N；

D——气缸直径，mm；

p_g——气缸内的气体压强，Pa；

p_0——大气压强，Pa。

2. 惯性力

惯性力的大小与运动零部件的质量和加速度有关，它包含曲柄连杆机构往复运动质量 m_j 的往复运动惯性力 $\boldsymbol{F}_j$ 和旋转质量 m_r 的旋转惯性力 $\boldsymbol{F}_r$。

（1）往复运动惯性力 $\boldsymbol{F}_j$

往复运动惯性力由集中在活塞销中心的质量做周期性的变速运动产生，它总是沿着气缸的中心线作用，其方向与加速度方向相反。

$$\begin{aligned} F_j &= m_j a = -m_j r\omega^2(\cos\alpha + \lambda\cos 2\alpha) \\ &= -m_j r\omega^2\cos\alpha - \lambda m_j r\omega^2\cos 2\alpha \\ &= F_{j\mathrm{I}} + F_{j\mathrm{II}} \end{aligned} \tag{2-12}$$

式中：$F_{j\mathrm{I}}$——一阶往复惯性力；

$F_{j\mathrm{II}}$——二阶往复惯性力。

（2）旋转惯性力 $\boldsymbol{F}_r$

曲柄销中心的集中质量做等角速度旋转运动产生旋转惯性力，其大小不变，方向总是沿曲柄半径向外。

$$F_r = m_r r\omega^2 \tag{2-13}$$

3. 曲柄连杆机构上力的合成及分解

（1）沿气缸中心线的合力 $\boldsymbol{F}$

气缸内的气体压力 $\boldsymbol{F}_g$ 和往复惯性力 $\boldsymbol{F}_j$ 均沿气缸中心线运动，则沿气缸中心线的合力为

$$\boldsymbol{F} = \boldsymbol{F}_g + \boldsymbol{F}_j \tag{2-14}$$

（2）合力 $\boldsymbol{F}$ 的分解与传递

图 2-6 为曲柄连杆机构的受力图，合力 $\boldsymbol{F}$ 作用在活塞上，可分解为垂直于气缸轴线的力 $\boldsymbol{F}_n$ 和沿连杆轴线的力 $\boldsymbol{F}_t$。

由图 2-6 可知

$$F_n = F\tan\beta \tag{2-15}$$

$$F_t = F/\cos\beta \tag{2-16}$$

$\boldsymbol{F}_n$ 将活塞压向气缸壁，引起了活塞侧面和气缸壁的磨损。$\boldsymbol{F}_t$ 拉伸或压缩连杆，并把力传递给曲柄销，得到 $\boldsymbol{F}_t'$，$\boldsymbol{F}_t'$ 可分解为沿曲柄半径的径向力 $\boldsymbol{F}_a$ 和垂直于曲柄的切向力 $\boldsymbol{F}_b$。

$$F_a = F_t\cos(\alpha+\beta) = F\cos(\alpha+\beta)/\cos\beta \tag{2-17}$$

$$F_b = F_t\sin(\alpha+\beta) = F\sin(\alpha+\beta)/\cos\beta \tag{2-18}$$

利用力的平移法则，将径向力 $\boldsymbol{F}_a$ 沿作用线移至曲轴中心得 $\boldsymbol{F}_a'$，同时在曲轴中心添加两个平行于 $\boldsymbol{F}_b$，且大小相等、方向相反的力 $\boldsymbol{F}_b'$ 和 $\boldsymbol{F}_b''$。$\boldsymbol{F}_b'$ 和 $\boldsymbol{F}_b''$ 组成力偶，其力偶矩被称为单缸扭矩 $\boldsymbol{M}$，它驱动了曲轴的旋转。

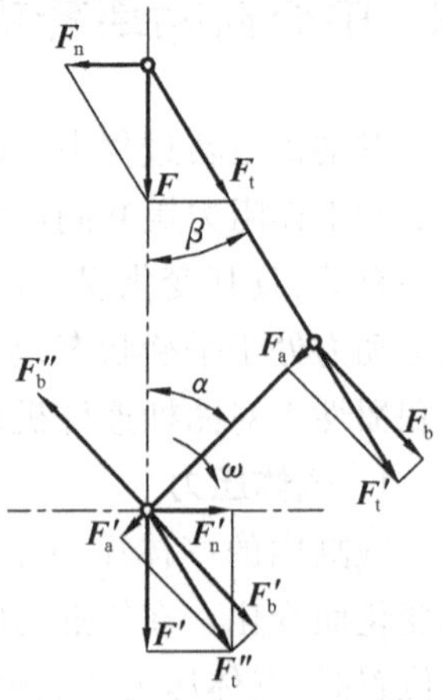

图 2-6 曲柄连杆机构受力图

$$M = F_b r = Fr\sin(\alpha+\beta)/\cos\beta \tag{2-19}$$

F'_a 和 F'_b 可合成作用在主轴承上的合力 F''_t，该合力又可分解为垂直于气缸轴线的分力 F'_n 和沿气缸轴线的作用力 F'

$$F'_n = F''_t\sin\beta = F_t\sin\beta = F\tan\beta = F_n \tag{2-20}$$

$$F' = F''_t\cos\beta = F_t\cos\beta = F\cos\beta/\cos\beta = F \tag{2-21}$$

F'_n和 F_n 产生了一个与扭矩 M 反方向的力偶矩 M_n，即

$$M_n = -F_n h = -F\tan\beta(l\cos\beta + r\cos\alpha) = -Fr\frac{\sin(\alpha+\beta)}{\cos\beta} = -F_b r = -M \tag{2-22}$$

式中：h——活塞销中心至曲轴中心的距离。

作用在曲轴中心的力 F'最终经主轴承传递给曲轴箱。气缸内的气体压力 F_g 同时作用于气缸盖和活塞顶部，作用在气缸盖上的气体压力 F_g 与作用在曲轴箱上的力 F'方向相反，大小相差往复惯性力 F_j。

综上所述，曲柄连杆机构在工作过程中，往复惯性力、不平衡部分的旋转惯性力和反转力矩并不能得到平衡，并最终通过发动机机体传导至支承点上，引起发动机振动现象。

第二节　发动机的平衡

发动机在稳定运转过程中，当曲柄连杆机构传递到机体和支承的旋转惯性力和往复惯性力不产生周期性的变化，则认为该发动机是平衡的。当各惯性力和惯性力矩为零时，发动机达到完全平衡。如果这些力不能相互抵消，那么将引起发动机在支承上的振动。

一、单缸发动机的平衡

1. 旋转惯性力的平衡

旋转惯性力的大小不变、方向总是沿曲柄半径向外。若单缸发动机的曲轴轴向对称，可在曲柄上添加与曲柄销反向的平衡块，产生与旋转惯性力大小相等、方向相反的离心力，以实现曲轴旋转惯性力平衡的目的。

$$2m_p r_p \omega^2 = m_r r\omega^2 \tag{2-23}$$

由式(2-23)可得平衡块的质径积为

$$m_p r_p = \frac{1}{2}m_r r \tag{2-24}$$

式中：m_p——平衡块质量；

r_p——平衡块质心半径。

选用较大的质心半径，可减小平衡块的质量，从而减轻曲轴的重量。考虑到发动机曲轴箱尺寸的限制，通常质心半径不能取值过大，一般为 $r_p \leqslant r$，如图 2-7 所示。

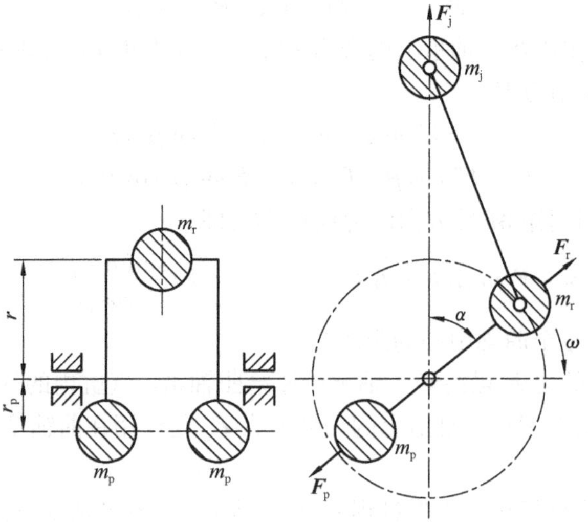

图 2-7　单拐曲轴简图

2. 往复惯性力的平衡

往复惯性力的存在,引起了发动机沿气缸轴线方向的振动。要平衡往复惯性力,单单在曲轴上添加平衡块是不够的。这是因为曲轴平衡块离心力沿气缸轴线方向的分力在抵消往复惯性力的同时,还产生了垂直于气缸轴线的分力,达不到理性的平衡效果。

通常采用单轴平衡法、双轴平衡法和过量平衡法来减小发动机的往复惯性力。单轴平衡法是由曲轴轴端齿轮带动一根平衡轴以相同的角速度 ω 旋转,平衡轴上有平衡块。两个平衡块离心力在气缸轴线方向的分力可以用来平衡往复惯性力,垂直于气缸轴线方向的两个分力相互抵消。但由于结构的不对称性,两个相互抵消的分力不在同一直线上,故产生了新的附加力矩。

如图 2-8 所示,双轴平衡法是在气缸中心线两侧对称布置带有两个平衡块的轴,平衡轴绕各自的中心旋转,其角速度与曲轴角速度相等。平衡块的离心力在垂直于气缸轴线方向的分力互相平衡,其沿气缸轴线的合力与往复惯性力的关系为

$$4m_{\mathrm{I}}R_{\mathrm{I}}\omega^2\cos\alpha = m_j r\omega^2\cos\alpha \tag{2-25}$$

$$4m_{\mathrm{II}}R_{\mathrm{II}}\lambda(2\omega)^2\cos 2\alpha = \lambda m_j r\omega^2\cos 2\alpha \tag{2-26}$$

可得

$$m_{\mathrm{I}}R_{\mathrm{I}} = \frac{1}{4}m_j r \tag{2-27}$$

$$m_{\mathrm{II}}R_{\mathrm{II}} = \frac{1}{16}m_j r \tag{2-28}$$

式中:m_{I},m_{II}——每个平衡块的质量;

R_{I},R_{II}——平衡块质心到平衡轴中心的距离。

双轴平衡法的平衡效果较好,但装置占用的空间较大,结构复杂,故一般在要求较高的发动机上采用。

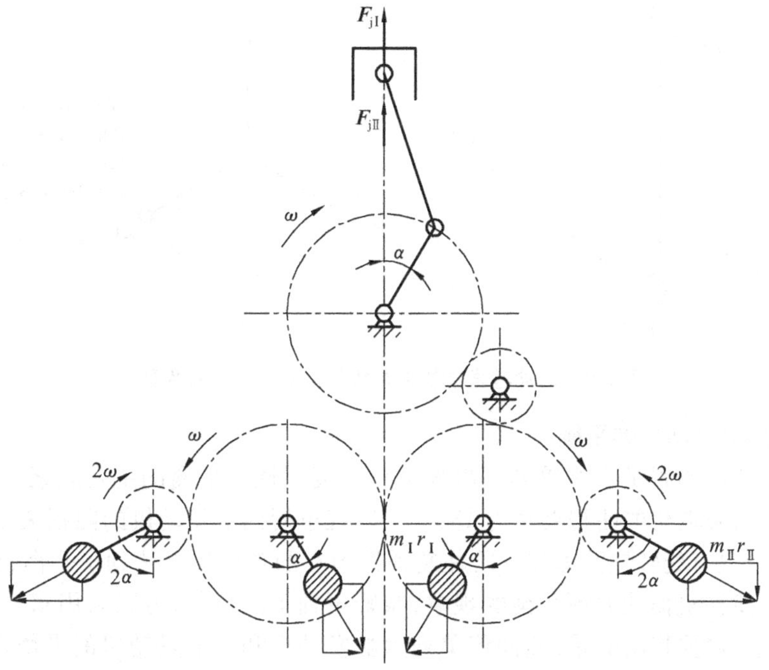

图 2-8　双轴平衡机构简图

为使发动机平衡机构的构造尽可能简单，可采用过量平衡法。其实质是把一阶惯性力的一部分转移到与之垂直的平面内。至于转移的这部分力的大小，根据垂直与水平两个方向的刚度或吸振能力而定，一般总是将较大的惯性力放在发动机刚度较大或吸振能力较好的方向。通常情况下，过量平衡率的取值范围在 0.3～0.5 之间。

二、多缸发动机的平衡

1. 多缸发动机的点火顺序与曲拐排列

按照发动机平衡性能良好的要求确定曲拐排列，所有的曲拐应沿圆周均匀分布。不同的曲拐排列，决定了各曲拐到达上止点的顺序，也就决定了可能的点火顺序。从动力学的角度来看，点火顺序与发动机的轴承负荷及扭转振动性能有一定的关系，但对发动机的平衡则无影响。

对于四冲程发动机，曲拐每转两圈，发动机完成一个工作循环。为了使点火间隔尽可能地均匀，它所有气缸的点火都应该均匀分布在两转之内。点火顺序除了和曲拐排列形式有关，还要考虑相邻气缸吸气过程中有无抢气现象等因素。

图 2-9 a 为四缸四冲程发动机的曲柄排列形式，它的点火间隔为 180°，在 1 缸点火之后，既可以是 2 缸点火，也能是 3 缸点火，因此有 2 种点火顺序。

六缸四冲程发动机的点火顺序有 4 种，点火间隔为 120°，如图 2-9 b 所示。其中第一种点火方案最好，它不会产生相邻两缸相继点火的情况，减小了轴承的负荷，而且气缸充气状况良好。其他 3 种点火方案均有相邻两缸相继点火、气缸抢气的现象，并增大了轴承的负荷。

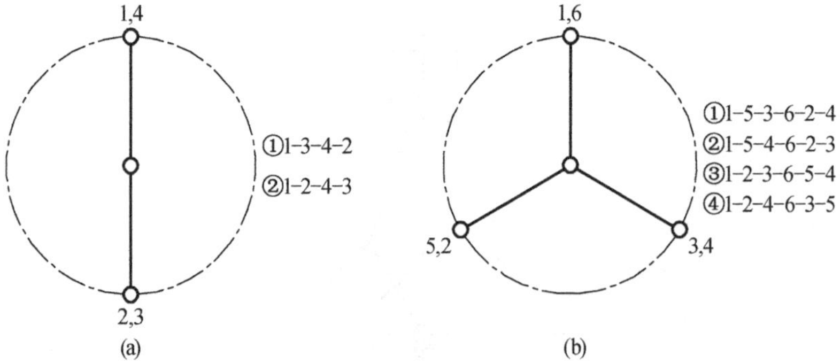

图 2-9　四冲程发动机曲柄排列形式及点火顺序图

2. 单列四缸发动机的平衡

曲轴上各拐的布置是影响单列多缸发动机往复惯性力平衡的主要因素。点火均匀的四冲程单列四缸发动机的曲拐夹角为 180°,二冲程单列四缸发动机的曲拐夹角为 90°。单列四缸发动机,只有旋转惯性力和一阶往复惯性力在曲轴整体上达到了平衡,如图 2-10 所示。要改善二阶往复惯性力不平衡的现象,减轻主轴承的负荷,可以采用双轴平衡机构或者过量平衡法。需要指出的是,四冲程单列六缸发动机和八缸发动机的平衡性很好,但二冲程六缸发动机和八缸发动机存在不同程度的不平衡性。

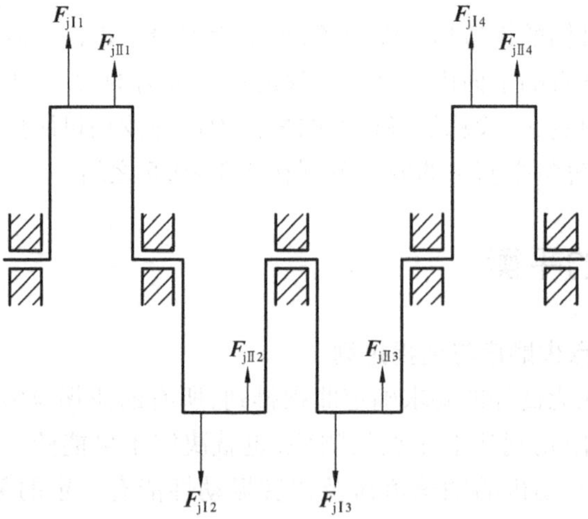

图 2-10　四冲程单列四缸发动机的平衡图

第三节　发动机轴系的扭转振动

发动机的轴系作为一个弹性系统,由曲轴及与其相连的运动件的总成组成。在激励扭矩的作用下,产生绕轴线周期性扭转摆动的运动,通常我们称之为轴系的扭转振动,简称扭振。

气缸内气体力及活塞连杆的往复惯性力始终对轴系产生周期性变化的复谐扭矩,因此轴系扭振是发动机所固有的动力学特征，不能被消除。任一发动机在运转时，都会有扭振现象的产生，扭振现象比较强烈时，我们只能采取一定的措施将其移出常用的发动机转速区域或将它降低到许可的程度以内。

气缸数越多，轴系越长，产生的扭振越严重。轴系的扭振不仅消耗发动机的有用功，当轴系达到某一转速时，施加在曲轴上周期变化的扭矩还将与曲轴的固有频率耦合，从而发生共振现象。它能使轴系的角位移振幅或应力增加几倍甚至几十倍，破坏曲轴原有的平衡状态。强烈的扭振现象加剧了曲轴后部主轴瓦的磨损，引起正时齿轮、轴系传动的燃油泵、空气压缩机轴的破坏，增大了发动机噪声，甚至会导致曲轴断裂事故的发生。因此，必须要对发动机扭振进行评估，以避免危险事故的发生。

一、多质量系统的无阻尼自由振动特性

系统在实际振动中，存在使振幅减小的阻尼。在这里，我们假定系统的振动是无阻尼的。

$\varphi_1,\varphi_2,\cdots,\varphi_n$ 为各质量的振动角位移，其扭转刚度分别用 $c_{1,2},c_{2,3},\cdots,c_{n-1,n}$ 来表示，$I_1,I_2,\cdots,I_n$ 为各质量的转动惯量。如图 2-11 所示，根据达朗贝尔原理，可以列出任意第 k 质量的振动微分方程

$$I_k\ddot{\varphi}_k - c_{k-1,k}(\varphi_{k-1}-\varphi_k) + c_{k,k+1}(\varphi_k-\varphi_{k+1}) = 0 \tag{2-29}$$

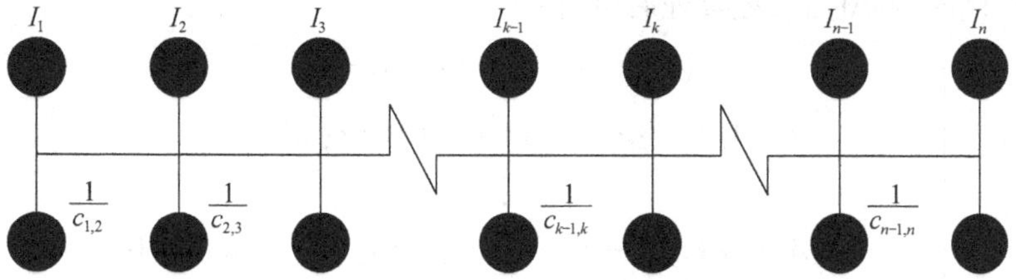

图 2-11　N 质量系统图

对系统中的各质量依次取隔离体，可写出 n 个方程组成的运动微分方程组，即

$$\begin{cases} I_1\ddot{\varphi}_1 + c_{1,2}(\varphi_1-\varphi_2) = 0 \\ I_2\ddot{\varphi}_2 - c_{1,2}(\varphi_1-\varphi_2) + c_{2,3}(\varphi_2-\varphi_3) = 0 \\ \vdots \\ I_k\ddot{\varphi}_k - c_{k-1,k}(\varphi_{k-1}-\varphi_k) + c_{k,k+1}(\varphi_k-\varphi_{k+1}) = 0 \\ \vdots \\ I_{n-1}\ddot{\varphi}_{n-1} - c_{n-2,n-1}(\varphi_{n-2}-\varphi_{n-1}) + c_{n-1,n}(\varphi_{n-1}-\varphi_n) = 0 \\ I_n\ddot{\varphi}_n - c_{n-1,n}(\varphi_{n-1}-\varphi_n) = 0 \end{cases} \tag{2-30}$$

上式可写为

$$[I]\{\ddot{\varphi}\} + [c]\{\varphi\} = 0 \tag{2-31}$$

式中

$$[I]=\begin{bmatrix} I_1 & & & \\ & I_2 & & \\ & & \ddots & \\ & & & I_n \end{bmatrix}$$

$$\{\ddot{\varphi}\}=[\ddot{\varphi}_1,\ddot{\varphi}_2,\cdots,\ddot{\varphi}_n]^{\mathrm{T}}$$

$$[c]=\begin{bmatrix} c_{1,2} & -c_{1,2} & & & & \\ -c_{1,2} & c_{1,2}+c_{2,3} & -c_{2,3} & & & \\ & -c_{2,3} & c_{2,3}+c_{3,4} & -c_{3,4} & & \\ & & \ddots & \ddots & \ddots & \\ & & & -c_{n-2,n-1} & c_{n-2,n-1}+c_{n-1,n} & -c_{n-1,n} \\ & & & & -c_{n-1,n} & c_{n-1,n} \end{bmatrix}$$

$$\{\varphi\}=[\varphi_1,\varphi_2,\cdots,\varphi_n]^{\mathrm{T}}$$

其特解为

$$\varphi_k=A_k\sin(pt+\varepsilon) \tag{2-32}$$

式中：A_k——第 k 节质量的振幅，rad；

ε——振动初相位，rad；

p——自振圆频率，rad/s。

将 φ_k 及其 $\ddot{\varphi}_k$ 代入(2-30)式，经整理后可得：

$$\begin{cases} (I_1p^2-c_{1,2})A_1+c_{1,2}A_2=0 \\ c_{1,2}A_1+(I_2p^2-c_{1,2}-c_{2,3})A_2+c_{2,3}A_3=0 \\ \vdots \\ c_{k-1,k}A_{k-1}+(I_kp^2-c_{k-1,k}-c_{k,k+1})A_2+c_{k,k+1}A_{k+1}=0 \\ \vdots \\ c_{n-2,n-1}A_{n-2}+(I_{n-1}p^2-c_{n-2,n-1}-c_{n-1,n})A_{n-1}+c_{n-1,n}A_n=0 \\ c_{n-1,n}A_{n-1}+(I_np^2-c_{n-1,n})A_n=0 \end{cases} \tag{2-33}$$

对于稳定的无阻尼自由振动，方程组(2-33)中的 $A_k(k=1,2,\cdots,n-1,n)$ 有非零解。因此 A_k 的系数行列式应等于零，即

$$\begin{vmatrix} I_1p^2-c_{1,2} & c_{1,2} & & & & \\ c_{1,2} & I_2p^2-c_{1,2}-c_{2,3} & c_{2,3} & & & \\ & c_{2,3} & I_3p^2-c_{2,3}-c_{3,4} & c_{3,4} & & \\ & \ddots & \ddots & \ddots & & \\ & & c_{n-2,n-1} & I_{n-1}p^2-c_{n-2,n-1}-c_{n-1,n} & c_{n-1,n} \\ & & & c_{n-1,n} & I_np^2-c_{n-1,n} \end{vmatrix}=0 \tag{2-34}$$

求取此行列式的实根，得到系统的自振圆频率 p。将求得的 p 值代入方程组(2-33)中，引入相对振幅符号 $\alpha_1=A_1/A_1,\alpha_2=A_2/A_1,\cdots,\alpha_n=A_n/A_1$，可求得各质量的相对振幅值。

将(2-34)展开为 p^2 的$(n-1)$次方程式,对 n 质量系统可求得$(n-1)$个不为零的实数自振频率,且 $0<p_1<p_2<\cdots<p_{n-1}$。各个对应的 p 值可利用方程组(2-33)求得相对应的一组振幅值,当两个相邻质量的相对振幅符号相反时,说明在这两质量间的轴段上存在“节点”,各节点数分别对应于 $p_1,p_2,\cdots,p_{n-1}$,因此将 p_1 称为单节点自振圆频率,p_2 称为双节点自振圆频率,依此类推。根据每一组相对振幅值,可作出$(n-1)$种节点数的振型图。

二、降低曲轴扭转振动的措施

要降低曲轴扭转振动,通常可以从以下几个方面入手:

1. 减小发动机对轴系的扭振激励

发动机对轴系扭振激励力矩的大小决定着扭振的强烈程度。在发动机设计阶段,就要考虑到点火次序等对轴系扭振的影响。改变曲轴的曲拐布置,改变点火次序及 V 形发动机的气缸夹角,均可降低轴系的扭振强度。需要注意的是,在设计曲拐和考虑点火次序的时候,不能仅仅考虑减小轴系的扭振,还要考虑对发动机受力及平衡性的影响。

2. 调整轴系的自振频率

调整轴系的自振频率,使轴系的临界转速调整到发动机工作转速范围以外。中、高速发动机轴系的自振频率通常接近发动机工作转速的上限,多采用升高轴系临界转速的方法降低轴系的扭振。转动惯量和刚度决定了轴系的自振频率,调整轴系中任一零部件的转动惯量和刚度,均可改变轴系的自振频率。

3. 安装减振器

常用的扭振减振器有阻尼减振器、动力减振器和复合减振器。

(1) 阻尼减振器。常见的阻尼减振器有橡胶减振器和硅油减振器,它们主要依靠机械摩擦、固体或液体的摩擦阻尼来吸收振动能量,以达到减振的目的。

(2) 动力减振器。常见的动力减振器有弹簧式和摆式两种,主要依靠自身附加系统所产生的动力效应来改变轴系的自振频率,消除原有的共振,但往往会在别的转速出现新的共振,所以适用于工作转速范围较窄的发动机。

(3) 复合减振器。常用的复合减振器有硅油橡胶减振器和硅油弹簧减振器。复合减振器兼具以上两种减振器的特点,既有阻尼减振作用,又可以调频,适用于大功率中、高速发动机。

思考题

1. 分析发动机工作时偏心曲柄连杆机构和主副曲柄连杆机构的受力。
2. 对单列二缸机、单列六缸机进行平衡性分析。

第三章

传动系统

第一节　传动系统概述

一、传动系统的功能

传动系统是汽车拖拉机底盘的重要组成部分，基本功能是将发动机产生的驱动力矩和转速，以一定的关系和要求传递给汽车拖拉机的驱动车轮，产生驱动力，使汽车拖拉机能按一定速度行驶。

汽车拖拉机的动力源于发动机，但发动机不能直接与驱动轮相连接。因为活塞式发动机转速高、输出转矩变化范围小、不能反转、带负荷启动困难，而汽车拖拉机工作时要求车速和驱动力能在较大范围内变化，能倒向行驶、平稳起步和停车。为使汽车拖拉机在不同使用条件下都能正常工作，并具有良好的动力性和经济性，必须在发动机和驱动轮之间设置传动系统，且具有以下功能：① 实现车辆减速增矩；② 实现车辆变速；③ 实现车辆倒车；④ 必要时中断动力传递；⑤ 应使车轮具有差速功能；⑥ 能够消除变速器与驱动桥之间因相对运动而产生的不利影响。

二、传动系统的类型、组成及布置形式

（一）传动系统的类型

汽车拖拉机传动系统的形式有机械式、液力机械式、液压式和电力式等。机械传动系统因效率高、结构简单、工作可靠、成本较低而被广泛应用于汽车拖拉机；液力机械式传动系统结构较复杂、造价较高，但由于其操纵的方便性和挡位选择的合理性，被广泛用于轿车和部分重型汽车及大型拖拉机；液压式传动系统造价较高，但传动系统布置灵活，因此广泛应用于工程机械和军用车辆；电动式传动系统目前多应用于工程机械。

（二）传动系统的组成及布置形式

1. 机械式传动系统

机械式传动系统一般由离合器、变速器、万向传动装置、主减速器、差速器和半轴等组成。机械式传动系统的布置方案与发动机的位置和汽车拖拉机的驱动形式有关，可以分为以下几种。

（1）发动机前置后轮驱动

这种布置方案是传动系统中最常见的一种布置形式，主要应用在载货汽车上，部分轿车和客车也有应用。其优点是维修发动机方便，离合器、变速器的操纵机构简单，前后轮的轴荷分配较为合理；缺点是需要一根较长的传动轴，会增加整车质量，影响汽车传动系统的效率。图 3-1 为传统的发动机前置后轮驱动的 4 ×2 汽车布置示意图。发动机发出的动力经离合器 1、变速器 2、万向节 3 传到驱动桥 4。在驱动桥处，动力经过主减速器 7、差速器 5 和半轴 6 传给驱动车轮。

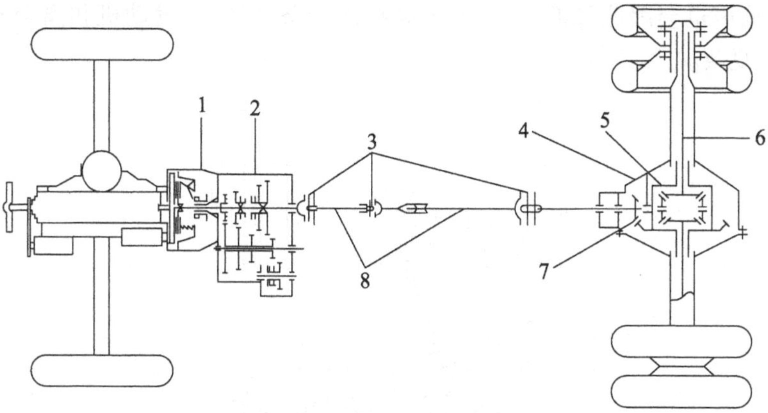

1—离合器；2—变速器；3—万向节；4—驱动桥；5—差速器；6—半轴；7—主减速器；8—传动轴

图 3-1　发动机前置后轮驱动的传动系统示意图

（2）发动机前置前轮驱动

前置前驱方案是将发动机 1、离合器 2、变速器 3 与主减速器 5、差速器 6 等都装配在一起，固定在汽车前面的车架或车身底架上，前轮为驱动轮。因此，在变速器和驱动桥之间省去了万向节和传动轴，如图 3-2 所示。

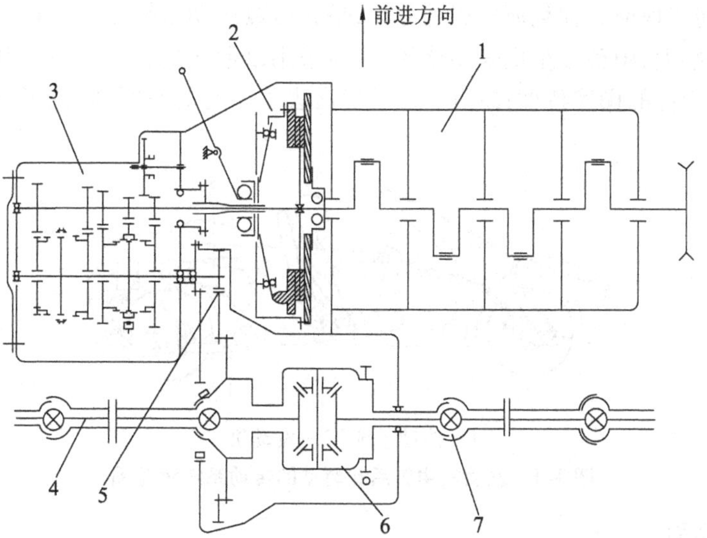

1—发动机；2—离合器；3—变速器；4—半轴；5—主减速器；6—差速器；7—万向节

图 3-2　发动机前置前轮驱动的传动系统示意图

前置前驱的布置形式广泛应用于微型和中型轿车，中高级轿车上应用也日益增多。其优点是省去了前置后驱方案中变速器和驱动桥之间的万向节和传动轴，使车身底板高度降低，有助于提高乘坐舒适性和高速行驶的稳定性，再因整个传动系统集中在汽车前部，操纵机构比较简单；缺点是结构较为复杂，前轮的轮胎寿命较短，爬坡能力相对较差。

（3）发动机后置后轮驱动

后置后驱方案是将发动机1、离合器2、变速器3都横向布置于驱动桥（后桥）之后，如图3-3所示。大、中型客车中较多使用这种布置方案，因为这样会使其前后轴获得合理的载荷分配，车内噪声也会因此降低。但是，发动机冷却条件较差，发动机和离合器、变速器的操纵机构较为复杂。

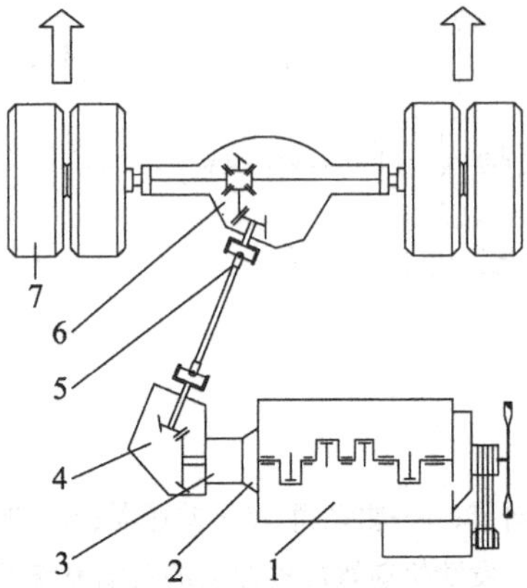

1—发动机；2—离合器；3—变速器；4—角传动装置；5—万向传动装置；6—后驱动桥；7—后驱动轮

图3-3　发动机后置后轮驱动的传动系统示意图

（4）发动机中置后轮驱动

发动机中置后轮驱动是将发动机置于驾驶室后面的汽车中部，由后轮驱动，如图3-4所示。这种布置能实现前后轴载荷理想的分配，是大多数运动型轿车和方程式赛车所采用的形式。此外，某些大、中型客车也采用该形式，但采用该形式的货车很少。其优点是轴荷分配均匀，具有很中性的操控特性；缺点是发动机占去了座舱的空间，降低了空间利用率和实用性。

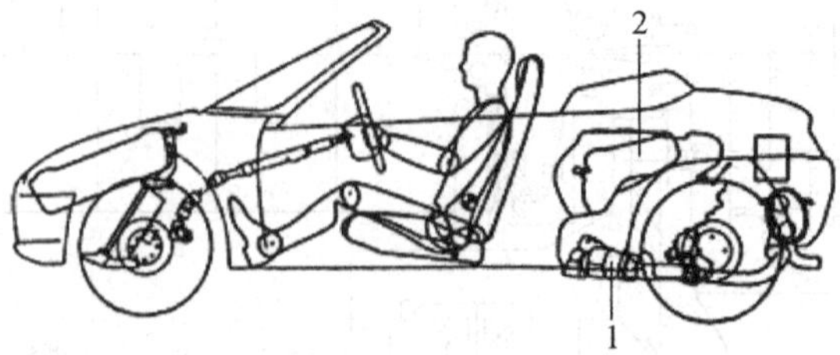

1—传动系统；2—发动机

图3-4　发动机中置后轮驱动的传动系统示意图

（5）四轮驱动

四轮驱动，又称全轮驱动，是指汽车前后轮都有动力，一般用4×4或4WD来表示，如图3-5所示。与前置前驱汽车的传动系统相比，主要是在变速器与后驱动桥之间增设了分动器,可按行驶路面状态不同而将发动机输出扭矩按不同比例分布在前后所有的轮子上,以提高汽车的行驶能力。

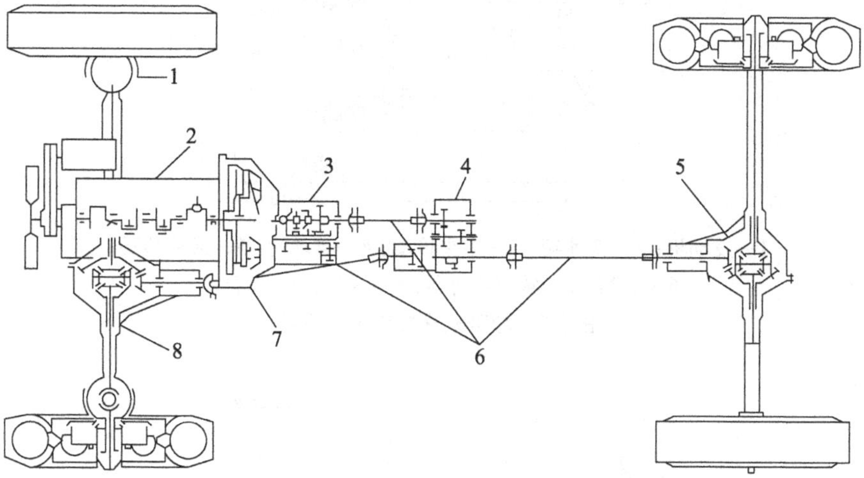

1—万向节；2—发动机；3—变速器；4—分动器；5—后驱动桥；6—传动轴；7—离合器；8—转向驱动桥

图 3-5 4×4 越野汽车传动系统示意图

(6) 轮式拖拉机传动系统

一般轮式拖拉机的传动系统与普通汽车传动系统基本相同,图 3-6 所示是最常见的一种轮式拖拉机传动系统布置形式。发动机纵向安装在拖拉机前部,后轮为驱动轮。拖拉机的主减速装置通常由两部分组成,分别称为中央传动(相当于汽车的主减速器)和最终传动(相当于中型货车的轮边减速器),在变速器和驱动桥之间没有万向传动装置。

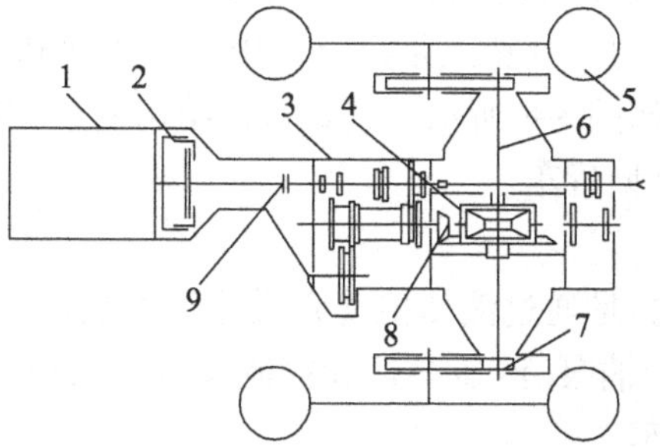

1—发动机；2—离合器；3—变速器；4—差速器；5—驱动轮；6—半轴；
7—最终传动；8—中央传动；9—联轴器

图 3-6 轮式拖拉机传动系统示意图

(7) 履带式拖拉机传动系统

图 3-7 所示为履带式拖拉机传动系统。与轮式拖拉机相比,履带式拖拉机传动系统的后桥中没有差速器,离合器与变速器之间采用传动轴连接,中央传动与最终传动之间设有左右转向离合器。

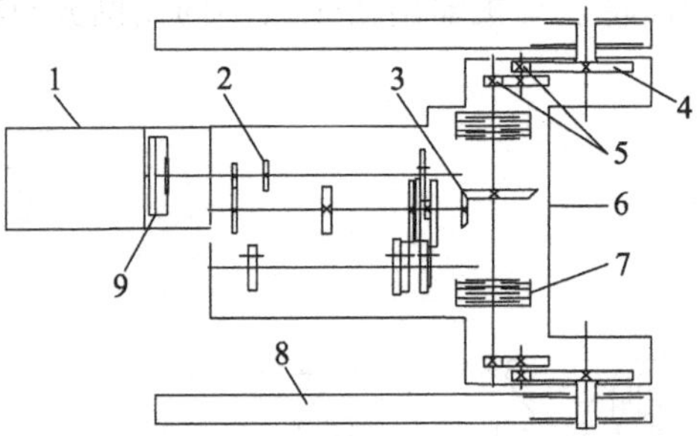

1—发动机；2—变速箱；3—中央传动；4—驱动轮；5—最终传动；
6—后桥；7—转向离合器；8—履带；9—离合器

图 3-7　履带式拖拉机传动系统

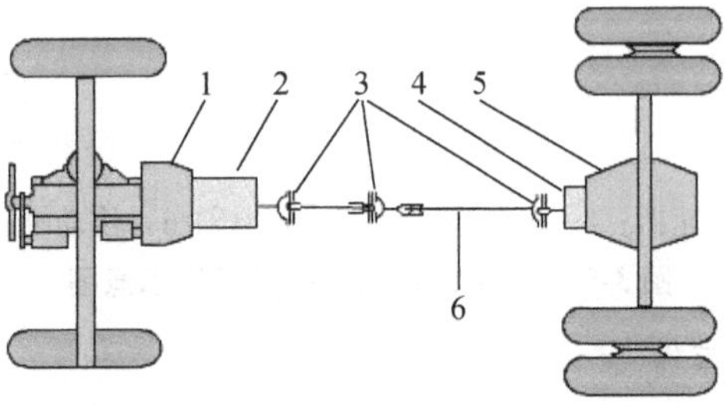

1—液力变矩器；2—自动变速器；3—万向传动装置；4—驱动桥；5—主减速器；6—传动轴

图 3-8　液力机械式传动系统示意图

2. 液力机械式传动系统

液力传动(此处单指动液传动)是利用液体介质在主动元件和从动元件之间循环流动过程中动能的变化来传递动力。其特点是组合运用液力传动和机械传动,液力传动装置串联一个有级式机械变速器,如图 3-8 所示。其缺点是结构复杂、造价较高,机械效率较低,主要用于中高级轿车和部分重型货车。

3. 液压式传动系统

液压传动也叫静液传动,是通过液体传动介质静压力能的变化来传递能量。液压式传动系统主要由发动机驱动的油泵、液压马达和控制装置等组成,如图 3-9 所示。其造价高,使用寿命短,应用于某些军车。

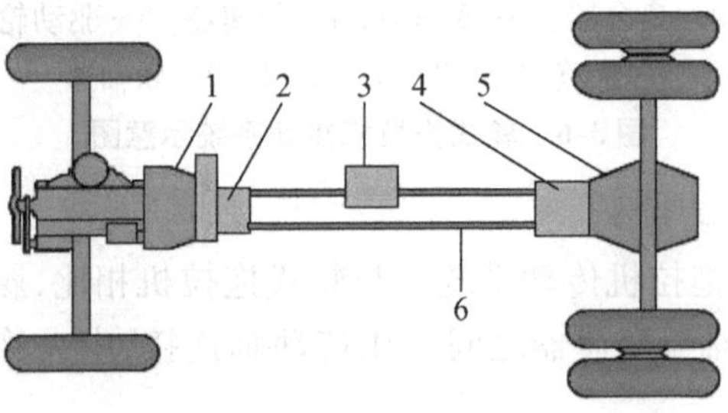

1—离合器；2—油泵；3—控制阀；4—液压马达；5—驱动桥；6—油管

图 3-9　液压式传动系统示意图

4. **电力式传动系统**

图 3-10 所示为混合式电动汽车采用的电力式传动系统。电力式传动系统是由发动机驱动发电机发电，再由电动机驱动驱动桥或由电动机直接驱动带有减速器的驱动轮。其优点是从发动机到车轮由电器连接，可使汽车总体布置灵活，具有无级变速特性，起动及变速平稳；缺点是质量大，效率低，消耗较多有色金属铜。

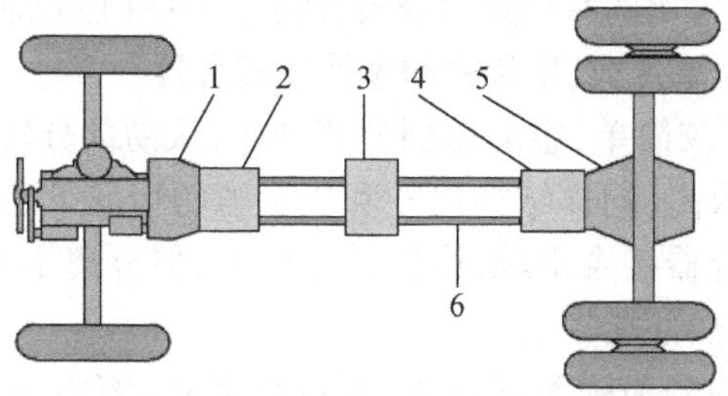

1—离合器；2—发电机；3—控制器；4—电动机；5—驱动桥；6—导线

图 3-10 混合式电动汽车采用的电力式传动系统示意图

第二节 离合器

一、离合器概述

（一）离合器的功用

离合器安装在发动机与变速器之间，用来分离或接合前后两者之间的动力联系，是传动系统的重要组成部分。其功用为：

① 使发动机曲轴与传动系统迅速、彻底分离，以保证变速箱齿轮在换挡时不产生冲击。分离离合器还可以使车辆短时间停车。

② 使发动机曲轴与传动系统能平顺的结合，以保证车辆平稳起步。

③ 防止传动系零件超载。当车辆的运动阻力急剧增加，超过了离合器所能传递的扭矩时，离合器主动部分与从动部分之间产生相对滑动，保护传动系统零件不致因超载而损坏。

（二）离合器的性能要求

为保证离合器具有上述工作性能，同时考虑对整个传动系统的影响与可靠性等其他因素，离合器应满足下列要求：

① 既能保证可靠地传递发动机的最大转矩，又能防止传动系统过载。

② 接合时应柔和平顺，分离时应迅速彻底。

③ 从动部分的转动惯量要小，以缩短换挡时间，减少换挡时作用在齿轮上的冲击载荷。

④ 具有缓和转动方向冲击，衰减该方向振动的能力，且噪音小。

⑤ 具有良好的通风散热能力，防止离合器工作温度过高。

⑥ 操纵轻便，维修保养方便。

（三）离合器的类型

汽车拖拉机上使用的离合器类型主要有摩擦式离合器、液力耦合器、电磁离合器和牙嵌式离合器等。除部分手扶拖拉机采用牙嵌式离合器以外，一般汽车、拖拉机和工程车辆上广泛采用摩擦式离合器，部分现代小型汽车上采用液力耦合器。本节主要介绍摩擦式离合器。

汽车拖拉机至今广泛采用的摩擦式离合器，按其结构和工作特点可分类如下：

1. 按摩擦片数目分为单片式、双片式和多片式离合器

单片式离合器构造比较简单，容易做到分离彻底，从动部分转动惯量小，散热性好，但接合平顺性较差，操作要求高，同样结构尺寸和压紧力的情况下所能传递的最大转矩受到限制；双片式和多片式离合器接合平顺，摩擦转矩较大，但分离不易彻底，从动部分转动惯量较大，结构比较复杂，散热性能较差。

2. 按压紧装置的结构分为弹簧压紧式、杠杆压紧式、液力压紧式和电磁力压紧式离合器

弹簧压紧式又分为螺旋弹簧式和膜片（碟形）弹簧式两种。目前，一般汽车、拖拉机及工程车辆离合器普遍采用螺旋弹簧压紧式。膜片弹簧具有轴向尺寸小、结构简单、工作可靠、压力均匀、操纵轻便等显著优点，多用于轿车和轻、中型载重汽车上。杠杆压紧式多属于非常压式离合器，主、从动部分的压紧靠杠杆实现。液力压紧式离合器的主从动部分的压紧是借助压力油用活塞或油缸来施加压紧力的，由于结构紧凑、磨损后可自行补偿、便于控制摩擦转矩的变化特性和实现远距离操纵等优点，被越来越多地采用。

3. 按摩擦表面工作条件分为干式和湿式离合器

湿式离合器一般采用油泵的压力油来冷却摩擦表面，带走热量和磨屑，以延长离合器寿命。干式离合器对摩擦表面要求严格、散热效果差、摩擦片容易磨损，但其结构简单、摩擦系数高。

4. 按离合器在传动系统中的作用分为单作用式和双作用式离合器

单作用式离合器只控制内燃机至变速器输入轴之间的动力传递，当离合器结合或分离时，变速器和动力输出轴同时获得动力或切断动力。双作用离合器不但控制传递给变速器的动力，也控制传递到动力输出轴的动力。双作用式离合器实际上有主、副两套离合器，主离合器控制传给变速器、驱动桥和驱动轮的动力，副离合器控制传给动力输出轴的动力。主、副离合器用一套操纵机构按顺序联动操纵的称为联动式双作用离合器；主、副离合器分别用两套操纵机构单独操纵的称为独立操纵式双联离合器。

二、摩擦式离合器的组成和工作原理

（一）摩擦式离合器的组成

摩擦式离合器主要由主动部分、从动部分、压紧机构和分离操纵机构四部分组成，如图3-11 所示。

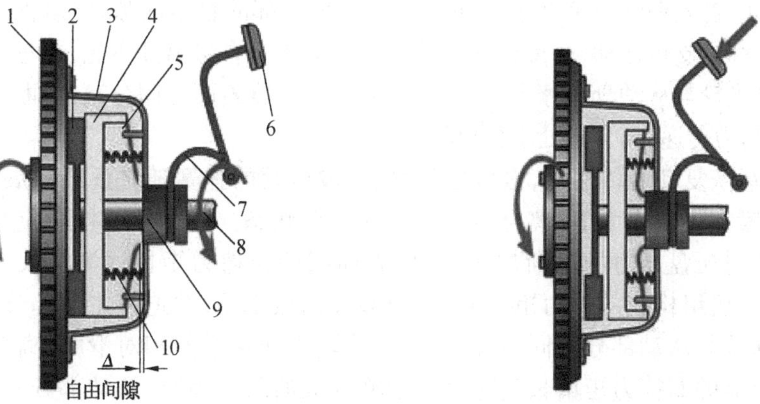

(a) 离合器结合状态　　　(b) 离合器分离状态

1—飞轮；2—从动盘；3—离合器盖；4—压盘；5—分离杠杆；
6—踏板；7—分离拨叉；8—离合器轴；9—分离轴承；10—离合器弹簧

图 3-11　摩擦式离合器的基本组成及其工作原理

1. 主动部分

离合器的主动部分与发动机曲轴一起旋转，主要包括飞轮 1、离合器盖 3 和压盘 4。离合器盖用螺钉固定在飞轮上，压盘一般通过凸台或传动片与离合器盖连接，由飞轮通过离合器盖带动旋转。压盘可做少量轴向运动。主动部分是动力输入部件。

2. 从动部分

离合器的从动部分包括从动盘 2 和离合器轴 8。从动盘安装在飞轮和压盘之间，通过花键与离合器轴（从动轴）连接，双面带有摩擦衬片，可做少量轴向运动。离合器轴通常与变速器输入轴做成一体。从动部分是动力输出部件。

3. 压紧机构

离合器的压紧机构即安装在压盘和离合器盖之间的压紧弹簧 10（螺旋弹簧或膜片弹簧）。它的作用是把压盘和从动盘压向飞轮。其中螺旋压紧弹簧一般均布在压盘的圆周上。压紧机构是保证离合器处于接合状态并能传递动力的基本结构。

4. 分离操纵机构

离合器分离操纵机构由离合器踏板到分离杠杆之间的一系列零件组成，主要包括分离杠杆 5、分离轴承 9、分离拨叉 7 和踏板 6 等。分离轴承座活套在离合器轴上，可轴向移动。分离杠杆中部与离合器盖铰接，其外端与压盘铰接。分离杠杆沿压盘圆周均匀分布。分离操纵机构是使离合器分离或接合的装置。

（二）摩擦式离合器的工作原理

离合器的主动部分和从动部分经常处于接合状态，在停车、换挡或制动时，才会暂时处于分离状态。

在不踩下离合器踏板时，离合器处于接合状态，如图 3-11 a 所示。由于压紧弹簧的作用，通过压盘和飞轮将从动盘压紧，使其随主动部分一起旋转，依靠主动部分和从动部分摩擦表面之间的摩擦作用将发动机的转矩传递到离合器轴。此时，离合器处于接合状态，分离杠杆头部与分离轴承端面之间留有间隙 Δ，称为自由间隙。

当踩下离合器踏板时，离合器处于分离状态，如图 3-11 b 所示。分离轴承在拨叉的拨动下向左移动,首先消除分离轴承端面与分离杠杆头部的自由间隙,然后推压分离杠杆头部,使分离杠杆绕支点摆动,分离杠杆的另一端带动压盘右移离开飞轮,并进一步压缩离合器弹簧,这时飞轮与从动盘摩擦表面、压盘与从动盘摩擦表面之间分离,切断了发动机与变速器之间的动力传递,离合器处于分离状态。

需要重新恢复动力传递时,慢慢松开踏板,被压紧的弹簧随之逐渐伸展,通过压盘又将从动盘压紧在飞轮表面上,离合器又恢复到接合状态。离合器的接合应允许有一个过程,随着弹簧对压盘压力的逐渐加大,摩擦表面间的摩擦力矩也逐渐加大。当摩擦力矩尚未达到车辆机组构成的阻力矩之前,从动部分仍然不动,并迫使主动部分的转速下降,此时,主动部分与从动部分不同步旋转,即摩擦副之间存在着相对滑摩,离合器处于打滑状态;当离合器的摩擦力矩增长到能克服车辆构成的阻力矩时,从动部分开始转动,主动部分转速还会进一步下降,从动部分与主动部分转速渐趋相等,但这个过程中摩擦副之间继续相对滑摩;当摩擦力矩继续增长到超过阻力矩时,从动部分增速,直到主、从动部分转速一致,滑摩过程才完全结束,离合器完全结合。这时离合器传递的转矩等于车辆的阻力矩。

离合器所能传递的最大转矩取决于摩擦面之间的最大静摩擦力矩,对于一定结构和材料的离合器而言,静摩擦力矩是一个定值。当输入转矩达到该值时,离合器将打滑,因而可防止传动系统过载。

离合器分离过程中,踏板总行程为自由行程与工作行程之和。踏板自由行程用以消除各连接杆件运动副间隙和自由间隙;踏板工作行程与离合器分离间隙对应。当从动盘摩擦片磨损变薄时,自由间隙变小,踏板自由行程也随之变小。若自由间隙过小或等于零,则摩擦片再稍有磨损,分离杠杆的端头会顶住分离轴承端面,使弹簧压紧力减小,造成离合器打滑;若自由间隙过大,则踏板自由行程增加,使工作行程减小,造成离合器分离不彻底。为了保证适当和均匀的自由间隙,离合器上设有相应调整机构。此外,在安装时,各个分离杠杆的端头应保持在同一回转平面上,否则将导致分离时压盘倾斜而影响离合器彻底分离。

三、典型摩擦式离合器

1. 膜片弹簧离合器

目前,汽车拖拉机上广泛采用膜片弹簧作为压紧机构的离合器,称为膜片弹簧离合器。膜片弹簧是一个用薄弹簧钢板制成的带有锥度的碟形弹簧。在靠近中心的小端部分均匀的开有许多径向切口,以形成分离指,起分离杠杆的作用,大端部分起压紧弹簧的作用。图 3-12 a 所示为一种膜片弹簧离合器结构简图。膜片弹簧的形状如图 3-12 b 所示,其靠中心部分开有 18 个径向切口,形成弹性杠杆。膜片弹簧两侧由钢丝支承圈 6 借膜片弹簧固定铆钉将其安装在离合器盖 4 上。

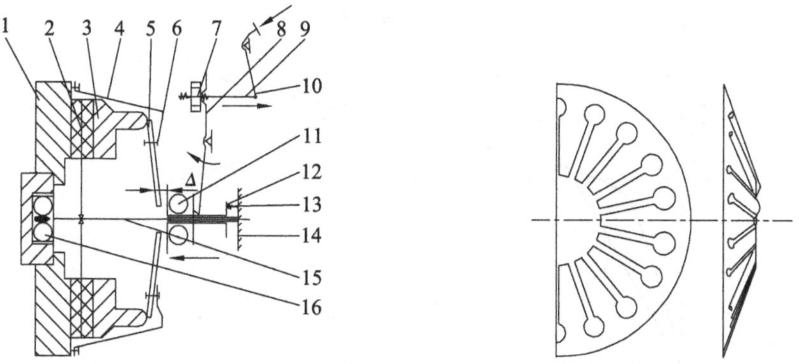

(a) 膜片弹簧离合器　　　(b) 膜片弹簧

1—飞轮；2—从动盘；3—压盘；4—离合器盖；5—膜片弹簧；6—膜片弹簧支承圈；7—调整螺母；8—分离拨叉；9—拉杆；10—离合器踏板；11—分离轴承；12—分离套筒；13—回位弹簧；14—支架；15—离合器轴；16—离合器轴承

图 3-12　膜片弹簧离合器结构简图

在离合器盖未固定到飞轮1上时，膜片弹簧处于自由状态，如图3-13 a所示。当将离合器盖用螺钉固定到飞轮上时，如图3-13 b所示，由于离合器盖靠近飞轮，钢丝支承圈压迫膜片弹簧5使之发生弹性变形，膜片弹簧锥角变小。同时膜片弹簧外端对压盘3产生压紧力，使离合器处于接合状态。当分离离合器时，分离轴承11左移，如图3-13 c所示，膜片弹簧被压在钢丝支承圈上，其径向截面以支承圈为支点转动，膜片弹簧成反锥形，导致膜片弹簧外端右移，并通过分离钩拉动压盘使离合器分离。

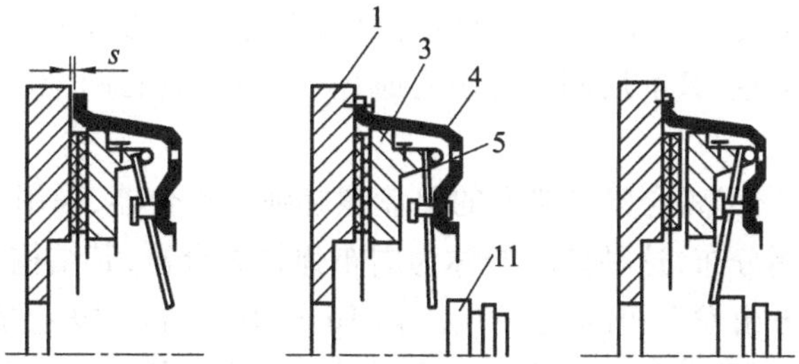

(a) 自由状态　　　(b) 结合状态　　　(c) 分离状态

注：1，3，4，5，11 代表的构件同图3-12。

图 3-13　膜片弹簧离合器工作原理示意图

膜片弹簧与螺旋弹簧相比具有不同的力学特性。图3-14为两种弹簧的特性曲线，横坐标代表弹簧的轴向压缩量 λ，纵坐标表示弹簧的轴向压力 F。曲线1为膜片弹簧的非线性特性曲线，曲线2为螺旋弹簧的非线性特性曲线。A 点表示两种弹簧离合器的接合状态，其压紧力都为 F_A。分离时，两种弹簧都会再次压缩，变形量为 $\Delta\lambda''$，此时膜片弹簧的压力 F_{C_1} 显然小于螺旋弹簧的压力 F_{C_2}，且 $F_{C_1} < F_A$，即膜片弹簧分离时的压力小于接合时的压力，因而具有操纵轻便的特点。

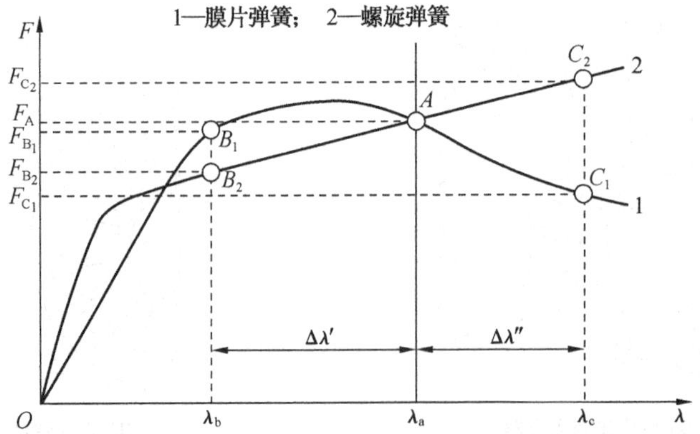

图 3-14　膜片弹簧与螺旋弹簧的弹性特性曲线

当摩擦片磨损变薄时弹簧伸长 $\Delta\lambda'$，螺旋弹簧的压紧力由 F_A 直线下降为 F_{B_2}，而膜片弹簧的压紧力 F_{B_1} 却几乎等于 F_A。因此，膜片弹簧尚能可靠地传递转矩，而螺旋弹簧则因磨损，压紧力减小，而不能传递所需要的转矩。

由于膜片弹簧与压盘以整个圆周接触，使压力分布均匀，与摩擦片的接触良好，磨损均匀，所以摩擦片的使用寿命长；此外，膜片弹簧的安装位置对离合器轴的中心线是对称的，其压力不受离心力的影响，具有高速性能好、平衡性好、操纵运转时冲击和噪声小等优点。因此，膜片弹簧离合器不仅在轿车和轻、中型汽车上应用越来越广泛，而且在重型汽车上也得到了应用。

2. 单盘螺旋弹簧离合器

对于发动机最大转矩不是很大的汽车拖拉机，在总体布置尺寸允许的条件下，离合器中通常只设有一片从动盘，其前后两面都装有摩擦片，因而具有两个摩擦表面，这种离合器称为单盘离合器。

东风 EQ1090E 型汽车离合器是典型的单盘螺旋弹簧离合器，采用若干个螺旋弹簧作压紧弹簧并沿从动盘圆周分布，这种离合器称为周布弹簧离合器，其结构如图 3-15 所示。

离合器的主动部分由发动机的飞轮 2、压盘 16 和离合器盖 19 组成。离合器盖用螺钉固定在发动机的飞轮上，压盘和离合器盖之间通过四组沿圆周方向均匀分布的具有弹性的传动片 33 连接。因此，飞轮、压盘和离合器盖始终随发动机曲轴一起旋转。为减轻重量，提高刚度，一般中、轻型汽车和拖拉机的离合器盖常用厚度为 3 ~ 5 mm 的低碳钢冲压成比较复杂的形状。在重型汽车上，离合器盖要求承受更为强大的压紧弹簧的张力，为获得足够的刚度，常用铸铁制成。为了散热，离合器盖上开有许多通风口，当离合器旋转时，热空气就由此抽出，以加强通风。也有的机型在离合器盖上制有鼓风叶片。离合器必须与飞轮同心，这是由离合器盖固定在飞轮上的定位装置来保证的。常用的固定装置有固定螺栓本身的光杆部分和定位销两种，铸造的离合器盖以外圆与飞轮上的内圆止口对中。传动片用弹簧钢片制成，每组两片，其一端用传动片铆钉 32 铆接在离合器盖上，另一端则用传动片固定螺钉与压盘连接。离合器分离时，四组传动片两端沿离合器轴向做相对位移，产生弯曲变形。为使离合器分离时不至于破坏压盘的对中和离合器的平衡，四组传动片是相隔 90°沿圆周切向均匀分布的。

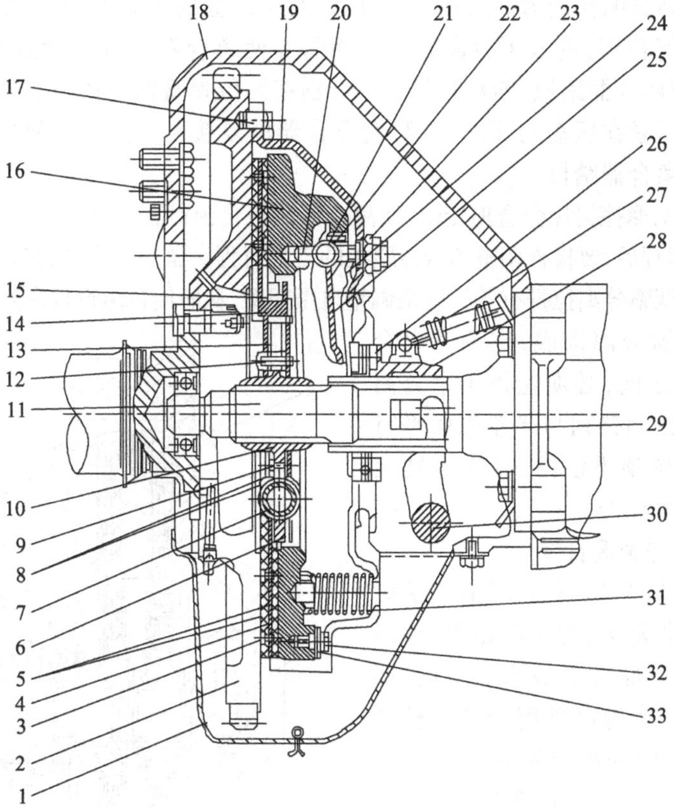

1—飞轮壳底盖;2—飞轮;3—摩擦片铆钉;4—从动片;5—摩擦片;6—减振器盘;7—减振器弹簧;
8—减振器阻尼片;9—阻尼片铆钉;10—从动盘毂;11—变速器第一轴(离合器轴);12—阻尼弹簧铆钉;
13—减振器阻尼弹簧;14—从动盘铆钉;15—从动盘铆钉隔套;16—压盘;17—离合器盖定位销;
18—离合器壳(飞轮壳);19—离合器盖;20—分离杠杆支承柱;21—摆动支片;22—浮动销;
23—分离杠杆调整螺母;24—分离杠杆弹簧;25—分离杠杆;26—分离轴承;27—分离套筒复位弹簧;
28—分离套筒;29—变速器第一轴轴承盖;30—分离叉;31—压紧弹簧;32—传动片铆钉;33—传动片

图 3-15 东风 EQ1090E 型汽车单盘离合器

带有扭转减振器的从动盘装在飞轮和压盘之间。从动片 4 铆接在从动盘毂 10 上,从动片的两面各铆接一片摩擦片 5。从动盘毂的内花键套在变速器第一轴(离合器从动轴)11 前端的外花键上,并可沿轴向移动。

压紧装置为 16 个沿圆周布置的螺旋压紧弹簧 31。压紧弹簧将压盘压向飞轮,并将从动盘夹紧在中间,使离合器处于接合状态。这样,在发动机工作时,其转矩一部分将由飞轮经与之接触的摩擦片直接传给从动片;另一部分则由飞轮通过 8 个固定螺钉传到离合器盖上,并由此经四组传动片将转矩传到压盘,最后也通过摩擦片传给从动片;从动片再将转矩通过从动盘毂的花键传给变速器第一轴。

位于离合器内部的分离操纵机构主要由分离杠杆 25、带分离轴承 26 的分离套筒 28 和分离叉 30 等组成。它有 4 个径向安装的、用薄钢板冲压制成的分离杠杆,其中部以分离杠杆支承柱 20 孔中的浮动销 22 为支点,外端通过摆动支片 21 抵靠在压盘的钩状凸起部。当在分离杠杆内端施加一个向左的水平推力时,杠杆将绕支点转动,其外端通过摆动支片推动压盘克服压紧弹簧的作用力而后移，从而撤除对从动盘的压紧力，于是摩擦作用消失，离合器不再传递任何转矩，进入了分离状态。当需要使离合器由分离状态恢复到接合状态时，驾驶员可松开离合器踏板，踏板和分离叉分别在回位弹簧的作用下退回原位，压紧弹簧又重新将从动盘压紧在压盘与飞轮之间，使离合器恢复接合状态。为使接合柔和，驾驶员应该逐渐地放松离合器踏板。

使用中，从动盘摩擦衬片会磨损变薄，使离合器踏板自由行程发生变化。根据规定，汽车拖拉机每行驶一定里程后，要检查调整离合器踏板的自由行程。调整的方法：拧动分离拉杆上的球形调整螺母，通过调整分离拉杆有效长度来调整自由间隙，从而使自由行程恢复到标准值。

为保证离合器分离彻底，在调整离合器踏板自由行程之前，必须先将 4 个分离杠杆内端的后端面调整到与飞轮端面平行的同一平面内。调整方法：拧动支撑柱上的分离杠杆调整螺母 23。

3. 双盘螺旋弹簧离合器

有些吨位较大的中、重型汽车要求离合器传递的转矩非常大，为了满足要求，通常采取的措施是将摩擦面数增加一倍，即增加一片从动盘，称为双盘离合器。长征 XD2150 型汽车所用的离合器是一个中央弹簧双盘离合器，其结构如图 3-16 所示。

中央弹簧离合器仅采用一个或两个轴线重合、刚度较大的内外螺旋弹簧做压紧弹簧，且压紧弹簧位于离合器中央。

该离合器的主动部分由飞轮 6、离合器盖 10、压盘 8 和中间压盘 2 组成。发动机动力一部分从飞轮经传动销传给中间压盘 2，另一部分由飞轮经离合器盖传递给压盘 8。离合器的从动部分包括前、后从动盘 5 和 4(故称为双盘离合器)及离合器轴。主、从动部分通过中央压紧弹簧 13 压紧。中央压紧弹簧的前端通过一个用钢板冲压制成的支承座支承于离合器盖上，其后端压紧在分离套筒 14 上。轴向安装在分离套筒上的三根传动杆 12 分别与三根压紧杠杆 17 的内端相连。压紧杠杆以固定在离合器盖上的支承销 16 为支点，其外端通过压块与压盘相接触，中央弹簧的压紧力通过分离套筒 14、传动杆 12 和压紧杠杆 17，将离合器的主动和从动部分压紧。

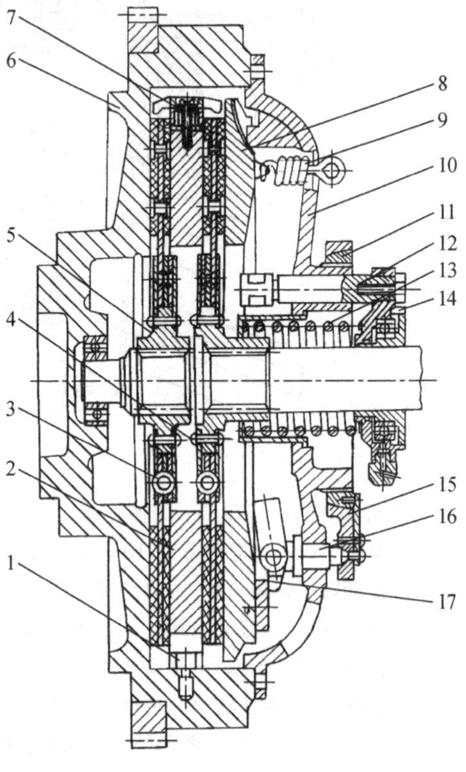

1—传动销；2—中间压盘；3—扭转减振器；
4，5—从动盘；6—飞轮；7—分离摆杆；8—压盘；
9—分离弹簧；10—离合器盖；11—调整环；
12—传动杆；13—中央压紧弹簧；14—分离套筒；
15—平衡盘；16—支撑销；17—压紧杠杆

图 3-16 长征 XD2150 型汽车中央弹簧双盘离合器

当离合器分离时，操纵机构中的分离叉将分离套筒推向前方，进一步压缩中央弹簧，同时通过传动杆将压紧杠杆内端向前推移，使压紧杠杆外端后移而与压盘脱离。压盘在分离弹簧 9 的拉力作用下离开后从动盘4。为保证各摩擦面彻底分离，装有分离摆杆7，其上装有扭转弹簧。压盘后移时,分离摆杆便在扭转弹簧的作用下转动,使中间压盘后移,并保证中间压盘在飞轮和压盘工作端面之间的正中位置,从而使两个从动盘具有相同的轴向移动间隙。

为了获得尽可能大的杠杆比,长征 XD2150 型汽车离合器的 3 根压紧杠杆是沿压盘内圆的切线方向布置的。为使中央弹簧的压力均匀分配到 3 根压紧杠杆上,长征 XD2150 型汽车离合器上设有自动平衡机构。如图 3-16 所示,支承销顶住平衡盘 15,平衡盘与调整环 11 以球面相配合,调整环通过螺纹固定在离合器盖上。假如 3 个压紧杠杆传递的压紧力不相等,则通过 3 个支撑销作用在平衡盘上的力也不平衡,使平衡盘沿球面转动,直至 3 个杠杆传递的压紧力相等为止。

4. 双作用离合器

汽车和一般的工程车辆不使用双作用离合器,而拖拉机特别是大中型拖拉机上广泛采用双作用离合器。所谓双作用离合器是指将两个离合器装在一起,其中一个离合器将动力传给驱动轮,使拖拉机行驶,称为主离合器;另一个离合器将动力传给动力输出轴,为农机具提供动力,称为副离合器或动力输出离合器。

图 3-17 为东风-50 型拖拉机的双作用弹簧压紧式摩擦离合器。主离合器与副离合器通过隔板 6 分开,副离合器在前,主离合器在后。副离合器用碟形弹簧 1 压紧,主离合器用双螺旋弹簧 11 压紧。前、后压盘上有凸台,分别由隔板和离合器盖驱动。分离杠杆的外端与后压盘驱动销上的孔铰接,并以调整螺钉 9 的可变支点摆动进行运动补偿。联动销 13 将前、后压盘活动地连在一起,并在后压盘与调整螺母之间留有 2 mm 分离间隙。

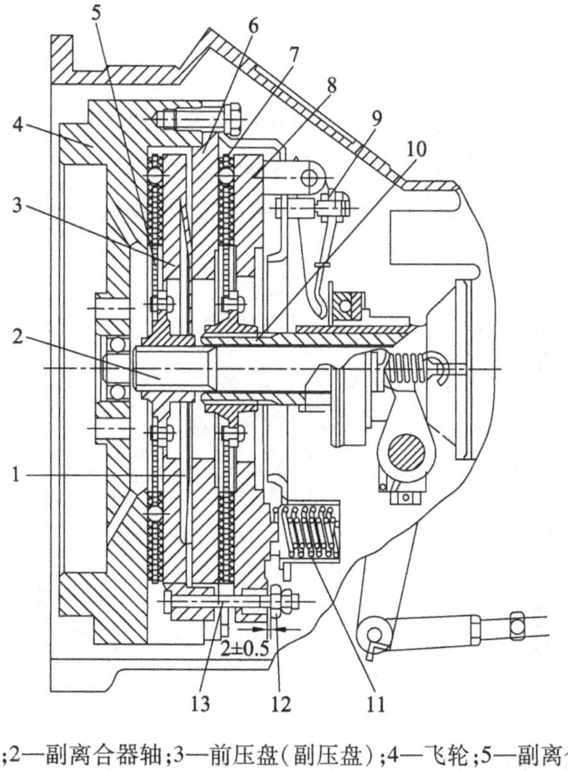

1—碟形弹簧;2—副离合器轴;3—前压盘(副压盘);4—飞轮;5—副离合器从动盘;
6—隔板;7—主离合器从动盘;8—后压盘(主压盘);9—调整螺钉;10—主离合器轴;
11—双螺旋弹簧;12—限位螺母;13—联动销

图 3-17 东风-50 型拖拉机的双作用弹簧压紧式摩擦离合器

当分离杠杆拉动后压盘向后移动时，首先使主离合器分离。主离合器彻底分离后，若继续踩下踏板，消除后压盘与限位螺母之间的间隙后，后压盘即通过联动销 13 拉动前压盘，使副离合器分离。

这种双作用离合器的主、副离合器不是同时分离或接合的，而是有一个先后次序。在分离过程中，首先分离主离合器，使拖拉机停车，然后分离副离合器使动力输出轴及农具工作部件停止转动。接合过程则相反，先接合副离合器，后接合主离合器，即农具工作部件先运转，拖拉机后起步。

这种先后依次分离和接合的特点，在生产使用中是十分必要的。例如，拖拉机配合收割机作业，要求收割机割刀先运转，然后拖拉机起步前进，以免起步时机组惯性矩过大，起步困难。在收割过程中，有时割刀部分堵塞，要求拖拉机停驶，而割刀不停止运转，以便清除堵塞物。但这种双作用离合器还不能满足拖拉机行驶中使农具停止运转的要求。

有些双作用离合器，如铁牛系列拖拉机双作用离合器没有图 3-17 中所示的隔板，前压盘（副压盘）位于主、副从动盘之间，两压盘之间设有螺旋弹簧压紧副压盘。其他构造与原理同上述双作用离合器。

有些拖拉机采用独立操纵的双联离合器，其特点在于采用两套完全独立的操纵机构，分别独立操纵主离合器和副离合器。这样的离合器给配带的农机具作业带来更大方便，有利于改善拖拉机的综合利用性能和提高生产率。

四、从动盘总成

从动盘分为带扭转减振器的从动盘（图 3-15）和不带扭转减振器的从动盘（图 3-18）两种，主要由从动片、摩擦片和从动盘毂 3 个基本部分组成。不带扭转减振器的从动盘，其从动片直接铆在从动盘毂上；带扭转减振器的从动盘，其从动片与从动盘毂之间通过减振弹簧弹性的连接在一起。

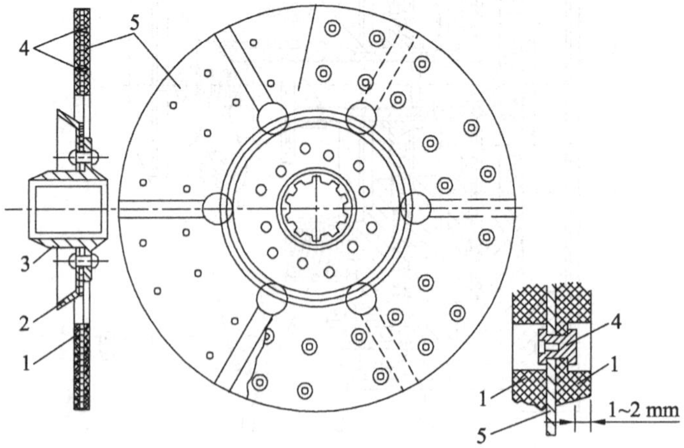

1—摩擦片；2—甩油盘；3—从动盘毂；4—铆钉；5—从动片

图 3-18　从动盘结构

1．从动片

从动片通常用1.3～2.0 mm的薄弹簧钢板冲压而成，为提高摩擦系数，从动片两面铆有摩擦衬片。从动盘重量应尽量小，质心尽可能靠近旋转中心，以获得最小的转动惯量，减小从动盘转速变化时引起的惯性力，从而降低换挡时齿轮之间产生的冲击载荷。为了使单片离合器接合柔和、起步平稳，从动片通常都做成具有轴向弹性的结构。具有轴向弹性的从动片结构形式有整体式、分开式和组合式3种。

整体式弹性从动片如图3-19所示，在从动片沿半径方向上开有T形槽，外部形成许多扇形，将它们依次沿圆周向弯曲成波浪形，两边的摩擦片分别与其波峰和波谷部分铆接在一起，接合时依靠波状扇形的弯曲来获得柔和性。

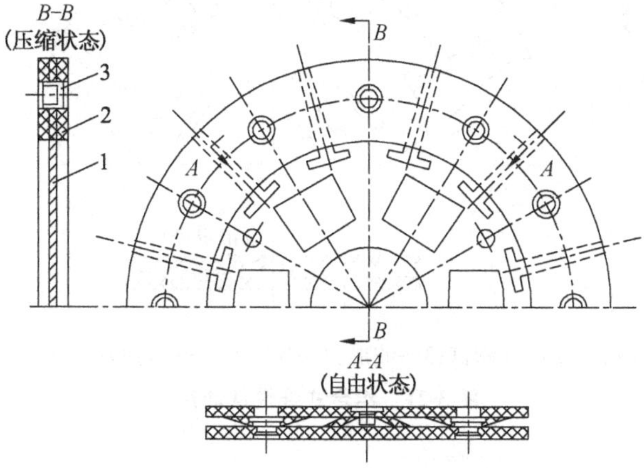

1—从动片；2—摩擦片；3—铆钉

图3-19　整体式弹性从动片

分开式弹性从动片如图3-20所示，波形弹簧片2与从动片5分开做成两件，然后用铆钉铆在一起。由于分开的波形弹簧片是由同一模具冲压而成的，故刚度一致。此外，波形弹簧片较薄，一般为0.7～0.8 mm，使从动片的转动惯量减小，弹性更好，主要应用在轿车和轻型货车上。

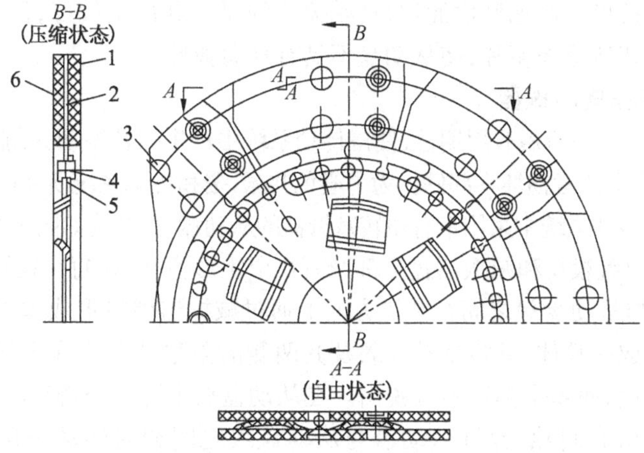

1，6—摩擦片；2—波形弹簧片；3—铆钉；4—从动片铆钉；5—从动片

图3-20　分开式弹性从动片

组合式弹性从动片如图 3-21 所示，从动片 1 靠近压盘一侧铆有波形弹簧片 5，摩擦片 4 用铆钉 2 铆在弹簧片上，靠近飞轮一侧的摩擦片则直接铆在从动片上。在离合器接合时，利用波形弹簧片被压紧过程中的弹性变形使压紧力逐渐增加，提高了接合的柔和性。这种从动片转动惯量较大，但外形稳定性较好，主要用在中、重型货车上。

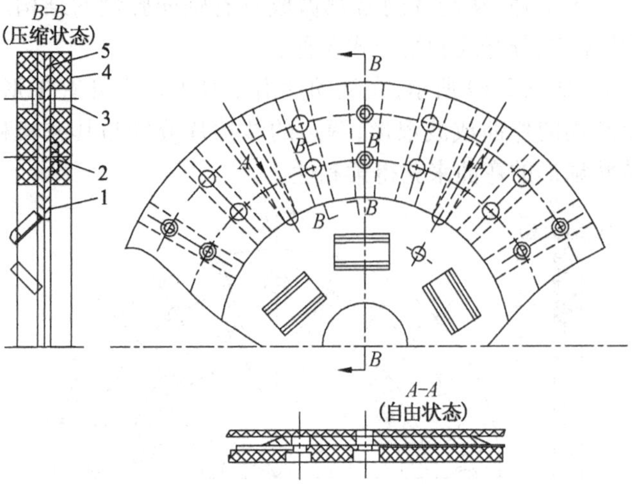

1—从动片；2—摩擦片铆钉；3—波形弹簧片铆钉；4—摩擦片；5—波形弹簧片

图 3-21　组合式弹性从动片

2. 摩擦片

摩擦片因所用材料及其成分的差异，分为石棉塑料摩擦片、粉末冶金摩擦片等多种。目前采用具有导热性好、强度高、耐高温、耐磨和摩擦系数较高的粉末冶金摩擦材料已成为发展趋势。为了通风散热、分离迅速和自动清除滑磨下的磨屑，有些衬片上刻有深 0.5 mm 辐射状的沟槽。

摩擦片和从动片之间可以铆接，也可以粘接。铆接的铆钉采用铜或铝等较软的金属制造，其连接可靠，更换摩擦片方便，适用于在从动片上安装波形弹簧片，但摩擦面积利用率小，使用寿命短；粘接可以增加摩擦面积，且摩擦片的厚度利用也较好，但更换摩擦片困难，无法在从动片上安装波形弹簧片，使从动盘不具有轴向弹性。

3. 从动盘毂和扭转减振器

发动机传到传动系的扭矩有周期性，使得传动系统中产生扭转振动，可能产生系统的共振，从而影响零部件的寿命或者损坏零部件。为了避免共振，缓和传动系统所受的冲击，使汽车拖拉机起步平稳，通常在传动系统中采用带有扭转减振器的从动盘，其结构如图 3-22 a 所示。

从动片 12、从动盘毂 6 和减振器盘 7 都开有 6 个矩形窗孔，在每个窗孔中装有 1 个减振器弹簧 11，从动盘与从动盘毂之间在圆周方向上通过减振器弹簧形成弹性联系。减振器盘与从动盘用铆钉铆成一整体，并将从动盘毂及其两侧的阻尼片 5 夹在中间。从动盘及减振器盘上的窗孔有翻边，使 6 个弹簧不致脱出。在从动盘毂上开有与铆钉隔套 4 相对的缺口，在缺口与隔套之间留有间隙，允许从动盘与从动盘毂之间相对转动一角度。从动盘工作时，两侧摩擦片所受的摩擦力矩首先传到从动盘和减振器盘上，再经 6 个弹簧传给从动盘毂，这时弹簧被进一步压缩（图 3-22 c），从而吸收传动系统所受冲击。传动系统中的扭转振动会使从动盘毂相对于从动盘和减振器盘来回转动，靠夹在它们之间的阻尼片 5 与上述三者的摩擦来消耗扭转振动的能量，使扭转振动迅速衰减。

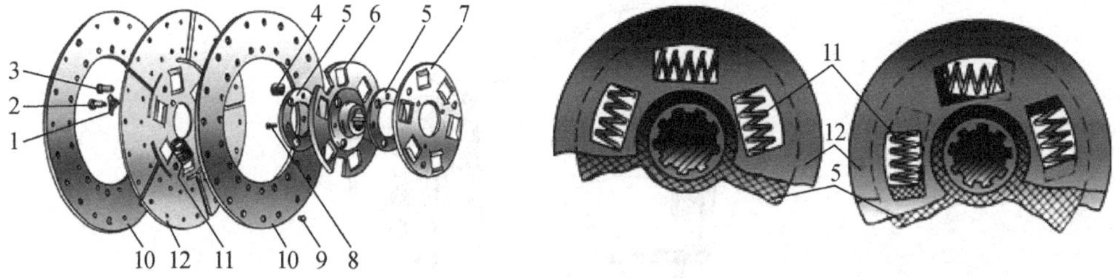

(a) 零件分解图　(b) 不工作时　(c) 工作时

1—减振器阻尼弹簧；2—阻尼弹簧铆钉；3—从动盘铆钉；4—从动盘铆钉隔套；5—减振器阻尼片；6—从动盘毂；7—减振器盘；8—阻尼器铆钉；9—摩擦片铆钉；10—摩擦片；11—减振器弹簧；12—从动片

图 3-22　扭转减振器的组成及工作示意图

五、离合器操纵机构

驾驶员操纵和控制离合器分离、结合的机构称为离合器操纵机构。离合器壳外的操纵部分按传动方式划分为机械式、液压式和气压式 3 种形式，前两种在汽车拖拉机中的应用较广泛。

1. 机械式操纵机构

机械式操纵机构有杆式传动操纵机构和钢丝绳索式传动操纵机构两种。

（1）杆式传动操纵机构。如图 3-23 所示，当踩下离合器踏板时，通过拉臂 3 拉动拉杆 4 和分离叉臂 6，使离合器分离轴承移动，离合器分离。其特点是结构简单、工作可靠、成本低，广泛应用于各种类型的汽车上。但是，杆件间铰接多，摩擦损失大，且工作好坏受车身或车架变形的影响较大。在平头车、发动机后置的汽车离合器需要远距离操纵时，合理布置杆系比较困难。

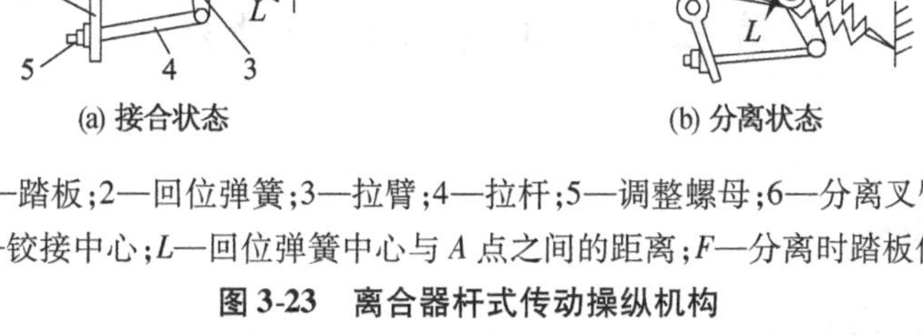

(a) 接合状态　(b) 分离状态

1—踏板；2—回位弹簧；3—拉臂；4—拉杆；5—调整螺母；6—分离叉臂；A—铰接中心；L—回位弹簧中心与 A 点之间的距离；F—分离时踏板位置

图 3-23　离合器杆式传动操纵机构

（2）钢丝绳索式传动操纵机构。如图 3-24 所示，踩下离合器踏板 10，操纵绳索 6 带动离合器操纵臂 4 通过分离臂 3 使分离轴承 2 移动，使离合器分离。它消除了杆系传动的一些缺点，且可采用便于驾驶员操作的吊挂式踏板，且结构简单、价格低，维修调整方便，但绳索寿命较短，拉伸刚度较小，故只适用于轻型、微型汽车和某些轿车上。

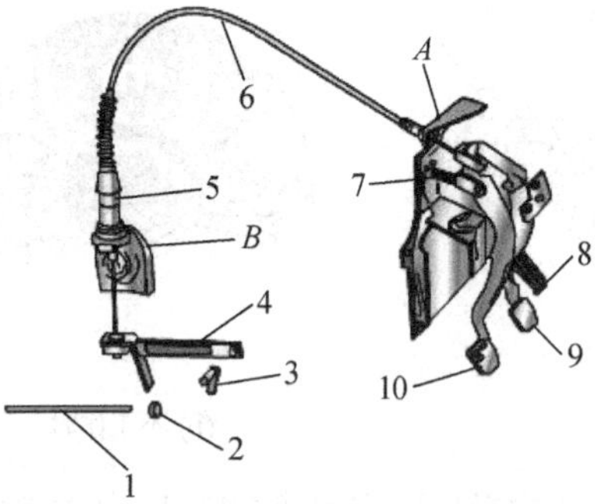

1—离合器分离推杆；2—分离轴承；3—分离臂；4—离合器操纵臂；5—绳索自动调整装置；6—绳索总成；7—弹簧；8—加速踏板；9—制动踏板；10—离合器踏板；A，B—支撑点

图 3-24 捷达轿车钢丝绳索式传动操纵机构

2. 液压式操纵机构

液压式离合器操纵机构具有摩擦阻力小、传递效率高、便于布置、接合平顺、不受车身和车架变形的影响等优点，在大部分汽车，特别是中型、重型汽车和工程车辆中广泛使用。

液压式离合器操纵机构如图 3-25 所示，主要由离合器踏板、储液室、主缸、工作缸及相应活塞、管路等组成。

液压式离合器操纵机构工作原理：踩下踏板时，主缸推杆 5 推动主缸活塞 3，使主缸中的油液压力升高，并通过管路进入工作缸 10 推动工作缸活塞 9，再通过推杆推动分离叉使离合器分离轴承移动，经推力轴承推压分离杠杆或膜片弹簧锥部，使离合器分离。

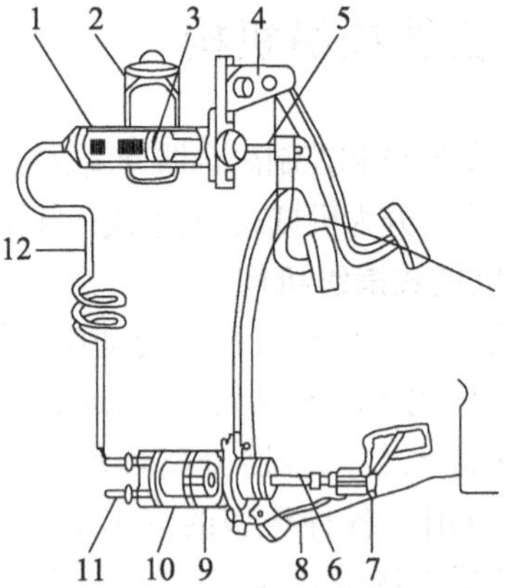

1—主缸；2—储液室；3—主缸活塞；4—踏板支座；5—主缸推杆；6—工作缸推杆；7—分离叉；8—分离叉回位弹簧；9—工作缸活塞；10—工作缸；11—放气塞；12—管路

图 3-25 离合器液压式操纵机构结构简图

第三节 变速器和分动器

一、变速器概述

（一）变速器的功用

变速器位于离合器之后、驱动桥之前，是一套用来协调发动机的转速和车轮的实际行

驶速度的变速装置，以发挥发动机的最佳性能。它的功用是：

① 在保持发动机转矩和转速不变的情况下，改变传动比，扩大驱动轮的转矩和转速的变化范围，以适应经常变化的行驶条件。

② 在发动机旋转方向不变的前提下，使汽车能倒退行驶。

③ 在发动机不停机的情况下，利用空挡，中断动力传递，实现汽车拖拉机较长时间停车，并便于变速器的换挡或进行动力输出。

变速器的上述功用可以概括为“增扭减速、变扭变速、倒车停车”。

（二）变速器的分类

1. 按传动比变化的方式不同，可分为有级式、无级式和综合式

① 有级式变速器应用最广泛，它采用齿轮传动，具有若干个定值传动比。按所用的齿轮轮系不同又分为轴线固定式变速器（普通齿轮变速器）和轴线旋转式变速器（行星齿轮变速器）两种。目前，轿车和轻、中型货车变速器的传动比通常有 3 ~5 个前进挡和一个倒挡。重型汽车用的组合式变速器，采用更多挡位，一般是由两个变速器组合而成的。

② 无级式变速器的传动比在一定的范围内可以按无限多级变化。常见的有电力式和液力式（动液式）两种。电力式变速器在传动系统中有广泛采用的趋势，其变速传动部件为直流串励电动机。液力式变速器的传动部件是液力变矩器。

③ 综合式变速器是指由液力变矩器和齿轮式有级变速器组成的液力机械式变速器。其传动比可以在最大值和最小值之间的几个间断范围内无级变化，目前应用较为广泛。

2. 按操纵方式不同分为强制操纵式、自动操纵式和半自动操纵式

① 强制操纵式变速器靠驾驶员直接操纵变速杆换挡，为大多数汽车所采用。

② 自动操纵式变速器的传动比选择（换挡）是自动进行的，驾驶员只需操纵加速踏板，即可控制车速。

③ 半自动操纵式变速器有两种形式：一种是常见的几个挡位自动操纵，其余的挡位则由驾驶员操纵；另一种是预选式，即驾驶员预先用按钮选定挡位，在踩下离合器踏板或松开加速踏板时，接通一个电磁装置或液压装置来换挡。

3. 按使用方法分为手动变速器（MT）、自动变速器（AT）、手自一体变速器、无级变速器（CVT）、双离合器变速箱和 EMT、AMT 序列变速器等

一般汽车和拖拉机广泛采用齿轮式变速器，高级轿车和重型汽车多采用由液力变矩器和齿轮式变速器组成的液力机械式变速器。变速器由变速传动机构和操纵机构组成，可制成单独变速机构或与传动机构合装在同一壳体内。

二、机械式变速器

（一）普通齿轮式变速器变速传动机构

汽车拖拉机常用的齿轮式变速器主要有两轴式、三轴式和组合式 3 种。

1. 两轴式变速器

两轴式变速器变速传动机构主要由第一轴（输入轴）、第二轴（输出轴）、倒挡轴及各挡齿轮构成。图 3-26 为奥迪 100 型轿车两轴式变速器变速传动机构简图，它具有 5 个前进挡和 1 个倒挡，采用锁环式同步器换挡，输入轴 1 与输出轴 12 平行。输入轴前端通过离合器与发动机曲轴相连,与输入轴一挡齿轮2、输入轴二挡齿轮3、输入轴五挡齿轮10和输入轴倒挡齿轮11连成一体。输入轴三挡齿轮4和四挡齿轮9通过滚针轴承空套在输入轴上,三、四挡花键毂7以其内花键与输入轴上的外花键紧配合。输出轴与主减速器主动锥齿轮29制成一体,经主减速器将动力转给驱动轮。输出轴上装有从动齿轮28、23、22、21、20和13。其中齿轮28、23、20和13均通过轴承空套在输出轴上,三、四挡从动齿轮22、21以花键与输出轴紧配合。一挡、二挡花键毂26和五挡、倒挡花键毂18以其内花键与输出轴上的外花键紧配合。倒挡主动齿轮11、倒挡中间齿轮15和倒挡从动齿轮13位于同一回转平面内。

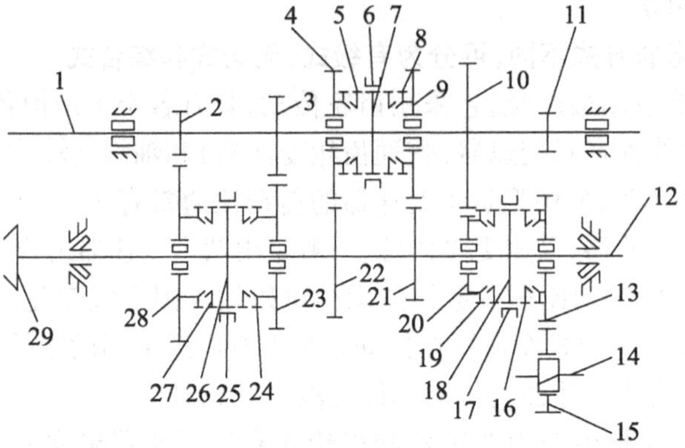

1—输入轴;2—第一轴一挡齿轮;3—第一轴二挡齿轮;4—第一轴三挡齿轮;5—同步器锁环;6—同步器接合套;7—同步器花键毂;8—四挡齿轮接合齿圈;9—第一轴四挡齿轮;10—第一轴五挡齿轮;11—第一轴倒挡齿轮;12—输出轴;13—输出轴倒挡齿轮;14—倒挡轴;15—倒挡中间齿轮;16—同步器锁环;17—同步器接合套;18—同步器花键毂;19—五挡齿轮接合齿圈;20—输出轴五挡齿轮;21—输出轴四挡齿轮;22—输出轴三挡齿轮;23—输出轴二挡齿轮;24—二挡齿轮接合齿圈;25—同步器接合套;26—同步器花键毂;27—同步器锁环;28—输出轴一挡齿轮;29—主减速器主动锥齿轮

图3-26　奥迪100型轿车两轴式变速器传动机构简图

变速器处于空挡状态时,3个同步器接合套都位于同步器花键毂中央。使用变速器操纵机构,可获得不同挡位。各挡动力传递路线为:

一挡:同步器接合套25左移,则动力由输入轴依次经过齿轮2和28、同步器花键毂26,最后传到输出轴;

二挡:同步器接合套25右移,则动力由输入轴依次经过齿轮3和23、同步器花键毂26,最后传到输出轴;

三挡:同步器接合套6左移,则动力由输入轴依次经过同步器花键毂7、齿轮4和22,最后传到输出轴;

四挡:同步器接合套6右移,则动力由输入轴依次经过同步器花键毂7、齿轮9和21,最后传到输出轴;

五挡:同步器接合套17左移,则动力由输入轴依次经过齿轮10和20、同步器花键毂18,最后传到输出轴;

倒挡:同步器接合套17右移,则动力由输入轴依次经过齿轮11、齿轮15、齿轮13、同步器花键毂18,最后传到输出轴。

各挡传动比:$i_1=z_{28}/z_2$;$i_2=z_{23}/z_3$;$i_3=z_{22}/z_4$;$i_4=z_{21}/z_9$;$i_5=z_{20}/z_{10}$;$i_R=(z_{15}/z_{11})(z_{13}/z_{15})$。

式中 i 表示传动比，下标 1 ~5 表示一挡至五挡，R 表示倒挡；z 表示齿轮齿数，下标数字表示各齿轮在图中的标号。

两轴式变速器结构简单，前进时从输入轴到输出轴只有一对齿轮啮合传递动力，倒挡传递路线中也只有一个中间齿轮，因而机械传动效率高，噪声小。同步器既可装在输入轴上，也可装在输出轴上，整体结构紧凑。发动机前置前轮驱动或发动机后置后轮驱动的中、轻型轿车上，由于布置的需要，采用了两轴式变速器。

前置发动机又有横向布置和纵向布置两种类型，与其配用的两轴式变速器结构形式也有差异。图 3-26 所示为一款与前置发动机纵向布置形式相配用的两轴式变速器。图 3-27 所示为雪铁龙毕加索 BE4 两轴式五挡变速器，是一款与前置发动机横向布置形式相配用的两轴式变速器。

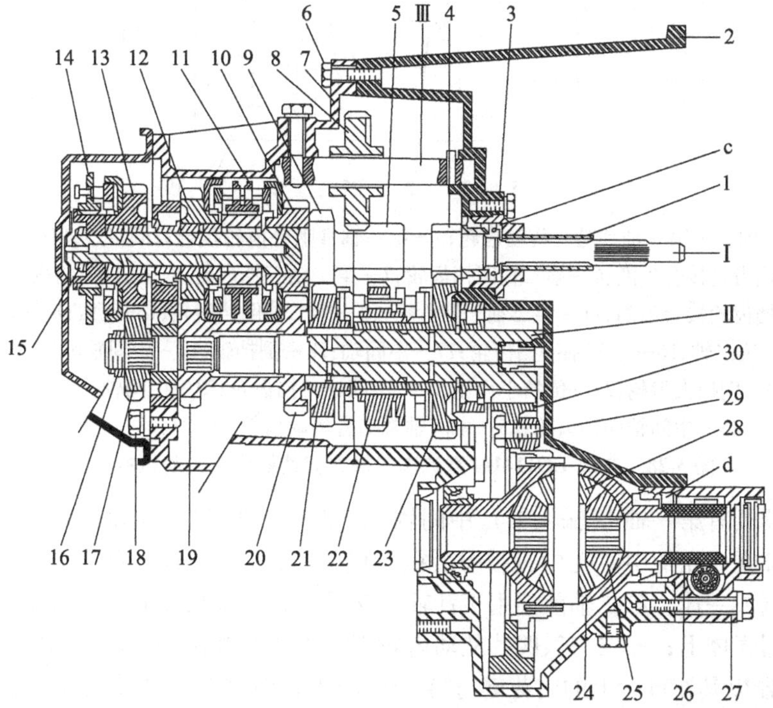

1—导向套；2—离合器壳体；3—导向块；4——挡主动齿轮；5—倒挡主动齿轮；6—离合器壳体螺栓；7—变速器壳体；8—倒挡齿轮；9—二挡主动齿轮；10—三挡主动齿轮；11—三、四挡同步器；12—四挡主动齿轮；13—五挡主动齿轮；14—五挡同步器；15—第一轴螺母；16—第二轴螺母；17—五挡从动齿轮；18—卡环定位螺栓；19—四挡从动齿轮；20—三挡从动齿轮；21—二挡从动齿轮；22——、二挡同步器和倒挡从动齿轮；23——挡从动齿轮；24—差速器壳体；25—半轴齿轮；26—里程表主动齿轮；27—里程表从动齿轮；28—行星齿轮；29—主减速器齿轮螺栓；30—主减速器主动齿轮；c，d—调节垫片

图 3-27　雪铁龙毕加索 BE4 两轴式五挡变速器

2. 三轴式变速器

三轴式变速器有 3 根主要轴：第一轴（输入轴）、第二轴（输出轴）和中间轴，也称为中间轴式变速器。图 3-28 所示为东风 EQ1141G 型汽车三轴式变速器变速传动机构简图，它具有 5 个前进挡、1 个倒挡。输入轴与输出轴的轴线在同一条直线上，中间轴的轴线与输入轴轴线平

行。前进挡的每个挡位采用两对齿轮传动,输出轴的转动方向与输入轴转动方向相同。

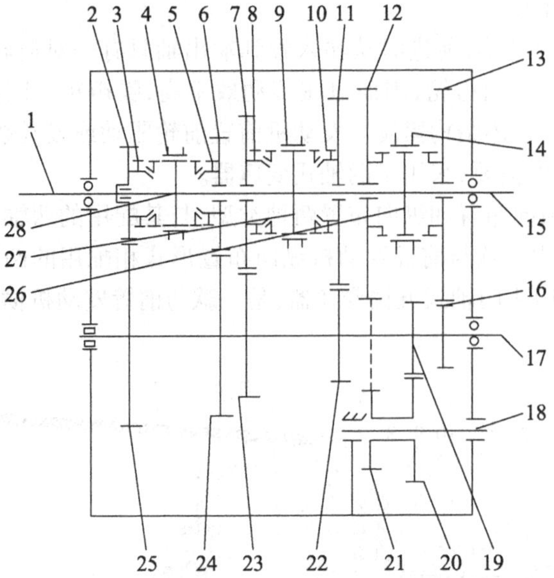

1—第一轴;2—第一轴常啮合传动齿轮;3—第一轴常啮合齿轮接合齿圈;4,9,14—接合套;
5—四挡齿轮接合齿圈;6—第二轴四挡齿轮;7—第二轴三挡齿轮;8—三挡齿轮接合齿圈;
10—二挡齿轮接合齿圈;11—第二轴二挡齿轮;12—第二轴倒挡齿轮;13—第二轴一挡齿轮;
15—第二轴;16—中间轴一挡齿轮;17—中间轴;18—倒挡轴;19—中间轴倒挡齿轮;
20—倒挡大齿轮;21—倒挡小齿轮;22—中间轴二挡齿轮;23—中间轴三挡齿轮;
24—中间轴四挡齿轮;25—中间轴常啮合传动齿轮;26,27,28—花键毂

图 3-28 东风 EQ1141G 型汽车三轴式变速器变速传动机构简图

该变速器具有第一轴 1(输入轴)、中间轴 17 和第二轴 15(输出轴)。第一轴前端用向心球轴承支撑在飞轮的中心孔中,后端用深沟球轴承支承在变速器前壳体的轴承孔中,齿轮 2 与此轴制成一体。第二轴前端用滚针轴承支承在第一轴后端孔内,后端用深沟球轴承支承于变速器壳体上;一、二、三、四挡从动齿轮 13、11、7、6 和倒挡齿轮 12 均空套在第二轴上,3 个同步器以其花键毂上的内花键与第二轴上的外花键配合,其外花键与接合套内花键连接。中间轴两端均用圆锥滚子轴承支承在变速器壳体上,其上固定连接的齿轮 25 与齿轮 2 构成常啮合传动副,齿轮 16、22、23、24 分别为一、二、三、四挡主动齿轮并固连在中间轴上,与齿轮 13、11、7、6 保持常啮合;齿轮 19 为固连在中间轴上的中间轴倒挡齿轮。倒挡轴 18 用锁片固定在变速器壳体上,其上双联倒挡齿轮 20 和 21 用滚针轴承与轴配合,且齿轮 20 和 19 呈常啮合。

由图 3-28 可见,空挡时,当第一轴旋转,通过齿轮 2 即可带动中间轴及其上所有齿轮旋转。但因从动齿轮 6、7、11、13 均采用轴承空套在第二轴上,且接合套 4、9 和 14 均处于中间位置,不与任何齿轮的接合齿圈接合,第二轴不能被驱动,无动力输出。使用变速器操纵机构,通过接合套的移动,可实现不同传动比的动力传递。

以挂二挡为例,同步器接合套 9 右移,动力传递路线为:第一轴 1→齿轮 2→齿轮 25→中间轴 17→齿轮 22→齿轮 11→同步器接合套 9→花键毂 27→第二轴 15。

挂倒挡时，同步器接合套14左移，动力传递路线为：第一轴1→齿轮2→齿轮25→中间轴17→齿轮19→齿轮20→齿轮21→齿轮12→同步器接合套14→花键毂26→第二轴15。由于增加了一个倒挡中间齿轮，故第二轴的旋转方向与第一轴相反，使车辆倒退行驶。

该三轴式变速器第五挡为直接挡，即第一轴动力不经中间轴而直接传到第二轴，其传动比为1，传动效率最高，亦可获得最高车速。但此外的其他前进挡需经两对齿轮传动，倒挡需经三对齿轮传动，因而传动效率低，噪声大。三轴式变速器适用于传统的发动机前置后轮驱动的布置形式，广泛应用于轻、中型货车上。

三轴变速箱如果采用一根中间轴，啮合齿轮副产生的径向力将引起输出轴的变形，这种变形引起输出轴的抖动，并引起传动系统的工作异常。在中型以上的汽车上这种变形更为明显，因此有时采用双中间轴的方式来减小输出轴的变形。

如图3-29所示，双中间轴变速器采用了两根对称布置的中间轴，使中间轴上每个齿轮施加给输入轴齿轮和输出轴齿轮的径向力大小相等，方向相反。因此，输入轴、输出轴只承受扭矩，不承受弯矩。这样就从结构上保证了双中间轴变速器在设计时能够减小中心距和各挡齿轮的直径，减小了齿轮宽度和各传动轴的直径，从而使变速器的轴向尺寸变短、体积减小、重量降低，充分体现了中心距小、齿轮窄、承载能力大等优点。

双中间轴变速器普遍采用主、副箱组合设计，可实现多个前进挡位。主箱采用手动操纵，副箱采用气动操纵。

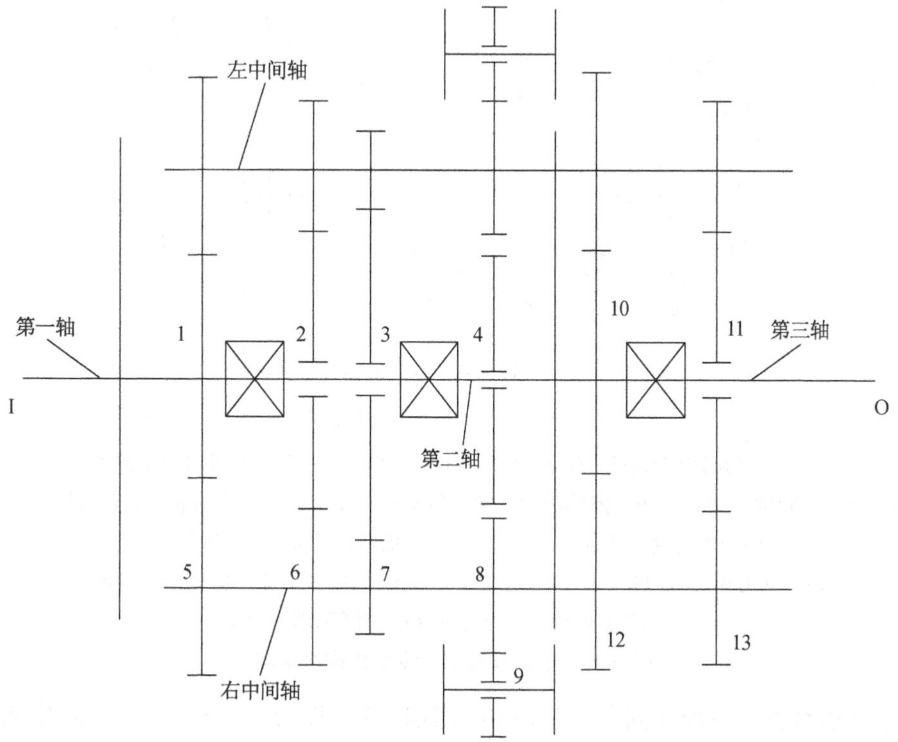

图3-29 双中间轴变速器传动机构简图

3. 组合式变速器

重型货车的装载质量大,使用条件复杂,为保证重型货车有良好的动力性、经济性和加速性,必须扩大传动比范围并增多挡数。为避免变速器结构过于复杂和便于系列化生产,多采用组合式变速器。现代农业生产的发展,要求拖拉机能进行越来越多的作业类型,为保证各作业项目的作业质量和适应不同的作业条件,要求拖拉机前进挡数越来越多。一般采用组合式变速器来避免拖拉机变速器变得庞大而笨重。

图 3-30 所示为常见的一种组合式变速器传动机构示意图。它由四挡主变速器 I 和串联安装在主变速器之后的两挡(高速挡和低速挡)副变速器 Ⅱ 组成(副变速器输入轴 19 同时也是主变速器输出轴),这样可得到 8 个前进挡。副变速器传动比较大时,多置于主变速器之后,以利于减小主变速器的质量和尺寸。组合式变速器的传动比为主变速器和副变速器的传动比之积。主变速器各挡传动比间隔较小,而副变速器的低速挡传动比较大。在换挡时,当变速器接合套 17 右移并与齿轮 18 的接合齿圈接合时,副变速器即挂入高速挡。当接合套 17 左移并与齿轮 16 的接合齿圈接合时,副变速器便挂入低速挡。这种由副变速器高、低速两挡传动比分别与主变速器各挡传动比搭配而组成高、低两段传动比范围的配合方式,称为分段式配挡。它仅在四、五挡间换挡时,才需要操纵副变速器。

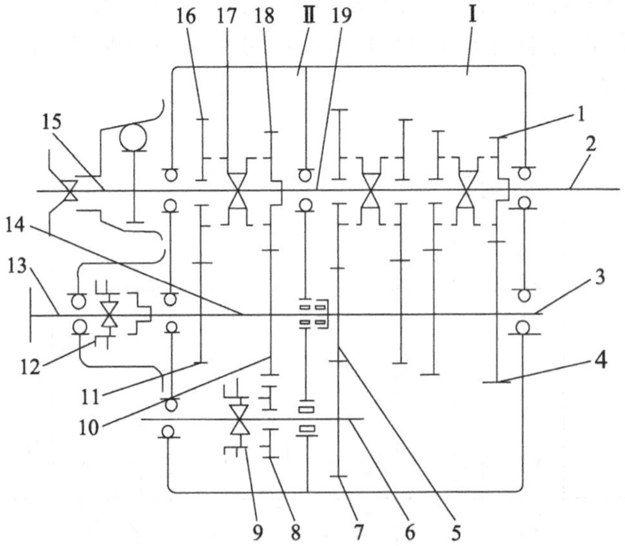

1—输入轴四挡齿轮;2—输入轴;3—第一中间轴;4—第一中间轴四挡齿轮;
5—第一中间轴一挡齿轮;6—倒挡轴;7—倒挡传动齿轮;8—倒挡空套齿轮;9,17—接合套;
10—第二中间轴高速挡齿轮;11—第二中间轴低速挡齿轮;12—动力输出接合套;
13—动力输出轴;14—第二中间轴;15—输出轴;16—副变速器低速挡齿轮;
18—副变速器高速挡齿轮;19—副变速器输入轴

图 3-30 组合式变速器传动机构示意图

当主变速器各挡传动比间隔较大,而副变速器低挡传动比又较小时,组合得到的传动比均匀地插入主变速器各挡传动比之间,这称为插入式配挡。它需要主、副变速器交替换挡,故换挡操作比分段式复杂。

倒挡轴 6 上有两个齿轮,其中,倒挡传动齿轮 7 与第一中间轴一挡齿轮 5 啮合,从而保证倒挡轴跟随输入轴 2 一起旋转；另一倒挡齿轮 8 空套在倒挡轴上，与副变速器高速挡齿轮 18 常啮合。欲将组合式变速器挂入倒挡，应先将主变速器置于空挡，再将接合套 9 右移，使之与齿轮 8 的接合齿圈接合，动力便可从输入轴 2 依次经齿轮 1、4、5、7，倒挡轴 6，接合套 9，齿轮 8 传到齿轮 18。此时，若将接合套 17 右移，便得高速倒挡，左移便得低速倒挡。为了保证倒车安全，常用低速倒挡。动力输出轴 13 与第二中间轴 14 的接合与分离，由动力输出接合套 12 操纵。

（二）同步器

目前，汽车拖拉机的齿轮变速器换挡方式有 3 种：滑移齿轮式、接合套式和同步器式。采用滑移齿轮和接合套换挡时，必须等到将要啮合的一对齿轮的齿轮圆周速度相等，才能平顺地进入啮合而挂上挡。如果两齿轮不同步而强行挂挡，则会因两齿轮存在速度差而产生冲击和噪声，容易损坏齿轮，且不易挂挡。为使挂挡平顺，驾驶员应采取合理的换挡操作步骤。

1．无同步器时变速器的换挡过程

图 3-31 所示为无同步器的五挡变速器四挡和五挡（四挡为直接挡，五挡为超速挡）相互转换的接合套式换挡过程。通过移动套在花键毂 4 上的接合套 3，使其内齿圈与齿轮 5 或齿轮 2 的外接合齿圈啮合，从而获得高速挡或低速挡。

（1）从低速挡（四挡）换入高速挡（五挡）

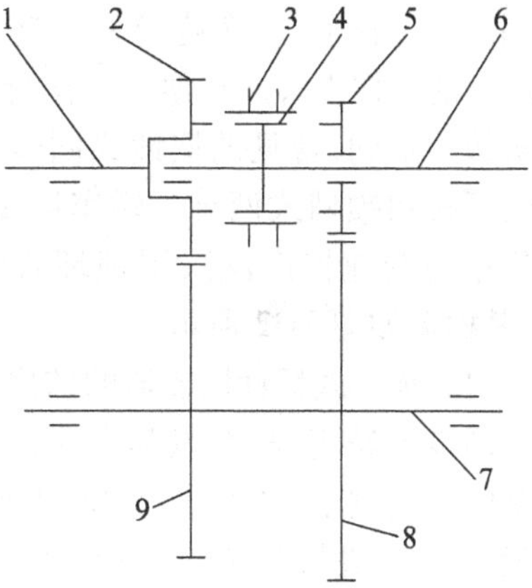

1—第一轴；2—第一轴四挡齿轮；
3—接合套；4—花键毂；
5—第二轴五挡齿轮；6—第二轴；
7—中间轴；8—中间轴五挡齿轮；
9—中间轴四挡齿轮

图 3-31　接合套式换挡装置简图

变速器在低速挡工作时，接合套 3 与齿轮 2 上的接合齿圈啮合，二者啮合齿的圆周速度 $v_3 = v_2$。若从此低速挡换入高速挡，应先使离合器分离，接着将接合套右移，使其处在空挡位置。当接合套 3 与齿轮 2 上的接合齿圈刚刚脱离啮合时，视 v_3 与 v_2 仍相等。由于齿轮 2 的转速小于齿轮 5 的转速，所以圆周速度 $v_2 < v_5$，即由低速挡换入空挡的瞬间 $v_3 < v_5$。为使轮齿免受冲击，此时不应立即将接合套右移至与齿轮 5 上的接合齿圈啮合而挂上高速挡，需让空挡短时保留。此时，因离合器分离而使变速器第一轴上传动件与发动机中断了动力传递，加上与第二轴相比，第一轴乃至相关传动件转动惯量很小，所以 v_5 下降较快；接合套通过花键毂和第二轴直至与整个车辆联系在一起，转动惯量很大，所以 v_3 下降很慢。因 v_5 和 v_3 下降速率不等，随着空挡停留时间的推移，v_5 和 v_3 终将在时刻 t_0 达到相等，此交点即为自然同步状态。通过操纵机构将接合套 3 右移至与齿轮 5 上的接合齿圈啮合而挂入高速挡，则不会产生轮齿间冲击。因此，由低速挡换入高速挡时，驾驶员把握最佳时机尤为重要。

（2）从高速挡（五挡）换入低速挡（四挡）

变速器在高速挡工作时，接合套 3 与齿轮 5 上的接合齿圈啮合，因此有 $v_3 = v_5$。又因 $v_5 > v_2$，所以 $v_3 > v_2$，此时同样不宜立刻由空挡换入低速挡。但在空挡停留时，由于 v_2 下降比 v_3 快，不可能出现 $v_3 = v_2$ 的情况，且空挡停留时间越长，v_3 与 v_2 的差距越大，根本不可能达到自然同步状态，这表明在任何时刻换挡都会产生冲击。对此，驾驶员应采用“两脚离合器”的换挡步骤：第一次踩下离合器踏板，切断发动机动力，将高速挡换入空挡；接着松开离合器踏板，接合动力并踩油门加油，使发动机转速提高时，齿轮 2 及其接合齿圈的转速相应得以提高，直至 $v_2>v_3$，至此再踩下离合器踏板切断动力，迫使 v_2 迅速下降至 $v_2=v_3$，与此对应的时刻 t_0'，即是由空挡换入低速挡的最佳时机。

最佳换挡时机不易掌握，在实际中不能完全做到无冲击换挡。对此，汽车拖拉机变速器中采用了便于换挡的同步器换挡机构。

2. 同步器的构造及工作原理

同步器是在接合套换挡机构基础上发展起来的，其基本结构不仅包括接合套、花键毂、对应齿轮上的接合齿圈等接合装置，还增设了使接合套与对应接合齿圈的圆周速度迅速达到并保持一致(同步)的机构，以及阻止两者在达到同步之前接合以防止冲击的结构。

同步器可以分为常压式、惯性式和自行增力式等多种类型，其工作原理是相同的，都是依靠锥面的摩擦作用，使主、从动件的转速达到同步。目前，汽车拖拉机变速器中应用最广泛的是惯性式同步器。根据所采用的锁止机构的不同，常见的惯性式同步器又可分为锁环式和锁销式两种。轿车以及轻型、中型货车的变速器广泛采用锁环式惯性同步器，其构造如图 3-32 所示。

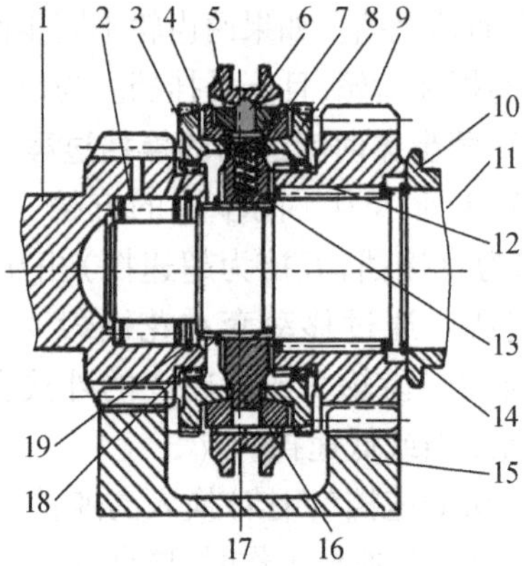

(a) 结构图

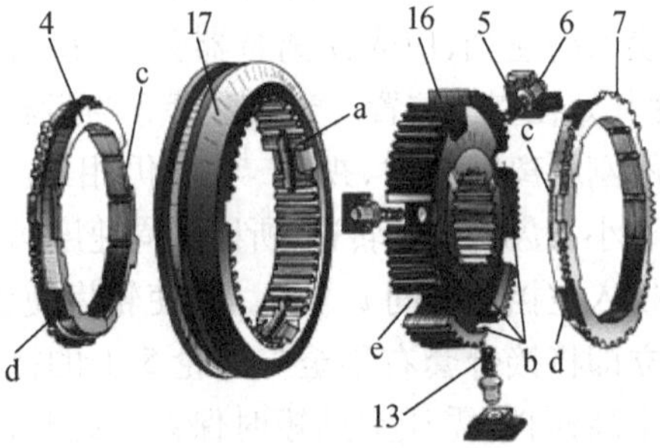

(b) 零件分解图

1—第一轴；2，12—滚针轴承；3—六挡接合齿圈；4，7—锁环；5—滑块；6—定位销；8—五挡接合齿圈；9—第二轴五挡齿轮；10—衬套；11—第二轴；13—弹簧，14，18，19—卡环；15—中间轴五挡齿轮；16—花键毂；17—接合套

图 3-32 锁环式惯性同步器

(1) 锁环式惯性同步器的结构

同步器花键毂 16 以其内花键套装在第二轴的外花键上，并用卡环 18 轴向定位；花键毂 16 的外花键与接合套 17 的内花键滑动配合，接合套可轴向移动。两个锁环 4、7 分别安装在花键毂的两端及六挡接合齿圈 3 和五挡接合齿圈 8 之间。锁环内锥面与接合齿圈端部外锥面保持接触，并且在锁环内锥面上加工了细密的螺纹槽，可以破坏配合锥面间的润滑油膜，提高锥面摩擦系数，增加配合锥面间的摩擦力。锁环外缘上有非连续的花键齿，其齿的断面形状和尺寸与接合齿圈、花键毂外缘上的花键齿均相同，并且接合齿圈和锁环上的花键齿与接合套面对的一端均有倒角(锁止角)，该倒角与接合套内花键齿端倒角相同。锁环端部沿圆周均布了 3 个缺口 c 和 3 个凸起 d。在花键毂外缘上均布的 3 个轴向槽 b 内，分别安装沿槽移动的 3 个滑块 5。滑块中部的通孔中安插的定位销 6 在压缩弹簧 13 的作用下，将定位销推向接合套，并使其球头部嵌入接合套内缘的凹槽 a 中，以保证在空挡时接合套处于正中位置。滑块两端伸入锁环缺口，锁环上的凸起伸入花键毂上的通槽 e，凸起沿圆周方向的宽度小于通槽的宽度，且只有凸起位于通槽的中央位置时，接合套的齿才有可能与锁环的齿进入啮合。

（2）锁环式惯性同步器的工作原理

图 3-33 所示为变速器由低挡（五挡）换入高挡（六挡）时，该同步器的工作过程。

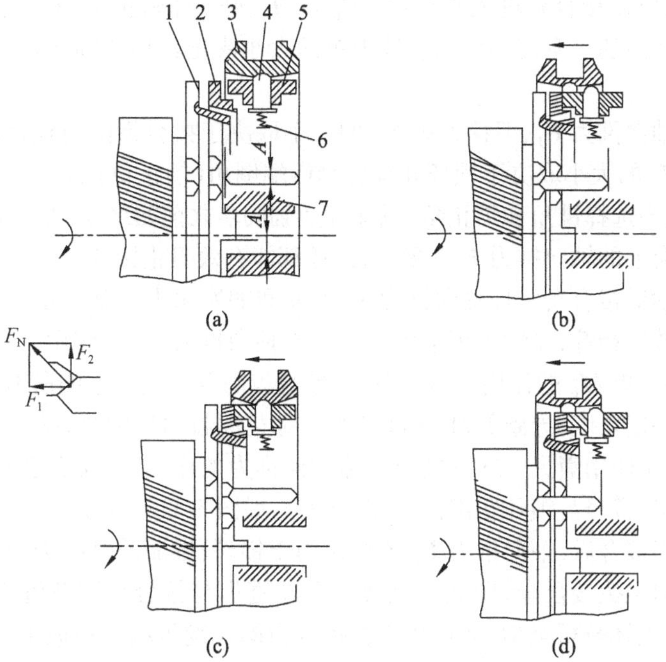

1—六挡接合齿圈；2—锁环；3—接合套；4—定位销；5—滑块；6—弹簧；7—花键毂

图 3-33 锁环式惯性同步器工作过程

如图 3-33 a 所示，当接合套 3 刚从五挡换入空挡时，它与滑块 5 均处于中间位置，并靠定位销定位。此时锁环与接合齿圈之间的配合锥面并不接触，即锁环具有轴向自由度。由于锁环上凸起的一侧与花键毂上通槽的一侧相互靠合，故花键毂推动锁环同步旋转。可见，与第二轴相关的花键毂及锁环、接合套，以及与第一轴相关的六挡接合齿圈，均在自身及其所联系的一系列运动件的惯性作用下，继续按原方向旋转。设接合齿圈、锁环和接合套的转速分别为 n_1、n_2 和 n_3，此时 $n_2=n_3$，$n_1>n_3$，则 $n_1>n_2$。

若要挂入六挡，可向左拨动接合套，通过定位销带动滑块向左移动。当滑块左端面与锁环缺口端面接触时，便推动锁环移向接合齿圈，促使具有转速差（$n_1>n_2$）的两锥面一经接触便产生摩擦力矩 $\boldsymbol{M}_f$。此时接合齿圈通过 $\boldsymbol{M}_f$ 带动锁环相对于接合套和花键毂超前转过一个角度，直至锁环凸起与花键毂通槽的另一侧接触时，锁环又开始与花键毂和接合套同步旋转。同时，接合套的齿与锁环的齿相互错开约半个齿厚，从而使接合套齿端倒角和锁环齿端倒角正好相互抵触，导致接合套不能继续向左移动进入啮合。

显然，如要接合齿圈与锁环齿圈实现接合，必要求锁环相对接合套后退一定角度。由于驾驶员始终对接合套施加向左的轴向推力 $\boldsymbol{F}_1$，致使作用在锁环倒角面上的法向力 $\boldsymbol{F}_N$ 产生了切向分力 $\boldsymbol{F}_2$，如图 3-33 c 左上方受力图所示。$\boldsymbol{F}_2$ 形成了使锁环相对接合套向后倒转的拨环力矩 $\boldsymbol{M}_b$。由于 $\boldsymbol{F}_1$ 使锁环与接合齿圈配合锥面的持续压紧，$\boldsymbol{M}_f$ 迫使接合齿圈迅速减速，以尽快与锁环同步。因接合齿圈做减速旋转，根据惯性原理所产生的惯性力矩的方向与旋转方向相同，且通过摩擦锥面作用在锁环上，阻碍锁环相对接合套向后倒转。

由此可见,接合齿圈与锁环以及接合套在未到同步之前,两个方向相反的力矩作用在锁环上,即拨环力矩 $\boldsymbol{M}_b$ 和惯性力矩(摩擦力矩)$\boldsymbol{M}_f$。若 $M_b > M_f$,则锁环即可相对接合套向后倒转一定角度,以便接合套进入啮合;若 $M_b < M_f$,则锁环阻止接合套进入啮合。因为待接合齿圈及与其联系的一系列零件的惯性力矩的大小决定锁环的锁止作用,故称其为惯性式同步器。

基于一定的轴向推力 $\boldsymbol{F}_1$,惯性力矩 $\boldsymbol{M}_f$ 的大小取决于接合齿圈与锁环配合锥面锥角的大小,拨环力矩 $\boldsymbol{M}_b$ 的大小取决于锁环和接合套齿端倒角(锁止角)的大小。因此,进行同步器设计时,需要适当选择锥角和锁止角,以保证达到同步之前始终是 $M_f > M_b$。这样,无论驾驶员施加在接合套上的轴向推力 $\boldsymbol{F}$ 有多大,锁环都能有效阻止接合套进入啮合。

当驾驶员继续对接合套施加轴向推力时,锥面间的摩擦力矩就会迅速使接合齿圈的转速降到与锁环的转速相等,惯性力矩消失。但由于轴向推力 $\boldsymbol{F}_1$ 的作用,两摩擦锥面仍紧密结合,此时在拨环力矩 $\boldsymbol{M}_b$ 的作用下,锁环连同接合齿圈及与其相连的所有零件一起相对于接合套向后倒转一定角度,导致锁环凸起转到正对花键毂通槽中央,接合套与锁环的花键齿不再抵触,即锁止作用消失。在驾驶员所施轴向推力的作用下,接合套克服弹簧阻力,压下定位销继续左移,直至与锁环花键齿圈完全啮合,如图 3-33 c 所示。

接合套与锁环接合后,轴向推力 $\boldsymbol{F}_1$ 不再作用于锁环,锥面间摩擦力矩随之消失。如果此时驾驶员持续向左拨接合套,则又出现接合套花键齿与接合齿圈花键齿抵触的情况,如图 3-33 c 所示,与上述分析类似,通过作用在接合齿圈花键齿端倒角面上的切向分力,使接合齿圈及与其相连接的零件相对接合套转动一定角度,最终使接合套与接合齿圈完全啮合,完成低挡向高挡的转换,如图 3-33 d 所示。

(三) 变速器操纵机构

变速器操纵机构用以保证驾驶员准确可靠地使变速器挂上需要的任一挡位工作,并可随时使之退回到空挡。大多数汽车变速器布置在驾驶员座位附近,变速杆由驾驶室底板伸出,驾驶员可以直接操纵。这种操纵机构称为直接操纵式变速器操纵机构。在有些汽车上,由于变速器离驾驶员座位较远,需要在变速杆与拨叉之间加装一些辅助杠杆或一套传动机构,进行远距离操纵,这种操纵机构称为间接操纵式变速器操纵机构,多用在轿车和轻型汽车上。

机械式变速器的操纵机构通常由换挡机构和锁止机构两大部分组成。

1. 换挡机构

换挡机构的功用是拨动滑移齿轮(或接合套)以进行换挡。大部分汽车拖拉机变速器的换挡机构都采用球支座式,主要由变速杆、拨块、拨叉和拨叉轴以及相应的锁止机构等组成,如图 3-34 所示。

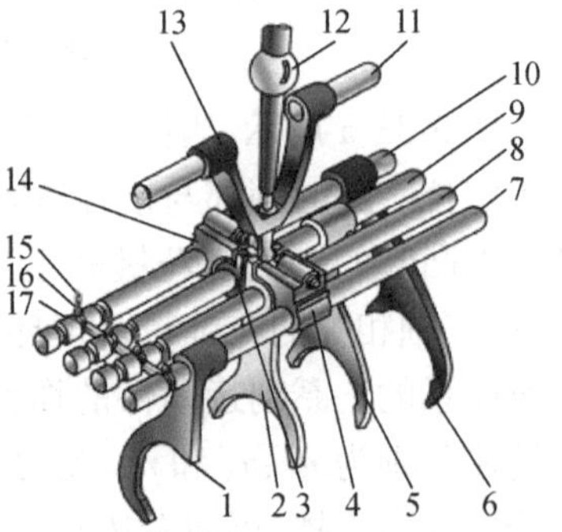

1—五、六挡拨叉;2—三、四挡拨叉;
3——、二挡拨块;4—五、六挡拨块;
5——、二挡拨叉;6—倒挡拨叉
7— 五、六挡拨叉轴;8—三、四挡拨叉轴;
9——、二挡拨叉轴;10—倒挡拨叉轴;
11—换挡轴;12—变速杆;13—叉形拨杆;
14—倒挡拨块;15—自锁弹簧;
16—自锁钢球;17—互锁柱销

图 3-34 六挡变速器操纵机构示意图

变速杆 12 上的球节坐落在变速器盖顶部的支承球座内,可前后左右灵活运动,并用弹簧绷紧,防止其上下移动。拨叉轴 7、8、9、10 的两端分别支承在变速器盖的相应孔中,通过其间隙配合保证拨叉轴均可轴向移动。各拨叉和各拨块均采用弹性销固连在相应的拨叉轴上。拨叉 2 的上端和拨块 3,4,14 的顶部有形状和尺寸相同的凹槽,变速器处于空挡时,各凹槽在横向平面内连通对齐,叉形拨杆 13 下端的球头则可以伸入这些凹槽中。选挡时,驾驶员使变速杆绕球支点横向摆动,使其下端推动叉形拨杆绕换挡轴 11 转动,当叉形拨杆下端球头对准所选挡位的相应拨块凹槽时,再使变速杆纵向摆动,带动拨叉轴及拨叉向前或向后移动,从而实现换挡。

不同变速器的挡数和操纵机构的结构、布置都有所不同,因而挡位排列也不相同。因此,汽车驾驶室仪表板上(或操纵手柄上)应该有该车变速器挡位排列图。

2. 锁止机构

(1) 自锁装置

自锁装置的功用是将拨叉轴定位,保证工作的齿轮副以全齿宽啮合,不工作的齿轮副处于完全脱离啮合的位置,并使汽车拖拉机在工作中不产生自动挂挡或脱挡现象。

如图 3-35 所示,多数变速器的自锁装置由自锁钢球 1 和自锁弹簧 2 组成。每根拨叉轴 6 上表面沿轴向分布 3 个能与自锁钢球嵌合的凹槽(图 3-35 b),中间槽对应空挡,前后两槽各对应一个挡位;钢球 1 在自锁弹簧 2 的作用下嵌入某一槽内,将拨叉轴连同拨叉的轴向位置锁定,从而起到定位作用。当需要挂挡或换挡时,驾驶员必须通过变速杆对拨叉轴施加一定的作用力,首先克服自锁弹簧的压力,将自锁钢球从凹槽中挤出,然后才能使拨叉轴连同拨叉移动到所需位置。这样既保证了工作齿轮副恰好全齿宽啮合,又防止了拨叉轴因振动等原因移动而发生自行脱挡现象。拨叉轴上相邻凹槽之间的距离,等于保证全齿宽啮合或完全退出啮合拨叉轴应该移动的距离。

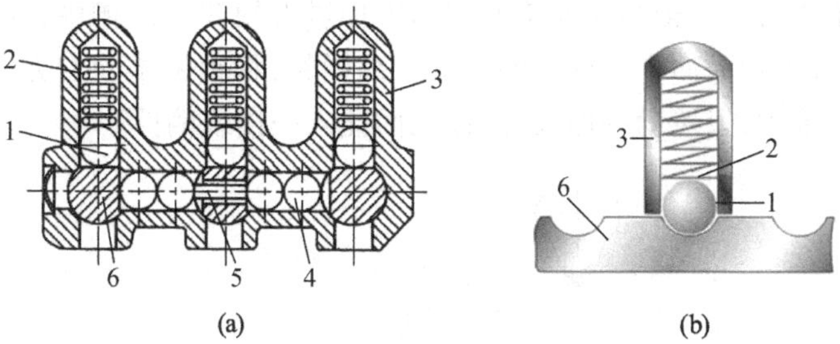

1—自锁钢球;2—自锁弹簧;3—变速器盖(前端);4—互锁钢球;5—互锁销;6—拨叉轴

图 3-35 自锁装置工作示意图

(2) 互锁装置

互锁装置的功用是防止变速器同时挂上两个挡位,造成齿轮传动间的干涉,导致变速器无法工作甚至严重损坏。

互锁装置由互锁钢球和互锁销组成,如图 3-36 所示。每根拨叉轴相对于自锁凹槽的侧表面均有一个深度相等的凹槽,当任何一根拨叉轴处于空挡位置时,该凹槽正好对准互锁钢球。两个钢球直径之和正好等于相邻两拨叉轴间距加上一个凹槽的深度。中间的拨叉轴上两个侧面凹槽以孔贯通,该孔内放置一根可左右移动的互锁销,其长度为拨叉轴直径减去一个凹槽的深度。

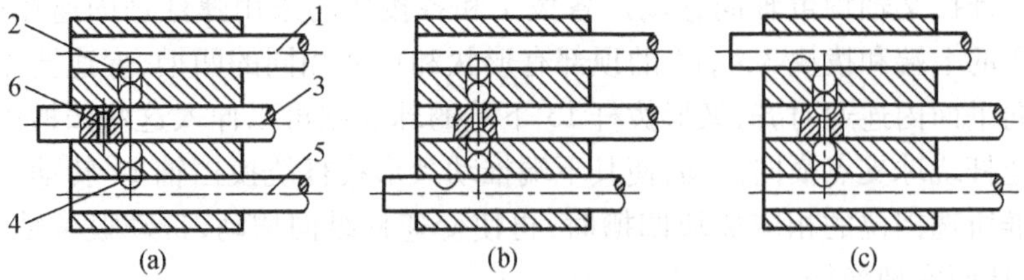

1,3,5—拨叉轴;2,4—互锁钢球;6—互锁销

图 3-36　互锁装置工作示意图

当变速器处于空挡位置时,所有拨叉轴的侧面凹槽与互锁钢球、互锁销位于同一直线上。当移动中间拨叉轴时(图 3-36 a),轴 3 两侧的内钢球从其侧面凹槽中被挤出,而外钢球 2 和 4 分别嵌入拨叉轴 1 和 5 的侧面凹槽中,因而将轴 1 和 5 锁定在空挡位置。若要移动拨叉轴 5,应先将拨叉轴 3 退回到空挡位置(图 3-36 b)。在移动拨叉轴 5 时,钢球 4 便从拨叉轴 5 的凹槽中挤出,同时通过互锁销 6 和其他钢球将拨叉轴 3 和 1 锁定在各自的空挡位置。同理,当移动拨叉轴 1 时,拨叉轴 3 和 5 被锁定在空挡位置(图 3-36 c)。由此可见,当驾驶员用变速杆移动某一拨叉轴挂挡时,互锁装置便自动将其他所有的拨叉轴锁定在空挡位置,从而保证只能挂上一个挡位。

(3) 倒挡锁止机构

倒挡锁止机构的功用是使驾驶员必须对变速杆施加更大的力方能挂入倒挡,起到提醒的作用,避免车辆在起步时或在前进行驶中误挂倒挡。

图 3-37 所示为汽车五挡变速器中常用的倒挡锁装置,它由一挡和倒挡拨块中的倒挡锁销 1 和倒挡锁弹簧 2 组成。锁销在弹簧的作用下伸进拨块 3 的凹槽中,驾驶员要挂一挡或倒挡时,必须花费较大的力使变速杆 4 的下端压缩弹簧,将锁销推向右方后,才能使变速杆下端进入拨块的凹槽中,以拨动一挡、倒挡拨叉而挂入一挡或倒挡。

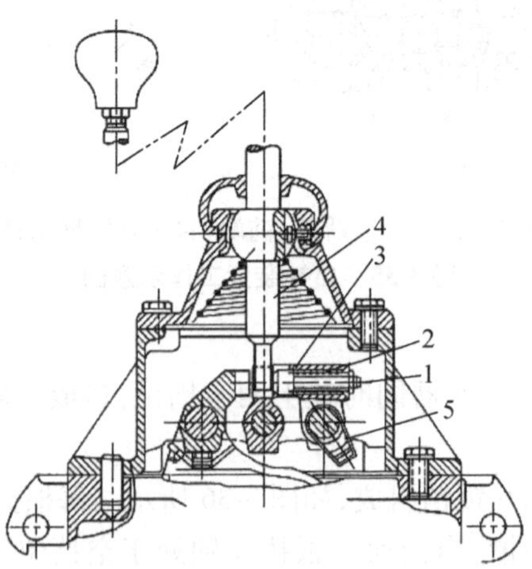

1—倒挡锁销;2—倒挡锁弹簧;3—换挡拨块;4—变速杆;5——挡、倒挡轴

图 3-37　汽车五挡变速器倒挡锁装置

(4) 联锁机构

联锁机构的功用是保证只有当离合器彻底分离时才允许拨叉轴移动以进行换挡,并可

防止脱挡。

3-38 所示为某拖拉机变速器的联锁机构,在离合器踏板(或操纵杆)4 上用拉杆 3 连接着摆动杠杆 1,摆动杠杆固定在可以转动的联锁轴 2 上,联锁轴上沿轴向制有锁定槽 8。当踩下离合器踏板使离合器彻底分离时,通过拉杆推动联锁轴转动一定角度,使其上的锁定槽正好对准锁定销 5 的上端。此时扳动变速杆以移动拨叉轴 6,才能将锁定销 5 顶起进行换挡(图 3-38 a)。当离合器接合时,联锁轴上的锁定槽转到图 3-38 b 所示位置,联锁轴的圆柱面顶住锁定销的上端,使插入拨叉轴上 V 形槽的锁定销不能向上移动,这时拨叉轴连同拨叉也就不能被拨动,不能换挡。

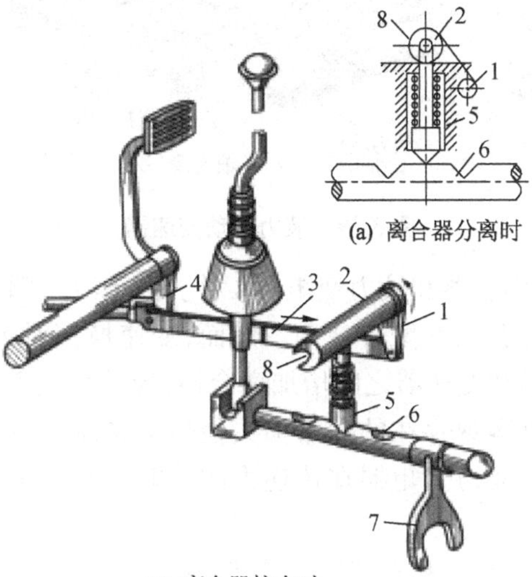

(a) 离合器分离时

(b) 离合器接合时

1—摆动杠杆;2—联锁轴;3—拉杆;4—离合器踏板;5—锁定销;6—拨叉轴;7—拨叉;8—锁定槽

图 3-38 变速器联锁装置

三、自动变速器

汽车拖拉机自动变速器常见的有 4 种型式:液力自动变速器(AT)、机械无级自动变速器(CVT)、电控机械自动变速器(AMT)、双离合器自动变速器(DCT)。目前轿车普遍使用的是液力自动变速器,液力自动变速器几乎成为自动变速器的代名词。

自动变速器有如下特点:

(1) 能连续变矩,自动适应车辆行驶阻力的变化,避免发动机因过载而熄火。同时,能使车辆平稳起步和以很低的车速稳定行驶,从而提高了车辆起步时的加速性能和在不良工作条件下的通过性能。

(2) 能自动变速,换挡时也不中断动力传递,从而使车辆驾驶操纵简单轻便,行驶平稳安全。

(3) 液力传动的工作介质是流动着的液体,能吸收和衰减发动机及传动机构的振动和冲击,延长相关零部件的使用寿命,改善乘坐舒适性。

(4) 结构较复杂,造价较高,传动效率较低。

（一）液力自动变速器

液力自动变速器主要由液力传动装置、辅助变速机构和自动操纵系统组成，通过液力传递和齿轮组合的方式实现变速变矩。图3-39所示为一典型的液力自动变速器。

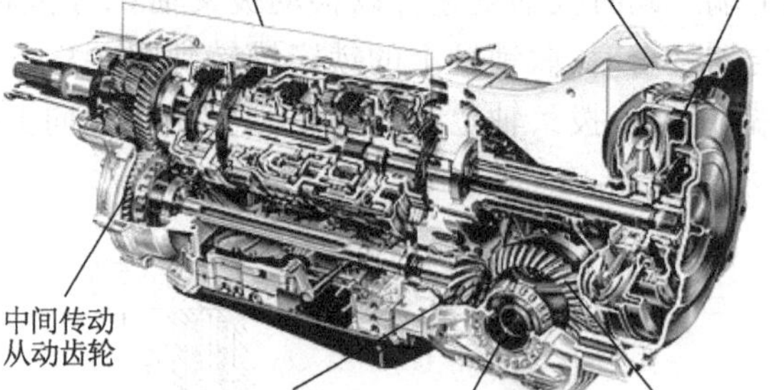

图3-39 液力自动变速器

液力传动装置有液力耦合器和液力变矩器2种。由于液力耦合器只传递转矩而不能改变转矩大小，需要有变速装置与其配合使用。然而，变速换挡时为了使传动系统能与发动机彻底分离，必须在耦合器和变速器之间增加离合器，导致传动系统重量和尺寸增加，离合器操作仍然不可避免，加上客观存在的油液损失使传动系统效率相对无耦合器时低，故液力耦合器的应用日益减少；液力变矩器在传递力的同时能自动增大输出轴的转矩，在汽车拖拉机上得到广泛应用。

辅助变速机构有行星齿轮式和平行轴齿轮式，前者应用较广泛，一般由2～3排行星齿轮构成，实现2～5个速比，因而使输出轴转矩进一步增大，车辆的行驶适应能力进一步提高。同时，行星齿轮变速机构是常啮合传动，无冲击，加速性能好，结构紧凑，操作简便。

自动操纵系统可使驾驶员根据行驶需要，在车辆行驶过程中，通过控制加速踏板，使变速器自动地换入不同挡位工作。

1. 液力变矩器

（1）液力变矩器的结构和工作原理

如图3-40所示，液力变矩器一般是由泵轮、导轮、涡轮及锁止离合器等组成的。锁止离合器的作用是当车速超过一定范围时，采用锁止离合器将发动机与变速机构直接连接，这样可以减少燃油消耗。

液力变矩器的作用是将发动机的动力输出传递到变速机构。液力变矩器里充满了传动油，当与动力输入轴相连接的泵轮转动时，它会通过传动油带动与输出轴相连的涡轮一起转动，从而将发动机动力传递出去。

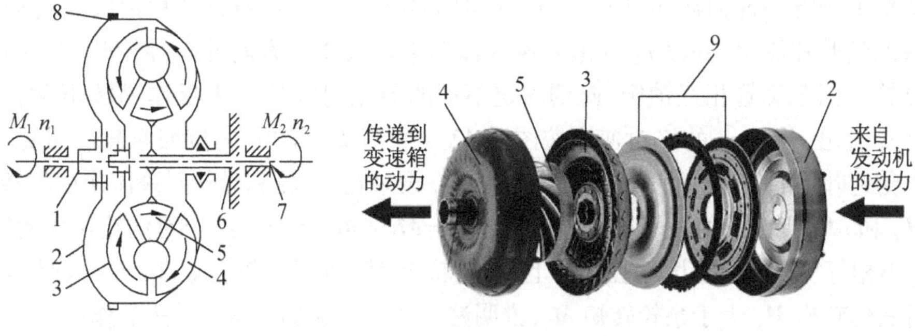

(a) (b)

1—发动机曲轴;2—变矩器壳;3—涡轮;4—泵轮;5—导轮;6—导轮固定套管;
7—从动轴;8—启动齿圈;9—锁止离合器

图 3-40 液力变矩器结构示意图

变矩器的 3 个工作轮用铝合金精密铸造,或用钢板冲压焊接而成。军用车辆和工程机械通常采用铸造叶轮,轿车因批量大,所以变矩器通常由钢板冲压焊接而成。导轮沿周向均布了许多弧形叶片,它通过固定套管 6 固定在变速器壳体上,导轮与固定套管之间还装有单向离合器。泵轮随变矩器壳体 2 固定在发动机曲轴 1 后端凸缘上,涡轮通过轴承支撑在变矩器壳体上并与自动变速器输出轴相连。变矩器壳体做成前后两半,常用螺钉装配成密闭的整体,壳体前部外缘上有启动齿圈 8。组装完成后的液力变矩器,导轮分别与泵轮和涡轮保持一定的轴向间距,三轮的轴向纵断面构成环状空腔,亦称循环圆,工作油液可在循环圆中做环流运动。

液力变矩器正常工作时,环形空腔中的工作油液不仅绕变矩器轴做圆周运动,而且在循环圆内沿图 3-40 a 中箭头所示方向循环流动,故能将发动机的转矩经泵轮传到涡轮直至输出轴。

液力变矩器不仅能传递转矩,而且由于增加了导轮,使得在泵轮转矩不变的情况下,随着涡轮转速的变化而自动改变涡轮输出转矩的大小,满足车辆不同运行条件下的要求。

通过图 3-41 所示的液力变矩器工作轮展开图来说明液力变矩器的工作原理。将循环圆上的中间流线(中间流线将油液环流通道断面分成了内外面积相等的两部分)展开成一直线,各循环圆中间流线均在同一平面上展开,泵轮 B、涡轮 W 和导轮 D 依次被展开为 3 个环形平面。

为了便于分析,首先设发动机的转速及负荷恒定,即变矩器泵轮的转速 n_b 和转矩 M_b 为常数。

起步时,车辆先静止不动,因此变矩器涡轮转速 n_w 为零,如图 3-42 a 所示。工作油液在泵轮叶片带动下,以 v_1 的绝对速度

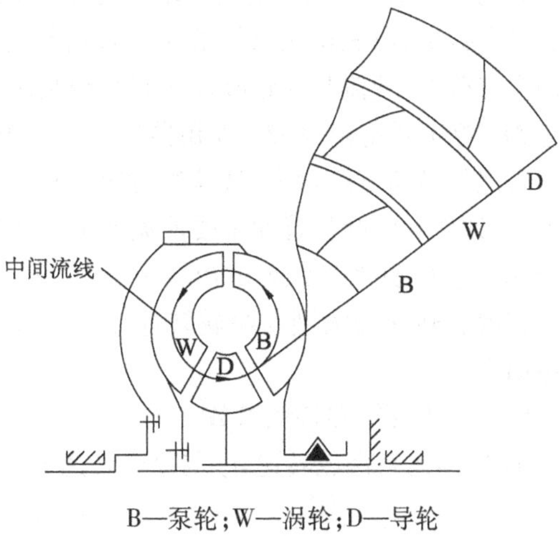

B—泵轮;W—涡轮;D—导轮

图 3-41 液力变矩器工作轮展开示意图

沿图中箭头 1 的方向冲向涡轮叶片。由于此时涡轮转速为零，涡轮叶片给液流施加的转矩使液流沿涡轮叶片流出，并以 v_2 的绝对速度按图中箭头 2 的方向冲向导轮叶片。因单向离合器将导轮与固定套管相互锁定，此刻固定不动的导轮对液流产生反作用转矩 $\boldsymbol{M}_d$，使液流沿导轮叶片流出，并以 v_3 的绝对速度按图 3-42 a 中箭头 3 的方向流回泵轮。可见，油液流动过程中受到叶片的作用力，使其方向发生变化。设泵轮、涡轮和导轮对液流作用的转矩分别为 $\boldsymbol{M}_b$、$\boldsymbol{M}'_w$ 和 $\boldsymbol{M}_d$，则根据力矩平衡条件可知：$\boldsymbol{M}'_w=\boldsymbol{M}_b+\boldsymbol{M}_d$。由于液流对涡轮作用的转矩 $\boldsymbol{M}_w$ 与 $\boldsymbol{M}'_w$ 大小相等、方向相反，因而在数值上，涡轮转矩 M_w 等于泵轮转矩 M_b 与导轮转矩 M_d 之和。此时涡轮转矩 M_w 大于泵轮转矩 M_b，说明液力变矩器起到了增大转矩的作用。

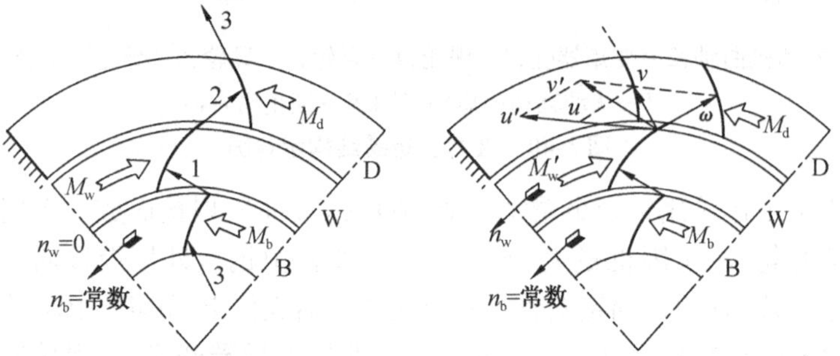

(a) 起步工况　　(b) 行驶工况

图 3-42　液力变矩器工作原理图

当车辆起步并加速行驶时，涡轮转速 n_w 也从零逐渐增大，如图 3-42 b 所示。涡轮叶片间液流不仅沿循环圆做循环流动，具有沿叶片方向的相对速度 $\boldsymbol{\omega}$，而且随涡轮绕轴线做圆周运动，具有沿涡轮圆周切线方向的牵连速度 $\boldsymbol{u}$。此两种运动的合成速度即为涡轮出口液流冲向导轮叶片的绝对速度 $\boldsymbol{v}$，其方向亦是液流的实际运动方向。根据原设泵轮转速 n_b 恒定，当涡轮转速变化时，涡轮出口液流的相对速度不变，只是牵连速度 $\boldsymbol{u}$ 发生相应变化。可见，随着涡轮转速的升高，其出口牵连速度 $\boldsymbol{u}$ 相应增高，绝对速度 $\boldsymbol{v}$ 则随之向左逐渐偏斜，液流对导轮叶片的冲击作用渐小，即导轮叶片对液流的反作用转矩 $\boldsymbol{M}_d$ 渐小。当涡轮转速增大到某一数值，由涡轮流出的液流正好沿导轮出口方向冲向导轮时，工作液流经过导轮时方向没有改变，液流与导轮叶片之间无相互作用力，此时导轮对液流的转矩 $\boldsymbol{M}_d=0$，则涡轮转矩 $\boldsymbol{M}_w$ 等于泵轮转矩 $\boldsymbol{M}_b$，变矩器失去变矩作用。

若涡轮转速继续增大，液流绝对速度 $\boldsymbol{v}$ 的方向将进一步向左倾斜，如图 3-42 b 中 $\boldsymbol{v}$ 所示的方向，致使导轮叶片背面承受液流冲击，导轮转矩方向与泵轮转矩方向相反，则涡轮转矩 $\boldsymbol{M}_w=\boldsymbol{M}_b-\boldsymbol{M}_d$，此时变矩器输出转矩反而比输入转矩小。

若涡轮转速增大到与泵轮转速相等时，由于循环圆中的油液停止流动，则变矩器不能传递动力。

（2）液力变矩器特性参数

① 传动比 i：涡轮转速 n_w 与泵轮转速 n_b 之比称为变矩器的传动比，即

$$i=n_w/n_b\leqslant 1 \tag{3-1}$$

② 变矩比 k：涡轮输出转矩 M_w 与泵轮输入转矩 M_b 之比称为变矩器的变矩比，即

$$k=M_w/M_b=(\boldsymbol{M}_b+\boldsymbol{M}_d)/M_b=1+M_d/M_b \tag{3-2}$$

③ 传动效率 η：涡轮轴上输出功率 N_w 与泵轮轴上输入功率 N_b 之比称为变矩器的传动效率，即

$$\eta = \frac{N_w}{N_b} = \frac{M_w \cdot n_w}{M_b \cdot n_b} = k \cdot i \tag{3-3}$$

综上所述，在发动机转速和转矩一定的情况下，变矩器涡轮输出转速和转矩能随车辆行驶阻力的变化而变化，即行驶阻力增大时，转速自动降低，转矩相应增大。因此，液力变矩器是在一定范围内能随车辆行驶阻力的不同而自动地、无级地改变输出转矩和转速的一种无级变速装置。

（3）液力变矩器离合装置

针对液力变矩器的综合功能，为了实现其自动变矩和自动耦合的相互转换，在导轮上还设有单向离合器或锁止离合器，保证变矩器在低速区段时导轮被锁住，在高速区段时导轮自由空转，以提高液力变矩器的工作效率。

① 单向离合器。常见的单向离合器有滚柱式和楔块式两种，安装在导轮固定内圈和转动外圈之间，这两种单向离合器的工作原理相同。

图 3-43 所示为滚柱式单向离合器，它由内座圈 1、外座圈 2、滚柱 5 和叠片弹簧 6 等组成。导轮 3 和外座圈用铆钉 4 相互铆接，内座圈通过花键与导轮固定套管固定连接。外座圈的内表面均布若干偏心圆弧面，保证其与内座圈共同构成若干楔形槽，滚柱和弹簧装入槽内。滚柱则经常被弹簧压向楔形槽较窄的一端，以将内外座圈楔紧。

当涡轮转速较低且与泵轮转速差较大时，由涡轮流出的工作油液冲击导轮叶片凹面，并力图使导轮顺时针转动（图 3-43 虚线箭头所示）。此时因滚柱被紧卡在楔形槽的窄端，故导轮无法转动而对液流产生反作用转矩，使涡轮转矩增大，液力变矩器发挥增大转矩的作用。当涡轮转速增高到一定程度时，涡轮出口液流冲击导轮叶片背面，导轮逆时针转动（图 3-43 实线箭头所示）。此时外座圈与内座圈松脱，因此导轮连同外座圈一起绕内座圈自由转动，液力变矩器转入耦合状态工作。

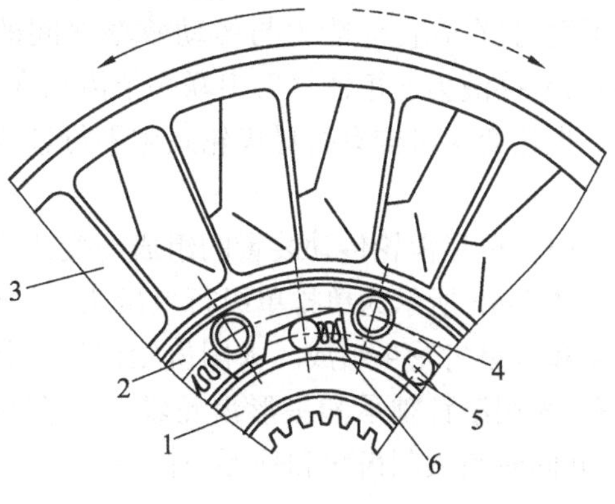

1—内座圈；2—外座圈；3—导轮；4—铆钉；5—滚柱；6—叠片弹簧

图 3-43　滚柱式单向离合器工作过程

② 锁止离合器。在液力变矩器的涡轮左面加装锁止离合器，以便在高速工况下将泵轮和涡轮锁定在一起，提高传动系统的工作效率，如图 3-44 所示。该离合器由锁止活塞 4、减振盘 5 和涡轮传动板 6 等组成。锁止活塞左边和前盖 1 的内表面均以摩擦材料覆盖，可左右移动的锁止活塞用键与减振盘连接，涡轮传动板和减振盘靠弹簧传力，以减轻离合器接合时的扭转振动，涡轮传动板铆接在涡轮壳上。

当工作油液经液压控制装置由变矩器输入轴中心油道进入锁止活塞左边时，油压力使活塞向右移，如图 3-44 a 所示，则因锁止离合器的分离使变矩器起变矩作用。当工作油液经导轮轴套上油道流入变矩器内部，由变矩器输入轴中心油道排出时，锁止活塞左右侧压力差使其向左移并压靠在前盖上，如图 3-44 b 所示，则因锁止离合器的接合使泵轮和涡轮

锁成一体而失去变矩作用。

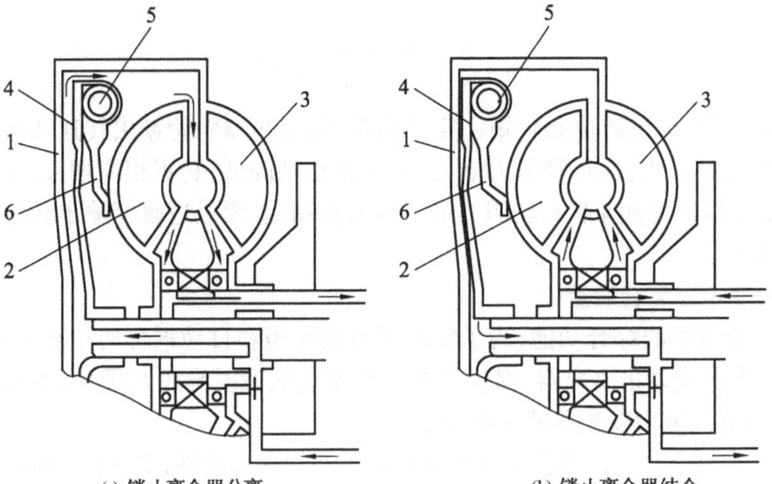

1—前盖;2—涡轮;3—泵轮;4—锁止活塞;5—减振盘;6—涡轮传动板

图 3-44　锁止离合器工作过程

2. 行星齿轮变速器

液力变矩器虽能在一定范围内自动地、无级地改变传动比和转矩比,但变速和变矩范围不宽,且存在传动能力与传动效率之间的矛盾,难以满足车辆在不同工况的使用要求。对此,紧接液力变矩器之后串联一个齿轮变速机构,已成为当今自动变速器的主要特征。

齿轮变速机构有行星齿轮式和平行轴式两种,目前绝大多数自动变速器采用行星齿轮变速机构。

(1) 行星齿轮传动装置的组成与变速原理

图 3-45 所示为单排单级行星齿轮传动机构。它由太阳齿轮 1、环形内齿圈 2、行星齿轮架 3 和行星齿轮 4 组成。太阳齿轮位于机构的中心位置,4 个行星齿轮沿行星齿轮架圆周均布,采用滚针轴承和星形齿轮轴安装在行星齿轮架上。行星齿轮亦均布在太阳齿轮周围,并同时与太阳齿轮和环形内齿圈啮合。

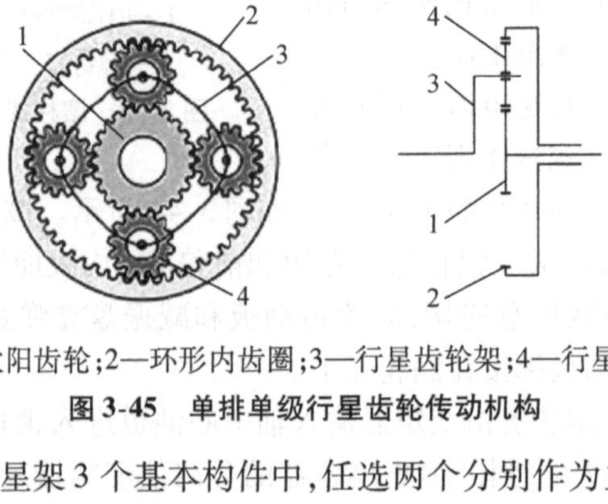

1—太阳齿轮;2—环形内齿圈;3—行星齿轮架;4—行星齿轮

图 3-45　单排单级行星齿轮传动机构

在太阳轮、齿圈和行星架 3 个基本构件中,任选两个分别作为主动件和从动件,第三元件固定或使其运动受一定的约束,则整个轮系以一定的传动比传递动力。

实际使用的行星齿轮变速器还装有必要的几组换挡离合器和制动器。通过换挡离合器控制行星齿轮传动机构某些基本构件与输入轴的接合或分离;通过制动器对传动机构某些基本构件制动,使各行星排的运动关系得到有效控制,以获得所需的不同挡位。不同形式的行星齿轮变速器所采用的行星排、离合器和制动器的数目及组合方式各不相同。

(2) 行星齿轮变速器的制动器

行星齿轮变速器的换挡执行机构由离合器、制动器和单向超越离合器3种不同的执行元件组成。它有3个基本作用,即连接、固定和锁止。所谓连接是指将行星齿轮变速器的输入轴与行星排中的某个基本元件连接,以传递动力,或将前一个行星排的某一个基本元件与后一个行星排的某个基本元件连接,以约束这两个基本元件的运动;所谓固定是指将行星排的某一基本元件与自动变速器的壳体连接,使之被固定住而不能旋转;所谓锁止是指把某个行星排的3个基本元件中的两个连接在一起,从而将该行星排锁止,使3个基本元件以相同的转速一同旋转,产生直接传动。换挡执行机构各执行元件按一定规律对行星齿轮机构的某些基本元件进行连接、固定或锁止,让行星齿轮机构获得不同的传动比,从而实现挡位变换。

行星齿轮变速器的制动器是一种起制动约束作用的机构,它将行星齿轮机构中的太阳轮、齿圈和行星架这3个基本元件之一与变速器壳体相连,使该元件被约束固定而不能旋转。制动器的结构形式较多,目前最常见的是带式制动器和片式制动器两种。

带式制动器又称制动带,它主要由制动鼓、制动带、液压缸及活塞等组成,如图3-46所示。

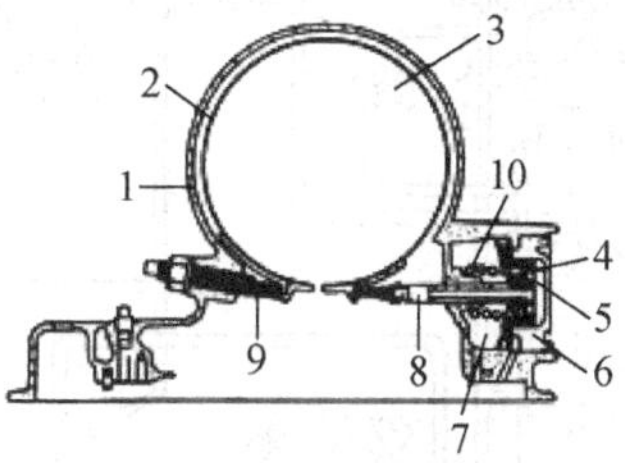

(a) 安装示意图

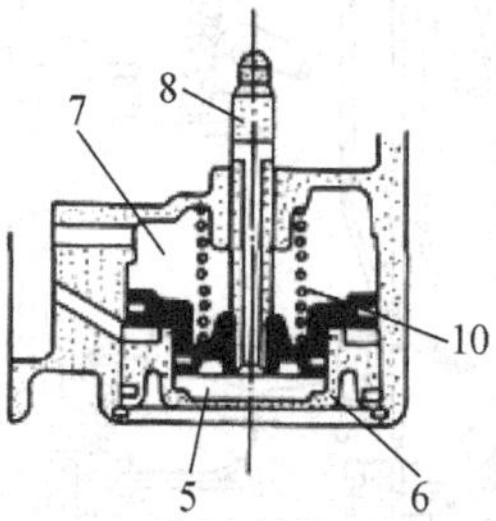

(b) 活塞结构

1—变速器壳体;2—制动带;3—制动鼓;4—活塞;5—液压缸施压腔;
6—液压缸端盖;7—液压缸释放腔;8—推杆;9—调整螺钉;10—回位弹簧

图3-46 带式制动器

带式制动器的制动鼓与行星齿轮机构的某一个基本元件相连接,并随之一起转动。制动带的一端支承在变速器壳体上的制动带支架或制动带调整螺钉上,另一端与液压缸活塞上的推杆连接。液压缸被活塞分隔为施压腔和释放腔两部分,分别通过各自的控制油道与控制阀相通。制动带的工作由作用在活塞上的液压油压力所控制。当液压缸的施压腔和释放腔内均无液压油时,带式制动器不工作,制动带与制动鼓之间有一定的间隙,制动鼓可以随着与它相连接的行星排基本元件一同旋转。当液压油进入制动器液压缸的施压腔时,作用在活塞上的液压油压力推动活塞,使之克服回位弹簧的弹力而移动,活塞上的推杆随之向外伸出,将制动带箍紧在制动鼓上,于是制动鼓被固定住而不能旋转,此时制动器处于制动状态。在制动器处于制动状态且有液压油进入液压缸的释放腔时,由于释放腔一侧的活塞面积大于施压腔一侧的活塞面积,活塞两侧所受的液压压力不相等,释放腔一侧的压力大于施压腔一侧的压力，因此活塞在这一压力差及回位弹簧弹力的共同作用下后移，推杆随之回缩，制动带被放松，使制动器由制动状态转成释放状态。这种控制方式可以使控制系统得到简化。当带式制动器不工作或处于释放状态时，制动带与制动鼓之间应有适当的间隙，间隙太大或太小都会影响制动器的正常工作。这一间隙的大小可用制动带调整螺钉来调整。在装复时，一般将螺钉向内拧紧至一定力矩，然后再退回规定的圈数(通常为2~3圈)。

带式制动器结构简单、轴向尺寸小，维修方便，在早期的自动变速器中应用较多，但它的工作平顺性较差。为了克服这一缺陷，可在控制油路中设置缓冲阀或减振阀，使之在开始结合时液压缸内的油压能缓慢上升，以缓和制动力的增长速度，改善工作平顺性。

3. 液力机械变速器的自动操纵系统

液力机械传动中变速器的操纵方式分为强制操纵、半自动操纵和自动操纵。所谓自动操纵，是指汽车前进行驶过程中驾驶员按行驶需要控制加速踏板，变速器即可根据发动机负荷和汽车速度的变化，自动地换入不同挡位工作。自动操纵可使驾驶操作大为简化和轻便，有利于安全行驶，并使换挡过程中速度变化平顺，从而提高了汽车的加速性和舒适性。

自动操纵系统包括动力源、执行机构和控制机构3部分。前两部分均为液压式，故整个操纵系统可按控制机构的形式分为液控液压式和电控液压式两种。以下主要介绍红旗CA7560型轿车液力机械传动的液控液压式自动操纵系统(图3-47)。

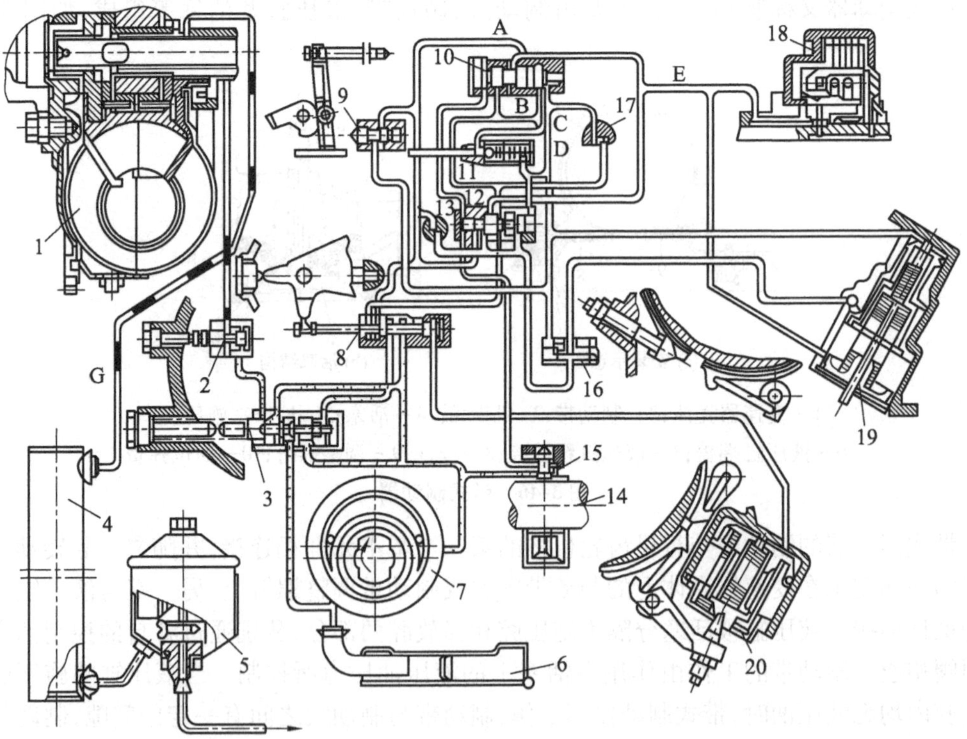

1—变矩器;2—变矩器阀;3—主油路调压阀;4—油液冷却器;5—油液细滤器;6—油液集滤器;7—液压泵;8—手控制阀;9—节气门阀;10—换挡阀;11—强制低挡阀;12—缓冲阀;13—低挡阀片;14—变速器输出轴;15—离心调速器阀;16—低挡限流阀;17—低挡单向阀;18—直接挡离合器;19—低挡制动器;20—倒挡制动器

图3-47 红旗CA7560型轿车液力机械传动的液控液压式自动操纵系统(空挡油路)

动力源是装在变矩器1与前阀体之间，由变矩器泵轮驱动的内啮合齿轮式液压泵7。它向控制机构、执行机构供应压力油，向液力变矩器供应工作油液，向行星齿轮变速器供应润滑油。

执行机构包括直接挡离合器18、低挡制动器19和倒挡制动器20。控制机构根据汽车不同的行驶条件，分别在上述各液压执行机构中建立或卸除油压，从而得到变速器的不同工作挡位。

控制机构包括主油路系统、换挡信号系统、换挡阀系统等。其作用是按照驾驶员和各传感器发出的控制信号，将液压泵输出压力加以精确调节，并输入执行机构。此外，还能保证换挡过程的正常进行并改善换挡过程的平顺性。主油路系统包括主油路调压阀3及高压油管路部分；换挡信号系统由节气门阀9和离心调速器阀15组成；换挡阀系统包括换挡阀10、手控制阀8和强制低挡阀11。

主油路调压阀和变矩器阀装在前阀体内，而前阀体则位于液压泵与行星齿轮变速器壳体之间。上述液压系统中，除主油路调压阀、变矩器阀和离心调速器阀外，其他各阀均装在控制阀体内。

4. 液力机械式自动变速器的工作原理

图3-48所示为红旗CA7560型高级轿车的液力机械式自动变速器传动简图，其行星齿轮变速器由前、后两排行星齿轮传动机构组成。前排内齿圈4和后排太阳齿轮11制成一体，并用花键与第一轴14连接，为变速器主动部分。后排内齿圈8和第二轴10花键连接，为变速器从动部分。前、后排行星齿轮架12和7均采用花键与倒挡制动器5的制动鼓连接，必要时可通过制动器5将其制动。前、后排行星齿轮架上各压装三根松套着行星齿轮6和9的轴。前排太阳齿轮13松套在第一轴上，并以其前端凸缘盘外圈上的花键与低速挡制动器3的制动鼓连接，必要时可通过制动器3将其制动。直接挡离合器2的主动部分与第一轴连接，从动部分与前排太阳齿轮连接，离合器接合时，两排行星齿轮机构连成一体，实现直接挡传动。

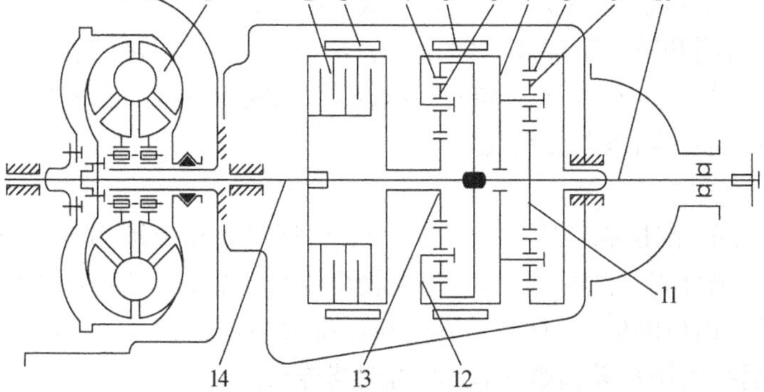

1—液力变矩器；2—直接挡离合器；3—低速挡制动器；4—前排内齿圈；5—倒挡制动器；
6—前排行星齿轮；7—后排行星齿轮架；8—后排内齿圈；9—后排行星齿轮；10—变速器第二轴；
11—后排太阳齿轮；12—前排行星齿轮架；13—前排太阳齿轮；14—变速器第一轴

图3-48　红旗CA7560型轿车液力机械变速器传动简图

红旗CA7560型轿车的双排行星齿轮变速器共有两个前进挡和一个倒挡，图3-49所示为该轿车变速器的各挡传动路线。

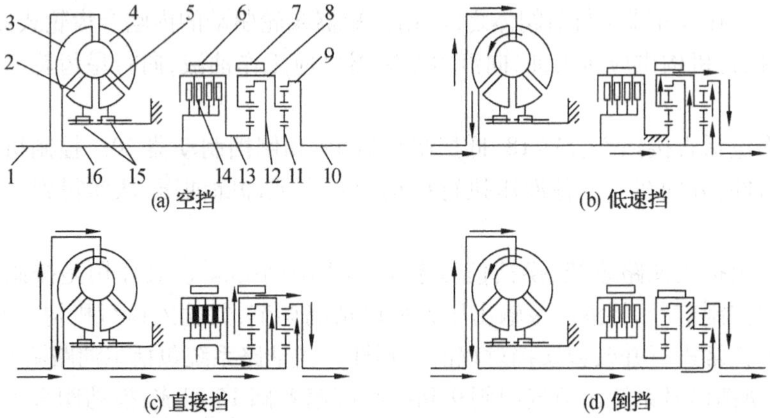

1—发动机曲轴;2—第一导轮;3—涡轮;4—泵轮;5—第二导轮;6—低速挡制动器
7—倒挡制动器;8—行星齿轮架;9—后排内齿圈;10—变速器第二轴;11—后排太阳齿轮;
12—前排内齿圈;13—前排太阳齿轮;14—直接挡离合器;15—单向离合器;16—变速器第一轴

图 3-49　红旗 CA7560 型轿车各挡传动路线示意图

(1) 空挡

如图 3-49 a 所示,直接挡离合器 14 处于分离状态,低速挡制动器 6 和倒挡制动器 7 均处于非制动状态。此时两排行星齿轮的各基本构件均可以自由转动,故行星齿轮变速器不能传递动力,处于空挡位置。

(2) 低速挡

如图 3-49 b 所示,直接挡离合器 14 处于分离状态,倒挡制动器 7 松开,低速挡制动器将制动鼓制动,使前排太阳齿轮 13 固定不动。液力变矩器输出的动力,一部分从前排内齿圈 12 经行星齿轮架传给后排行星齿轮,另一部分直接经后排太阳齿轮 11 传到后排行星齿轮,两部分动力合二为一后,由后排内齿圈 9 传递给变速器第二轴 10。

(3) 高速挡(直接挡)

如图 3-49 c 所示,因制动器 6 和 7 均处于放松状态,离合器 14 处于接合状态,前排太阳齿轮 13 与前排内齿圈和第一轴连成一体,故 $n_{12}=n_{13}=n_8$。又因行星齿轮架 8 为两行星齿轮传动机构所共有,故 $n_9=n_{11}=n_8$。同时,变速器第二轴与后排内齿圈以花键连接,则第一轴与第二轴拥有相同转速,故其传动比为 1。

(4) 倒挡

如图 3-49 d 所示,倒挡制动器 7 处于制动状态,行星齿轮架被固定。同时,低速挡制动器放松,离合器 14 仍分离。此时,前排太阳齿轮可以自由转动。动力由第一轴直接传给后排太阳齿轮,经后排内齿圈输出,且旋转方向与后排太阳齿轮相反,即实现倒挡运行。故后排内齿圈齿数与后排太阳齿轮齿数之比,即为倒挡传动比。

可见,该液力机械式变速器总传动比为行星齿轮变速器第二轴输出转矩与液力变矩器泵轮转矩之比,亦即液力变矩器变矩系数 k 与行星齿轮变速器传动比 i 的乘积。

因红旗 CA7560 型轿车液力变矩器变矩系数 k 为 1 ~ 2.45,根据上述行星齿轮变速器低速挡、高速挡和倒挡传动比,得出该液力机械变速器总传动比分别为 1.72 ~ 4.21、1 ~ 2.45 和 2.39 ~ 5.86,即在此 3 个总传动比范围内,可以分别实现无级变速。

（二）机械无级自动变速器

液力机械无级变速器虽然得到了广泛的应用，但由于其结构复杂、质量较大、成本高、传动效率低等缺点，应用受到一定的限制。因此，一种连续换挡的机械无级自动变速器（CVT）得到了应用。CVT 是根据车速和节气门开度来改变机械式 V 带轮的作用半径，最终实现无级变速的。目前机械无级自动变速器以金属带式无级变速器为主。

1. CVT 的组成和工作原理

金属带式无级变速器的构成和工作原理如图 3-50 所示，它由金属带、主动工作轮、从动工作轮、液压泵、起步离合器和控制系统等构成。

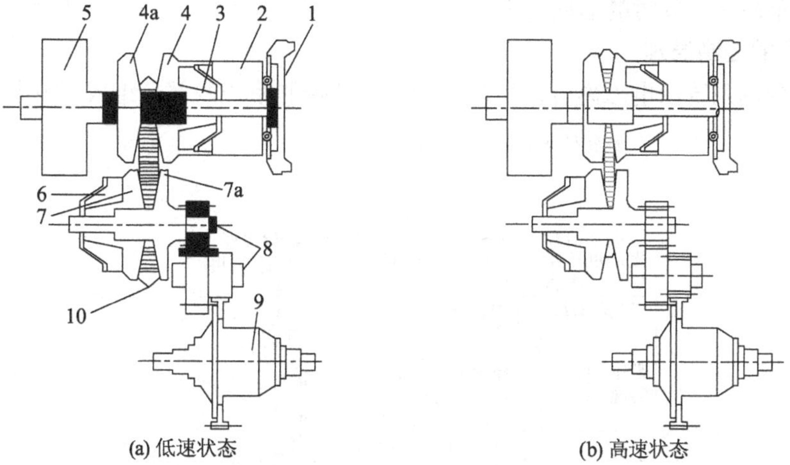

1—发动机飞轮；2—离合器；3—主动工作轮液压控制缸；4—主动工作轮可动部分；4a—主动工作轮固定部分；5—液压泵；6—从动工作轮液压控制缸；7—从动工作轮可动部分；7a—从动工作轮固定部分；8—中间减速器；9—主减速器与差速器；10—金属带

图 3-50 金属带式无级变速器的构成和工作原理示意

其动力传递路线如下：发动机发出的动力经飞轮 1、离合器 2、主动工作轮 4 和 4a、金属带 10、从动工作轮 7 和 7a 后，传给中间减速器 8，再经主减速器与差速器 9，最后传给驱动车轮。

该变速传动系统中的主、从动工作轮由固定部分 4a、7a 和可动部分 4、7 构成。工作轮的固定部分和可动部分之间形成 V 形槽，其中一边的轮盘由液压控制机构控制，可以根据不同的发动机转速，进行分开与拉近的动作，V 形凹槽也随之变宽或变窄，将金属带升高或降低，从而改变金属带与工作轮接触的直径，相当于齿轮变速中切换不同直径的齿轮。两个工作轮呈反向调节，即其中一个带轮凹槽逐渐变宽时，另一个带轮凹槽就会逐渐变窄，从而迅速加大传动比的变化，可实现无级变速传动。

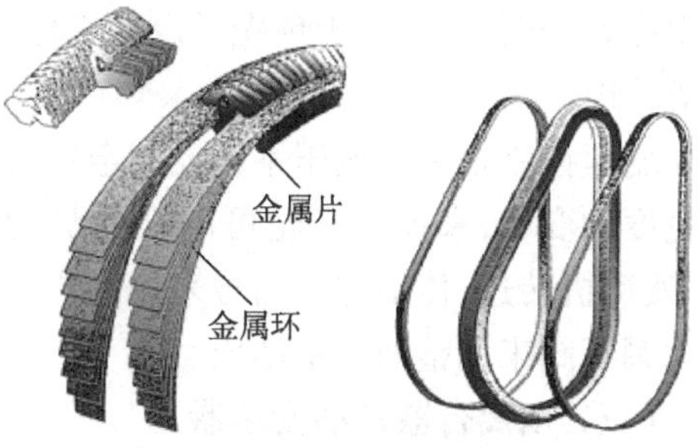

图 3-51 金属带的组成

（1）金属带。CVT 使用的金属传动带由多个金属片和两组金属环构成，如图 3-51 所示。金属片用厚 1.5 ~ 1.7 mm 的工字钢片制成。每组金属环由数片厚度约为 0.18 mm 的带环叠合而成，它对金属片起导向作用。金属带是在两侧工作轮挤压力的作用下实现动力传递的。

（2）工作轮。工作轮的工作表面一般为直线锥面体，工作轮的可动部分在液力控制系统的作用下，依靠钢球滑道结构做轴向移动，使主、从动工作轮可连续地改变传动带（金属带）的工作半径，以实现无级变速传动。

当汽车慢速行驶时，主动工作轮的凹槽宽度大于被动工作轮凹槽，主动工作轮的金属带圆周半径小于被动工作轮的金属带圆周半径，即小圆带大圆，因此能传递较大的转矩；当汽车逐渐转为高速时，主动工作轮的一边轮盘向内靠拢，凹槽宽度变小迫使金属带升起，直至最高顶端，而被动工作轮的一边轮盘刚好相反，向外移动拉大凹槽宽度迫使金属带降下，即主动工作轮金属带的圆周半径大于被动工作轮金属带的圆周半径，变成大圆带小圆，因此能保证汽车高速行驶时的速度要求。

2. CVT 的控制原理

CVT 的控制系统由电磁离合器控制系统和变速控制系统两部分组成，如图 3-52 所示。

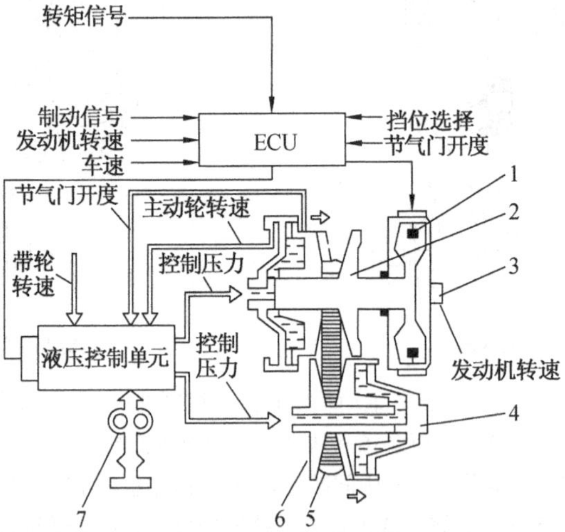

1—电磁离合器；2—主动带轮；3—输入轴；4—输出轴；

5—金属传动带；6—从动带轮；7—液压泵

图 3-52　CVT 控制系统原理

电磁离合器控制是将发动机转速、车速、变速杆位置、加速踏板位置等信息输入 ECU，经过运算处理后，可以确定当前所处的运行工况，然后从 ECU 中读取相应的控制参数，输出给电磁离合器，使之处于预先设定的工作状态。电磁控制系统还具有失效保险和故障自诊断等功能。

变速控制是采用液压系统控制金属传动带传动机构，即通过主动带轮和从动带轮 V 形槽宽度的变化，来控制带轮可动锥面盘的轴向位置。液压控制系统根据发动机节气门开度、发动机转速、传动比等信号来控制供给主从动带轮液压室的油压，分别用换挡控制阀和压力调节阀来调整液压室油压。

（三）双离合器自动变速器

手动挡汽车在换挡时，离合器在分离和接合之间存在动力传递暂时中断的现象。这对于一般的民用车影响不大，但对于争分夺秒的赛车来说，会极大地影响成绩。双离合变速器（DSG）能够消除换挡时动力传递的中断现象，缩短换挡时间，同时换挡更加平顺。双离合变速器结合了手动变速箱和自动变速箱的优点，没有使用变矩器，转而采用两套离合器，通过两套离合器的相互交替工作，来达到无间隙换挡的效果。

图 3-53 所示是大众 6 速 DSG 双离合变速器，两个离合器与变速箱装配在同一机构内。输入轴 2 做成中空的，为 2，4，6 挡提供动力；输入轴 1 嵌套在输入轴 2 内部，为 1，3，5 和倒挡提供动力。离合器 1 负责挂一、三、五挡和倒挡；离合器 2 负责挂 2，4，6 挡。当驾驶员挂上一挡起步时，换挡拨叉同时挂上一挡和二挡，但离合器 1 结合，离合器 2 分离，动力通过 1 挡的齿轮输出，二挡齿轮空转。当驾驶员换到二挡时，换挡拨叉同时挂上二挡和三挡，离合器 1 分离的同时离合器 2 结合，动力通过二挡齿轮输出，三挡齿轮空转。其余各挡位的切换方式均与此类似。这样就可以实现瞬间换挡并保持连续动力传输。

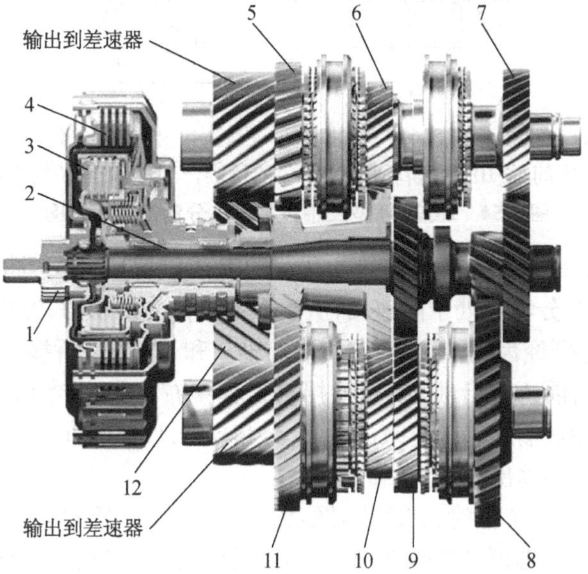

1—输入轴 1；2—输入轴 2；3—离合器 2；4—离合器 1；5—倒挡齿轮；6—六挡齿轮；7—五挡齿轮；8—一挡齿轮（啮合）；9—三挡齿轮；10—四挡齿轮；11—二挡齿轮（啮合）；12—差速器

图 3-53　大众 6 速 DSG 双离合变速器

与传统的手动变速器相比，DSG 使用更方便，因为说到底，它还是一个手动变速器，只是使用了 DCT 的新技术，使得手动变速器具备自动性能，同时大大改善了汽车的燃油经济性，DCT 比手动变速器换挡更快速、顺畅，动力输出不间断。基于 DCT 的特性及操作模式，DCT 系统能带给驾驶者有如驾驶赛车般的感受。另外，它消除了手动变速器在换挡时的扭矩中断感，使驾驶更灵敏。

四、分动器

分动器又称分动箱，用于多轴驱动汽车或拖拉机上。分动器的功用是将变速器输出的动力分配到各驱动桥，当分动器有两个挡位时，兼起副变速器的作用。

1. 主要结构及工作原理

分动器是一个齿轮传动系统，它单独固定在车架上，其输入轴与变速器的输出轴用万向传动装置连接,分动器的输出轴有若干根,分别经万向传动装置与各驱动桥相连。图3-54为EQ2080型三轴越野汽车分动器的传动简图。

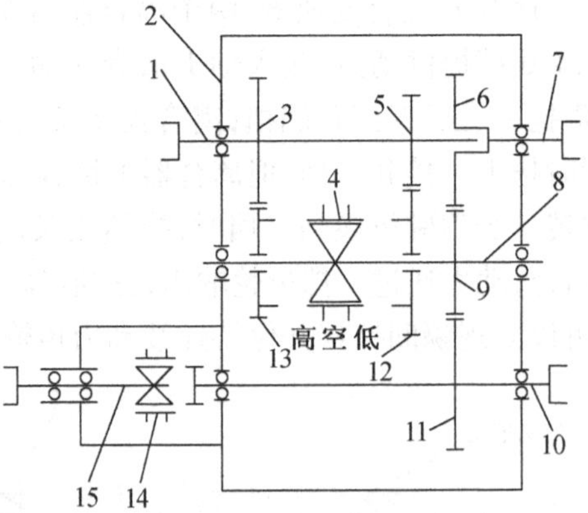

1—输入轴;2—分动器壳;3,5,6,9,11,12,13—齿轮;4—换挡接合套;7—后桥输出轴;
8—中间轴;10—中桥输出轴;14—前桥接合套;15—前桥输出轴

图3-54　EQ2080型三轴越野汽车分动器传动简图

图3-54表示的是具有3个输出轴的分动器的空挡位置。将换挡接合套4左移与齿轮13的接合齿圈接合时,分动器处于高速挡,从输入轴1传来的动力,经齿轮3,13和中间轴8传到齿轮9,然后再分别经齿轮6和11传到输出轴7和10,若前桥接合套14与轴10接合,则动力可从轴10传给前桥输出轴15;将换挡接合套4右移与齿轮12的接合齿圈接合时,分动器处于低速挡,即从输入轴1传来的动力,经齿轮5,12和中间轴8传到齿轮9,然后再分别经齿轮6和11传到输出轴7,10和15。

当分动器处于低速挡工作时,其输出转矩较大,为避免中桥和后桥超载,此时前桥必须分担一部分载荷,即前桥必须参与驱动,为此,分动器的操作机构必须保证:先挂前桥,后挂低挡;先摘抵挡,后摘前桥。

2. 操纵机构

分动器的操纵机构一般由操纵杆、杠杆机构、拨叉、自锁及互锁装置等组成。

图3-55为一种越野汽车分动器的操纵机构。其通过两个支承臂8固定在变速器盖上。换挡操纵杆1和前桥操纵杆2位于变速器变速杆的右侧。换挡操纵杆1以其中部的孔松套在轴6上,其下端经传动杆4与分动器内换挡拨叉轴相连,直至带动换挡拨叉。前桥操纵杆2的中部固定在轴6的一端,其下端装有一螺钉3。摇臂7固定在轴6的另一端,其下部经传动杆5与前桥接合套的拨叉轴相连。

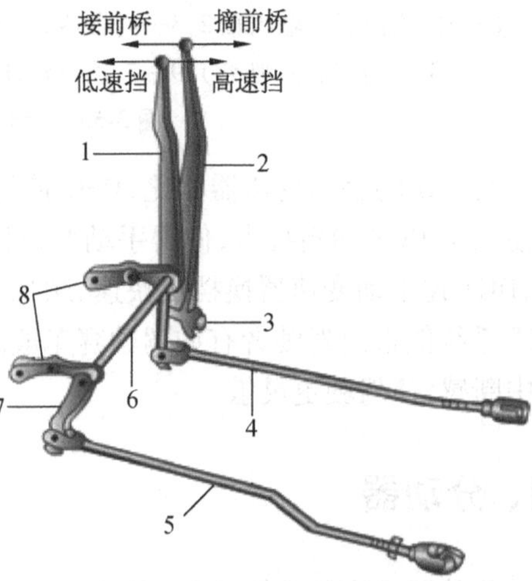

1—换挡操纵杆;2—前桥操纵杆;3—螺钉;
4,5—传动杆;6—轴;7—摇臂;8—支撑臂

图3-55　某越野汽车分动器的操纵机构

将换挡操纵杆1的上端推向前方,挂入低速挡时,换挡操纵杆1绕轴6逆时针转动,使得其

下臂推压螺钉3,带动前桥操纵杆向接前桥的方向转动,实现挂入低挡时,前桥已接上;将前桥操纵杆2的上端拉向后方以便摘下前桥时,螺钉3则向前推压换挡操纵轩1使之先退出低速挡位置。

第四节 万向传动装置与驱动桥

一、万向传动装置

在汽车拖拉机的传动系统或其他系统中,为实现轴线相交且相对位置经常变化的两转轴间的动力传递,需采用万向传动装置,亦可称联轴器。万向传动装置主要由万向节和传动轴组成,有时还需要加装中间支承。

在发动机前置后轮驱动的汽车上,通常将发动机、离合器和变速器装配在一起并安装在车架上,驱动桥通过悬架与车架连接。变速器输出轴与驱动桥输入轴轴线难以布置的重合,且汽车在行驶中,由于负荷变化及不平路面引起的跳动等因素,会使驱动桥输入轴与变速器输出轴之间的夹角和距离发生变化。所以,在变速器与驱动桥之间必须采用万向传动装置,如图3-56所示。

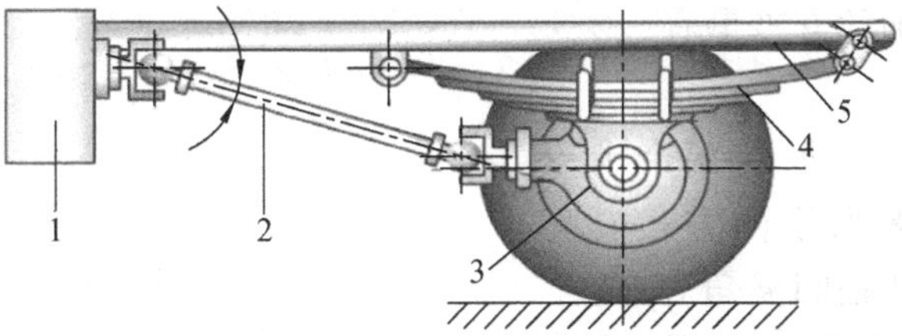

1—变速器;2—万向传动装置;3—驱动桥;4—后悬架;5—车架

图3-56 变速器与驱动桥之间的万向传动装置

在汽车拖拉机上需要采用万向传动装置传递动力的还有:多轴驱动的越野汽车的变速器与分动器之间及分动器与各驱动桥之间;某些拖拉机的离合器与变速器之间;采用独立悬架车辆的驱动轮与驱动桥之间;有些车辆的转向驱动桥内外两段半轴之间;转向操纵机构的转向轴与转向器之间等。

(一) 万向节

万向节是转轴与转轴之间实现变角度传递动力的基本部件,由于车辆的结构特点,传动系统中万向节的应用极其广泛。按扭转方向上是否有明显的弹性,可将万向节分为刚性万向节和挠性万向节。刚性万向节靠零件的铰链式连接传递动力,挠性万向节靠具有缓冲减振作用的弹性零件的参与传递动力。刚性万向节按其速度特性分为不等速万向节(常用的为十字轴式)、准等速万向节(常见的有双联式)和等速万向节(包括球叉式和球笼式)。目前在汽车上应用较多的是十字轴式刚性万向节和等速万向节。

1. 十字轴式刚性万向节

十字轴式刚性万向节普遍应用于各类车辆的传动系统中,允许相邻两轴的最大交角为

15°~20°。车辆上常用的十字轴式刚性万向节基本构造如图3-57所示，由十字轴、2个万向节叉和滚针轴承组成。万向节叉的轴孔分别与主、从动轴相连，叉形上的孔分别松套在十字轴的两对轴颈上。在十字轴轴颈和万向节叉孔之间装有滚针轴承，可以减少摩擦损失，提高传动效率。滚针轴承通过轴承盖和螺钉固定在万向节叉上。十字轴做成中空，并有油路通向轴颈，润滑油可以从注油嘴注入，经过十字轴的内腔流到轴颈表面以润滑滚针轴承。十字轴中部装有带弹簧的安全阀，当十字轴内腔润滑油压力超过允许值时，安全阀被顶开而使润滑油外溢，不致因油压过高而损坏油封。为避免润滑油流出及尘垢进入轴承，十字轴轴颈内端套着带有金属座圈的毛毡油封。目前，为了提高密封性能，十字轴式万向节多采用橡胶油封，十字轴内腔多余的润滑脂会从油封内圆表面与十字轴轴颈接触处溢出，故无须装安全阀。

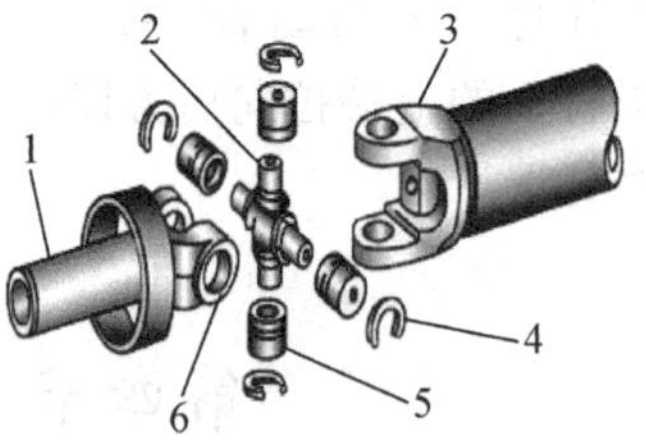

1—主动轴；2—十字轴；3，6—万向节叉；4—卡环；5—滚针轴承

图3-57　十字轴式刚性万向节

单个十字轴式万向节在输入轴和输出轴之间有夹角的情况下，两转轴的角速度是不相等的。这种不等速性会使从动轴及其相连的传动件产生扭转振动，从而产生附加的交变载荷，影响零部件寿命。

为实现等角速度传动，将两个十字轴万向节按图3-58所示的方式安装：使第一个万向节两轴间夹角 α_1 与第二个万向节两轴间夹角 α_2 相等；第一个万向节从动叉与第二个万向节主动叉处于同一平面内。这样有可能使第一万向节的不等速效应被第二万向节的不等速效应所抵消，从而实现输入轴和输出轴之间的等角速传动。

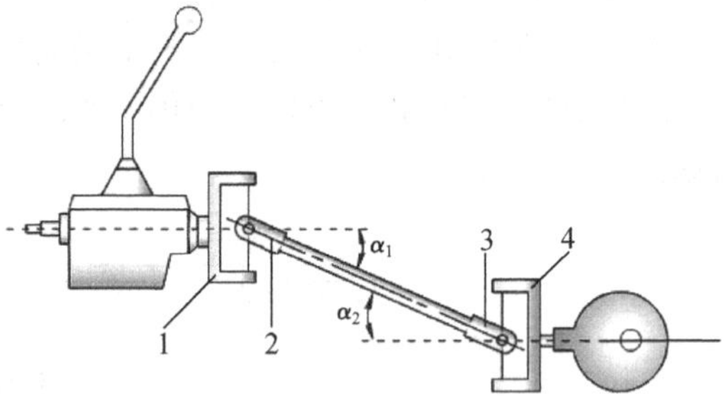

1，3—主动叉；2，4—从动叉

图3-58　双十字轴式万向节等速传动布置

在某些情况下，由于轴向尺寸的限制，难以布置双十字轴式刚性万向节传动装置，因而需要能单独实现等角速传动的万向节。在转向驱动桥和断开式驱动桥中，广泛采用各种准等速和等速万向节。

2. 双联式准等速万向节

双联式准等速万向节是将双十字轴式万向节中的传动轴长度缩短至最小而得到的一种万向节，如图3-59所示。双联叉3即相当于处于同一平面上的两个万向节叉及传动轴。欲使主动轴1和从动轴2的角速度相等，应保证 $\alpha_1=\alpha_2$。为此，有的双联式万向节装有分度机构，使双联叉的对称线平分所连两轴的夹角。

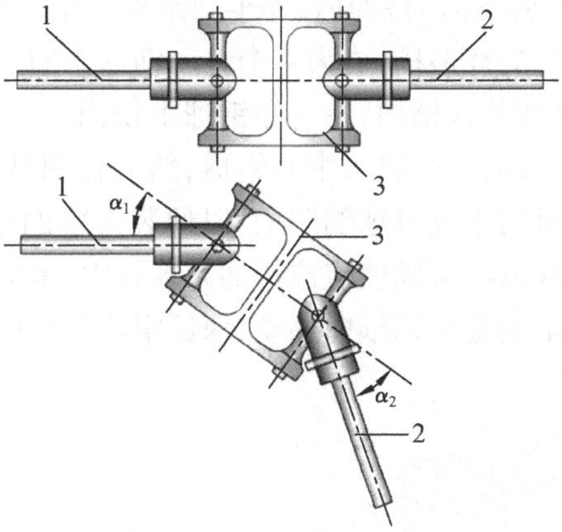

1,2—轴;3—双联叉

图 3-59 双联式准等速万向节示意图

图 3-60 为带分度机构的双联式万向节。万向节叉 1 的内端有球头,与球碗 6 的内圆面配合,球碗座镶嵌在万向节叉 4 的内端。球头与球碗的中心与十字轴中心的连线中点重合,当万向节叉 1 相对万向节叉 4 在一定角度范围内摆动时,双联叉 7 也被带动偏转相应的角度,使两十字轴中心连线与万向节叉 1 和 4 的轴线交角差值很小,从而保证两轴角速度接近相等,因而双联式万向节具有准等速性。

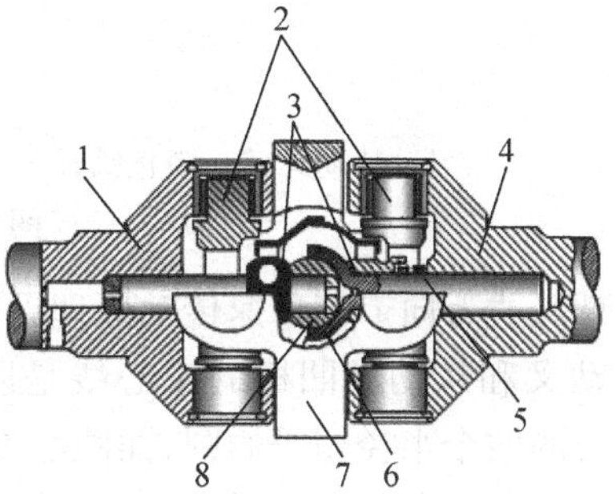

1,4—万向节叉;2—十字轴;3—油封;5—弹簧;6—球碗;7—双联叉;8—球头

图 3-60 带分度机构的双联式万向节

双联式万向节允许有较大的轴间夹角,一般可达 50°,效率高,制造方便,工作可靠,但外形尺寸大,零件数目多,主要应用在转向驱动桥中。

3. 球叉式等速万向节

球叉式和球笼式万向节都是等速万向节,等速传动的基本原理是从结构上保证万向节在工作过程中,其传力点永远位于两轴交角的平分面上。这一原理可以通过图 3-61 所示的一对大小相等的锥形齿轮传动来说明。由于两锥齿轮传动中两齿轮接触点 P 位于两齿轮轴线交角 α 的平分面上,由 P 点到两轴的垂直距离都等于 r,P 点处两齿轮的圆周速度相等,故两个齿轮旋转角速度也相等。同理,若万向节的传力点在其两轴交角变化时始终位于两轴交角的平分面上,则可使两万向节叉保持相等的角速度,实现等速传动。

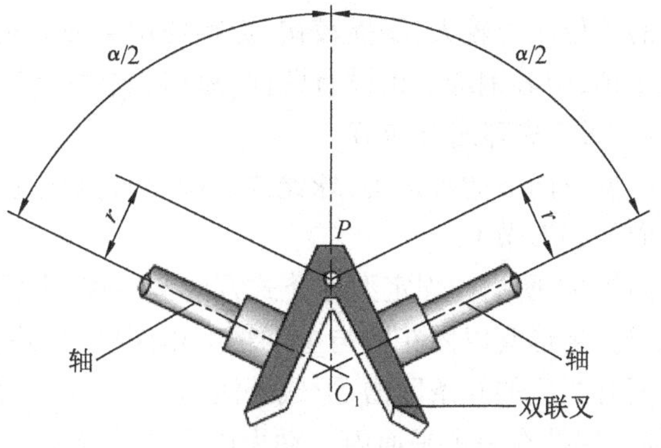

图 3-61 等速万向节的基本工作原理

图 3-62 所示为球叉式万向节,

主动叉5与从动叉1分别与转向驱动桥的内、外半轴制成一体。在主、从动叉上各有4个曲面凹槽,组装后形成2个相交的环形槽,成为4个传动钢球4的滚道。定心钢球6放在两叉中心的凹槽内。为方便将钢球装入槽内,在定心钢球上铣出一个凹面,凹面中央有一深孔。组装时,先将定位销3装入从动叉内,放入中心钢球,然后在两球叉槽中陆续装入3个传动钢球,再将定心钢球的凹面对向未放钢球的凹槽,以便装入第四个传动钢球,而后再将定心钢球的孔对准从动叉孔,提起从动叉轴使定位销插入球孔中,最后将锁止销2插入从动叉上与定心刚球垂直的孔中,以限制定位销轴向移动,保证定心钢球的准确位置。

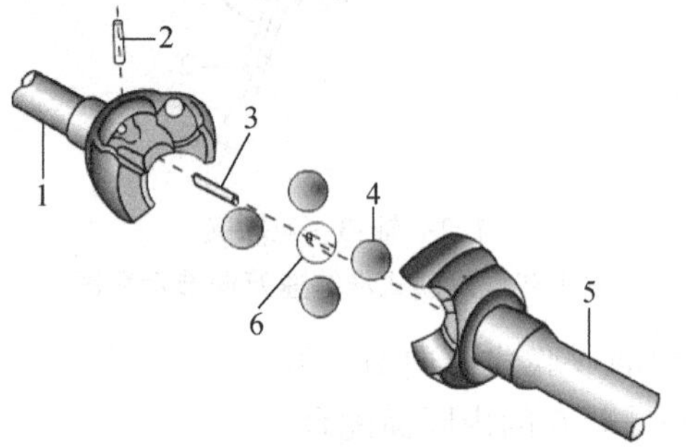

1—从动叉;2—锁止销;3—定位销;4—传动钢球;5—主动叉;6—定心钢球

图3-62 球叉式万向节

球叉式万向节等角速传动原理见图3-63。其主动叉和从动叉凹槽的中心线是以 O_1,O_2 为圆心的两个半径相等的圆,而圆心 O_1,O_2 与万向节中心 O 的距离相等。因此,在主动轴和从动轴以任何角度相交的情况下,传动钢球中心都位于两圆的交点上,亦即所有传力钢球都位于角平分面上,因而保证了两轴的等角速传动。

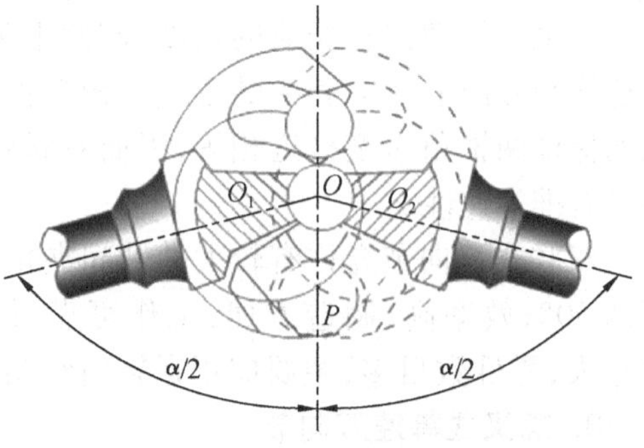

图3-63 球叉式万向节等角速传动原理

球叉式万向节结构简单,允许最大交角为32°~33°,一般应用于转向驱动桥中。球叉式万向节工作时,只有两个钢球传力,反转时,则由另两个钢球传力。因此,钢球与曲面凹槽之间的单位压力较大,磨损较快,影响使用寿命。近年来,有些球叉式万向节省去了定位销和锁止销,中心钢球上也没有凹面,靠压力装配,结构更为简单,但拆装不便。

4. 球笼式等速万向节

根据万向节能否运动,球笼式万向节分为固定型球笼式万向节(RF节)和伸缩型球笼式万向节(VL节)。

图3-64所示为固定型球笼式万向节结构,主要由保持架4、钢球6、星形套7和球形壳8等组成。星形套以内花键与主动轴1相连接,其外表面有6条凹槽,形成内滚道。球形壳的内表面有相应的6条凹槽,形成外滚道。6个传力钢球分别装在各条凹槽中,由保持架(球笼)使之保持在一个平面内。动力由主动轴经钢球、球形壳输出传给驱动轮。

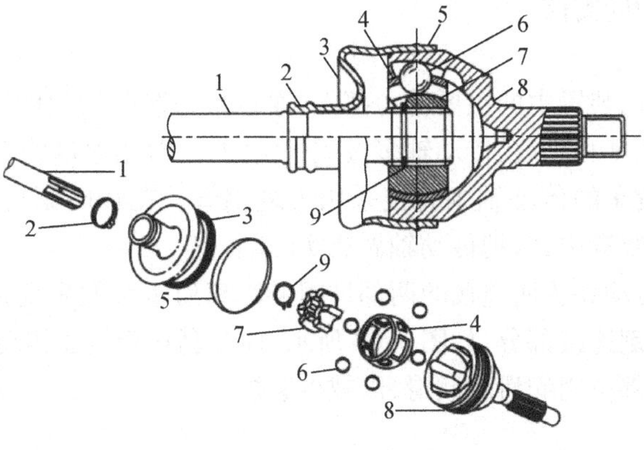

1—主动轴；2—小钢带箍；3—外罩；4—保持架（球笼）；5—大钢带箍；
6—传力钢球；7—星形套（内滚道）；8—球形壳（外滚道）；9—卡环

图 3-64　固定型球笼式万向节（RF 节）

该万向节在结构上能够保证传力钢球在工作时始终位于主、从动轴交角的平分面上，从而使得从动轴与主动轴能以等角速度旋转。而且工作时，不论传动方向如何，6 个钢球全部传力。

球笼式等角速度万向节在两轴最大交角达 47°的情况下仍可传递转矩，与球叉式万向节相比，其承载能力强，结构紧凑，拆装方便，因此应用越来越广泛。

图 3-65 所示为伸缩型球笼式万向节，主要由星形套 3、保持架 2、钢球 5 和筒形壳 1 等组成。其内、外滚道是圆筒形，星形套与筒形壳之间通过传力钢球沿内、外滚道的滚动实现轴向相对移动，滑动阻力小，适用于断开式驱动桥。因内、外滚道可做轴向移动，使其前轮跳动时的轴向长度补偿量可达 45 mm。

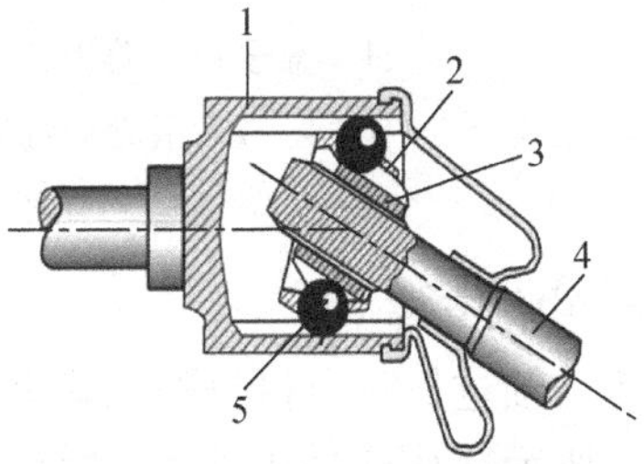

1—筒形壳（外滚道）；2—保持架（球笼）；
3—星形套（内滚道）；4—主动轴；5—钢球

图 3-65　伸缩型球笼式万向节（VL 节）

RF 节和 VL 节广泛应用于采用独立悬架的轿车转向驱动桥中，RF 节布置在靠近车轮处（外侧），VL 节布置在靠近主减速器一侧（内侧）。

5. 挠性万向节

挠性万向节（见图 3-66）依靠其中弹性元件的弹性变形来保证在相交两轴间传动时不发生机械干涉。常用的弹性元件有橡胶盘、橡胶金属套筒、六边形橡胶圈等多种结构形式。由于弹性元件的弹性变形量有限，因此，挠性万向节通常只允许被连接的两轴间的横向偏移量为 3 ~ 5 mm，倾斜角为 3° ~ 4°。在车辆上常用来连接安装在车架或车身上的两个部件，以消除安装误差和车架变形对传动的影响。挠性万向节还具有缓冲、减振的作用，其结构简单，无须润滑。

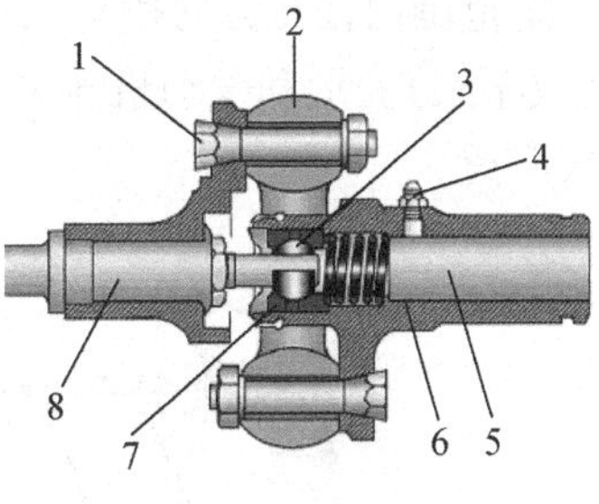

1—连接螺栓；2—橡胶件；3—定心钢球；
4—润滑脂加注孔；5—主动轴；
6—传动凸缘；7—球座；8—从动轴

图 3-66　挠性万向节

（二）传动轴和中间支撑

1. 传动轴

传动轴是万向传动装置中的主要传力部件，通常是一壁厚均匀的轴管。为了减轻传动轴的质量，提高轴的强度和刚度，传动轴多做成中空的，一般用厚度为 1.5～3.0 mm 的薄钢板卷焊而成，超重型货车的传动轴则直接采用无缝钢管。在转向驱动桥、断开式驱动桥或微型汽车的万向传动装置中，常把传动轴做成实心轴。

在工作中，万向传动装置所连接的两部件间的距离通常会发生变化，为避免运动干涉，传动轴中设有滑动花键连接部分，如图 3-67 所示，伸缩套 6 套装在传动轴的花键轴 7 上，两者可相对滑动。滑动部位用润滑脂润滑，以减少磨损。

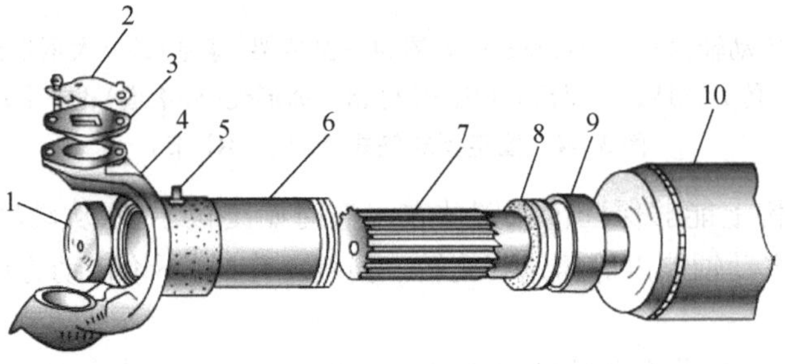

1—盖子；2—盖板；3—盖垫；4—万向节叉；5—注油嘴；6—伸缩套；
7—滑动花键轴；8—油封；9—油封盖；10—传动轴管

图 3-67　传动轴滑动花键连接

2. 中间支撑

传动轴过长时，自振频率降低，易产生共振，故常将其分为两段并加中间支撑，如图 3-68 a 所示，前段称为中间传动轴，后段称为主传动轴。通常中间支撑安装在车架的横梁上，不同的车辆采用不同的中间支撑方式。中间支撑应能补偿传动轴轴向和角度方向的安装误差及车辆行驶过程中由于发动机窜动或车架变形所引起的位移。

图 3-68 b 所示的中间支撑结构固定在车架横梁上，用来支撑传动轴的一端。传动轴可以在一定范围内任意方向摆动，并能随轴承一起做适当的轴向移动，橡胶缓冲垫可以补偿车身（或车架）变形和发动机振动对于传动轴位置的影响。这种支撑结构简单，效果良好，应用较广泛。

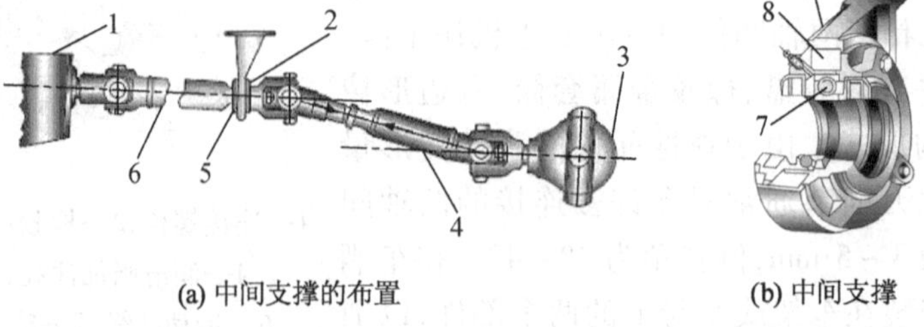

(a) 中间支撑的布置　　(b) 中间支撑

1—变速器；2—中间支撑；3—后驱动桥；4—主传动轴；5—球轴承；
6—中间传动轴；7—球轴承；8—中间轴承缓冲垫；9—支撑座

图 3-68　带中间支撑的传动轴

二、汽车驱动桥

汽车驱动桥是汽车传动系统中的最后一个总成，由主减速器、差速器、半轴和驱动桥壳等构成。

驱动桥的主要功用：① 将万向传动装置传来的发动机转矩通过主减速器、差速器、半轴等传到驱动车轮，进一步降速增矩；② 通过主减速器圆锥齿轮副改变转矩的传递方向；③ 通过差速器实现两侧车轮差速作用，保证内、外侧车轮以不同转速转向；④ 通过桥壳体和车轮实现承载及传力作用。

按结构不同，汽车驱动桥一般分为整体式驱动桥与断开式驱动桥两种。

整体式驱动桥如图 3-69 所示，与非独立悬架配合使用。变速器输出的动力经万向传动装置首先传给主减速器，再经差速器分配给左右半轴，最后传至驱动车轮的轮毂。其驱动桥壳 1 由主减速器壳和半轴套管组成，为一刚性的整体，故称为整体式驱动桥。驱动桥两端通过悬架与车架连接，左右半轴始终在一条直线上，即左右驱动轮不能相互独立地跳动。

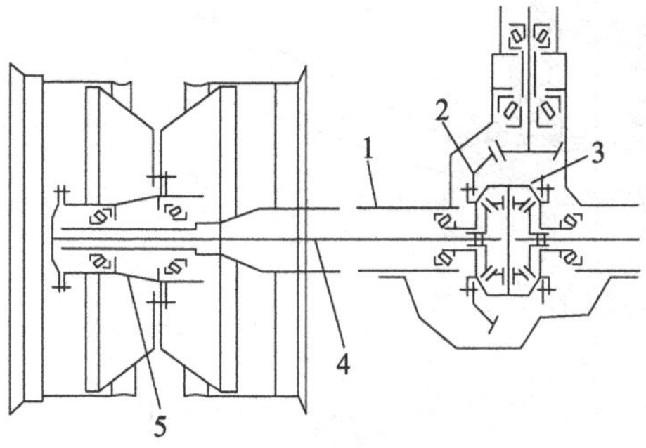

1—驱动桥壳；2—主减速器；3—差速器；
4—半轴；5—轮毂

图 3-69　整体式驱动桥

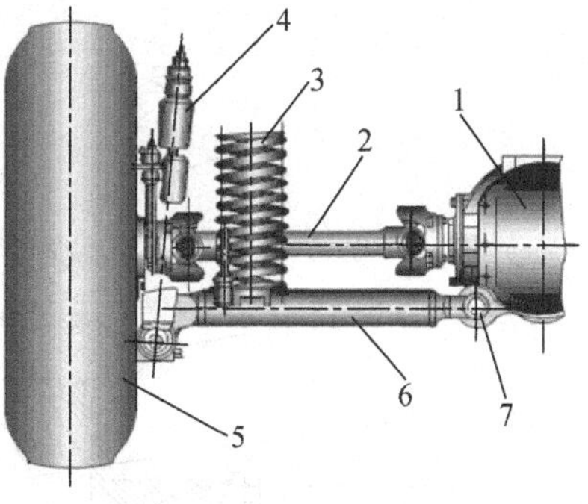

1—主减速器；2—半轴；3—弹性元件；
4—减振器；5—车轮；6—摆臂；7—摆臂轴

图 3-70　断开式驱动桥

为提高车辆行驶的平顺性和通过性，有些轿车和越野车全部或部分驱动轮采用独立悬架，将两侧的驱动轮分别通过悬架与车架相连，两驱动轮可以独立的相对于车架上下跳动。与此对应的驱动桥壳制成分段式并通过铰链连接，主减速器壳固定在车架上，这种驱动桥称为断开式驱动桥，如图 3-70 所示。

（一）主减速器

主减速器的功用是将输入转矩增大并相应降低其转速。对于纵向布置的发动机，还需通过其改变转矩的方向，满足车辆行驶要求。根据不同的使用要求，主减速器有不同的结构形式。

按齿轮传动副的数目分，有单级式和双级式。在双级式主减速器中，若第二级减速器齿轮有两副，并分置于两侧车轮附近，构成实际独立部件，则称其为轮边减速器。

按主减速器齿轮传动比挡数分，有单速式和双速式。单速式的传动比是固定的；双速式有供驾驶员选择的两个传动比，以适应不同的工作条件。

按齿轮传动副的结构形式分，有圆柱齿轮式（又可分为轴线固定式和轴线旋转式）、圆锥齿轮式和准双曲面齿轮式。

1. 单级主减速器

图3-71所示为东风EQ1090E型汽车单级主减速器总成,由一对准双曲面齿轮18,7及其支承调整装置、主减速器壳4等组成。主、从动锥齿轮必须保证正确的相对位置,以减少磨损、提高效率、降低噪声。

为保证锥齿轮有足够的支承刚度,主动锥齿轮与输入轴制成一体,其前端支承在相互贴近且小端相向的两个圆锥滚子轴承13和17上;后端支承在圆柱滚子轴承19上,形成可靠的跨置式支承。环形从动锥齿轮齿圈通过螺栓固联在差速器壳5上,而差速器壳利用两个圆锥滚子轴承支承在主减速器壳上的轴承座孔中。

圆锥滚子轴承装配时应使其具有一定的预紧度。为此,在轴承13和17之间装有调整垫片14,通过增减垫片厚度来改变轴承预紧度大小。支承差速器壳的圆锥滚子轴承3的预紧度利用其两侧轴承调整螺母2分别调整,若拧入调整螺母则轴承预紧度增加,拧出调整螺母,则轴承预紧度减小。

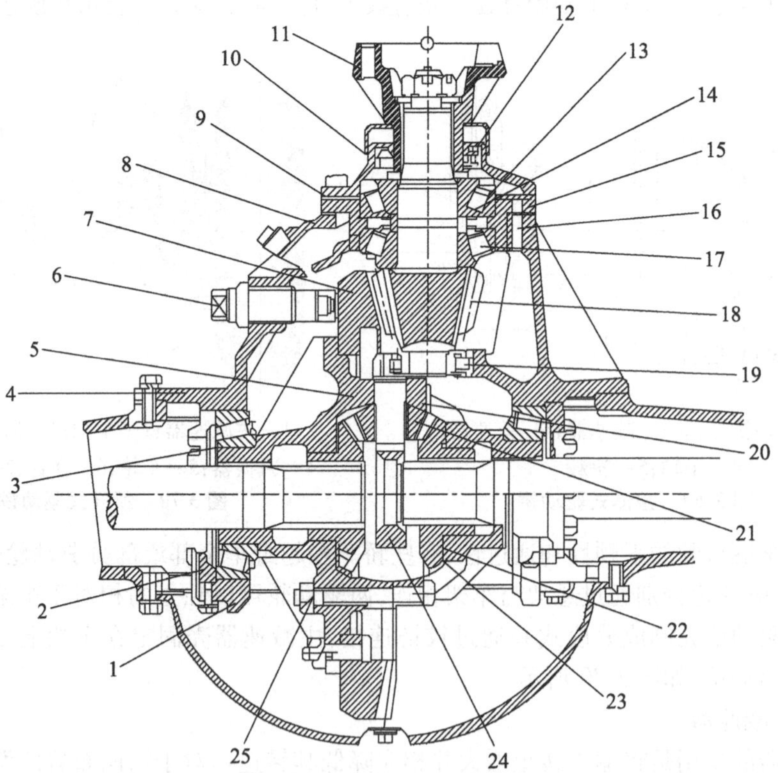

1—差速器轴承盖;2—轴承调整螺母;3,13,17—圆锥滚子轴承;4—主减速器壳;5—差速器壳;
6—支承螺栓;7—从动锥齿轮;8—进油道;9,14—调整垫片;10—防尘罩;11—叉形凸缘;
12—油封;15—轴承座;16—回油道;18—主动锥齿轮;19—圆柱滚子轴承;
20—行星齿轮球面垫片;21—行星齿轮;22—半轴齿轮推力垫片;23—半轴齿轮;
24—行星齿轮轴(十字轴);25—螺栓

图3-71 东风EQ1090E型汽车单级主减速器

锥齿轮啮合的调整包括啮合印痕和齿侧间隙两个方面。啮合印痕可以通过增减主减速器壳 4 与主动锥齿轮轴承座 15 之间的调整垫片 9 的厚度来调整，若增加垫片厚度，则主动锥齿轮轴前移，若减小垫片厚度，则主动锥齿轮后移。齿侧间隙通过拧动两端调整螺母 2 来实现，当一端螺母拧入时，另一端螺母应拧出。此时，若使从动锥齿轮靠近主动锥齿轮，则啮合间隙减小，若远离主动锥齿轮，则啮合间隙增大。值得注意的是，调整齿侧间隙时，为保证已调好的轴承预紧度不变，应使一端螺母拧入的圈数等于另一端螺母拧出的圈数。

为限制从动锥齿轮因过度变形而影响正常啮合，在其背面装配了可调支承螺栓 6，并使该螺栓与齿轮背面间隙为 0.3～0.5 mm。

单级主减速器具有结构简单、体积小、重量轻和传动效率高等优点。轿车、轻型与中型货车（包括拖拉机）采用单级主减速器即可满足车辆动力性要求。

2. 双级主减速器

根据发动机特性和汽车使用条件，若采用减速比较大的单级主减速器，则由于结构尺寸增大，不能保证足够的离地间隙而影响车辆的通过性。因此，需要采用两对齿轮减速的双级主减速器。

图 3-72 所示为解放 CA1091 型汽车双级主减速器。第一级减速比由螺旋锥齿轮 11 和 16 构成；第二级减速比由斜齿圆柱齿轮 5 和 1 构成。

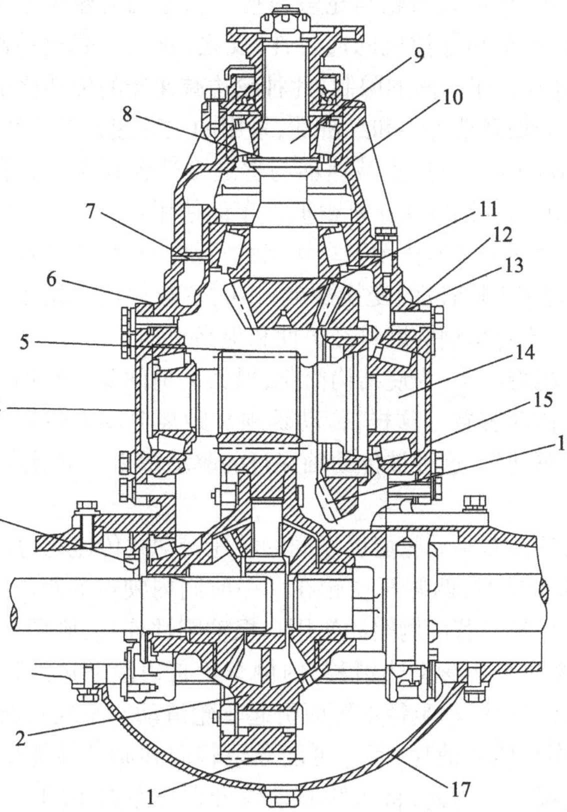

1—第二级从动齿轮；2—差速器壳；3—调整螺母；4，15—轴承盖；5—第二级主动齿轮；6，7，8，13—调整垫片；9—第一级主动锥齿轮轴；10—轴承座；11—第一级主动锥齿轮；12—主减速器壳；14—中间轴；16—第一级从动锥齿轮；17—后盖

图 3-72　解放 CA1091 型汽车双级主减速器

第一级主动锥齿轮 11 与主动轴 9 制成一体，依靠相距尽可能远的两个圆锥滚子轴承支承在轴承座 10 内；环状从动锥齿轮齿圈用铆钉固联在中间轴 14 的凸缘上。第二级主动圆柱齿轮与中间轴制成一体，轴两端分别采用圆锥滚子轴承支承在主减速器壳 12 两侧的轴承盖 4 和 15 内；从动圆柱齿轮采用螺栓固联在差速器壳 2 上。

主动锥齿轮轴轴承预紧度通过增减调整垫片 8 的厚度来实现。中间轴圆锥滚子轴承预紧度则分别靠增减两侧轴承盖与主减速器壳之间的调整垫片 6 和 13 的厚度来实现。支承差速器壳的圆锥滚子轴承的预紧度通过拧动调整螺母 3 来实现。

为便于进行锥齿轮副的啮合调整，两锥齿轮的轴向位置均可适当移动。增减轴承座和主减速器壳之间调整垫片 7 的厚度，可改变主动锥齿轮的轴向位置。对于从动锥齿轮，若将部分左轴承盖处的调整垫片移到右轴承盖处的调整垫片中，则使从动锥齿轮右移，反之则左移。若左右两组垫片的减量和增量不等，必将破坏事先调好的中间轴轴承的预紧度。

有的重型汽车、越野车和大型客车，不仅要求有较大的主传动比，而且要求有较大的离地间隙。为此，将双级主减速器中的第二级减速齿轮机构做成同样两套，分设在车辆两侧驱动轮的近旁，称为轮边减速器。第一级仍称为主减速器。在同级越野车、大型客车和拖拉机上，还经常采用一对外啮合圆柱齿轮组成轮边减速器（拖拉机中称为最终传动）。其主动小齿轮与半轴连接，从动大齿轮与轮毂连接。当主动齿轮位于上方时，驱动桥离地间隙增大，有利于提高越野车和拖拉机的通过性；反之，驱动桥壳离地高度降低，有利于降低客车地板的高度，但往往由于空间的限制，此种轮边减速器的传动比是有限的。

有些汽车为了充分提高动力性和经济性，采用的主减速器具有可供驾驶员选用的两挡传动比，称为双速主减速器。双速主减速器与普通变速器相配合，可得到双倍于变速器的挡位。双速主减速器的高低挡减速比是根据汽车的使用条件、发动机功率及变速器各挡速比的大小来选定的。大的主减速比用于车辆满载行驶或在困难道路上行驶，以克服较大的行驶阻力并减少变速器中间挡位的变换次数；小的主减速比则用于车辆空载、半载行驶或在良好路面上行驶，以改善车辆的燃料经济性和提高平均车速。

有些多轴驱动的越野汽车，为使结构简化，增大离地间隙，分动器到同一方向的两驱动桥之间只用一套万向传动装置。这样，传动轴须从距离分动器较近的驱动桥中穿过，再通向距离分动器较远的驱动桥，这种被传动轴穿过的驱动桥称为贯通式驱动桥。

（二）差速器

差速器的功用是使左右驱动轮能以不同的转速转动并传递动力。

汽车拖拉机转向行驶时，两侧驱动轮在同一时间内驶过的距离是不相等的，外侧车轮驶过的距离比内侧车轮长。若两侧驱动轮用一根轴刚性连接，则两轮只能以相同的角速度旋转，此时外侧车轮必然是边滚动边滑移，内侧车轮是边滚动边滑转。车辆即使是直线行驶，也会因路面不平或轮胎滚动半径不等而引起车轮滑动。车轮对路面的滑动不仅会加剧轮胎的磨损，增加功率和燃料消耗，而且可能导致转向和制动性能变差。所以在车辆行驶中应尽量减少车轮的滑动。为此，将两侧驱动轮分别与左右半轴连接，左右半轴则用差速器连接。这种装在同一驱动桥两侧驱动轮之间的差速器称为轮间差速器。在某些多轴驱动的越野汽车上，为使各驱动桥能以不同的角速度旋转，以消除各桥上驱动轮的滑动现象，在两驱动桥之间装有轴间差速器。

差速器按其工作特性可分为普通锥齿轮式差速器和防滑差速器两大类。防滑差速器常见的形式有强制锁止式差速器、高摩擦自锁式差速器、牙嵌式自由轮差速器、托森差速器、粘性联轴差速器等。在这里只介绍普通齿轮式差速器。

1．齿轮式差速器的结构及组成

齿轮式差速器有锥齿轮式(图 3-73 a,b)和圆柱齿轮式(图 3-73 c)两种。

按两侧的输出转矩是否相等,齿轮式差速器分为对称式(等转矩式)和不对称式(不等转矩式)两类。图 3-73 b 所示为对称式差速器,常用做轮间差速器或由平衡悬架联系的两驱动桥之间的轴间差速器。图 3-73 a 和图 3-73 c 所示为不对称式差速器,常用做前、后驱动桥之间或前驱动桥与中、后驱动桥之间的轴间差速器。

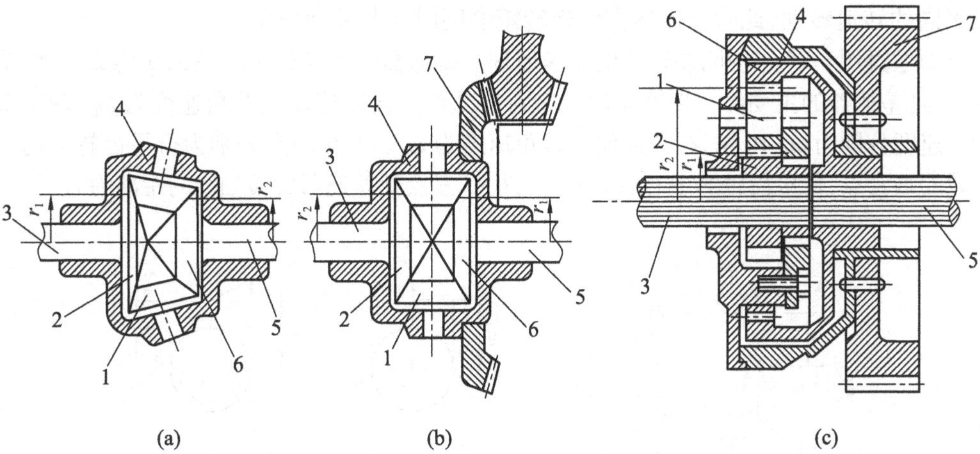

1—行星齿轮;2,6—半轴齿轮;3,5—半轴;4—差速器壳(行星架);7—动力输入齿轮

图 3-73　齿轮式差速器

对称式锥齿轮差速器在汽车拖拉机上得到了广泛应用。图 3-74 所示对称式锥齿轮差速器主要由 4 个行星齿轮 6、行星齿轮轴 9、两个半轴齿轮 4 和差速器壳等组成。差速器壳分为左壳 2 和右壳 8,用螺栓紧固在一起。主减速器从动齿轮 7 用铆钉或螺栓固定在差速器右壳的凸缘上。行星齿轮轴的 4 个轴颈装在差速器两半壳端面上相应的凹槽所形成的孔内,每个轴颈上松套着一个直齿圆锥行星齿轮,4 个行星齿轮与 2 个直齿圆锥半轴齿轮啮合。半轴齿轮以其轴颈支承在差速器壳相应的孔中,并通过内花键与半轴相连。为使行星齿轮更好地对正中心,以利于半轴齿轮正确啮合,行星齿轮背面和差速器壳相应位置的内表面均做成球面。在各齿轮与差速器壳之间都装有减磨垫片 3 或 5。

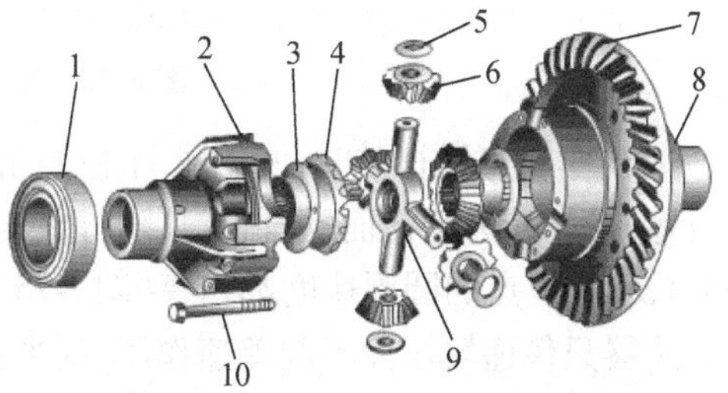

1—轴承;2—差速器左壳;3—半轴齿轮推力垫片;
4—半轴齿轮(2 个);5—行星齿轮球面垫片;
6—行星齿轮(4 个);7—主减速器从动齿轮;
8—差速器右壳;9—行星齿轮轴(十字轴);10—螺栓

图 3-74　对称式锥齿轮差速器零件分解图

工作时,动力通过主减速器的从动齿轮依次经差速器壳、十字轴、行星齿轮、半轴齿轮和半轴传至驱动轮。

微型及部分轻型载货汽车和大部分轿车的车桥,因主减速器输出的转矩不大,所以可用 2 个行星齿轮。因此，行星齿轮轴相应为一根直销轴（图 3-75 a），差速器壳制成整体式的，在其前后两侧开有大窗口，便于拆装行星齿轮和半轴齿轮。

2. 普通锥齿轮差速器的差速原理

锥齿轮差速器是一种行星齿轮机构，车辆在行驶中，行星齿轮一般存在两种运动状态：当两侧驱动轮所受阻力相等时，行星齿轮只随十字轴及差速器壳绕半轴轴线转动，即公转，并通过半轴齿轮和半轴带动两侧驱动轮以相同的转速转动，此时差速器只传递转矩而不起差速作用；当两侧驱动轮所受阻力不等时，行星齿轮在做公转的同时，还绕自身轴线转动，即在公转的同时又自转，从而使一侧驱动轮转速增加，另一侧驱动轮转速减小，即两侧驱动轮以不同的转速转动，此时差速器在传递转矩的同时还起差速作用。

下面通过图 3-75 来说明差速器的差速原理。差速器壳 3 与行星齿轮轴 5 连成一体，形成行星架，是差速器的主动件。半轴齿轮 1，2 为从动件。设差速器壳的角速度为 ω_0，两半轴齿轮的角速度分别为 ω_1 和 ω_2，行星齿轮自转角速度为 ω_4。A，B 两点分别为行星齿轮 4 与两半轴齿轮的啮合点，行星齿轮的中心点为 C。A，B，C 三点到差速器旋转轴线的距离为 r。

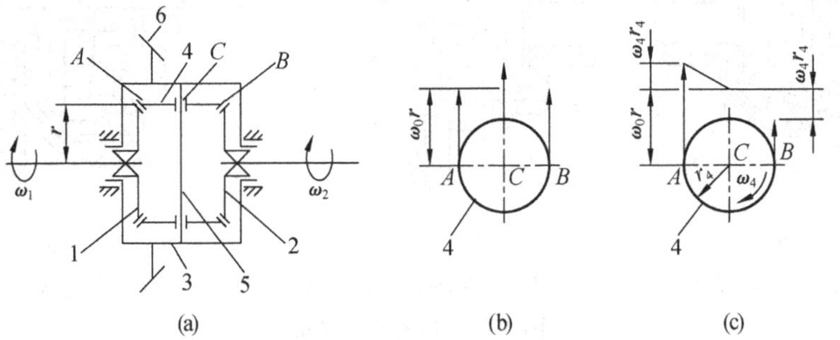

1，2—半轴齿轮；3—差速器壳；4—行星齿轮；5—行星齿轮轴；6—主减速器从动齿轮

图 3-75　差速器差速原理

（1）当车辆直线行驶时，两侧驱动轮受的阻力相同，此阻力通过车轮、半轴反传到行星齿轮上，行星齿轮受力平衡而不自转，只随行星架绕差速器的旋转轴线公转。此时处在同一半径 r 上的 A，B，C 三点的圆周速度都相等（图 3-75 b），其值为 $\omega_0 r$。于是 $\omega_1 = \omega_2 = \omega_0$，即 $\omega_1 + \omega_2 = 2\omega_0$，差速器只传递转矩而不起差速作用，两半轴的角速度等于差速器壳的角速度。

（2）当车辆转弯行驶（假设为右转弯）时，内侧（右侧）驱动轮所受的阻力大于外侧，两轮的阻力经车轮和半轴反传至行星齿轮 4，使其右侧的受力大于左侧，行星齿轮受力不平衡而绕行星齿轮轴 5 以角速度 ω_4 顺时针（从行星齿轮背面看）自转，即行星齿轮既公转又自转（图 3-75 c）。由于行星齿轮自转的作用，外侧半轴齿轮 1 转动加快，啮合点 A 的圆周速度增加，其值为 $\omega_1 r = \omega_0 r + \omega_4 r_4$；而内侧半轴齿轮 2 的转动减慢，啮合点 B 的圆周速度减小，其值为 $\omega_2 r = \omega_0 r - \omega_4 r_4$。

于是
$$\omega_1 r + \omega_2 r = (\omega_0 r + \omega_4 r_4) + (\omega_0 r - \omega_4 r_4)$$

即
$$\omega_1 + \omega_2 = 2\omega_0$$

若角速度以每分钟的转速 n 表示，则有

$$n_1 + n_2 = 2n_0 \tag{3-4}$$

此即两半轴齿轮直径相等的锥齿轮差速器的运动特性方程式。式（3-4）表明：左右两侧半轴齿轮的转速之和等于差速器壳转速的两倍。

由这一运动特性可知：

（1）当任一侧半轴齿轮的转速为零时，另一侧半轴齿轮的转速为差速器壳转速的两倍。这种情况相当于车辆原地滑转时，处于良好路面的一侧车轮不转，而处于泥泞松软路面的另一侧车轮以两倍于差速器壳的转速滑转。

（2）当差速器壳转速为零时，若一侧半轴齿轮受其他外来力矩而转动，则另一侧半轴齿轮即以相同的转速反向转动。

3. 普通锥齿轮差速器的转矩均分特性

在普通锥齿轮差速器中，由主减速器传来的转矩 M_0 经差速器壳、行星齿轮轴和行星齿轮传给两侧半轴齿轮。行星齿轮相当于一个等臂杠杆，而两半轴齿轮半径也相等。因此当行星齿轮没有自转时，总是将转矩 M_0 平均分配给左右两半轴齿轮，即

$$M_1 = M_2 = \frac{1}{2}M_0 \tag{3-5}$$

当两半轴齿轮以不同的转速朝相同的方向转动时，设左半轴转速 n_1 大于右半轴转速 n_2，则行星齿轮将按图 3-76 上顺时针箭头 n_4 方向绕行星齿轮轴 5 自转，此时行星齿轮孔与行星齿轮轴颈间以及齿轮背部与差速器壳之间都产生摩擦。行星齿轮所受的摩擦力矩 M_4 的方向与其自转方向相反。此摩擦力矩使行星齿轮分别对左右半轴齿轮附加作用了大小相等而方向相反的两个圆周力 F_1 和 F_2。F_1 使传到转得快的左半轴上的转矩 M_1 减小，而 F_2 却使传到转得慢的右半轴上的转矩 M_2 增加。因此，当左右驱动轮存在转速差时，差速器分配给两侧驱动轮的转矩为

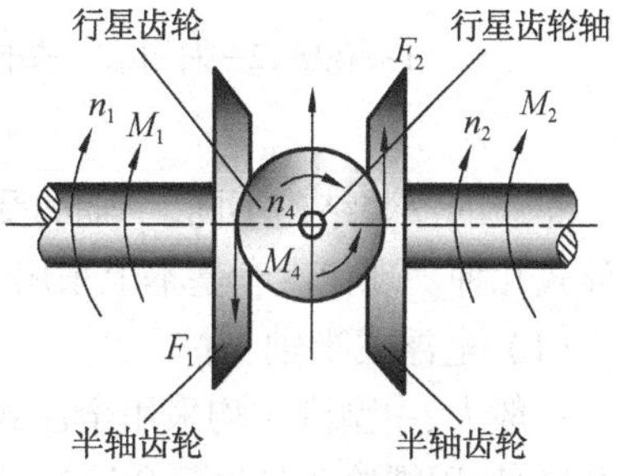

图 3-76　差速器转矩分配

$$M_1 = \frac{1}{2}(M_0 - M_4) \tag{3-6}$$

$$M_2 = \frac{1}{2}(M_0 + M_4) \tag{3-7}$$

左右驱动轮上的转矩之差等于差速器的内摩擦力矩 M_4。

差速器内摩擦力矩 M_4 与其输入力矩 M_0 之比定义为差速器锁紧系数 K，可以用来衡量差速器内摩擦力矩的大小及转矩分配特性。

$$K = \frac{M_4}{M_0} \tag{3-8}$$

普通锥齿轮差速器的内摩擦力矩很小，其锁紧系数 K 仅为 0.05 ~ 0.15。故可以认为，无论左右驱动轮的转速是否相等，而转矩总是平均分配的，此即普通锥齿轮差速器的转矩均分特性。

普通锥齿轮差速器平均分配转矩的特性对车辆在坏路面上的行驶带来不利的影响。例如，当车辆的一个驱动轮接触到泥泞或冰雪路面时，即使另一驱动轮在良好路面上，车辆仍不能前进。此时在泥泞路面上的驱动轮原地滑转，而在良好路面上的驱动轮却静止不动。这是因为在泥泞路面上的车轮与路面之间的附着力很小，路面只能对半轴作用很小的反作用转矩，故差速器分配给此车轮的转矩也很小，尽管另一驱动轮与良好路面间的附着

力较大，但因普通差速器平均分配转矩的特点，使这一驱动轮也只能分到与滑转驱动轮等量的转矩，以致总的驱动力不足以克服行驶阻力，车辆便不能前进。

为提高车辆在坏路面的通过能力，可采用防滑差速器。防滑差速器的特点：当一侧驱动轮在坏路面上滑转时，能使大部分甚至全部转矩传给在良好路面上的驱动轮，以充分利用这一驱动轮的附着力来产生足够的驱动力，使车辆继续行驶。

（三）半轴与桥壳

1. 半轴

半轴是将差速器传来的扭矩传给车轮，驱动车轮旋转，推动汽车行驶的实心轴，如图3-77所示。其内端采用花键与差速器的半轴齿轮连接，外端通过凸缘盘等与驱动轮的轮毂相连。

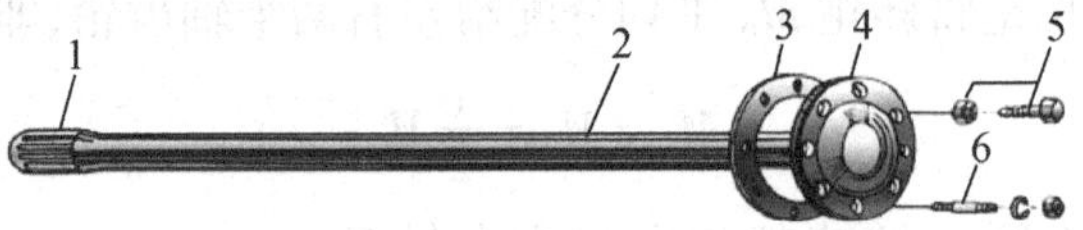

1—花键；2—杆部；3—垫圈；4—凸缘盘；5—半轴起拔螺栓；6—半轴紧固螺栓

图3-77　半轴

轮毂的安装结构不同，半轴的受力情况也不同。半轴可分为全浮式、3/4浮式、半浮式和不浮式几种。现代汽车基本上采用全浮式半轴支撑和半浮式半轴支撑两种主要支撑形式。

（1）全浮式半轴支撑

一般大、中型汽车均采用全浮式半轴支撑，如图3-78所示。半轴6外端带有直接锻造出的凸缘盘，用螺栓7与轮毂9连接，轮毂通过两个相距较远的圆锥滚子轴承8和10支承在半轴套管1上，半轴套管与驱动桥壳12压配成一体。半轴与桥壳无直接联系，使半轴只承受两端驱动扭矩而不承受任何弯矩，这种半轴称为全浮式半轴。所谓“浮”意即半轴不受弯曲载荷。

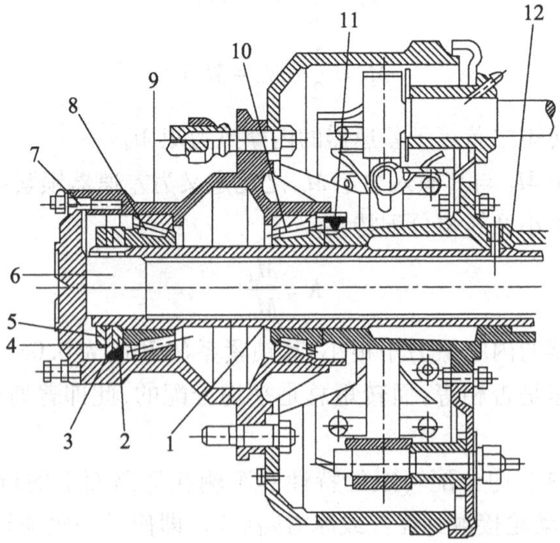

1—半轴套管；2—调整螺母；3，11—油封；4—锁紧垫圈；5—锁紧螺母；
6—半轴；7—轮毂螺栓；8，10—圆锥滚子轴承；9—轮毂；12—驱动桥壳

图3-78　全浮式半轴支撑

（2）半浮式半轴支撑

图 3-79 所示为半浮式半轴支撑，其半轴 2 内端不受力及弯矩，外端呈锥形面并有纵向键槽，最外端有螺纹。轮毂 6 有相应的锥形孔与半轴配合，用键 5 连接，并用锁紧螺母 4 固紧。半轴 2 用圆锥滚子轴承 3 直接支承在桥壳凸缘 7 内。显然，此时作用在车轮上的各反力都必须经过半轴传给驱动桥壳。因这种支承形式只能使半轴内端免受弯矩，而外端却承受全部弯矩，故称为半浮式支承。

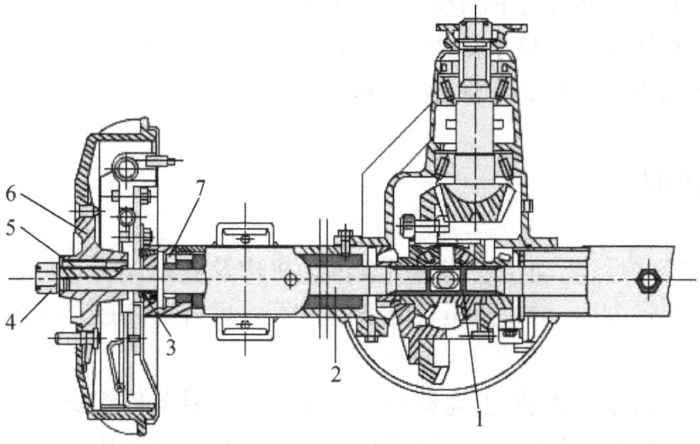

1—止推块；2—半轴；3—圆锥滚子轴承；4—锁紧螺母；5—键；6—轮毂；7—桥壳凸缘

图 3-79 半浮式半轴支撑

半轴结构除上述两种最常见的形式外，由于其还受到驱动轿结构形式的影响，所以在转向驱动桥中，半轴应断开并以等角速万向节连接；在断开式驱动轿中，半轴也应分段并用万向节和滑动花键或伸缩型等角速万向节连接。

2. 桥壳

桥壳是安装主减速器、差速器、半轴、轮毂和悬架的基础件，主要作用是支承并保护主减速器、差速器和半轴等，使左、右驱动车轮相对位置固定，并与从动桥一起支承车架及其上各总成的重量；汽车行驶时，承受由车轮传来的路面反作用力和力矩，并经悬架传给车架。

驱动桥壳应有足够的强度和刚度，质量小，并便于主减速器的拆装和调整。驱动桥壳从结构上可分为整体式桥壳和分段式桥壳两类，如图 3-80 所示。

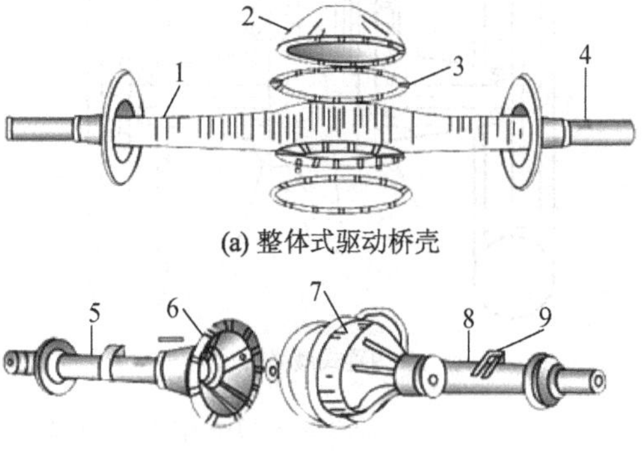

(a) 整体式驱动桥壳

(b) 分段式驱动桥壳

1—后桥壳；2—后盖；3—垫片；
4—半轴套管；5，8—半轴壳；6—左半桥壳；
7—右半桥壳；9—钢板弹簧座

图 3-80 驱动桥壳

（1）整体式桥壳

整体式桥壳具有较大的强度和刚度，且便于主减速器的装配、调整和维修，因此普遍应用于各类汽车上。整体式桥壳因制造方法不同又有多种形式，常见的有整体铸造、钢板冲压焊接、中段铸造、压入钢管（管式）等形式。

整体铸造桥壳具有刚度大、强度高、易铸成等特点，但重量大、铸造质量不易保证，适用于中、重型汽车,主要用于重型汽车上。

钢板冲压焊接式桥壳具有重量小、工艺简单、材料利用率高、抗冲击性好和成本低等优点。目前,它在轻型货车和轿车上得到广泛采用。

中段铸造、两端压入钢管的桥壳,重量较轻,工艺简单且便于变形,但刚度较差,适用于批量生产。北京 BJ2020 型汽车驱动桥壳属于这种类型的整体式桥壳。

(2) 分段式桥壳

分段式桥壳一般分为两段,用螺栓将两段连成一体。

分段式桥壳比整体式桥壳易于铸造,加工简便,但维修保养不便。当拆检主减速器时,必须把整个驱动桥从汽车上拆卸下来,故目前已很少采用。

三、拖拉机驱动桥

在拖拉机变速箱之后,驱动轮之前的所有传动机构及其壳体统称后桥。后桥的功用是传递扭矩并改变其传递方向、增大扭矩及降低转速等。后桥壳体还承受推动拖拉机整体前进的力。

轮式拖拉机后桥由中央传动、差速器和最终传动等主要部件组成。为满足不同的使用需求,后桥布置有内置式最终传动和外置式最终传动两种。最终传动靠近主减速器并装在同一壳体内的称为内置式最终传动(图 3-81 a);最终传动靠近驱动轮并有单独壳体的称为外置式最终传动(图 3-81 b)。

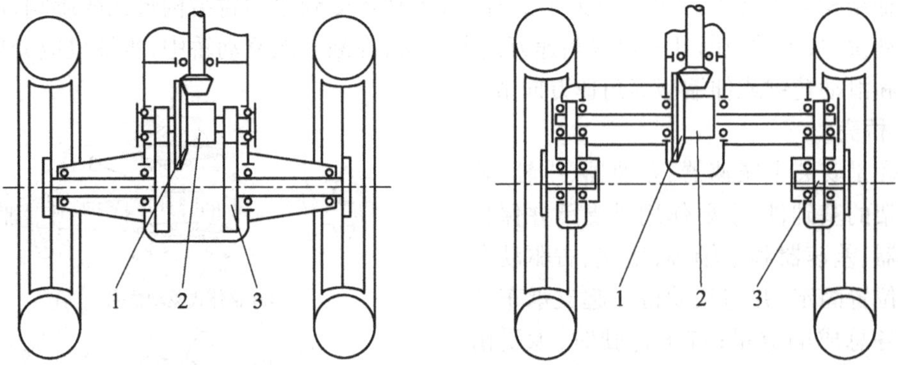

(a) 内置式最终传动　　(b) 外置式最终传动

1—中央传动;2—差速器;3—最终传动

图 3-81　轮式拖拉机后桥简图

履带式拖拉机的后桥由中央传动、转向机构和最终传动等主要部件组成(图 3-82)。后桥的布置形式通常是中央传动和转向机构在同一壳体内,而最终传动在两侧。

以下只介绍中央传动和最终传动。

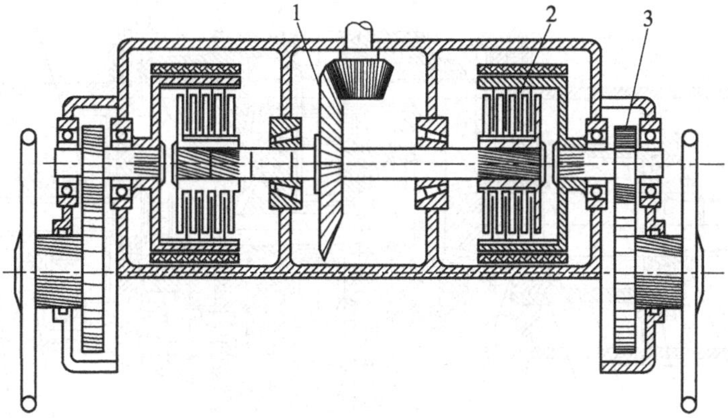

1—中央传动;2—转向离合器;3—最终传动

图 3-82　履带式拖拉机后桥结构简图

(一) 中央传动

中央传动是指在变速箱之后,转向机构之前的传动机构。在发动机纵向布置的拖拉机上,中央传动由一对圆锥齿轮组成。它的功用是增扭减速和改变扭矩的传递方向。

中央传动所承受的载荷比较大,且圆锥齿轮传动受力情况较复杂,不仅有切向力、径向力,还有轴向力,要求中央齿轮有较高的承载能力。此外,中央传动的结构尺寸对拖拉机后桥的尺寸、离地间隙等影响较大,所以要求在强度允许的条件下尽量减小中央传动主动锥齿轮的齿数,以在结构尺寸较小的情况下获得较大的传动比,这与采用的齿轮形式有关。目前,拖拉机上应用较多的中央传动齿轮有直齿锥齿轮、螺旋锥齿轮和零度弧齿锥齿轮。

图 3-83 为江苏－50 拖拉机后桥主体构成,其小锥齿轮与轴通常加工成一体,小圆锥齿轮轴 8 支承在两个圆锥滚子轴承上,用锁紧螺母 1 锁紧,并调整轴承预紧度。在轴承座 5 与壳体之间有调整垫片 4,通过增减垫片调整主动小齿轮的轴向位置。从动大齿轮 10 由螺栓固定在差速器壳体上。差速器盖与差速器壳也用螺栓紧固成一体而支承在两个圆锥滚子轴承上。左、右轴承盖与轴承外圈间有用以调整从动大齿轮轴向位置和轴承预紧度的调整垫片 11。差速器壳 12 内有左右半轴齿轮 13 和两对相互啮合的行星齿轮 14,半轴齿轮通过花键与半轴相连。变速器输出的动力经小圆锥齿轮轴传递给从动大锥齿轮 10 及差速器壳 12,然后经行星齿轮将动力分配给左、右半轴齿轮及半轴。

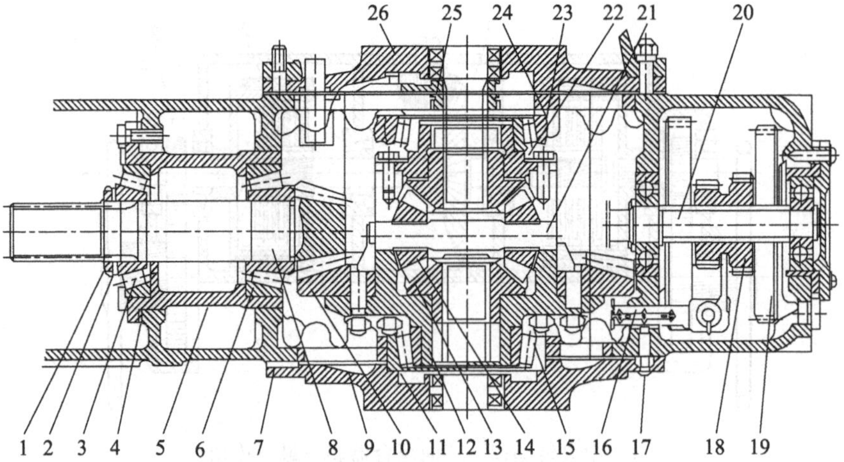

1—锁紧螺母;2—垫片;3,6—圆锥滚子轴承;4,7,11,24—调整垫片;5,9,26—轴承座;

8—小圆锥齿轮轴;10—从动大锥齿轮;12—差速器壳;13—半轴齿轮;14—行星齿轮;15,23—轴承;

16—动力输出轴变速杆;17—限位螺钉;18—动力输出轴滑动齿轮;19—动力输出高挡从动齿轮;

20—动力输出传动轴;21—行星齿轮轴;22—差速器壳盖;25—差速锁接合套

图 3-83 江苏 -50 拖拉机后桥主体构成

图 3-84 所示为东方红 -802 型拖拉机中央传动(主减速器),由一对螺旋锥齿轮构成。主动小锥齿轮与变速器第二轴加工成一体,第二轴前端支承在一对圆锥轴承上,主动锥齿轮属于悬臂式支承。调整垫片 2 用来调整圆锥滚子轴承的预紧度,调整垫片 3 可调整主动锥齿轮的轴向位置,即调整齿轮副的啮合印痕或齿侧间隙。中央传动大锥齿轮 11 用螺栓直接固定在后桥轴 7 的连接盘上,后桥轴两端用锥轴承支承。轴承座 6 和 9 上的调整螺母 5、8 用来调整锥轴承间隙和锥齿轮 11 的轴向位置。调整螺母的外缘有许多槽,有锁片卡在槽中以防螺母松退。支撑后桥轴的隔板将中央传动和转向机构隔开。为了方便地拆装后桥轴,将隔板沿轴承直径处做成上下可拆的两部分,上下隔板间有带状毡垫,上隔板用螺栓紧固在下隔板上。轴承座上有自紧油封和回油道,该油道和下隔板上相应的回油孔相通,防止中央传动室内的润滑油进入转向机构。中央传动锥齿轮及轴承都靠飞溅润滑。

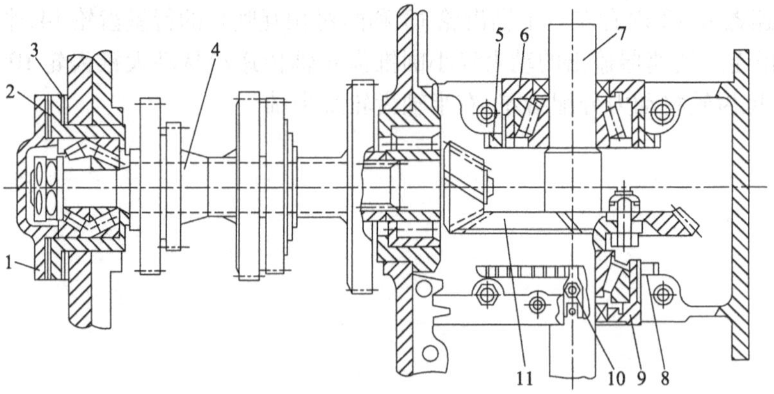

1—轴承盖;2,3—调整垫片;4—变速器第二轴;5,8—调整螺母;

6,9—轴承座;7—后桥轴;10—锁片;11—中央传动大锥齿轮

图 3-84 东方红 -802 型拖拉机中央传动

（二）最终传动

最终传动的功用是进一步增扭减速，以满足拖拉机的使用要求。在某些中耕拖拉机上，常采用传动比不大的几对外啮合齿轮最终传动，以增大拖拉机的离地间隙。

最终传动在传动形式上可分为外啮合齿轮式和行星齿轮式两种。

东方红-75 型拖拉机最终传动如图 3-85 所示，它属于外置式最终传动，在靠近驱动轮处有一对直齿圆柱齿轮。最终传动主动齿轮 12 和花键轴制成一体，花键上装有接盘 16，接盘与转向离合器的从动鼓相连；主动齿轮轴支承在两个圆柱滚子轴承上，由外圆柱滚子轴承定位。为提高支承刚度，两滚子轴承通过套筒 15 安装在后桥壳 18 和最终传动壳内。套筒与后桥壳静配合连接。套筒上有集油槽和回油孔 19，可防止经自紧油封漏出的润滑油进入转向离合器室内而回流到最终传动箱。从动齿轮 22 与驱动轮 13 用螺栓一同固定在轮毂 8 上，轮毂用两个圆锥滚子轴承支承在后轴 20 上；轴端由调整垫片 7 来调整锥轴承间隙。

履带式拖拉机离地间隙较小，使得最终传动的工作条件恶劣，因此尤其要注意密封。东方红 -75 型拖拉机驱动轮轮毂 8 的旋转表面与最终传动壳体间的密封采用端面密封。起密封作用的主要是毛毡环 4 和油封压环 10。毛毡环装在驱动轮的防尘罩内，和驱动轮同时转动，金属压环固定不动，被弹簧 9 压向毛毡环，使其端面紧贴在毡圈上以起到密封作用。在端面油封外面的橡皮套 2 和内、外防尘罩配合，减少灰尘侵入。

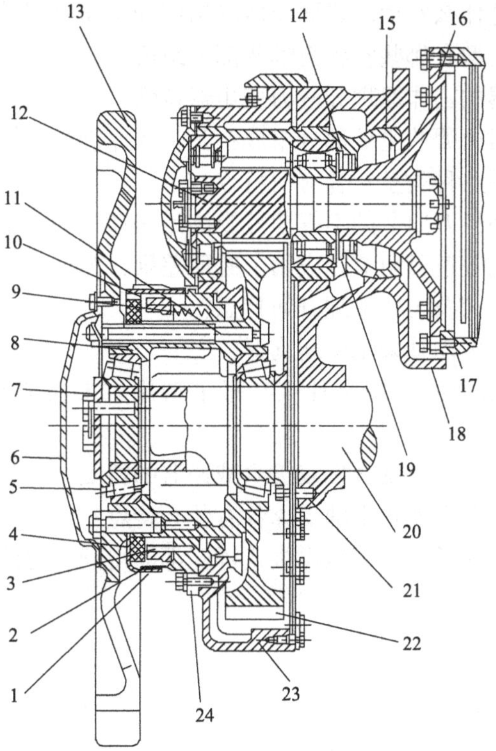

1—防尘罩；2—橡皮套；3—导向销；4—毛毡环；5—轴承；6—端盖；7—调整垫片；8—轮毂；
9—弹簧；10—油封压环；11—连接螺栓；12—主动齿轮；13—驱动轮；14—自紧油封；
15—套筒；16—接盘；17—转向离合器从动鼓；18—后桥壳；19—集油槽和回油孔；
20—后轴；21—橡胶密封圈；22—从动齿轮；23—最终传动壳；24—端面油封固定盘

图 3-85　东方红 -75 型拖拉机最终传动

思考题

1. 车辆传动系统的基本功用是什么？一般由哪些部分组成？

2. 传动系统有哪几种布置形式？各有哪些优缺点？

3. 车辆传动系统中为什么要装离合器？为何要求离合器从动部分的转动惯量尽可能小？

4. 摩擦式离合器分为哪些类型？试述摩擦式离合器的基本组成和工作原理。

5. 名词解释：离合器分离间隙、离合器踏板自由行程。

6. 离合器为什么要有分离间隙？此间隙过大或过小会出现什么问题？

7. 离合器的操纵机构有哪些？各有什么特点？

8. 汽车拖拉机变速器的主要功用是什么？变速器有哪些类型？

9. 三轴式变速器组成部件主要有哪些？其工作过程是怎样的？

10. 变速器操纵机构的定位锁止装置有哪些？各有何作用？

11. 试分析无同步器的换挡过程及存在的问题。

12. 同步器的作用是什么？锁环式同步器的结构和工作过程是怎样的？

13. 自动变速器的类型有哪些？各由哪些部分组成？

14. 试述液力变矩器的工作原理和液力变矩器特性。

15. 行星齿轮变速器由哪些主要部分组成？其工作原理是怎样的？

16. 万向节可分为哪几种类型？各有何特点？

17. 试述十字轴式刚性万向节的不等速性及满足等速传动的条件。

18. 球叉式和球笼式等速万向节在应用上有何差别？为什么？

19. 挠性万向节的结构及工作原理有何特点？

20. 为什么有的汽车传动轴采用中间支撑？

21. 汽车拖拉机驱动桥的功用是什么？每个功用主要由驱动桥的哪部分来实现和承担？

22. 主减速器有哪些类型？试分析双级主减速器的特点。

23. 全浮式半轴支撑和半浮式半轴支撑各有什么特点？

24. 为什么铸造整体式桥壳和冲压焊接式桥壳都能得到广泛的应用？

第四章

行驶系统

第一节　行驶系统的功用与组成

一、行驶系统的功用

行驶系统是指支持汽车拖拉机并保证其正常行驶的专门装置，其主要功用如下：

（1）将发动机传到驱动轮上的驱动转矩变为推动汽车拖拉机行驶的驱动力，并使驱动轮的转动变成汽车拖拉机在地面上的移动；

（2）传递并承受路面作用于车轮上的各向反力及其所形成的力矩；

（3）尽可能缓和不平路面对车身造成的冲击和振动，保证汽车拖拉机行驶平顺性，且与汽车拖拉机的转向系统很好地配合工作，实现汽车拖拉机行驶方向的正确控制，保证汽车拖拉机的操纵稳定性；

（4）支承汽车拖拉机的全部质量。

二、行驶系统组成

1. 汽车行驶系统的组成

汽车行驶系统一般由车架、车桥、车轮和悬架组成（图 4-1）。车架是全车的装配基体，它将汽车的各相关总成连接成一整体。前轮和后轮分别支承着从动桥和驱动桥。为减少汽车在不平路面上行驶时车身所受到的冲击和振动，车桥又通过弹性前悬架和后悬架与车架连接。

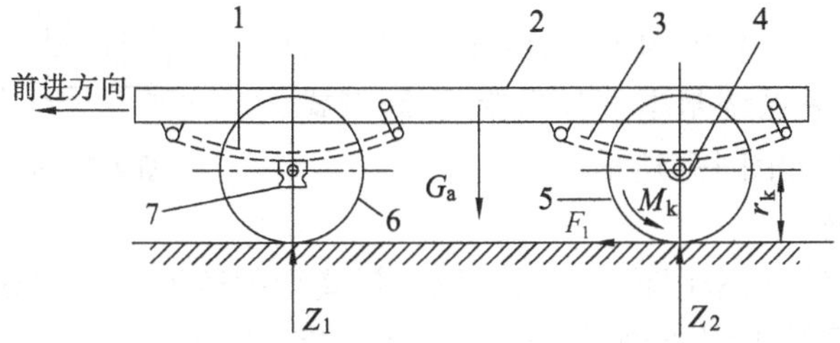

1—前悬架；2—车架；3—后悬架；4—驱动桥；5—后轮；6—前轮；7—从动桥

图 4-1　汽车行驶系统组成

2．拖拉机行驶系统的组成及特点

轮式拖拉机行驶系统一般由车架、前桥和车轮组成。

在四轮拖拉机上，装在后面左、右驱动半轴上的两个车轮，称为驱动轮，用以传递发动机的转矩，驱动拖拉机行驶。装在前轴上的两个车轮称为导向轮，一般不传递动力，但可相对机体偏转一个角度，使拖拉机转向。如果前轮也传递发动机的动力，则这种拖拉机称为四轮驱动拖拉机。

由于拖拉机主要用于田间作业，因此，与汽车相比，行驶系统具有以下几个特点：

(1) 田间土壤松软、潮湿，土壤产生附着力的条件较差，为了提高驱动轮的驱动力，增加车轮与土壤的接触面积，以减少车轮下陷所产生的滚动阻力，驱动轮一般采用直径较大的低压轮胎，且胎面上有凸起的花纹。

(2) 拖拉机在田间作业时需要经常掉头、转弯，为了减少在田间土壤条件下转向困难，导向轮均采用小直径轮胎，且胎面上具有一条或数条环状花纹，以增强防止侧滑的能力。

(3) 拖拉机经常要进行中耕作业，为了不伤害农作物，拖拉机不仅要有较高的道路离地间隙，而且还要有合适的农艺离地间隙(图4-2)。农艺离地间隙 h_n 是指跨在农作物上的机体的最低点距离地面的间隙；道路离地间隙 h_d 是指前轴或后桥半轴壳体最低点距离地面的间隙。有的拖拉机离地间隙是可以调节的。此外，为了适应各种作物的不同行距，防止压苗和伤苗，拖拉机前、后轮的轮距应该可以调节。

(4) 由于拖拉机的田间作业速度缓慢，加之低压轮胎本身具有一定的减振和缓冲作用，所以拖拉机后桥上一般未安装弹性悬架和减振器，使后桥与机体刚性连接，而前轴与机体铰链连接。但随着拖拉机运输速度的提高，为了减少振动，改善驾驶员的劳动条件，有些拖拉机的前轴采用了弹性悬架。

(5) 水田土壤是一种更特殊的土壤，对行驶系统提出了特殊的要求，为了使拖拉机能够顺利地爬越田埂，克服由于沉陷而增加的滚动阻力，同时又能发挥出足够的牵引力，拖拉机的车轮具有高花纹轮胎、镶齿水田轮、水田叶轮、间隔式履带板等多种形式。

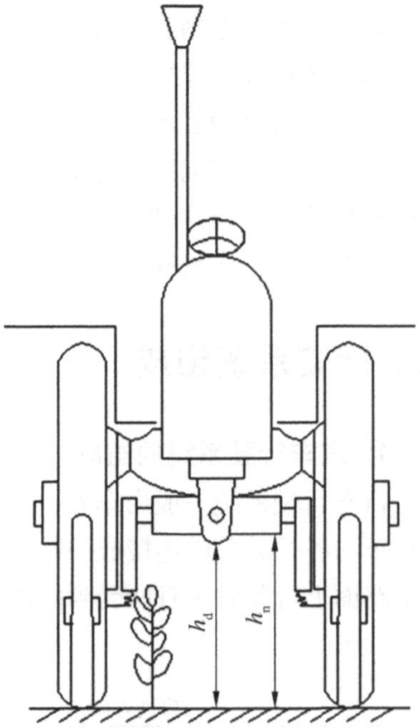

图 4-2　拖拉机的离地间隙

三、行驶系统的类型

根据汽车拖拉机行走装置的不同，汽车、拖拉机以及工程机械车辆的行驶系统基本上分为轮式、履带式、半履带式等几种类型，如图4-3所示。

1．轮式行驶系统

在良好的路面条件下，采用轮式行驶系统可提高行驶速度，减少摩擦，降低能耗，所以，汽车、拖拉机及绝大多数工程车辆采用轮式行驶系统。由于采用的行驶系统不同，拖拉机通常分为轮式拖拉机和履带式拖拉机。轮式拖拉机在水田作业时采用刚性水田轮，以提高作业时的驱动性能。

(a) 轮式　　(b) 履带式　　(c) 半履带式

图 4-3　行驶系统类型

2. 履带式行驶系统

履带式行驶系统具有接地面积大、对地面压强小、附着性能好等特点，可以提高车辆的驱动性能和通过性能。但履带结构复杂、笨重，行驶阻力大，只有在行驶条件差的田间或施工现场大负荷作业时具有明显优势。

大中型拖拉机、工程车通常采用金属履带式行驶系统，而部分小型履带式拖拉机和自走式农业机械的行驶系统通常采用橡胶履带式行驶系统，如水稻联合收获机、小麦联合收获机等。

3. 半履带式行驶系统

有些在雪地或沼泽地带行驶的汽车、拖拉机等，其前桥装有车轮或滑橇式车轮用来实现转向，而后桥装有履带，即所谓的半履带式行驶系统，以减少车辆对地面的压强，防止下陷，提高通过能力。

第二节　车　架

现代汽车拖拉机绝大多数都具有作为整体骨架的车架，车架是汽车拖拉机装配的基础件，俗称“大梁”。车架不仅承受各总成的静载荷，还要承受汽车行驶过程中产生的复合动载荷，如汽车加速、制动、转弯、上下坡、载荷不均、高速行驶及在不良道路上行驶时产生的载荷。

一、汽车车架

汽车车架的结构按其形式不同可分为边梁式车架、中梁式车架、综合式车架和无梁式车架等。

1. 边梁式车架

边梁式车架由两根位于两边的纵梁和若干根横梁组成，一般是用铆接或焊接的方法，将两边的纵梁和若干根横梁连接成坚固的刚性构架。

纵梁通常用低碳合金钢板冲压而成，断面形状一般为槽形、Z 字形、工字形或箱形断面。纵梁上还钻有多个孔，用来安装踏脚板、转向器、燃油箱、储气筒、蓄电池和车身等零部件的支架，有的用于穿过管道或电线等。

边梁式车架的横梁一般也由低碳钢板冲压成槽形，以增强车架的抗扭强度，同时还用于支撑汽车上的主要部件。横梁不仅用来保证汽车车架的扭转刚度和承受纵向载荷，而且还可以支撑汽车上的主要部件，通常载货车有 5 ~6 根横梁，有时会更多。

边梁式车架的结构特点是便于安装驾驶室车厢和一些特种装备以及布置其他总成，有利于改装变型车和发展多品种汽车，因此，被广泛采用在载货汽车和大多数的特种汽车上。

图 4-4 所示为东风 EQ1092 型汽车车架，它主要由 2 根纵梁和 8 根横梁铆接而成。

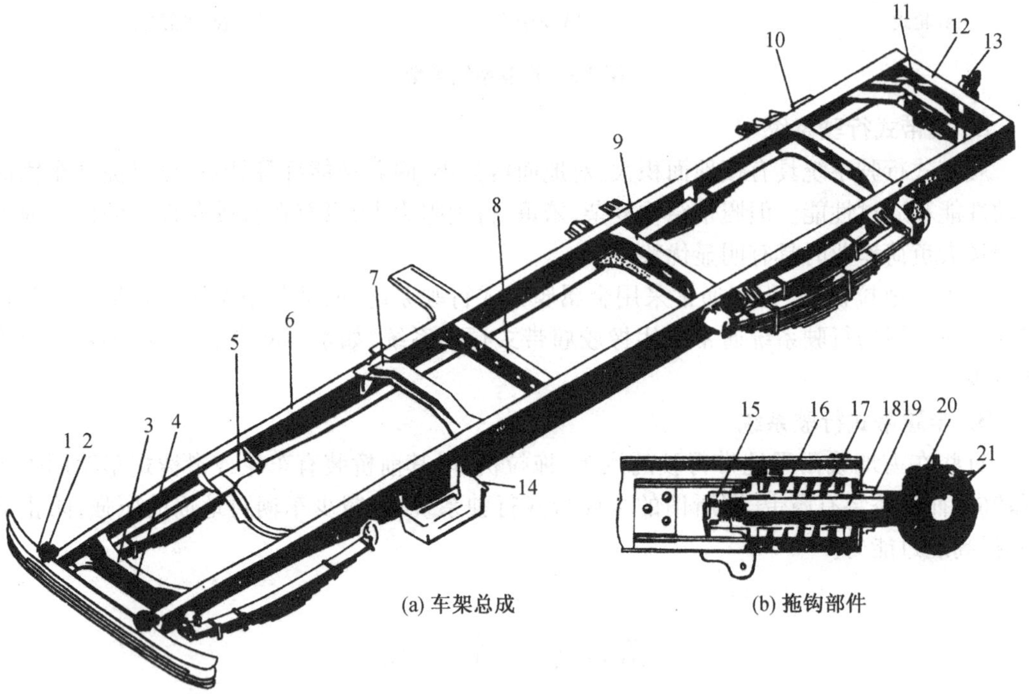

(a) 车架总成　　(b) 拖钩部件

1—保险杠；2—挂钩；3—前横梁；4—发动机前悬置横梁；5—发动机后悬置右(左)支架和横梁；6—纵梁；7—驾驶室后悬置横梁；8—第四横梁；9—后钢板弹簧前支架横梁；10—后钢板弹簧后支架横梁；11—角撑横梁组件；12—后横梁；13—拖钩部件；14—蓄电池拖架；15—螺母；16,18—衬套；17—弹簧；19—拖钩；20—锁块；21—锁扣

图 4-4　东风 EQ1092 型汽车车架

车辆前端装有起缓冲作用的横梁式保险杠 1，其上装有挂钩 2 以便于车辆牵引。横梁 3 上安装冷却水散热器，横梁 4 是发动机的前悬支座。为尽可能降低发动机位置，横梁 4 和 5 做成下凹形。在横梁 7 的上面安装驾驶室后悬置，下面安装传动轴的中间轴承支架。由于传动轴安装位置的限制，横梁 7 做成拱形，其余横梁做成简单的直槽形。后横梁 12 中部装有拖带挂车用的拖钩 13。由于拖钩上的作用力较大，所以后横梁用角撑进行加强处理。

纵梁为槽形不等高断面梁。由于纵梁中部受到的弯矩最大，为使应力分布比较均匀，同时又减轻质量，故中部断面高度最大，由此向两端断面高度则逐渐减小。纵梁的结构具有以下特点：

① 从宽度上看，有前窄后宽、前宽后窄和前后等宽 3 种形式，前窄使前轮具有足够的偏转角度，提高了车辆的机动性能；后窄用于重型车辆，便于布置双胎。

② 从平面度上看，有水平的和弯曲的两种形式，水平的纵梁便于零部件、总成的安装和布置；弯曲的纵梁可以降低车辆重心。

③ 从断面形状上看，有槽形、Z 字形、工字形和箱形几种，这些形状主要为了使车架在减小质量的同时，具有足够的强度和刚度，以承受各种载荷。

2. 中梁式车架

中梁式车架只有一根纵梁位于中央而贯穿汽车全长，因此又称为脊骨式车架，见图 4-5。中梁的断面形状可以做成管形、槽形或箱形。中梁的前端做成外伸支架用来固定发动机，而主减速器壳通常固定在中梁尾端，形成断开式后驱动桥。中梁上的悬伸托架用来支撑汽车车身和安装其他机件。如果中梁是管形的，传动轴可在管内穿过。

中梁式车架有较好的抗扭转刚度和较大的前轮转向角，结构上允许车轮有较大的跳动空间，适于装配独立悬架的越野汽车。与同等载质量的汽车相比，中梁式车架轻且质心比较低，故行驶稳定性好；车架的强度和刚度较大；脊梁还能起封闭传动轴防尘罩作用。

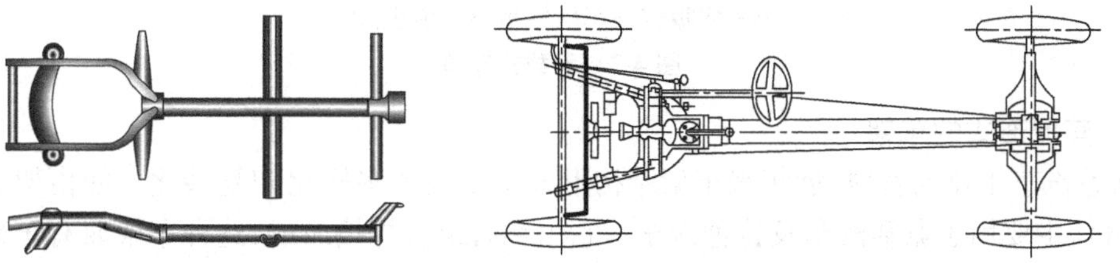

图 4-5 中梁式（脊骨式）车架结构

3. 综合式车架

综合式车架是综合边梁式车架和中梁式车架的结构特点形成的，如图 4-6 所示。这种车架的前段或后段类似于边梁式结构，正好适合于安装发动机、后驱动桥和悬架装置。车架中部采用中梁式结构，传动轴从中梁管内通过。由于安装车门槛的位置附近不受边梁的影响，故可以使地板的外侧高度有所降低。其缺点是中间梁的断面尺寸大，造成地板中部的凸起。另外，结构不规则的构件增加了车架的制造难度。

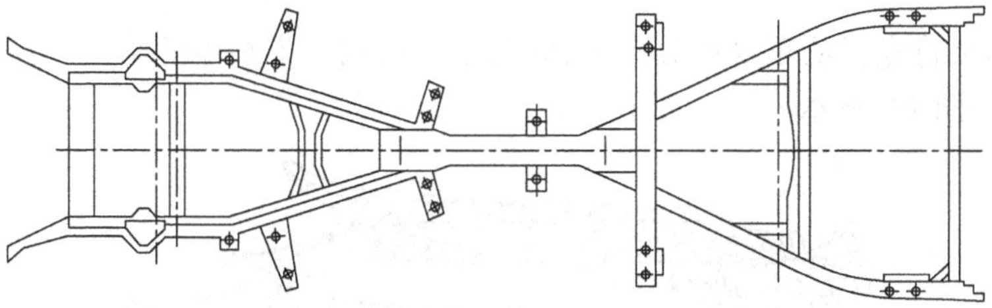

图 4-6 综合式车架

4. 无梁式车架

部分轿车和大型客车取消了车架，而以车身兼代车架的作用，即将所有零部件、总成都安装在车身上，车身要承受各种载荷的作用，因而这种车身又称为承载式车身，如图 4-7 所示。承载式车身由于无车架，可以减轻整车质量、使底板高度降低，并使上、下车方便。但是传动系统和悬架的振动与噪声会直接传入车内，为此，应采取隔音和防振措施。

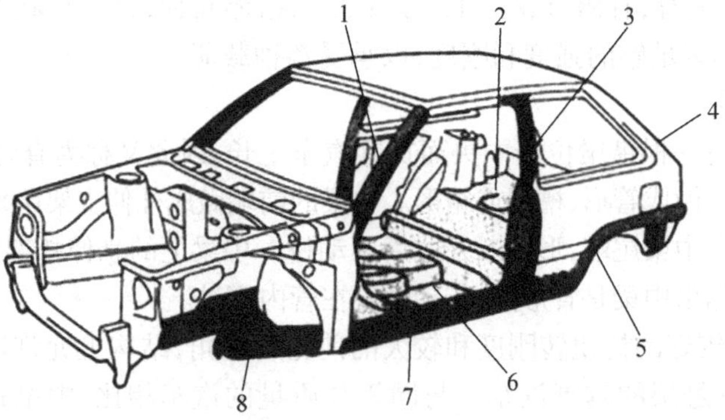

1—A 柱;2—行李舱底板;3—B 柱;4—后围侧板;5—后纵梁;
6—底板;7—车门栏板;8—前纵梁

图 4-7 承载式车身

5. 其他形式的车架

随着汽车工业的发展,近年来车架结构形式也出现了多样化和复杂化。如桁架式车架(图 4-8),主要用于竞赛汽车及特种汽车。它由钢管组合焊接而成,这种车架兼有车架和车身的作用。

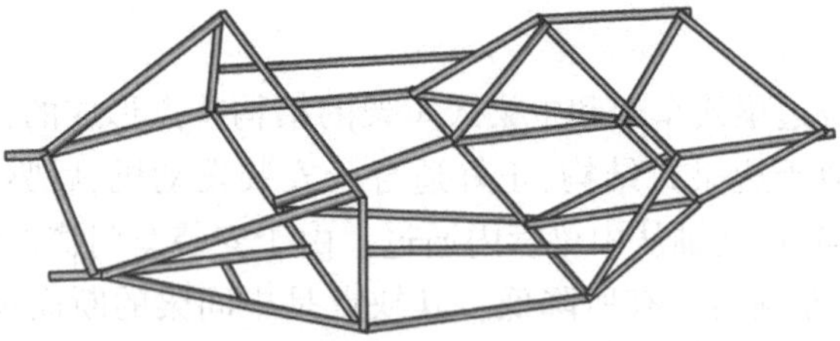

图 4-8 桁架式车架

平台式车架将底板从车身中分出来,而与车架组成一个整体的结构,车身通过螺栓与车架相连接,如图 4-9 所示。

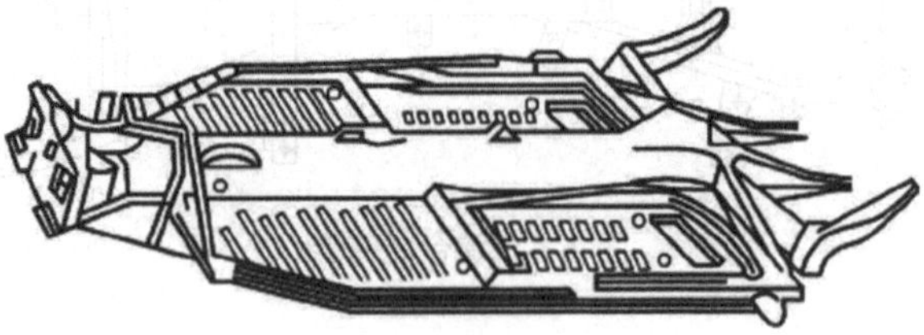

图 4-9 平台式车架

二、拖拉机车架

拖拉机的车架有全梁架式、半梁架式和无梁架式 3 种。

1. 全梁架式车架

全梁架式车架是一个完整的框架,拖拉机的所有部件都安装在这个框架上。部件的拆装较为方便,但金属用量多。车架在工作中的变形,使各部件间的相对位置发生变动,影响零件的正常工作,零件容易损坏。一般履带式拖拉机采用这种车架。

全梁架式车架一般由纵梁、前梁及后轴等组成(图4-10)。在纵梁的下方安装着两根横梁,发动机用三点支承在车架上,其前端用摇摆支座安装在前梁上,后端用两点安装在前横梁上。三点支承不会在车架变形时破坏链接螺栓的紧固。拖拉机的后桥和变速箱连成一体,也用3个支撑点安装在车架上,变速箱前端用球形垫圈支承在后梁上,后桥箱用2个支座安装在后轴上。

后轴的两端安装驱动轮,台车轴安装台车的平衡臂,纵梁的前端安装履带张紧装置。

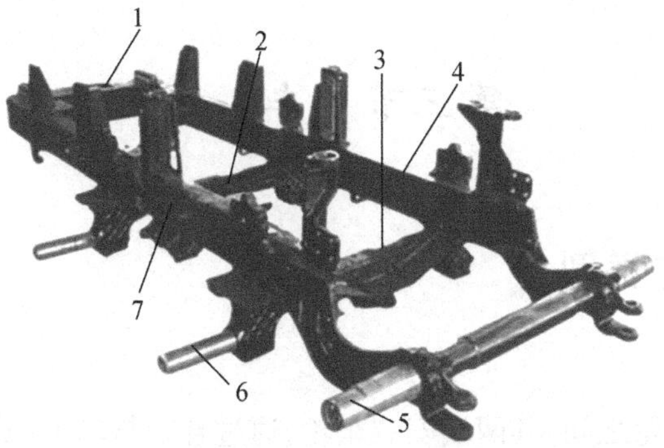

1—前梁;2—前横梁;3—后横梁;4,7—纵梁;5—后轴;6—台车轴

图4-10　全梁架式车架

2. 半梁架式车架

半梁架式车架的前半部采用专门梁架,用来安装发动机和前轴等;后半部则由离合器、变速箱、后桥等三部分的壳体构成(图4-11)。这种车架的主要优点是刚度较好,维修发动机比较方便。

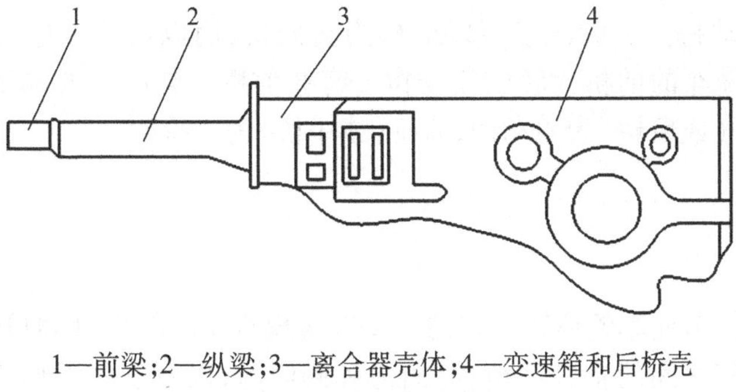

1—前梁;2—纵梁;3—离合器壳体;4—变速箱和后桥壳

图4-11　半梁架式车架

3. 无梁架式车架

这种车架没有梁架,而是由各部件的壳体连成(图4-12)。使用这种车架可以减轻拖拉机的质量,节省金属,简化结构,车架刚度很好,不易变形,但制造和装配技术要求高,拆装某一部件时需要将拖拉机拆开。

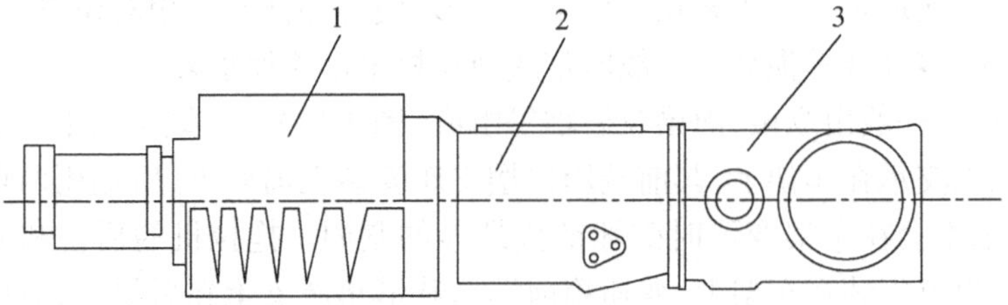

1—发动机壳;2—变速箱壳;3—后桥壳

图 4-12　无梁架式车架

第三节　车　桥

一、车桥的功用与类型

1. 车桥的功用

车桥位于悬架与车轮之间,其两端安装车轮,通过悬架与车架(或承载式车身)相连接。车架所受的垂直载荷通过车桥传到车轮,车轮上的滚动阻力、驱动力、制动力和侧向力及其弯矩、转矩又通过车桥传递给悬架和车架,故车桥的功用是传递车架与车轮之间的各向作用力及其产生的弯矩和扭矩,并利用转向装置使车轮偏转一定的角度,实现汽车拖拉机的转向。

2. 车桥的类型

根据车桥上车轮的作用,车桥可分为转向桥、驱动桥、转向驱动桥和支承桥 4 种类型;根据车桥的车轮是驱动车轮还是从动车轮,车桥又可以分为驱动桥和从动桥。其中,转向桥和支承桥都属于从动桥。一般汽车多以前桥为转向桥,而以后桥或中、后两桥为驱动桥。越野汽车和大部分轿车的前桥为转向驱动桥。有些前桥为转向桥的单桥驱动的三轴汽车(6 ×2 汽车)的中桥(或后桥)为驱动桥,后桥(或中桥)为支持桥。

二、转向桥

转向桥利用转向节使车轮偏转一定的角度以实现汽车的转向,同时还承受和传递汽车拖拉机的车轮与车架之间的垂直载荷、纵向力和侧向力,以及这些力形成的力矩。转向桥通常位于汽车的前部,因此也常称为前桥。

1. 汽车转向桥

各种类型汽车与非独立悬架匹配的转向桥结构基本相同,主要由前轴 10、转向节 5、主销 8 和轮毂 2 等组成,如图 4-13 所示。

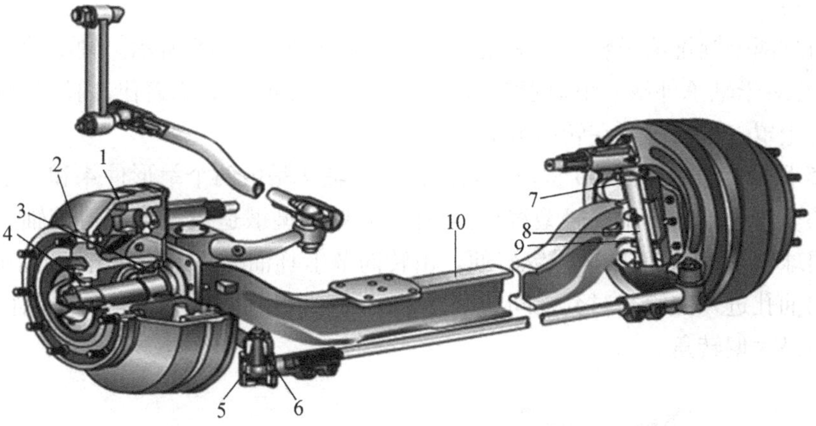

1—制动鼓;2—轮毂;3,4—轮毂轴承;5—转向节;6—油封;
7—衬套;8—主销;9—滚子止推轴承;10—前轴

图 4-13　汽车前桥(转向桥)组成

(1) 前轴

前轴是转向桥的主体,用中碳钢经模锻和热处理制成。其断面多为工字形,为提高抗扭强度,在接近两端的部位各有一个成拳形的加粗部分,其中有通孔,主销即插入此孔内。中部向下弯曲成凹形,其目的是使发动机位置得以降低,从而降低汽车质心,扩大驾驶员视野,减小传动轴与变速器输出轴之间的夹角。

(2) 转向节

转向节是车轮转向的铰链,它是一个叉形件。上下两叉有安装主销的两个同轴孔,转向节轴颈用来安装车轮。转向节上销孔的两耳通过主销与前轴两端的拳形部分相连,使前轮可以绕主销偏转一定角度而使汽车转向。为了减少磨损,转向节销孔内压入青铜衬套7,衬套的润滑通过向装在转向节上的油嘴注入润滑脂实现。为使转向灵活,在转向节下耳与前轴拳形部分之间装有轴承9。在转向节上耳与拳形部分之间还装有调整垫片,以调整其间隙。

(3) 主销

主销的作用是铰接前轴及转向节,使转向节绕着主销摆动以实现车轮的转向。主销的中部切有凹槽,安装时用主销固定螺栓与它上面的凹槽配合,将主销固定在前轴的拳形孔中。主销与转向节上的销孔是动配合,以便实现转向。主销的常见结构形式如图 4-14 所示。

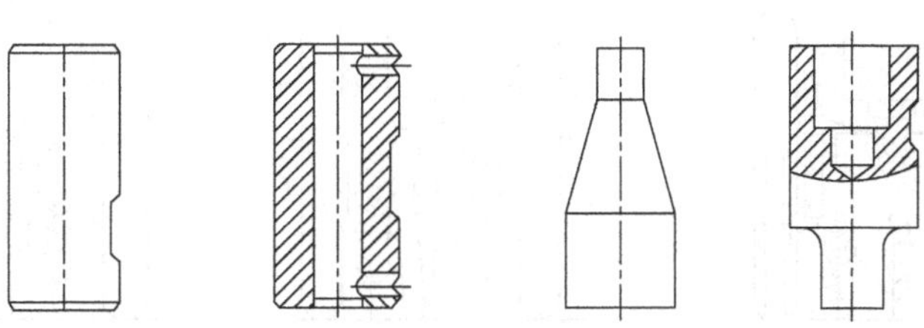

(a) 实心圆柱形　(b) 空心圆柱形　(c) 圆锥形　(d) 阶梯形

图 4-14　主销的结构形式

（4）轮毂

轮毂通过两个圆锥滚子轴承支承在转向节轴颈上，如图 4-15 所示。轴承的松紧度可以用调整螺母（装于轴承外端）加以调整。轮毂外端用冲压的金属罩盖住，内端装有油封。制动底板与防尘罩一起都固定在转向节上。

图 4-15 所示为北京 BJ1040 型汽车转向桥。前轴 9 是由两个拳形件 4 和一根无缝钢管焊接而成的。这种结构可用于轻型汽车，而且不需要大型锻造设备来制造前轴。主销止推轴承 6 采用球轴承，可以使转向操纵轻便。由转向节上耳油嘴注入的润滑脂，经主销 3 内的轴向和径向油孔进入主销与衬套之间的摩擦表面，使之得到润滑。车轮转角限位螺钉 5 用来限制转向最大偏转角。

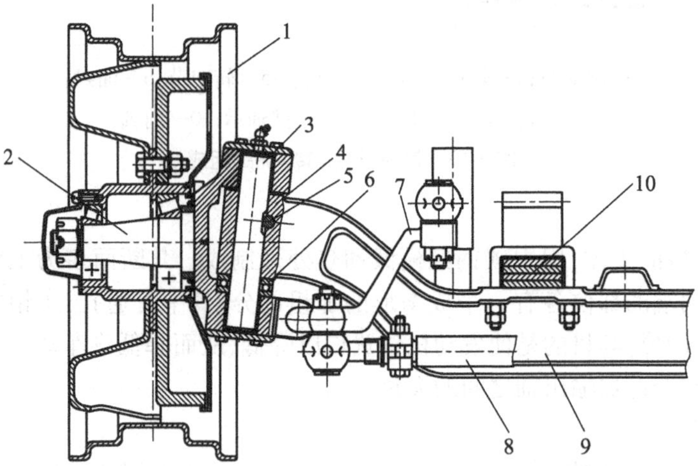

1—轮毂；2—转向节；3—主销；4—前轴拳形部分；5—车轮转角限位螺钉；
6—止推轴承；7—直拉杆臂；8—横拉杆；9—前轴；10—钢板弹簧支座

图 4-15　北京 BJ1040 型汽车转向桥

2. 轮式拖拉机转向桥

轮式拖拉机前桥，有双前轮分置式、双前轮并置式和单前轮式 3 种形式（图 4-16）。双前轮分置式前桥具有形式稳定性好、轮距可调等优点，因此，一般拖拉机均采用这种前桥。双前轮并置式和单前轮式前桥由于前轮位于中间，转弯半径小，离地间隙因仅受后桥高度的限制而较大，故较适宜于高秆作物的行间作业，但稳定性较差，仅用于少数中耕型拖拉机上。

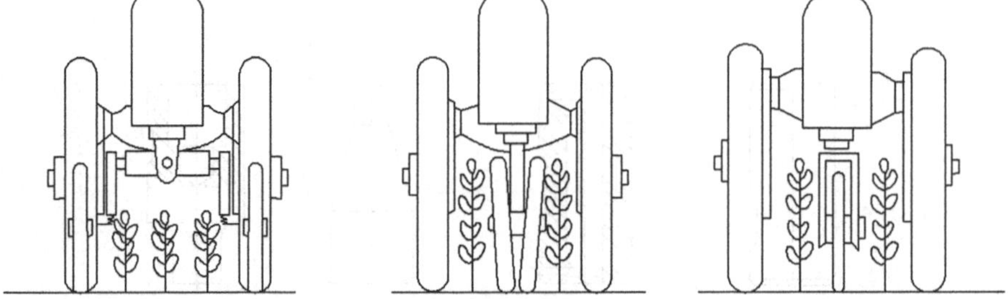

(a) 双前轮分置式　　(b) 双前轮并置式　　(c) 单前轮式

图 4-16　轮式拖拉机前桥形式

轮式拖拉机的前桥一般由前轴、主套管总成、左右副套管总成和转向节总成等组成，如图 4-17 所示。

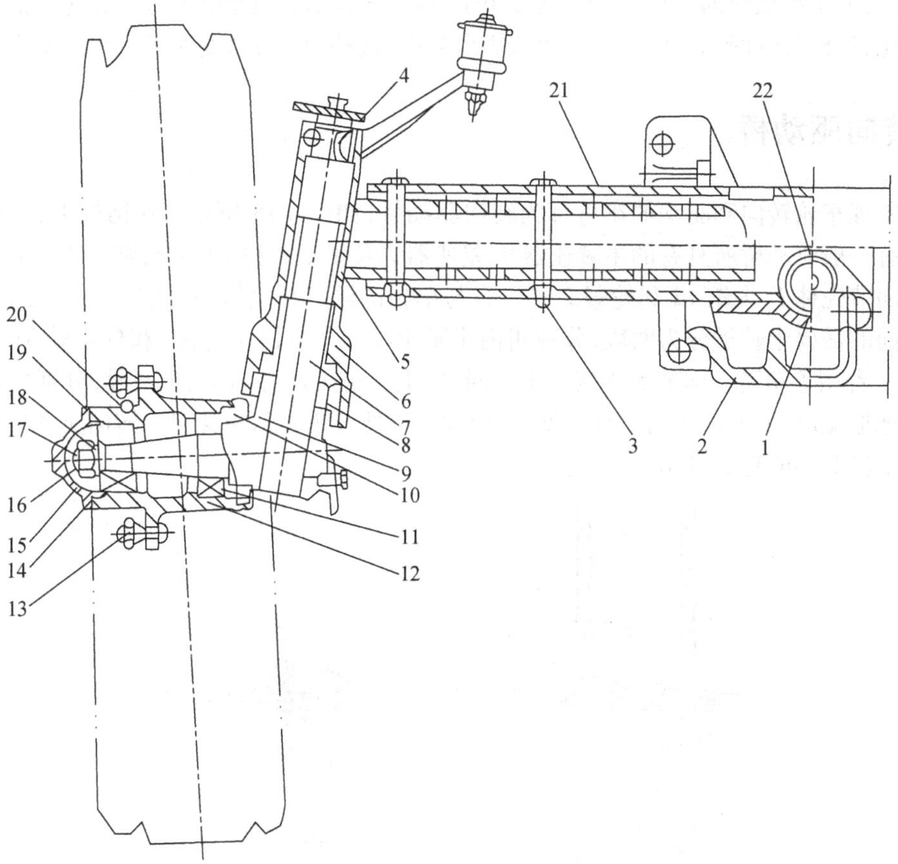

1—摆轴；2—托架；3—连接螺栓；4—转向节臂；5—伸缩套管；6—主套销；
7—主销；8—油封；9—转向节轴；10—垫环；11—圆锥轴承；12—前轮毂；
13—前轮螺栓；14—纸垫；15—轴承盖；16—开口销；17—螺母；18—垫圈；
19—圆锥轴承；20—轴环；21—前轴套管；22—摆动支承管

图 4-17　轮式拖拉机前桥的构造

前轴两端用来安装主销、前轮，前轴中间通过摇摆轴、连接座等与机体连接车架前部铰接，形成拖拉机的前支承，承受拖拉机前部的质量。除少数专用的中耕拖拉机外，一般轮式拖拉机两前轮都分置于前轴的两侧。因此，当拖拉机在不平地面上行驶时，前轴可以摆动，保证两前轮都能同时着地，其摆动幅度一般为 10°～14°。

为调节前轮轮距，前轴做成可伸缩的，常用的结构形式有伸缩套管式和伸缩板梁式。

图 4-17 所示拖拉机前桥采用伸缩套管式前轴。连接座与前轴套管焊接在一起，并用摇摆轴与下托架铰接。前轴套管两端装有左、右伸缩套管，伸缩套管上有调整前轮距用的多排孔。下托架用螺钉与机体紧固在一起。摇摆轴与连接座间有滑动衬套，用黄油润滑。这样连接座同前轴套管一起，可以相对于机体摆动。安装发动机散热器用的上托架固定在下托架上，并用来限制前轴的摆动角度。

转向节主套销与伸缩套管焊接在一起,其内装有转向节主销,主销的下端连接着前轮轴,轴上装有前轮。左右主销的上端分别与转向杠杆和转向摇臂相连,两者用横拉杆连接起来,并与前轴组成转向梯形结构。为防止伸缩套管在前轴套管内转动,影响前轮定位参数的变化,目前套管断面变圆形为梯形或矩形截面,这种形式在大部分轮式拖拉机上采用。

三、转向驱动桥

能实现车轮转向和驱动的车桥称为转向驱动桥,如图 4-18 所示。在结构上,转向驱动桥既具有一般驱动桥所具有的主减速器 9、差速器 7 及半轴 3 和 10,也具有一般转向桥所具有的转向节壳体 1、主销 12 和轮毂 2 等。它与单独的驱动桥、转向桥相比,不同之处在于,由于转向的需要半轴被分为两段,分别叫内半轴 10(与差速器相连接)和外半轴 3(与轮毂连接),二者用等角速万向节 5 连接起来。同时,主销也因此分为上、下两段,分别固定在万向节的球形支座 11 上。转向节轴颈做成空心的,以便外半轴从中穿过。转向驱动桥广泛地应用在全轮驱动的越野汽车上。

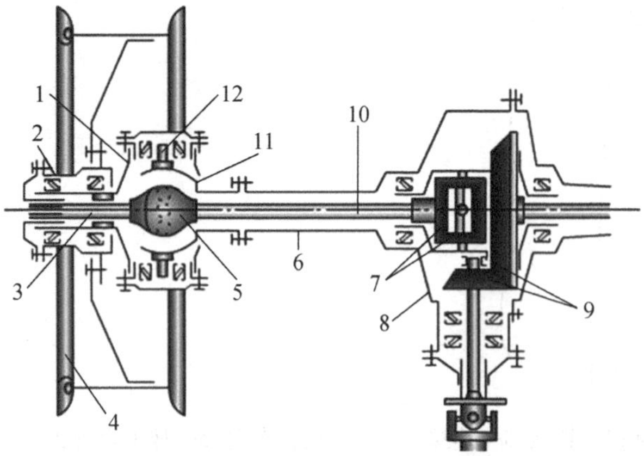

1—转向节壳体;2—轮毂;3—外半轴;4—车轮;5—万向节;6—半轴套管;
7—差速器;8—主减速器壳;9—主减速器;10—内半轴;11—球形支座;12—主销

图 4-18　转向驱动桥

四、转向轮定位

为保持汽车直线行驶的稳定性和转向的轻便性,以及减少轮胎与机件的磨损,转向轮、转向节和前轴三者与车架必须保持一定的相对位置,这种具有一定相对位置的安装称为转向轮定位,也称前轮定位。正确的前轮定位可以使汽车直线行驶稳定而不摆动,转向时转向盘上的作用力不大,转向后转向盘具有自动回正作用,轮胎与地面间不打滑,从而减少油耗,延长轮胎寿命。转向轮定位包括主销后倾、主销内倾、前轮外倾及前轮前束。

1. 主销后倾

主销装在前轴上,在纵向平面内,其上端略向后倾斜,这种现象称为主销后倾。在纵向平面内,主销轴线与垂线之间的夹角 γ 称为主销后倾角(图 4-19)。

主销后倾后，它的轴线与路面的交点 A 位于车轮与路面接触点 B 之前，这样 B 点到 A 点之间就有一段垂直距离 l。汽车转弯时，汽车产生的离心力将引起路面对车轮的侧向反作用力 $\boldsymbol{Y}$，$\boldsymbol{Y}$ 通过 B 点作用于轮胎上，形成稳定力矩 $\boldsymbol{M}$，其值正比于 Y 和 l 的乘积，方向与车轮偏转方向相反，它有使车轮恢复到原来中间位置的趋势。即使在汽车直线行驶偶尔遇到阻力使车轮偏转时，也有此作用。由此可见，主销后倾的作用是保持汽车直线行驶的稳定性，并力图使转弯后的前轮自动回正。后倾角越大，车速越高，前轮的稳定性越强，但后倾角过大会造成转向盘沉重。

主销后倾角一般是由前轴、钢板弹簧和车架三者装配在一起时，使前轴断面向后倾斜形成的。由此可知，车架变形、钢板弹簧疲劳、转向节松旷、车桥扭转变形等均将使主销后倾角发生变化。

一般汽车的主销后倾角为 0°~3°，拖拉机的主销后倾角为 0°~5°。

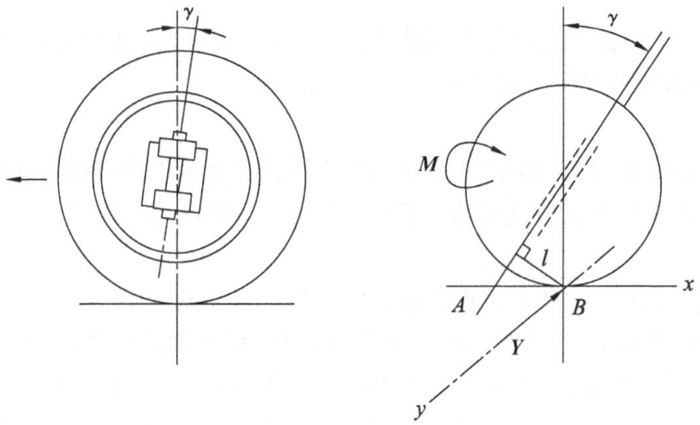

图 4-19 主销后倾

2. 主销内倾

主销安装到前轴上后，在横向平面内，其上端略微向内倾斜，这种现象称之为主销内倾。在横向垂直平面内，主销轴线与垂线之间的夹角 β 为主销内倾角。

主销内倾后，主销轴线的延长线与地面交点到车轮中心平面与地面交线的距离 c 减小（图 4-20），从而可以减小转向时驾驶员加在转向盘上的力，使转向操纵轻便，也可以减小从转向轮传到转向盘上的冲击力；与此同时，当车轮转向或偏转时，车轮有向下陷入地平面的倾向，但事实上这是不可能的，而只能使转向轮连同整个汽车前部向上抬起一个相应的高度，这样在汽车本身重力的作用下，迫使车轮自动回到原来的中间位置。由此可见，主销内倾的作用是使前轮自动回正，转向轻便。主销内倾角越大或前轮转角越大，汽车前部抬起就越高，前轮的自动回正作用就越明显，但转向时转动方向盘费力，转向轮的轮胎磨损增加，一般汽车的转向节主销内倾角 β 不大于 8°，拖拉机为 3°~9°。

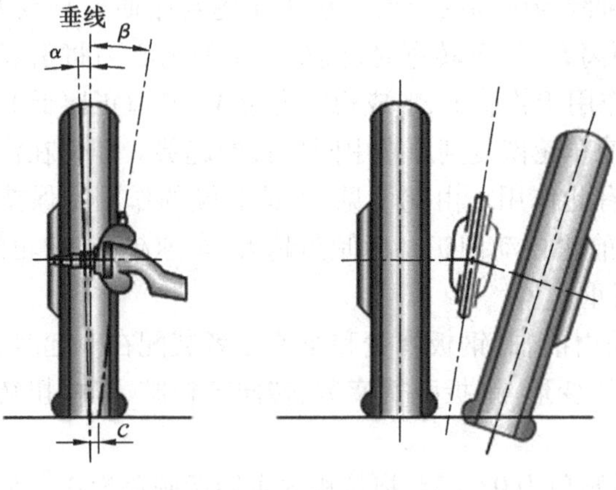

图 4-20 主销内倾角及前轮外倾角

主销内倾角是由前轴制造时使主销孔轴线的上端向内倾斜获得的。因此，前轴弯曲变形、主销与销孔磨损变形都将引起主销内倾角的改变。

3. 前轮外倾

前轮安装在车桥上，其旋转平面上方相对于纵向平面略向外倾斜，这种现象称为前轮外倾（图 4-20）。在通过车轮轴线的垂直面内，前轮旋转平面与纵向垂直平面之间的夹角 α 称为前轮外倾角。

前轮外倾的作用在于提高了前轮工作的安全性和操纵轻便性。由于主销与衬套之间、轮毂与轴承等处都存在间隙，若空车时车轮垂直地面，则满载后车桥将因承载变形，可能会出现车轮内倾，这样将会加速汽车轮胎的磨损。另外，路面对车轮的垂直反作用力沿轮毂的轴向分力将使轮毂压向轮毂外端的小轴承，加重了外端小轴承及轮毂紧固螺母的负荷，严重时使车轮脱出。因此，为了使轮胎磨损均匀和减轻轮毂外轴承的负荷，安装车轮时应预先使车轮有一定的外倾角，以防止车轮出现内倾。同时，车轮有了外倾角也可以与拱形路面相适应。前轮外倾角大虽然对安全和操纵有利，但是过大的外倾角将使轮胎横向偏磨增加，油耗增多，一般汽车前轮外倾角为 1°左右，拖拉机为 1.5°～4°。

前轮外倾角是由转向节的结构确定的。当转向节安装到前轴上后，转向节轴颈相对于水平面向下倾斜，从而使前轮安装后出现前轮外倾。

4. 前轮前束

前轮安装时，同一轴线上两侧车轮的旋转平面不平等，前端略向内束，这种现象称为前轮前束，如图 4-21 所示。左、右两车轮间后方距离 A 与前方距离 B 之差称为前轮前束，即当 $A-B>0$ 时，前束值为正，反之为负。

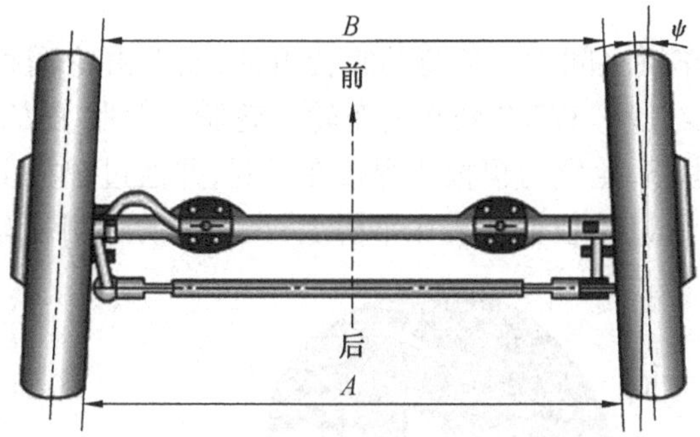

图 4-21　前轮前束

前轮前束的作用是消除汽车行驶过程中因前轮外倾而使两前轮前端向外张开的不利影响。

一方面,由于前轮外倾,当车轮在地面上做纯滚动时就好像一个滚锥,在行驶中,就有绕轮轴轴线与地面的交点 O 而向外滚开的趋势;另一方面,由于在转向梯形的球铰接等处不可避免地总会存在间隙,因此汽车拖拉机在行驶中,前轮也可能因外撇而产生向外滚开的趋势。但是由于前轴和横拉杆的约束,实际上前轮不可能向外滚开,而是由前轴强制着它向前做直线滚动,这势必会增加轮胎的磨损,俗称“吃胎”。前轮前束的作用就是使锥体中心迁移,消除前轮外倾带来的这种不良后果。由于前束,使前轮轴线与地面的交点 O 的位置略向前移,从而减小轮胎支承面上各点滚离直线行驶方向的倾向,有利于减轻轮胎磨损。

前轮前束可以通过改变横拉杆的长度来调整。调整时,可以根据各厂家规定的测量位置,使两轮前后距离差 $A-B$ 符合规定的前束值。测量位置除图 4-21 所示的位置外,还可以取两车轮轮辋内侧面处的前后差值,也可以取两轮胎中心平面处的前后差值。一般前束值为 2～12 mm。

在使用过程,前束值要进行检查和调整。在有转向梯形的汽车拖拉机上,通过调整横拉杆的长度来调整前束值;而在双拉杆转向操纵机构中,则需要通过调整左右拉杆的长度来实现。

第四节　车轮与轮胎

一、车轮

1. 车轮的功用

汽车通过车轮由轮胎直接与地面接触,其主要功能有:

(1) 支承汽车总质量;

(2) 吸收和缓和路面传来的冲击和振动;

(3) 保证轮胎与路面的良好附着性能,以提高汽车的动力性、制动性和通过性;

(4) 在保证汽车正常转向行驶的同时,通过轮胎产生的自动回正力矩,使汽车保持直线行驶。

2. 车轮的组成

车轮是介于轮胎和车桥之间承受负荷的旋转组件，通常由轮辋和轮辐两个主要部件组成。图 4-22 所示为一汽红旗 CA7220 轿车的车轮及轮胎。轮胎 1 安装在轮辋上，轮辋上还装有平衡块夹 2 和平衡块 3，轮辋与辐板 4 焊接在一起，并通过辐板上的螺栓孔用车轮螺栓 6 将其安装在轮毂上，再通过轮毂轴承装在车桥上，在辐板的外侧装有车轮装饰罩 5。

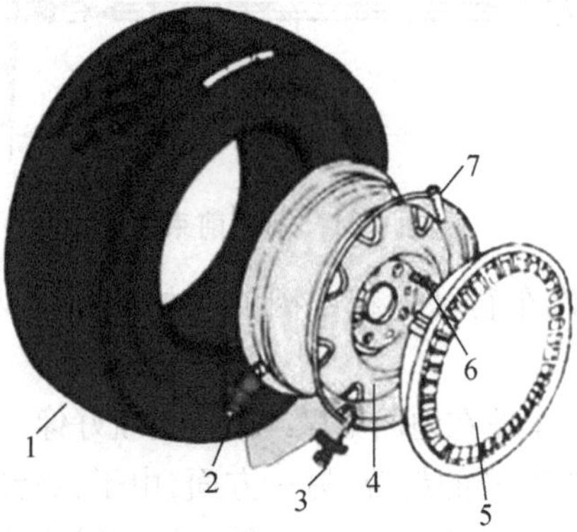

1—轮胎；2—平衡块夹；3—平衡块；4—辐板；5—装饰罩；6—螺栓；7—气门嘴

图 4-22　车轮总成

3. 车轮的类型

车轮按轮辐的结构分为辐板式和辐条式两种。目前，普通级轿车和轻、中型载货汽车多采用辐板式车轮，而高级轿车、竞赛汽车及重型载货汽车多采用辐条式车轮。

（1）辐板式车轮

辐板式车轮如图 4-23 所示，车轮的轮辋 2 与辐板 3 可以用铆钉连接，也可以制成一体。轮辋上的椭圆孔为气门嘴伸出口 4。轮辐的中心有一中心孔，用来将轮辋安装在轮毂上。中心孔四周制有几个大孔，通过螺栓与轮毂固定。这些圆孔边缘和螺栓头部均制成锥形，以便正确地对中。轮辐靠近中心孔部分略向外鼓起，使得轮辐有些弹性而有助于螺栓的紧固防松。

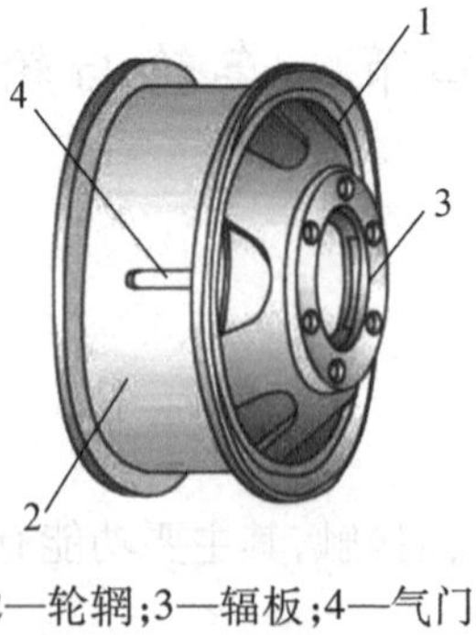

1—挡圈；2—轮辋；3—辐板；4—气门嘴伸出口

图 4-23　辐板式车轮

载货汽车的轮辋压成深凹形，以便与轮毂轴承位置相适应，保持车轮平面的适当位置。需要安装双轮胎时，可以把两个相同的轮辐并列安装在一个轮毂上。

（2）辐条式车轮

辐条式车轮如图 4-24 所示，轮辐多采用铸造辐条或钢丝辐条。辐条与轮毂 6 铸成一体，与轮辋 1 用衬块 2 及螺栓 3 固定在一起。配合锥面 5 用来保证轮辋与辐条自动对中。

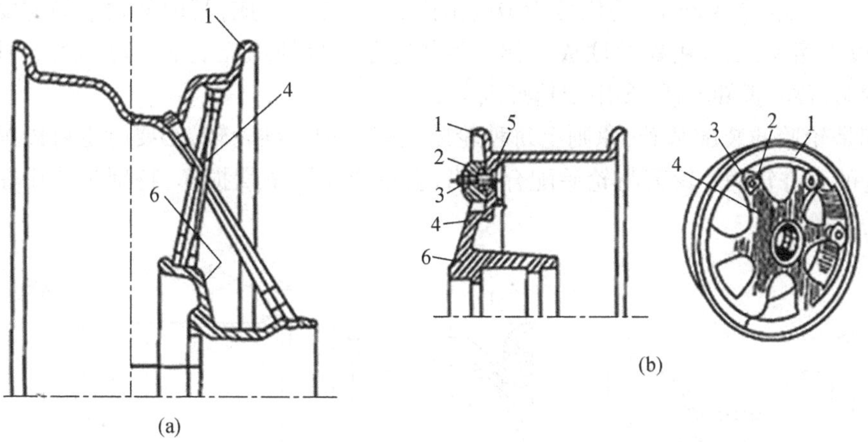

1—轮辋；2—衬块；3—螺栓；4—辐条；5—配合锥面；6—轮毂

图 4-24 辐条式车轮

钢丝辐条车轮质量小，但价格高，维修安装不便，故常在某些高级轿车及竞赛汽车上使用。铸造辐条车轮用于载质量较大的重型载货汽车上。

车轮按车桥一端安装的轮胎数目分为单式和双式两种。单式车轮如图 4-24 所示。双式车轮采用同一轮毂安装两套相同的辐板与轮辋，即把两个相同的车轮并排安装在同一个轮毂上，如图 4-25 所示。

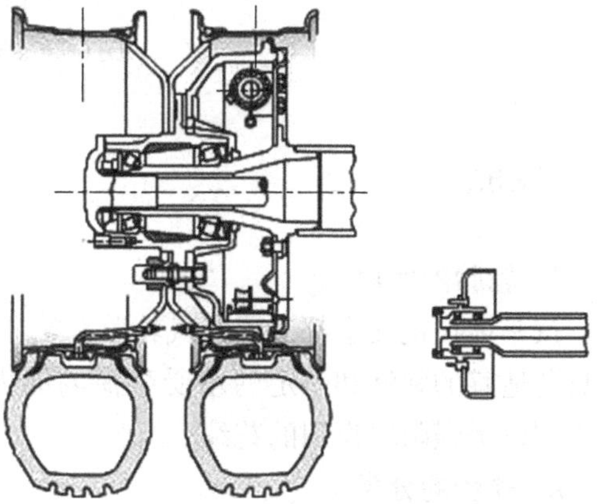

图 4-25 双式车轮

4. 轮辋的类型

轮辋按结构可分为深槽式轮辋、平底式轮辋、对开式（可拆式）轮辋、半深槽式轮辋、深槽宽轮辋、平底宽轮辋和全斜底轮辋，其中最常见的是前 3 种。

（1）深槽式轮辋

深槽式轮辋（图 4-26 a）是一种整体式轮辋，代号是 DC，其结构特点是断面中部有一深凹槽，带肩的凸缘用来固定轮胎，并与胎圈接触。肩部一般以 5° ± 1°的倾斜度向中央倾斜。倾斜部分的最大直径是轮胎胎圈与轮辋的配合直径。这种轮辋结构简单，刚度大，质量小，对于尺寸小而弹性大的轮胎最适宜，故适用于轿车或轻型、微型汽车的车轮，如红旗 CA7560、天津夏利 TJ7100 型轿车及北京 BJ2020N 型越野汽车均装用这种类型的轮辋。

（2）平底式轮辋

平底式轮辋（图 4-26 b）的代号是 FB，其断面中部为平直的，一侧有凸缘，一边装有整体的挡圈，并用一个开口的弹性锁圈来防止挡圈脱出。安装轮胎时，先将轮胎套在轮辋上，再套上挡圈,并将它向内推,直至越过轮辋上的环形槽,再将开口的弹性锁圈嵌入环形槽中。由于载货汽车、自卸汽车和大客车多采用较大、较硬的外胎,为使其拆装方便,一般多采用平底轮辋。

(3) 对开式轮辋

对开式轮辋(图 4-26 c)的代号为 DT,由内、外两部分组成,其内外轮辋的宽度可以相等,也可以不相等,二者用螺栓联成一体。拆装轮胎时拆卸螺栓上的螺母即可。可拆式轮辋安装轮胎可靠、拆卸方便,多用于越野汽车上。

轮辋是轮胎的装配基础,原则上每种轮胎只配一种标准轮辋,必要时也可以配与标准轮辋接近的容许轮辋。轮辋与轮胎配合不当,会造成轮胎早期损坏,特别是使用在过窄的轮辋上的轮胎。

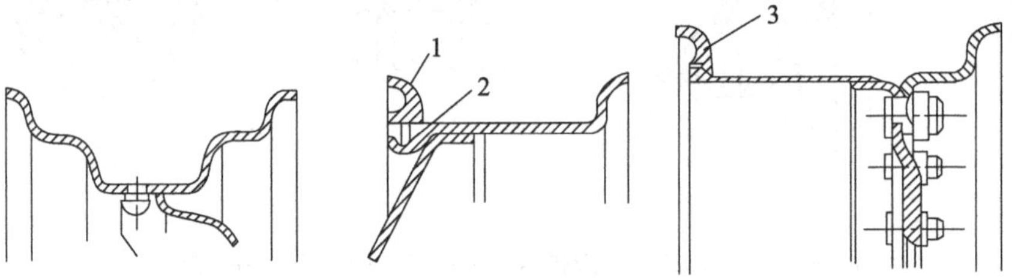

(a) 深槽式轮辋　(b) 平底式轮辋　(c) 对开式轮辋

1,3—挡圈;2—轮辋

图 4-26　轮辋断面形式

二、轮胎

1. 轮胎的作用

汽车拖拉机几乎都采用充气轮胎。轮胎安装在轮辋上,直接与路面接触,因此,轮胎必须具备适宜的弹性和一定的承受载荷的能力。同时,在其与路面直接接触的胎面部分,应具有用以增强附着作用的花纹。

2. 轮胎的分类

汽车轮胎按其用途可以分为轿车轮胎和载货汽车轮胎两种;按胎体结构可以分为充气轮胎和实心轮胎。现代汽车绝大多数采用充气轮胎,而实心轮胎目前仅应用在沥青混凝土路面上行驶的低速汽车或重型挂车上。

就充气轮胎而言,按组成结构不同,可以分为有内胎轮胎和无内胎轮胎两种;按胎体中帘线数分为普通斜交胎、带束斜交胎和子午线斜交胎;按胎面花纹的不同,还可以分为普通花纹胎、混合花纹胎和越野花纹胎。

按胎内的工作压力大小,可以分为高压胎、低压胎和超低压胎 3 种。一般气压在 0.5 ~ 0.7 MPa 者为高压胎,0.15 ~ 0.45 MPa 者为低压胎,0.15 MPa 以下者为超低压胎。目前,轿车、货车几乎全部都采用低压胎。因为低压胎弹性好,断面宽,与道路接触面积大,壁薄而散热性好,所以提高了汽车的行驶平顺性和转向操纵的稳定性,同时,道路和轮胎本身的寿命也得以延长。由于制造轮胎所用原材料的不断发展,轮胎负荷能力大幅度提高,相应的气压已在高压胎范围,但轮胎的缓冲性能仍保持原来同规格的低压胎性能,这类轮胎国内外仍将其归于低压胎之列。

（1）有内胎的轮胎

这种轮胎由外胎1、内胎2和垫带3组成，如图4-27所示。

外胎用来保护内胎使其不受损伤，且具有一定的弹性。

内胎中充满压缩空气，带有轮胎气门嘴的圆环形弹性管。气门嘴用以充气并使空气在内胎内保持一定压力。

垫带垫在内胎与轮辋之间，保护内胎不被轮辋和胎圈磨坏，并防止尘土及水气浸入胎内。

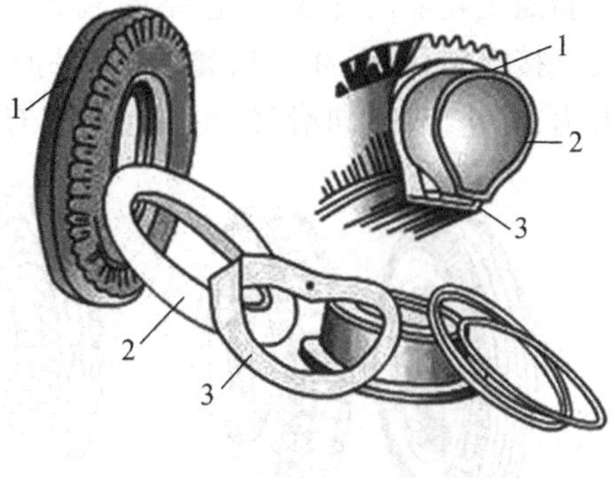

1—外胎；2—内胎；3—垫带

图4-27　有内胎的轮胎

目前，在汽车上广泛应用普通斜交胎和子午线轮胎。

① 普通斜交胎

普通斜交胎的结构特点是帘线层和缓冲层各相邻层帘线交差排列（图4-28），胎体中帘线的排列方式一般用胎冠角（β,α）表示。胎冠角β为胎体帘线与胎冠中心线的垂线之间的夹角；胎冠角α为胎体帘线与胎冠中心线之间的夹角。普通斜交轮胎的各帘线层与胎冠中心线形成的胎冠角α一般为48°～56°的交线。

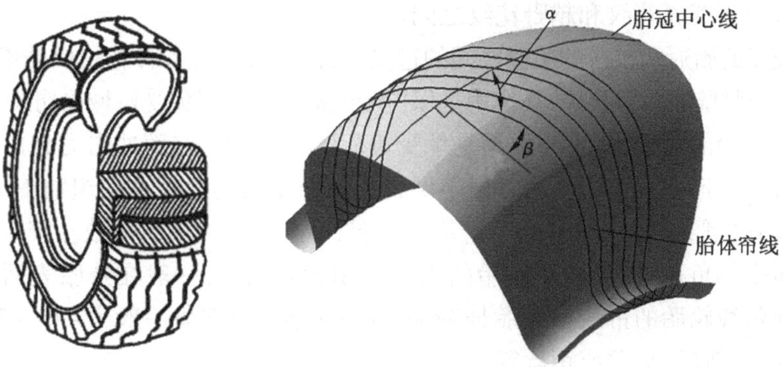

图4-28　普通斜交胎

普通斜交胎的外胎是用耐磨橡胶制成的强度较高而又有弹性的外壳，直接与地面接触。它由胎圈1、缓冲层2、胎面3和帘布层4等组成，如图4-29所示。

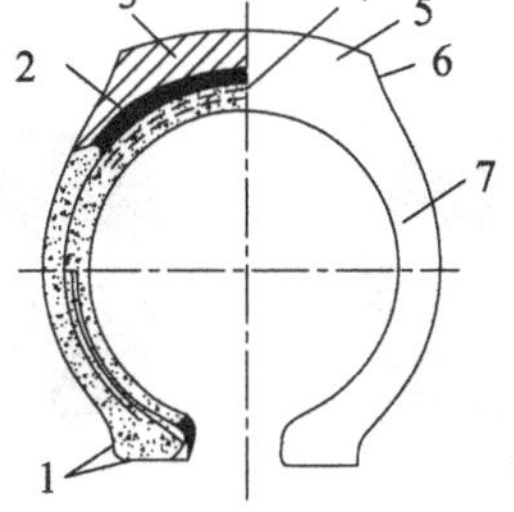

1—胎圈；2—缓冲层；3—胎面；4—帘布层；5—胎冠；6—胎肩；7—胎侧

图4-29　外胎结构图

胎面是轮胎的外表面,包括胎冠5、胎肩6和胎侧7三部分。胎冠也称为行驶面,它与路面直接接触,承受冲击和磨损,并保护胎体不受机械损伤。为了增加轮胎与路面之间的附着力,防止纵、横向滑移,在胎冠上制有各种形式的花纹,如图4-30所示。

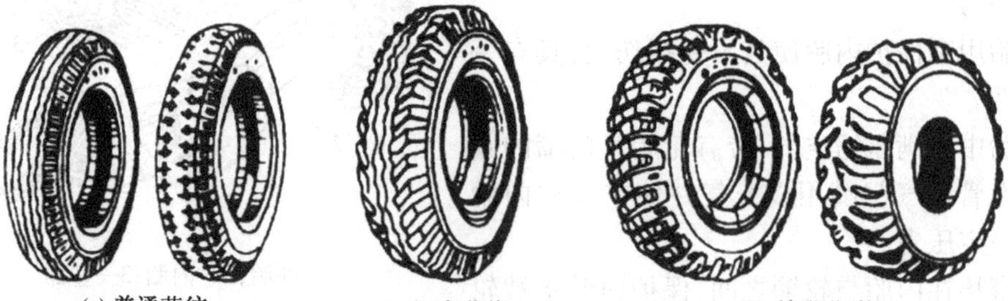
(a) 普通花纹　(b) 混合花纹　(c) 越野花纹

图4-30　轮胎的花纹

普通花纹的特点是花纹细而浅,花纹块接地面积大,适用于较好路面。其中纵向花纹轮胎的滚动阻力小,防侧滑和散热性好,噪声低,高速行驶性能好,但甩石性和排水性较差。横向花纹轮胎的耐磨性能好,不易夹石子。越野花纹的沟槽深而宽,花纹块的接地面积小,防滑性好。花纹有八字形、人字形和马牙形等。安装八字形和人字形花纹轮胎时,花纹的"八"字和"人"字尖端的指向要与汽车拖拉机前进时车轮的旋转方向一致,以提高排泥性能。混合花纹介于普通花纹和越野花纹之间。

胎肩是较厚的胎冠和较薄的胎侧之间的过渡部分,一般也有各种花纹以防滑和散热。胎侧是贴在帘布层侧壁的薄橡胶层,其作用是保护胎侧部分的帘层免受机械损伤及水分侵蚀。

帘布层是外胎的骨架,其主要作用是承受负荷(汽车重力、路面冲击力和内部气压),保持轮胎外缘尺寸和形状。帘布层通常由多层胶化的棉线或其他纤维编织物叠成,并按一定的角度交叉排列(图4-31)。为使其负荷均匀分布,帘布层数多采用偶数。帘布层数的多少要根据轮胎承受的负荷、内压以及轮胎的类别和用途来确定,一般在外胎表面上标注有帘布层数。普通斜线轮胎的帘线与轮胎横断面(子午断面)的交角一般为44°~52°。帘线材料可以是棉线、人造丝、尼龙或钢丝等。

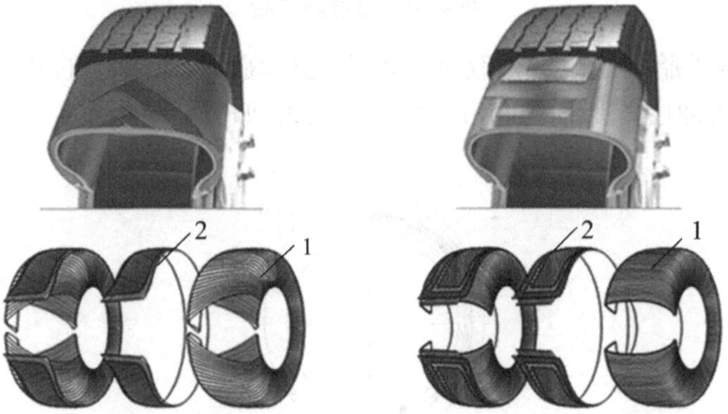

(a) 普通斜交轮胎　(b) 子午线轮胎

1—帘布层;2—缓冲层

图4-31　帘布层排列

缓冲层位于胎面和帘布层之间，质软而弹性大。其作用是加强胎面与帘布层的结合，以缓和汽车在行驶时所受到的不平路面的冲击，并防止汽车在紧急制动时胎面与帘布层脱离。

胎圈是帘布层的根基，帘布层靠胎圈固装在轮辋上。胎圈由钢丝圈、帘布层包边和胎圈包布组成。

② 子午线轮胎

子午线轮胎（图4-32）的帘布层2的帘线与轮胎子午断面接近一致（即与胎面中心线成90°或接近90°）排列，以带束层3箍紧胎体。其特点是帘线的这种排列能使其强度被充分利用，故它的帘布层数比普通斜交胎可以减少将近一半，且没有偶数限制，所以胎体柔软。为了承受汽车行驶时产生的较大切向力，子午线轮胎具有若干层帘线与子午断面呈大角度（交角70°~75°）、高强度、不易拉伸的周向环形的类似缓冲层的带束层。

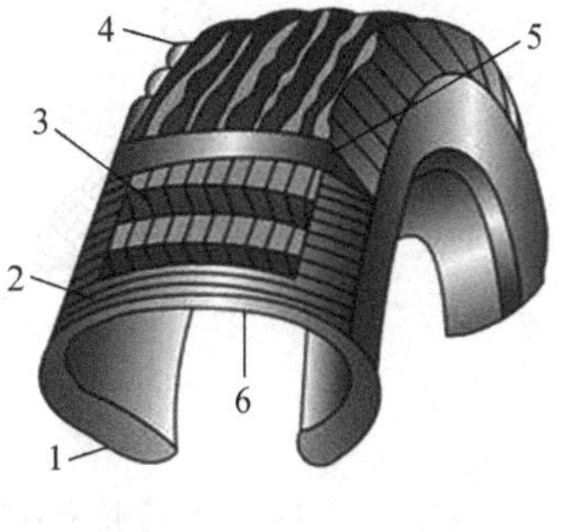

1—胎圈；2—帘布层；3—带束层；
4—胎冠；5—胎肩；6—子午断面

图4-32　子午线轮胎

子午线轮胎与普通斜交胎相比，具有耐磨性好、弹性大、行驶里程长（比普通胎长50%以上）、滚动阻力小、节约燃料（滚动阻力可减少25%~30%，油耗降低8%左右）、承载能力大、减振性能和附着性能好、胎面耐刺穿和自重轻等优点；但其胎侧易裂口，胎圈易损坏，且侧向稳定性差，成本高。子午线轮胎使用的轮辋与普通轮胎相同。在使用中，子午线轮胎与普通轮胎不能并装，也不可同轴混装。

（2）无内胎的轮胎

如图4-33所示，无内胎充气轮胎的外观和结构与有内胎充气轮胎相似，所不同的是它没有内胎和垫带，空气直接压入外胎中，其密封性是由外胎和轮辋来保证的。无内胎充气轮胎的内壁上附加了一层2~3 mm厚的专门用来封气的橡胶密封层1，有的还在该层下面贴着一层特殊混合物制成的自粘层。当轮胎穿孔时，自粘层能自行将刺穿的孔粘合，故这种轮胎也称为有自粘层的无内胎轮胎。在胎圈外侧也有一层胎圈橡胶密封层3，用以增加胎圈与轮辋接合的气密性。轮辋底部是倾斜的，并涂有均匀的漆层。气门嘴2直接固定在轮辋6的一侧，其间垫以密封用的橡胶密封垫4，并用螺母旋紧密封。铆接轮辋和辐板的铆钉自内侧塞入，并涂上一层橡胶。

无内胎轮胎的优点：

① 只在爆破时才会失效，而穿孔时漏气缓慢，胎压不会急剧下降仍能继续行驶。

② 因为无内胎，所以摩擦生热少，散热快，适于高速行驶。

③ 结构简单，质量较小。

无内胎轮胎的缺点：

① 密封层和自粘层易漏气，途中修理较为困难。

② 自粘层只有在穿孔尺寸不大时方能粘合。

③ 天气炎热时自粘层可能软化而向下流动从而破坏车轮平衡。

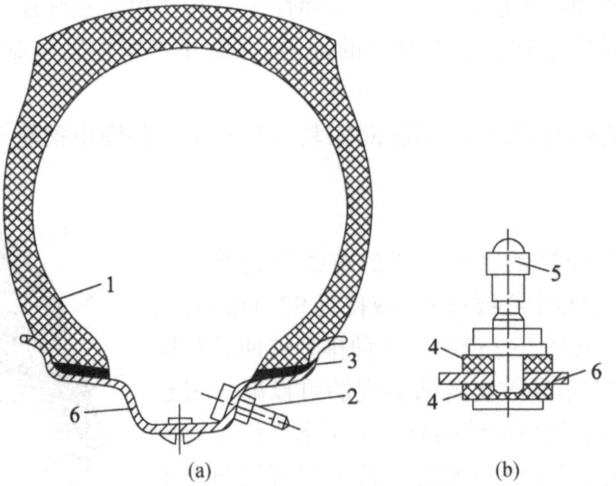

1—硫化橡胶密封层;2—气门嘴;3—胎圈橡胶密封层;4—橡胶密封垫;
5—气门嘴帽;6—轮辋

图 4-33　无内胎轮胎

由于上述缺点,目前一般多采用无自粘层的无内胎轮胎。它的外胎内壁只有一层密封层,当轮胎穿孔后,由于其本身处于压缩状态而紧裹着穿刺物,故能长期不漏气,即使将穿刺物拔出,亦能暂时保持胎内气压。无内胎轮胎一般配用深槽式轮辋,目前在轿车上应用较多。

3. 轮胎规格标记方法

一般用轮胎的外径 D、轮辋的直径 d、断面宽度 B 和断面高度 H 的公称尺寸来表示轮胎的基本尺寸,如图 4-34 所示。基本尺寸的单位有英制、公制和公英制混合 3 种,轮胎的其他性能用字母表示。

图 4-34　轮胎的主要尺寸

高压胎用数字中间加“ ×”来表示,可写成 $D \times B$。由于 $B \approx H$,故选取轮辋直径 d 时可按 $d = D - 2B$ 来计算。例如,34 ×7,即表示轮胎外胎直径 D 为 34 in(864 mm),断面尺寸为 7 in(178 mm),“ ×”表示高压胎。

低压胎一般用两个数字中间加“ - ”号表示,写成 $B - d$。例如:9.00 - 20,第一个数字表示轮胎断面宽度为 9 in(229 mm),第二个数字表示轮辋直径为 20 in(508 mm),“ - ”表示低压胎。而公制可写成 229 - 508,混合制则为 229 - 20。

我国国家标准规定,外胎两侧除应标出轮胎规格外,还应标出制造厂商标、层级、最大负荷及相应气压、生产编号等。为便于识别胎体帘线,胎侧还标有汉语拼音字母。例如,M(或无字)表示棉帘线胎,R 表示人造丝帘线胎,N 表示尼龙胎,Z 表示子午线胎,G 表示钢丝胎,ZG 表示钢丝子午线胎。

国产轿车轮胎种类见表 4-1。

表 4-1 国产轿车轮胎种类

轮胎结构	断面形状	型号示例
斜交轮胎	96 系列普通断面	6.10 - 13
	88 系列低压断面	7.00 - 13
	82 系列超低压断面	6.95 - 14
子午线轮胎	60 系列	175/60QR13
	65 系列	175/60SR13
	70 系列	165/70QR14
	75 系列	175/75SR14
	80 系列	185/80RR15

由表 4-1 可知,轮胎断面系列有超低压(82 系列)、低压(88 系列)和普通(96 系列)3 类:超低压系列表示时,小数点后第 2 位用数字 5;低压系列表示时,小数点后第 1 位用 0 或 5,第 2 位数为 0;普通系列表示时,小数点后第 1 位用非 0 和非 5 的数,第 2 位为 0。

轮胎速度符号与最高行驶速度见表 4-2。

表 4-2 轮胎速度符号与最高行驶速度

速度符号	最高行驶速度($km \cdot h^{-1}$)	速度符号	最高行驶速度($km \cdot h^{-1}$)
L	120	R	170
M	130	S	180
N	140	T	190
P	150	U	200
Q	160	H	210

当今轿车轮胎进一步向扁平方向发展,其扁平率用高宽比[$(H/B) \times 100$]表示,其值有 55,60,65,70 几种,少数轿车已用 40,45 规格。而在法拉利 F40 车上已采用 35 规格的超扁平轮胎。

三、水田轮

水田土壤系多层结构，上层为稻根、杂草和稀泥；中层为流质层，机械强度低，承压能力差；下层为硬底层，具有较高的机械强度和承压能力。装有水田轮的拖拉机在水田中作业，其轮齿或轮胎花纹抓着硬底层，才能发挥一定的驱动力。

一般旱地用的轮式拖拉机下水田时，下陷深度较大，滚动阻力大，附着力不足，轮胎压沟严重，影响作业质量。采用水田轮在一定程度上克服了上述缺点，改善了牵引性能。目前，我国使用的水田轮主要有高花纹轮胎和塑料镶齿轮胎。

图 4-35 a 为高花纹轮胎，与普通轮胎花纹相比，胎面花纹的高度和间距都较大，其布置角较小。这种轮胎在泥脚较浅地区能抓着硬底层，可获得较大的驱动力，平顺性较好，冲击负荷较小，拖拉机可做远距离转移，但轮胎压沟较严重，影响田面平整。

图 4-35 b 为一种镶有塑料齿的铁轮，轮缘较窄，具有梯形断面的塑料齿用销钉安装在焊于轮缘的轮齿座上。这种镶齿铁轮的抓土能力强，压沟不显著，附着性能好，但道路行驶平顺性差，铁轮容易磨损，导致其寿命短。

以上两种水田轮在泥脚较浅的水田中适应性较好，但不适应深泥脚水田使用。深泥脚水田应采用如图 4-35 c 所示的船式拖拉机所使用的楔形水田轮。

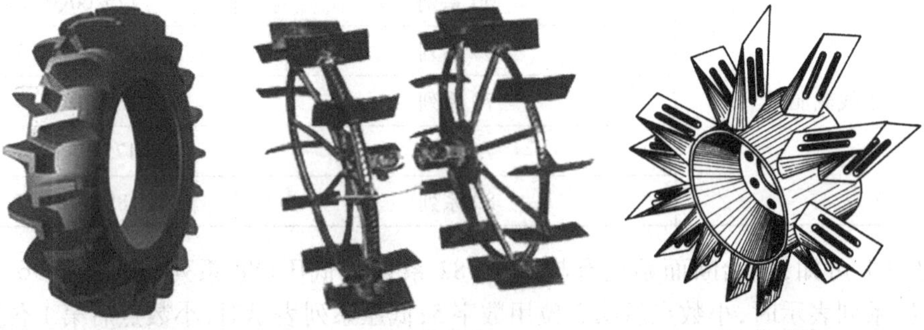

(a) 高花纹轮　　(b) 铁轮　　(c) 楔形轮

图 4-35　水田轮

第五节　悬　架

一、悬架的功用

悬架是车架与车桥之间的一切传力装置的总称。悬架主要由弹性元件 5、导向装置 1,4 和减振器 3 等部分组成，如图 4-36 所示。

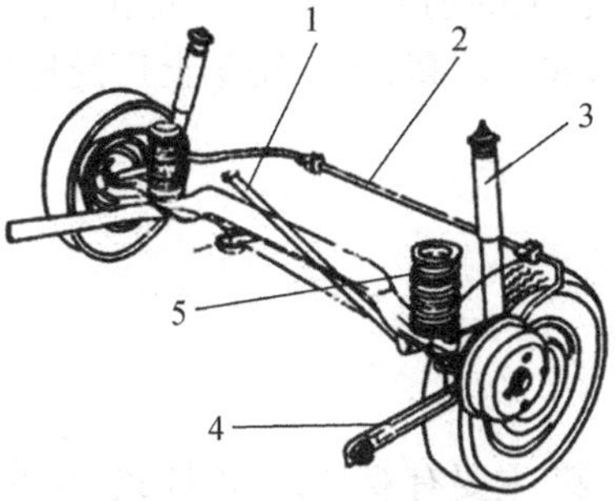

1—横向推力杆;2—横向稳定杆;3—减振器;4—纵向推力杆;5—弹性元件

图 4-36 悬架组成示意图

弹性元件使车架与车桥之间作弹性联系,承受和传递垂直载荷,缓和不平路面所引起的冲击;导向装置是用来传递纵向力、侧向力及其力矩,并保证车轮相对于车架或车身有一定的运动规律;减振器用以加快振动的衰减,限制车身和车轮的振动。由此可见,上述 3 个组成部分分别起缓冲、导向和减振作用,三者共同起传力作用。为防止车身在不平路面行驶或转向时发生过大的横向倾斜,部分汽车还装有辅助弹性元件——横向稳定器和平衡杆。

需要指出的是:任何悬架只要具备上述功用,在结构上并非需要以上全套装置,如一般汽车上广泛采用的多片钢板弹簧悬架,它既有缓冲、减振的功能,又担负起传力和导向的任务,因此,不需要再安装导向机构,甚至不需要减振器。

二、悬架的类型

根据汽车两侧车轮运动是否相互关联,汽车悬架可分为非独立悬架和独立悬架两种,如图 4-37 所示。

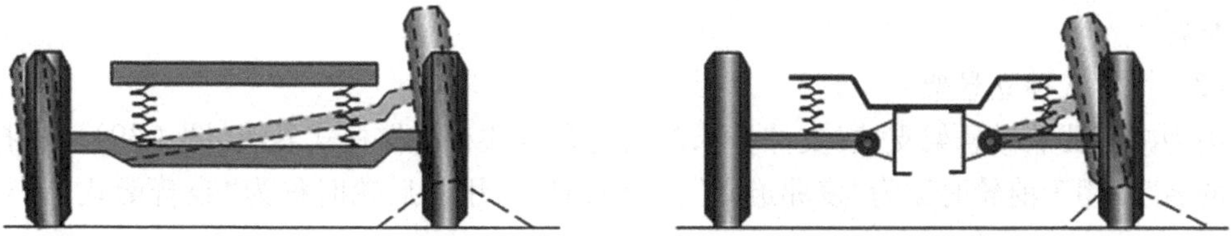

(a) 非独立悬架　　(b) 独立悬架

图 4-37 独立与非独立悬架示意图

非独立悬架(图 4-37 a)的结构特点是汽车两侧车轮分别安装在一根整体式的车轴两端,车轴则通过弹性元件与车架相连接。这种悬架当一侧车轮因道路不平而跳动时,将影响另一侧车轮的工作,因此称为非独立悬架。

独立悬架(图 4-37 b)则是两侧车轮分别安装在断开式的车轴两端,每段车轴和车轮单独通过弹性元件与车架相连。这样当一侧车轮跳动时,对另一侧车轮不产生影响,因此称为独立悬架。采用独立悬架时,车桥做成断开的。

非独立悬架因结构简单,制造和维修方便,车轮上下跳动时定位参数变化小,故在中、重型汽车上应用较普遍。独立悬架的前轮可调整其定位,车轮接地性好,行驶平顺性和操作稳定性均优于非独立悬架,但成本较高,故在轿车上广泛应用,一些进口拖拉机的前轮也采用这种独立悬架。

三、汽车悬架

1. 独立悬架

汽车上独立悬架的种类很多,主要有双叉式、撑杆式、摆臂式、多连杆式等。

(1) 双叉式独立悬架

双叉式悬架装置的结构和形式也是多种多样的。一般的结构是上、下两个控制臂支承有车轴的转向节,在上、下控制臂之间安装减振器,如图 4-38 所示。

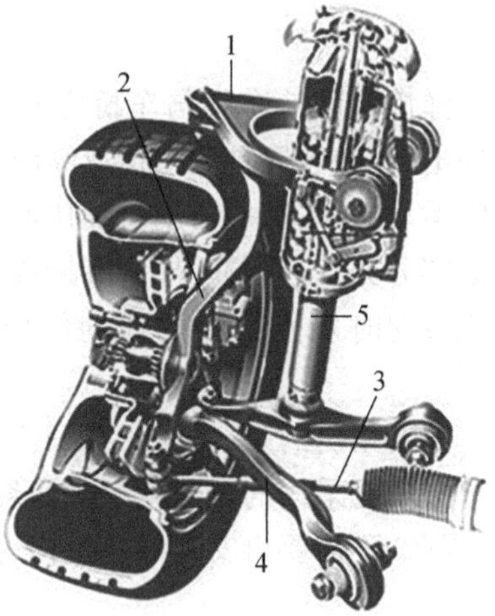

1—上控制臂;2—转向节;3—稳定杆;4—下控制臂;5—减振器总成

图 4-38 双叉式独立悬架

上、下控制臂多为 A 型和 V 型,两点支承车身,这样可从前后方向稳定地支承车身。一般来讲,下控制臂比上控制臂长,可以利用该长度控制悬架上下活动产生的车轴方向(即轮胎方向)的变化。从控制臂长度与轮胎方向变化的关系来看,上、下控制臂长度相同时,不会由于悬架上下运动而产生外倾角的变化,但是轮距的变化增大。一般情况下,加长下控制臂,减少悬架上下运动时轮距的变化,可以避免轮胎偏磨。

双叉式独立悬架的上、下控制臂可完全承受横向力,所以减振器工作平滑。这种悬架的最大特点是设计上的自由度大,即上述悬架控制臂的长度(臂的支点位置)可自由设定(如具有足够的空间),可使汽车具有突出的转弯性能、直线行驶性能及乘坐舒适性。这种悬架装置的基本性能优于其他形式的悬架装置。

(2) 撑杆式独立悬架

因为减振器兼做悬架支柱(支撑杆),故将这种方式称为撑杆式悬架(图 4-39)。根据发明者的名字,用于前轮时称为“麦弗逊式”撑杆式悬架,用于后轮时称为“查普曼式”撑杆式悬架。

撑杆式独立悬架是将装有减振器的撑杆上端安装在车身上,下端借助于控制臂与车轴连接。前悬挂采用此方式时,撑杆本身还兼起转向主销的作用。

撑杆式悬架的可伸缩减振器承受一部分横向力,所以当减振器动作时,会产生很大的摩擦力。

由于撑杆式悬架的零部件可起多种作用,所以构件数量少,重量轻,可节省空间。撑杆式悬架的缺点是,转弯时减振器承受横向力,在伸缩中产生很大的摩擦力,影响悬架系统工作。另外,不能降低撑杆上端的安装高度,使汽车整体造型受到限制。从上述方面来看,撑杆式悬架可用于中低档轿车。

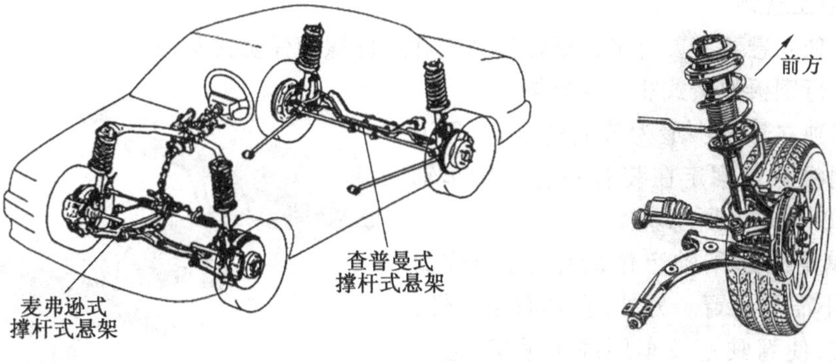

图 4-39 撑杆式独立悬架

(3) 摆臂式独立悬架

摆臂摆式是指仅车轴中间部位的差速器固定,左右半轴在差速器外侧附近设有万向节,以此为中心摆动。这种方式主要分为半后延摆臂式和全后延摆臂式两种。

所谓后延就是"拖拉"的意思。摆动支点的枢轴位于车轴之前,车轮以此为中心一面被拖拉,一面摆动。半后延的意思是臂的回转轴倾斜,臂向后方外侧伸出的形式。这种方式的优点是平顺性好,操作稳定性也好,设计上自由度也很大,差速器和传动轴没有上下运动,能降低车底板;缺点是车轴需要 4 个万向节,有的场合下需要 2 个伸缩万向节(花链轴和装球的车轴等)。

全后延摆臂式也可简称为单纵臂式,臂的回转轴与车身纵向成直角。为此,即使车轮上下运动,外倾和轮距也没有变化,平顺性好。可是,由于后倾有大的变化和把握方向盘的感觉受路面状况的影响,紧急制动时汽车摆动大(因为回转轴轴线为直线)。

(4) 多连杆式独立悬架

多连杆式独立悬架就是指由三根或三根以上链接拉杆构成,并且能提供多个方向的控制力,使轮胎具有更加可靠的行驶轨迹的悬架结构。由于三连杆结构已不能满足人们对于底盘操控性能的更高追求,所以,广泛采用四连杆式和五连杆式悬架,分别应用于前轮和后轮,如图 4-40 所示。上连杆 9 用支架 11 与车身(或车架)相连,上连杆 9 外端与第三连杆 7 相连。上连杆 9 的两端都装有橡胶隔振套。第三连杆 7 的下端通过重型止推轴承与转向节连接。下连杆 5 与普通的下摆臂相同,下连杆 5 的内端通过橡胶隔振套与前横梁相连接。球铰链将下连杆 5 的外端与转向节相连。多连杆前悬架系统的主销轴线从下球铰延伸到上面的轴承,它与上连杆和第三连杆无关。多连杆悬架系统具有良好的操纵稳定性,可减轻轮胎磨损。

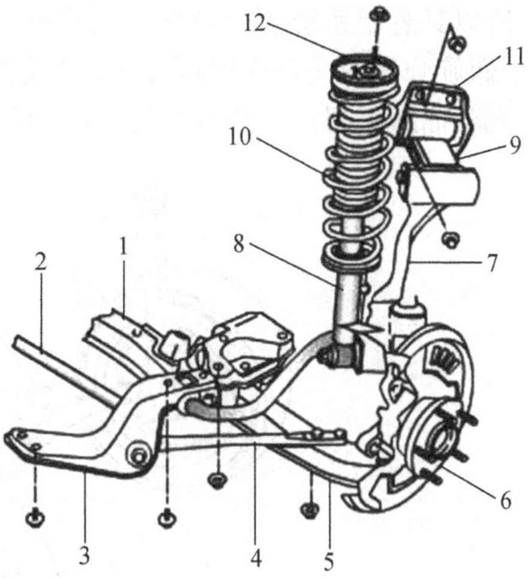

1—前悬架横梁;2—前稳定杆;3—拉杆支架;
4—粘滞式拉杆;5—下连杆;6—轮毂转向节总成;
7—第三连杆;8—减振器;9—上连杆;10—螺旋弹簧;
11—上连杆支架;12—减振器隔振块

图 4-40 多连杆独立悬架

2. 非独立悬架

汽车非独立悬架主要有平行钢板弹簧式和连杆螺旋弹簧式两种。

(1) 平行钢板弹簧式非独立悬架

这是非独立悬架中最为普遍的方式,用U形螺栓将钢板弹簧固定在装有左右车轮车轴的桥壳上,如图4-41所示。

图4-41 平行钢板弹簧式非独立悬架

钢板弹簧兼起车轴定位的作用,结构简单,基本上不需要悬臂。另外,它具有耐久性,可降低高度,使驾驶室及车厢底板平坦,适用于卡车及厢式车。

借助钢板弹簧连接车轮与车身,若弹簧过软,会因驱动力和制动力大而引起钢板弹簧的卷曲(弹簧卷曲产生振动)现象,以及车轮的弹跳现象。此外,钢板弹簧还存在着板间摩擦的缺点,有时容易传播微振。

(2) 螺旋弹簧式非独立悬架

这种用螺旋弹簧代替钢板弹簧的悬架方式是为了改善乘坐舒适性。它大多作为前置后驱动车的后轮悬架装置,如图4-42所示。

螺旋弹簧非独立悬架是一种复合式悬架。由于螺旋弹簧作为弹性元件,只能承受垂直载荷,所以其悬架系统要加设导向机构和减振器。在使用螺旋弹簧非独立悬架的车上,左右两个螺旋弹簧的间距应尽可能大,以提高悬架的横向刚度,同时在非独立悬架中需要安装减振器,而减振器内安装缓冲块,当车辆上下跳动时,可减少车身冲击,使车身振动衰减。

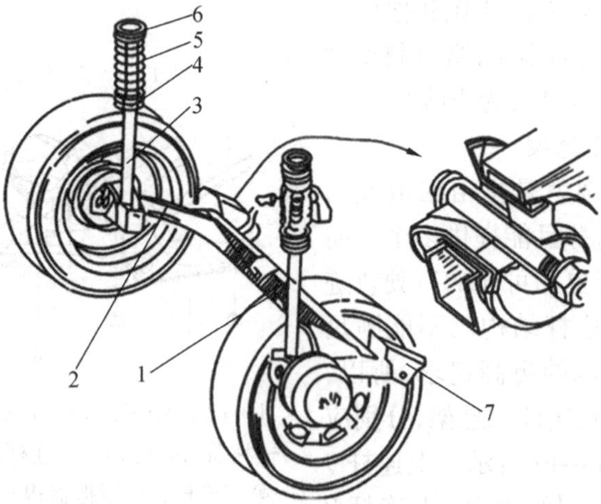

1—后桥;2—纵向推力杆;3—减振器;4—弹簧下座;5—螺旋弹簧;6—弹簧座;7—支承座

图4-42 螺旋弹簧式非独立悬架(桑塔纳2000后悬架)

四、拖拉机悬架

拖拉机一般仅在前桥设置弹性悬架,但有的四轮驱动拖拉机的后桥亦设置纵向安装的钢板弹簧非独立悬架。轮式拖拉机前桥弹性悬架有螺旋弹簧式和钢板弹簧式两大类，如图 4-43 所示。

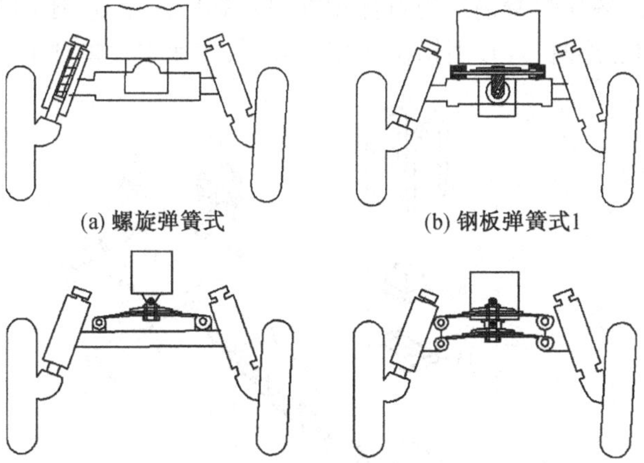

(a) 螺旋弹簧式　(b) 钢板弹簧式1

(c) 钢板弹簧式2　(d) 钢板弹簧式3

图 4-43　轮式拖拉机的弹性前悬架

图 4-43 a 是将螺旋弹簧放置在转向节内的一种独立悬架。转向节主销相对于转向节支架可以上下运动，由螺旋弹簧的变形来吸收冲击量，缓和传到机体上的冲击。这种弹性悬架便于在一般的前轴基础上变形，但转向节内有相对运动，零件易磨损。

图 4-43 b 所示的类型中，前轴做成左右两半截。它们一方面各自与拖拉机机体铰接，另一方面又相互用钢板弹簧连接，钢板弹簧的中点也与机体铰接。地面对前轮的冲击，通过钢板弹簧传到机体上，因而得到缓和。前轴还可以同弹簧一起绕铰接点摆动，以适应不平地形。

有的拖拉机的前轴不直接与机体铰接，而是通过钢板弹簧与机体连接，如图 4-43 c 所示。为了承受纵向平面内的转矩，钢板弹簧应该有前后平行的两组。或者除一组钢板弹簧外还采用两根撑杆叉，其前端固定在前轴上，而后部与机体铰接连接。

有的拖拉机没有刚性前轴，机体的前部质量直接通过上下两组钢板弹簧传给前轮，如图 4-43 d 所示。这种拖拉机的轮距只能靠翻转辐板来调节。

采用弹簧悬架可以改善驾驶员的劳动条件和延长机体的使用寿命，但对悬挂式机组采用弹性悬架后使拖拉机产生前后摆动，有时会影响机组的作业质量。

五、悬架的主要元件

1. 弹性元件

悬架中的弹性元件主要有钢板弹簧、螺旋弹簧、扭杆弹簧、气体弹簧和橡胶弹簧 5 种。

(1) 钢板弹簧

钢板弹簧是汽车拖拉机悬架中应用最广泛的一种弹性元件，它由若干片等宽但不等长、曲率半径不同、厚度相等或不等的弹簧钢片叠合在一起，组成一根近似等强度的弹性梁，其一般构造见图 4-44。

钢板弹簧的中部一般由 U 形螺栓 17 与车桥刚性固定，其两端用前钢板弹簧吊环及衬套总成13铰接在车架的支架上。钢板弹簧的第一片最长,称为主片,其两端弯成卷耳,内装衬套,以便用销子与车架相连接。为增强其强度,常将第二片两端做成能包卷主片卷耳的加强卷耳,称为包耳。各片弹簧钢片的组合除以中心螺栓固定外,还用多个钢板夹紧固,以防止当钢板弹簧反向变形时,各片因错位而相互分开,致使主片单独承载。

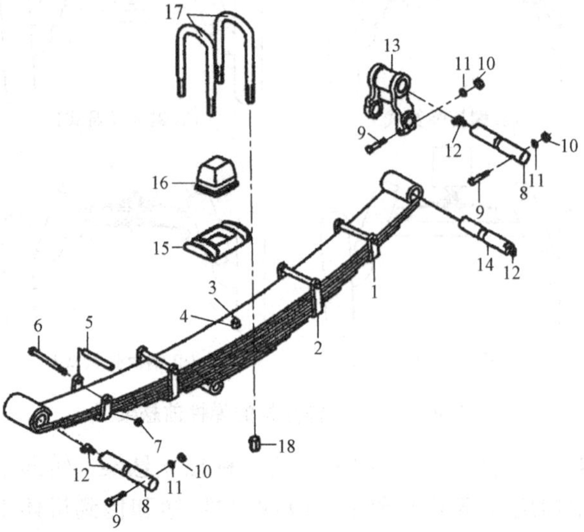

1,2—夹箍;3—中心螺栓;4—螺母;5—隔套;6—螺栓;7—螺母;8—销;9—螺栓;
10—螺母;11—弹簧垫圈;12—弯颈滑脂嘴;13—前钢板弹簧吊环及衬套总成;14—销;
15—盖板;16—软垫;17—U形螺栓;18—螺母

图4-44 钢板弹簧

在车架加载,弹簧变形时,钢板弹簧各片之间相对滑动而产生摩擦,此时钢板弹簧本身具有一定的减振作用。如果钢板各片之间干摩擦,那么轮胎所受到的冲击直接传给车架,并直接使钢板弹簧各片磨损,故安装钢板弹簧时,应在各片之间涂上适量的石墨润滑剂或加入塑料垫片,并定期维护。

(2) 螺旋弹簧

螺旋弹簧广泛应用于独立悬架,特别是前轮独立悬架中。

有些轿车后轮非独立悬架中其弹性元件也采用螺旋弹簧。它与钢板弹簧相比,具有无须润滑,不忌污泥,纵向空间小,弹簧质量轻等优点。

螺旋弹簧本身不具备减振作用,所以在螺旋弹簧悬架中必须另装减振器。另外螺旋弹簧只能承受垂直载荷,故必须装设导向机构以传递垂直以外的各种力和力矩。螺旋弹簧常用弹簧钢棒料卷制而成,可做成等螺距或变螺距的,前者刚度不变,后者刚度是可变的。

(3) 扭杆弹簧

扭杆弹簧是一根由弹簧钢制成的具有扭转弹性的直线金属杆件(图4-45)。其断面通常为圆形,少数为矩形或管形。它的两端可以做成花键、方形、六角形或带平面的圆柱形等,以便将一端固定在车架4上,另一端通过摆臂2固定在车轮上。当车轮跳动时,摆臂便绕着扭杆轴线摆动,使扭杆产生扭转弹性变形,借以保证车轮与车架的弹性联系。有的扭杆由一些矩形断面的薄扭片组合而成,这样弹簧更为柔软。

扭杆是用铬钒合金弹簧钢制成的,表面经过加工后很光滑。为了保护其表面,通常涂以沥青和防锈油漆或者包裹一层玻璃纤维布,以防碰撞、刮伤和腐蚀。在制造扭杆弹簧时,经热处理后预先施加一定的扭转力矩载荷,使之产生一个永久的扭转变形,从而使其具有一定的预应力。左、右扭杆预加扭转的方向,都与扭杆安装在车上后承受工作载荷时扭转的方向相同,不能互换,为此,在左右扭杆上刻有不同的标记。

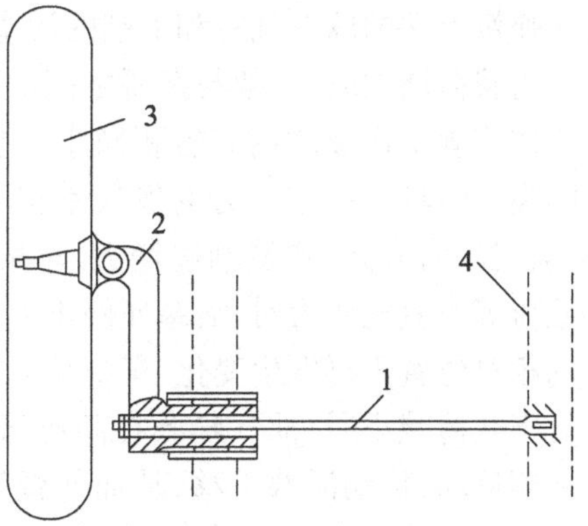

1—金属杆;2—摆臂;3—轮胎;4—车架

图 4-45 扭杆弹簧

扭杆本身的扭转刚度虽然是常数,但采用扭杆的悬架由于有导向机构的缘故,其悬架刚度是可变的。若将扭杆的固定端转过一个角度,则摆臂的初始位置将改变,借此可调节车架与车轮间的距离,即调节车身高度。

扭杆弹簧与钢板弹簧相比较,具有质量小,不需要润滑的优点。

(4) 气体弹簧

气体弹簧是在一个密封的容器中充入压缩气体(气压 0.5 ~1 MPa),利用气体的可压缩性实现其弹簧作用的。这种弹簧的刚度是可变的,因为作用在弹簧上的载荷增加时,容器内的定量气体气压升高,弹簧的刚度增大。反之,当载荷减小时,弹簧内的气压下降,刚度减小,故它具有较理想的弹性特性。

气体弹簧有空气弹簧和油气弹簧两种。

空气弹簧是利用压缩空气作弹簧的。根据压缩空气所用容器不同,又有囊式和膜式两种(图 4-46)。囊式空气弹簧由加有帘线的橡胶气囊和密闭其中的压缩空气组成。气囊的内层用气密性好的橡胶制成,而外层用耐油橡胶制成。气囊一般做成两节,节与节之间围绕钢质腰环,使中间部分不至于有径向扩张,并防止两节之间相互摩擦。气囊的上下盖板将气囊密封。膜式空气弹簧的密闭气囊由橡胶膜片和金属压制件组成。

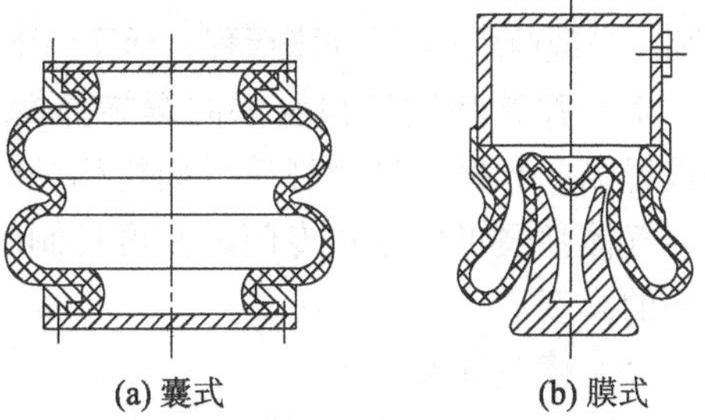

图 4-46 空气弹簧

在密闭的容器中充入压缩空气和油液,利用气体的可压缩性实现弹簧作用的装置称为油气弹簧,其以惰性气体(氮气)作为弹性介质,用油液作为传力介质,一般由气体弹簧和相当于液力减振器的液压缸所组成。

根据结构的不同,油气弹簧分为单气室、双气室及两级压力式 3 种。

单气室油气弹簧(图 4-47)又分为油气分隔式和油气不分隔式两种,前者可防止油液乳化,且便于充气。

单气室油气分隔式油气弹簧(图 4-47 a),其球形气室固定在工作缸 4 上,缸内用橡胶油气隔膜 2 隔开,一侧充入高压氮气,构成气体弹簧;另一侧与工作缸的内腔相通,并充满了工作介质(减振油液),相当于液力减振器。油气隔膜的作用在于把作为弹性介质的高压氮气和工作液分开,以避免工作液乳化,同时也便于充气和保养。在球形气室上装有充气阀。

油气弹簧上端的球形气室和下端的活塞分别通过上下球座固定在车架和车桥上。

当载荷增加时，车架与车桥之间的距离缩短，活塞5上移使充满工作液的内腔容积减小，迫使工作液推动油气隔膜2向具有一定压力的氮气室移动，使气室容积减小，氮气压力升高，弹簧刚度增大，车架下降缓慢。当外界载荷等于氮气压力时，活塞便停止上移，这时车架与车桥的相对位置不再发生变化，车身高度也不再下降。

当载荷减小时，油气隔膜在高压氮气的作用下向油室一侧移动，推动活塞下移，从而使弹簧刚度减小，车架与车桥之间距离变长，车架上升缓慢。当外部载荷与氮气压力相平衡时，活塞停止下移，车身高度也不再上升。

由于氮气储存在密闭的球形气室内，其压力随外载荷的大小变化，故油气弹簧具有变刚度的特性，同时又起液力减振器的作用。

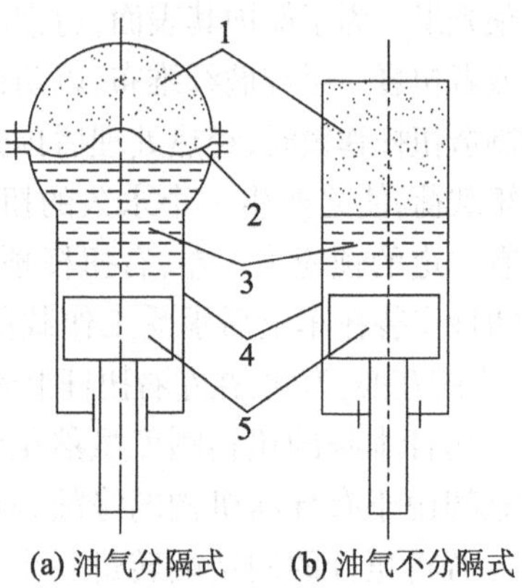

1—气体；2—油气隔膜；3—油液；4—工作缸；5—活塞

图4-47　单气室油气弹簧示意图

单气室油气不分隔式油气弹簧（图4-47 b）缸体4的上端和活塞的下端分别固定在车架和车桥上。活塞的上面有一油层，既可以润滑活塞又可以作为气室的密封。油层上方的空间即为高压气室，其中充满高压氮气，气体和工作油液间没有任何隔离装置。

当载荷增加时，活塞在工作缸内向上移动，高压气室容积缩小，氮气被进一步压缩，此时油压升高。当载荷减小时（伸张行程），活塞向下移动，高压气室的容积增大，气体压力和油压都下降。

空气弹簧和油气弹簧都同螺旋弹簧一样，只能承受轴向载荷，因此气体弹簧悬架中必须设置纵向和横向推力杆等导向机构，同时还必须设有减振器。

气体弹簧可以通过专门的高度控制阀自动调节气室中的原始充气压力，以调节车身与地面的高度。

（5）橡胶弹簧

橡胶弹簧是利用橡胶本身的弹性来缓和冲击、减小振动的。它可以承受压缩载荷与扭转载荷。橡胶弹簧的优点：单位质量的储能量较金属弹簧多，隔音性能好，多作为悬架的副簧和缓冲块。橡胶弹簧可根据工作需要设计成各种结构形式（图4-48），常用的有柱形、平截锥形、菱形、环套形和组合式等。为使弹簧受载后保持一定形状和传递载荷，橡胶弹簧均配有钢板、圆管、圆盘、圆锥体等结构形式的钢约束件。

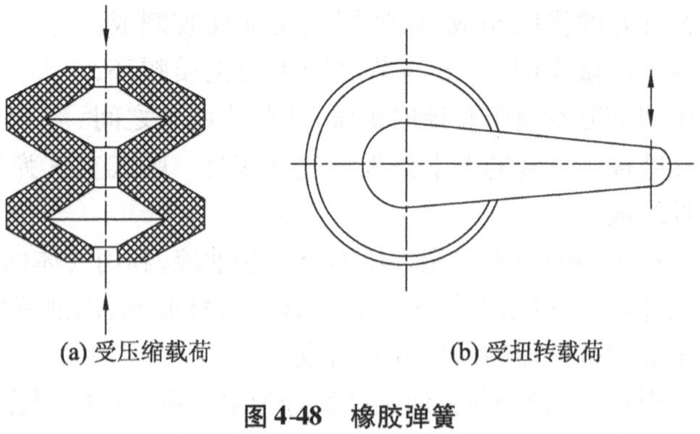

图4-48　橡胶弹簧

2. 减振器

（1）减振器的工作原理

液力减振器广泛应用于汽车悬架系统中。其工作原理是利用液力流动的阻力来消耗振动能量。当车架与车桥相对运动时，活塞在缸筒内就上下移动，减振器壳体内的油液便反复地从一个内腔通过一些窄小孔隙流入另一内腔。此时，孔壁与油液间的摩擦及液体分子内摩擦便形成对振动的阻尼，使车身和车架的振动能量转化为热能而被油液和减振器壳体所吸收，最后散到大气中去。减振器的阻尼力大小随车架与车桥的相对运动速度的增减而增减，并且与油液的黏度有关。

（2）减振器的作用

减振器的作用是吸收钢板弹簧起落时车辆的振动，使其迅速恢复平稳的状态，以改善汽车行驶的平稳性。减振器阻尼力越大，振动消除得越快。但阻尼力过大将会导致弹簧的缓冲作用不能充分发挥，甚至使某些连接件损坏。为使减振器与弹性元件协调工作，减振器应满足如下要求：

① 在悬架压缩行程内（车架与车桥相互靠近），减振器的阻尼力应较小，以便充分利用弹性元件的弹性来缓和冲击。

② 在悬架伸张行程内（车架与车桥相互远离），减振器的阻尼力应较大（为压缩行程的2～5倍），以求迅速减振。

③ 当车桥与车架的相对运动速度过大时，减振器应能自动加大油液通道截面积，使阻尼力始终保持在一定限度之内，避免承受过大的冲击载荷。

（3）减振器的构造

减振器一般由几个同心缸筒、活塞和若干个阀门组成，如图 4-49 a 所示。

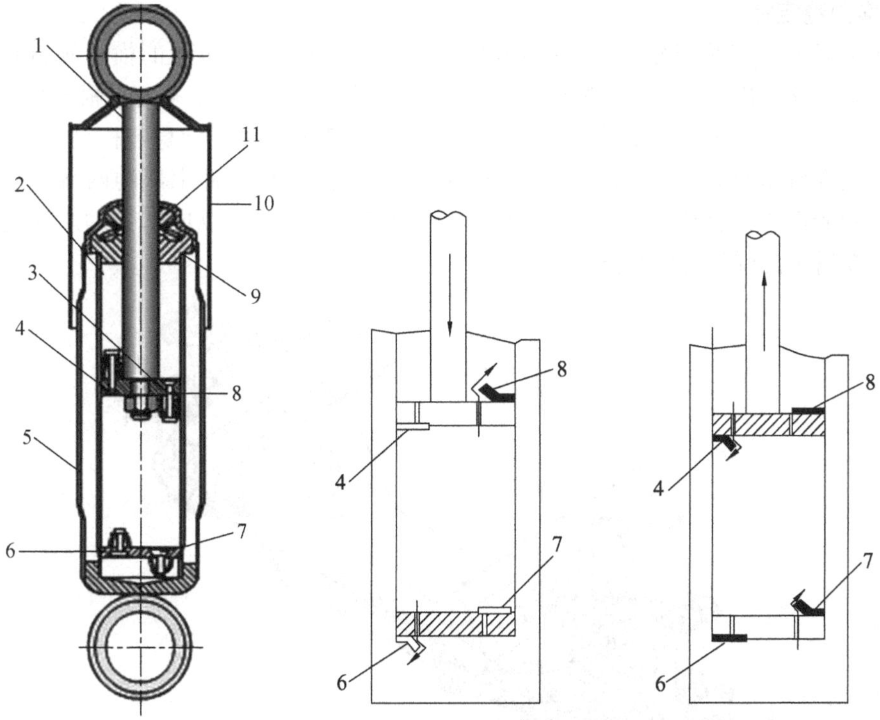

(a) 结构　　(b) 压缩行程　　(c) 伸张行程

1—活塞杆；2—工作缸筒；3—活塞；4—伸张阀；5—储油缸筒；6—压缩阀；
7—补偿阀；8—流通阀；9—导向座；10—防尘罩；11—油封

图 4-49　双向作用筒式减振器

最外面的缸筒是防尘罩。中间缸筒为储油缸筒，内装油液，但不装满，其下端通过底座上焊接的吊耳与车桥相连。里面的缸筒为工作缸筒，其内装满油液，上端密封。活塞装在工作缸筒内，活塞杆穿过密封装置，上端与防尘罩和吊耳焊成一体，下端用压紧螺母固定着活塞。活塞将工作缸筒分成上下两个腔。

活塞上装有伸张阀和流通阀。工作缸筒下端的支座上装有压缩阀和补偿阀。流通阀和补偿阀弹簧较软，较低的油压即可使其开启，只要油压稍降低，即可立刻关闭。

（4）减振器的工作过程

① 压缩行程（图 4-49 b）：车桥靠近车架，减振器受压缩，活塞下移，工作缸筒下腔容积减少，上腔容积增大，油液压开流通阀进入上腔。由于活塞杆占去上腔部分容积，因此，上腔增加的容积小于下腔减小的容积，致使下腔油液不能全部流入上腔，而多余的油液则从压缩阀流入储油缸筒。这些阀的流通面积不大，因而造成一定的阻尼力。

② 伸张行程（图 4-49 c）：车桥远离车架，减振器被拉长，活塞上移，使上腔容积减小，下腔容积增大，上腔油压高于下腔，油液推开伸张阀流入下腔。同样，由于活塞杆的存在致使下腔产生一定的真空度，这时，储油缸筒内的油液在真空吸力的作用下打开补偿阀流入下腔。油液流经这些阀时便产生了阻尼力。

由于伸张阀弹簧刚度和预紧力比压缩阀大，且伸张行程油液通道截面比压缩行程的小，所以，减振器在伸张行程所产生的最大阻尼力远远超过了压缩行程的最大阻尼力。这是因为，在压缩行程中是弹性元件起主要作用，而在伸张行程中则是减振器起主要作用。

3. 横向稳定杆

轿车的悬架一般都很软，在高速行驶中转向时，车身会产生很大的横向倾斜和横向角振动。为减少这种横向倾斜，往往在悬架中加设横向稳定器，用得最多的是横向稳定杆。

横向稳定杆在汽车上的安装如图 4-50 所示。弹簧钢制成的横向稳定杆呈扁平的 U 形，横向地安装在汽车的前端或后端（也有的轿车前后都有）。稳定杆中部的两端自由地支承在两个橡胶套筒内，而套筒则固定在车架上。横向稳定杆的两侧纵向部分的末端通过支杆与悬架下摆臂上的弹簧支座相连。

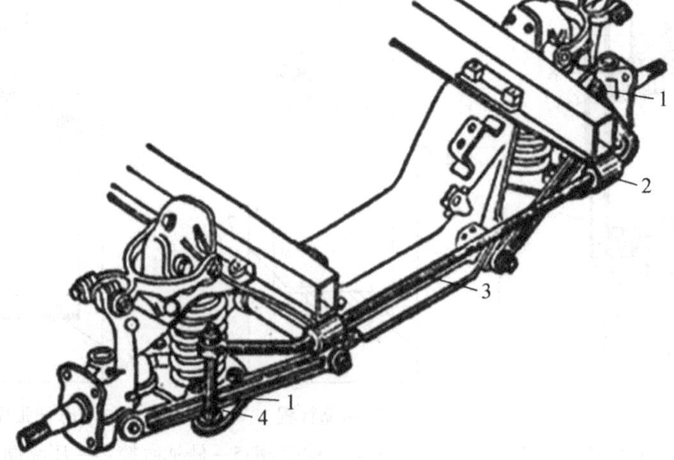

1—支杆；2—套筒；3—横向稳定杆；4—弹簧支座

图 4-50　横向稳定杆装置

当车身只做垂直移动而两侧悬架变形相等时,横向稳定杆在套筒内自由转动,横向稳定杆不起作用。当两侧悬架变形不等而车身相对路面横向倾斜时,车架的一侧移近弹簧支座,稳定杆的该侧末端就相对于车架向上移,而车架的另一侧远离弹簧支座,相应的稳定杆的末端则相对于车架向下移。然而,在车身和车架倾斜时,横向稳定杆的中部对于车架并无相对运动。这样在车身倾斜时,稳定杆两边的纵向部分向不同方向偏转,于是稳定杆便被扭转。弹性的稳定杆所产生的扭转的内力矩就妨碍了悬架弹簧的变形,起到了阻止车身倾斜的作用,因而减小了车身的横向倾斜和横向角振动。

六、电控悬架

悬架主要影响汽车的垂直振动。传统的汽车悬架是不可调整的,在行车中车身高度的变化取决于弹簧的变形。因此就自然存在了一种现象,当汽车空载和满载的时候,车身的离地间隙是不一样的。尤其是一些轿车采用比较柔软的螺旋弹簧,满载后弹簧的变形行程会比较大,导致汽车空载和满载的时候离地间隙相差几十毫米,使汽车的通过性受到影响。电控悬架的目的是通过电子控制技术来调节悬架的刚度和减振器阻尼,突破传统被动悬架的局限区域,使汽车拖拉机的悬架特性与行驶的道路状况相适应,保证平顺性和操纵性两个相互排斥的性能都能得到满足。

电控悬架的基本功能有车高调整、衰减力控制、弹簧刚度控制、侧倾角刚度控制等。

根据有无力发生器,可将电控悬架分为半主动悬架和主动悬架两大类,如图 4-51 所示。

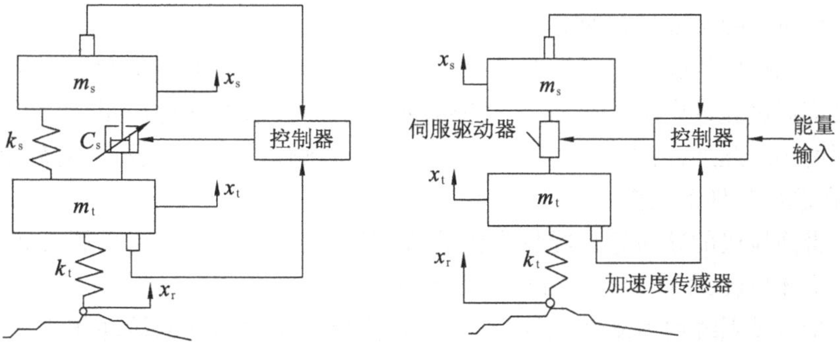

(a) 半主动悬架

(b) 主动悬架

m_s—1/4 车体质量;m_t—1/4 非簧载质量;c_s—从动悬架阻尼系数;

k_s—从动悬架刚度系数;k_t—轮胎刚度系数;x_r—地面的扰动输入;

x_s—车位位移;m_t—非簧载质量位移

图 4-51 电控悬架的类型

1. 半主动悬架

半主动悬架根据路面冲击,车轮与车体的加速度、速度及位移信息实时调节悬架的阻尼系数,消耗来自不平路面的冲击能量,而不需要提供能量,以这种方式来改善悬架缓冲性能。半主动悬架无力发生器,即无源控制,结构简单,造价低,能量消耗小,是目前轿车上普遍采用的调节方式。半主动悬架通常是通过改变液压缸上下两腔节流口的过流面积,以调节悬架的阻尼系数,在结构上更接近传统的机械悬架。

2. 主动悬架

主动悬架是一种有源控制。主动悬架是根据路面冲击，车轮与车体的加速度、速度及位移信号同时实时调节悬架的阻尼、刚度及车体高度。这种调节方式必须有外部提供能量。主动悬架实际是主动力发生器，可根据汽车的质量和地面的冲击载荷，自动产生相应的力与其平衡，保证汽车在各种路面条件下都具有较好的平顺性，相当于在不同工况下都能将悬架的刚度与阻尼系数自动调节到最佳值的调节装置。

根据悬架传递运动和能量介质的不同，主动悬架又可分为油气式主动悬架(液压式)和空气式主动悬架两种。

第六节　履带拖拉机行驶系统

一、履带拖拉机行驶系统的特点

履带拖拉机行驶系统与轮式拖拉机行驶系统有较大的区别。履带拖拉机的典型特点是行驶部分采用履带行驶装置。拖拉机采用履带行驶装置，其履带可作为车辆自携的道路，便于通过承载能力较低的地面，且牵引力较大，具有较强的越野通过性，能够在轮式车辆所不能通过的无路、深雪及沼泽地带行驶，是一种行驶性能很强的行驶工具。因而在军用、农用及建筑工程领域得到了广泛的应用。

履带拖拉机行驶系统具有如下特点：

(1) 履带拖拉机的驱动轮只卷绕履带而不在地面上滚动，由履带和地面接触，拖拉机的全部重量都通过履带作用在地面上。履带的接地面积大，接地比压小，因而在松软土壤上的下陷深度小。此外，由于履带支承面上同时与土壤作用的履刺较多，有较好的牵引附着性能，能在恶劣条件下工作。

(2) 履带拖拉机的导向轮是履带张紧装置的组成部分，它用来引导履带正确地卷绕，但不能相对机体偏转，不能引导履带拖拉机转向。

(3) 履带行驶系统均为刚性元件，没有轮式拖拉机轮胎那样的缓冲作用，因此它与机体的连接部分(悬架)应有适当的弹性，以缓和地面对机体的冲击。

(4) 履带拖拉机履带轨距不能调整。履带行驶装置到目前为止仍是很不完善的。在道路上行驶时，它的机械效率远远低于轮式行驶装置；履带行驶装置远不如轮式装置工作可靠，并且大大增加了车辆系统的复杂程度和造价。

提高经济性、可靠性及在疏松地面上的通过性，一直是履带行驶装置发展中要解决的主要问题。

二、履带拖拉机行驶系统的组成

履带拖拉机行驶系统由车架、履带驱动装置和悬架等组成，如图 4-52 所示。

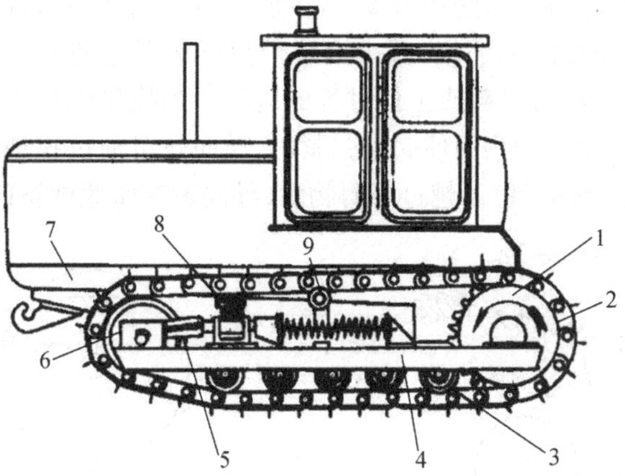

1—驱动轮;2—履带;3—支重轮;4—台车架;5—张紧装置;
6—张紧轮;7—机架;8—悬架;9—托轮

图 4-52 履带拖拉机行驶系统

1. 车架

采用全梁架式车架,是一个完整的框架,由纵梁、前梁及后轴等组成。

2. 履带驱动装置

主要由履带、驱动轮、张紧装置、导向轮、支重轮和托轮等组成,如图 4-53 所示。

(1) 履带。履带用来将拖拉机的质量传给地面,并保证其与土壤的附着,发挥足够的推进力。由于履带工作条件恶劣,所以除要求有良好的附着性能外,还要有足够的强度、刚度和耐磨性。履带有若干块履带板通过履带销相互连接而成。履带板有整体式和组成式两种。

为了减少对田间土壤的压实,很多履带式拖拉机和自走式农业机械的行驶系统通常采用橡胶式履带。

(2) 驱动轮。驱动轮安装在最终传动的从动轴后从动毂上,将驱动转矩转换成卷绕履带的作用力,以保证拖拉机行驶。

(3) 张紧装置。张紧装置用来保持履带合适的张紧度,以减少拖拉机在行驶时履带的振动和由此引起的额外功率损失;履带张紧后还可以防止它在工作时滑脱;张紧装置的缓冲弹簧可以使它兼有缓冲作用。

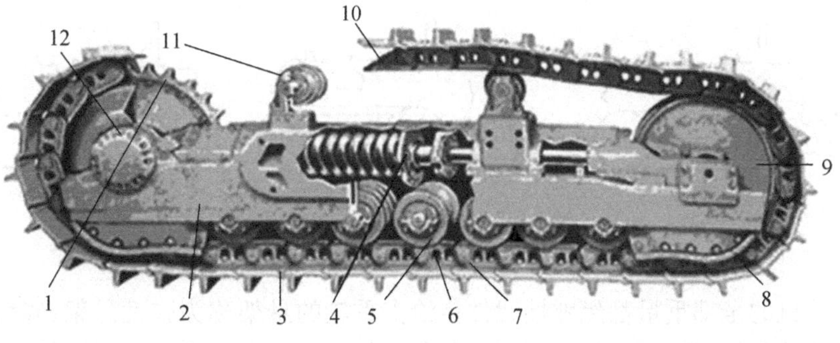

1—驱动轮;2—轮架;3—履带;4—张紧装置;5—支重轮;6—链轨节;7—销轴和套筒;
8—导向板;9—导向轮;10—主链轨节;11—托轮;12—传动装置外壳

图 4-53 履带驱动装置

张紧装置可使履带保持合适的松紧度,减少履带在运动中的弹跳并缓和对导向轮的冲击,从而减轻履带销与销孔间的磨损,减少因履带弹跳而引起的冲击载荷和额外的功率消耗,防止遇到障碍物时使履带过载或工作过程的脱轨。当拖拉机行驶中遇到障碍物或在履带与驱动轮之间卡入石块等硬物而使履带张紧时,导向轮可通过拐轴迫使张紧弹簧压缩而后移,从而起缓冲作用(图 4-54)。越过障碍物后,导向轮在张紧弹簧的作用下又回到原位。

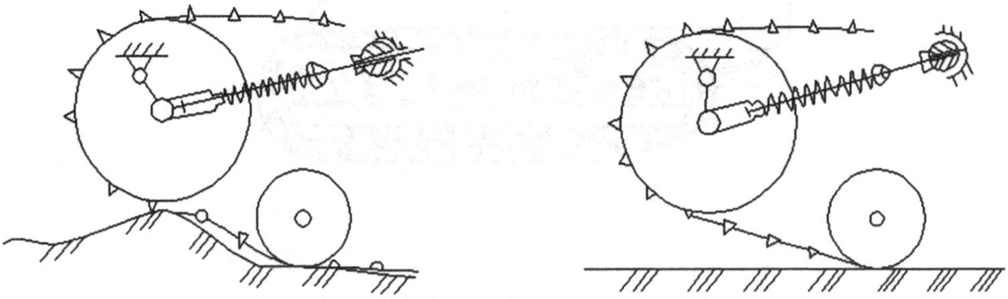

图 4-54　履带拖拉机张紧装置的缓冲原理

(4) 导向轮。导向轮必须在履带运转平面内移动,它的移动方式分为摆动式和滑动式。

(5) 支重轮。支重轮用来支承拖拉机的质量,并通过履带把它传给地面;支重轮在履带的导轨上滚动,并夹持履带以防止其横向滑脱;在拖拉机转向时,迫使履带在地面上滑动。

支重轮经常与水泥、沙接触,承受外界冲击,要求轮缘有较好的耐磨性,转动部分密封可靠。农用拖拉机经常采用直径较小、数量较多的支重轮,使履带支承面的接地压力较均匀,从而减小拖拉机在松软土壤工作时的下陷深度。

(6) 托轮。托轮用以托住上方履带,防止履带下垂过大,以减少拖拉机行驶时履带的跳动,并防止在上方横向滑脱。

3. 悬架

履带拖拉机的悬架是用以连接支重轮和机体的部件,机体的质量通过悬架作用在支重轮上,履带和支重轮在行驶过程中所受的冲击也经悬架传给机体。

悬架分为刚性悬架、半刚性悬架和弹性悬架 3 种类型,如图 4-55 所示。

(a) 刚性悬架　(b) 半刚性悬架　(c) 弹性悬架

图 4-55　履带拖拉机悬架示意图

履带拖拉机的全部重量都经弹性元件传给支重轮的悬架称为弹性悬架;履带拖拉机的部分质量经弹性元件,部分质量经刚性原件传给支重轮的悬架称为半刚性悬架;履带拖拉机的全部重量都经刚性元件传给支重轮的悬架称为刚性悬架。

一般农用履带拖拉机均采用弹性悬架,工程机械一般采用半刚性悬架,而刚性悬架在拖拉机中基本上没有应用。

对于采用弹性悬架的履带拖拉机，当拖拉机行驶在不平的地面上或遇到障碍物时，内或外平衡臂同支重轮一起分别绕摆动轴和台车轴向上摆动，进一步压缩平衡弹簧而升高，越过障碍物后平衡弹簧伸长，使平衡臂和支重轮恢复原位，如图 4-56 所示。由于弹簧的缓冲作用，台车轴的离地高度变动很小，缓和地面对拖拉机的冲击，减小了拖拉机的振动。

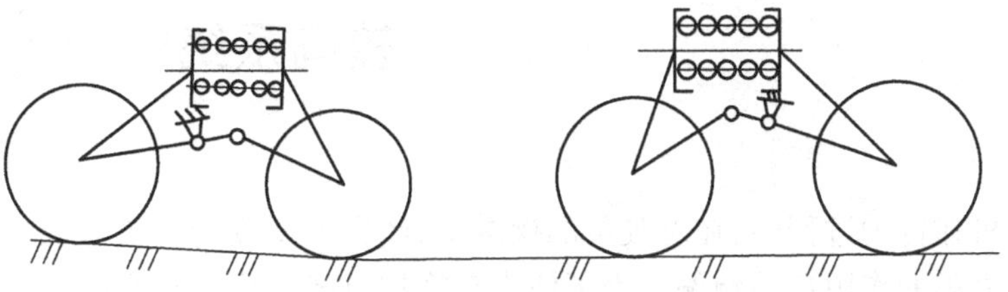

图 4-56 履带拖拉机弹性悬架的缓冲原理

思考题

1. 简述汽车、拖拉机行走系统的主要功用。

2. 与汽车相比，轮式拖拉机行驶系统具有什么特点？

3. 简述车架的功用。

4. 纵梁式车架与中梁式车架有何区别？

5. 简述轮胎的作用。

6. 子午线轮胎与普通斜线轮胎相比，有什么特点？试述子午线轮胎被广泛应用的理由。

7. 前轮定位参数有哪些？各起什么作用？

8. 无内胎轮胎在结构上是如何实现密封的？

9. 何谓独立悬架、非独立悬架？钢板弹簧能否作为独立悬架的弹性元件？

10. 钢板弹簧的作用是什么？为什么钢板弹簧各片长度不等长？

11. 悬架中的减振器与弹性元件为什么要并联安装？

12. 为使减振器与弹性元件协调工作，减振器应满足什么要求？

13. 双向作用减振器的压缩阀、伸张阀、流通阀、补偿阀各起什么作用？压缩阀和伸张阀的弹簧为什么较强？预紧力为什么较大？

14. 主动悬架与被动悬架的区别是什么？

15. 履带拖拉机行走系统有何特点？

第五章 转向系统

汽车拖拉机在行驶过程中，在驾驶员的操纵下，经常需要改变行驶方向，有时还会受到路面侧向干扰力等的作用自动跑偏。为了使汽车拖拉机转向或保持直线行驶，就需要在汽车拖拉机上设置一套专设机构，能够使转向轮上形成一个与转弯方向一致（转弯时）或与偏离方向相反（直线行驶时）的转向力矩，用以克服汽车拖拉机的转向阻力矩，从而使汽车拖拉机转向或恢复原来的行驶方向。这一套用来改变或恢复汽车拖拉机行驶方向的专设机构，称为汽车拖拉机转向系统。

根据产生转向力矩的方式，可以将汽车、拖拉机等的转向方式分为以下 3 种：

（1）通过车轮相对车身偏转一定的角度实现车辆转向。如轮式拖拉机、汽车等，偏转方式可分为前轮偏转、后轮偏转、前后轮同时偏转和折腰偏转 4 种（图 5-1）。

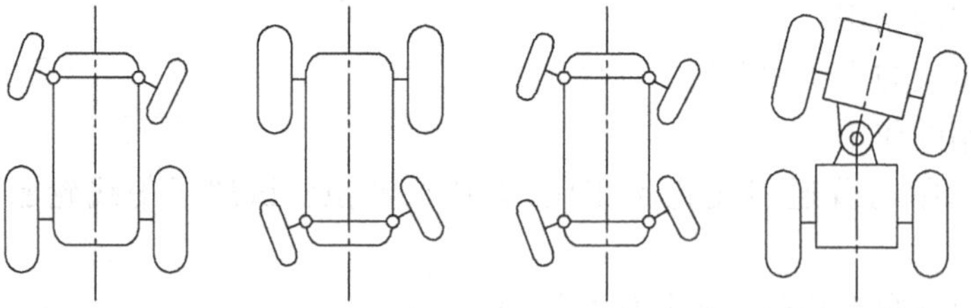

(a) 前轮偏转　(b) 后轮偏转　(c) 前后轮同时偏转　(d) 折腰偏转

图 5-1　偏转车轮转向的 4 种形式

（2）通过改变车辆两侧行走装置的驱动力来实现转向。如有履带的车辆：履带式拖拉机和无尾轮手扶拖拉机。

（3）既改变车辆两侧行走装置的驱动力又使车轮偏转实现转向。如有尾轮手扶拖拉机和在特定的情况下作业（如田间作业等）的轮式拖拉机。

第一节　轮式汽车拖拉机转向系统

一、轮式汽车拖拉机转向原理

为使汽车顺利并轻便地转向，需要解决两个基本问题：一是在汽车转向时，所有车轮都需要绕着一个转向中心转动；二是必须通过某种方式增大驾驶员操纵转向盘的手力，从而有足够的作用力使转向轮偏转一定的角度,实现汽车转向。

汽车在转向时,只有当4个车轮的轴线交于一点,才能够保证各车轮只滚动不滑动。因此,汽车在转向时,要求所有车轮的轴线都相交于一点 O,如图5-2所示,此交点 O 被称为转向中心。

对于两轴汽车,转向时内转向轮偏转角 β 大于外转向轮偏转角 α。假设车轮为刚体,偏转角 α 和 β 的关系为:

$$\cot\alpha=\cot\beta+\frac{B}{L}$$

式中:B——两侧主销轴线与地面交点之间距离,也称为轮距;

L——车辆轴距。

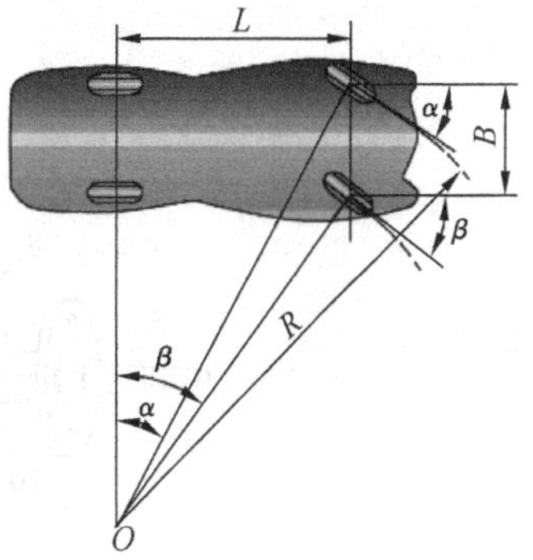

图5-2 双轴轮式车辆转向示意图

在汽车转向时内轮偏转角 β 与外轮偏转角 α 之间的差值($\beta-\alpha$)称为前展。为了产生前展,将转向机构设计成梯形。这样,在汽车转向时,就可以使内、外转向轮产生不同的侧偏角,实现车辆的纯滚动。

由转向中心 O 到外转向轮与地面接触点的距离 R,称为车辆的转弯半径。转弯半径 R 越小,则汽车转向所需场地就越小,车辆的机动性也越好。当外转向轮偏转角达到最大值时,转弯半径最小。在图5-2所示的理想情况下,最小转弯半径 R_{min} 与外转向轮最大偏转角 α_{max} 的关系为

$$R_{min}=\frac{L}{\sin\alpha_{max}}$$

转向盘转角增量与同侧转向节相应转角增量之比 i_ω 称为转向系统角传动比;转向盘转角增量与相应的转向摇臂转角增量之比 $i_{\omega1}$ 称为转向器角传动比;转向摇臂转角增量与转向盘所在一侧的转向节相应的转角增量之比 $i_{\omega2}$ 称为转向传动机构角传动比。则有 $i_\omega=i_{\omega1}i_{\omega2}$。一般汽车的转向传动机构,角传动比 $i_{\omega2}\approx1$,转向过程中,$i_{\omega2}$ 跟随转向节转角的变化有小幅度的变化。因此,转向系统的角传动 i_ω 比主要取决于转向器的角传动比 $i_{\omega1}$。

转向系统角传动比 i_ω 大,可以使驾驶员操纵转向盘省力,但会造成转向操纵机构不够灵敏,所以选取 i_ω 时应适当兼顾转向省力和转向灵敏的双重要求。

转向系统按转向能源的不同分为机械转向系统和动力转向系统两大类。

二、机械转向系统

机械转向系统以驾驶员的体力作为转向能源,其中所有的传力件都是机械的。机械转向系统由转向操纵机构、转向器和转向传动机构组成。当前轮为非独立悬架时,机械转向系统的组成及布置如图5-3所示。

车辆转向时,驾驶员对转向盘1施加一个转向力矩,该力矩通过转向轴2、转向万向节3和转向传动轴4输入转向器5,经转向器放大后的力矩和减速后的运动传到转向摇臂6,再经过转向直拉杆7传给转向节臂8,带动左转向节9及装在其上的左转向轮偏转。同时,左转向节经左梯形臂10、转向横拉杆11和右梯形臂12带动右转向节13及右转向轮偏转相应角度,从而实现转向。

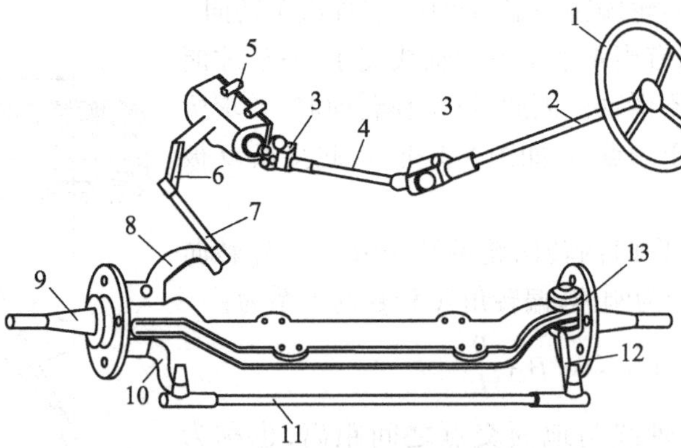

1—转向盘;2—转向轴;3—转向万向节;4—转向传动轴;5—转向器;6—转向摇臂;
7—转向直拉杆;8—转向节臂;9—左转向节;10,12—左、右梯形臂;11—转向横拉杆;13—右转向节

图 5-3　机械转向系统的组成

(一) 转向操纵机构

转向操纵机构如图 5-3 所示,包括转向盘、转向轴和转向万向节等,其作用是将驾驶员转动转向盘的操纵力传递到转向器。

1. 转向盘

转向盘主要由轮圈、轮辐和轮毂组成,如图 5-4 所示。轮辐有 2 ~4 根辐条;轮毂孔具有细牙内花键,与转向轴相连;转向盘内部有钢或铝合金制成的骨架,外表包覆有一定形状的塑料或合成橡胶,以改善操纵转向盘的手感并提高驾驶员的安全性。

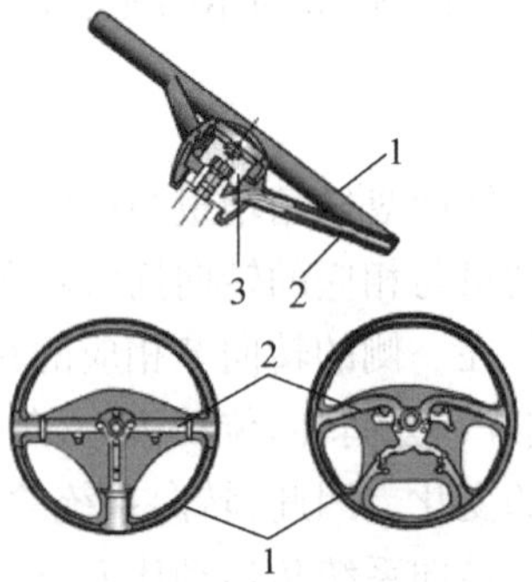

1—轮圈;2—轮辐;3—轮毂

图 5-4　转向盘结构示意图

转向盘上一般安装有安全气囊的电缆盘、汽车喇叭开关、巡航系统控制开关和音响控制开关等装置。

转向盘自由行程是指用以消除转向系统中各传动件的运动副间的间隙所对应的转向盘的角行程。它对于缓和路面冲击以及避免驾驶员过度紧张是有利的,但不宜过大,以免过多影响转向灵敏性。通常转向盘从相对于汽车直线行驶的中间位置向任一方向的自由行程不超过 10° ~15°,当零件严重磨损到转向盘自由行程超过 25° ~30°时,应进行调整。

2. 转向轴

转向轴从转向柱管中穿过,上端与转向盘固定连接,下端连接转向器。转向柱管安装在车身上,支撑着转向盘。转向轴与转向器的连接方式有两种:一种是与转向器的输入轴直接连接,另一种是通过十字轴万向节或挠性万向节与转向器的输入轴相连接。

为了有利于行车安全,便于整车布置及维修,许多新型汽车采用了分段式转向轴,中间用万向节连接,如图 5-3 所示。

为方便不同体型驾驶员的操纵,现代汽车的转向轴上还装有能改变转向盘工作角度和转向盘高度的机构。

3. **转向安全装置**

为保护驾驶员的安全,汽车转向操纵机构中常采用以下几种安全保护装置:

(1) 吸能式转向盘

在发生碰撞时,吸能式转向盘骨架产生变形,以吸收能量,减小传到驾驶员身体上的碰撞能量。

(2) 可分离式安全转向操纵机构

转向操纵机构的转向柱管分为上、下两段(图5-5),当发生碰撞时,上、下两段相互分离或相互滑动,从而有效地防止转向盘对驾驶员的伤害,但转向操纵机构本身不包含吸能装置。

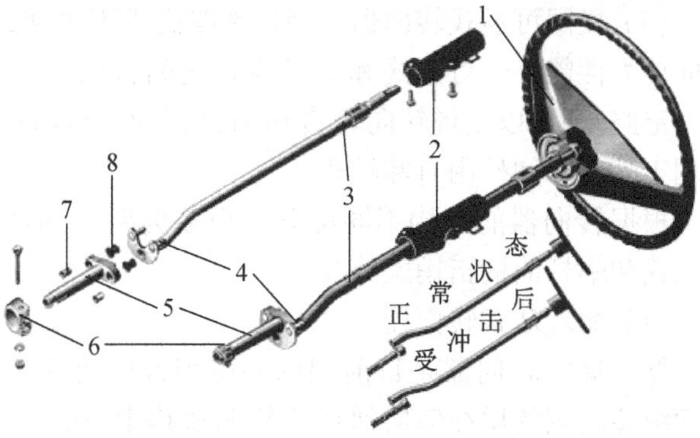

1—转向盘组件;2—转向柱管;3—上转向轴;4—柱销;5—下转向轴;6—架子;7—塑料衬套;8—减振橡胶套

图5-5 桑塔纳轿车转向盘与转向轴

(3) 缓冲吸能式转向操纵机构

缓冲吸能式转向操纵机构从结构上能使转向轴和转向柱管在受到冲击后,轴向收缩并吸收冲击能量,从而有效缓和转向盘对驾驶员的冲击,减轻驾驶员受到伤害的程度。常用的吸能装置有:网格状转向柱管吸能装置、波纹管变形吸能装置(图5-6)和钢球滚压变形吸能装置。

(二) 转向器

转向器的功用是将转向盘的转动通过传动副变为转向摇臂的摆动,通过改变力的传递方向并增力,使转向传动机构拉动转向轮偏转。转向器实质上是一个减速器,用来放大作用在转向盘上的操纵力矩。转向器应有合适的传动比和较高的传动效率,以便操纵省力,使转向盘的转动量合适,同时它还应具有合适的传动可逆性。这样,当导向轮受到地面冲击作用时,能将地面的作用力部分地反传至转向盘,使驾驶员具有路感,并使导向轮自动回正。

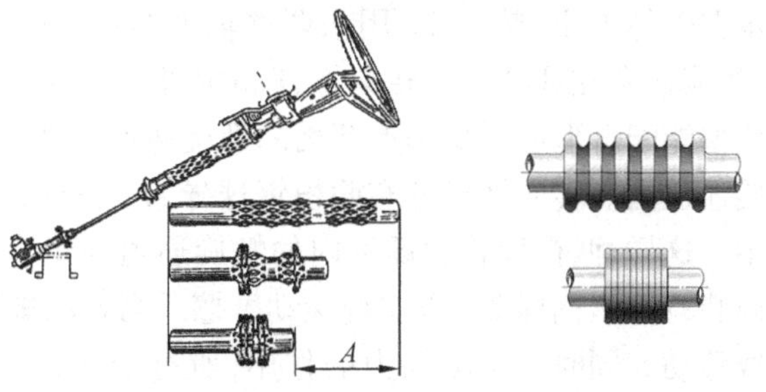

(a) 网格状转向柱管　(b) 波纹管式转向柱管

图5-6 缓冲吸能装置

1. **转向器的传动效率**

转向器的输出功率与输入功率之比称为转向器的传动效率。

(1) 正效率。功率由转向轴输入,由转向传动机构(如转向横拉杆或摇臂)输出的情况下求得的传动效率称为正效率。显然,正效率越高越好。

(2) 逆效率。功率由转向传动机构输入,由转向轴输出的情况下求得的传动效率称为逆效率。

2. **转向器的类型**

根据转向器的传动效率不同,可将转向器分为可逆式转向器、不可逆转向器和极限可逆式转向器。

(1) 可逆式转向器。逆效率很高的转向器称为可逆式转向器。其特点是路面传到转向传动机构的反力很容易传到转向轴和转向盘上,利于汽车转向结束后转向轮和转向盘的自动回正,但也能将坏路面对车轮的冲击力传到转向盘,发生“打手”情况。常用于轿车、客车和货车。

(2) 不可逆式转向器。逆效率很低的转向器称为不可逆式转向器。不可逆式转向器使转向轮不能自动回正、没有路感。由于上述特性,在汽车上很少采用。

(3) 极限可逆式转向器。逆效率略高于不可逆式转向器,称为极限可逆式转向器。其反向传力性能介于可逆式和不可逆式之间,接近于不可逆式。采用这种转向器时,驾驶员有一定路感,可以实现转向轮自动回正,只有路面冲击力很大时,才能部分地传到转向盘。常用于越野车和矿用自卸汽车。

根据转向器的结构不同可分为很多类型,目前应用较广泛的转向器有循环球式、齿轮齿条式和蜗杆曲柄指销式等几种。

(1) 循环球式转向器

循环球式转向器是目前国内外应用最广泛的一种结构形式,它有两级或三级传动副。含两级传动副的用在转向梯形式转向机构上,第一级是螺杆螺母传动副,第二级是齿条齿扇传动副或滑块曲柄销传动副;含三级传动副的用在双拉杆式转向机构上,其一、二、三级传动副分别是螺杆螺母、齿条齿扇和扇形齿轮。

图 5-7 所示为解放 CA1091 型汽车的循环球式转向器。转向螺杆 23 由两个推力球轴承支承在壳体 6 上,垫片 21 用来调整轴承的预紧度。转向螺母 3 的内径大于转向螺杆的外径,故能松套在螺杆上。转向螺杆和螺母上都加工出近似为半圆形的螺旋槽断面,二者的螺旋槽能配合形成近似圆形断面的螺旋通道。螺母侧面有两对通孔,可将钢球从此孔装入螺旋通道内。转向螺母外有两根钢球导管 9,每根导管的两端分别插入螺母侧面的一对通孔中。这样,两根导管和螺母内的螺旋通道便组合成两条各自独立的封闭的循环通道,通道内装有许多钢球 22,以实现滚动摩擦。当转动螺杆时,通过钢球将力传给螺母,螺母将沿轴线移动。同时由于摩擦力的作用,所有钢球在螺母与螺杆之间的通道内滚动,形成“球流”。钢球在螺母内绕行两周后,流出螺母进入导管,再由导管流回螺母通道内,故在转向器工作时,两列钢球只是在各自的封闭通道内循环,而不会脱出。

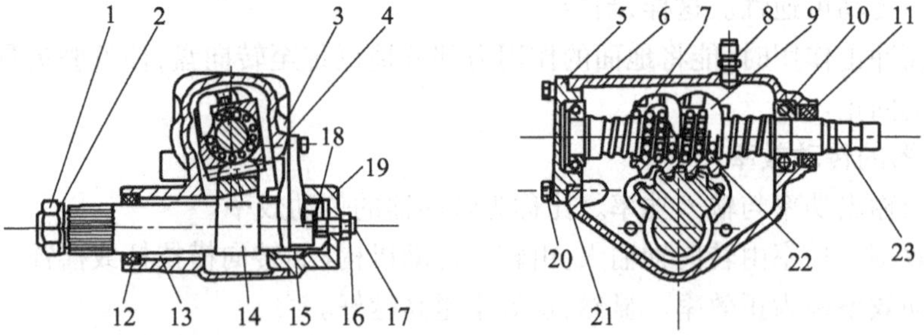

1—螺母;2—弹簧垫圈;3—转向螺母;4—转向器壳体垫片;5—转向器壳体底盖;6—转向器壳体;7—导管卡子;8—加油螺塞;9—钢球导管;10—球轴承;11,12—油封;13—滚针轴承;14—齿扇轴(摇臂轴);15—滚针轴承;16—锁紧螺母;17—调整螺钉;18—调整垫片;19—侧盖;20—螺栓;21—调整垫片;22—钢球;23—转向螺杆

图 5-7　解放 CA1091 型汽车循环球式转向器

转向螺母 3 的下平面切有与齿扇相啮合的齿条，齿扇与摇臂轴（齿扇轴）14 制成一体，支承在壳体内的滚针轴承上。转向时，驾驶员转动转向盘使螺杆转动，螺母便轴向移动，通过齿条和齿扇使转向摇臂轴转动，再通过转向传动机构带动转向轮偏转。齿条是倾斜的，与其啮合的是变齿厚的齿扇，故可通过轴向移动齿扇轴 14 来调整齿条齿扇的啮合间隙。调整螺钉 17 旋装在侧盖 19 上。齿扇轴 14 内侧端部有切槽，调整螺钉 17 的圆柱形端头嵌入此切槽中。将螺钉 17 旋入，则啮合间隙减小，反之则啮合间隙增大。

循环球式转向器正传动效率可达 90% ~95%，操纵轻便，使用寿命长，工作平稳可靠。但其逆效率也高，容易将路面冲击力传到转向盘。不过，对前轴载质量不大而又经常在平坦路面行驶的汽车而言，这一缺点影响不大。因此，循环球式转向器广泛应用于各类各级汽车。

（2）齿轮齿条式转向器

齿轮齿条式转向器是以齿轮和齿条传动作为传动机构，分两端输出式和中间（或单端）输出式两种。

图 5-8 所示为两端输出的齿轮齿条式转向器。作为传动副主动件的转向齿轮轴 11 通过轴承 12 和 13 安装在转向器壳体 5 中，其上端通过花键与万向节叉 10 及转向轴连接；与转向齿轮啮合的转向齿条 4 水平布置，两端通过球头座 3 与转向横拉杆 1 相连；弹簧 7 通过压块 9 将齿条压靠在齿轮上，保证无间隙啮合。弹簧的预紧力可用调整螺塞 6 调整。当转动转向盘时，转向齿轮轴 11 转动，使与之啮合的齿条 4 沿轴向移动，从而使左右横拉杆带动转向节左右转动，使转向车轮偏转，实现汽车转向。

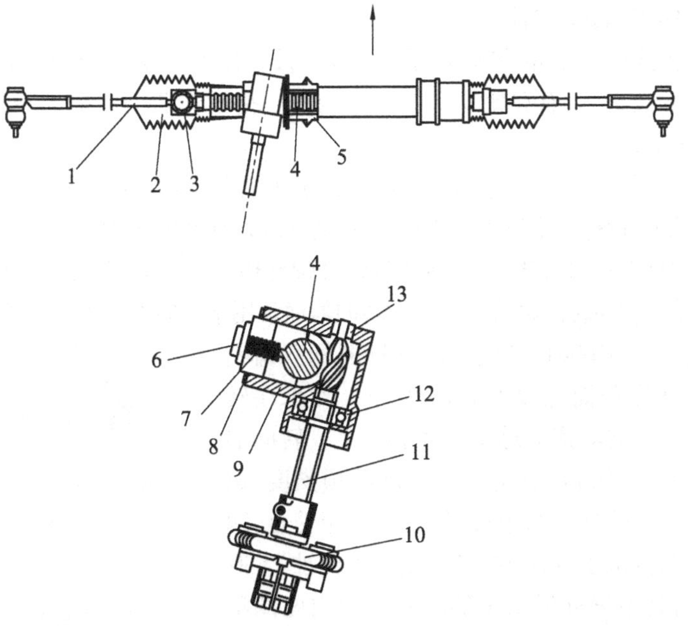

1—转向横拉杆；2—防尘套；3—球头座；4—转向齿条；5—转向器壳体；6—调整螺塞；7—压紧弹簧；8—锁紧螺母；9—压块；10—万向节叉；11—转向齿轮轴；12—向心球轴承；13—滚针轴承

图 5-8　两端输出的齿轮齿条式转向器

中间输出的齿轮齿条式转向器如图 5-9 所示，其结构及工作原理与两端输出的齿轮齿条式转向器基本相同，不同之处在于它在转向齿条的中部用螺栓与左右转向横拉杆相连。

齿轮齿条式转向器结构简单,有间隙自调装置,可保证传动副无间隙啮合,省略了转向摇臂和转向直拉杆,使转向传动装置简化,故多用于前轮为独立悬架的轿车和微型及轻型货车上。

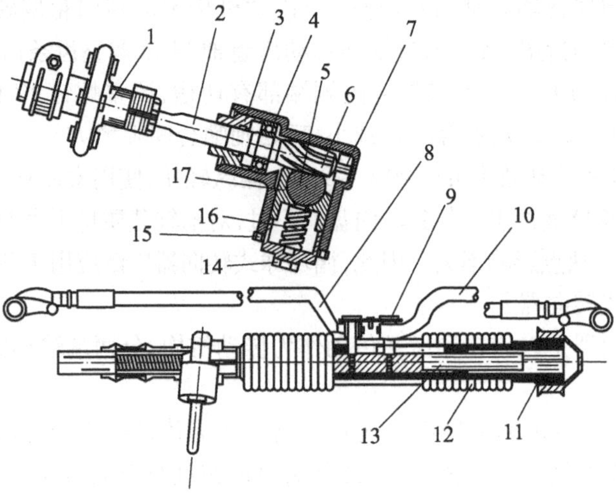

1—万向节叉;2—转向齿轮轴;3—调整螺母;4—向心球轴承;5—转向齿条;
6—转向齿轮;7—滚针轴承;8,10—转向横拉杆;9—固定螺栓;11—转向器壳体;12—防尘套;
13—转向齿条;14—调整螺塞;15—锁紧螺母;16—压紧弹簧;17—压块

图 5-9　中间输出的齿轮齿条式转向器

(3)蜗杆曲柄指销式转向器

蜗杆曲柄指销式转向器的传动副是蜗杆和指销,以蜗杆为主动件,曲柄销为从动件。按传动副中指销的数目分,有单销式和双销式两种。指销在曲柄中的支承形式可以是滑动结构,也可以是滚动结构。

曲柄蜗杆指销式转向器的结构如图 5-10 所示,具有梯形截面螺纹的转向蜗杆支承在转向器壳体两端的球轴承上,蜗杆与锥形指销相啮合,指销用双列圆锥滚子轴承支撑于摇臂轴内端的曲柄孔中。当转向蜗杆随转向盘转动时,指销沿蜗杆螺旋槽上下移动,并带动曲柄及摇臂轴转动,进而通过转向传动机构使转向轮偏转。这种转向器通常用于转向力较大的载货汽车上。

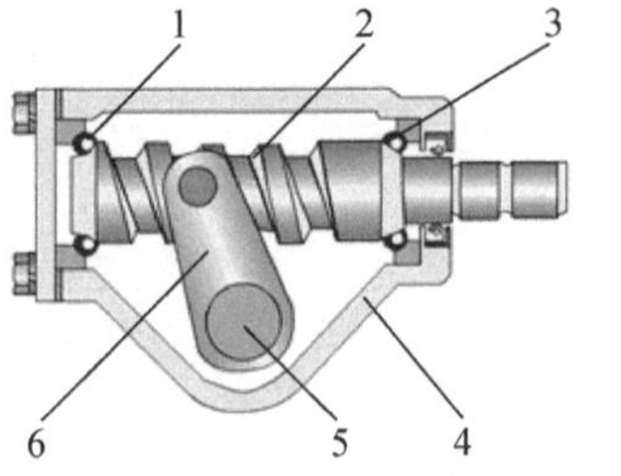

1,3—球轴承;2—转向蜗杆;
4—转向器壳体;5—摇臂轴;6—指销

图 5-10　曲柄蜗杆指销式转向器基本结构示意图

图 5-11 为东风 EQ1090E 型汽车的蜗杆曲柄双指销式转向器。具有梯形截面螺纹的转向蜗杆 3 支承在转向器壳体两端的两个向心推力球轴承 2 和 9 上。转向器下盖装有调整螺塞 7,用以调整上述两轴承的预紧度,调整后用螺母 8 锁紧。蜗杆与两个锥形指销 13 相啮合,两个指销均用双列圆锥滚子轴承 14 支承在与摇臂轴 11 制成一体的曲柄上,其中靠近指销头部的一列无内座圈滚子直接与指销轴颈接触,这样做可以加大指销轴颈的尺寸,以保证指销有足够的强度。螺母 15 用以调整轴承 14 的预紧度,以使指销能自由转动且无明显的轴向间隙为宜。摇臂轴 11 用衬套 19 和 20 支承在壳体中。指销与蜗杆的啮合间隙用侧盖 16 上的调整螺钉 17 调整。转向时,通过转向盘转动蜗杆,指销一边自转,一边绕摇臂轴轴线作圆弧运

动，从而带动曲柄和摇臂轴转动。

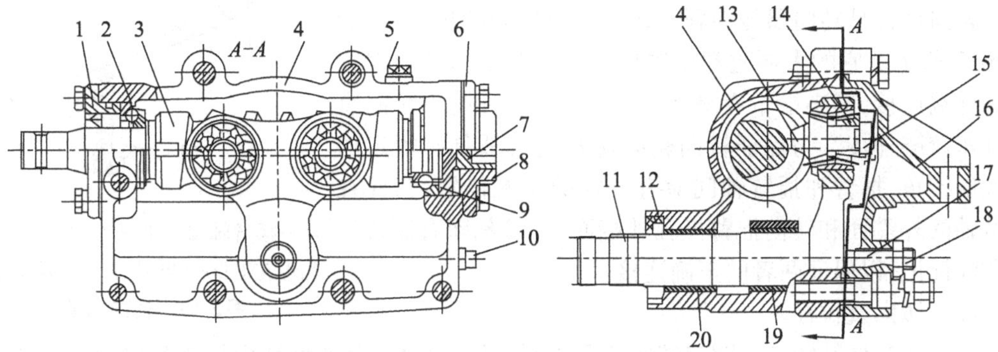

1—上盖；2，9—向心推力球轴承；3—转向蜗杆；4—转向器壳体；5—加油螺塞；
6—下盖；7—调整螺塞；8—螺母；10—放油螺塞；11—摇臂轴；12—油封；13—指销；
14—双列圆锥滚子轴承；15—螺母；16—侧盖；17—调整螺钉；18—螺母；19，20—衬套

图 5-11　东风 EQ1090E 型汽车的蜗杆曲柄指销式转向器

双指销式转向器在中间及其附近位置时，其两指销均与蜗杆啮合，故单个指销所受载荷比单指销式转向器小，因而其工作寿命较长。当摇臂轴转角相当大时，一个指销与蜗杆脱离啮合，另一指销仍保持啮合，因此双指销式的摇臂轴转角范围比单指销式的大，但双指销式结构较复杂，对蜗杆的加工精度要求也较高。

（三）转向传动机构

从转向器到转向轮之间的所有传动杆件总称为转向传动机构。

转向传动机构的功用是将转向器输出的力和运动传给转向轮，使两侧转向轮按一定的转角关系偏转，以保证汽车转向时车轮与地面的相对滑动尽可能小。

1. 与非独立悬架配用的转向传动机构

与非独立悬架配用的转向传动机构如图 5-12 所示，主要包括转向摇臂 2、转向直拉杆 3、转向节臂 4 等。在前桥仅为转向桥的情况下，由转向横拉杆 6 和左、右梯形臂 5 组成的转向梯形一般布置在前桥之后（图 5-12 a）。当转向轮处于与汽车直线行驶相应的中立位置时，梯形臂与横拉杆在与道路平行的平面（水平平面）内的交角 $\theta>90°$。在发动机位置较低或转向桥兼充驱动桥的情况下，为避免运动干涉，往往将转向梯形布置在前桥之前。此时上述交角 $\theta<90°$（图 5-12 b）。若转向摇臂不是在汽车纵向平面内前后摆动，而是在与道路平行的平面内左右摆动，则可将转向直拉杆 3 横置，并借球头销直接带动转向横拉杆 6，从而使两侧梯形臂转动（图 5-12 c）。

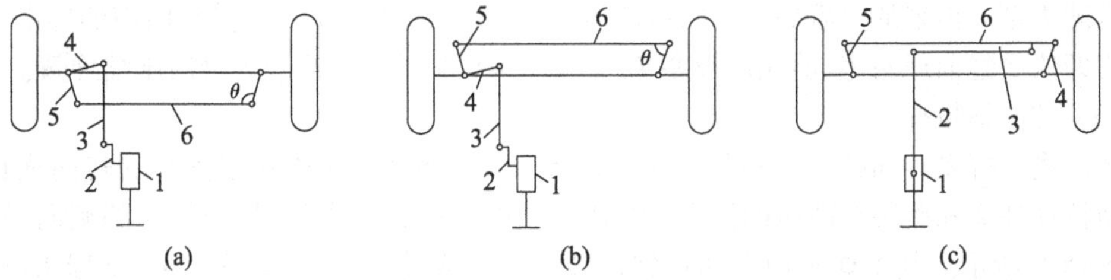

1—转向器；2—转向摇臂；3—转向直拉杆；4—转向节臂；5—梯形臂；6—转向横拉杆

图 5-12　与非独立悬架配用的转向传动机构示意图

(1) 转向摇臂

转向摇臂是转向器传动副与转向直拉杆间的传动件,如图 5-13 所示。它的大端通常用锥形三角细花键与转向摇臂轴的外端连接,其小端带有球头销,并通过球头销与转向直拉杆作铰链连接。为保证转向轮向左和向右都具有规定的最大偏转角,摇臂和摇臂轴间应有一定的装配位置,为此在摇臂轴的外端面和转向摇臂上孔外端面上,各刻印有短线作为装配标记,以保证两者的正确连接。

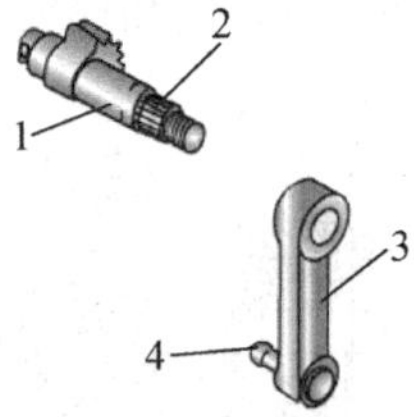

1—摇臂轴;2—带锥度的三角形齿形花键;3—转向摇臂;4—球头销

图 5-13 转向摇臂

(2) 转向直拉杆

转向直拉杆是转向摇臂与转向节臂之间的传动杆件,其典型结构如图 5-14 所示。在转向轮偏转且因悬架弹性变形而相对于车架跳动时,转向直拉杆与转向摇臂及转向节臂的相对运动都是空间运动,为了不发生运动干涉,三者之间都用球头销连接。

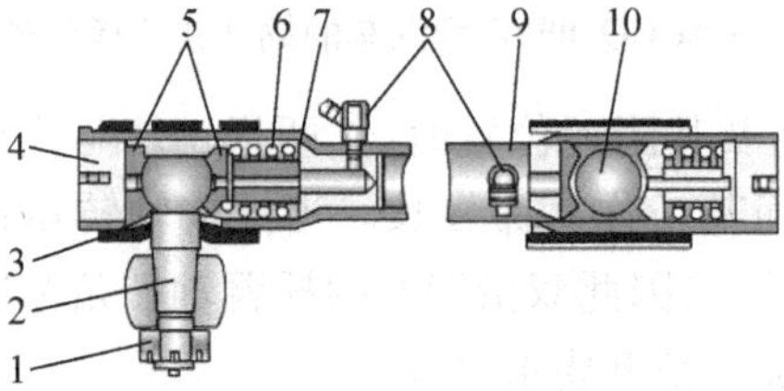

1—螺母;2—球头销;3—橡胶防尘垫;4—端部螺塞;5—球头座;
6—压缩弹簧;7—弹簧座;8—油嘴;9—直拉杆体;10—转向摇臂球头销

图 5-14 转向直拉杆

直拉杆体 9 是一段两端扩大的钢管,其前端(图中为左端)带有球头销 2。球头销的尾端可用螺母 1 固定于转向节臂的端部。两个球头座 5 在压缩弹簧 6 的作用下将球头销的球头夹持住。为保证球头与座的润滑,可从油嘴 8 注入润滑脂,使其充满直拉杆体端部管腔。装配时,供球头出入的孔口用耐油橡胶防尘垫 3 封盖。压缩弹簧 6 随时补偿球头及球头座的磨损,保证二者间无间隙,并可缓和经车轮和转向节传来的路面冲击。弹簧预紧力可用螺塞 4 调节,调好后用开口销固定住螺塞的位置。当球头销作用在内球头座上的冲击力超过压缩弹簧预紧力时,弹簧便进一步变形而吸收冲击能量。弹簧变形增量受到弹簧座 7 自由端的限制,这样可以防止弹簧超载,并保证在弹簧折断的情况下球头销不致从管腔中脱出。直拉杆体后端(图中为右端)可以嵌装转向摇臂的球头销 10。这一端的压缩弹簧也装在球头座后方(图中为右方)。这样,两个压缩弹簧可分别在沿轴线的不同方向上起缓冲作用。自球头销 2 传来的向后的冲击力由前压缩弹簧承受,当球头销 2 受到向前的冲击力时,冲击力即依次经前球头座、前端部螺塞 4、直拉杆体 9 和后端部螺塞传给后压缩弹簧。

(3) 转向横拉杆

转向横拉杆是转向梯形机构的底边。图 5-15 a 为解放 CA1091 型汽车的转向横拉杆,它由横拉杆体 2 和旋装在两端的接头 1 组成。两端的接头结构相同(但螺纹的旋向相反),如图 5-15 b 所示。其中球头销 14 的尾部与梯形臂(或转向节臂)相连。上、下球头座 9 用聚甲醛制成,有很好的耐磨性。球头座的形状如图 5-15 c 所示,装配时,两球头座的凹凸部互相嵌合。弹簧 12 保证两球头座与球头紧密接触,并起缓冲作用,其预紧力由螺塞 11 调整。两接头借螺纹与横拉杆体连接,因其螺纹部分有切口,故具有弹性。接头旋装到横拉杆体上后,用夹紧螺栓3夹紧。横拉杆体两端的螺纹,一端为右旋,一端为左旋,因此在旋松夹紧螺栓以后,转动横拉杆体,即可改变转向横拉杆的总长度,从而调整转向轮前束。

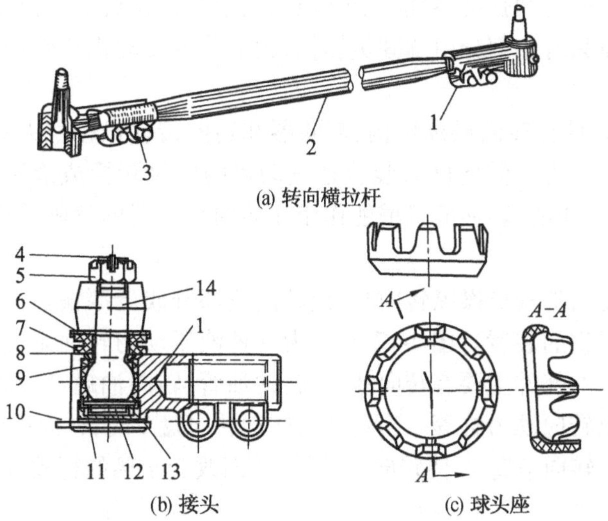

1—横拉杆接头;2—横拉杆体;3—夹紧螺栓;4—开口销;5—槽形螺母;6—防尘垫座;7—防尘垫;8—防尘罩;9—球头座;10—限位销;11—螺塞;12—弹簧;13—弹簧座;14—球头销

图5-15 解放CA1091型汽车的转向横拉杆

2. 与独立悬架配用的转向传动机构

当转向轮采用独立悬架时,每个转向轮都需要相对于车架做独立运动,因而转向桥必须是断开式的。与此相应,转向传动机构中的转向梯形也必须分成两段(图5-16 a)或三段(图5-16 b),并且由在平行于路面的平面中摆动的转向摇臂直接带动或通过转向直拉杆带动。其中5-16 a,b所示的机构与循环球式转向器配用,图5-16 c,d所示的机构与齿轮齿条式转向器配用。

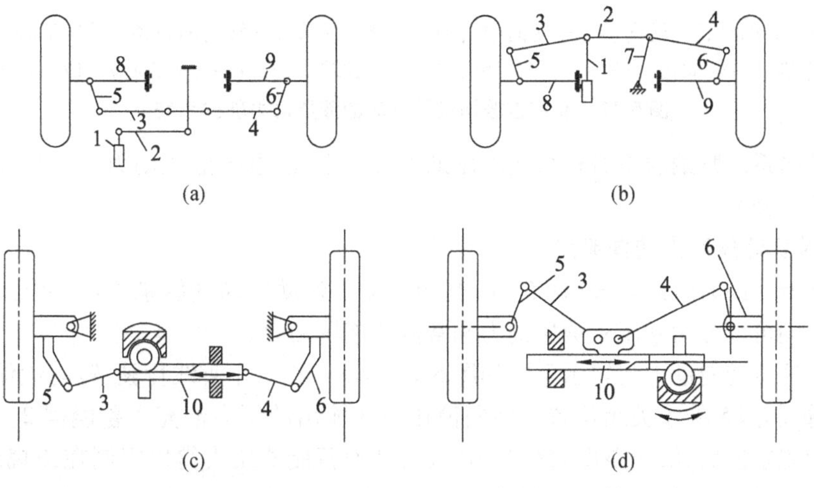

1—转向摇臂;2—转向直拉杆;3—左转向横拉杆;4—右转向横拉杆;5—左梯形臂;6—右梯形臂;7—摇杆;8—悬架左摆臂;9—悬架右摆臂;10—齿轮齿条式转向器

图5-16 与独立悬架配用的转向传动机构示意图

三、动力转向系统

为了减轻驾驶员的劳动强度，目前汽车以及大、中型拖拉机上广泛采用动力转向，即转向轮偏转所需的能量只有小部分由驾驶员提供，大部分由发动机所带动的液压油泵或电动机提供。

动力转向系统除具有转向操纵机构、转向器和转向传动机构三大部件外，还加设一套转向助力装置以提供动力。转向助力装置把发动机的能量转换成液压能、电能或气压能，再把液压能、电能或气压能，转换成机械能作用在转向轮上帮助驾驶员进行转向，故应称之为动力助力转向系统。

动力转向系统是由驾驶员操纵转向盘，使转向轮部分或全部偏转力由发动机驱动的液压系统或电动系统提供的装置。图 5-17 所示为一种液压动力转向系统的组成示意图。其中属于转向助力装置的部件主要有转向油泵、转向油管、转向油罐，以及位于整体式转向器内部的转向控制阀及转向动力缸等。当驾驶员转动转向盘 1 时，转向摇臂 9 摆动，通过转向直拉杆 11、横拉杆 8、转向节臂 7，使转向轮偏转，从而改变车辆的行驶方向。

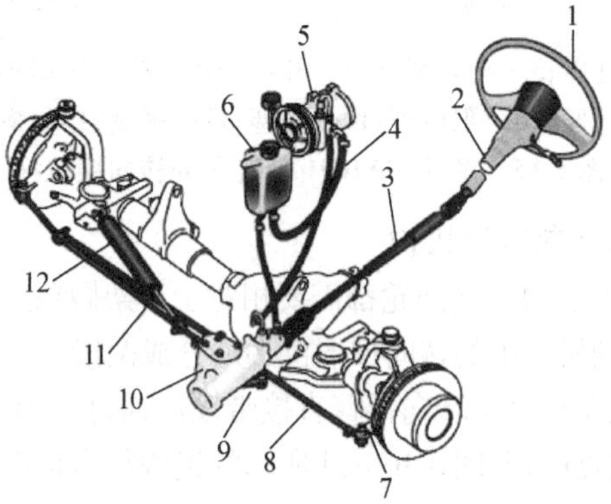

1—转向盘；2—转向轴；3—转向中间轴；4—转向油管；5—转向油泵；6—转向油罐；
7—转向节臂；8—转向横拉杆；9—转向摇臂；10—整体式转向器；11—转向直拉杆；12—转向减振器

图 5-17　北京吉普切诺基汽车的液压动力转向系统

动力转向系统归纳起来有机械式液压助力转向系统、电控液压助力转向系统和电动助力转向系统 3 种类型。

1. 机械式液压助力转向系统

机械式液压助力转向系统（图 5-17）利用发动机带动转向液压泵工作。根据系统内液流方式的不同可以分为常压式液压助力和常流式液压助力。

常压式液压转向助力装置示意图如图 5-18 所示。在汽车直线行驶、转向盘保持中立位置时，转向控制阀 5 处于关闭位置。转向液压泵 3 输出的压力油充入蓄能器 2。当蓄能器压力增长到规定值后，液压泵即自行卸荷空转，从而蓄能器压力得以限制在该规定值以下。当转动转向盘时，机械转向器 6 即通过转向摇臂等杆件使转向控制阀转入开启位置。此时，蓄能器中的压力油即通过油道流入转向动力缸 4 中活塞两侧工作腔中的一个，使动力缸产生液压作用力。该作用力作用在转向传动机构上，协助机械转向器工作。转向盘一停止运动,转向控制阀随之回到关闭位置,转向加力作用终止。由此可见,无论转向盘处于正中位置还是转向位置,方向盘保持静止还是在转动,系统管路中的油液总是保持高压状态。

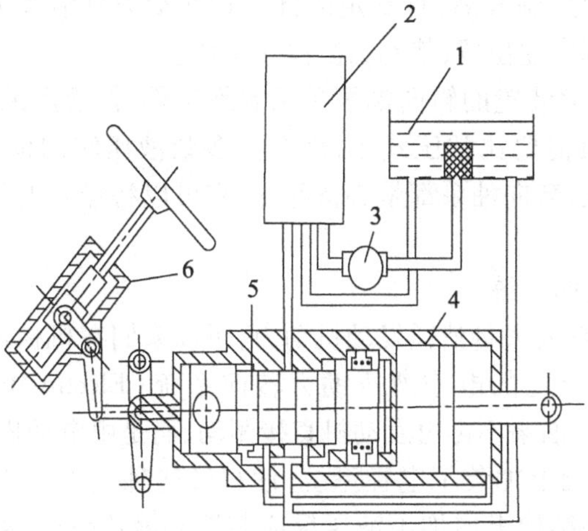

1—转向油罐;2—蓄能器;3—转向液压泵;4—转向动力缸;5—转向控制阀;6—机械转向器

图 5-18　常压式液压助力装置示意图

常流式液压转向助力装置示意图如图 5-19 所示。不转向时,转向控制阀 6 保持开启。转向动力缸 8 活塞两边的工作腔均与低压回油管路相通。转向液压泵 2 输出的油液流入转向控制阀,然后流回转向油罐 1。因转向控制阀的节流阻力很小,故液压泵的输出压力也很低,液压泵实际上处于空转状态。转动转向盘,通过机械转向器 7 使转向控制阀处于与某一转弯方向相对应的工作位置,转向动力缸的相应工作腔与回油管路隔绝,转而与液压泵输出

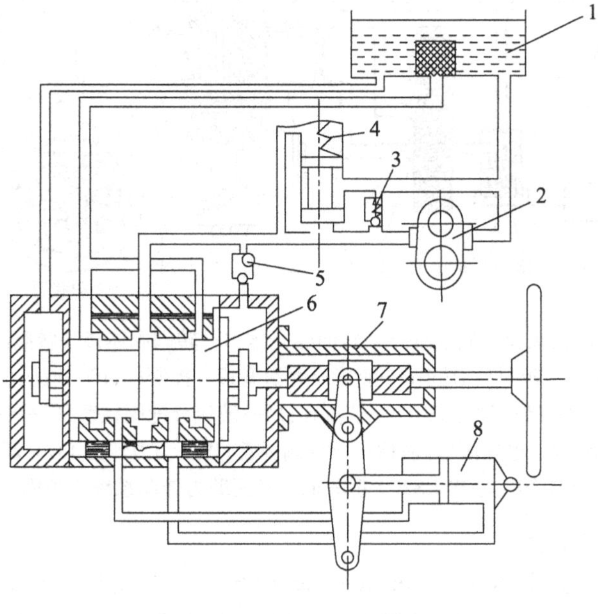

1—转向油罐;2—转向液压泵;3—溢流阀;4—流量控制阀;5—单向阀;6—转向控制阀;
7—机械转向器;8—转向动力缸

图 5-19　常流式液压助力装置示意图

管路相通,而动力缸的另一腔仍然与回油管路相通。地面转向阻力经转向传动机构传到转向动力缸的推杆和活塞上,形成比转向控制阀节流阻力高得多的液压泵输出管路阻力。于是,转向液压泵输出压力急剧升高,直到足以推动转向动力缸活塞为止。转向盘停止转动后,转向控制阀随即回到中立位置,使动力缸停止工作。

常流式液压转向助力装置的转向油泵虽然始终工作,但液压助力系统不工作时,油泵处于空转状态,管路的负荷要比常压式小,现在大多数液压转向助力系统都采用常流式。可以看到,不管哪种方式,转向油泵都是必备部件,它可以将输入的发动机机械能转化为油液的压力。

2. 电控液压助力转向系统

由于机械液压助力需要大量消耗发动机动力,所以人们在机械液压助力的基础上进行改进,开发出了更节省能耗的电控液压助力转向系统(Electro-Hydraulic Power Steering, EHPS)。这套系统的转向油泵不再由发动机直接驱动,而是由电动机来驱动,并且在机械式液压助力转向系统的基础上加装了电控系统,使得转向辅助力的大小不仅与转向角度有关,还与车速相关。机械结构上增加了液压反应装置和液流分配阀,新增的电控系统包括车速传感器、电磁阀、转向 ECU 等。电控液压助力转向系统利用电控单元根据车速调节作用在转向盘上的阻力,通过控制转向控制阀的开启程度以改变液压助力系统辅助力的大小,从而实现辅助转向力随车速而变化的助力特性。图 5-20 所示为凌志 LS400 轿车电控液压助力转向系统示意图。

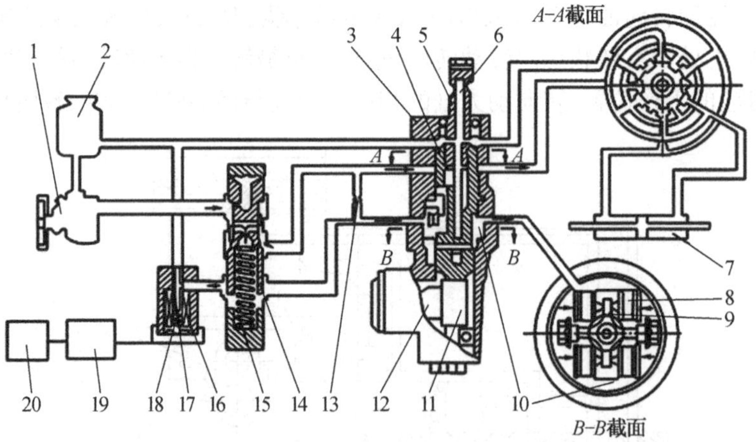

1—转向油泵;2—储油罐;3—转向器壳体;4—转阀阀体;5—转阀阀芯;
6—扭杆;7—转向动力缸;8—液压反力活塞;9—控制杆;10—液压反力腔;
11—转向器齿轮;12—转向器齿条;13—节流孔;14—液流分配阀柱塞;15—液流分配阀弹簧;
16—电磁阀线圈;17—电磁阀滑阀;18—电磁阀弹簧;19—动力转向 ECU;20—车速传感器

图 5-20 凌志 LS400 轿车电控液压助力转向系统示意图

3. 电动助力转向系统

电动助力转向系统(Electric Power Steering, EPS)是一种直接依靠电动机提供辅助转矩的动力转向系统,是为了满足人们对驾驶轻便性的要求而产生的,近年来在轻型车辆上发展迅速。

电动助力转向系统主要包括机械式转向器、转矩传感器、减速机构、离合器、电动机、电子控制单元(ECU)和车速传感器等。图5-21为电动助力转向系统示意图。转矩传感器1通过扭杆连接在转向轴2中间。当转向轴转动时,转矩传感器探测到转动力矩,并将之转化成电信号传给电子控制单元7,车速传感器也同时将信号传给ECU,ECU根据车速传感器和转矩传感器的信号决定电动机6的旋转方向和助力电流大小,并将指令传递给电动机,通过离合器5和减速机构3将辅助动力施加到转向系统(转向轴)中,从而完成实时控制的助力转向。它可以方便地实现在不同车速下提供不同助力的效果,保证汽车在低速转向行驶时轻便灵活,高速转向时稳定可靠。因此,EPS系统助力特性的设置具有较高的自由度。

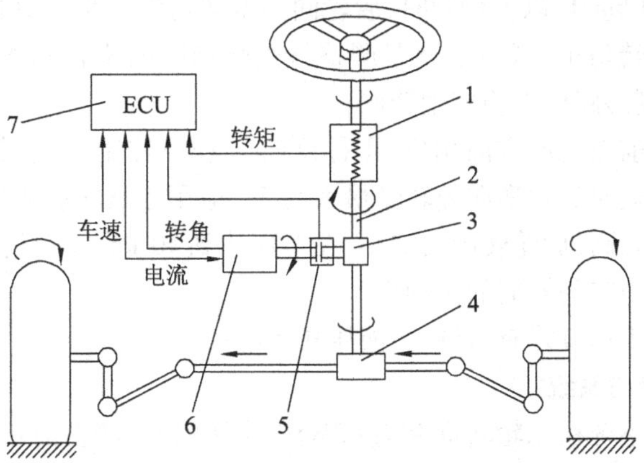

1—转矩传感器;2—转向轴;3—减速机构;
4—齿轮齿条式转向器;5—离合器;6—电动机;7—电子控制单元(ECU)

图5-21　电动助力转向系统示意图

根据电动机布置位置的不同,电动助力转向系统可以分为转向轴助力式、齿轮助力式、齿条助力式3种类型,如图5-22所示。

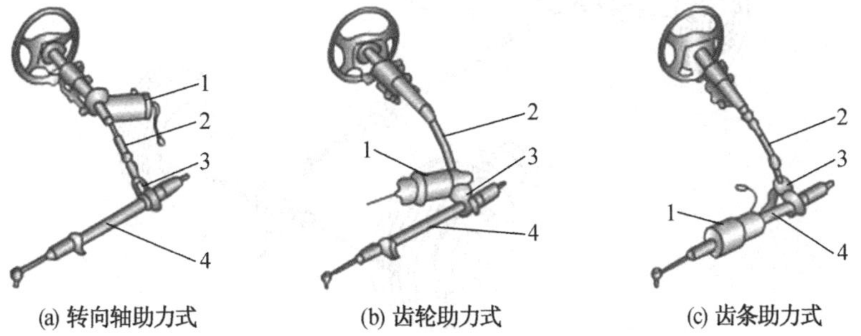

1—电动机;2—转向轴;3—转向齿轮;4—转向齿条

图5-22　电动助力转向系统的类型

电动助力转向系统效率高、能量消耗少;系统内部采用刚性连接,反应灵敏,滞后小,驾驶员的“路感”好;结构简单,质量小;系统便于集成,整体尺寸减小;省去了油泵和辅助管路,总布置更加方便;无液压元件,对环境污染少。但是直接助力式电动转向系统提供的辅助动力较小,难以用于大型车辆;减速机构、电动机等部件会影响汽车的操纵稳定性,正确匹配整车性能至关重要;使用电动机、减速机构和转矩传感器等部件,增加了系统的成本。

四、四轮转向系统

所谓四轮转向(Four Wheel Steering, 4WS)是指汽车转向过程中,4 个车轮可根据前轮或行车速度等信号同时相对车身偏转。四轮转向汽车的后轮可以与前轮同向偏转,也可以反向偏转。

若后轮的转向与前轮转向方向相同,则称同向控制模式。其转弯半径比两轮转向的转弯半径大。汽车在 40 km/h 以上行驶时,后轮同向偏转角为 2.5°。其作用是汽车在转向时车身与行驶方向的偏转角小,减少了汽车调整行驶转向时的旋转和侧滑,提高了操纵稳定性,且能保证汽车在潮湿路面上稳定地转向。

若后轮的转向与前轮转向方向相反,则称反向(逆向)控制模式,其转弯半径比两轮转向的转弯半径小。低速时后轮逆向偏转角最大为 5°,适用于汽车驶入车库或在狭窄的拐角处转弯。随着车速的升高,后轮转向角变小,在车速达到 40 km/h 时转向角变成 0°,这就提高了汽车停车或在狭小空间转向的机动性。

四轮转向系统的工作方式有机械式、液压式和电动式等。

1. 机械式四轮转向系统

机械式四轮转向系统在二轮转向装置(2WS)的基础上,增设前轮转向器、后轮转向器和中央轴等元件。如图 5-23 所示,机械式四轮转向系统主要由转向盘、前轮转向取力齿轮箱、后轮转向传动轴、后轮转向器等组成。后轮转向也是绕转向节主销偏转的,其结构与前轮相似。

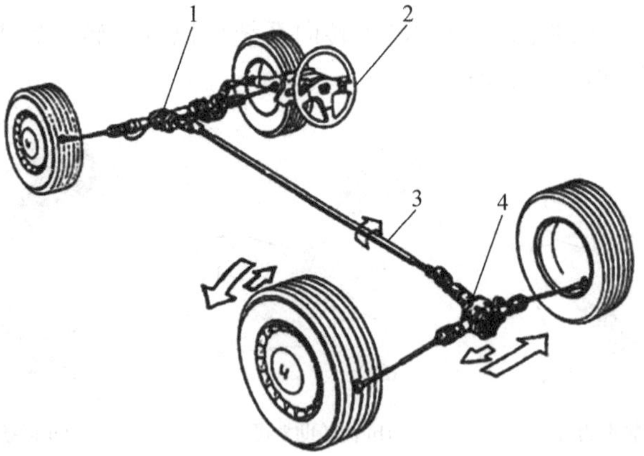

1—前轮转向取力齿轮箱;2—转向盘;3—后轮转向传动轴;4—后轮转向器

图 5-23　机械式四轮转向系统

当转动转向盘时,前轮转向器中的小齿轮由齿轮 - 齿条式转向器的齿条带动,将齿条的左右运动再变换为小齿轮的转动,经中央轴使后轮转向器的转向齿轮产生动作。

当转向盘转动量小时,后轮与前轮同向偏转;当转向盘转动量大时,后轮与前轮反向偏转。这样可以提高汽车高速时的操纵稳定性,并可减小汽车的转弯半径。

2. 液压式四轮转向系统

液压式车速感应型四轮转向系统的结构如图 5-24 所示,主要由前轮动力转向器、前轮转向油泵、控制阀及后轮转向动力缸、后轮转向油泵等组成。

后轮转向系统由控制阀、后轮转向油泵和后轮转向动力缸组成。控制阀的内腔被柱塞分割成几个工作油腔,左、右油腔分别与前轮转向动力缸的左、右油腔相通,柱塞的位置由前轮动力缸内的油压进行控制。后轮转向油泵由后轴差速器驱动,其输出油量只受车速影响。

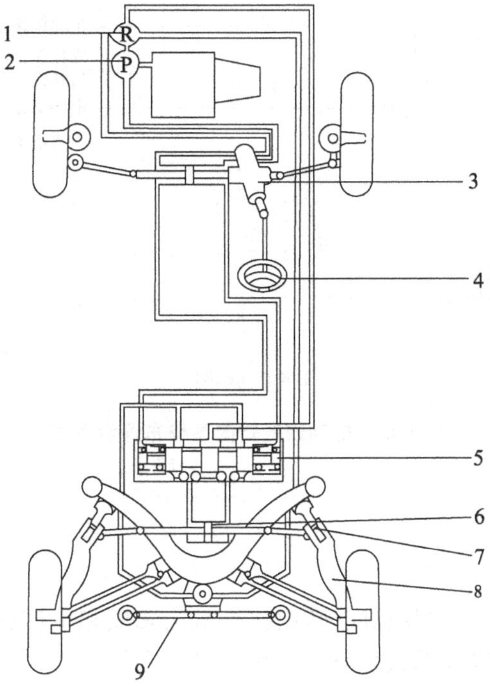

1—储油罐;2—转向油泵;3—前轮动力转向器;4—转向盘;5—后轮转向控制阀;
6—后轮转向动力缸;7—铰接头;8—从动臂;9—后轮转向专用油泵

图 5-24 液压式四轮转向系统示意图

3. 电动式四轮转向系统

电动四轮转向系统前、后轮转向器均为电动助力,两转向器之间无任何机械连接装置及液压管道等部件,直接对前后轮的转向进行控制,具有前后轮转向角关系控制精确、控制自由度高、机构简单等优点。

电动四轮转向系统由微机控制单元、前后轮转向执行器、主副前轮转向传感器、主副后轮转向传感器、后轮转速传感器、车速传感器等组成,如图 5-25 所示。后轮转向执行器包括一个通过循环球螺杆机械驱动转向齿条的电动机。执行器内的复位弹簧在点火开关关闭时或四轮转向系统失效时将后轮推到直线行驶位置。一个后轮转角传感器和一个副后轮转角传感器安装在后轮转向执行器的顶端。

发动机工作时,如果转动转向盘,四轮转向控制单元接收所有传感器的信息并进行分析,通过内部预设的控制模式,确定后轮的偏转角。然后控制后轮偏转机构中的电动机驱动球形滚道螺母转动,推动球形滚道螺杆移动,使后轮发生偏转,电控单元再根据后轮偏转机构中的主、辅偏转角传感器反馈信号,对后轮的偏转角进行修正。

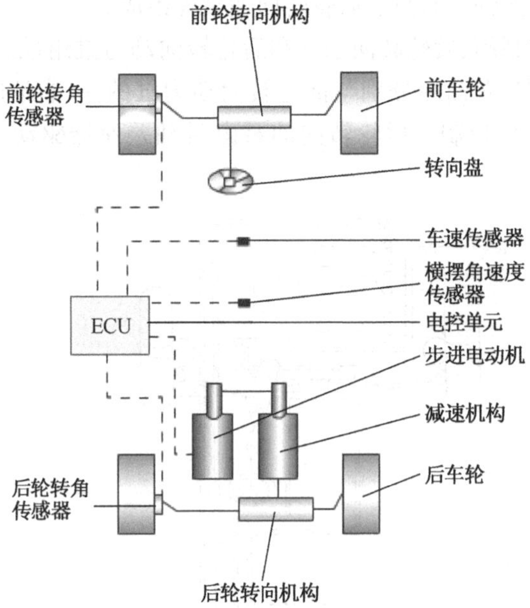

图 5-25　电动四轮转向系统布置示意图

五、线控转向系统

汽车线控转向系统由方向盘总成、转向执行机构总成和主控制器（ECU）3 个主要部分及自动防故障系统、电源等辅助系统组成，如图 5-26 所示。

线控转向系统用传感器记录驾驶员的转向意图和车辆的行驶状况，通过数据线将信号传递给 ECU，ECU 据此做出判断并控制液压激励器提供相应的转向力，使转向轮偏转相应角度实现转向。

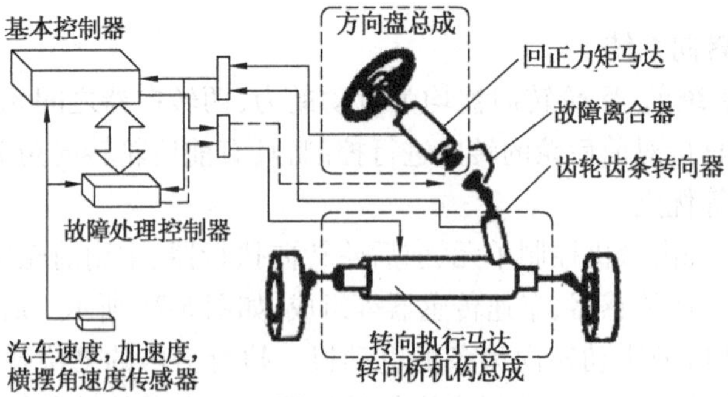

图 5-26　汽车线控转向系统结构

方向盘总成包括方向盘、方向盘转角传感器、力矩传感器、方向盘回正力矩电机。方向盘总成的主要功能是将驾驶员的转向意图（通过测量方向盘转角）转换成数字信号，并传递给主控制器；同时接受主控制器送来的力矩信号，产生方向盘回正力矩，以提供给驾驶员相应的路感信息。转向执行总成包括前轮转角传感器、转向执行电机、转向电机控制器和前轮转向组件等组成。转向执行总成的功能是接受主控制器的命令，通过转向电机控制器控制转向车轮转动，实现驾驶员的转向意图。

主控制器对采集的信号进行分析处理，判别汽车的运动状态，向方向盘回正力电机和转向电机发送指令，控制两个电机的工作，保证各种工况下都具有理想的车辆响应，以减少驾驶员对汽车转向特性随车速变化的补偿任务，减轻驾驶员负担。同时控制器还可以对驾驶员的操作指令进行识别，判定在当前状态下驾驶员的转向操作是否合理。当汽车处于非稳定状态或驾驶员发出错误指令时，线控转向系统会将驾驶员错误的转向操作屏蔽，而自动进行稳定控制，使汽车尽快地恢复到稳定状态。

自动防故障系统是线控转向系的重要模块，它包括一系列的监控和实施算法，针对不同的故障形式和故障等级做出相应的处理，以求最大限度地保持汽车的正常行驶。作为应用最广泛的交通工具之一，汽车的安全性必须是首先考虑的因素，是一切研究的基础，因而故障的自动检测和自动处理是线控转向系统最重要的组成系统之一。它采用严密的故障检测和处理逻辑，以更大地提高汽车安全性能。

电源系统承担着控制器、两个执行马达及其他车用电器的供电任务，其中仅前轮转角执行马达的最大功率就有 500 ~ 800 W，加上汽车上的其他电子设备，电源的负担已经相当沉重。所以要保证电网在大负荷下稳定工作，电源的性能就显得十分重要。

第二节　履带拖拉机转向系统

履带拖拉机行走机构相对于拖拉机体不能偏转，通过改变传给两侧履带的驱动力，从而使两侧履带能以不同速度行驶而实现拖拉机转向。这种改变驱动轮驱动力的机构称为履带拖拉机的转向机构。履带拖拉机的转向系统由转向机构和转向操纵机构两部分组成。

转向机构安装在履带拖拉机的后桥中，它把中央传动传来的动力传递给两侧的最终传动。常用的转向机构形式有转向离合器式、行星齿轮式与双差速器式 3 种，其中转向离合器式转向机构应用较为广泛。

在选择和评价转向机构类型时应考虑如下要求：

（1）保证拖拉机平顺而迅速的实现转弯行驶；

（2）最小转弯半径要足够小，以提高机动性；

（3）行驶直线性要好；

（4）转向时对发动机产生的附加载荷要小；

（5）操纵省力。

一、履带拖拉机转向原理

履带拖拉机可以各种不同的半径转向：减少一侧驱动轮上的驱动扭矩时，拖拉机以一定半径转向；完全切断该侧驱动轮上的驱动扭矩时，拖拉机可以转较小的弯；切断动力以后再制动可以转更小的弯，甚至原地转向（图 5-27）。

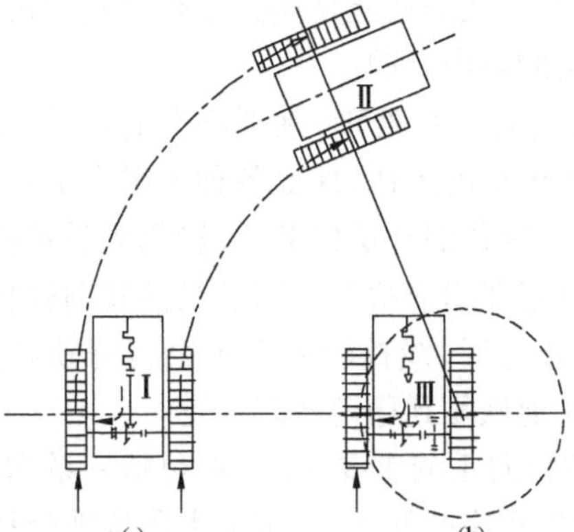

注:(a) 只分离右侧转向离合器,拖拉机沿较大的半径转向;(b) 除分离右侧转向离合器外,还制动住右侧制动器,拖拉机绕右侧履带转向。

图 5-27　履带拖拉机的转向简图

履带拖拉机转向原理如下:

(1) 当两侧转向机构都接合时,由中央传动传来的扭矩,同时传递给两侧的最终传动和驱动轮,使两侧履带的驱动力相同,拖拉机直线行驶。

(2) 当一侧转向机构处于半分离状态或时而分离,时而接合时,即减少了这一侧的驱动力,拖拉机就向该侧转大弯(转向半径大)。

(3) 当有一侧转向机构完全分离,就切断了该侧履带的驱动力,使拖拉机可以转较小的弯。慢侧履带的驱动力虽然被切断了,但不是这一侧履带就不走了,而是在快侧履带和机体的“带动下”仍以较慢的速度被带着走。

(4) 当一侧转向机构完全分离,并将该侧制动器(或履带)加以制动,拖拉机便可以转更小的弯;当一侧转向机构完全分离,并将该侧的履带完全制动住时,拖拉机就绕该侧某点转向。

综上所述,履带拖拉机转向机构必须具备两个功能才能以任意半径转向:第一,逐渐减小以致切断一侧驱动轮的驱动力直至为零;第二,逐渐的对制动器制动以致完全制动,使该侧履带不仅没有驱动力,而且产生与拖拉机行驶方向相反的制动力。因此,履带拖拉机的制动系也可看成是转向系的组成部分。

二、转向离合器及操纵机构

1. 转向离合器

转向离合器布置于中央传动之后,最终传动之前,如图 5-28 所示。转向离合器的作用原理与主离合器一样,但因转向离合器传递的扭矩经过变速箱和中央传动两级增扭,比主离合器传递的扭矩大很多,所以采用多片式离合器。利用离合器的接合和分离来改变履带式拖拉机的驱动力矩,从而进行转向。

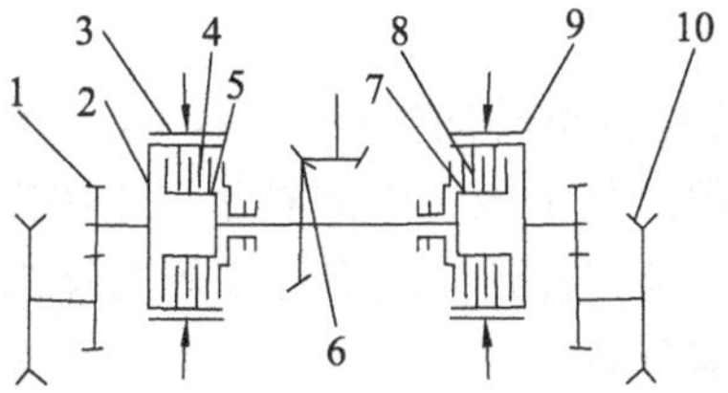

1—最终传动主动齿轮;2—制动鼓;3,9—制动带;4,8—转向离合器从动盘;
5,7—转向离合器主动盘;6—中央传动圆锥齿轮;10—驱动轮

图 5-28 履带拖拉机用转向离合器式转向机构的后桥简图

转向离合器的结构原理如图 5-29 所示,它的主要部分包括固定在后桥横轴 9 端部花键上的主动鼓 3、主动片 5、压盘 8。主动片共有 10 片,其内孔的花键套在主动毂 3 的外花键上,能做轴向移动。从动部分包括固定在最终传动主动齿轮轴(半轴)1 上的从动轮毂 13、从动鼓 2 和从动片 4(共 10 片)。从动鼓 2 内的圆周上有齿形花键槽,用来与内圆周上的从动片 4 相连,从动片也能做轴向移动。从动片 4 的两面铆有摩擦片。主动片 5 和从动片 4 是交错安装的。压盘弹簧 6(共 6 组,每组大、小各一个)装配时带有预紧力,弹簧的右端面抵压在主动鼓 3 上面,左端面抵压在弹簧座上,通过压盘拉杆将主、从动片压紧在主动鼓 3 与压盘 8 之间,从而保持经常接合状态。依靠他们之间的摩擦力就可以把扭矩从后桥横轴 9 传到最终传动主动齿轮轴 1。分离轴承 11 安装在压盘 8 的颈部并用螺母 12 固定。分离轴承 11 通过分离轴承座 10 和分离叉与外部操纵机构相连。当转动分离叉使分离轴承右移时,便带动压盘 8 进一步压缩压盘弹簧 6,使主动片和从动片之间的压紧力降低或彻底分离,从而使离合器传递的转矩减小或中断。

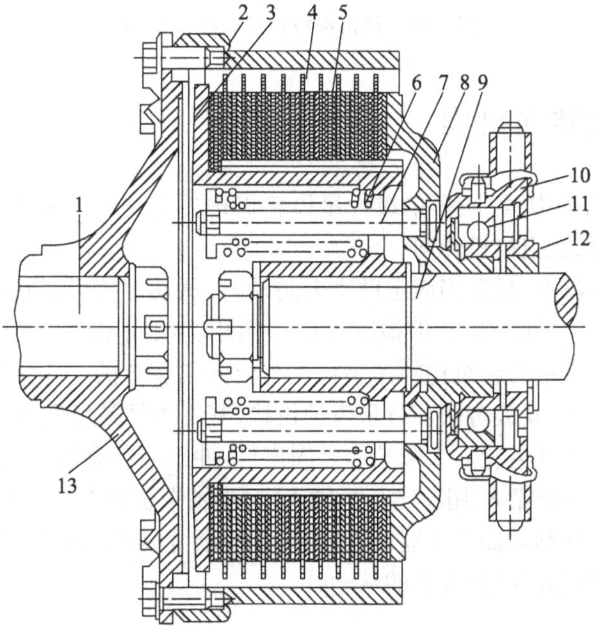

1—半轴;2—从动鼓;3—主动鼓;4—从动片;5—主动片;6—压盘弹簧;7—压盘拉杆;
8—压盘;9—后桥横轴;10—分离轴承座;11—分离轴承;12—螺母;13—从动鼓轮毂

图 5-29 履带拖拉机转向离合器

2. 操纵机构

图5-30所示为机械式履带拖拉机转向操纵机构。分离叉5下端轴颈支撑在装于壳体底部的分离叉支座中,上端轴颈由装于盖板中的轴承(图中未画出)支撑,其外伸部分通过细牙花键与分离杠杆4连接,分离杠杆则通过推杆2等与操纵杆1相连。通过上述杆件即可带动分离轴承移动,使离合器分离。

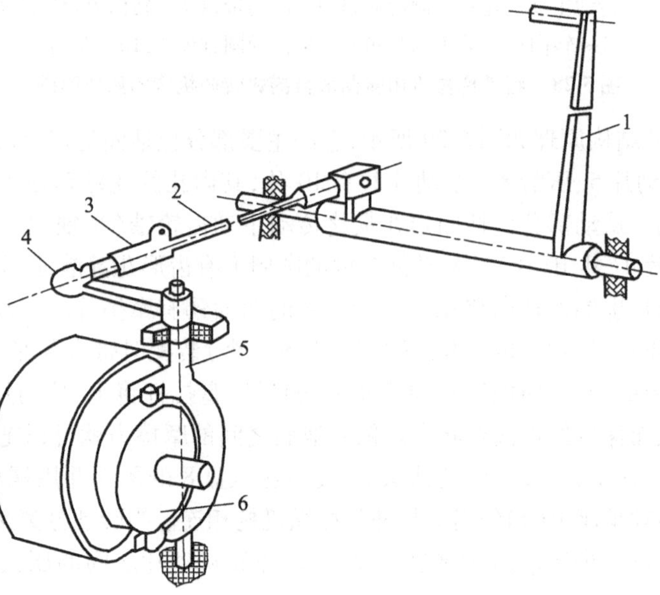

1—操纵杆;2—推杆;3—调整接头;4—分离杠杆;5—分离叉;6—分离拨圈

图5-30 履带拖拉机转向操纵机构

三、行星齿轮式转向机构

传给中央传动的动力,经两套单级行星齿轮机构再传到驱动轮上,也可以改变拖拉机两侧驱动轮的驱动力,使拖拉机转向。

行星齿轮机构的特点:只有当固定件完全制动时,从动件才可以传递全部扭矩,当固定件完全放松而允许它空转时,从动件根本不传递扭矩。如固定件只是部分制动,则从动件只能传递部分扭矩。行星齿轮机构的这个特点与转向离合器的工作情况相类似,如图5-31所示。在中央传动室内,安装着两套行星齿轮机构,其主动件是齿圈6,两个齿圈合成一体,外面固定着中央传动大锥齿轮。太阳轮4是固定件,伸出端装有行星机构制动器3,用以制动固定件。从动件是行星架8,用花键与半轴连接,半轴上也装有一个半轴制动器2,用以制动驱动轮。将行星机构制动器3逐渐放松,相当于逐渐分离转向离合器;将半轴制动器2逐渐制动,相当于逐渐制动转向离合器的从动鼓。

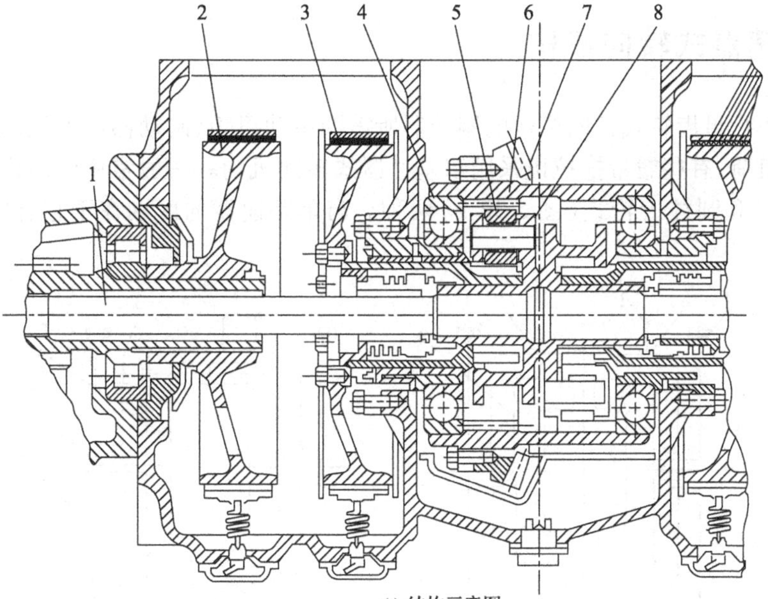

(a) 结构示意图

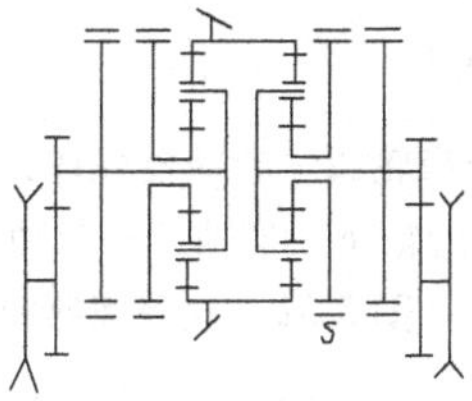

(b) 传动原理图

1—半轴;2—半轴制动器;3—行星机构制动器;4—太阳轮;5—行星轮;
6—齿圈;7—中央传动大锥齿轮;8—行星架

图 5-31 行星齿轮式转向机构

行星齿轮式转向机构的工作过程如下:

(1) 拖拉机直线行驶时,两侧半轴制动器 2 都放松,而两侧行星机构制动器 3 都制动,此时太阳轮被固定。当齿圈随着中央传动大锥齿轮旋转时,迫使行星齿轮在固定的太阳轮上滚动,则两边行星架将传递相同的扭矩,并以相同的转速带动两边半轴旋转。

(2) 拖拉机沿较大半径转向时,将内侧的行星机构制动器 3 逐渐放松,使内侧太阳轮逐渐转动,于是传到该侧驱动轮上的扭矩也相应减小,该侧履带的速度也就相应减慢,拖拉机便向这一侧转向。转弯半径的大小由行星机构制动器 3 放松的程度决定。这时两侧半轴制动器 2 仍然放松。

(3) 拖拉机沿小半径转向时,将内侧行星机构制动器 3 完全放松,并将该侧的半轴制动器 2 逐渐加以制动,于是传到该侧驱动轮上的扭矩逐渐减小,使拖拉机沿较小半径转向。如半轴制动器 2 完全制动,则拖拉机原地转弯。

行星齿轮转向机构与转向离合器相比,具有耐磨性好、工作寿命较长、结构比较紧凑、行星齿轮机构本身具有一定的传动比等优点,但制造工艺要求也较高,耗费合金钢材料较多,故成本较高。

四、双差速器式转向机构

为了减小行星齿轮式转向机构的制动器所需的主动扭矩、制动器所消耗的动力及转向时的发动机负荷,有些履带拖拉机采用双差速器式转向机构。一般常用的结构有圆锥齿轮式(图 5-32 a)和圆柱齿轮式(图 5-32 b)两种。与单差速器的区别在于它有内、外两套行星轮。

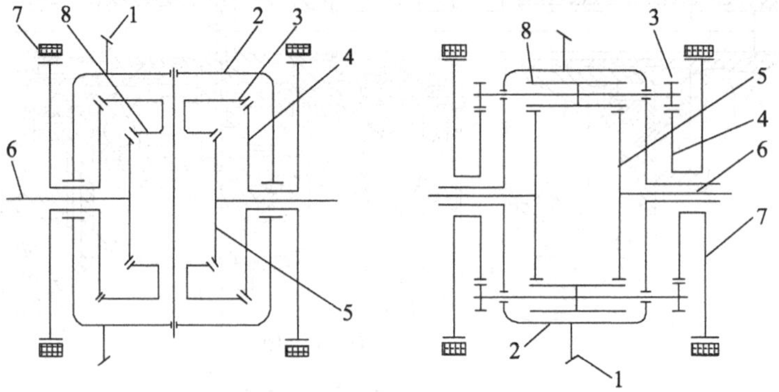

(a) 圆锥齿轮式　　(b) 圆柱齿轮式

1—中央传动大圆锥齿轮;2—差速器壳体;3—外行星齿轮;4—制动齿轮;
5—半轴齿轮;6—半轴;7—制动器;8—内行星齿轮

图 5-32　双差速器机构简图

齿轮式双差速器有内、外两套行星齿轮,内行星齿轮 8 与两侧的半轴齿轮 5 啮合,这与普通的双差速器相同;外行星齿轮 3 与两侧制动齿轮 4 啮合,制动齿轮 4 与制动器 7 的制动鼓连在一起,内行星齿轮与外行星齿轮用平键连接在一起。

拖拉机直线行驶时,两边制动器都放松,外行星齿轮带动制动齿轮空转,动力经内行星齿轮 8 和半轴齿轮 5 传给驱动轮,这时双差速器只起单差速器作用。

转向时,需要对一侧制动齿轮施加制动。这时,外行星齿轮除随差速器壳 2 一起转动外,还沿制动齿轮滚动而产生自转,同时也连带内行星齿轮一起自转,从而使该侧驱动轮的转速降低,另一侧驱动轮的转速增高。与此同时,外行星齿轮将一部分扭矩传给制动齿轮而消耗在制动器上,这样就使这一侧驱动轮的驱动扭矩也小于另一侧,从而使拖拉机在两边履带的驱动力不同的情况下实现转向。

圆柱齿轮式双差速器的工作原理与圆锥齿轮式相同。

双差速器中,制动齿轮 4 到半轴齿轮 5 之间的齿数比称为双差速器的传动比 i_c,有

$$i_c = \frac{z_3}{z_4} \cdot \frac{z_5}{z_8}$$

式中:z_3——外行星齿轮 3 的齿数;

z_4——制动齿轮 4 的齿数;

z_5——半轴齿轮 5 的齿数;

z_8——内行星齿轮 8 的齿数。

i_c 的大小通常为 2.5 ~ 3。

双差速器式转向机构每边只有一个制动器，故结构简单、操纵方便。但与离合器式行星齿轮转向机构相比，在使用性能上还有两个缺点：

（1）拖拉机的“最小转弯半径”较大。这是因为当制动齿轮完全制动时，半轴齿轮并没有停止转动，只是使它的转速减小到最小值，所以拖拉机不可能原地转向，且双差速器的传动比越大，最小转弯半径也越大。最小转弯半径可按下式计算：

$$R_{\min}=0.5Bi_c$$

式中：B——拖拉机轨距；

i_c——双差速器传动比。

（2）拖拉机直线行驶的保持性较差。这是因为双差速器具有与单差速器相同的运动特性。如果某一侧半轴齿轮的转速比差速器壳的转速小了某一数值，则必然引起另一侧半轴齿轮的转速增加相应的数值，因此拖拉机容易自动走偏。

第三节　手扶拖拉机转向系统

手扶拖拉机以其总质量小、结构简单、灵活机动、配套方便的特点，广泛应用于园林、果园、菜园等小规模农业生产。

手扶拖拉机从结构上分为有尾轮和无尾轮两种类型。无尾轮拖拉机的转向方式主要是通过改变两侧驱动轮驱动力来实现转向的，在转向时驾驶员可通过对手扶架施加一定的转向力矩以协助转向。有尾轮手扶拖拉机，通过两侧驱动轮的驱动力差，同时偏转尾轮来实现转向。

手扶拖拉机一般采用牙嵌离合器式转向机构，如图 5-33 所示。

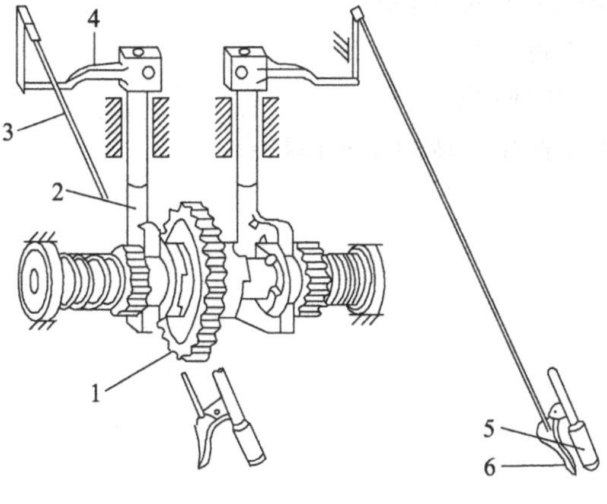

1—中央传动从动齿轮；2—转向拨叉；3—转向横拉杆；4—转向臂；5—把套；6—转向把手

图 5-33　手扶拖拉机牙嵌式转向离合器

转向离合器一般设在变速箱内，由转向拨叉、转向齿轮、牙嵌式离合器、转向轴中央传动从动齿轮和操纵部分的操纵手拉杆、转向臂等组成。转向轴中间套装着中央传动从动齿轮，由弹性挡圈限位，该齿轮两端和左、右两个转向齿轮的内端都有结合牙嵌，组成左、右两个牙嵌式离合器。

拖拉机直行时，左、右两个牙嵌式转向离合器接合，两转向齿轮与中央传动从动齿轮嵌合在一起，将动力传给最终传动，使两驱动轮得到相等的转矩而前进。当需要向左转时，捏住左边转向把手，通过拉杆、转向臂拉动转向拨叉，使左侧的转向齿轮压缩弹簧向左移动，转向齿轮的接合爪与中央传动从动齿轮左侧接合爪脱离，左侧驱动轮的动力被切断而不产生驱动力，而右侧驱动轮仍照常转动，于是拖拉机向左转弯。转弯后，松开转向把手，恢复动力传递，拖拉机又开始直行。

手扶拖拉机下坡时，由于拖拉机重力的作用，转向时与平地转向操纵相反，即左转时操纵右侧转向离合器，右转时拉紧左转向把手。

思考题

1. 何谓转向系统？机械转向系统由哪几部分组成？
2. 汽车转向时，若 4 个车轮都做纯滚动，应满足什么条件？
3. 何谓转向盘的自由行程？它的大小对汽车转向操纵有何影响？一般范围应为多大？
4. 转向操纵机构主要由哪些部件组成？
5. 转向直拉杆、横拉杆两端的压缩弹簧有什么作用？横拉杆两端的弹簧可否设计成沿轴线安装？为什么？
6. 简述齿轮齿条式转向器的基本结构和工作原理。
7. 简述循环球式转向器的基本结构和工作原理。
8. 转向传动机构主要由哪些部件组成？
9. 机械式液压助力转向系统有哪几种类型？分类依据是什么？
10. 电动助力转向系统是如何分类的？
11. 四轮转向有哪些优越性？
12. 简述履带拖拉机转向原理。
13. 履带拖拉机与手扶拖拉机转向系有何特点？

第六章

制动系统

第一节　制动系统的基本原理及类型

一、制动系统的功用

汽车、拖拉机行驶的道路条件和交通环境非常复杂,为保证行驶安全,汽车、拖拉机在弯道及不平路面行驶或会车时,必须降低车速,特别是在有可能碰到障碍物、碰撞行人及其他车辆时,需要立即降低车速或停车。

汽车、拖拉机下长坡时,在重力作用下,其速度有不断增加的趋向,此时应将车速限制在一定的安全值以内,以保持相对稳定。拖拉机在田间作业时,可用单边制动来协助转向,并配合离合器确保安全而可靠地挂接农机具。在履带式拖拉机上,制动系统又是实现转向的必要机构之一。此外,对已停驶(特别是在坡道上停驶)的汽车和拖拉机,能够使之可靠地停留原地不动。

因此,制动系统的功用是使行驶中的汽车、拖拉机减速甚至停车,使下坡行驶的汽车、拖拉机的速度保持稳定,使已经停驶的汽车、拖拉机保持不动。

二、制动系统的类型

根据不同的分类方法,制动系统可分为不同的类型,详见表 6-1。

表 6-1　汽车制动系统的类型

分类方法	类型	特点
按功能分	行车制动系统	使行驶中的车辆降低行驶速度甚至停车的一套专门装置
	驻车制动系统	使已停驶的车辆驻留原地不动的一套装置
	应急制动系统	在行车制动系统失效后使用的制动系统
	辅助制动系统	在车辆下长坡时用以稳定车速的一套装置

续表

分类方法	类型	特点
按制动能源分	人力制动系统	以驾驶员的肌体作为唯一制动能源
	动力制动系统	完全靠发动机的动力转化而成的气压或液压形式的势能进行制动
	伺服制动系统	兼用人力和发动机动力进行制动
按制动能量传输方式分	机械制动系统	以机械传输制动能量
	液压制动系统	以液压传输制动能量
	气压制动系统	以气压传输制动能量
按制动回路分	单回路制动系统	全车制动用一条制动回路
	双回路制动系统	全车制动用两条制动回路

三、制动系统的基本组成

不同类型制动系统的结构有所不同,但任何制动系统都具有以下 4 个基本组成部分:

(1) 供能装置,包括供给、调节制动所需能量及改善能源传递介质状态的各部件。产生制动能量的部分称为制动能源,人的肌体可作为制动能源。

(2) 控制装置,包括产生制动动作和控制制动效果的各部件。图 6-1 中的制动踏板 1 就是最简单的一种制动控制装置。

(3) 传动装置,包括将制动能量传输到制动器的各部件如图 6-1 中的制动主缸 4 和制动轮缸 6 及制动管路等。

(4) 执行装置,即制动器,是产生阻碍车辆运动或运动趋势的力(制动力)的部件,包括辅助制动系统中的缓速装置。

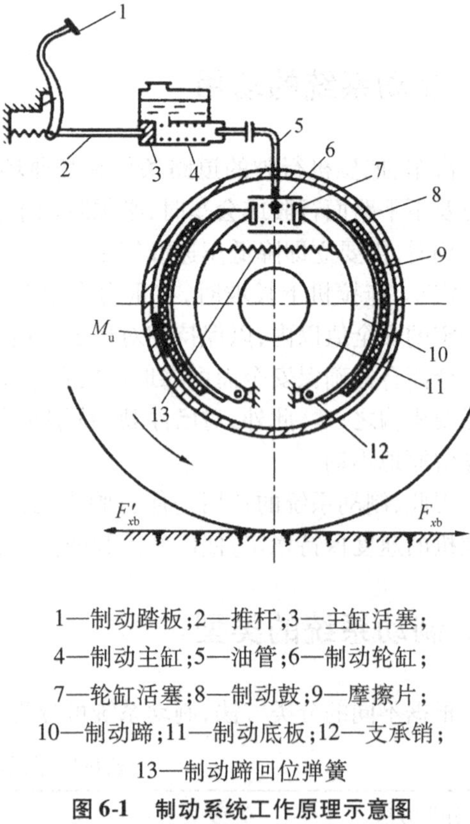

1—制动踏板;2—推杆;3—主缸活塞;4—制动主缸;5—油管;6—制动轮缸;7—轮缸活塞;8—制动鼓;9—摩擦片;10—制动蹄;11—制动底板;12—支承销;13—制动蹄回位弹簧

图 6-1　制动系统工作原理示意图

四、制动系统的工作原理

不同类型的汽车制动系统工作原理基本相同,以液压制动系统为例。液压制动系统主要由车轮制动器和液压传动机构组成,如图 6-1 所示。制动器主要由旋转的制动鼓 8、制动蹄 10 和制动底板 11 等组成。制动鼓固定在车轮轮毂上,随车轮一同旋转,以内圆柱面为工作面。制动蹄固定在制动底板 11 上,制动底板用螺栓与转向节凸缘(前桥)或桥壳凸缘(后桥)固定在一起。两个支承销 12 固定在不动的制动底板上,支撑着两个弧形制动蹄的下端。制动蹄的外圆面上装有摩擦衬片 9,上端用制动蹄回位弹簧 13 拧紧压靠在制动轮缸活塞 7 上。制动轮缸 6 也安装在制动底板上,用油管 5 与装在车架上的制动主缸 4 相联通。制动主缸活塞 3 由驾驶员通过制动踏板 1 来操纵。

制动系统不工作时,制动蹄在回位弹簧的拉动下,使制动鼓的内圆面与制动蹄摩擦衬片的外圆面之间保留有一定的间隙,使制动鼓可以随车轮自由旋转。

制动时,驾驶员踩下制动踏板,推杆便推动制动主缸活塞,使制动主缸中的油液以一定压力流入制动轮缸,通过制动轮缸活塞使两制动蹄的上端向外张开,从而使摩擦衬片压紧在制动鼓的内圆面上。这样,不旋转的制动蹄就对旋转着的制动鼓产生一个摩擦力矩,方向与车轮旋转方向相反,迫使车轮停止转动。摩擦力矩大小取决于轮缸的张力、摩擦因数和制动鼓及制动蹄的尺寸等。制动鼓将该力矩传到车轮后,由于车轮与路面间的附着作用,车轮即对路面作用一个向前的周缘力,与此同时,路面给车轮作用一个向后的反作用力,即制动力。制动力由车轮经车桥和悬架传递给车架和车身,迫使整个车辆产生一定的减速度。制动力越大,减速度也越大。当松开制动踏板时,制动蹄回位弹簧即将制动蹄拉回原位,摩擦力矩和制动力消失,制动作用即行解除。

第二节 制动器

制动器是制动系统中用来产生阻碍汽车运动或运动趋势的力的部件。目前,各类车辆上都采用摩擦式制动器,利用固定元件和旋转元件工作表面之间的摩擦作用产生制动力矩。

根据旋转元件形状的不同,摩擦式制动器分为鼓式和盘式两大类。鼓式制动器摩擦副中的旋转元件为制动鼓,其工作表面为圆柱面;盘式制动器的旋转元件为盘状的制动盘,以两端面为工作表面。

一、鼓式制动器

(一) 鼓式制动器的分类

鼓式制动器是利用制动蹄片挤压制动鼓来获得制动力的,有内张式和外束式两种。内张式制动鼓以制动鼓的内圆柱面为工作表面,外束式制动器则以制动鼓的外圆柱面为工作表面。现代汽车、拖拉机上广泛使用内张双蹄鼓式制动器。

鼓式制动器根据制动蹄张开装置(也称促动装置)形式的不同,可分为轮缸式制动器和凸轮式制动器,如图 6-2 所示。轮缸式制动器以液压制动轮缸作为制动蹄促动装置,多为液压制动系统所采用;凸轮式制动器以凸轮作为促动装置,多为气压制动系统所采用。

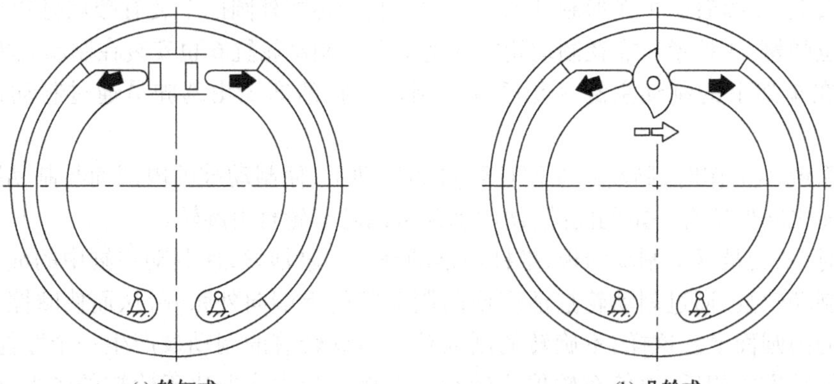

(a) 轮缸式　　(b) 凸轮式

图 6-2　制动器促动装置的形式

1. 轮缸式制动器

轮缸式制动器按制动蹄的受力情况不同,可分为领从蹄式(简单非平衡式)、单向双领蹄式、双向领蹄式、双从蹄式(平衡式)和自增力式(单向作用、双向作用)等类型。

(1) 领从蹄式制动器

设车辆前进时制动鼓旋转方向如图6-3中箭头所示,沿箭头方向看去,制动蹄1的支撑销7在其前端,制动轮缸2所施加的促动力作用于其后端,因而该制动蹄张开时的旋转方向与制动鼓的旋转方向相同。具有这种属性的制动蹄称为领蹄。与此相反,后制动蹄5的支撑销6在后端,促动力加于前端,张开时的旋转方向与制动鼓的旋转方向相反。具有这种属性的制动蹄称为从蹄。当汽车倒退行驶时,前制动蹄1变为从蹄,而后制动蹄5则变为领蹄。这种在制动鼓正向旋转和反向旋转时都有一个领蹄和一个从蹄的制动器,称为领从蹄式制动器。

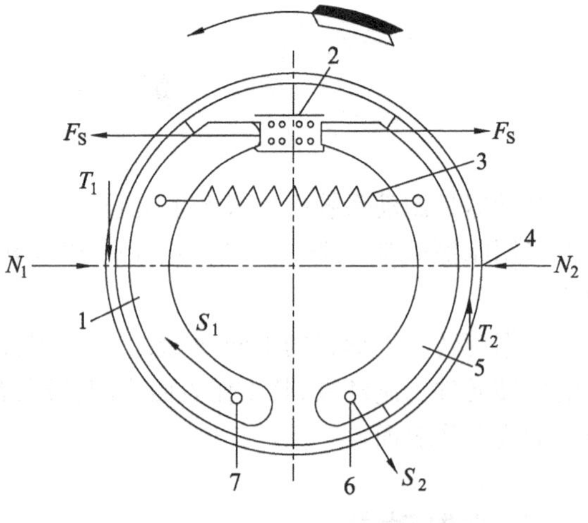

1—领蹄;2—制动轮缸;3—回位弹簧;4—制动鼓;5—从蹄;6,7—支撑销

图 6-3　领从蹄式制动器

在图6-3所示的结构中,轮缸中的两个活塞都可在缸内轴向浮动,且两者直径相同,因此制动时两个活塞对两个制动蹄所施加的促动力永远是相等的。凡两蹄所受促动力相等的领从蹄制动器,都称为等促动力制动器。

制动时,两制动蹄1和5在等促动力的作用下,分别绕各自的支撑点向外偏转紧压在制动鼓上,同时旋转的制动鼓对两蹄分别作用法向反力 $\boldsymbol{N}_1$ 和 $\boldsymbol{N}_2$,以及相对应的切向力 $\boldsymbol{T}_1$ 和 $\boldsymbol{T}_2$。绕支撑销7对领蹄1作用的力矩与促动力 $\boldsymbol{F}_S$ 所造成的绕同一支点的力矩是同向的,因此前制动蹄对制动鼓的压紧力因 $\boldsymbol{T}_1$ 的作用而增大,即 $\boldsymbol{N}_1$ 变得更大,从而使 $\boldsymbol{T}_1$ 也变得更大,这表明,领蹄具有"增势"作用。与此相反,$\boldsymbol{T}_2$ 使后制动蹄有放松制动鼓,即使 $\boldsymbol{N}_2$ 和 $\boldsymbol{T}_2$ 本身减小的趋势,因此从蹄具有"减势"作用。

虽然领蹄和从蹄所受的促动力相等，但制动鼓所受到的法向反力却是不相等的，即不能相互平衡的，因此领从蹄式制动器属于非平衡式制动器。

(2) 单向双领蹄式制动器

在汽车前进时，两制动蹄都是领蹄的制动器称为单向双领蹄式制动器，如图 6-4 所示。双领蹄式制动器在总体结构上与领从蹄式制动器相似。但也有两点不同：一是两制动蹄各自用一个单活塞式制动轮缸 1，而领从蹄式制动器的两蹄共用一个双活塞式轮缸；二是两套制动蹄 3、制动轮缸 1 和支撑销 2 在制动底板上的布置是中心对称的，而领从蹄的是轴对称的。

在汽车前进时，制动器的前、后蹄均为领蹄，制动效能好，倒车制动时为双从蹄，制动效能大大下降，且不便安装驻车制动器，因此不用作后轮制动器。

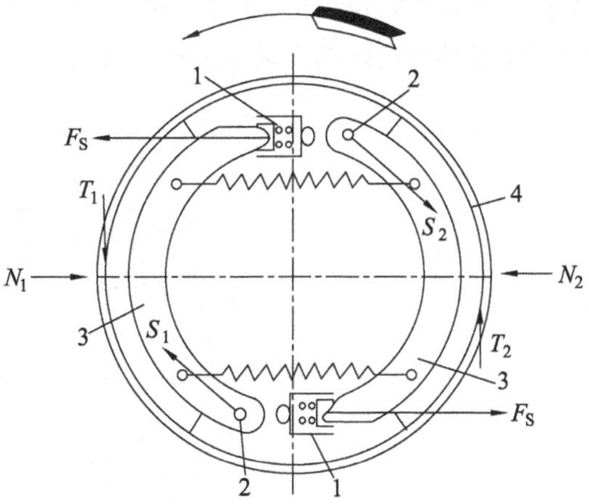

1—单活塞式制动轮缸；2—支撑销；
3—制动蹄；4—制动鼓

图 6-4　单向双领蹄式制动器

(3) 双向双领蹄式制动器

如果在倒车制动时，使双领蹄式制动器的两个制动蹄的支撑点和促动力作用点互换位置，就可以得到与前进时相同的制动效能。这种不管前进还是倒车制动，两个制动蹄都是领蹄的制动器称为双向双领蹄式制动器，如图 6-5 所示。该制动器采用两个双活塞式轮缸，两个制动蹄的两端采用浮式支撑，且支点在圆周方向也是浮动的。双向双领蹄式制动器不论汽车前行或倒退，两制动蹄都是领蹄，制动效能不变，一般用作中、轻型货车及部分轿车的前、后制动器。但用作后轮制动器时，须另设中央驻车制动器。制动底板上的所有固定元件，如制动蹄、制动轮缸、回位弹簧等都是成对的，而且既是按轴对称又是按中心对称布置的。双向双领蹄式制动器属于平衡式制动器。

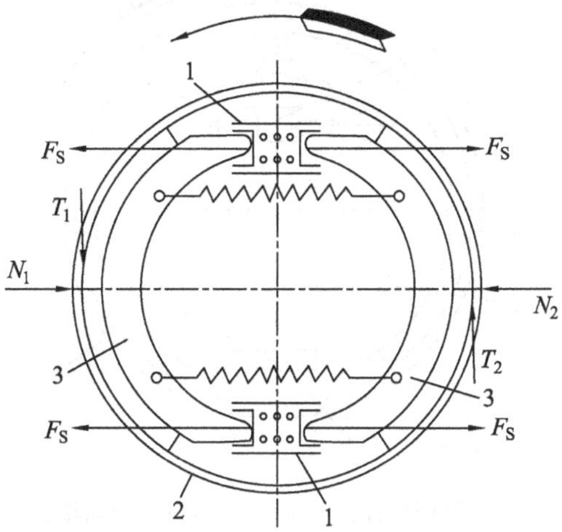

1—双活塞式制动轮缸；2—制动鼓；3—制动蹄

图 6-5　双向双领蹄式制动器

（4）双从蹄式制动器

前进制动时两制动蹄均为从蹄的制动器，称为双从蹄制动器，如图6-6所示。这种制动器结构与双领蹄式很相似，差异仅在于固定元件与旋转元件的相对运动方向不同。虽然双从蹄制动器具有良好的制动效能稳定性，但由于制动效能较低，仅在少数汽车上装用。

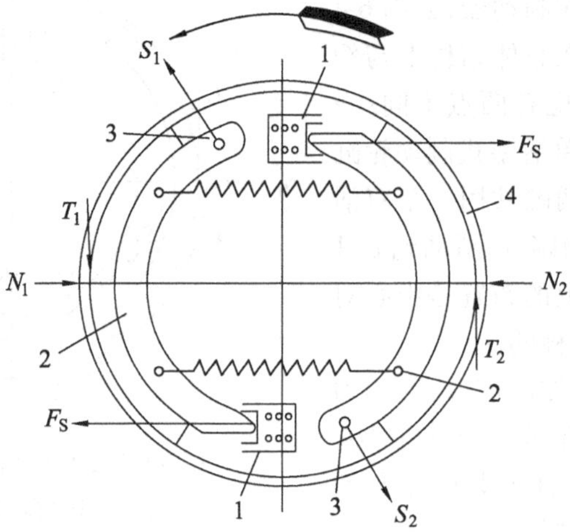

1—单活塞式制动轮缸；2—制动蹄；3—支撑销；4—制动鼓

图6-6　双从蹄式制动器

（5）自增力式制动器

自增大式制动器可分为单向自动增力式和双向自动增力式（图6-7）两种。单向自增力式制动器只是在汽车前进时起自动增力作用，使用单活塞式轮缸；双向自增力式制动器在前进和倒车制动时都能起自动增力作用，使用双活塞式轮缸。

自动增力式制动器的增力原理是，用可调顶杆体浮动铰接的制动蹄来代替固定的偏心销式制动蹄，利用前蹄的助势推动后蹄，使总的摩擦力矩增大，起到自动增力的作用。

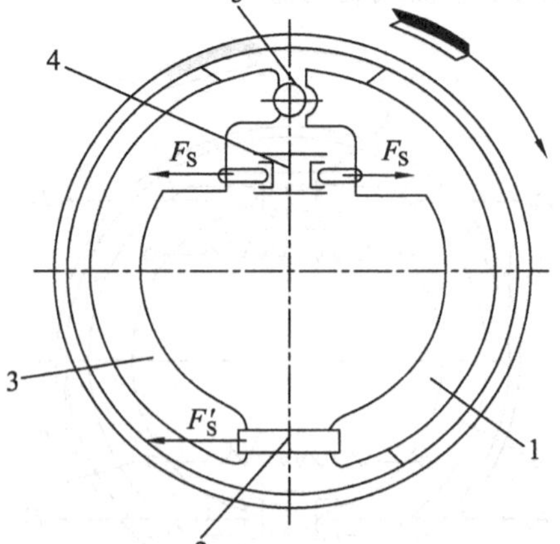

1—前制动蹄；2—可调顶杆；3—后制动蹄；4—制动轮缸；5—支撑销

图6-7　双向自增力式制动器

2. 凸轮式制动器

目前,几乎所有国产商用车和部分国外汽车的气压制动系统中,都采用凸轮促动的鼓式车轮制动器,而且几乎都设计成领从蹄式。凸轮式制动器在结构上除促动装置外,其他的与领从蹄式制动器一样。图6-8为某一商用车前轮装用的凸轮式制动器的结构图。制动凸轮与凸轮轴4制成一体。制动蹄2在不制动时由回位弹簧3拉靠在制动凸轮上。制动凸轮轴通过支座10固定在制动底板7上,其尾部花键轴插入制动调整臂5的花键孔中。

制动时,制动调整臂在弹簧制动气室6的推动下,带动制动凸轮轴4转动,推动两制动蹄压靠在制动鼓8上。由于凸轮轮廓的中心对称性及两制动蹄的结构和安装的轴对称性,凸轮绕固定的轴线转动所引起的两制动蹄上相应点的位移相等。可见两制动蹄对制动鼓施加压紧力的大小完全取决于凸轮对制动蹄推力的大小,以及凸轮的轮廓形状和凸轮所转过的角度。但是,制动鼓对制动蹄片的摩擦使得领蹄端部力图离开制动凸轮,同时又使从蹄端部更加靠近制动凸轮。这就是说,凸轮对从蹄的促动力大于对领蹄的促动力。因此,虽然领蹄有增势作用,从蹄有减势作用,但正是这种差别造成了制动效能高的领蹄的促动力小于制动效能低的从蹄的促动力,从而使得两制动蹄的制动力矩相等。

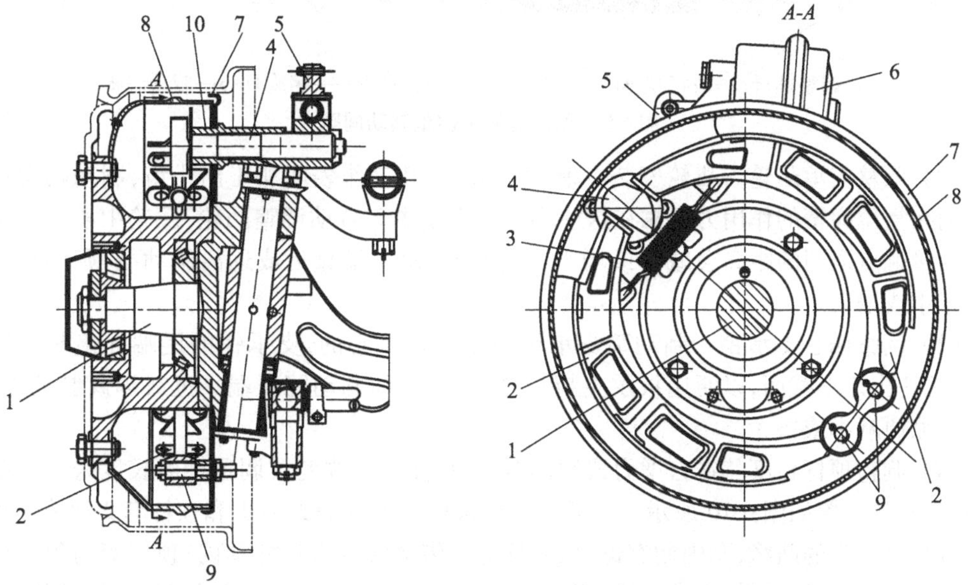

1—转向节轴颈;2—制动蹄;3—回位弹簧;4—制动凸轮轴;5—制动调整臂;
6—制动气室;7—制动底板;8—制动鼓;9—支撑销;10—制动凸轮轴支座

图6-8　凸轮式制动器

(二)鼓式制动器制动间隙的调整

制动蹄在不工作的原始位置时,其摩擦片与制动鼓之间应保持合适的间隙,制动间隙一般为0.25~0.5 mm。制动间隙如果过小,就不能保证彻底解除制动,造成摩擦副的拖磨;如果过大,又将使得制动踏板行程太长,以致驾驶员操作不便,同时也会推迟制动器开始起作用的时刻。

制动器工作一段时间以后,制动蹄上的摩擦片不断磨损,导致制动器制动间隙逐渐增大。如果制动间隙超过一定限值,即使将制动踏板踩到极限位置,也产生不了足够的制动力矩。因此,要求任何形式的制动器在结构上必须保证可以检查和调整其制动间隙。

鼓式制动器制动间隙的调整方法有手动调整和自动调整两种。

1. 手动调整

一般在制动鼓腹板外开有一个检查孔，以便用塞尺检查摩擦片与制动鼓之间的间隙（即制动间隙）是否符合规定。若不符合，可通过改变轮缸螺母、支承凸轮、偏心支承销和顶杆等的位置来调整制动间隙。

（1）调整制动轮缸螺母。有些制动轮缸两端的端盖制成调整螺母，如图 6-9 所示。拨动调整螺母的齿槽，使螺母转动，带动螺杆向内或向外轴向移动，可使制动蹄上端靠近或远离制动鼓，则制动间隙减小或增大。间隙调整好后，用锁片插入调整螺母的齿槽中，使螺母的角位置固定。

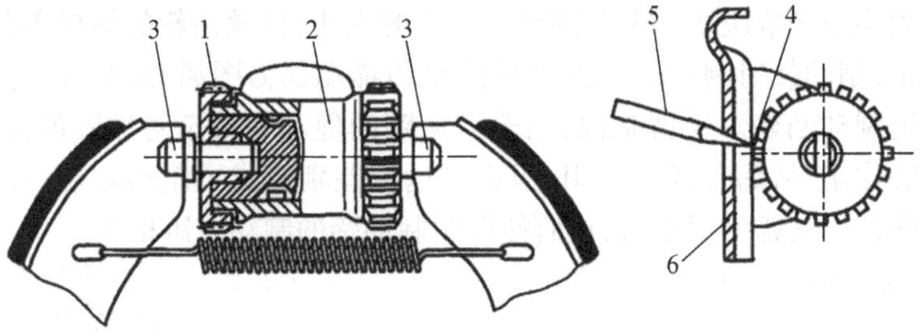

1—调整螺母；2—制动轮缸；3—可调支座；4—齿槽 5——字旋具；6—制动底板

图 6-9 用调整螺母调整制动间隙

（2）调整支承凸轮。凸轮安装在制动底板上，其工作表面加工出小齿，制动蹄腹板上的锁销在复位弹簧的作用力下靠在这些小齿的齿槽中。转动调整凸轮，凸轮中心和锁销与齿槽的接触点之间的距离会减小或增大，可使制动蹄上端靠近或远离制动鼓，则制动间隙便可减小或增大。

（3）调整偏心支承销。制动蹄支承销的轴颈是偏心的，支承销的尾端伸出制动底板外，并铣切出矩形截面，以便用扳手夹持使之转动，从而制动蹄下端靠近或远离制动鼓，则制动间隙便减小或增大。

（4）调整顶杆长度。在自增力式制动器中，只能通过改变可调顶杆的长度来调整制动间隙，其调整装置如图 6-10 所示。可调顶杆由顶杆体 3、调整螺钉 1 和顶杆套 2 组成。顶杆套一端具有带齿的凸缘，套内制有螺纹，调整螺钉借螺纹旋入顶杆套内；顶杆套与顶杆体作动配合。当拨动顶杆套带齿的凸缘，可使调整螺母沿轴向移动，改变可调顶杆的总长度，从而调整了制动间隙。

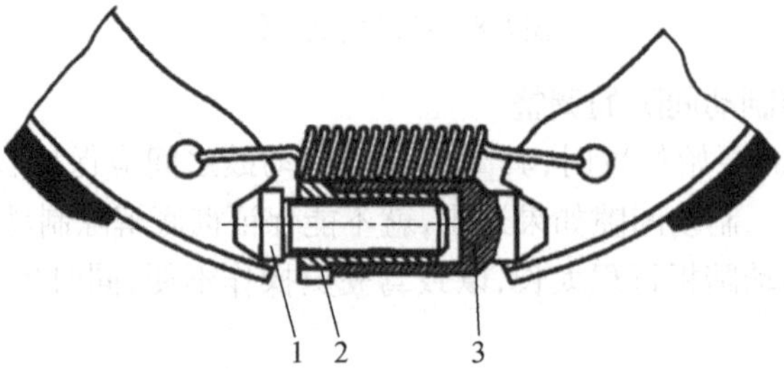

1—调整螺钉；2—顶杆套；3—顶杆体

图 6-10 可调顶杆的结构

2. 自动调整

自动调整装置可在汽车制动过程中自动调整制动间隙,减少汽车制动系统的维护工作量。鼓式制动器可以利用多种方式对制动间隙实施自动调节,按照工作过程的不同,可分为一次调准式和阶跃式两种。

（1）一次调准式调整。不需要人为的调整,只需要一次完全制动就可调整到设计间隙,并且在行车过程中随时补偿过量间隙,这样调整制动间隙的方式称为一次调准式。

① 楔块式间隙自调装置。上海桑塔纳 2000 型轿车、红旗 7220 型轿车的后轮制动器均采用楔块式间隙自调装置。如图 6-11 所示,间隙自调装置的楔形调节块 3 夹在与前制动蹄 1 固定在一起的斜支撑和驻车制动推杆 5 形成的切槽中。制动推杆两端有缺口,其右端缺口的端面压在楔形调节块 3 的齿形面上;楔形调节块的另一侧齿形面压在斜支撑上,在制动推杆内弹簧 4 的作用下,制动推杆紧紧压住楔形调节块和斜支撑。制动推杆左端的头部有一凸耳 13,它与驻车制动杠杆 9 的外侧面之间有一设定间隙 S(0.2～0.3mm)。驻车制动外弹簧 6 使制动杠杆 9 与制动推杆左端缺口的端面紧贴在一起。

在行车制动时,轮缸活塞推动制动蹄 1 和 7 绕各自的支点转动。由于内弹簧 4 的刚度很大,在正常制动间隙下制动时不被拉伸,所以驻车制动推杆 5 始终压住楔形调节块 3,并与前制动蹄 1 一起左移压靠在制动鼓上。此时制动杠杆 9 与制动推杆凸耳不会接触。当制动蹄磨损,制动间隙超过设定值时制动,两蹄在轮缸活塞推力的作用下,外弹簧首先被拉伸到一定程度后,内弹簧也被拉伸,使制动杠杆与制动推杆凸耳不仅接触,并且外移。此时,驻车制动推杆与前制动蹄斜支撑间形成的切槽与楔形调节块间便产生了间隙,于是楔形调节块被弹簧 2 往下拉,直到调节块与切槽两侧面重新接触为止,从而补偿了制动器的过量间隙。

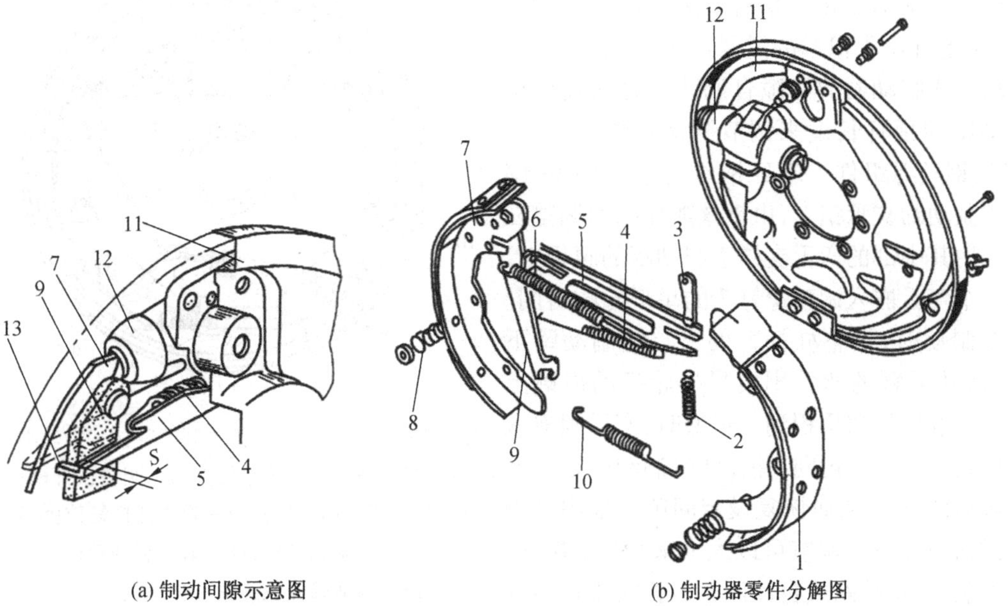

(a) 制动间隙示意图　　　　(b) 制动器零件分解图

1—前制动蹄;2—制动间隙调节弹簧;3—楔形调节块;4—驻车制动内弹簧;
5—驻车制动推杆;6—驻车制动外弹簧;7—后制动蹄;8—限位弹簧;
9—驻车制动杠杆;10—制动蹄复位弹簧;11—制动底板;12—制动轮缸;13—推杆凸耳

图 6-11　楔块式间隙自调装置

解除制动时,由于楔形块下行填补了过量制动间隙,使支撑在两制动蹄腹板之间的制动推杆的有效长度变大,因此两制动蹄已不可能恢复到制动前的位置,于是过大的制动器间隙便得到了补偿,恢复到设定值 S,从而实现了制动间隙的自动调整。

② 摩擦限位式间隙自调装置。装在制动蹄上的摩擦限位式间隙自调装置,其工作示意图如图 6-12 所示。套筒 3 穿过制动蹄腹板上的长圆孔,并套在固定于制动底板 6 的球头限位销 2 上,压紧弹簧 5 压紧的两个限位摩擦片 1 使得套筒与制动蹄腹板 4 保持一定的相对位置。套筒与限位销球头间的间隙 Δ 限定了套筒及制动蹄相对于限位销的位移量,从而限定了制动器的设定间隙。当制动间隙过大时,制动蹄克服摩擦片与制动蹄间的摩擦力,相对于套筒及限位销继续压向制动鼓,直至实现完全制动。解除制动后,套筒回到图示原始位置,但制动蹄不可能再回到制动前的位置,过量间隙被抵消,即制动蹄间隙又恢复到设定值。

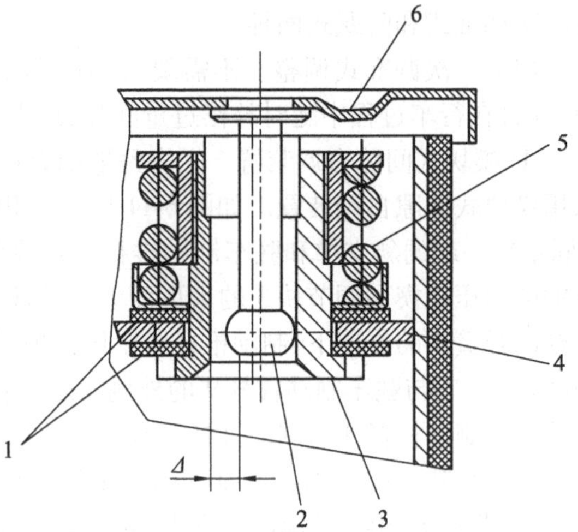

1—限位摩擦片;2—限位销;3—套筒;
4—制动蹄腹板;5—压紧弹簧;6—制动底板

图 6-12 装在制动蹄上的摩擦限位式间隙自调装置

(2) 阶跃式调整。阶跃式自动调整装置的作用是制动器在装车后要进行多次制动动作,才能消除所积累的过量间隙。例如,双向自增力式制动器的间隙自调装置是通过调整制动蹄的顶杆长度来调节制动间隙的,见图 6-13,钢丝绳组件 1 端经钢丝绳连接环 14 固定于制动蹄支承销上,由钢丝绳操纵的调整杠杆 5 用其中部的弯舌支撑于制动蹄的腹板上,另一个弯舌嵌入调整螺钉 7 的星形轮的齿间。倒车制动时,调整杠杆 5 的支点随制动蹄下移,而其下臂的弯舌则沿星形轮齿的齿廓上升。当过量间隙累积到一定值时,弯舌则嵌入星形轮的下一个齿间,并在解除制动过程中转动调整螺钉 7、从而恢复设定间隙。采用这种方式的间隙自动调节可以大大减少“过调节”的可能性,将阶跃式自动调整装置安排在很少出现倒车的制动过程中,可有效地防止由于制动鼓严重受热膨胀变形造成的间隙增大。

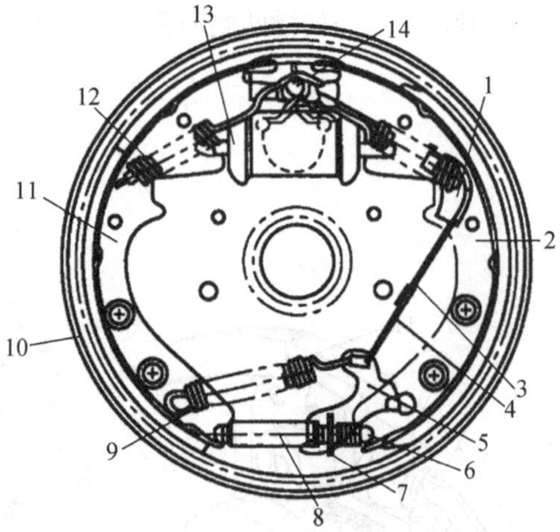

1—钢丝绳导向板;2—第二制动蹄;3—钢丝绳;
4—钢丝绳钩;5—调整杠杆;6—调整顶杆槽;
7—调整螺钉;8—顶杆;9—调整杠杆复位弹簧;
10—制动底板;11—第一制动蹄;
12—制动蹄复位弹簧;13—制动轮缸;
14—钢丝绳连接环

图 6-13 双向自增力式制动器制动间隙调整

二、盘式制动器

(一) 盘式制动器的分类

盘式制动器摩擦副中的旋转元件是以端面工作的金属圆盘,称为制动盘。摩擦元件从两侧夹紧制动盘而产生制动。固定元件则有多种结构形式,大体上可将盘式制动器分为钳盘式和全盘式两类。

1. 钳盘式制动器

在钳盘式制动器(图 6-14)中,由工作面积不大的摩擦块与其金属背板组成制动块,每个制动器中一般有 2 ~4 块。这些制动块及其促动装置都装在横跨制动盘两侧的夹钳形支架中,称为制动钳。钳盘式制动器散热能力强,热稳定性好,故广泛应用于大多数轿车和轻型货车上。

钳盘式制动器按制动钳的结构可分为定钳盘式和浮钳盘式两种。

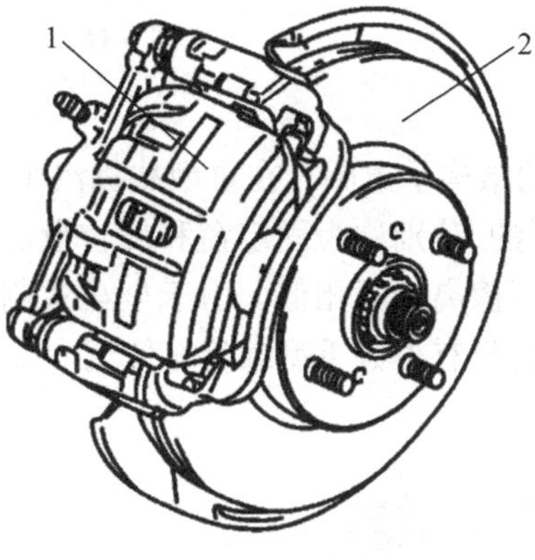

1—制动钳;2—制动盘

图 6-14　钳盘式制动器

(1) 定钳盘式制动器

图 6-15 为定钳盘式制动器的结构示意图。制动盘 1 固定在轮毂上,制动钳 5 固定在车桥上,既不能旋转也不能沿制动盘轴向移动。制动钳内装有两个制动轮缸活塞 2,分别压住制动盘两侧的制动块 3。当驾驶员踩下制动踏板使汽车制动时,来自制动主缸的制动液被压入制动轮缸,制动轮缸的液压上升,两轮缸活塞在液压作用下移向制动盘,将制动块压靠到制动盘上,制动块夹紧制动盘,产生阻止车轮转动的摩擦力矩,实现制动。

(2) 浮钳盘式制动器

图 6-16 为浮钳盘式制动器的结构示意图。其工作特点是:制动钳体在轴向处于浮动状态,可相对于制动盘沿导向销轴向滑动,而且 1 ~2 个制动油缸只装在制动盘的内侧。制动时,液压力 F_{p1} 推动活塞,使内侧制动块压靠制动盘,同时钳体受到反力 F_{p2},连同固装在其上的外侧制动块压靠在盘的另一侧面,直到两侧制动块受力平衡为止。

与定钳盘式制动器相比,浮钳盘式制动器的轴向与径向尺寸较小,便于靠近车轮轮毂布置。此外,浮钳盘式制动器加一些机械传动零件,即可兼作驻车制动器,故使用较广。

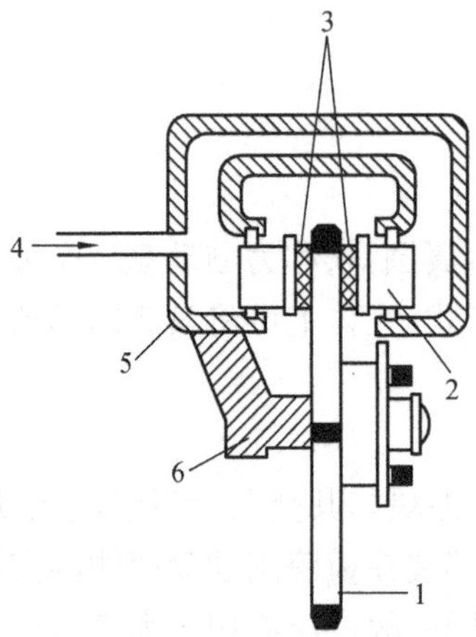

1—制动盘；2—活塞；3—制动块；
4—进油口；5—制动钳；6—车桥

图 6-15　定钳盘式制动器示意图

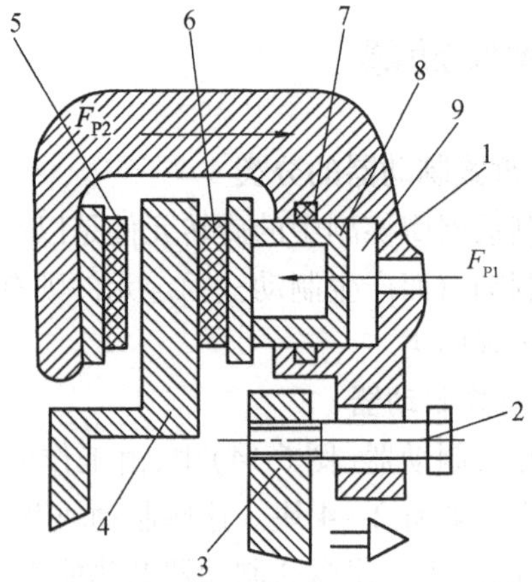

1—制动钳体；2—导向销；3—制动钳支架；
4—制动盘；5—固定制动块；6—活动制动块；
7—活塞密封圈；8—活塞；9—液压缸

图 6-16　浮钳盘式制动器示意图

2. 全盘式制动器

图 6-17 为全盘式制动器的结构示意图。在重型载货汽车上，全盘式制动器摩擦副的固定元件和旋转元件都是圆盘形的，分别称为固定盘和旋转盘。制动盘的全部工作面可同时与摩擦片接触，其结构原理与摩擦离合器相似。由于全盘式制动器的各盘和摩擦衬片都封闭在壳体内，散热条件差，因此，只有少数重型载货车使用。

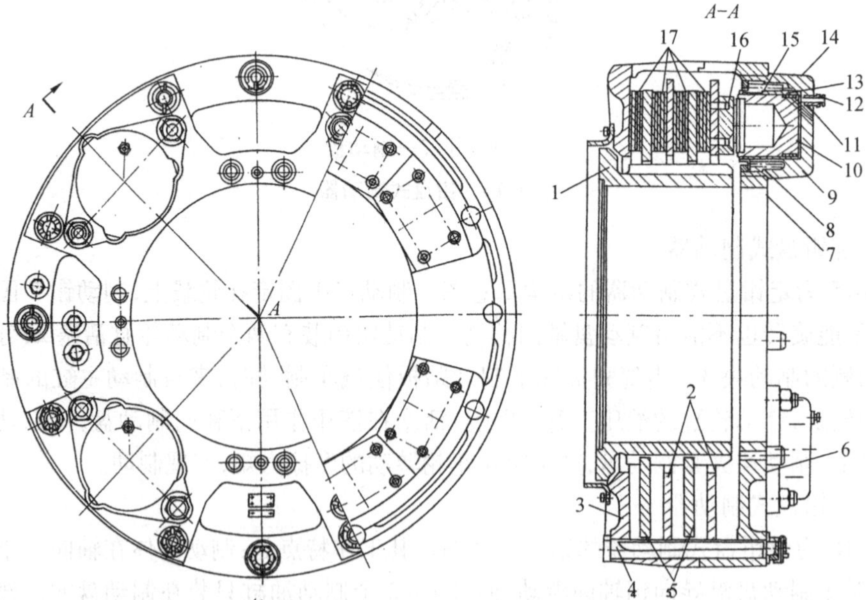

1—旋转花键毂；2—固定盘；3—外侧壳体；4—带键螺栓；5—旋转盘；6—内侧壳体；
7—调整螺圈；8—活塞套筒回位弹簧；9—活塞套筒；10—活塞；11—活塞密封圈；
12—放气阀；13—套筒密封圈；14—液压缸体；15—固定弹簧盘；16—垫块；17—摩擦片

图 6-17　全盘式制动器示意图

（二）盘式制动器制动间隙的调整

钳盘式制动器的间隙是自动调节的，属于一次调准式，盘式制动器的间隙自调装置原理如图 6-18 所示。在制动钳体 3 内的密封槽中装有橡胶密封圈 2，橡胶密封圈是常见钳盘式制动器的间隙自调装置，密封槽有矩形和梯形两种结构形式。在活塞 1 移动过程中，橡胶密封圈会产生弹性变形，其极限弹性变形量 Δ 等于制动间隙的设定值。一般，盘式制动器的制动间隙较小，橡胶密封圈的弹性变形可以满足要求。若制动器存在过量间隙，则制动时活塞密封圈变形量达到极限值以后，活塞在液压作用下，克服橡胶密封圈的摩擦力而继续移动，活塞与密封圈产生相对移动，直到实现完全制动为止。解除制动后，橡胶密封圈将活塞拉回的距离仍然等于 Δ，因此制动间隙即可恢复到设定值。

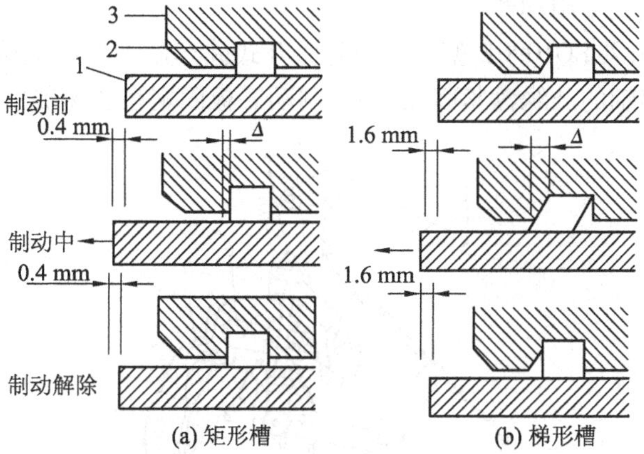

1—活塞；2—橡胶密封圈；3—制动钳体

图 6-18　盘式制动器的间隙自调装置原理

（三）盘式制动器的特点

与鼓式制动器相比，盘式制动器有以下几个优点：

（1）制动效能稳定，受摩擦因数影响较小；

（2）盘式制动器两面传热，圆盘旋转易冷却，不易变形，制动效果好；

（3）长时间使用后，制动盘沿厚度方向的热膨胀量极小；

（4）浸水后制动效能降低较少；

（5）结构简单，尺寸和质量较小，维修方便，易实现间隙自动调整。

不足之处：制动效能较低，所以在液压制动系统中需另行装设动力伺服装置；兼作驻车制动时，加装的驻车制动传动装置较鼓式制动器复杂，因而在后轮上使用受到限制。

目前，盘式制动器已广泛用于轿车，一些中高性能的轿车全部车轮采用盘式制动器；中档以下的轿车前轮毫无例外装用盘式制动器，而其后轮仍装用鼓式制动器，以获得高速下制动时的方向稳定性。

三、驻车制动器

驻车制动器一般被称为手制动器或手刹，其主要作用是使汽车可靠停驻，便于在坡道上起步，在行车制动失效后临时使用或配合行车制动器进行紧急制动。按其安装位置的不同,可分为中央制动式和车轮制动式两种。中央制动式驻车制动器安装在变速器或分动器之后,对传动轴制动;车轮制动式驻车制动器与行车制动系统共用一套制动器总成,各自的传动机构是相互独立的。

按结构形式的不同,驻车制动器主要分为蹄盘式和鼓式。鼓式制动器可采用高制动效能的自增力式制动器,外廓尺寸小、防沙性能好,便于调整,停车后无热负荷,因而得到广泛应用。

1. 鼓式驻车制动器

鼓式驻车制动器的基本结构与行车制动系统中的鼓式制动器相同,常用的有凸轮张开式和自增力式两种。

(1) 凸轮张开式驻车制动器

图 6-19 所示为东风 EQ1090E 型汽车凸轮张开式驻车制动器的结构示意图。制动鼓通过螺栓与变速器输出轴的凸缘盘紧固在一起,制动底板固定在变速器后端壳体上。

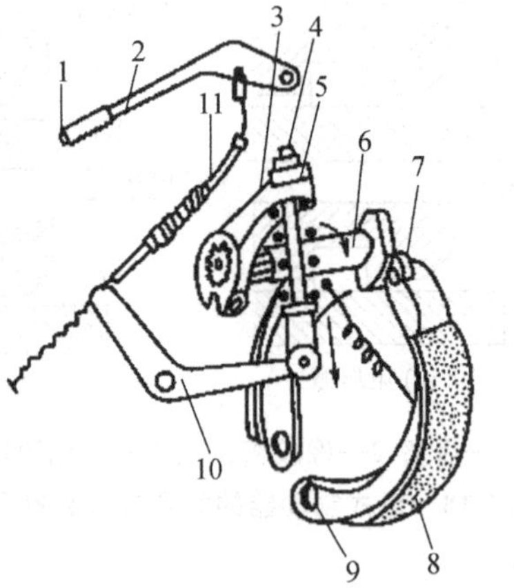

1—按钮;2—操纵杆;3—摆臂;4—拉杆;5—调整螺母;6—凸轮轴;7—滚轮;8—制动蹄;9—偏心支承销;10—摇臂;11—拉丝软轴

图 6-19　东风 EQ1090E 型汽车凸轮张开式驻车制动器示意图

驻车制动时,向上拉动操纵杆 2,通过拉丝软轴 11 使摇臂 10 绕支承销顺时针转动,拉杆通过摇臂 3 带动凸轮轴 6 转动,使两制动蹄张开而产生制动,用棘爪和齿扇锁住操纵杆,保持制动状态。解除制动时,按下棘爪按钮,将操纵杆推向前面的极限位置,两制动蹄片在回位弹簧作用下回位,解除制动。

制动蹄片与制动鼓之间的间隙通过可调拉杆上的调整螺母进行调整。若间隙过大,则需调整摇臂与凸轮的相对位置。

(2) 自增力式驻车制动器

图 6-20 所示为一种自增力式驻车制动器的结构示意图。制动鼓 12 借螺杆 14 和螺钉 22 与变速器的输出轴凸缘盘 13 连接,随变速器输出轴转动。制动底板 1 与驻车制动蹄支承销 11 通过螺杆 19 固定在变速器外壳上。

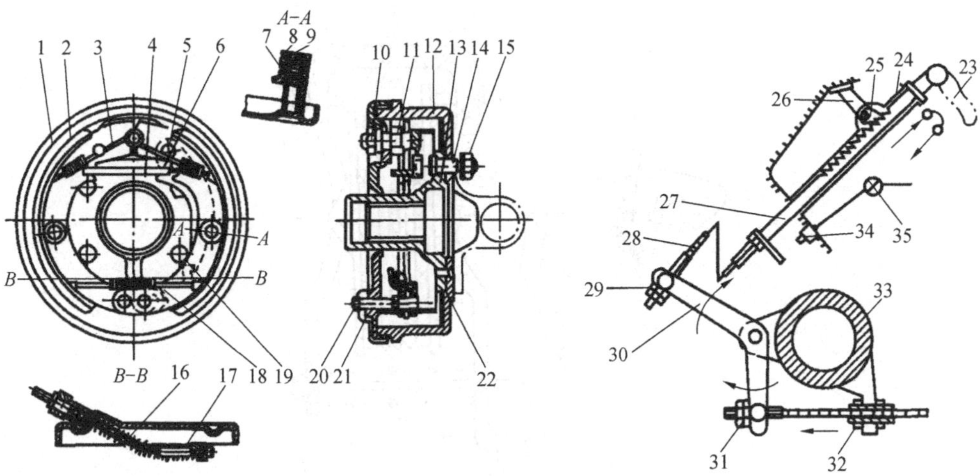

1—制动底板;2—驻车制动蹄;3,18—拉簧;4—推板;5—销轴;6—驻车制动臂;
7—压簧;8—压簧座;9—压簧拉杆;10,15—螺母;11—驻车制动蹄支承销;12—驻车制动鼓;
13—变速器第二轴凸缘盘;14,19—螺杆;16,28—钢丝绳;17—回位弹簧;20—调整棘轮;21—防尘套;
22—埋头螺钉;23—制动手柄;24—拉杆;25—棘爪;26—支座;27—棘齿拉杆;29,31—调整螺母;
30—摇臂;32—导管;33—前桥;34—驻车制动灯开关;35—驻车制动指示灯

图 6-20　自增力式驻车制动器

驻车制动时,将制动手柄 23 连同棘齿拉杆 27 拉出,使制动器内的驻车制动臂 6 绕销轴 5 顺时针转动,经推板 4 将左制动蹄压靠到制动鼓上。不能再左移的推板 4 的右端即成为臂 6 继续转动的新支点,臂 6 通过销轴 5 使右制动蹄以棘轮 20 为支点顺时针移动,压靠到制动鼓上,产生制动作用。解除制动时,应先将制动手柄连同棘齿拉杆顺时针转过一定角度,使棘齿与棘爪脱离啮合,然后将制动手柄推回到不制动位置,并转过一定角度,以便下次制动。

该驻车制动器在制动手柄下方装有制动灯开关 34,只要手柄处于制动位置,仪表板上的驻车制动提示灯 35 即亮,提醒驾驶员驻车制动未解除,不能起步。

2. 盘式驻车制动器

对于后轮采用盘式制动器的车辆来说,后轮盘式制动器要安装驻车制动装置。目前带驻车制动装置的盘式制动器有蹄盘组合式(制动盘中间部位安装有用作驻车制动的鼓式制动装置)、单盘独立夹钳式(制动盘上安装有独立的驻车制动夹钳)、驻车制动和行车制动共用制动夹钳式 3 种。

(1) 蹄盘组合式驻车制动器

图 6-21 为蹄盘组合式驻车制动器示意图。不制动时,驻车制动杆 15 处于最前位置。在定位弹簧 8 和拉簧 6 的作用下,两制动蹄摩擦片与制动盘之间保持一定间隙。

制动时,将驻车制动拉杆 15 上端向后扳动,传动拉杆 12 前移,使拉杆臂 11 逆时针方向摆动,推动前制动蹄臂 10 后移向制动盘。同时通过蹄臂拉杆 9 拉动后制动蹄臂 7,压缩定位弹簧 8,使后制动蹄前移,两制动蹄即夹紧制动盘,产生制动作用,并由棘爪 13 将手制动杆锁止在制动位置。

解除制动时,压下制动杆上端的拉杆按钮,使下端棘爪脱出,然后将制动杆扳向最前端位置,前、后两蹄在定位弹簧作用下回位到不制动位置。

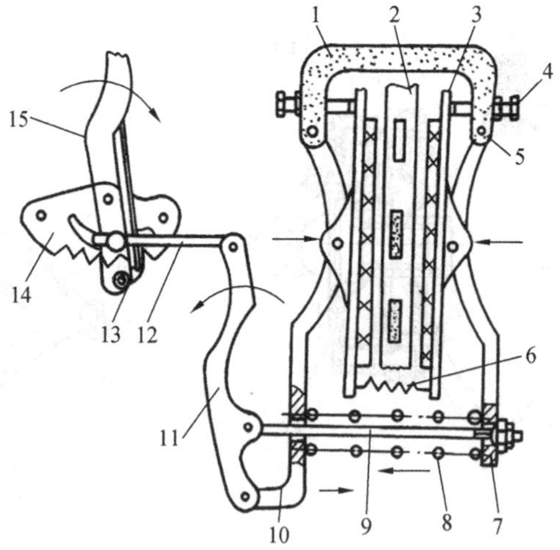

1—支架;2—制动盘;3—制动蹄;4—调整螺钉;5—销;6—拉簧;7—后制动蹄臂;8—定位弹簧;
9—蹄臂拉杆;10—前制动蹄臂;11—拉杆臂;12—传动拉杆;13—棘爪;14—齿扇;15—驻车制动杆

图 6-21　蹄盘组合式驻车制动器示意图

(2) 单盘独立夹钳式驻车制动器

图 6-22 所示带驻车制动装置的浮钳盘式制动器,是一种单盘独立夹钳式驻车制动器。自调螺杆 12 穿过制动夹钳 3 的孔,膜片弹簧 15 使螺杆右端斜面与驻车制动杠杆 9 的凸轮斜面始终贴合。螺杆左端装有自调螺母 6,螺母凸缘左侧被扭簧 7 紧箍着。止推轴承 8 固定在螺母凸缘右侧,并被固定在活塞 17 上的止推垫圈 16 封闭。止推轴承和止推垫圈之间的装配间隙即为设定制动间隙值时完全制动所需的活塞行程。

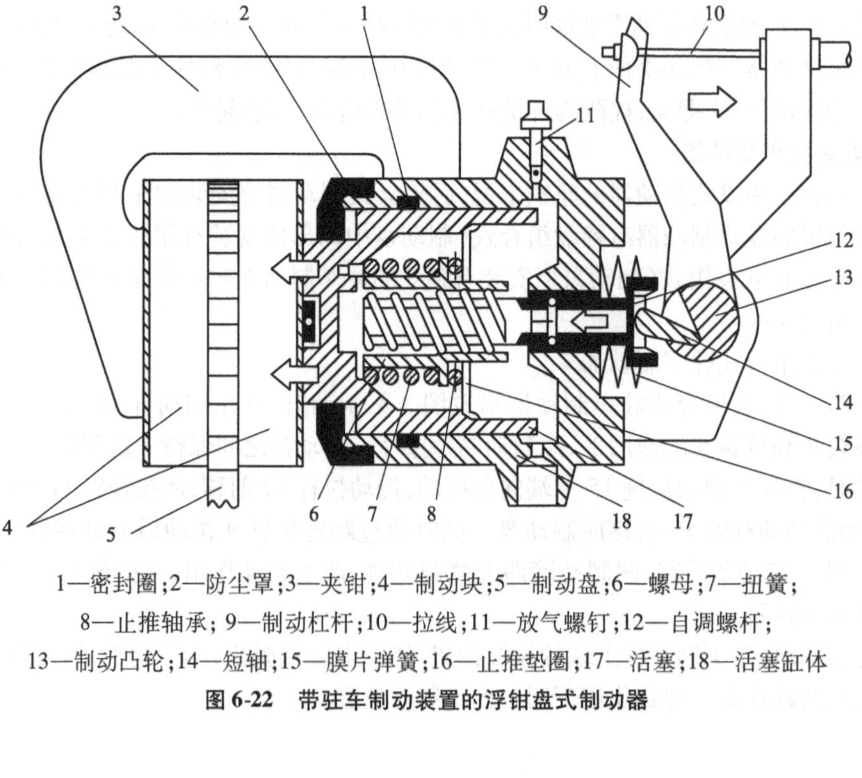

1—密封圈;2—防尘罩;3—夹钳;4—制动块;5—制动盘;6—螺母;7—扭簧;
8—止推轴承; 9—制动杠杆;10—拉线;11—放气螺钉;12—自调螺杆;
13—制动凸轮;14—短轴;15—膜片弹簧;16—止推垫圈;17—活塞;18—活塞缸体

图 6-22　带驻车制动装置的浮钳盘式制动器

第三节　制动传动系统

汽车制动传动装置将驾驶员或其他力源的作用力传到制动器，并控制制动器工作，从而获得所需要的制动力矩。

一、机械制动系统

机械制动系统主要用于驻车制动，因为驻车制动系统必须使汽车可靠地在原地停驻，并在任何情况下不得自动滑行，只有机械系统的自锁作用才能解决这一问题。其操纵部分一般采用手柄控制，制动器有中央布置或与行车制动器合并布置两种类型。在行车中遇到紧急情况时，可同时使用行车制动系统和驻车制动系统，使汽车紧急制动。

机械制动系统的控制装置和传动装置主要由操纵杆 1、调节齿板 2、平衡杠杆 3、拉线 4、制动器 7 等组成，如图 6-23 所示，其中制动器一般为驻车制动系统和行车制动系统共用的后轮制动器。

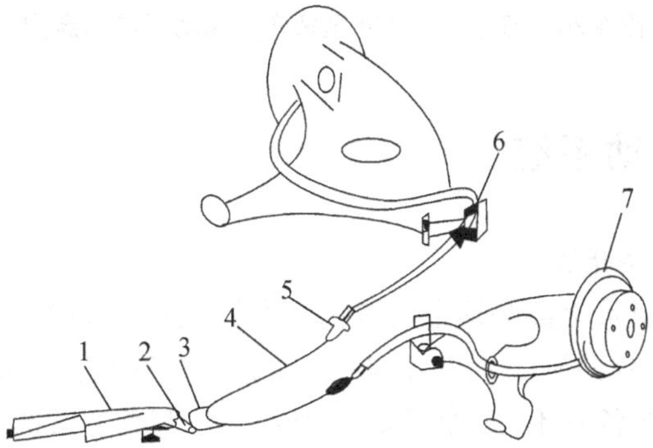

1—操纵杆；2—调节齿板；3—平衡杠杆；4—拉线；5—拉线调整接头；6—拉线支架；7—制动器

图 6-23　驻车制动系统组成示意图

图 6-24 所示为红旗 CA7220 型轿车的制动系统示意图，其驻车制动系统是机械式的，与行车制动系统共用后轮制动器。在驻车制动时，驾驶员将驻车制动操纵杆 7 向上扳起，通过一系列杆件将驻车制动操纵缆绳 9 拉紧，从而对两后轮制动器进行驻车制动。此时，由于驻车制动操纵杆上棘爪的单向作用，使棘爪与棘爪齿板啮合，操纵杆不能反转，整个机械驻车制动杆系被可靠地锁止在制动位置。欲解除驻车制动，须先将操纵杆 7 扳起少许，再压下操纵杆端头的压杆按钮，通过棘爪压杆使棘爪离开棘爪齿板，然后放松操纵杆端按钮，使棘爪得以将整个机械驻车制动杆系锁止在解除制动的位置。

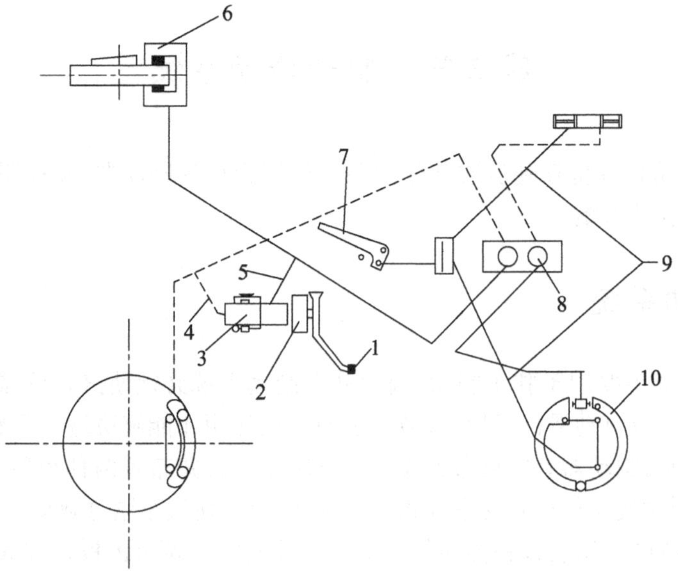

1—制动踏板;2—真空助力器;3—制动主缸;4,5—制动管路;6—盘式制动器;
7—驻车制动操纵杆;8—感载比例阀;9—驻车制动操纵缆绳;10—鼓式制动器

图 6-24　红旗 CA7220 型轿车的制动系统示意图

二、人力－液压制动系统

1. 液压制动系统管路布置

现代汽车的行车制动系统都必须采用双回管路制动传动装置,以保证一旦其中一个管路失效,仍可利用另一管路得到一定的制动力,确保行车安全。双回路液压制动传动装置在各型汽车上的布置方案各有不同,如图 6-25 所示。各布置方案的特点如下:

(1) 一轴对一轴(Ⅱ)型:前轴(桥)制动器与后轴(桥)制动器各有一套管路。该布置方案最为简单,可与单轮缸鼓式制动器配合使用,在发动机前置后轮驱动的汽车上得到广泛应用,如南京依维柯、广州标致等汽车。其缺点是当一套管路失效时,前后桥制动力分配关系被破坏。

(2) 交叉(X)型:一轴的一侧车轮制动器与另一轴的对角车轮制动器同属一套管路。该布置方案中任一管路失效时,剩余的总制动力都能保持管路正常时总制动力的一半,而且前后桥制动力分配关系不发生改变,有利于提高制动稳定性。这种布置形式多用于发动机前置前轮驱动的轿车上,如上海桑塔纳、神龙富康、天津夏利等汽车。

(3) 一轴半对半轴(HI)型:每侧前轮制动器的半数轮缸和全部后轮制动器轮缸同属一套管路,其余的前轮轮缸则属于另一套管路。

(4) 半轴一轮对半轴一轮(LL)型:两侧前轮制动器的半数轮缸和一个后轮制动器分别属于相互独立的两套管路。

(5) 双半轴对双半轴(HH)型:前、后轮制动器的半数轮缸分别属于相互独立的两套管路。

在以上布置方案中，Ⅱ型、X型由于优点较多而被广泛应用。其他3种较为复杂，在汽车上应用较少。

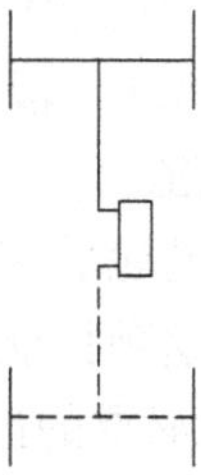

(a) 一轴对一轴（Ⅱ）型

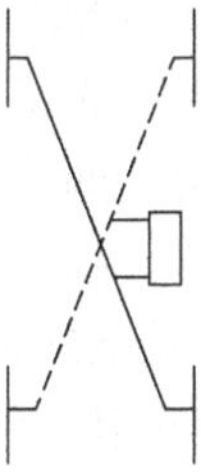

(b) 交叉（X）型

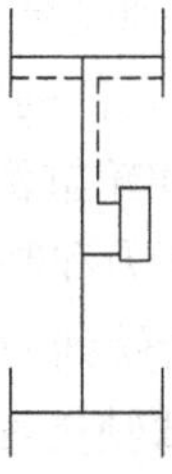

(c) 一轴半对半轴（HI）型

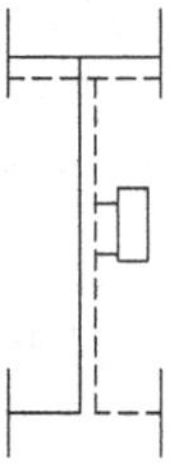

(d) 半轴一轮对半轴一轮（LL）型

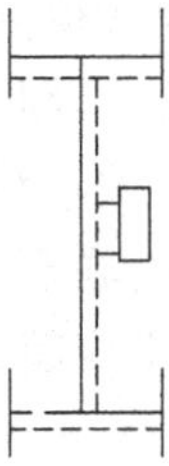

(e) 双半轴对双半轴（HH）型

图6-25　双回路液压制动系统的布置方案

2. 系统的组成及工作原理

人力－液压制动系统的基本组成和回路如图6-26所示。人力－液压制动系统以驾驶员的肌体作为唯一的制动能源，以制动液为传动介质（即液压方式传递制动能源），以制动主缸5、制动轮缸2及制动管路3、6、8为传输装置，以制动踏板4为控制装置，采用盘式或鼓式行车制动器。制动踏板机构和制动主缸都安装在车架上，轮缸安装在车轮制动器上。车轮通过弹性悬架与车架相连，主缸和轮缸之间的相对位置经常发生变化，因此主缸与轮缸间的链接油管除金属管（铜管）外，还有特制的橡胶制动软管。各液压元件之间及各段油管之间装有各种管接头。整个液压制动系统中应当保持充足的专用制动液。

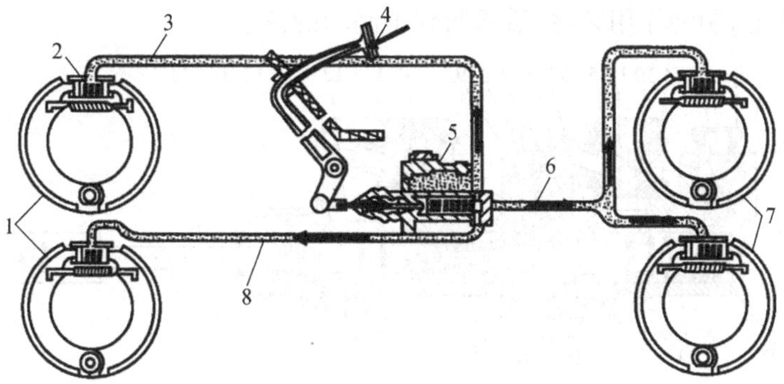

1—前轮制动器；2—制动轮缸；3、6、8—制动管路；4—制动踏板；5—制动主缸；7—后轮制动器

图6-26　人力－液压制动系统示意图

当踩下制动踏板制动时，驾驶员所施加的制动控制力通过踏板机构传到制动主缸，制动主缸即将制动液经油管压入前、后制动轮缸，将制动蹄推向制动鼓。在制动器间隙消除

之前,管路中的液压不可能很高,仅足以平衡制动蹄回位弹簧的张力以及油液在管路中的流动阻力。在制动间隙消除并开始产生制动力矩时,液压与踏板力开始增长,直到完全制动。从开始制动到完全制动的过程中,由于在液压作用下,油管(主要是橡胶软管)的弹性膨胀变形和摩擦元件的弹性压缩变形,踏板与轮缸活塞都可以继续移动一段距离。松开制动踏板,制动蹄和轮缸活塞在回位弹簧作用下回位,将制动液压回主缸。

显然,管路压力和制动器产生的制动力矩与踏板力呈线性关系。若轮胎与地面间的附着力足够,则汽车所受到的制动力也与踏板力呈线性关系。制动系统的这项性能称为制动踏板感(或称路感),驾驶员可因此直接感觉到汽车制动强度,以便及时加以必要的控制和调节。

自制动踏板到轮缸活塞的制动系统传动比,等于踏板机构杠杆比乘以轮缸直径同主缸直径之比。传动比越大,为获得同样大的制动力矩所需的踏板力越小,但踏板行程却因此而变大,使得制动操作不便。因此,液压制动系统的传动比要合适,既要保证制动踏板力较小,同时踏板行程又不要太大。对于人力-液压制动系统,考虑到制动器允许磨损量的踏板全行程不应超过 150 mm(轿车)~180 mm(货车)。制动器间隙调整正常时,踏下踏板到完全制动的踏板工作行程不应超过全行程的 50% ~60% 。最大踏板力一般不应超过 350 N(轿车)~550 N(货车)。

3. 制动主缸

制动主缸的作用是将由制动踏板输入的机械能转换成液压能。

在双回路液压制动系统中,采用串列双腔式制动主缸,相当于两个单腔式制动器串联在一起,如图 6-27 所示。制动主缸的壳体内装有前缸活塞 7、后缸活塞 12 及前缸弹簧 21、后缸弹簧 18;前缸活塞用密封圈 19 密封,后缸活塞用密封圈 16 密封,并用挡圈 13 定位。两个储液筒分别与前腔 B、后腔 A 相通,通过各自的出油阀 3 与前后制动轮缸相通,前缸活塞靠后缸活塞的液力推动,而后缸活塞直接由推杆 15 推动。

当踩下制动踏板时,推杆推动后活塞左移至皮碗掩盖住补偿孔之后,后工作腔中油压升高。油压一方面通过后出油阀流进后制动管路;另一方面油压与后弹簧共同推动前活塞左移,使前工作腔油压升高,油液推开前出油阀流进前制动管路,于是两制动管路在等压下对汽车制动。

解除制动时,驾驶员放开制动踏板,制动蹄和轮缸活塞在复位弹簧的作用下回位,将制动液压回制动主缸,制动作用解除,活塞回到不制动的位置。

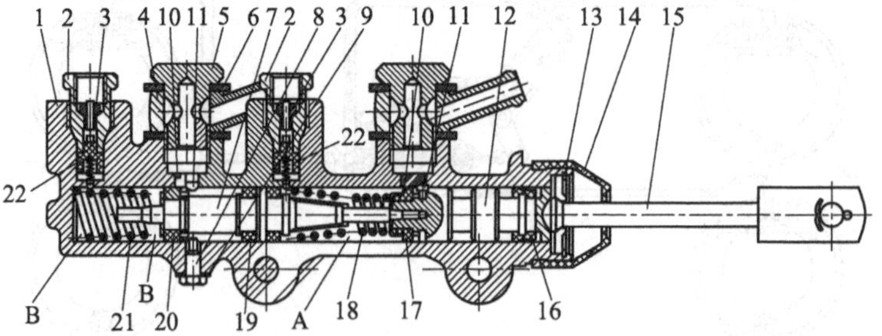

1—制动主缸缸体;2—出油阀座;3—出油阀;4—进油管接头;5—空心螺栓;6—密封垫;7—前缸活塞;8—定位螺钉;9—密封垫;10—旁通孔;11—补偿孔;12—后缸活塞;13—挡圈;14—护罩;15—推杆;16—后缸密封圈;17—后活塞皮碗;18—后缸弹簧;19—前缸密封圈;20—前活塞皮碗;21—前缸弹簧;22—回油阀;A—后腔;B—前腔

图 6-27 串列双腔式制动主缸

4. 制动轮缸

制动轮缸的作用是将制动主缸传来的液压力转变为机械推力，以使制动蹄张开或制动钳抱紧。

对不同结构形式的轮缸式制动器，轮缸的结构各不相同，有单活塞式和双活塞式两种。两者的工作原理相似，结构上都由缸体、活塞、调整螺钉（顶块）和放气阀等组成，其中放气阀是制动系统的必备部件，用来排除制动管路中混入的空气。单缸活塞式制动轮缸主要用于双领蹄和双从蹄式制动器，双缸活塞式制动轮缸则主要用于领从蹄式制动器、双向双领蹄式制动器及自增力式制动器。

图6-28为双活塞式制动轮缸的示意图，缸体1内装有两个活塞2，两个皮碗3装在两个活塞的端面以实现油腔的密封；弹簧4保持皮碗、活塞、顶块与制动蹄的紧密接触，并保持两活塞之间的进油间隙。制动时，来自制动主缸的制动液经油管接头和进油口进入进油间隙（油腔），将活塞向外推开，通过顶块推动制动蹄，使车轮制动。防护罩6除防尘外，还可防止水分进入，以免活塞和缸体生锈而卡死。

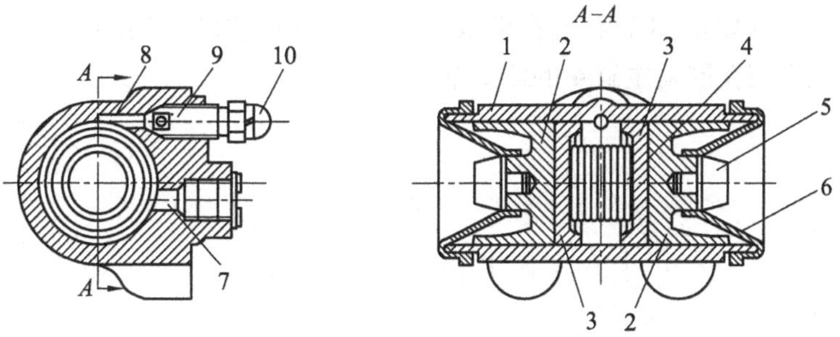

1—缸体；2—活塞；3—皮碗；4—弹簧；5—顶块；6—防护罩；
7—进油孔；8—放气孔；9—放气阀；10—放气阀防护螺钉

图6-28 双活塞式制动轮缸结构示意图

5. 制动液

制动液也是液压制动系统的重要组成部分，其质量好坏对制动系统的工作可靠性有很大的影响。为此，对制动液提出如下要求：

（1）高温下不易汽化，否则将在管路中产生气阻现象，使制动系统失效；

（2）低温下有良好的流动性；

（3）不会使与之经常接触的金属（铸铁、钢、铝或铜）件腐蚀，不会使橡胶件发生膨胀、变形和损坏；

（4）能对液压系统的运动件起到良好的润滑作用；

（5）吸水性差而溶水性良好，即能使渗入其中的水汽形成微粒而与之均匀混合，否则将在制动液中形成水泡而大大降低汽化温度。

三、液压伺服制动系统

在人力－液压制动系统的基础上加设一套动力伺服系统（助力），即兼用人体和发动机作为制动能源，即构成了伺服制动系统。正常情况下，制动能量大部分由伺服系统供给，而在动力伺服系统失效时，可全靠驾驶员供给制动能源（即由伺服制动转为人力制动）。

与人力-液压制动系统一样，液压伺服制动系统传动机构利用液压油（制动液）将制动踏板力转换为液压力，通过管路传至车轮制动器，再将液压力转变为制动蹄张开的机械推力或制动钳的夹持力。传动机构中的制动主缸、制动轮缸的结构及工作原理与人力-液压制动系统所用的完全相同。

按输出力作用部位和对其控制装置的操纵方式的不同，液压伺服制动系统可分为真空助力式（直接操纵式）和真空增压式（间接操纵式）两种。

（一）真空助力式液压伺服制动系统

1. 制动系统回路组成及工作原理

图 6-29 为真空助力式伺服（直接操纵真空伺服）制动系统示意图，采用的是 X 形布置（对角线布置）的双回路液压制动系统。串列双腔制动主缸 4 的前腔通往左前轮盘式制动器的轮缸 11，并经感载比例阀 9，通向右后轮鼓式制动器的轮缸 13。制动主缸 4 的后腔通往右前轮盘式制动器的轮缸 12，并经感载比例阀通向左后轮鼓式制动器的轮缸 10。真空伺服气室 3 和控制阀 2 组合成一个整体部件，称为真空助力器。制动主缸 4 直接装在真空伺服气室的前端，真空单向阀 8 直接装在伺服气室上。真空伺服气室工作时产生的推力，也同踏板力一样直接作用在制动主缸 4 的活塞推杆上。

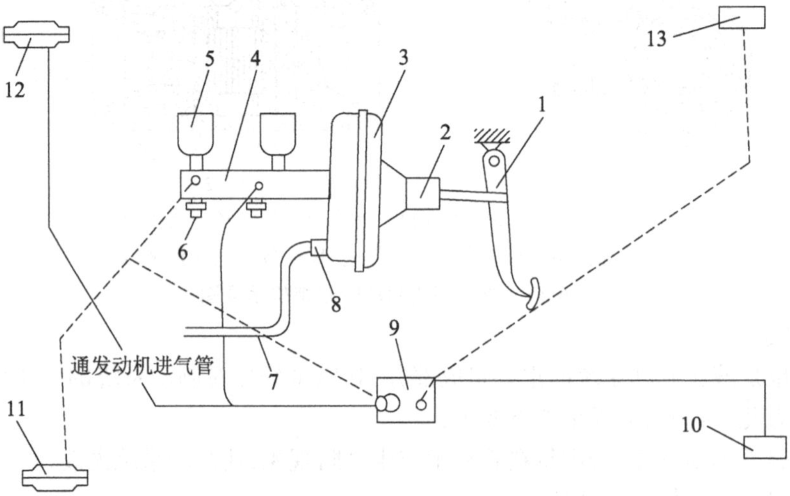

1—制动踏板；2—控制阀；3—真空伺服气室；4—制动主缸；5—储液罐；
6—制动信号灯液压开关；7—真空供能管路；8—真空单向阀；9—感载比例阀；
10—左后轮缸；11—左前轮缸；12—右前轮缸；13—右后轮缸

图 6-29　真空助力式伺服制动系统示意图

2. 真空助力器

真空助力器是利用真空能（负气压能）对制动踏板进行助力的装置，用于真空助力伺服液压制动系统，安装在制动踏板和制动主缸之间。

真空助力器主要由真空伺服气室和控制阀组成，如图 6-30 a 所示。真空伺服气室由前、后壳体 1 和 19 组成，两者之间夹装有伺服气室膜片 20，将伺服气室分成前、后两腔。前腔经真空单向阀通向发动机进气歧管，外界空气经过滤环 11 和毛毡过滤环 14 滤清后进入伺服气室后腔。后腔膜片座 8 的毂筒中装有控制阀 6。控制阀由空气阀 10 和真空阀 9 组成，其结构图部分放大后如图 6-30 b 和图 6-30 c 所示，空气阀与控制阀推杆 12 固装在一起，控制阀推杆借调整叉 13 与制动踏板机构连接。伺服气室膜片座 8 上有通道 A 和 B，通道 A 用于连通伺服气室前腔和控制阀，通道 B 用于连通伺服气室后腔和控制阀。伺服气室膜片座的前端装有制动主缸推杆 2，其中有传递脚感的橡胶反作用盘 7，反作用盘两面受力，前端面受控制阀推杆、空气阀及膜片座的推力；后端面承受制动主缸推杆传来的制动主缸液压的反作用力。真空伺服气室工作时产生的推力连同踏板力一起，直接作用在制动主缸推杆 2 上。

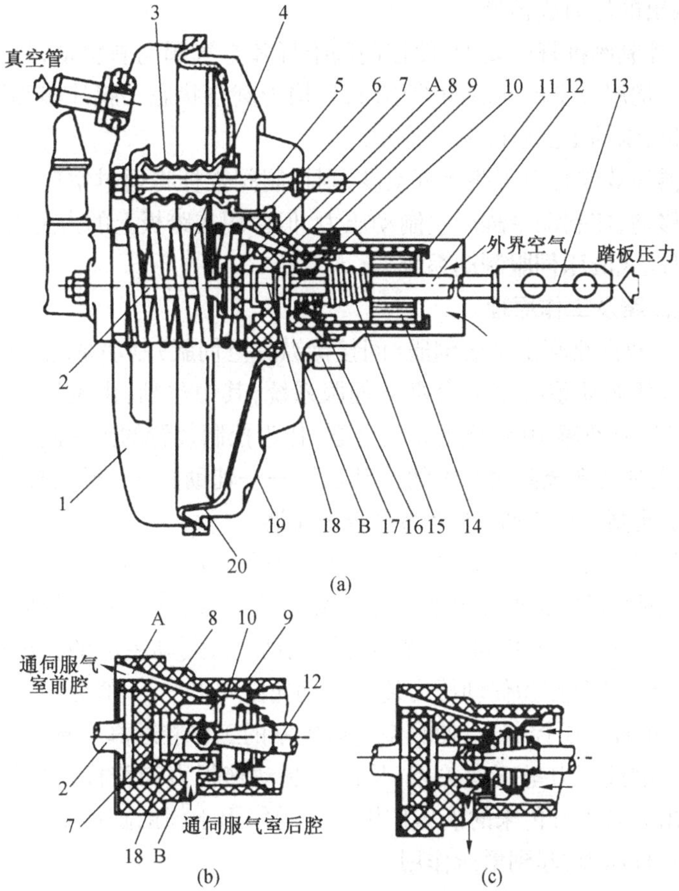

1—伺服气室前壳体；2—制动主缸推杆；3—导向螺栓密封套；4—膜片回位弹簧；5—导向螺栓；6—控制阀；7—橡胶反作用盘；8—伺服气室膜片座；9—真空阀；10—空气阀；11—过滤环；12—控制阀推杆；13—调整叉；14—毛毡过滤环；15—控制阀推杆弹簧；16—阀门弹簧；17—螺拴；18—控制阀柱塞；19—伺服气室后壳体；20—伺服气室膜片

图 6-30 真空助力器

真空助力器不工作时，空气阀和控制阀椎杆在控制阀推杆弹簧 15 的作用下，离开橡胶反作用盘 7，处于右端极限位置，并使真空阀离开膜片座 8 上的阀座，即真空阀处于开启状态。而真空阀又被阀门弹簧 16 压紧在空气阀上，即空气阀处于关闭状态。此时伺服气室的前后两腔相互连通，并与大气隔绝。在发动机工作时，前后两腔内都产生一定的真空度。

制动时，踩下制动踏板，来自踏板机构的控制力推动控制阀推杆 12 和控制阀柱塞 18 向前移动，在消除柱塞与橡胶反作用盘 7 之间的间隙后，再继续推动制动主缸推杆 2，主缸内的制动液以一定压力流入制动轮缸,此力为制动踏板机构所给。与此同时,在阀门弹簧的作用下,真空阀也随之向前移动,直到压靠在膜片座的阀座上,从而使通道 A 和 B 隔绝,即伺服气室的前腔和后腔隔绝,进而空气阀离开真空阀而开启,空气经过滤环、毛毡过滤环、空气阀的开口和通道 B 充入伺服气室后腔。随着空气的充入,在伺服气室膜片的两侧出现压力差而产生推力,此推力通过膜片座、橡胶反作用盘推动制动主缸推杆 2 向前移动,此力为压力差所给。此时,制动主缸推杆上的作用力为踏板力和伺服气室反作用盘推力的总和,使制动主缸输出的压力成倍增长。

解除制动时,控制阀推杆弹簧 15 使控制阀推杆和空气阀向右移动,真空阀离开膜片座上的阀座而开启。伺服气室的前后两腔相通,且均为真空状态。膜片座和膜片在膜片回位弹簧的作用下回位,制动主缸解除制动作用。

若真空助力器失效或真空管路无真空度,则控制阀推杆将通过空气阀直接推动膜片座和制动主缸推杆移动,使制动主缸产生制动压力,但作用在踏板上的力要增大。

(二) 真空增压式液压伺服制动系统

1. 制动系统回路及工作原理

图 6-31 所示为双回路真空增压伺服(间接操纵真空伺服)制动系统示意图,这种伺服制动系统比人力 - 液压制动系统多一套真空伺服系统,其中包括:由发动机进气管 12(真空源)、真空单向阀 11、真空罐 10 组成的供能装置;作为控制装置的控制阀 6;作为传动装置的伺服气室 8;与液压制动系统共用的中间传动液缸——辅助缸 5。辅助缸、真空伺服气室和控制阀通常组合装配成一个部件,称之为真空增压器。

当发动机工作时,在进气管 12 中的真空度作用下,真空罐 10 中的空气经真空单向阀 11 被吸入发动机,因而罐中也产生并积累了一定的真空度,作为制动伺服的能源。伺服系统中工作真空度最高可达 0.007 MPa。踩下制动踏板时,制动主缸的输出液压能首先传入辅助缸 5,此液压能一部分作为促动压力传入制动轮缸 1 和 9,一部分作为控制压力输入控制阀 6。控制阀在主缸液压控制下,使真空伺服气室的工作腔通真空罐或通大气,并保证伺服气室输出力与主缸液压力呈正向关系,从而与制动踏板力和踏板行程呈递增函数关系。真空伺服气室输出力与主缸传来的液压作用力一同作用于辅助缸活塞,因而辅助缸输送至轮缸的压力高于主缸压力,起到增压作用。

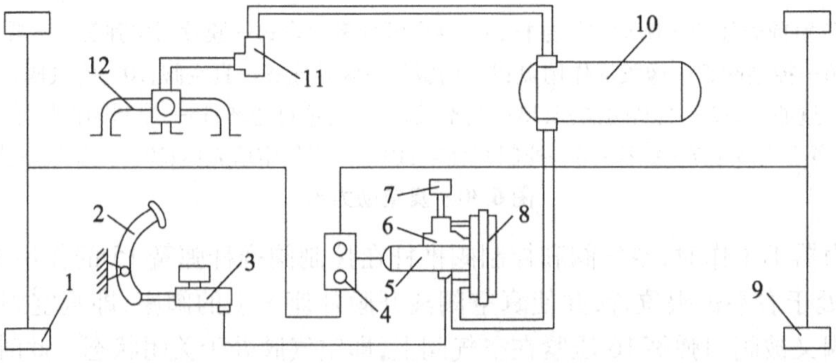

1—前制动轮缸;2—制动踏板;3—制动主缸;4—安全缸;5—辅助缸;6—控制阀;
7—进气滤清器;8—真空伺服气室;9—后制动轮缸;10—真空罐;11—真空单向阀;12—发动机进气管

图 6-31　真空增压式液压伺服制动系统示意图

2. 真空增压器

真空增压器用于真空增压式伺服制动系统，安装在制动主缸之后，利用真空度对制动主缸输出的油液进行增压。

真空增压器由真空伺服气室、控制阀和增压缸三部分组成，如图 6-32 所示。伺服气室膜片 19 将伺服气室分成左、右两腔。左腔 C 经真空伺服气室前壳体 17 端面接头通过真空管与真空罐相连接，且经由增压缸 10 中的孔道与控制阀下腔 B 相通。右腔 D 则经通气管 16 与控制阀上腔 A 相通。真空伺服气室膜片中央经膜片托盘 21 等与推杆 14 紧固在一起，伺服气室膜片回位弹簧 20 使膜片在不制动时处于图示最右端位置。

在控制阀中，空气阀 1 和真空阀 3 组成阀门组件，空气阀座在控制阀体上，真空阀座在膜片座上。不制动时，在阀门弹簧 2 和控制阀膜片回位弹簧 4 的作用下，空气阀 1 关闭，增压器与大气隔绝；真空阀 3 则开启，使 A、B、C、D 腔互相连通并具有相同的真空度。控制阀活塞 6 与膜片座连为一体，可在控制阀缸中上下移动。

增压缸 10 的内腔被增压缸活塞 7 分成两部分，左腔通过出油管接头 9 通向前、后轮制动轮缸，右腔经进油管接头 13 与制动主缸相通。推杆 14 通过尼龙密封圈座 15 支撑在增压缸 10 的座孔中，并以两个橡胶双口密封圈密封，前端装有球阀 11。不制动时，增压缸活塞回位弹簧 8 将增压缸活塞 7 推靠在活塞限位座 12 上。

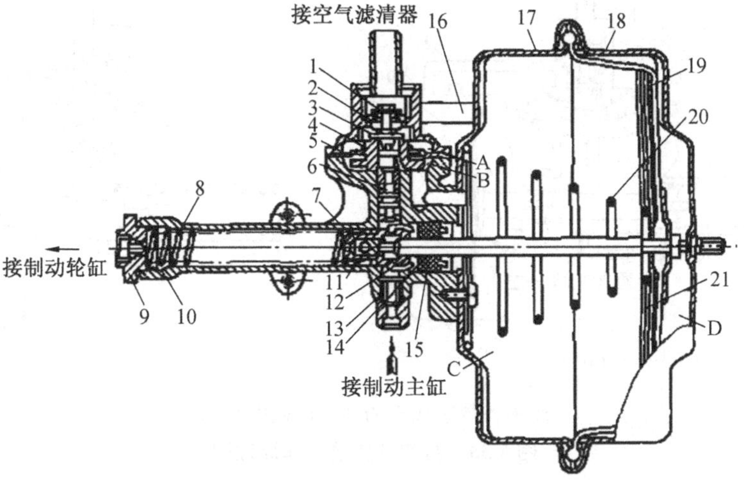

1—空气阀；2—阀门弹簧；3—真空阀；4—控制阀膜片回位弹簧；5—控制阀膜片；
6—控制阀活塞；7—增压缸活塞；8—增压缸活塞回位弹簧；9—出油管接头；10—增压缸；11—球阀；
12—活塞限位座；13—进油管接头；14—推杆；15—密封圈座；16—通气管；17—真空伺服气室前壳体；
18—真空伺服气室后壳体；19—伺服气室膜片；20—伺服气室膜片回位弹簧；21—膜片托盘

图 6-32　真空增压器

真空增压器工作原理如图 6-33 所示。踩下制动踏板时，制动液自制动主缸输入增压缸，开始时球阀 11 处于开启状态，制动液可由增压缸活塞上的孔进入前后各制动轮缸。此时，轮缸液压等于主缸液压。与此同时，输入到增压缸的压力油还作用到控制阀活塞 6 上，推动膜片座上移，首先将真空阀 3 关闭，使控制阀上腔 A 与下腔 B 隔绝，然后将空气阀 1 打开。于是空气便经空气滤清器流入控制阀上腔 A 和伺服气室右腔 D（图 6-33 a），使其中的压力升高（即真空度减小）。而此时控制阀下腔 B 和伺服气室左腔 C 中的真空度则保持不变。在C、D两腔压力差的作用下,伺服气室膜片19带动推杆14向左移动,使球阀11抵靠在增压缸活塞7的阀座上,并使制动主缸与增压缸左腔隔绝。这时,增压缸活塞上有两个作用力:一是从制动主缸传来的液压力;另一个是推杆传来的推力。所以,增压缸左腔及各轮缸的液压要高于主缸的液压,起到了增压效果。

随着A、D两腔中真空度的降低,控制阀的膜片及阀门组件逐渐下移。A、D两腔中真空度降低到一定值时,空气阀关闭,此时真空度将保持在某一稳定值上,其大小取决于输入控制压力,即主缸压力。而控制压力又取决于作用于制动踏板上的力和踏板行程。所以,驾驶员作用在制动踏板上的力将对制动强度起决定作用。

当制动踏板回升一定距离(图6-33 b),即主缸油压下降一定值时,控制阀平衡状态被破坏,控制阀活塞6及膜片座下移,真空阀开启,于是A、D两腔压力降低,使D、C两腔压差有所减小。增压缸输出压力也就保持在较低值,从而使制动强度减弱。当制动踏板完全放松时,所有运动件都在各自的回位弹簧作用下回复原位。

若真空增压器失效或管路漏气而无真空度时,增压缸中的球阀11将保持开启,使制动主缸与制动轮缸之间的油路畅通。整个系统还可以同人力-液压制动系统一样工作,只是所需踏板力要大些。

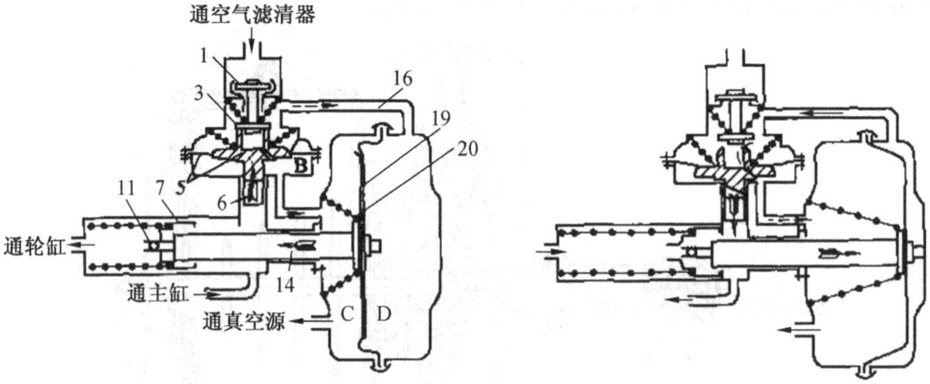

(a)　　(b)

图中各数字代表的零部件同图6-32

图6-33　真空增压器工作原理图

四、气压动力制动系统

动力制动系统是一种以发动机动力作为唯一制动能源的制动系统。在动力制动系统中,驾驶员的肌体仅作为控制能源,其制动能源则是由空气压缩机产生的气压能,或油泵产生的液压能。空气压缩机或油泵则由发动机驱动。

动力制动系统有气压式、气顶液式和全液压式3种类型。

气压制动系统的供能装置和传动装置都是气压式的,其控制装置主要由制动踏板机构和制动阀等气压控制元件组成,是发展最早的一种动力制动系统,广泛应用于中型以上商用车。

气顶液制动系统的供能装置、控制装置与气压式的相同,但其传动装置有气压式和液压式两部分,即传动装置是气压-液压组合式。

全液压动力制动系统中除制动踏板外,供能、控制和传动装置全是液压式的。

本节仅对气压式动力制动系统进行介绍。

(一) 系统回路和工作原理

与液压制动系统一样,气压制动系统都采用双回路或多回路,图 6-34 为东风 EQ1090E 型汽车的双回路气压制动系统示意图。空压机 1 由发动机驱动产生压缩空气,压缩空气先通过湿储气筒单向阀 4 流入湿储气筒 6 进行冷却和油水分离,再分别经两个主储气筒单向阀 4 分别进入主储气筒 14 和 17,分成两个回路:一个回路经主储气筒 14、并列双腔制动阀 3 的后腔通向前制动气室 2;另一个回路经主储气筒 17、并列双腔制动阀 3 的前腔和快放阀 13 通向后制动气室 10。

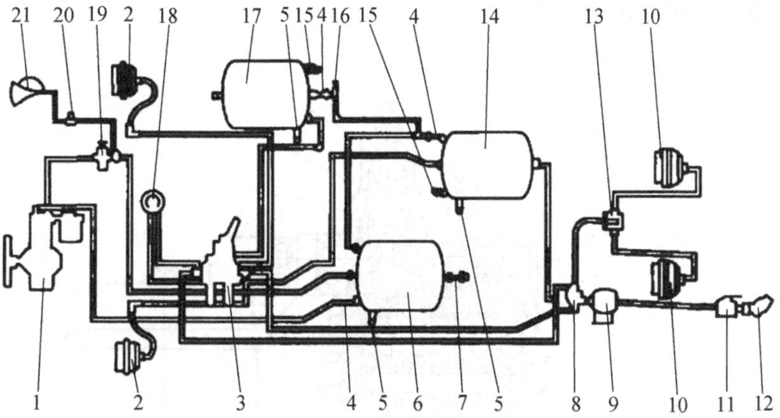

1—空压机;2—前制动气室;3—并列双腔制动阀;4—储气筒单向阀;5—放水阀;6—湿储气筒;
7—溢流阀;8—梭阀;9—挂车制动阀;10—后制动气室;11—挂车分离开关;12— 连接头;
13—快放阀;14—主储气筒(供前制动器);15—低压报警器;16—取气阀;17—主储气筒(供后制动器);
18—双针气压表;19—气压调节阀;20—气喇叭开关;21—气喇叭

图 6-34 东风 EQ1090E 型汽车的双回路气压制动系统示意图

制动时,踩下制动踏板,制动阀打开主储气筒与制动气室之间的通道,来自主储气筒 14 的压缩空气经过制动阀进入前制动气室 2,前轮制动器开始制动;来自主储气筒 17 的压缩空气经过制动阀进入后制动气室 10,后轮制动器开始制动。制动阀的前后腔输出的压缩空气也都进入梭阀 8,梭阀则只让压力较高一腔的压缩空气输入到挂车制动阀 9,以使挂车产生制动。解除制动时,放松制动踏板,制动阀关闭主储气筒与制动气室之间的通道,同时开启制动气室与大气的通道,制动气室的压缩空气通过制动阀泄入到大气中,制动作用消失。

(二) 供能装置

气压制动系统的供能装置包括:① 产生气压能的空气压缩机和储存气压能的储气筒;② 将气压限制在安全范围内的调压阀和溢流阀;③ 改善传能介质(空气)状态的进气滤清器、排气滤清器、管道滤清器、油水分离器、空气干燥器及防冻器;④ 在一个回路失效时用以保护其余回路,使其中气压能不受损失的多回路压力保护阀等。

1. 空气压缩机

空气压缩机也称空压机,有单缸式和双缸式两种,通常固定在气缸体或气缸盖的一侧,由发动机通过风扇带轮和 V 带驱动,或者由发动机曲轴的正时齿轮通过齿轮机构驱动。

图 6-35 为东风 EQ1090E 型汽车所采用的单缸风冷式空气压缩机，由发动机通过风扇带轮和 V 带驱动。支架上有三道滑槽，可通过调整螺栓移动空气压缩机的位置，来调整传动带的松紧度。

空压机具有与发动机类似的曲柄连杆机构。铸铁制成的气缸体下端用螺栓与曲轴箱连接，缸筒外铸有散热片。铝制气缸盖 4 用螺栓紧固在气缸体上端面，其间装有密封缸垫。气缸盖内装有进气阀 9 和排气阀 3，侧面进气口上装有空气滤清器。进气阀 9 由进气阀门导向座 12、进气阀弹簧 11、进气阀座 10、密封圈等组成，经进气道与空气滤清器 13 相通。排气阀 3 由排气阀门导向座 2、弹簧、阀片、阀片座、密封圈、波形垫圈等组成，经排气管接头与储气筒相通。进气阀 9 上方设有卸荷装置（卸荷室和卸荷阀），卸荷装置壳体 5 内镶嵌着套筒，其中有卸荷柱塞 7 和柱塞弹簧 8。

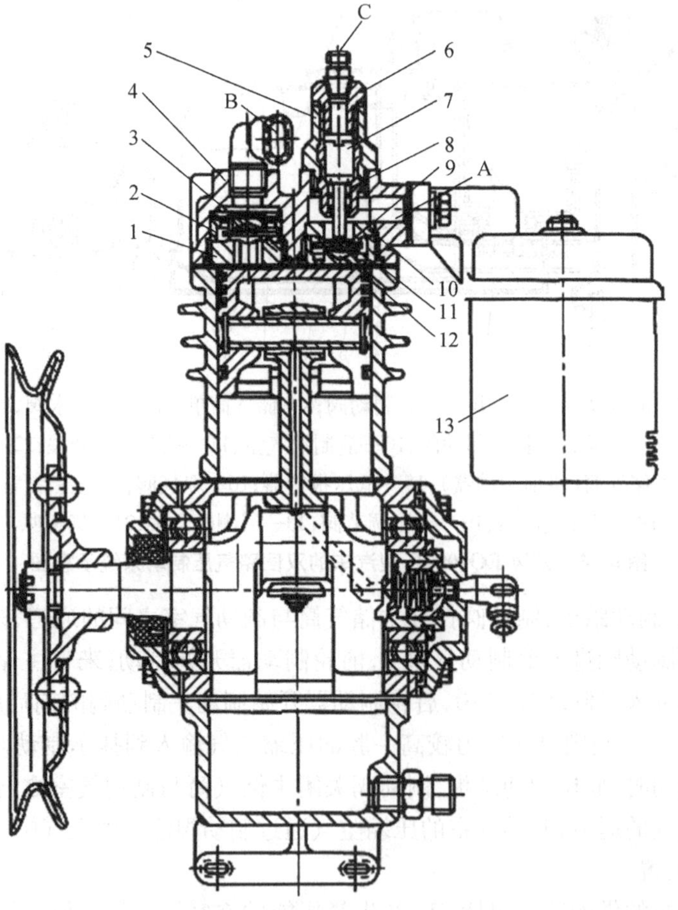

1—排气阀座；2—排气阀导向座；3—排气阀；4—气缸盖；5—卸荷装置壳体；
6—定位销；7—卸荷柱塞；8—柱塞弹簧；9—进气阀；10—进气阀座；11—进气阀弹簧；
12—进气阀导向座；13—进气滤清器；A—进气口；B—排气口；C—调压阀控制压力入口

图 6-35 东风 EQ1090E 型汽车单缸风冷式空气压缩机

空气压缩机工作时，活塞下行，气缸内形成一定真空度，迫使进气阀克服弹簧的张力离开阀座，排气阀关闭，外界的空气即经空气滤清器 13、进气道、进气阀 9 被吸入气缸，活塞下行至下止点附近时,随着活塞移动速度的降低,其真空度也逐渐减小,当减到不能克服进气阀弹簧 11 的张力时,进气阀 9 被弹簧压靠在进气阀座 10 上,切断进气通路。活塞上行时,缸内空气即被压缩,压力升高,当压力升高到足以克服排气阀弹簧的张力与排气室内压缩空气的压力之和时,压缩空气即压开排气阀 3,经排气室和排气管道送至湿储气筒。此时,进气阀关闭。当储气筒内的气压达到规定值(0.7 ~ 0.74 MPa)后,卸荷柱塞下移压开进气阀,使空气压缩机与大气相通,不再泵气。

2. 调压阀

调压阀的作用是调节供气管路中压缩空气的压力,使之保持在规定的压力范围内,且在过载时实现空压机的卸荷空转,以减少发动机的功率损失。

调压阀在回路中的连接方法有如下两种:

(1) 调压阀与空压机和储气筒并联。当系统的空气压力达到规定值时,调压阀使空压机的进气阀开启,卸荷空转。

(2) 调压阀串联在空压机和储气筒之间。当系统的空气压力达到规定值时,调压阀将多余的压缩空气直接排入大气,空压机卸荷空转。

图 6-36 所示为东风 EQ1090E 型汽车采用的调压阀,与储气筒并联在制动回路中。阀体 10 上装有两个带滤芯的管接头 7 和 9, 分别和空气压缩机上的卸荷室和储气筒相通。膜

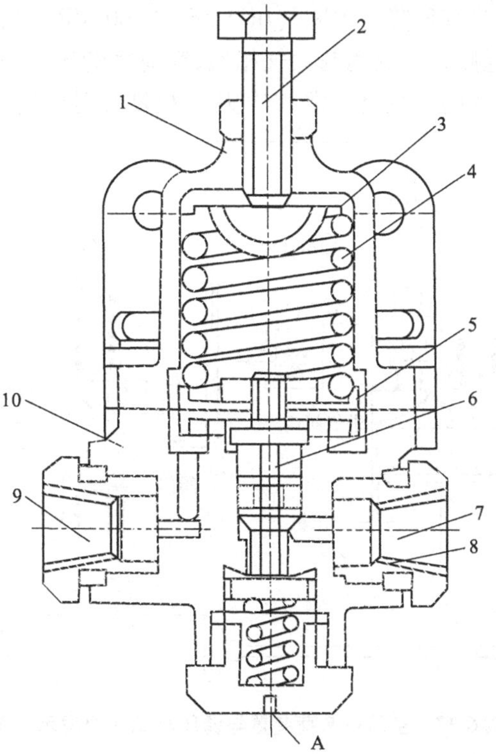

1—阀盖; 2—调压螺钉;3—上弹簧座;4—调压弹簧;5—膜片组件;6—空心管;
7—接卸荷室管接头;8—排气阀;9—接储气筒的管接头;10—阀体;A—排气口

图 6-36　东风 EQ1090E 型汽车调压阀

片 5 及弹簧下座等机件用螺母紧固在一起。膜片的外缘被夹持在阀盖 1 与壳体 10 之间,构成膜片上下两腔室。膜片上腔室经上盖上的小孔与大气相通,而下腔室经气体通道及管接

头用气管与储气筒相通。调压弹簧 4 上端通过上弹簧座 3 支承于调压螺钉 2 上；下端通过弹簧下座使膜片组件紧靠在壳体的环形凸肩上。空心管 6 外圆柱面的中段与壳体的中心导向孔滑动配合，其间有密封圈。空气管的中心孔上部的径向孔与膜片的下腔室相通，壳体下端腔室内装有排气阀 8 及其压紧弹簧，并经孔 A 与大气相通。调节阀调节气压值可通过旋转盖 1 上的调压螺钉 2，改变调压弹簧 4 的预紧力予以调整。

当储气筒内气压未达到规定值时，膜片 5 下腔气压较低，不足以克服调压弹簧 4 的预紧力，膜片连同空心管及排气阀被调压弹簧压到下极限位置，调压阀不起作用。此时，由储气筒至卸荷室的通路被隔断，卸荷室与大气相通，卸荷阀杆的最高位置，进气阀处于密封状态，空气压缩机对储气筒正常充气。

当储气筒气压升高到 0.7 ~ 0.74 MPa 时，膜片 5 下方气压作用力足以克服调压弹簧 4 的预紧力而推动膜片向上拱曲，使空心管 6 和排气阀随之上移到排气阀压靠阀座而关闭，切断卸荷室与大气的通路，并且空心管下端面也离开排气阀，出现一相应的间隙（图 6-37）。于是储气筒中的压缩空气便沿图中箭头所标明的路线充入空气压缩机的卸荷室，迫使卸荷柱塞下移，使进气阀门开启。这时气缸与大气相通，空气压缩机卸荷空转，湿储气筒内气体压力也不再升高。

随着储气筒内的压缩空气不断消耗，调压阀膜片下面气压降低，膜片和空心管在调压弹簧的作用下相应下移，当气压降至关闭气压 0.56 ~ 0.60 MPa 时，空心管下端将排气阀打开。卸荷室与储气筒的通路被切断而与大气相通，卸荷室的压缩空气排入大气。卸荷阀在其弹簧的作用下升高，进气阀又恢复正常，空气压缩机恢复对储气筒充气。

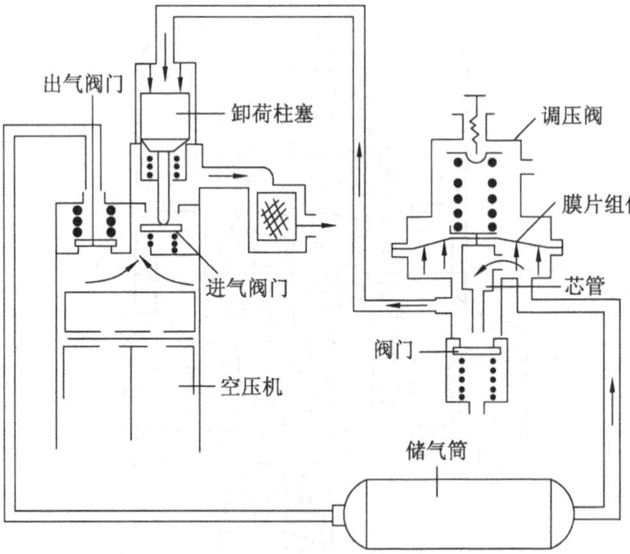

图 6-37　空压机卸荷装置与调压阀工作原理示意图

3. 防冻器

经油水分离器输出的压缩空气仍可能残留少量水分。为了防止在寒冷季节中，积聚在管路和其他气压元件内残留水分冻结，最好装设防冻器，以便在必要时向气压管路中加入防冻剂，以降低水的冰点。

图 6-38 为奔驰 2026A 型汽车防冻器的结构示意图。液杯 16 内盛有乙醇溶液，液面高

度可用固定在加液螺塞(虚线所示)下部的检查尺 1 检查。盖 4 垂直安装着连通管 12。自进气口 A 到出气口 B 的水平气道与液杯内腔经常接连通管上端的节流孔相通。控制杆 5 的上段与盖 4 上部的中央孔和座圈 2 内孔作动配合。控制杆的下段伸入乙醇溶液内,外面套有弹簧 18;弹簧 18 周围包有吸液绳 17。吸液绳上下两端分别被弹簧压在控制杆凸肩和弹簧座 19 上。控制杆中部凸缘盘的外缘有对称分布的两个径向定位销 11。该圆筒形气腔的下部切有环形槽 C,而在内圆面上则切有两条轴向槽。

当防冻器处于图示的暖季工作位置时,两定位销 11 插于环形槽 C 内。这样,控制杆便被固定在下极限位置,而将盖中的水平气道与液杯内腔基本隔绝。只有极少量乙醇蒸气经连通管 12 的节流孔被吸出,随压缩空气流入回路。

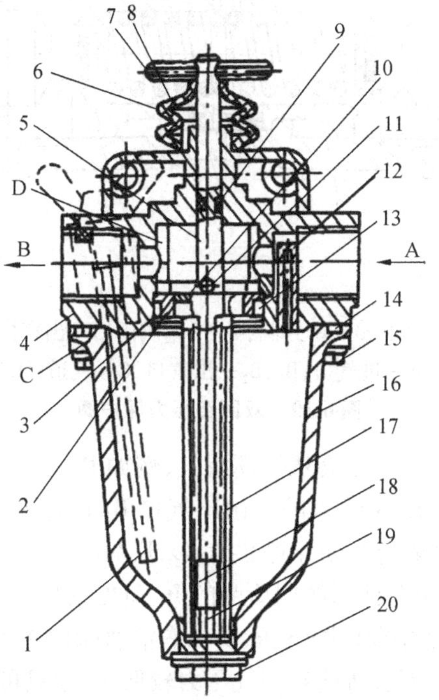

1—液面检查尺;2—阀座;3—弹性挡圈;4—盖;5—控制杆;6—防护罩;7—手柄;8—卡箍;9—滑动密封圈;10—滑动密封圈;11—定位销;12—连通管;13,14—固定密封圈;15—螺栓;16—液杯;17—吸液绳;18—弹簧;19—弹簧座;20—螺塞

图 6-38　奔驰 2026A 型汽车防冻器

4. 多回路保护阀

多回路压力保护阀的基本功用:来自空压机的压缩空气可经多回路压力保护阀分别向各回路的储气筒充气。当某一回路损坏漏气时,压力保护阀能保证其余完好回路继续充气。

图 6-39 所示为国产某重型汽车的双回路压力保护阀。平时两活塞阀门 4 在弹簧 2 作用下分别将两出气口 B_1 和 B_2 封闭。通过滤气调压阀和防冻泵输送来的压缩空气由进气口 A 进入,经过两侧气道 C 分别流入左右两气腔 D 和 E。当气腔 D 和 E 中压力超过 0.52 MPa 时,两侧气压作用力超过弹簧 2 的预紧力,推动两活塞阀门 4 离开出气接头 5 上的阀座,压缩空气经两出气口 B_1 和 B_2,分别充入两回路储气筒。当出气压力达到 0.6 MPa,两活塞阀门都被推靠到挡圈 6 上,阀的开度达到最大(此时弹簧的压缩变形量最大)。因为一个活塞

阀门上的气压作用力可以经弹簧传到另外一个上,所以有可能因两出气口的压力不同而使得两活塞阀门的开启有先有后。当两活塞阀门均开启时,前、后制动储气筒连通,二者压力可相互补偿。

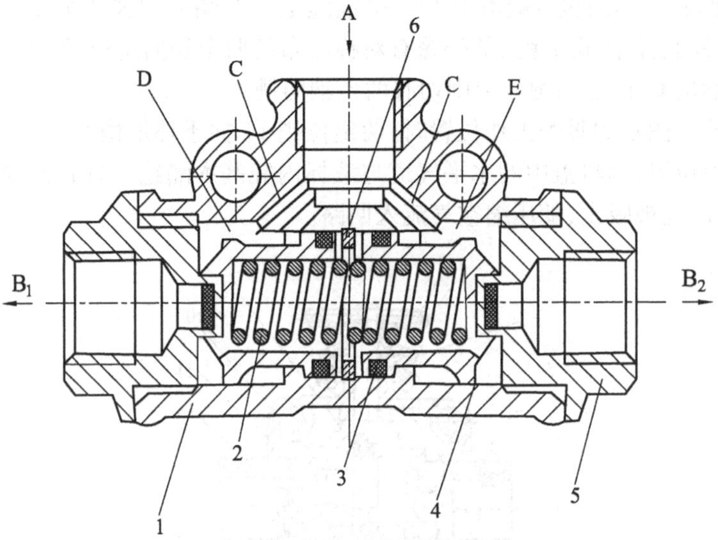

1—阀体;2—弹簧;3—密封圈;4—活塞阀门;5—出气接头(阀座);
6—挡圈;A—进气口;B_1,B_2—出气口;C—气道;D,E—阀腔

图 6-39 双回路压力保护阀

若在正常充气过程中有一回路突然损坏漏气,例如 B_1 处压力突然降低,甚至降为大气压力,则在开始瞬间,自进气口 A 输入的和由出气口 B_2 倒流回来的压缩空气压力均下降,两活塞阀门都关闭。以后随着空压机不断供气,D,E 两腔气压又渐渐升高。因为右活塞阀门所承受的 B_2 口处气压高于左活塞阀门所受的 B_1 口处气压,右活塞阀门开启所需的 E 腔气压低于左活塞阀门开启所需的 D 腔气压,所以右活塞阀门将首先重新开启,即与 B_2 口相通的完好回路将继续充气。不过所达到充气压力较低,一般只可达 0.5 ~0.55 MPa,因为压力若超过此值,左活塞阀门亦将重新开启而放气。

(三) 控制装置

气压制动系统的控制装置包括制动阀、快放阀、继动阀与梭阀等。

1. 制动阀

制动阀是气压制动系统的主要控制装置,用来起随动作用并保证有足够强的踏板感,即在输入压力一定的情况下,使其输出压力与输入的控制信号——踏板行程与踏板力成一定的递增函数关系。制动阀输出压力可以作为促动管路压力,直接输入作为传动装置的制动气室,但必要时也可以作为控制信号输入其他控制装置(如继动阀)。

制动阀的结构形式随制动回路不同而不同,有双腔式和三腔式等,双腔式又分并联式和串联式两种,三腔式都是并联式。制动阀按操纵方式可分为脚控式和手控式,前者多用于行车制动系统,后者多用于应急制动系统、驻车制动系统和辅助制动系统。

图 6-40 为解放 CA1092 型汽车串联双腔活塞式制动阀结构示意图。它由上盖、上阀体、中阀体和下阀体等组成,并用螺钉连接在一起,其间装有密封垫。中阀体上的进气口 A_1

和出气口 B_1 分别接后桥储气罐和后桥制动气室，下阀体上的进气口 A_2 和出气口 B_2 分别接前桥储气罐和前桥制动气室。上、下活塞与壳体间装有密封圈。下活塞由大小两个活塞套装在一起，小活塞对大活塞能进行单向分离。上腔阀门松套在芯管上，其外圆有密封隔套，下腔阀门松套在有密封圈的下阀体中心孔中，中空的芯管和小活塞制成一体。

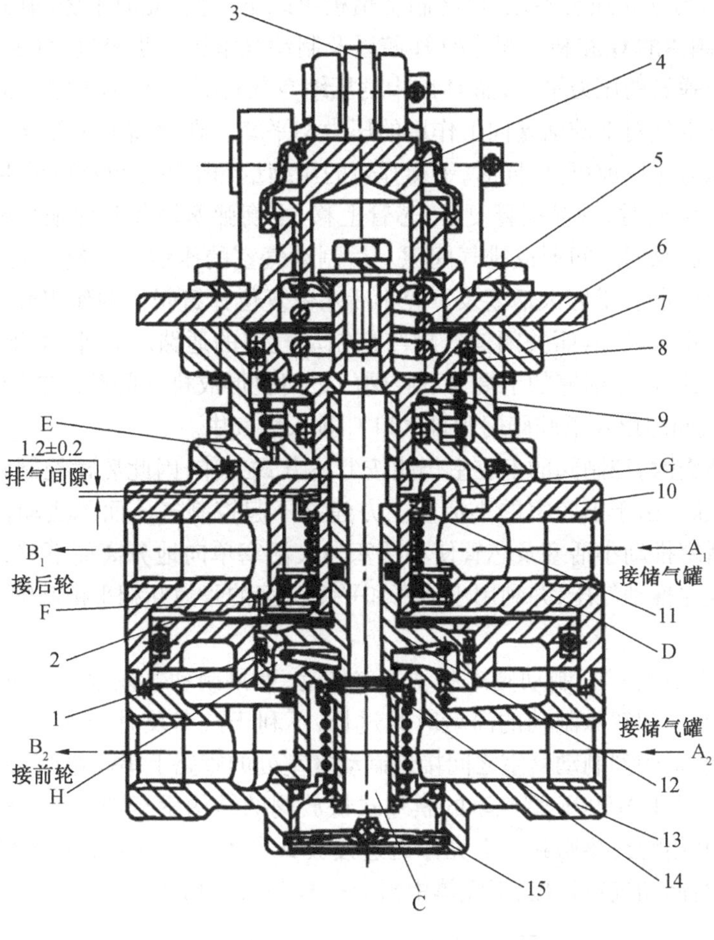

1—下腔小活塞复位弹簧；2—下腔大活塞；3—滚轮；4—推杆；5—平衡弹簧；6—上盖；7—上阀体；8—上腔活塞；9—上腔活塞复位弹簧；10—中阀体；11—上腔阀门；12—下腔小活塞；13—下阀体；14—下腔阀门；15—防尘片；A_1，A_2—进气口；B_1，B_2—出气口；C—排气口；D—上腔排气孔；E，F—通气孔；G—上腔气腔；H—下腔气腔

图 6-40 解放 CA1092 型汽车串联双腔活塞式制动阀

制动时，驾驶员将制动踏板踩下一定距离，通过滚轮、推杆使平衡弹簧及上腔活塞向下移动，消除排气间隙（上腔阀门至上腔活塞之间）而推开上腔阀门。此时，从储气罐来的压缩空气经进气口 A_1、阀门与中阀体上的进气阀座间的进气间隙进入 G 腔，并经出气口 B_1 进入后制动气室，使后轮制动。与此同时，进入 G 腔的压缩空气通过通气孔 F 进入大活塞及下腔小活塞的上方，使其下移推开下腔阀门，此时从前桥储气罐来的压缩空气经下腔阀门与下体的阀座之间形成的进气间隙进入 H 腔，并经 B_2 充入前制动气室，使前轮制动。

当制动踏板保持在某一位置（即维持制动状态）时，压缩空气在进入 G 腔的同时由通气孔 E 进入上腔活塞的下方,并推动上腔活塞上移,使 G 腔中的气压作用力与复位弹簧的张力之和与平衡弹簧的压紧力相平衡。与此同时,H 腔中的气压作用力与复位弹簧的张力之和与下腔活塞上方的气压作用力相平衡,此时上腔阀门和下腔阀门均关闭,G 和 H 腔中气压保持稳定状态,即为制动阀的平衡位置。

若驾驶员感到制动强度不足,可将制动踏板再踩下一些,此时上腔阀门和下腔阀门又重新开启,使中阀体的 G 腔和下阀体的 H 腔以及制动气室进一步充气,直至 G 腔中气压又一次达到与平衡弹簧的压力平衡,而 H 腔中的压缩空气对下腔活塞向上的压力重新与下腔活塞上方的压缩空气对下腔活塞向下作用的压力相平衡。在此新的平衡状态下,制动气室所保持的稳定压力比以前更高,同时,平衡弹簧的压缩量和踏板力也比以前更大。

当放松制动踏板时,操纵摇臂复位,芯管上移,平衡弹簧恢复到原来长度,上腔活塞上移到使下端与上腔阀门之间形成排气间隙。后制动气室的压缩空气经 G 腔排气间隙和排气口 C 排出;与此同时,下腔大活塞及下腔小活塞受复位弹簧张力的作用而上升,使下腔阀门与下阀体的阀座接触,从而关闭储气罐与前制动气室的通路。另外,由于下腔大活塞及下腔小活塞的上移,使小活塞的下端与下腔阀门之间也形成排气间隙。前制动气室的压缩空气经 H 腔排气间隙以及下腔阀门和排气口 C 排入大气中。

若前桥管路失效,控制阀的上腔室仍能按上述方式工作,因此后桥控制管路照常工作。当后桥管路失效时,由于下腔室的小活塞上方建立不起控制气压而无法动作,上腔平衡弹簧将通过上腔活塞推动小活塞及芯管使小活塞与大活塞单向地分离而下移,推开下阀门使前桥控制管路建立推动气压,并利用小活塞和平衡弹簧的张力互相平衡起随动作用。

2. 快放阀

对于轴距较长的汽车,制动阀离制动气室较远,如果制动气室都要经过制动阀来充气或放气,将导致制动和解除制动的滞后时间过长,不利于汽车及时制动和制动解除后的及时加速,因此在制动阀到制动气室之间接近制动气室处的管路上串联快放阀。

图 6-41 为东风 EQ1090E 型汽车的膜片式快放阀的结构示意图。上、下壳体 1、5 用螺钉 2 连成一体,并用密封垫密封。上壳体通过接头 A 与制动阀连接,下壳体通过接头 B,D 分别与后桥左、右制动气室连接,下壳体中部的孔 C 与大气相通。

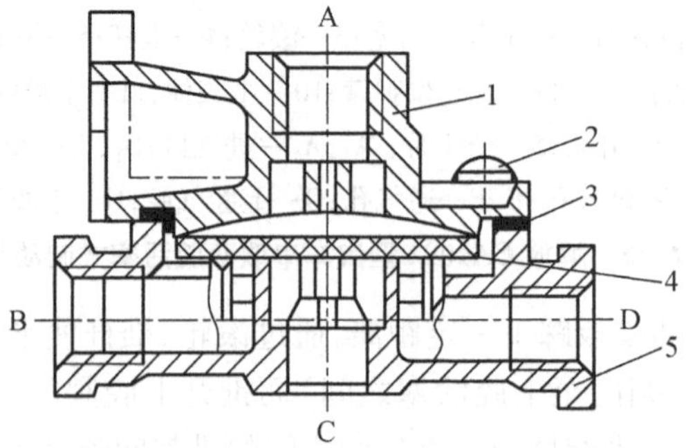

1—上壳体;2—螺钉;3—密封垫;4—膜片;5—下壳体;*A*—接制动阀;
B—接后桥左轮制动气室;C—通大气;D—接后桥右轮制动气室

图 6-41　东风 EQ1090E 型汽车的快放阀

快放阀的工作原理如图 6-42 所示。不制动时,膜片成平直状态。由于膜片在径向和轴向与壳体之间都有一定的间隙，所以快放阀不密封任何一条管路，后桥制动气室与制动阀均可通过快放阀通向大气。

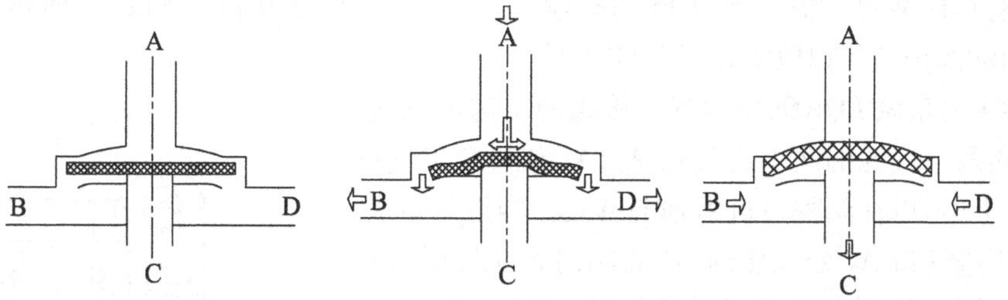

(a) 不制动时　(b) 制动时　(c) 解除制动时

图 6-42　快放阀的工作原理示意图

制动时，从控制阀来的压缩空气通过 A 孔进入快放阀，推动膜片，将通大气孔 C 堵住。气体压力使膜片发生弹性变形，膜片边缘下弯，打开了 A－B、A－D 之间的通道，压缩空气经 B、D 分别进入后桥左、右制动气室，后轮车轮制动器开始制动，此时的快放阀相当于一个三通阀。

解除制动时，制动阀至快放阀管路内的压缩空气从制动阀排气孔排到大气中，膜片上腔气体压力消失。制动气室的压缩空气回流，从快放阀 B、D 孔进入，膜片在下腔气体压力作用下迅速上移，关闭进气孔 A，压缩空气从排气孔 C 排入大气。这样后桥制动气室的压缩空气直接通过快放阀短路排出，缩短了排气时间，与前桥制动气室同步解除制动。

3. 继动阀

继动阀的作用也是使压缩空气不流经制动阀而直接充入制动气室，以缩短供气路线，减少制动滞后时间。图 6-43 所示为膜片式制动阀。在一般情况下，进气口 A 直接通储气筒；出气口 B 通向制动气室；输入口 C 则与制动阀的出气口相通。当输入口 C 处于大气压力下时，芯管 5 在自身重力作用下压靠阀门 3，同时阀门也在弹簧 4 的作用下压靠阀体 1 上的阀座。这时继动阀的进气阀和排气阀都关闭。踩下制动踏板时，制动阀的输出气压作为继动阀的控制压力自输入口 C 输入。膜片 2 在此控制力作用下连通芯管向下移动，将进气阀推开。于是压缩空气便由储气筒直接通过进气口 A 和出气口 B 充入制动气室，而无须流经制动阀。这就大大缩短了制动气室的充气管路，加速了气室充气过程。

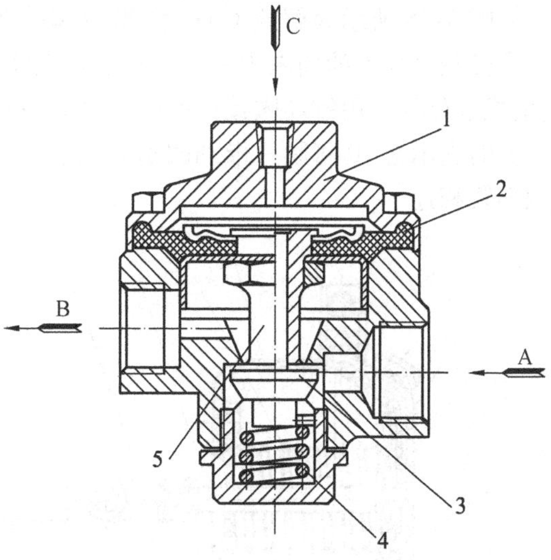

1—阀体；2—膜片；3—阀门；4—弹簧；5—芯管；
A—进气口；B—出气口；C—控制气压输入口

图 6-43　膜片式继动阀（加速阀）

输入口 C 处的控制压力撤除后，膜片在下方气压作用下向上拱曲，使排气阀开启。于是制动气室中的压缩空气便经芯管 5 和输入口 C 流向制动阀，并经制动阀排气口排入大气。

4. 梭阀(双向阀)

在东风 EQ1090E 型汽车的双回路气压制动系统中设置了梭阀(双向阀),双腔制动阀的两腔都有可能通过梭阀向挂车制动阀输入控制气压,保证在汽车两制动回路之一损坏时,挂车制动阀仍然可以收到制动控制信号。

图 6-44 为东风 EQ1090E 型汽车梭阀的结构示意图,有分别通向两个气源的两个进气口 A_1,A_2 和一个出气口 B,片式阀门 3 可以在阀腔内自由轴向移动。当进气口 A_1 处气压高于进气口 A_2 处气压时,片式阀门 3 在气压压差作用下处于图示的下方位置,将低压进气口 A_2 封住。此时仅由进气口 A_1 所接气源单独经出气口 B 向用气管路供气。一旦进气口 A_2 气压变得高于进气口 A_1 气压时,片式阀门则上移而封住进气口 A_1,改由进气口 A_2 所接气源单独供气;若两进气口压力相等,则由两气源共同供气,当然,这种现象很少出现。两气源压力不等时,封住气压低处的进气口目的是防止高压气源向低压气源充气。

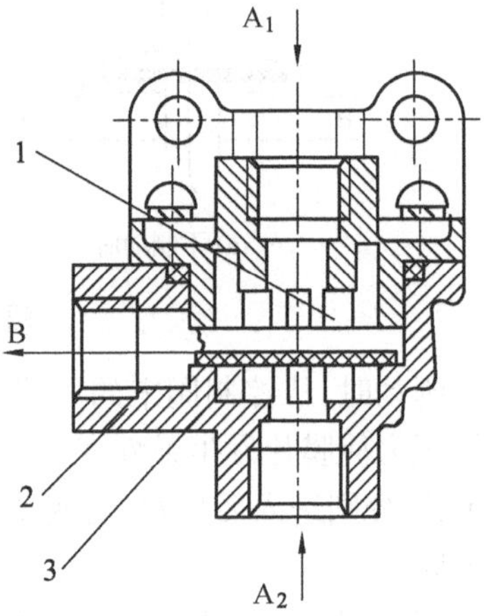

1—上体;2—下体;3—片式阀门;
A_1,A_2—制动阀进气口;
B—出气口(至驻车制动阀)

图 6-44　东风 EQ1090E 型汽车的梭阀

(四) 制动气室

制动气室的作用是将输入的气压能转化成机械能而输出。其输出的机械能驱动促动装置,使制动器产生制动力矩。

如图 6-45 所示为解放 CA1092 型汽车的制动气室。夹布层橡胶膜片 1 的周缘用卡箍 7 夹紧在壳体 3 和盖 2 的凸缘之间。盖与膜片之间为工作腔,借橡胶软管与由制动阀接出的钢管连通,膜片右方则通大气。复位弹簧 4 通过焊接在推杆 5 上的支承盘 10 将膜片推到图示的左极限位置。推杆的外端借连杆叉 6 与制动器的制动调整管相连。

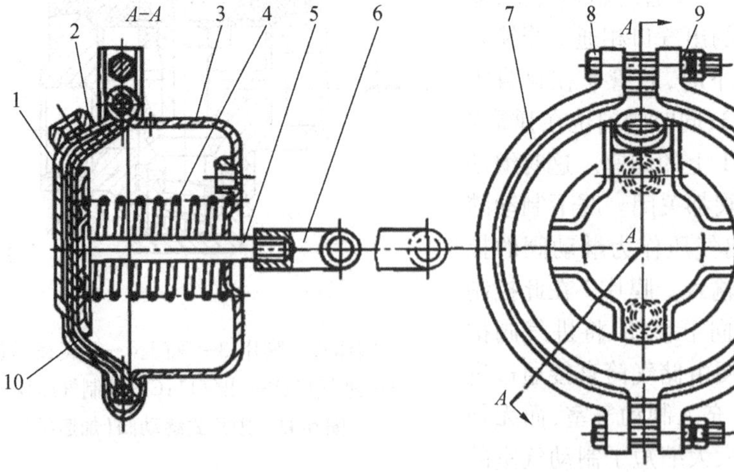

1—橡胶膜片;2—盖;3—壳体;4—复位弹簧;5—推杆;6—连杆叉;7—卡箍;8—螺栓;9—螺母;10—支承盘

图 6-45　解放 CA1092 型汽车制动室

踩下制动踏板时,压缩空气自制动阀充入制动气室工作腔,使膜片向右拱,将推杆推出,使制动调整臂和制动凸轮转动而实现制动。放开制动踏板,工作腔则经由制动阀的排气口通大气。膜片与推杆都在复位弹簧4作用下回位而解除制动。

第四节 制动力调节装置

一、概述

制动时,在车轮上作用一个制动力矩,路面对车轮作用一个向后的切向反作用力,也就是制动力。该制动力 F_{XB} 受轮胎与路面间的附着力 F_{Φ} 的限制,即

$$F_{xb} \leqslant F_{\Phi} = G \cdot \Phi$$

式中:G——车轮对路面的垂直载荷;

Φ——轮胎与路面间的附着系数。

制动力 F_{xb} 一旦达到附着力 F_{Φ} 的数值,车轮便完全停止旋转而被抱死,只是沿路面做纯滑移,汽车将失去抗侧滑能力。若前轮制动到抱死而后轮还在转动时,汽车会失去操纵性而无法转向;若后轮制动到抱死而前轮还在滚动时,汽车会侧滑而发生甩尾甚至掉头。无论是前轮还是后轮单独滑移,都极易造成车祸,尤其是后轮单独侧滑后果更为严重。所以制动时最好前、后轮都不要抱死,并且首先避免后轮抱死。欲使汽车既得到尽可能大的制动力,又保持制动时的方向稳定性,就必须将制动系统设计得能够将前、后轮制动到同步滑移。前后轮同步滑移的条件:前后轮制动力之比等于前后轮对路面垂直载荷之比。

但汽车在制动过程中,作用于汽车质心上的向前惯性力试图使汽车俯倾,因而造成前轮垂直载荷增大而后轮垂直载荷减小,即重心前移,使得前后轮垂直载荷之比变大。因此要满足前后轮同步制动的条件,汽车前后轮制动力之比,也就是前后轮制动管路压力之比也应相应变化。为此,在汽车制动系统都装备有制动力调节装置,主要有限压阀、比例阀、感载阀和惯性阀等,一般串联在后制动管路中,有的也串联在前制动管路中。这些装置对制动力的调节一般是自动的和渐进的。

二、限压阀

限压阀是一种最简单的压力调节阀,一般串联于液压或气压制动回路的后制动管路中。限压阀的作用是当前后制动管路压力 p_1 和 p_2 由零同步增长到一定值后,自动将 p_2 限定在该值不变,避免后轮抱死。

液压限压阀的构造如图6-46所示。当轻踩制动踏板时,制动主缸产生一定的液压力 p_1,滑阀左端面推力为 p_1a(a 为滑阀左端面的有效面积),滑阀右端承受弹簧力 F。此时,由于 $F > p_1a$,滑阀不动,因而 $p_1 = p_2$,限压阀不起作用。

当踏板压力增大时,p_1 与 p_2 同步增长到一定值 p_s(限压点)后,活塞左方压力超过右端弹簧的预紧力,即 $p_sa > F$,于是滑阀向右移动,关闭A腔与B腔的通路。此后,p_1 再增大时,p_2 也不再增大。

限压点 p_s 取决于限压阀的结构，与汽车的轴载质量无关。通常情况下，p_s 值低于理想值，不会出现后轮先"抱死"的情况。

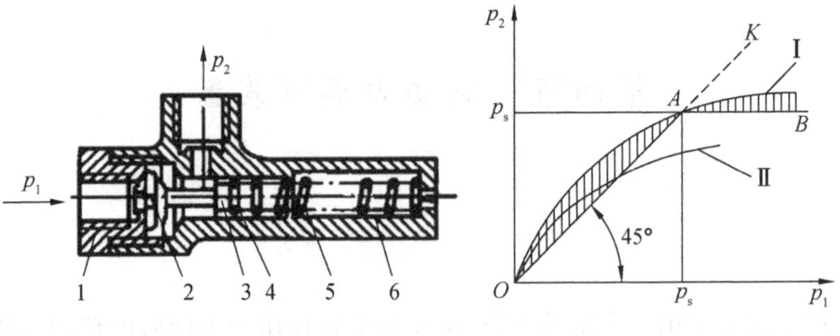

(a) 结构　　(b) 特性曲线

1—阀盖；2—阀门；3—活塞；4—活塞密封圈；5—弹簧；6—阀体；

Ⅰ—满载理想特性曲线；Ⅱ—空载理想特性曲线

图 6-46　液压限压阀的结构及其特性曲线

限压阀用于重心高度与轴距的比值较大的轻型汽车上，因为这种汽车在制动时，后轮垂直载荷向前轮转移得较多，即重心的转移较多，其理想的制动管路压力分配特性曲线中段的斜率较小，与限压阀特性曲线 AB 相近。

三、比例阀

重心高度与轴距的比值较小的中型以上汽车，制动时重心前移较少，其理想制动管路分配特性曲线中段斜率较大。这种汽车如果装用限压阀，虽然可以满足制动时前轮先滑移的要求，但在紧急制动时后轮制动力将远小于后轮附着力，不能满足制动力尽可能大的要求。为此，在液压或气压制动系统的后制动管路中串联比例阀来解决这一问题。

比例阀（又称 P 阀）的作用是当前、后制动管路压力 p_1 与 p_2 同步增长到一定值 p_s 后，自动对 p_2 的增长加以节制，也就是使 p_2 的增量按一定比例小于 p_1 的增量。

比例阀的结构如图 6-47 a 所示，一般采用两端承压面积不等的差径活塞结构。不工作时，差径活塞 2 在弹簧 3 的作用下处于上极限位置。此时阀门 1 保持开启，因而在输入控制压力 p_1 与输出压力 p_2 从零同步增长的初始阶段，$p_1 = p_2$。但是压力 p_1 的作用面积 A_1 小于压力 p_2 的作用面积 A_2，故活塞上方液压作用力大于活塞下方液压作用力。在 p_1、p_2 同步增长过程中，活塞上、下两端液压作用力之差超过弹簧 3 的预紧力时，活塞便开始下移。当 p_1 与 p_2 增长到一定值时，活塞内腔中的阀座与阀门接触，进油腔与出油腔即被隔绝，此时比例阀处于平衡状态。

若进一步提高 p_1，则活塞将回升，阀门重新开启，油液继续流入出油腔，使 p_2 也升高，但由于 $A_1 < A_2$，p_2 尚未增长到新的 p_1 值，活塞又下降到平衡位置。在任意平衡状态下，差径活塞的力平衡方程为

$$p_2 A_2 = p_1 A_1 + F$$

即

$$p_2 = p_1 \frac{A_1}{A_2} + \frac{F}{A_2}$$

式中，F 为平衡状态下的弹簧力。F 越大，p_2 越大，调节作用起始点的控制压力 p_2 就越大。由于斜率 $A_1/A_2<1$，所以 p_2 的增量小于 p_1 的增量。如图 6-47 b 中所示的折线 OAB 为装用比例阀后的实际制动管路压力分配特性，它更接近于理想分配曲线。

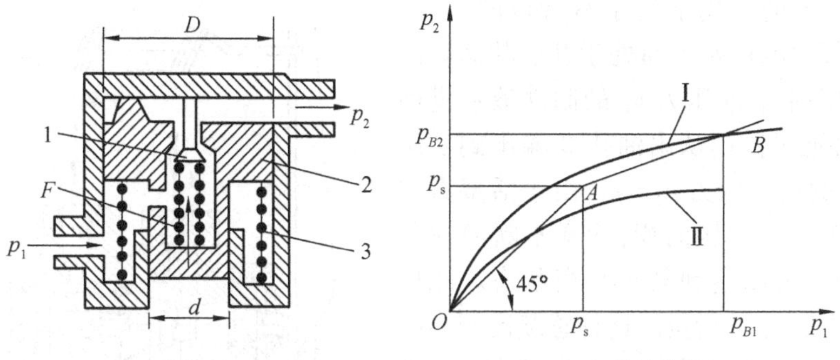

(a) 结构　(b) 特性曲线

1—阀门；2—活塞；3—弹簧；Ⅰ—满载理想特性曲线；Ⅱ—空载理想特性曲线

图 6-47　比例阀的结构及其特性曲线

四、感载阀

有些汽车（特别是中、重型货车）在实际装载质量不同时，其总重力和重心位置变化较大，因而满载和空载下的理想促动管路压力分配特性曲线差异也较大。一般在非满载总质量较小时，理想曲线要下移。此时，采用一般的比例阀就不能适应载荷变化对制动力分配作相应变化的要求，故有必要采用特性随汽车实际装载质量变化的感载阀。

液压制动系统用的感载阀有感载限压阀和感载比例阀两种，其特性如图 6-48 所示。满载时，感载阀特性曲线为 OA_1B_1。而在空载时，感载阀的调节作用起始点自动改变为 A_2，使特性曲线变成 OA_2B_2，但两特性曲线的斜率还是相等的。这种变化是渐进的，即在实际装载质量为任意值时，都有一条与之相应的特性曲线。在限压阀或比例阀结构及其他参数一定的情况下，调节作用起始点的控制压力值取决于限压阀或比例阀的活塞弹簧预紧力。因此，只要使活塞弹簧预紧力随汽车装载质量而变化，便能实现感载调节。由于感载比例阀的工作特性优于感载限压阀，所以应用较广。

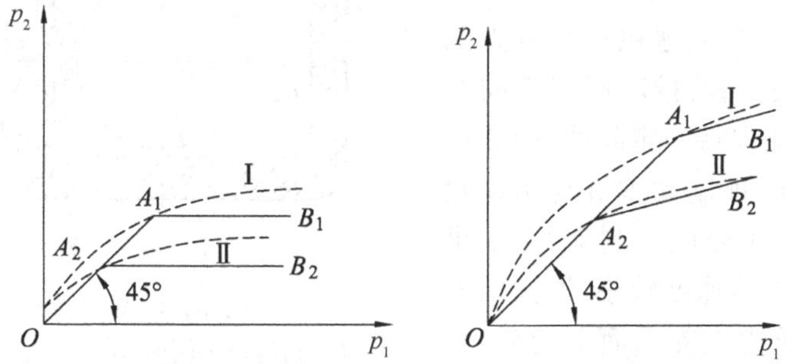

(a) 感载限压阀　(b) 感载比例阀

Ⅰ—满载理想特性曲线；Ⅱ—空载理想特性曲线

图 6-48　液压感载阀特性曲线

图 6-49 为一种液压感载比例阀的结构。阀体 3 安装在车身上,活塞 4 右端的空腔内有阀门 2。杠杆 5 的一端由感载拉力弹簧 6 与后悬架连接,另一端压在活塞 4 上。

不制动时,活塞在感载拉力弹簧 6 通过杠杆 5 施加的推力 F 的作用下处于右端极限位置。阀门右端杆部顶触螺塞 1 而处于开启状态。制动时,来自制动主缸油压为 p_1 的制动液从进油孔 A 进入,并通过阀门从出油孔 B 输出到后制动管路,此时的输出压力 $p_2=p_1$,由于活塞右端承压面积大于左端承压面积,活塞不断向左移动,最后将阀门关闭达到某一平衡状态。此后 p_2 的增量将小于 p_1 的增量。这种感载比例阀的特点是作用于活塞上的轴向力 F 是可变的。当汽车装载质量增加时,后悬架载荷也增加,因而后轮向车身移近,后悬架横向稳定杆便带动摇臂转过一定角度,将感载拉力弹簧进一步拉伸。这样作用于活塞上的推力 F 便增大。反之汽车装载质量减少时,推力 F 也减小。

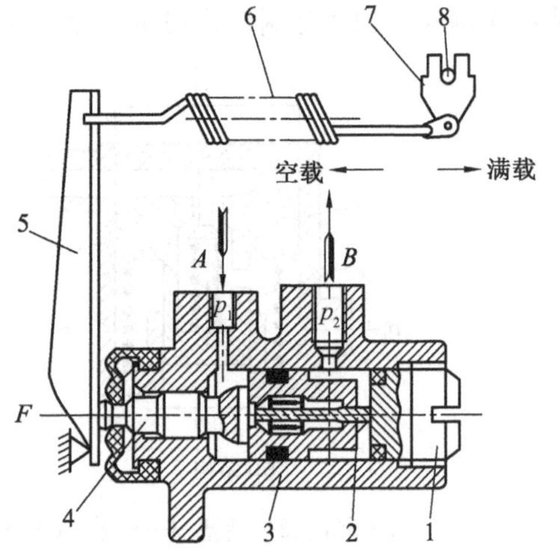

1—螺栓;2—阀门;3—阀体;4—活塞;5—拉杆;6—拉力弹簧;7—摇臂;8—后悬架横向稳定杆

图 6-49　液压感载比例阀

五、惯性阀

惯性阀(又称 G 阀)根据汽车制动时作用在汽车质心上的惯性力,自动调节制动力在前后轮上的分配。惯性阀的特性曲线与感载阀相似,但其调节作用起始点的控制压力值取决于汽车制动时作用在汽车质心上的惯性力,也就是说 p_s 不仅与汽车的实际装载质量有关,也与汽车制动减速度有关。惯性阀分为惯性限压阀和惯性比例阀两类。

1. 惯性限压阀

图 6-50 所示为惯性限压阀,其内有一个惯性球,惯性球的支承面相对于水平面的夹角必须大于零,汽车在水平路面上行驶时,夹角 θ 应为 10°~13°。

汽车不制动时,惯性球在本身重力的作用下处于下极限位置,推动阀门靠向阀盖,使得阀门与阀座保持一定间隙,因此进油口与出油口相通,即制动主缸与制动轮缸相通。汽车在水平路面上制动时,如果制动力较小,汽车的减速度较小,惯性球向前的惯性力小于重力在支承面上的分力,阀门仍然开启,此时 $p_1=p_2$。如果制动油压 p_1 增大到一定值 p_s 时,汽车获得足够大

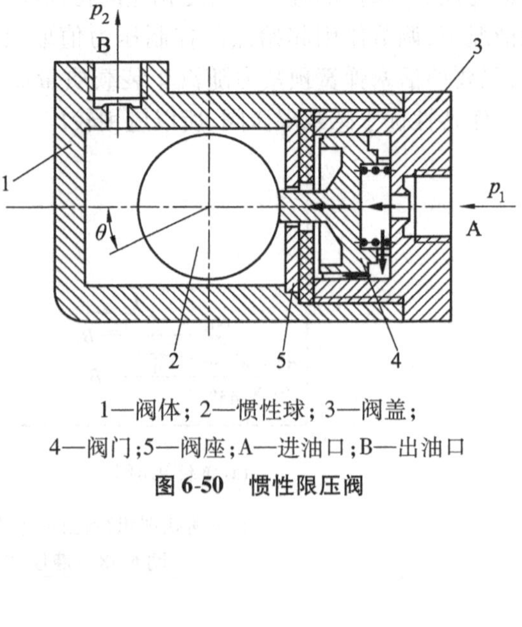

1—阀体; 2—惯性球; 3—阀盖;
4—阀门;5—阀座;A—进油口;B—出油口

图 6-50　惯性限压阀

的减速度，惯性球向前的惯性力大于分力，阀门在阀门弹簧的作用下向前移动靠向阀座，阀门关闭，此后无论 p_1 如何增大，p_2 都保持 p_s 值不变。

汽车在上坡制动时，夹角增大，其重力的分力也增大，使得惯性阀起作用的控制压力值 p_s 也增大，所以输出压力 p_2 增大，上坡制动时后轮附着力增加。汽车在下坡制动时，情况刚好相反。

2. 惯性比例阀

惯性比例阀的结构如图6-51所示。惯性比例阀的阀座8位于惯性球7的前方，惯性球兼起阀门作用。阀体上部有两个同心但直径不等的油腔E和G，E腔与出油孔B连通，而G腔通过油道H与进油孔A连通。E腔中直径较大的第一活塞2与G腔中直径较小的第二活塞4组成差径活塞组。在输入压力 p_1 和输出压力 p_2 同步增长的初始阶段，惯性球保持在后极限位置不动，进油口A与出油道C，D相通，因而 $p_1=p_2$。此时差径活塞组两端的液压作用力不等，其差值由弹簧3承受。当该力超过弹簧预紧力时，差径活塞组便进一步压缩弹簧3而右移。当 p_1、p_2 同步增长到某一定值 p_s 时，惯性球沿倾斜角为 θ 的支承面向上滚到压靠阀座8时，油腔E和G便互相隔绝，差径活塞组停止右移。此后，继续增长的输入压力 p_1 对第二活塞4的作用力 N_1 与弹簧力 F 之和作用于第一活塞2上，使E腔压力 p_2 也随之增长。在惯性比例阀起作用之后，输出压力 p_2 的增量小于输入压力 p_1 的增量。当汽车实际装载量不同时，其总质量也不同。在总制动力相同的情况下，满载汽车的减速度比空车的小。但是，使同一惯性阀开始起作用的减速度值只与其仰角有关，而与汽车装载量无关。因此，汽车满载时，相应于调节作用起始点的控制压力值 p_s 比空载时的高。

在某些情况下不需要惯性比例阀起作用时，可将旁通锥阀9旋出，使旁通油道H与出油道D连通，于是阀门被短路，差径活塞组失效。

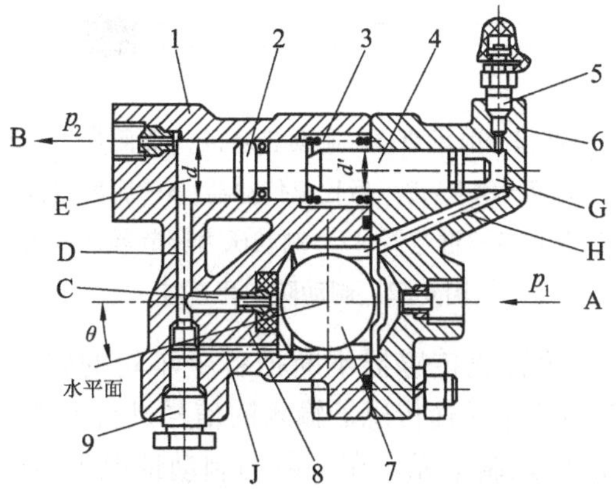

1—前阀体；2—第一活塞；3—弹簧；4—第二活塞；5—放气阀；6—阀体；7—惯性球；
8—阀座；9—旁通锥阀；A—进油口；B—出油口；C，D，H，J—油道；E，G—油腔

图6-51 惯性比例阀

第五节 电控制动系统简介

一、制动防抱死系统(ABS)

制动防抱死系统是汽车上的一种主动安全装置,其作用是在汽车制动时防止车轮抱死拖滑,以提高汽车制动时的方向稳定性并缩短汽车的制动距离,使汽车制动更为安全有效。

ABS制动防抱死系统由车轮速度传感器、ABS电控单元、制动压力调节装置等部分组成,如图6-52所示。

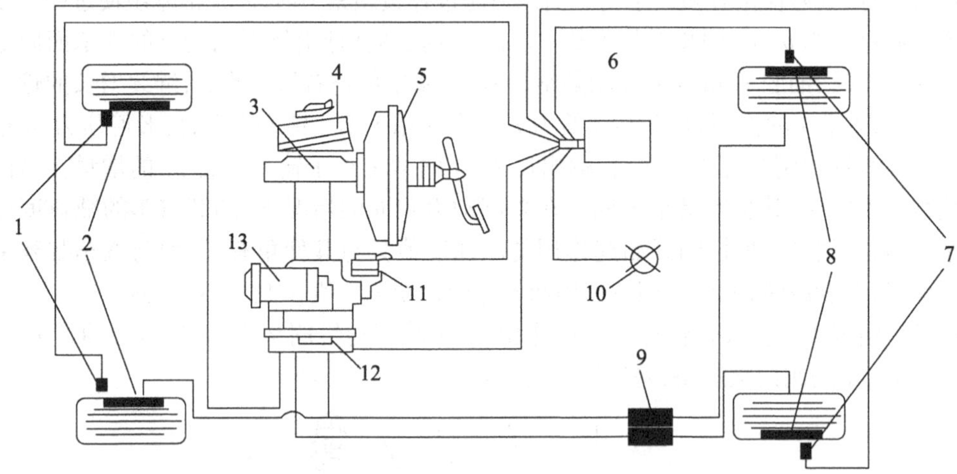

1—前轮速传感器;2—前齿圈;3—制动总泵;4—储液罐;5—真空助力器;
6—ABS电控单元(ECU);7—后轮速传感器;8—后齿圈;9—比例阀;
10—ABS警报灯;11—继电器;12—制动压力调节器;13—油泵电动机

图6-52 制动防抱死系统

汽车在制动过程中,车轮转速传感器不断把各个车轮的转速信号及时输送给ECU,ECU根据设定的控制逻辑对4个转速传感器输入的信号进行处理和分析,计算出滑移率的大小,并发出控制指令给液压控制单元。在一般的制动情况下,驾驶员踩在制动踏板上的力较小,车轮没有抱死趋势,ABS将不参与制动压力控制,制动过程与常规制动系统相同。在紧急制动或是在湿滑路面行驶时制动,车轮将要被抱死的情况下,ECU就会输出控制信号,如果某个车轮的滑移率还没达到设定值,ECU就控制液压单元,使该车轮的制动压力增大;如果某个车轮的滑移率接近于设定值时,ECU就控制液压控制单元,使该车轮制动轮缸中的制动压力减小。如此反复输出控制信号,使各个车轮的滑移率保持在理想的范围之内,防止车轮抱死。

如果ABS出现故障,ECU将不再对液压单元进行控制,并将仪表板上的ABS故障警报灯点亮,向驾驶员发出警告信号。

二、驱动防滑系统(ASR/TRC)

汽车驱动轮加速滑移调节系统(ASR)通常称为防滑转调节系统,因为防止驱动轮滑转都是通过调节驱动轮的驱动力(牵引力)来实现的,故又称为牵引力控制系统(TRC)。ASR的功用:在车轮开始滑转时,自动降低发动机的输出转矩来减小传递给驱动轮的驱动力,防止驱动力超过轮胎与路面之间的附着力而导致驱动轮滑转(或通过增大滑转驱动轮的阻力来增大未滑转驱动轮的驱动力,使所有驱动轮的总驱动力增大),从而提高车辆的通过性及起步、加速时的安全性。

ASR与ABS密切相关,都是汽车主动安全装置,两个系统通常同时采用。ABS的作用是自动调节制动力,防止车轮抱死滑移;ASR的作用是维持附着条件,增大总驱动力。图6-53为ABS/TRC主要部件在车上的布置图。该系统主要由车轮转速传感器、ABS/TRC电控单元ECU、ABS执行器(制动压力调节器)、TRC执行器(包括隔离电磁阀总成和制动功能总成)、ASR副节气门控制步进电动机和主、副节气门位置(开度)传感器组成。

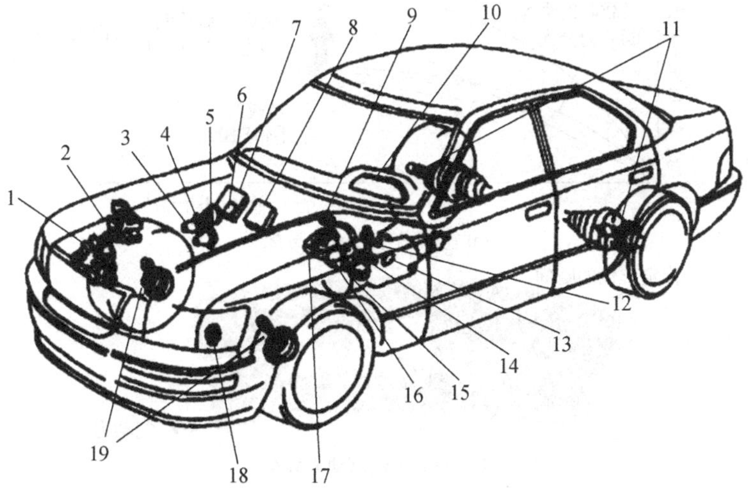

1—ABS执行器;2—TRC执行器;3—副节气门传感器;4—主节气门位置传感器;
5—TRC副节气门电机;6—TRC副节气门继电器;7—ABS与TRC的ECU;8—发动机和变速器ECU;
9—TRC关断开关;10—TRC警示灯;11—后轮转速传感器; 12—制动灯开关;13—空挡起动开关;
14—TRC供液泵;15—TRC供液泵电机继电器;16—TRC储能器;17—制动液位开关;
18—TRC制动器主继电器;19—前轮转速传感器

图6-53 ABS/TRC的主要部件在车上的布置

三、电子制动力分配系统(EBD)

电子制动力分配系统能够根据车辆载荷、道路附着条件和制动强度等因素的变化情况,自动调节前、后轴的制动力分配比例,提高制动效能,并配合ABS提高制动稳定性。EBD对车轮制动力的调节如图6-54和图6-55所示。

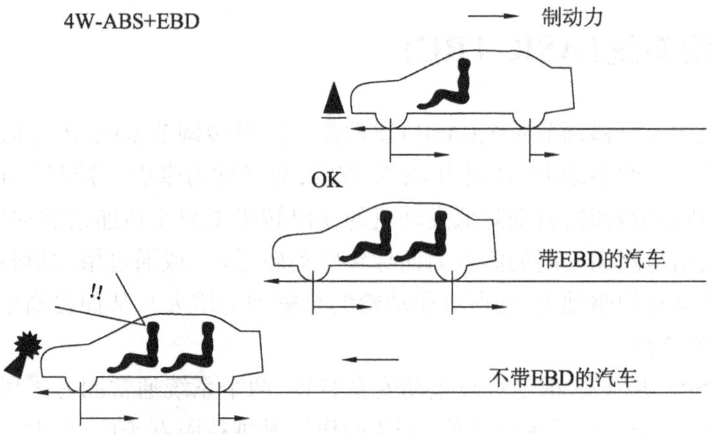

图 6-54　EBD 对前后轮的制动力动态调节

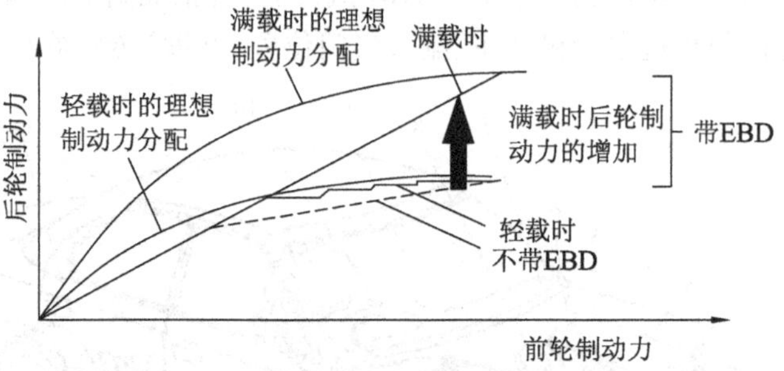

(a) 前/后车轮制动力分配

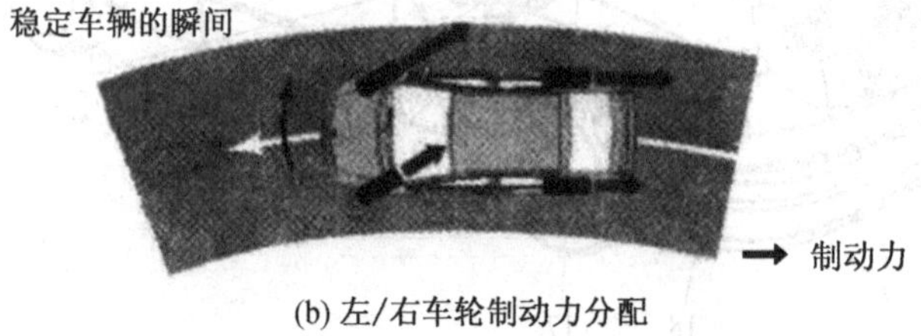

(b) 左/右车轮制动力分配

图 6-55　EBD 对前后左右 4 个车轮制动力的动态调节

汽车制动时,如果 4 个轮胎附着地面的条件不同,例如,左侧车轮附着在湿滑路面,而右侧轮附着于干燥路面,则 4 个车轮与地面的附着力不同,容易产生打滑、倾斜和侧翻等现象。

EBD 的功能就是在汽车制动的瞬间,高速计算出 4 个轮胎由于附着条件不同而导致的附着力的不同,然后调整制动装置,使其按照设定的程序在运动中高速调整,达到制动压力与附着力的匹配,以保证车辆的平稳和安全。

在紧急制动车轮抱死的情况下,EBD 在 ABS 动作之前就已经平衡了每一个轮子的有效地面附着力,可以防止出现甩尾和侧移现象,并缩短汽车制动距离。

四、电子稳定程序(ESP)

汽车电子稳定系统或动态偏航稳定控制系统是防抱死制动系统 ABS、驱动防滑控制系统 ASR、电子制动力分配系统 EBD、牵引力控制系统 TCS 和主动车身横摆控制系统 AYC 等基本功能的组合，是一种最高形式的汽车主动安全系统。ESP 包括车距控制、防驾驶员困倦、限速识别、并线警告、停车入位、夜视仪、周围环境识别、综合稳定控制和制动助力(BAS)9 项控制功能。通过综合应用 9 种智能主动安全技术，ESP 可将驾驶员对车辆失去控制的危险性降低 80% 左右。它通过控制事故发生的可能性来实现安全行车，确保汽车在极其恶劣的行车环境中行驶的稳定性和安全性。

ESP 系统由传感器、ECU 和执行机构组成。传感器是在 ABS 和 ASR 各种传感器的基础上，增加了汽车转向行驶时横摆率传感器、车身翻转角速度传感器、侧加速度传感器、制动总泵中的液压力传感器和转向盘转角传感器等，如图 6-56 所示。执行器主要有制动液压调节器和节气门执行器。

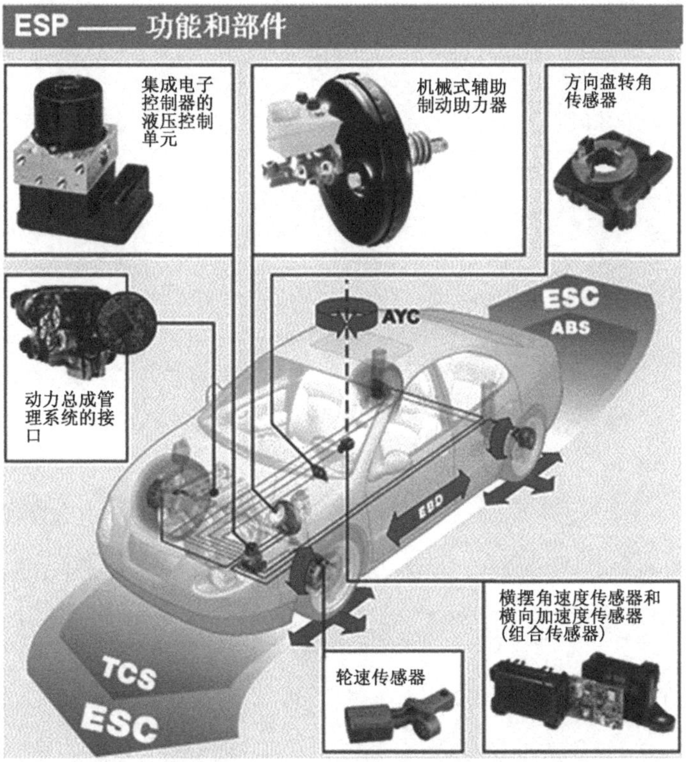

图 6-56　ESP 系统的组成

ESP 系统根据制动力、驱动力及任何一种侧向力都会引起汽车绕其质心转动的原理，在汽车进入不稳定行驶状态时，通过对制动系统、驱动传动系统的干涉，修正过度转向或转向不足的倾向，使汽车保持稳定行驶状态。

思考题

1. 制动系统的功能有哪些？它由哪些装置组成？

2. 试说明制动系统的一般工作原理。
3. 鼓式制动器有几种形式？根据制动蹄受力的不同说明各种结构的特点及其应用。
4. 常见的盘式制动器有几种形式？各具有什么特点？
5. 盘式制动器与鼓式制动器相比,具有哪些优缺点？
6. 何谓制动踏板自由行程？它超出一定范围将产生什么后果？
8. 人力－液压制动系统具有哪些典型部件？各部件有何作用？
9. 伺服液压制动系统具有哪些典型部件？各部件有何作用？
10. 气压动力制动系统具有哪些典型部件？各部件有何作用？
11. 汽车的制动力为什么要进行调节？制动力调节装置主要有哪些？各有何作用？
12. 电子控制制动系统主要有哪些？

第七章 拖拉机工作装置

拖拉机通过工作装置带动农机具以实现各类农田作业需求，包括牵引装置、动力输出装置、液压悬挂装置和液压举倾装置。

第一节 牵引装置

一、牵引装置的功用

拖拉机的牵引装置是用来连接不同型式的牵引式农机具或拖车的装置，它与农机具的铰接点称为牵引点。在牵引或拖挂作业时，牵引装置除了需要满足相关的农艺要求外，还要有良好的牵引性能，保证农机具及拖车拆装、调整的方便性。由于农机具的幅宽不一，在农田作业过程中的工作阻力未必都位于拖拉机的纵轴线上，因此所有拖拉机牵引装置的牵引点都可以沿宽度方向调节，另外一些拖拉机的牵引点还可以实现高度上的调节。牵引装置的型式、尺寸和安装要求应符合 GB/T 2779—2009《拖拉机拖挂装置 型式尺寸和安装要求》和 GB/T 2780—2008《农业拖拉机. 牵引装置型式尺寸和安装要求》的相关规定。

二、牵引装置的类型

牵引装置按不同的结构和型式可分为固定式和摆杆式两种。

1. 固定式牵引装置

如图 7-1 所示，固定式牵引装置中的牵引板 3 用插销 2 与固定在拖拉机后桥壳体两侧的牵引托架 1 连接。农机具的辕杆经牵引叉 5 连接在牵引板 3 上，此处为铰接点，即固定式牵引装置的摆动中心。牵引叉是一个两端 U 字形的挂钩，连接农机具或倒车时，可以在一定范围内左右摆动。

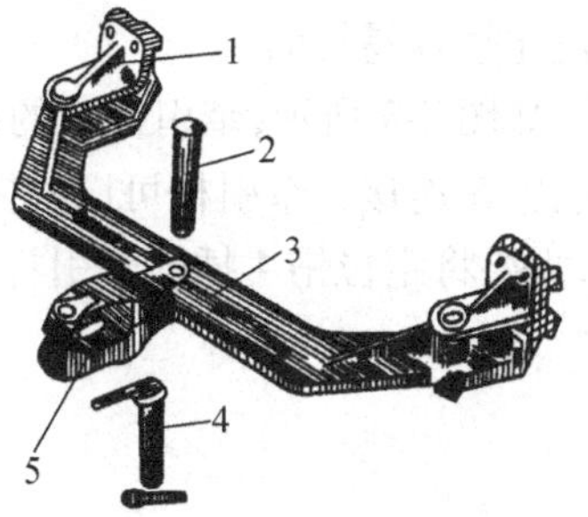

1—牵引托架；2—插销；3—牵引板；4—牵引销；5—牵引叉

图 7-1 固定式牵引装置

牵引板 3 在横向上间隔布置有几个孔，通过选择牵引板上不同的孔,可以调整牵引叉在水平方向上的安装位置。牵引装置在高度上的调节是靠牵引板和牵引托架翻转 180°来实现的。分别翻转牵引板和牵引托架可得到 4 种不同的离地高度,如图 7-2 所示。

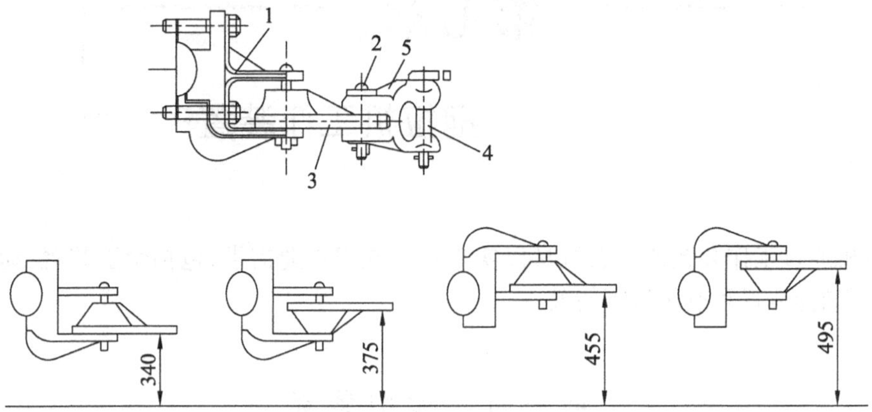

1—牵引托架;2—插销;3—牵引板;4—牵引销;5—牵引叉

图 7-2　牵引装置高度调整方法

当拖拉机需要配装悬挂式农机具时,应将牵引板和牵引叉拆掉,换上与悬架机构配套的连接零件即可。

固定式牵引装置结构简单,被广泛用于各种牵引作业中。在牵引农机具时,由于摆动中心常位于驱动轮轴系以后的位置,转向时转向阻力矩较大,转向较为困难,一旦方向走偏,很难纠正行驶方向。

在部分拖拉机上,常在悬挂装置的左右下拉杆上安装牵引板,并用斜撑板固定,形成固定式牵引装置。这种固定式牵引装置的结构简单,但斜撑板受力较大,容易弯曲。同时牵引点在驱动轮轴线后较远处,在工作过程中牵引点的左、右摆动较大。因此,有的轮式拖拉机另设有专用的固定式牵引装置。

2. 摆杆式牵引装置

摆杆式牵引装置结构复杂,主要用在大功率拖拉机上,其摆动中心位于驱动轮轴系之前,当拖拉机的行驶方向同农机具耕作阻力方向不一致时,迫使拖拉机转向的力矩较小,拖拉机可以有较好的直线行驶性能。当拖拉机转向时,被牵引农机具的转向阻力矩较小,拖拉机比较容易转向。

如图 7-3 所示,牵引杆 6 的前端由轴销 1 同拖拉机机身铰接,后端与农机具的镶杆通过牵引销 5 连接。牵引杆可以横向摆动,因此较容易挂接农机具。在拖拉机牵引农机具倒车时,需要将定位销 4 插入牵引杆和牵引板 7 的孔内,以固定牵引杆使其不再摆动。

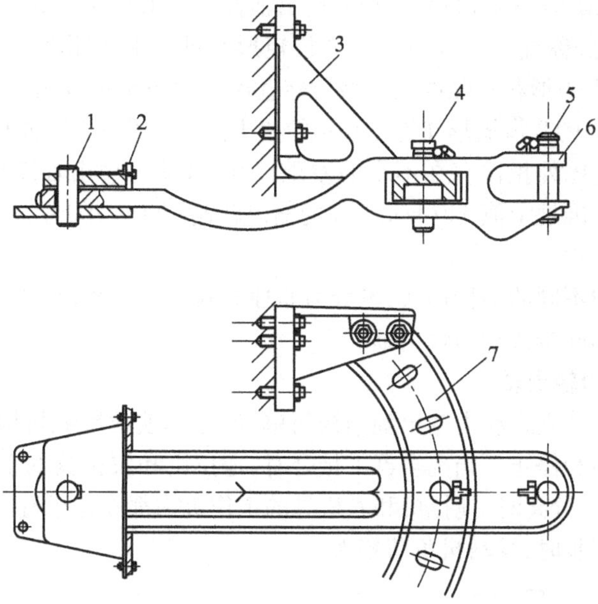

1—轴销;2—前支架;3—后支架;4—定位销;5—牵引销;6—牵引杆;7—牵引板

图 7-3 摆杆式牵引装置

第二节 动力输出装置

动力输出装置是将拖拉机的部分或全部功率以旋转机械能的方式传递给农机具的一种工作装置。动力输出装置包括动力输出轴和动力输出皮带轮两种。

一、动力输出轴

GB/T 1592. 1—2008《农业拖拉机后置动力输出轴 1、2 和 3 型 第一部分:通用要求、安全要求、防护罩尺寸和空隙范围》将动力输出轴定义为拖拉机后部向农具传递旋转动力的外置传动轴,规定了动力输出轴的转速,以及旋转方向为从拖拉机后部看时为顺时针旋转。除了满足以上要求之外,还要求动力输出轴不能受到拖拉机起步、停车和换挡的影响,拖拉机在行驶过程中,可以实现农机具的启动或停止。表 7-1 为动力输出轴型式特性。

表 7-1 动力输出轴型式特性

动力输出轴型式	公称直径/mm	花键齿数与型式	动力输出轴标准转速/$(r \cdot min^{-1})$	发动机标定转速下推荐的动力输出轴功率/kW
1	35	6 齿矩形花键	540	≤60
			1 000	≤92
2	35	21 齿渐开线花键	1 000	≤115
3	45	20 齿渐开线花键	1 000	≤275

目前,国内生产销售的拖拉机后置动力输出轴普遍使用 GB/T 1592—2003《农业拖拉机动力输出轴》中 1 型公称直径为 38 mm 的 8 齿矩形花键。主要原因:一方面在于 1 型公称直径为 38 mm 的 8 齿矩形花键强度比 1 型公称直径为 35 mm 的 6 齿矩形花键要高,另一方面公称直径为 38 mm 的 8 齿矩形花键已在拖拉机上配套了几十年,加工成本较低。国内在材料和热处理方面同国外相比存在不小的差距,为降低动力输出轴断裂故障率,有的农机生产企业会采用比标准规定值 540 r/min 高的输出转速(700 ~ 800 r/min),以降低动力输出轴的输出扭矩。

根据动力输出轴不同的结构形式,可分为非独立式动力输出轴、半独立式动力输出轴、独立式动力输出轴和同步式动力输出轴。

1. 非独立式动力输出轴

图 7-4 所示的非独立式动力输出轴结构简单,没有单独的操纵机构。由离合器 1 控制动力输出轴 3 的运转和停止。当离合器 1 接合时,拖拉机和农机具的工作机构实现同时起步和停止;当离合器 1 分离时,拖拉机和农机具的工作机构都停止运行。非独立式动力输出轴的缺点是拖拉机起步时,发动机负荷较大。

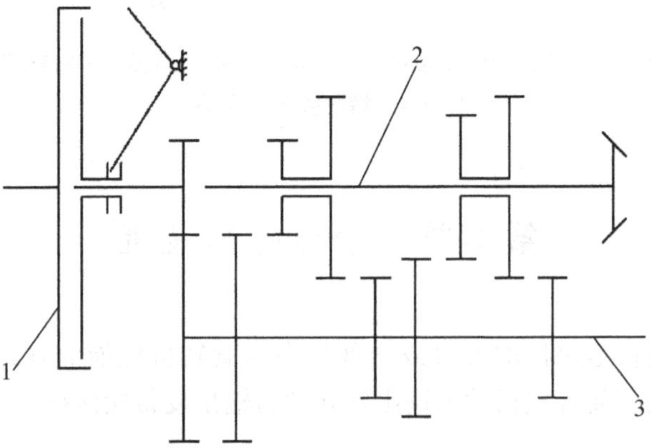

1—离合器;2—变速箱第二轴;3—动力输出轴

图 7-4　非独立式动力输出轴

2. 半独立式动力输出轴

图 7-5 所示半独立式动力输出轴的传动和操纵,由双作用离合器中的副离合器踏板 3 来控制,但操纵机构仍与主离合器共用。当踩下踏板消除自由行程后首先分离主离合器 1,继续踏下一段距离后,副离合器 2 才会分离。当放松踏板时,副离合器 2 首先接合,然后接合主离合器 1。这样可使得在分离主离合器 1 时,由副离合器 2 来输出动力,既不会中断动力输出,又避免了在拖拉机起步时,发动机负荷过大现象的发生。

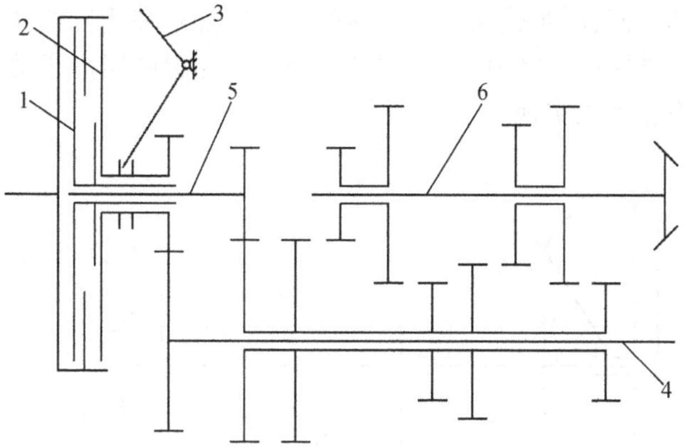

1—主离合器;2—副离合器;3—副离合器踏板;4—动力输出轴;
5—变速箱第一轴;6—变速箱第二轴

图 7-5　半独立式动力输出轴

3. 独立式动力输出轴

图 7-6 所示独立式动力输出轴的传动和操纵都由完全独立的两套操纵机构控制,与主离合器的工作不发生关系。在采用独立式动力输出轴的拖拉机上装有一个主离合器和副离合器布置在一起的双联离合器,用两套操纵机构分别操纵主、副离合器。动力输出轴由副离合器控制,既可以改善拖拉机发动机因起步而导致的过大负荷,又能广泛满足不同农机具作业的要求,只是双联离合器的结构比较复杂。

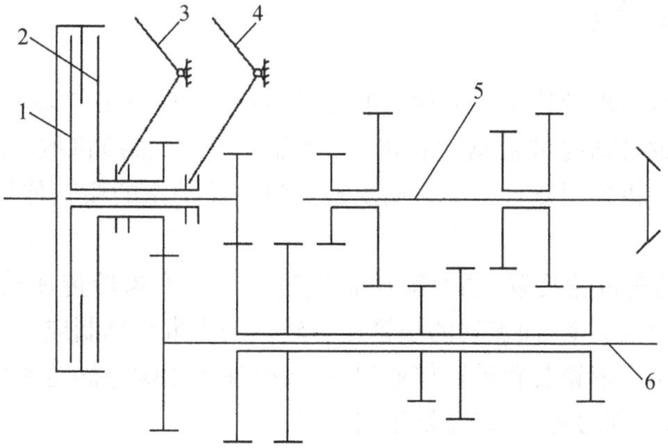

1—主离合器;2—副离合器;3—副离合器踏板;4—主离合器踏板;
5—变速箱第二轴;6—动力输出轴

图 7-6　独立式动力输出轴

4. 同步式动力输出轴

同步式动力输出轴的结构简图如图 7-7 所示,当固定齿轮 1 同滑动齿轮 2 啮合时,得到同步式动力输出。同步式动力输出轴属于非独立性质,必须从变速箱输出轴或该轴以后的其他轴上引出动力。不论变速箱挂在哪个档位,动力输出轴的转速总是与驱动轮的转速同步。根据轴头位置的不同,同步式动力输出轴可分为后置式和侧置式两种。后置的同步式动力输出轴通常与标准转速式动力输出轴共用轴头,而侧置的同步式动力输出轴是将后桥中的某根横置轴引出壳外来实现。

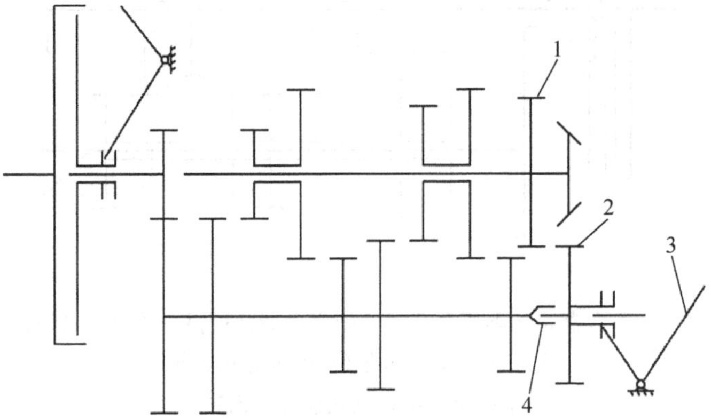

1—固定齿轮;2—滑动齿轮;3—操纵手柄;4—啮合套

图 7-7　同步式动力输出轴

同步式动力输出轴常用来带动和拖拉机驱动轮转速成正比的农机具,如播种机、施肥机等。其特点是需要和上述 3 种动力输出轴一同应用在拖拉机上,动力输出轴的转速同拖拉机驱动轮的转速成固定比例。

二、动力输出皮带轮

拖拉机的动力输出皮带轮是一个独立的部件,可根据农田作业需求安装。大部分拖拉机用后置动力输出轴带动皮带轮驱动农机具,诸如发电机、排灌机械、脱粒机等,进行各项固定作业。少数拖拉机采用侧置的动力输出轴或将主传动系的横轴伸出壳体以外,带动侧置的皮带轮。

如图 7-8 所示的皮带轮装置,动力输出轴通过一对锥形齿轮传递动力。大锥形齿轮 1 用键固定在动力输出轴 2 上,而被动的小锥形齿轮 7 与皮带轮轴制成一体,并支承在一对滚动轴承上。需要使用皮带轮装置进行作业时,将皮带轮 6 用螺母固定在皮带轮轴的花键上。在不需要皮带轮时,可随时拆下,以免发生安全事故。

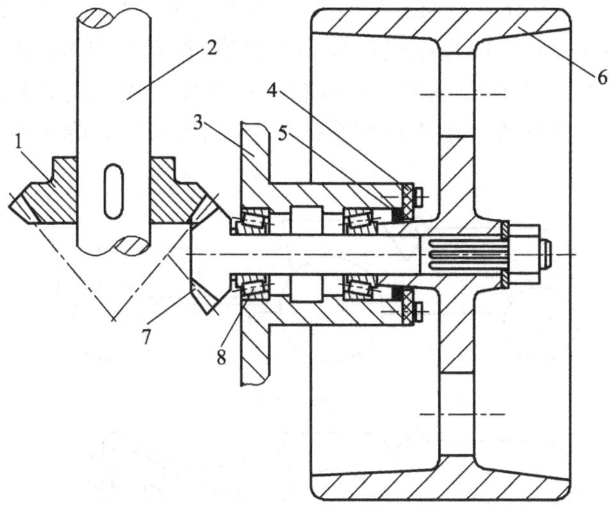

1—大锥形齿轮;2—动力输出轴;3—液力升降器箱体;4—防尘盖板;
5—橡皮油封;6—皮带轮;7—小锥形齿轮;8—滚动轴承

图 7-8　皮带轮装置

动力输出皮带轮的宽度决定了传动功率的大小,动力输出皮带轮的轴线应与拖拉机驱动轮轴线平行,这样可以借助前后移动拖拉机来调整动力输出皮带的张紧度。为减小皮带打滑现象的发生,增大皮带传动的包角,在设计时应保持松边在上,紧边在下,如图 7-9 所示。

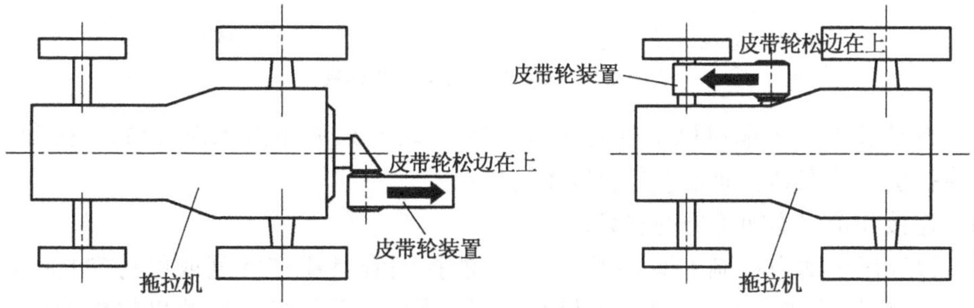

图 7-9　皮带轮的布置

第三节　液压悬挂装置

一、液压悬挂装置的功用

早期的拖拉机只有牵引装置,用来牵引各种农机具或拖车,无法实现对农机具的升降和自动控制,如图 7-10 a 所示。牵引式农机具需要独立的行走和起落机构,结构复杂、重量较大,增大了拖拉机的牵引阻力和地轮的滚动阻力,转弯半径较大。此外还需要专门的农机具操作人员,浪费了人力资源。而悬挂装置可以将农机具直接悬挂在拖拉机上,不再像往常那样由拖拉机牵引,而是同拖拉机形成一个紧凑、机动性更好的机组,如图 7-10 b 所示。在悬挂装置后安装一个地轮,拖拉机同农机具的连接方式就成了半悬挂式,如图 7-10 c 所示。悬挂装置已广泛应用在当前农机制造行业中,利用液压升降可自动控制农机具的耕深或工作高度。

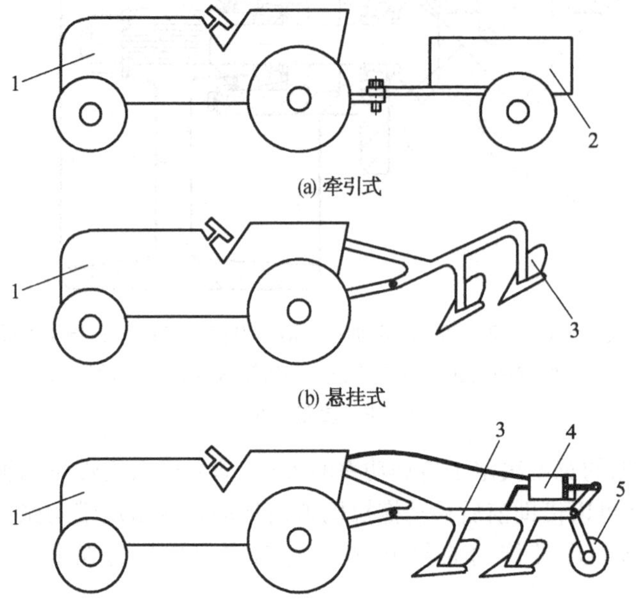

1—拖拉机;2—拖车;3—悬挂装置;4—液压缸;5—地轮

图 7-10　拖拉机和农机具的连接

液压悬挂装置作为拖拉机不可或缺的重要组成部分,利用液压作为动力,提升和控制悬挂在拖拉机上的农具。通常它具有以下功用:

(1) 连接和牵引不同类型的农具;

(2) 以液压为动力控制农具的升降,不仅能控制农具耕作深度或保持农具的离地高度,还能减小机组的转弯半径,提升了机组的机动性,从而提高了拖拉机的作业效率和经济性;

(3) 悬挂农具工作时,农具的部分重量通过液压悬挂装置转移到拖拉机的后驱动轮上,增加了后驱动轮的附着重量,改善了拖拉机的牵引附着性能;

(4) 将油泵提供的液压动力供给液压悬挂装置以外的其他油缸或液压马达,扩大使用范围。

二、悬挂装置的悬挂方式

(一) 按悬挂位置分类

根据悬挂装置在拖拉机上的布置位置的不同,可以将悬挂方式分为以下 4 种,如图 7-11 所示。

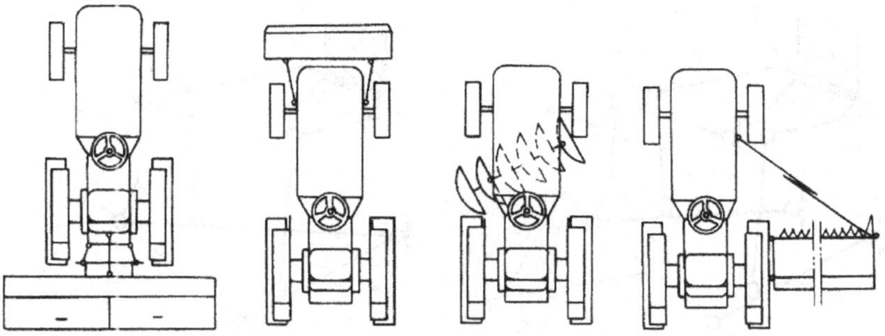

(a) 后悬挂 (b) 前悬挂 (c) 轮间悬挂 (d) 侧悬挂

图 7-11 悬挂装置的配置方式

1. 后悬挂

图 7-11 a 所示的悬挂装置布置在拖拉机的后面,这种布置方式能满足大多数的农业作业需要,是当前普遍采用的一种悬挂方式。拖拉机可以在未耕作的土地上行驶,而且增大了拖拉机后驱动轮的附着重量。有时为了提高作业效率,可以综合多种悬挂方式。例如,拖拉机悬挂宽幅农机具作业时,农机具可以分组悬挂在拖拉机的后面和侧面,这样不仅可以将农机具的重量更合理地分布在前后轮之间,还能改善机组的稳定性和操纵性。

2. 前悬挂

前悬挂是将农机具悬挂在拖拉机的前方,如图 7-11 b 所示。这种悬挂方式增大了前轮的负荷,主要应用在堆垛、推土和收割等机组上。

3. 轮间悬挂

轮间悬挂方式一般应用于自动底盘式拖拉机上,是将农机具悬挂在前后轴之间,如图 7-11 c 所示。采用这样的悬挂方式,驾驶员的视野较开阔,便于观察农机具的作业情况。

4. 侧悬挂

侧悬挂应用于割草和收获作业机组,在拖拉机工作时,农机具悬挂在拖拉机的侧面,作业阻力不大,不易引起拖拉机的自动转向,如图 7-11 d 所示。

(二) 按连接点数分类

根据悬挂杆件同拖拉机机体的连接点数可分为三点悬挂和两点悬挂。

1. 三点悬挂

三点悬挂的特点是悬挂杆件同拖拉机机体有 3 个铰接点,当拖拉机悬挂农机具工作时,具有很好的直线行驶性能。中小功率拖拉机多采用这种悬挂方式,如图 7-12 a 所示。

2. 两点悬挂

当拖拉机采用两点悬挂时,可轻便地矫正农机具作业过程中的行驶方向,特别便于大功率拖拉机悬挂重型或宽幅农机具作业,如图 7-12 b 所示。

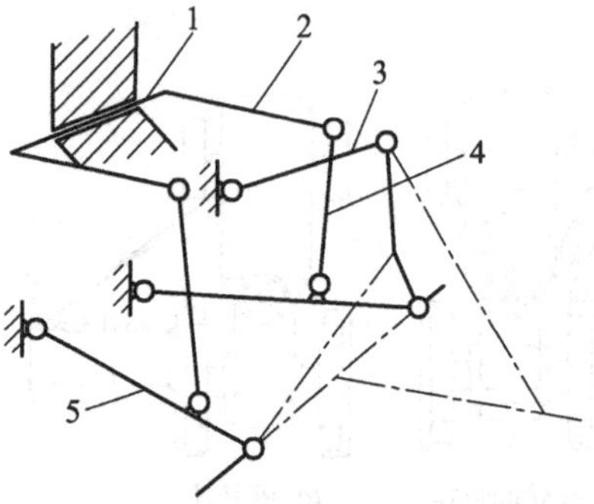

(a) 三点悬挂装置

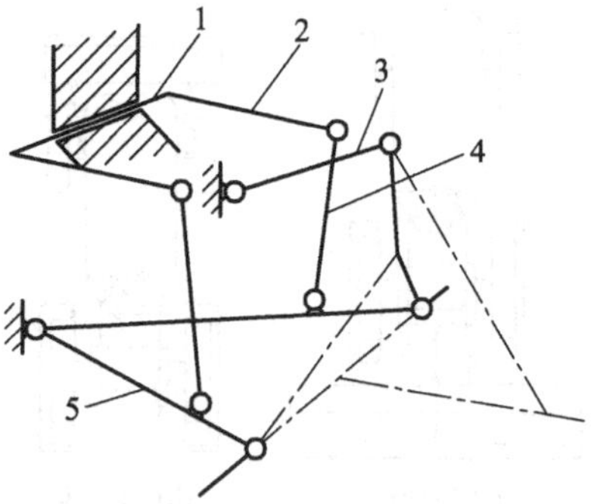

(b) 两点悬挂装置

1—提升轴;2—提升臂;3—上拉杆;4—提升杆;5—下拉杆

图 7-12 悬挂装置按连接点数分类

三、液压悬挂装置的组成

液压悬挂装置包括液压系统、操纵机构和悬挂装置 3 个组成部分。

(一) 液压系统

液压系统是悬挂装置的动力部分,由油泵、油缸和控制阀等液压元件组成。它将发动机的动力转换成液压能,驱动悬挂机构和农具的提升和下降,控制农机具的耕作深度或工作高度。

在满足基本使用要求的前提下,尽可能地简化液压系统的结构和油路。不同用途的液压系统互不影响,各液压元件在拖拉机上的布置要考虑安装、检修的便利性。工作流体的性质、液压元件的加工精度、液压元件的尺寸和液压系统的功率损耗决定了液压系统的额定工作压力。

按液压系统主要元件在拖拉机上的布置进行分类,可以分为分置式、半分置式和整体式 3 类,如图 7-13 所示。

1. 分置式

分置式液压系统将油泵、油缸、油箱及分配器布置在拖拉机的不同部位,以便于对前悬挂、侧悬挂农机具的操纵。分配器由主控制阀和回油阀等阀体组成。分置式液压系统检修方便,系列化的液压元件通用性强,有利于大规模专业化生产。但分置式液压系统结构不紧凑、油管过长,管路损失大,系统的故障率较高。

2. 半分置式

半分置式液压系统将油缸、分配器和操纵机构集成在提升器内,结构紧凑、油路短;提升器安装拆卸方便,可布置在传动箱附近,常用作传动箱的盖子;油泵单独布置在提升器壳体之外,由发动机正时齿轮或动力输出轴来驱动。

3. 整体式

整体式液压系统将操纵机构和液压元件集中在同一个提升器壳体内,其优点同半分置式液压系统类似,但目前较少采用这种形式。

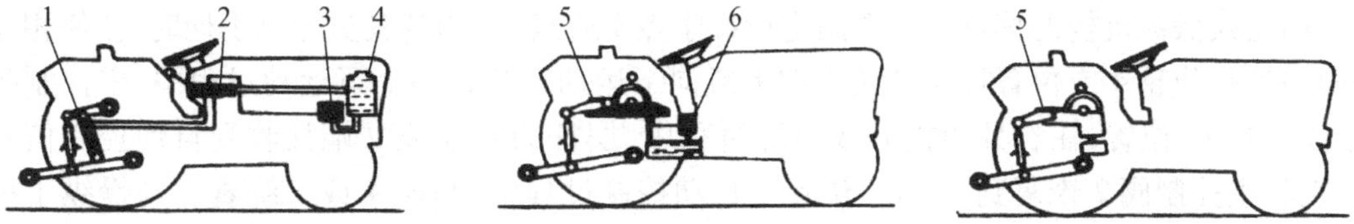

(a) 分置式　　(b) 半分置式　　(c) 整体式

1—油缸;2—分配器;3—油泵;4—油箱;5—提升器;6—油泵

图 7-13　液压系统的型式

(二) 操纵机构

拖拉机带动悬挂装置工作时,要尽可能地保证耕深的均匀性、发动机负荷的稳定性和拖拉机牵引附着性等。这就需要操纵机构根据工作需要控制主控制阀,以控制液压油流的方向,实现升、降农具或自动控制农具的耕深及提升高度。

目前采用的操纵机构按其结构形式的不同,分为伺服杆式、凸轮式和阀芯阀套相对移动式 3 类。

1. 伺服杆式操纵机构

伺服杆式操纵机构最为常用,它没有固定的支承点。如图 7-14 所示,弹簧 1 作用在伺服杆 4 上,通过 a 点使得推杆 5 同弹簧杆 7 保持接触。伺服杆下端 c 点则靠弹簧 2 与控制阀 3 接触,使伺服杆 4 在任何情况下都不会有额外的应力产生。伺服杆 4 的 a 点(或 d 点)受到弹簧变形量 f(或提升臂转角 θ)的控制,驾驶员操纵手柄来控制中间的 b 点(或 f 点),最下面的 c 点(或 f 点)用来推动控制阀移动,从而操纵液压系统使农具升降。

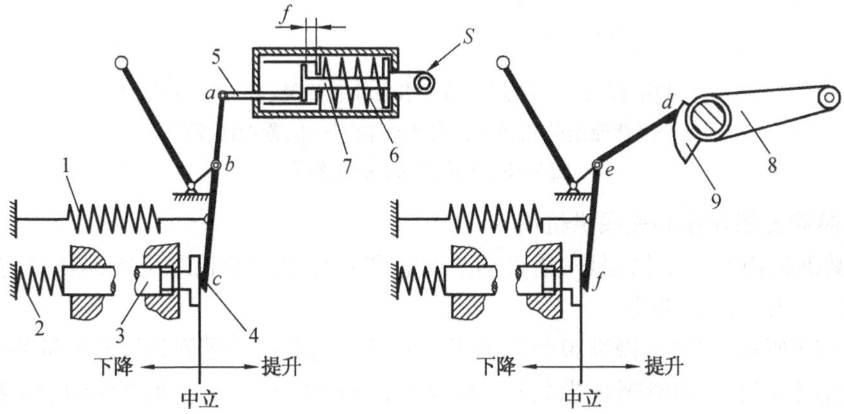

(a) 阻力控制　　(b) 位置控制

1,2—弹簧;3—控制阀;4—伺服杆;5—推杆;6—阻力控制弹簧;

7—弹簧杆;8—提升臂;9—凸轮

图 7-14　伺服杆式操纵机构简图

2. 凸轮式操纵机构

凸轮式操纵机构的摆杆 1 或 7 固定铰接于点 b 或点 e。当驾驶员操纵手柄时，会使相应的阻力控制凸轮 4 或位置控制凸轮 5 向上或向下运动。凸轮在上下运动过程中，主控制阀 2 偏离“中立”位置，在农具的提升或下降过程中，摆杆的 a 端或 d 端接收到自动控制信号后，会将主控制阀 2 恢复到“中立”位置。自动控制过程中，凸轮 4 或 5 绕着它与操纵手柄的铰接点摆动，如图 7-15 所示。

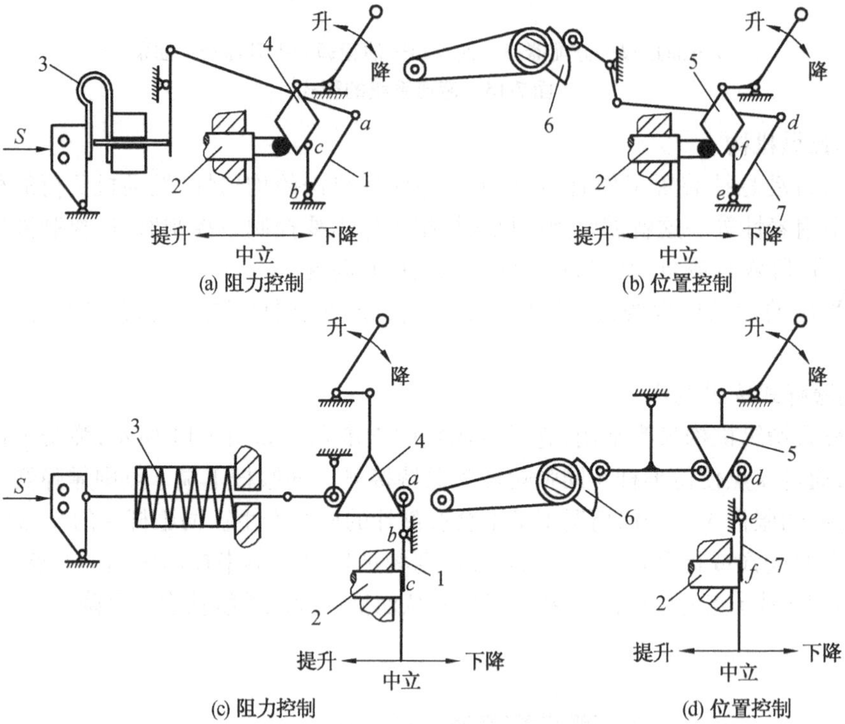

1—阻力控制摆杆；2—主控制阀；3—阻力控制弹簧；4—阻力控制凸轮；
5—位置控制凸轮；6—提升轴凸轮；7—位置控制摆杆

图 7-15　凸轮操纵机构简图

3. 阀芯阀套相对移动式操纵机构

这种操纵机构不需要伺服杆，通过调节阀芯和阀套之间的相对位置，实现对农机具的“提升”“下降”和“中立”控制。

如图 7-16 所示，驾驶员操纵阀套 3，而滑阀阀芯 4 的运动则受到弹簧变形量的控制。在“中立”位置时，阀套 3 和滑阀阀芯 4 之间有两个节流缝隙 δ_1 和 δ_2。当滑阀阀芯 4 相对于阀套 3 向左移动或阀套 3 相对于滑阀阀芯 4 向右移动时，封油长度 δ_2 将随之减小。当 δ_2 下降到零时，油缸开始排油，农机具降落。反之，当滑阀阀芯 4 相对于阀套 3 向右移动或阀套 3 相对于滑阀阀芯 4 向左移动时，封油长度 δ_1 减小。当 δ_1 减小至零时，回油阀 2 关闭，经油泵输出的液压油推开单向阀 1 进入油缸，实现对农机具的提升。

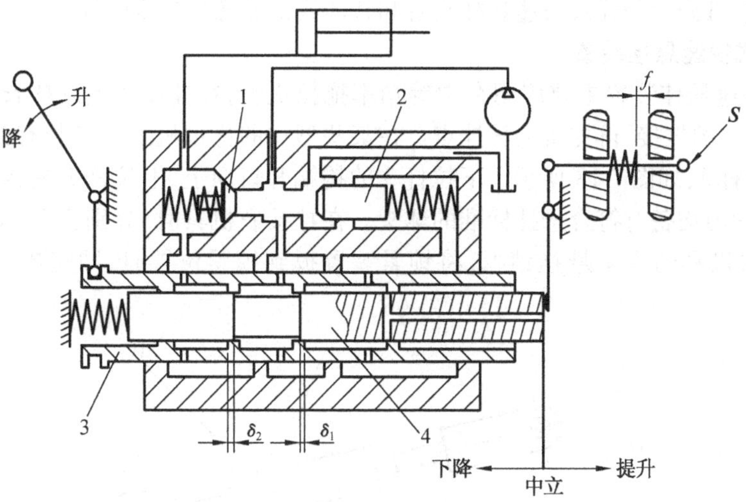

1—单向阀;2—回油阀;3—阀套;4—滑阀阀芯;f—弹簧压缩变形量;

S—上拉杆推力;δ_1,δ_2—节流缝隙

图 7-16　阀芯阀套相对移动式操纵机构简图

(三) 悬挂装置

悬挂装置由提升臂、提升杆等一些连接农具的杆件所组成,如图 7-17 所示,用于传递拖拉机对农具的升降力和牵引力,并保证农具在作业时处于正确的位置。

拖拉机机组在工作过程中,农机具的上、下和左、右摆动使得杆件之间产生复杂的相对运动,因此在上、下拉杆的两端采用球铰链,一端同拖拉机机体铰接,而另一端与农机具的悬挂轴铰接。

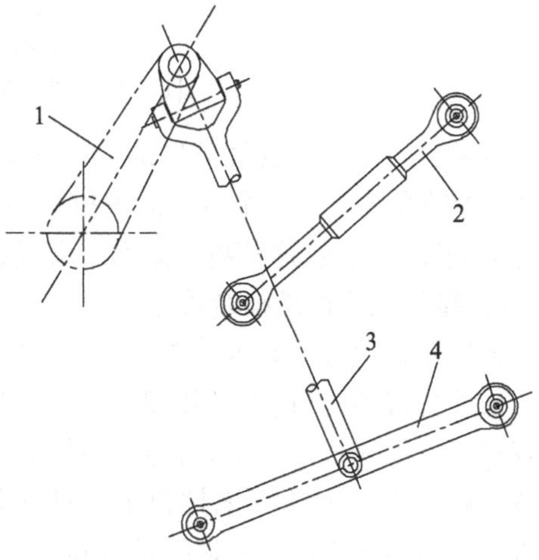

1—提升臂;2—上拉杆;3—提升杆;4—下拉杆

图 7-17　悬挂装置

上拉杆由三段杆件组成,中段杆件分别用左、右螺纹同前后两段相连接。拧转上拉杆中段杆件时,可对上拉杆的长度进行调节,进而调整农机具在纵向平面内的位置。当轮式拖拉机悬挂犁耕地时,为了保证在机体倾斜状态下也能使犁架左右保持水平,前、后犁的耕深保持一致,左右提升杆的长度必须不相等,并能根据不同的犁沟随时进行调整。

悬挂装置的结构参数对机组的作业性能影响很大,对不同的机型会有所差异。有关杆件的连接尺寸和位置坐标等应符合相关国家标准的规定。

四、快速悬挂装置

快速悬挂装置可使驾驶员独立完成拖拉机三点悬挂机构同农机具的快速挂接,根据不同的结构形式,可分为分开式快速悬挂装置和整体式快速悬挂装置两种。

1. 分开式快速悬挂装置

分开式快速悬挂装置主要应用在中等功率拖拉机上,在挂接三点悬挂农机具时,先完成两个下悬挂点的挂接,再挂接上悬挂点。在某些型式的拖拉机上还安装有钩形后端的上拉杆1和下拉杆3,如图7-18所示。下拉杆3的钩端开口向上,上拉杆1的钩端开口向下,上、下拉杆的钩内均备有符合悬挂标准的球头。在挂接农机具时,分别将上、下拉杆钩内的球头安装到农机具的3个悬挂销上,将锁紧装置扳到锁紧位置时,即完成了对农机具的悬挂。

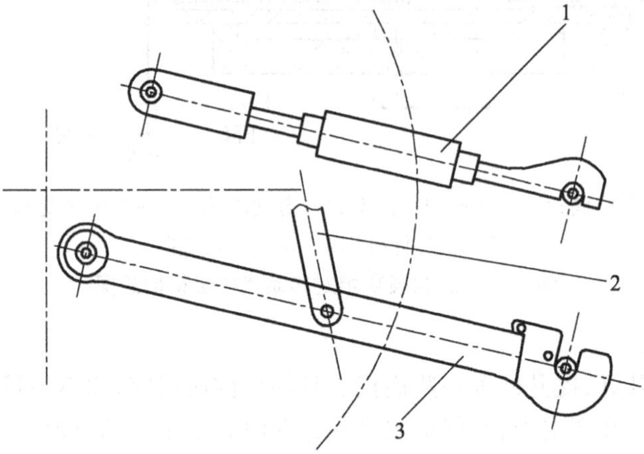

1—上拉杆;2—提升杆;3—下拉杆

图7-18　带钩形悬挂杆的快速挂接装置

有的分开式快速悬挂装置的上拉杆采用钩形后端,而下拉杆1为常规结构。在下拉杆1的后端销孔内连接一个专用的下拉杆架2,为保证拖拉机同农机具即使有相对位置偏差,也能顺利完成挂接,这种整体架的一端设计为带曲面的钩形结构,如图7-19所示。

2. 整体式快速悬挂装置

整体式快速悬挂装置结构复杂,需要额外的快速挂接器,其优点是驾驶员不离开座椅就可以一次完成对3个悬挂点的挂接,该装置一般应用在大功率拖拉机上。挂接器前端2同拖拉机的上、下悬挂销铰接,挂接器后端1为开口向上的钩形结构,如图7-20所示。需要挂接农机具时,将挂接器的开口上方对准农机具的悬挂销,启动液压挂接器,农机具的悬挂销便进入挂接器的开口内,在卡舌锁住农机具后,便完成了农机具的挂接操作。卸下农机具时,先扳动脱开手柄以改变卡舌的位置,再降下挂接器,就实现了拖拉机与农机具的脱开。

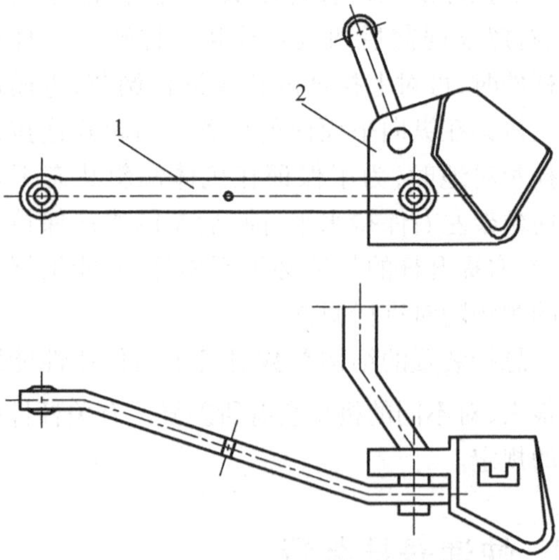

1—下拉杆;2—下拉杆架

图7-19　带下拉杆架的快速悬挂装置

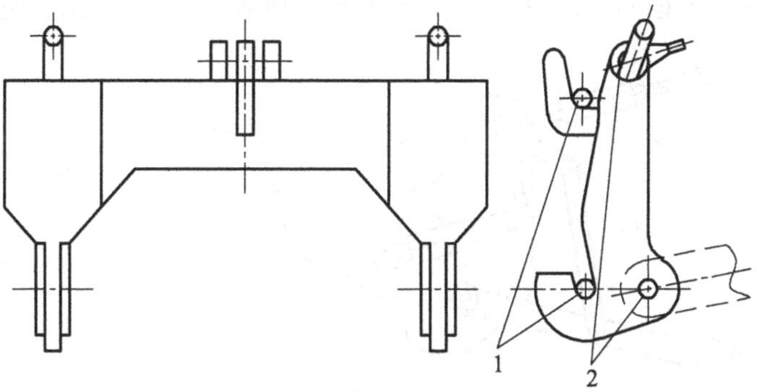

1—挂接器后端;2—挂接器前端

图 7-20　整体式挂接器

五、前悬挂装置

国外经过几十年的发展,已将前悬挂装置广泛配套于多种农机具。而目前国内大多数拖拉机只有后动力输出轴和后悬挂,在联合作业的过程中,受悬挂提升能力的限制,须采用分置油缸操纵的半悬挂或牵引方式,机组灵活性较差,转弯时地头留得过长。为提高机组的操纵性和稳定性,在拖拉机前部还要加配重,增加了机组的总质量,加大了对土壤的压实程度。而采用前悬挂装置,以上问题则迎刃而解。

前悬挂装置提高了拖拉机的适应性,符合联合作业的要求,前后悬挂装置构成的联合作业机组可进行的作业方式有:

(1) 前整地起垄,后直接播种;

(2) 前旋耕灭茬,后深松播种;

(3) 前收割牧草,后直接打捆;

(4) 前后犁耕作业。

相较于单纯的后悬挂机组,前悬挂机组具有明显的优势,如:

(1) 前后悬挂联合作业机组使得驾驶员有良好的视野,便于生产操作,具有更高的生产效率;

(2) 前悬挂机组可代替前配重,减少了机组的总重量,拖拉机前后桥的重量分配更加合理,减轻了滚动阻力和对土壤的压实,提高了拖拉机的牵引效率;

(3) 可以独立驱动前、后机具,简化了机具的驱动机构,保证了合理的动力输出轴转速配置;

(4) 前、后机具可以采用全悬挂,在地头转弯时顺序提升或降落,机组机动性较好,可减少地头长度;

(5) 前悬挂机具可在现有后悬挂机具上改装而成,不需要专门设计,在使用上比较灵活。

当前存在两种前悬挂装置,一种是由提升油缸 1 通过提升臂 2 带动提升杆 4,进而实现下拉杆 5 的升降,如图 7-21 所示;另一种的前悬挂装置结构简单、紧凑,没有提升臂和提升杆,两个下拉杆 3 刚性地铰接在一起,由提升油缸 1 直接控制下拉杆 3 的升降,如图 7-22 所示。但由于下拉杆不能横向摆动，挂接农机具时比较困难，故一般采用快速挂接装置。

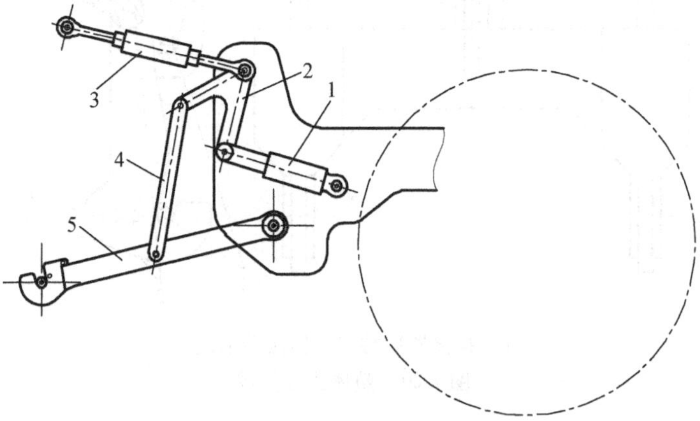

1—提升油缸；2—提升臂；3—上拉杆；4—提升杆；5—下拉杆

图 7-21　液压前悬挂装置

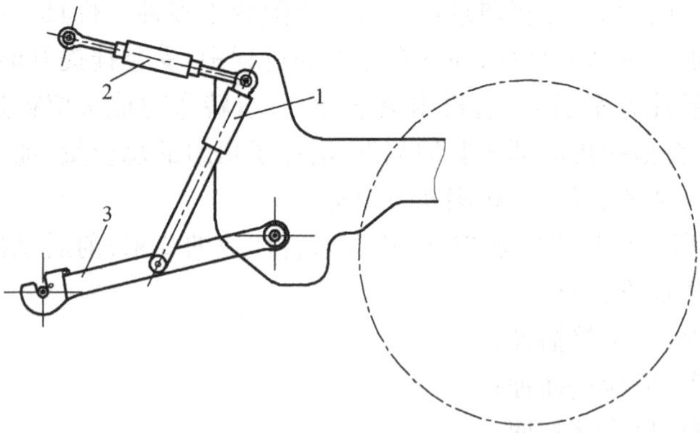

1—提升油缸；2—上拉杆；3—下拉杆

图 7-22　无提升臂和提升杆的液压前悬挂装置

第四节　液压举倾装置

一、液压举倾装置的功用

液压举倾装置将车厢举升一定的倾斜角度，以实现拖拉机和货车对货物自动装卸的需要，而车厢则依靠自重来复位。

二、液压举倾装置的组成

液压举倾系统主要由油泵、液压油箱、换向阀、举倾油缸、传动杆件及车厢锁紧机构等组成,其结构如图 7-23 所示。

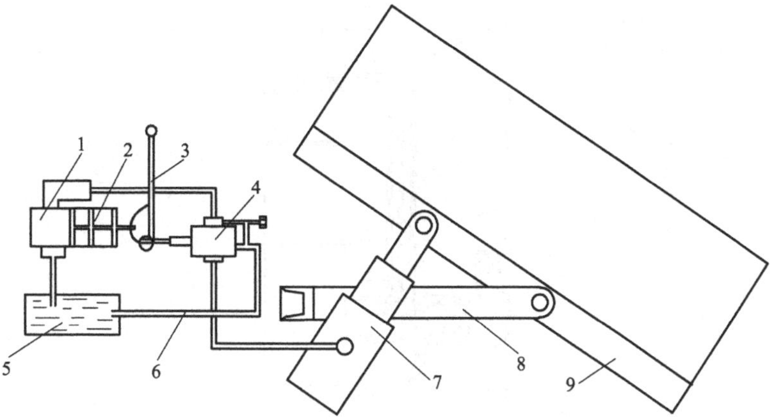

1—油泵;2—取力器;3—操纵手柄;4—换向阀;5—液压油箱;6—回油管;
7—举倾油缸;8—车架;9—车厢

图 7-23　液压举倾结构简图

1. 油泵

油泵是液压举倾装置的动力元件,其中外啮合齿轮泵和轴向柱塞泵应用最为广泛。

2. 举倾油缸

举倾油缸是液压举倾系统的动作执行元件,分为活塞式和柱塞式两种。如图 7-24 所示,液压举倾装置工作时,液压油在油泵的作用下经 A 口进入举倾油缸,推动活塞 3 和活塞杆 4 运动,实现对车厢的举升作用。当活塞 3 运行至顶端时,活塞上的限位阀被打开,液压油经回油口 B 流回油箱内,则车厢举升终止。当车厢下降时,控制阀将举倾油缸的进油口 A 同油箱相通,在车厢自重的作用下,活塞 3 推动液压油流回油箱。

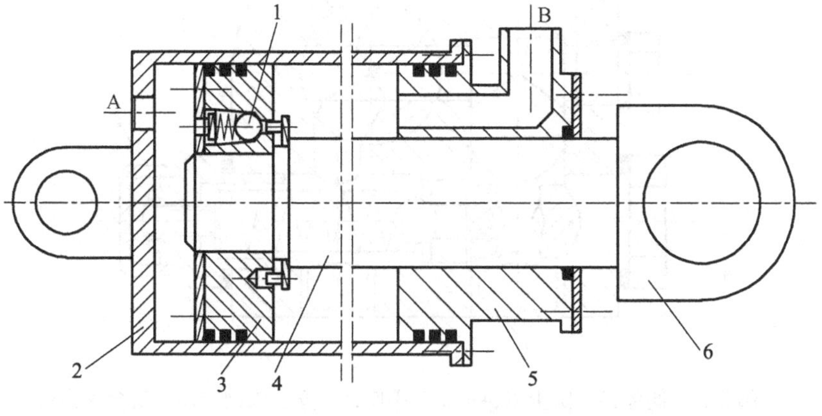

1—限位阀钢球;2—缸筒;3—活塞;4—活塞杆;5—油缸端盖;6—连接头

图 7-24　活塞式举倾油缸结构

柱塞式举倾油缸因较强的举升能力,多应用在重型自卸汽车中。如图 7-25 所示,举倾油缸主要由三节油缸、一节柱塞和密封件所组成。举升车厢时,液压油经进油口进入举倾油缸的油腔中,油腔中的高压油依次将各节油缸推出。需要下降车厢时,车厢在自重的作用下将液压油压回到油箱中。柱塞式举倾油缸的极限位置依靠液压系统的限位阀控制。

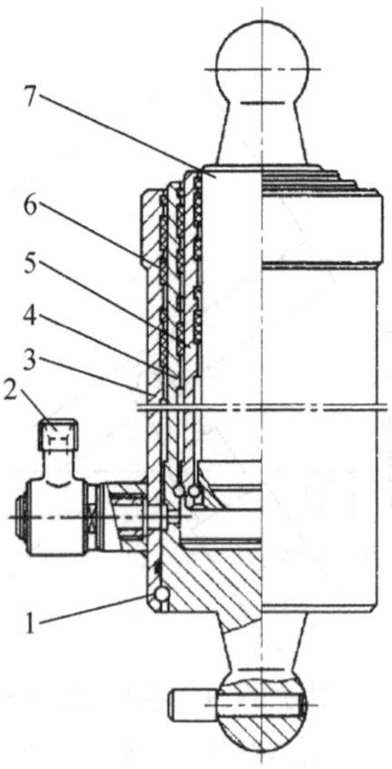

1—钢丝锁止环;2—管接头;3—第一节油缸;4—第二节油缸;5—第三节油缸;6—密封圈;7—柱塞

图 7-25　柱塞式举倾油缸结构

3. 控制阀

控制阀是液压举倾装置的控制元件。如图 7-26 所示,某手动转阀作为控制阀控制着系统中的液压油,当控制阀的液压油入口同油箱接通时,油泵将液压油注入举倾油缸的油腔中,车厢被逐渐举升。当液压油的压力超过限定值时,手动转阀的安全阀开始起作用,安全阀打开后,液压油经安全阀回流到油箱中。

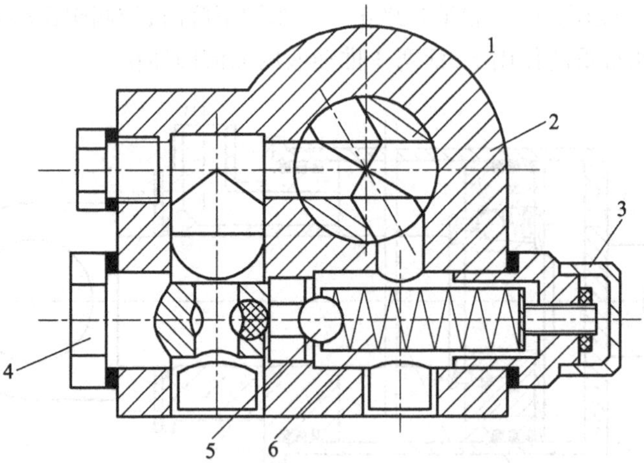

1—阀芯;2—阀体;3—防尘罩;4—安全阀座;5—安全阀钢球;6—安全阀弹簧

图 7-26　手动转阀结构简图

4. 车厢锁紧机构

如图 7-27 所示,车厢锁紧机构是由定位板 6、滚轮 7、杠杆总成 8、锁钩 4、回位弹簧 2 等组成,用来使车厢后栏板自动开启和锁紧。

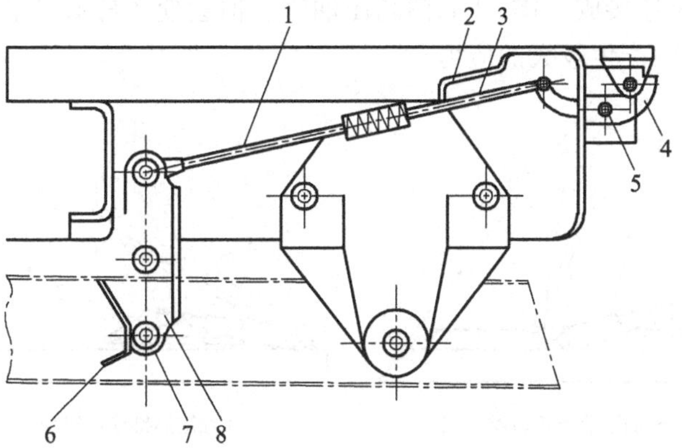

1—后拉杆总成;2—回位弹簧;3—前拉杆总成;4—锁钩;5—销轴;
6—定位板;7—滚轮;8—杠杆总成

图 7-27 车厢锁紧机构简图

当车厢举升时,滚轮 7 沿定位板 6 斜面开始运动,当滚轮 7 与定位板 6 脱开时,拉杆总成在回位弹簧 2 的作用下向右运动,锁钩 4 绕销轴 5 转动,后栏板自动打开。当车厢下降时,滚轮 7 在定位板 6 斜面的作用下,使杠杆总成 8 转动,拉动拉杆总成向左运动,锁钩 4 强制锁紧车厢后栏板。

三、液压举倾装置的布置形式

1. 直推式

将举倾油缸直接作用于车厢底架上,称为直推式液压举倾装置。举倾油缸 3 与车厢底架的连接点位置,一般布置在车厢 2 的几何中心后面,这样布置的优点在于车厢 2 的稳定性较好。根据举倾油缸 3 布置位置的不同,分为中置油缸直推式和前置油缸直推式两种,如图 7-28 所示。

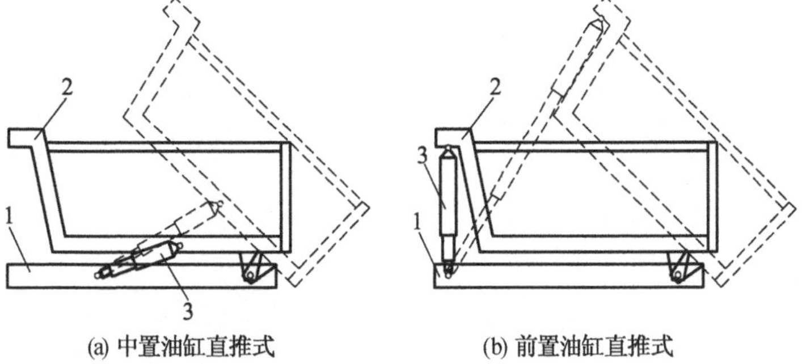

1—车架;2—车厢;3—举倾油缸

图 7-28 直推式液压举倾装置简图

2. 连杆组合式

如图 7-29 所示,连杆组合式液压举倾装置的举倾油缸 3 可以布置得接近水平位置,与车厢底架之间通过连杆总成 2 连接。采用这种结构的优点在于举倾油缸 3 容易布置,可以将举倾油缸 3 和油泵连接成一体,并取消高压油管。但会使车厢底架和车架 1 承受油缸产生的水平面推力,从而产生较大的应力。

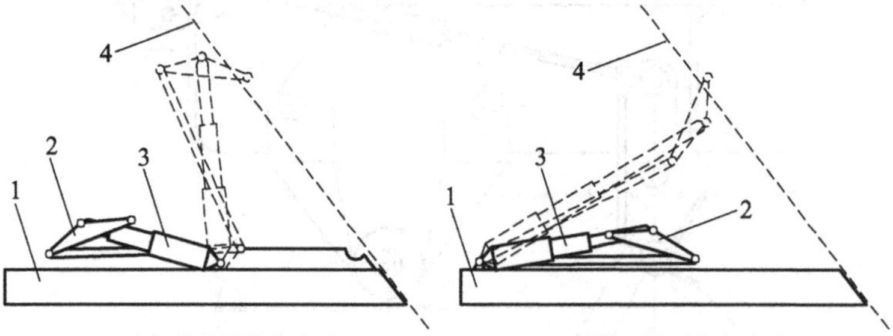

(a) 油缸前推连杆组合式　　(b) 油缸后推连杆组合式

1—车架;2—连杆总成;3—举倾油缸;4—车厢

图 7-29　连杆组合式液压举倾装置简图

思考题

1. 固定式牵引装置和摆杆式牵引装置各有何特点?
2. 同步式动力输出轴有何特点?
3. 液压悬挂装置的功用有哪些?
4. 液压举倾装置有哪些布置形式?

第八章

拖拉机动力学分析

第一节　拖拉机行驶动力学

一、拖拉机驱动力

轮式拖拉机的发动机有效转矩经传动系统传至拖拉机驱动轮上，此时引起的地面对驱动轮的水平反作用力即是驱动力，其是推动整个拖拉机前进的动力，方向与拖拉机行驶方向相同，大小可由下式计算，即

$$F_t = \frac{T_t}{r} = \frac{T_{tq} i \eta_m}{r} \tag{8-1}$$

式中：T_t——驱动转矩；

T_{tq}——发动机转矩；

i——传动系传动比；

η_m——动力传动系传动效率；

r——轮式拖拉机驱动轮动力半径。

履带拖拉机的履带驱动力是发动机有效转矩经传动系统传至驱动轮，驱动轮经履带驱动区段传到接地区段，使履带对地面产生水平切向力，而地面对履带产生水平切向反作用力，该力即为履带驱动力。

履带拖拉机靠履带卷绕时地面对履带接地段产生的反作用力行驶。履带拖拉机牵引农机具在水平地面上稳定直线行驶时的基本受力如图 8-1 所示。为便于叙述其行驶原理，将履带分成几个区段：1 和 3 之间为驱动区段，4 和 5 之间为松弛区段，6 和 8 之间为缓冲区段，1 和 8 之间为接地区段或支承区段。

在驱动转矩 $\boldsymbol{T}_t$ 作用下，驱动轮轮齿与履带板的节销（或节齿）啮合，带动履带板作卷绕驱动轮的传动，并使驱动区段（1 和 3 之间）内产生拉力 $\boldsymbol{F}$，拉力 $\boldsymbol{F}$ 对拖拉机来说是内力，它力图把接地段（1 和 8 之间）的履带板从支承轮下拉出，使土壤在接地段内的履带板上产生水平反作用力，这些反作用力的合力 $\boldsymbol{F}_t$ 就是履带拖拉机驱动力，其方向与拖拉机行驶方向相同，是推动拖拉机向前行驶的外力。

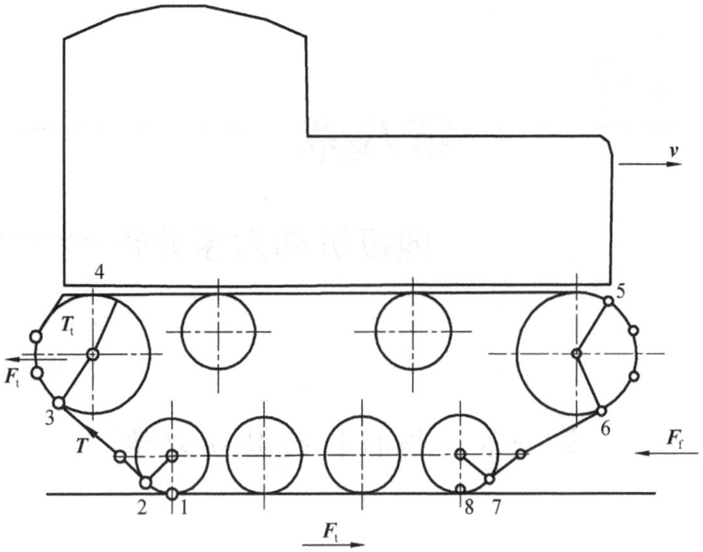

图 8-1　履带拖拉机行驶原理

由于履带式拖拉机动力从驱动轮经履带驱动区段传到接地区段会有动力损失，如果此损失用履带驱动区段传动效率 η_t 来表示，用 T_{tq} 表示发动机转矩，i 表示传动系传动比，η_m 表示动力传动系传动效率，r 表示履带式拖拉机驱动轮动力半径，则履带拖拉机的理论驱动力 F_t' 可表示为

$$F_t' = \frac{T_{tq} i \eta_m}{r} \eta_t \tag{8-2}$$

二、拖拉机行驶阻力

拖拉机作业时与汽车行驶情况不同，拖拉机牵引农机具作业时负荷很大、速度较低，因此行驶阻力中增加了牵引农机具所必须克服的阻力，即牵引阻力 $\boldsymbol{F}_T$；拖拉机作业速度低，因而可忽略空气阻力。

1. 拖拉机牵引阻力

当拖拉机与配套机具组成机组作业时，牵引农机具必须克服作业阻力、农机具行走的滚动或摩擦阻力等，这些阻力的合力在前进方向的分力即农具牵引阻力(图 8-2)，通常用 $\boldsymbol{F}_L$ 表示。该力通过牵引装置或悬挂机构作用在拖拉机上形成牵引阻力 $\boldsymbol{F}_T$，即

$$\boldsymbol{F}_L = \boldsymbol{F}_T \tag{8-3}$$

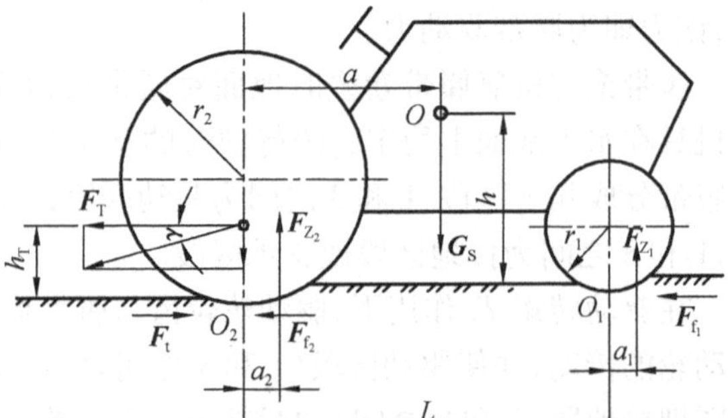

图 8-2　轮式拖拉机带牵引机具时的受力图

后轮驱动拖拉机带牵引农具在水平田地里稳定行驶作业时，拖拉机所受的外力有拖拉机使用重力 $\boldsymbol{G}_s$、驱动力 $\boldsymbol{F}_t$、前轮地面垂向

反力 $\boldsymbol{F}_{Z_1}$ 和滚动阻力 $\boldsymbol{F}_{f_1}$、后轮地面垂向反力 $\boldsymbol{F}_{Z_2}$ 和滚动阻力 $\boldsymbol{F}_{f_2}$、牵引阻力 $\boldsymbol{F}_{T}$。拖拉机质心的位置分别以坐标 a 和 h 表示。

牵引农具的总牵引阻力作用在拖拉机牵引装置上，并与地面成 γ 角。为简化计算，将牵引阻力作用点移到该力作用线与驱动轮垂直轴线的交点上，该点的高度位置以 h_T 表示。

拖拉机牵引阻力的大小随农机具的种类、规格、作业幅宽、速度、土壤性质与状况等因素不同而变化。耕地作业特别是深松作业的耕作阻力大、作业能耗高，需要拖拉机的牵引力大；相反，播种施肥、打药等作业时，机具的负荷小，需要的拖拉机牵引力小。

2. 拖拉机滚动阻力

拖拉机行驶在松软土壤上时，其功的消耗主要有 3 个方面：(1) 车轮或履带对土壤垂直压缩变形的功耗；(2) 车轮或履带前方水平挤压土壤的功耗；(3) 轮胎弹性变形或履带克服预张紧力所引起的摩擦力矩（第二组摩擦）损失的功耗以及其他功率损失。车轮或履带滚动的总消耗主要受土壤条件的影响。上述 3 个方面的消耗功分别对应拖拉机的压实阻力、推土阻力和胎体变形阻力。这 3 个阻力可以通过试验得到相应的经验公式，但实际使用经验公式时仍感到不便。在实际工作中，为了迅速估算滚动阻力 F_f，常用下式计算

$$F_f = G_s f \tag{8-4}$$

式中：G_s——拖拉机使用条件下所受重力；

f——拖拉机滚动阻力系数。

滚动阻力系数可采用试验方法确定。各种不同土壤的滚动阻力系数见表 8-1。

表 8-1　滚动阻力系数 f 的数值

路面类型	轮式拖拉机滚动阻力系数	履带式拖拉机滚动阻力系数
沥青路面	0.02 ~ 0.03	0.05 ~ 0.06
干土路	0.03 ~ 0.05	0.05 ~ 0.07
生荒地	0.05 ~ 0.07	0.06 ~ 0.07
硬实的熟荒地	0.05 ~ 0.07	0.06 ~ 0.07
休闲 2 ~ 3 年的耕地	0.06 ~ 0.08	0.06 ~ 0.07
畜牧草地	0.06 ~ 0.08	0.06 ~ 0.07
留茬地	0.08 ~ 0.10	0.06 ~ 0.08
已耕地	0.12 ~ 0.18	0.08 ~ 0.10
播种前的耕地	0.16 ~ 0.18	0.09 ~ 0.12
沼泥地	0.22 ~ 0.25	0.11 ~ 0.14
已滚压的雪地	0.03 ~ 0.04	0.06 ~ 0.07

三、拖拉机行驶方程式

拖拉机在移动作业过程中除克服自身的滚动阻力 $\boldsymbol{F}_f$ 外，还要克服牵引农具作业的牵引阻力 $\boldsymbol{F}_T$。在机组起步、加速过程中不但需要克服自身加速阻力还要克服农具的加速阻力。

根据拖拉机机组作业条件下的速度、地面坡度等情况，为简化起见忽略机组的加速阻力与坡度阻力。

根据拖拉机驱动力与行驶阻力分析，拖拉机能够配备农机具正常工作的行驶条件是驱

动力大于各种行驶阻力之和，即拖拉机行驶方程

$$F_t = \sum F = F_f + F_T \tag{8-5}$$

式中：F_t——拖拉机驱动力；

F_f——拖拉机滚动阻力；

F_T——拖拉机牵引阻力。

四、拖拉机的附着性能

拖拉机行驶时，动力性还受到轮胎或履带与土壤附着条件的影响。

拖拉机行驶时，在驱动转矩作用下，驱动轮或履带在其与土壤接触之处有向后滑动的趋势，此时土壤对驱动轮或履带产生水平反作用力，这个反作用力主要由土壤抗剪切强度（或抗压强度）产生，随着驱动轮或履带与地面间的滑转情况而改变。

驱动轮或履带与土壤接触面上各点的剪切位移 j 沿接触点的不同位置而变，此种现象称为滑转情况。车轮前端和地面接触点的剪切位移 j 最小，接触面后端剪切位移最大，以 j_{max} 表示。剪切位移值随 x 增大而线性增大，即 $j = x\delta$，如图 8-3 所示，其中 δ 即为描述滑转情况的参数，称为滑转率。

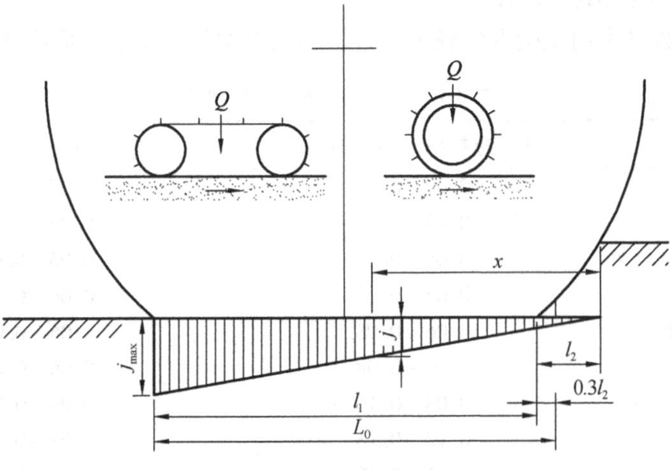

图 8-3　土壤剪切位移 j 沿接触面长度的关系

土壤对驱动轮或履带的水平反作用力随滑转率变化的关系如图 8-4 所示。

可以看出，土壤对驱动轮或履带的水平反作用力的最大值 $F_{\varphi lim}$（极限附着力）在滑转率达到 100% 时得到，但这个时候滑转功耗大增，轮胎磨损加剧，土壤结构也遭到破坏，所以实际工作中不会让滑转率达到 100%。我国规定了不同土壤、不同拖拉机类型的容许最大滑移率值 δ_y。实际使用过程中用到的土壤对轮胎或履带的水平反作用力的最大值即为容许最大滑移率值 δ_y 下对

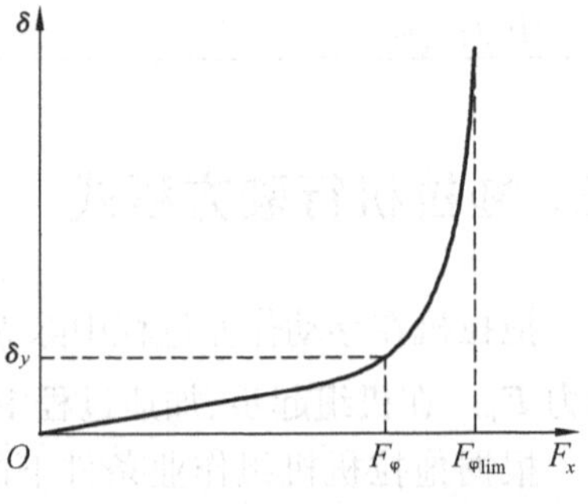

图 8-4　土壤对驱动轮或履带水平反作用力随着滑转率变化的关系曲线

应的水平反作用力，称为附着力 F_{φ}，常用下式计算

$$F_{\varphi} = G_{q}\varphi \tag{8-6}$$

式中：G_q——驱动轮或履带的垂直载荷；

φ——附着系数，各种不同土壤的附着系数见表 8-2。

表 8-2 附着系数 φ 的数值

路面类型	轮式拖拉机附着系数	履带式拖拉机附着系数
沥青路面	0.7～0.8	0.9～1.0
干土路	0.6～0.8	0.9～1.1
生荒地	0.7～0.9	1.0～1.2
硬实的熟荒地	0.7～0.9	1.0～1.2
休闲 2～3 年的耕地	0.6～0.8	0.9～1.1
畜牧草地	0.6～0.8	0.9～1.1
留茬地	0.6～0.8	0.8～1.0
已耕地	0.5～0.7	0.6～0.8
播种前的耕地	0.4～0.6	0.6～0.7
沼泥地	0.1～0.2	0.4～0.6
已滚压的雪地	0.3～0.4	0.5～0.7

根据我国的试验结果，规定：轮式拖拉机正常工作的 δ_y 值，旱田茬地为 20%，水田茬地为 25%；履带式拖拉机，旱田茬地为 7%；手扶拖拉机，旱田、水田茬地为 25%。

五、影响滚动阻力和附着力的因素

影响滚动阻力和附着力的因素较复杂，以下通过几个基本因素分析它们对拖拉机滚动阻力和附着力的影响，并提出减小滚动阻力和提高附着力的措施。

1. 土壤条件

土壤抗剪强度越大，附着性能越好。不同土壤的抗剪强度受湿度的影响是不一样的。对于砂土，湿度对土壤抗剪强度影响小；对于壤土和黏壤土，湿度对抗剪强度影响大。通常土壤越潮湿，轮胎的附着性越差，其他条件相同时，留茬地上的附着性能比已耕地的高。表层土壤抗剪强度很低，底层土壤抗剪强度高，采用高花纹轮胎或带刺的铁轮，可提高附着性能。

如果土壤松软，则拖拉机下陷深，增加土壤的垂直压缩变形阻力和推土阻力，从而增加滚动阻力。在这种土壤条件下，可装用船体承受主要载荷，从而减少下陷量。据试验研究得知，船体接地比压在 4～20 kPa 范围内时，船体滑行阻力常为最小，这可减小船式机的行驶阻力。

2. 路面条件

当轮式拖拉机进行运输作业，在硬路面上行驶时，和汽车类似，它的附着性能也取决于

轮胎和地面的附着系数。通常水泥路面的附着系数较高,泥石路和石子路的附着系数较低,在冰雪路面上,必要时可装防滑链,防止打滑。

3. 附着载荷(附着重力)

附着载荷是指能够产生附着力的载荷,即作用在驱动轮或履带上的垂直载荷。在摩擦性土壤中,增加附着载荷能显著地增大附着力。由库仑抗剪公式可知,这是由于增大了 $Q_q\tan\phi$(Q_q 为驱动轮载荷,ϕ 为土壤内摩擦角)这一项值的缘故。但当土壤抗剪应力达到最大值后,如再增加附着载荷,可能反而会降低驱动力。在纯黏性土壤中,因 $\phi\approx0$,即 $\tan\phi\approx0$,在这种土壤条件下,不能靠增加附着载荷来改善附着性能。例如,在松软土壤中,如过量地增加附着载荷,则轮胎下陷量急增,滚动阻力也大大地增大,挂钩牵引力反而减小。

采用四轮驱动,使整个拖拉机使用重力都成为附着载荷,因而增大了附着力,这是提高牵引附着性能的一项有效措施。此外,采用后悬挂式农具,也能增加驱动轮的附着载荷。

4. 轮胎气压 p_y

附着力随 p_y 降低而增加,而驱动轮滚动阻力随之降低。当 p_y 降到最佳气压 p_{y0}时,驱动轮滚动阻力达到最低,p_y 再降低,滚动阻力又增加。这是滚动阻力受轮胎和土壤两者变形综合影响的结果。在田间,土壤变形是决定性因素,在一定范围内降低 p_y,使土壤变形减少,可降低滚动阻力。但当 p_y 降到最佳气压 p_{y0} 以后再降低,轮胎变形起主导作用,反而使滚动阻力又增加。地面或土壤条件变化时,最佳气压 p_{y0} 也会有所变化。例如,在硬的光滑路面上或石子路面上,与最小滚动阻力对应的最佳气压 p_{y0} 的点就要向 p_y 高的方向移动。由上可知,在确定驱动轮的气压时,应从土壤条件、附着力和滚动阻力等几方面考虑。

应该指出,当胎压过低时,轮胎变形过量增加,胎壁内部的摩擦急增,从而引起磨损和破裂。因此,为提高拖拉机牵引附着性能而降低 p_y 时,还要兼顾轮胎的使用寿命。

5. 轮胎尺寸

轮胎直径和宽度的增大,可以增加轮胎支承面的长度和宽度,增大抗剪面积,使附着力增加。同时支承面积适当增大,可减少土壤变形量,使滚动阻力相应降低。但增大轮胎直径受到某些设计参数(例如拖拉机重心高度等)的限制。为了能在不加大轮胎外径的情况下提高承载能力和平稳性,在适当条件下,可装用加宽型驱动轮胎。以往拖拉机轮胎断面的高宽比(H/b)通常为1,为了提高附着性能,出现了增大胎宽的趋势,胎宽 b 往往大于断面高度 H,致使轮胎断面的高宽比降到0.85 左右。在增大轮胎宽度的同时,最好同时适当降低轮胎的充气压力,使轮胎的接地面积增加。近年来,在某些大功率拖拉机上,出现了并排安装的双轮胎。当然,增加轮胎宽度也受到轮胎结构和农事要求的限制。

6. 轮胎花纹

农用驱动轮胎的花纹多为人字形。在沙壤土上进行的模型试验表明,当花纹长度相同时,适当减小花纹角,可以提高附着性能。我国普通农用轮胎都采用45°花纹角;窄胎体高花纹采用约23°花纹角。但是减小花纹角会使抗侧滑移性能和行驶平顺性变差,而且自洁性能力下降,从而造成在泥泞土壤上工作时积泥,附着性能有时反而变坏。

花纹的形状和布置会影响轮胎的压力分布,因而影响附着力,所以轮胎花纹的设计应使接地压力能够近似于均匀分布。

普通轮胎花纹高度较低,在水田里工作时,花纹不能插入硬底层而不能发挥驱动力。高花纹轮胎的花纹高度约增加一倍。窄胎体高花纹轮胎,由于胎体窄,减小了车辙宽度,减少了土壤变形的功率损失，并又能把花纹插入硬底层，增加了驱动力，提高了牵引性能。窄胎体轮胎还具有较好的自洁性能，但窄胎体高花纹轮胎目前还存在寿命短的缺点，以待继续改善。

7. 轮胎结构

轮胎的刚度，帘布层数、帘布排列方法等，对附着力和滚动阻力的大小也有不同程度的影响。普通轮胎的帘线相互交叉，而子午线轮胎帘线不相交，侧壁较普通轮胎软，径向变形较大，接地面积在相同条件下比普通轮胎略有增大，接地压力也相应减小，附着力大致可提高10%。子午线轮胎在胎冠部分增加了缓冲层，这既减小了轮胎内部应力和轮胎滞后损失，又提高了花纹块的耐磨性和寿命。但子午线轮胎侧壁较软，在低气压时使用易出现裂纹，侧向稳定性也比普通型差。

第二节　拖拉机附着动力学

拖拉机在田间低速、大负荷作业，驱动力与滑转率大小对机组作业效率、功率损失，以及对土壤结构破坏程度有重要影响，因此拖拉机必须有良好的附着性能。拖拉机驱动形式、拖拉机与农机具连接方式及拖拉机作业负荷与速度，对拖拉机附着性能均构成影响。这里主要分析拖拉机作业对附着性能的影响。

一、轮式拖拉机附着性能

1. 轮式拖拉机牵引机组分析

当轮式拖拉机悬挂机组采用高度调节作业时，耕作深度由农具上的支承轮来控制，悬挂农具的重量也由支承轮承受。

如图8-2所示，为了求出前轮上所受的垂直方向的土壤反作用力 F_{Z_1}，列出作用在拖拉机上的诸外力绕 O_2 点（O_2 点是驱动力 F_t 作用线与通过驱动轮轴心且垂直于地面假想平面的交点）的力矩平衡方程式可得

$$G_s a = F_T h_T + F_{Z_2} a_2 + F_{Z_1}(L + a_1)$$

以相应的滚动阻力矩 T_{f_1}、T_{f_2}代替 $F_{Z_1}a_1$ 与 $F_{Z_2}a_2$，即可求得

$$F_{Z_1} = \frac{G_s a - F_T h_T - T_{f_1} - T_{f_2}}{L} \tag{8-7}$$

为求出驱动轮上所受垂直方向的土壤反作用力 F_{Z_2}，列出作用在拖拉机上的各外力绕点 O_1（点 O_1 是驱动力 F_t 作用线与通过前轮轴心且垂直于地面的假想平面的交点）的力矩平衡方程式为

$$F_{Z_2}(L - a_2) = G_s(L - a) + F_T h_T + F_T L\tan\gamma + F_{Z_1}\alpha_1 \tag{8-8}$$

土壤对前轮的水平反作用力（滚动阻力）所形成的力矩值很小，可以忽略不计。以相应的滚动阻力矩 T_{f_1}，T_{f_2}代替 $F_{Z_1}a_1$，$F_{Z_2}a_2$，即可求得 F_{Z_2}的值

$$F_{Z_2} = \frac{G_s(L - a) + F_T(h_T + L\tan\gamma) + T_{f_1} + T_{f_2}}{L} \tag{8-9}$$

若 $\gamma=0$,则得

$$F_{Z_2}=\frac{G_s(L-a)+F_T h_T+T_{f_1}+T_{f_2}}{L} \tag{8-10}$$

当拖拉机不带农具静止于水平地面时,其前、后轮上的垂直载荷为

$$F_{Z_1}=\frac{G_s a}{L},F_{Z_2}=\frac{G_s(L-a)}{L} \tag{8-11}$$

比较式(8-7)、式(8-10)和式(8-11)可以看出:拖拉机牵引农具在水平土壤稳定作业时,在牵引载荷和滚动阻力矩的作用下,前、后轮上的垂直载荷出现重新分配。有一部分垂直载荷将从前轮转移到后轮(驱动轮),前轮载荷减轻,使后轮载荷增加,即发生驱动轮增重现象。

前轮载荷的减少量等于后轮载荷的增加量。其值为

$$\Delta F_Z=\frac{F_T h_T+T_{f_1}+T_{f_2}}{L} \tag{8-12}$$

驱动轮增重量取决于 $F_T,h_T,T_{f_1},T_{f_2},L$ 等因素。后轮增重使拖拉机附着重量增加,有利于提高拖拉机动力性能,但对轮式拖拉机是有一定限度的,不能超过15%。因为驱动轮增重必然引起前轮减重,而前轮减重有可能影响拖拉机的操纵性和纵向稳定性。一般认为前轮负荷不能少于整机使用重量的15%~20%。

2. 轮式拖拉机悬挂机组附着性能

当轮式拖拉机悬挂机组采用力调节和位调节作业时,悬挂农具的重量及悬挂农具工作机构所受到的土壤阻力通过悬挂机构直接传到拖拉机机架,整个机组处于一个平衡的整体,即农具相对于拖拉机的位置由液压系统来确定并保持相对的"刚性"联系。

图8-5是轮式拖拉机带悬挂犁作业时的受力图,以下是机组所受各外力:G_s——拖拉机的使用重力;F_{f_1},F_{f_2}——从动轮、驱动轮的滚动阻力;F_t——驱动力;F_{Z_1},F_{Z_2}——土壤对从动轮、驱动轮的垂直反力;G_L——犁重量,作用在犁的质心,作用线到驱动轮几何中心的垂直平面 $O-O_2$ 间的垂直距离为 a_L;F_R——土壤对犁的总耕作阻力在纵垂面内的分力。为简化起见,假定其作用线通过犁的质心,F_R 分解为垂直分力 F_{R_y} 和水平分力 F_{R_x},F_{R_x} 形成牵引阻力 F_T。根据试验结果,耕地时 F_{R_y} 分力方向向上,数值上可取 $0.7G_L$;在中耕松土时,F_{R_y} 分力方向向下,数值在 $0.2G_L\sim1.4G_L$ 范围内变化。

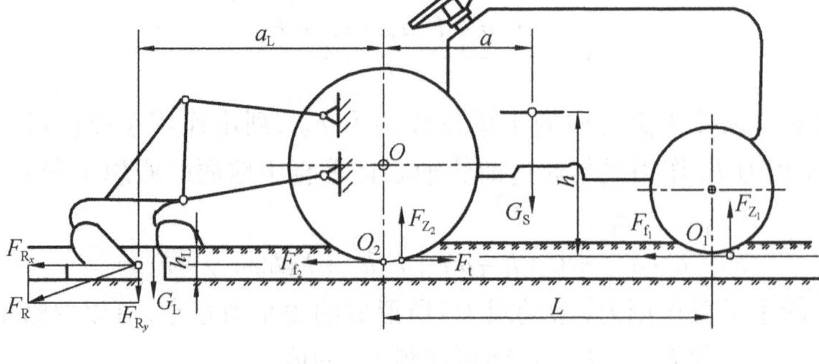

图8-5 轮式拖拉机带悬挂机具作业受力分析

为求出从动轮上所受的垂直方向的土壤反作用力 F_{Z_1},列出作用在拖拉机上的诸外力

绕 O_2 点的力矩平衡方程式。由图 8-5 得出式：

$$G_s a = F_{Z_1} L + (G_L \pm F_{R_y}) a_L + T_{f_1} + T_{f_2} \tag{8-13}$$

式中：T_{f_1}，T_{f_2}——从动轮、驱动轮的滚动阻力偶矩，分别为土壤对从动轮、驱动轮的垂直反力乘以垂直反力作用线的前置距离。

因此可求得：

$$F_{Z_1} = \frac{G_s a - (G_L \pm F_{R_y}) a_L - T_{f_1} - T_{f_2}}{L} \tag{8-14}$$

为求出驱动轮上所受的垂直方向的土壤反作用力 F_{Z_2}，列出作用在拖拉机上的各外力绕点 O_1 的力矩平衡方程式为

$$G_s (L - a) = F_{Z_2} L - (G_L \pm F_{R_y})(a_L + L) - T_{f_1} - T_{f_2} \tag{8-15}$$

因此可求得

$$F_{Z_2} = \frac{G_s (L - a) + (G_L \pm F_{R_y})(a_L + L) + T_{f_1} + T_{f_2}}{L} \tag{8-16}$$

可以看出，悬挂机组作业时，也存在驱动轮增重、从动轮载荷减轻的情况，但是通过比较可以发现：

（1）悬挂机组作业时，拖拉机后轮增重值不等于前轮减重值，这和拖拉机牵引机组有不同之处。

$$|\Delta F_{Z_1}| = \frac{(G_L \pm F_{R_y}) a_L + T_{f_1} + T_{f_2}}{L} \tag{8-17}$$

$$|\Delta F_{Z_2}| = \frac{(G_L \pm F_{R_y})(a_L + L) + T_{f_1} + T_{f_2}}{L} \tag{8-18}$$

式中：$|\Delta F_{Z_1}|$——前轮载荷变化的绝对值；

$|\Delta F_{Z_2}|$——后轮载荷变化的绝对值。

即

$$|\Delta F_{Z_1}| \neq |\Delta F_{Z_2}|$$

（2）比较式(8-17)、式(8-18)，可以看出 $|\Delta F_{Z_1}| < |\Delta F_{Z_2}|$，说明悬挂机组的前轮比后轮增重小。前轮减重小意味着操纵轻便性较好，而后轮增重大意味着后轮驱动拖拉机附着性能较好。

（3）其他条件相同时，悬挂机组工作时附着性能和稳定性指标较牵引机组工作时要好。

二、履带拖拉机附着性能

履带拖拉机机组在水平地段等速直线作业时的受力情况如图 8-6 所示。图中各力：G_s——拖拉机的使用重量，作用于拖拉机的质心上，质心坐标用 a（质心到驱动轮轴水平距离）和 h（质心距地面的高度）表示；F_f，F_t——拖拉机的滚动阻力和驱动力，作用于支承段水平方向；F_Z——土壤对履带支承段上全部支承反力的合力，其作用点 O_1 坐标用距驱动轮轴的水平距离 x_y 表示，点 O_1 称为压力中心；F_x，F_y，T_Z——带悬挂农具时农具对拖拉机的作用力和力矩，它们作用于履带支承段接地中点；若带牵引农具，则表示作用在牵引点 O_T 的挂

钩牵引阻力F_T(图 8-6 中虚线箭头表示)。

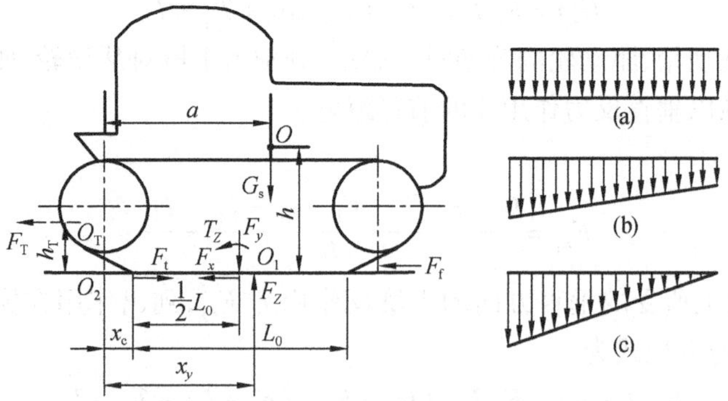

图 8-6 作用在履带拖拉机纵垂面内的外力

土壤对履带支承反力合力 $\boldsymbol{F}_Z$ 的作用点 O_1 称为压力中心,其位置与支承面上的压力分布有关。

支承反力 $\boldsymbol{F}_Z$ 的大小可根据作用在拖拉机上垂直方向的力平衡方程式求得:

$$\boldsymbol{F}_Z=\boldsymbol{G}_s+\boldsymbol{F}_y \tag{8-19}$$

压力中心坐标 x_y 可由作用在履带拖拉机上的外力对 O_2 点的力矩平衡方程式求得:

$$x_y=\frac{G_s a+F_y\left(x_c+\frac{1}{2}L_0\right)-T_Z}{F_Z}=\frac{G_s a+F_y\left(x_c+\frac{1}{2}L_0\right)-T_Z}{G_s+F_y} \tag{8-20}$$

式中:L_0——履带支承长度;

x_c——履带支承后端至驱动轮轴的距离。

对牵引农具的履带式拖拉机来说有

$$x_y=\frac{G_s a-F_T h_T}{G_s} \tag{8-21}$$

比较式(8-20)和式(8-21),可以看出,压力中心不仅取决于质心位置,而且与农具的作用力有关。拖拉机的牵引负荷越大,则 x_y 越小,压力中心越往后移。

压力中心的位置对履带拖拉机附着性能和其他性能都有很大影响,它在某种程度上反映单位压力的分布情况。假设支承面下的单位压力呈线性变化,当压力中心正好处于支承面中点(即 $L_0/2$ 处)时,压力分布呈矩形(图 8-6 a),压力中心坐标为 $x_y=L_0/2+x_c$;当压力中心偏后时,压力分布呈梯形(图 8-6 b),支承面后部压力大于前部压力;如果压力中心过于靠后,压力分布呈三角形(图 8-6 c),甚至履带前部抬起,起不到支承作用。

单位压力分布越均匀,附着性能越好,此时滚动阻力小而附着性能好,因此希望压力中心处于支承面的中点。一般情况下,履带拖拉机的农具是后置的,并在牵引条件下工作。因此,履带拖拉机的质心布置在履带支承面中点之前,即 $a>L_0/2+x_c$,这样可保证在工作时压力中心位于支承面中点附近。

实际的履带支承面由多节带板组成,对土壤的单位压力并不呈直线分布,但上述原则性结论是适用的。

三、手扶拖拉机附着性能

1. 牵引农具受力分析

手扶拖拉机牵引机具作业时，通过铰销将农具连接在机体的牵引装置上，农具的起落和耕深控制是依靠改变扶手架离地高度实现的。图 8-7 为带牵引农具无尾轮的手扶拖拉机组在工作时的受力图，机组作用的外力有：G_s——机组（包括农具）使用重量，作用于质心点 O，点 O 在驱动轮轴前方，水平距离为 a，离地高度为 h；F_{Z_1}，F_{f_1}，F_t——土壤对驱动轮的垂直反力、滚动阻力和驱动力，F_{Z_1}作用在前轴前方 a_1 处；F_T，$F_T\tan\gamma$——农具阻力的水平与垂直分力，作用在挂接点 O_T，坐标为 L_T 和 h_T；F——人对扶手架的作用力，方向向上，作用点距驱动轮水平距离为 L。

将各力对驱动轮接地点 O_1 取力矩平衡方程，得

$$G_s a + FL = F_{Z_1}a_1 + F_T h_T + F_T L_T \tan\gamma$$

取驱动轮滚动阻力矩 $T_{f_1} = F_{Z_1}a_1$，将上式整理得

$$F = (F_T h_T + F_T L_T \tan\gamma + T_{f_1} - G_s a)/L \tag{8-22}$$

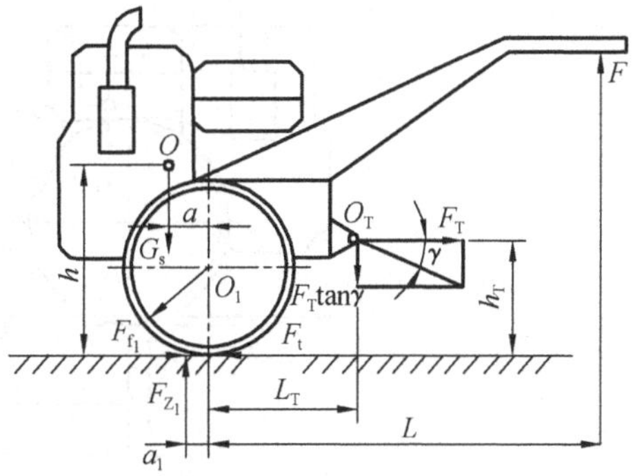

图 8-7　手扶拖拉机牵引机组受力图

为使手扶拖拉机能稳定工作，在扶手架上应施加作用力 F，其大小和方向受农具阻力和拖拉机基本参数的影响。为尽可能减小扶手作用力，手扶拖拉机牵引机组的质心应在驱动轮轴的前方。

2. 悬挂农具受力分析

手扶拖拉机悬挂农具时，将农具铰接在悬挂杆件上，通过提升机构升降农具。拖拉机装有尾轮时通过调节尾轮相对机体高度，来调节农具耕深。图 8-8 为有尾轮手扶拖拉机悬挂农具工作时的受力图，与无尾轮牵引机具作业相比，区别在于不对扶手架作用力，而由地面对尾轮的支反力 F_{Z_2}和滚动阻力 F_{f_2}代替；农具阻力为 F_{R_x}，F_{R_y}；机组的使用重量 G'包括了尾轮和驾驶员的重量。

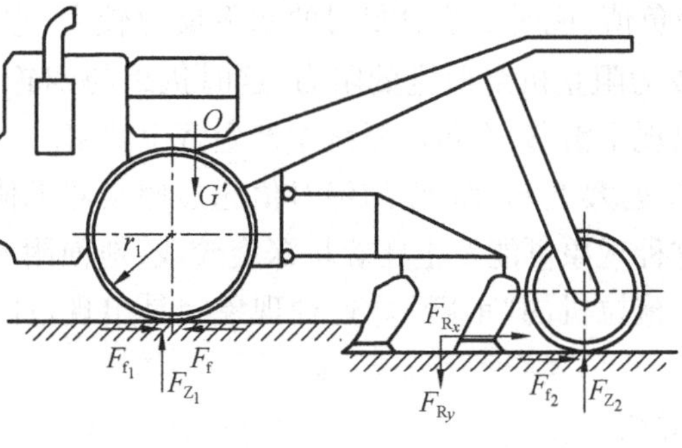

图 8-8　手扶拖拉机悬挂机组受力图

为保证机组工作时耕深稳定和农具提升后行驶稳定，两种情况下都应使 $F_{Z_2} > 0$，表明

质心必须配置在驱动轮轴线的后方。

综上所述，手扶拖拉机质心位置随农具连接方式和机组组成有不同的要求：牵引机具时机组质心必须前置，悬挂机具时则机组质心应后置。为此，手扶拖拉机一般都有配重，配重位置和重量应根据工作条件进行调节，这也是手扶拖拉机作业时应注意的特点。

3. 带旋耕机作业时的受力分析

手扶拖拉机旋耕作业时，旋耕机由传动箱的动力驱动，旋耕机犁刀旋转方向与驱动轮方向一致，犁刀的圆周速度大于驱动轮的圆周速度，这样才能有效地切削和破碎土壤。图8-9为旋耕作业时的受力图，以下机组作用的其他外力有：F_R——旋耕时土壤对犁刀反作用力的合力，其水平分力和垂直分力为 F_{R_x} 和 F_{R_y}；F_{Z_1}、F_{Z_2}——土壤对驱动轮和尾轮垂直反力；F_t——驱动轮驱动力；F_f——驱动轮滚动阻力 F_{f_1} 与尾轮滚动阻力 F_{f_2} 之和，$F_f = F_{f_1} + F_{f_2}$。

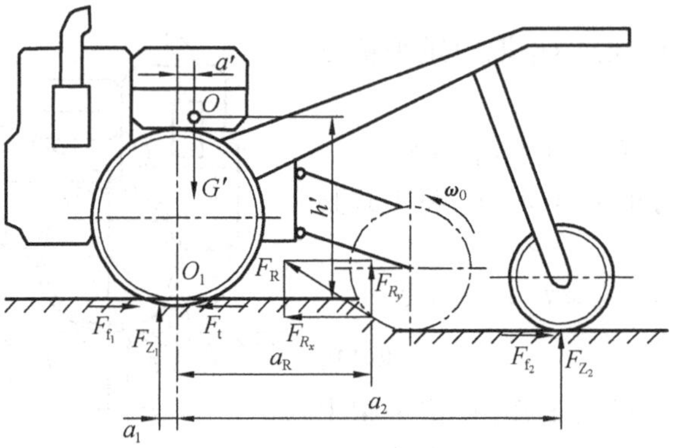

图8-9　手扶拖拉机旋耕机组受力图

（1）机组水平方向受力

根据受力平衡条件，手扶旋耕机组作业时

$$\boldsymbol{F}_t + \boldsymbol{F}_{R_x} = \boldsymbol{F}_f \tag{8-23}$$

由于选旋耕作业时犁刀的圆周速度大于驱动轮圆周速度，所以旋耕机犁刀所受土壤水平反力对机组起驱动作用，在某种程度上具有四轮驱动拖拉机的特点。

当 $F_{R_x} < F_f$ 时，F_t 为正值，F_t 仅用来克服滚动阻力 F_f 的一部分，F_t 比牵引作业时小得多，因此不会产生驱动轮严重滑转的情况。

当 $F_{R_x} > F_f$ 时，F_t 为负值，说明土壤对犁刀的水平反力较大，它不仅克服了全部滚动阻力，而且还有剩余。F_t 成为阻止机组前进的阻力，这时机组与四轮驱动拖拉机在低牵引负荷的工况相似，驱动轮出现了滑移，在传动系统中产生寄生功率。

当 $F_{R_x} \gg F_f$ 时，即 F_{R_x} 远大于 F_f，而 F_t 的绝对值超过驱动轮的附着力时，机组将按犁刀的驱动作用向前滑行，这种现象可能发生在旋耕深度较浅、地面附着条件较差、犁刀圆周速度大的情况下，称为手扶拖拉机的“前跃”。这种现象容易出现危险，在使用中应特别注意并加以避免。

（2）垂直方向受力分析

将作用于机组上的外力对驱动轮着地点 O_1 取矩，并忽略 F_{R_x} 等水平力的影响，有

$$G'a' + F_{Z_1}a_1 = F_{R_y}a_R + F_{Z_2}a_2$$

以 $T_{f_1}=F_{Z_1}a_1$ 代入上式，整理后得

$$F_{Z_2}=(G'a'+T_{f_1}-F_{R_y}a_R)/a_2 \tag{8-24}$$

由式(8-24)可以看出，随着土壤对犁刀垂直反力 F_{R_y} 的增大，尾轮的垂直反力将减小。当 F_{Z_2} 等于零后，若 F_{R_y} 继续增大，则整个机组将绕驱动轮轴逆时针转动，尾轮离开地面，此种情况在旋耕深度较大、土壤又坚实时易发生。随着机组转动，犁刀上抬，F_{R_y} 又将减小，机组又将转回原位，并又重复上述过程，使得拖拉机在不断地跳动下工作，称为手扶拖拉机"上跃"。机组"上跃"时，耕深不匀、机件易损坏、驾驶员易疲劳，在使用中应避免。

为防止手扶拖拉机旋耕机组作业时产生"上跃"和"前跃"现象，机组的使用重量和质心位置应适当。机组的质心后移，对防止机组上跃是有利的，但会减小附着重量，使发生前跃的可能性增大。因此，在确定机组质心位置时，应综合两种现象的影响，以取得较好的使用效果。

四、四轮驱动拖拉机附着性能

与两轮驱动拖拉机相比，四轮驱动拖拉机在牵引附着性和机动性等方面具有明显优点，所以大功率轮式拖拉机均采用四轮驱动型式。

1. 四轮驱动拖拉机的性能特点

(1) 附着性能显著改善。四轮驱动拖拉机前、后轮重量均作为附着重量，即可全部用于发挥驱动力(图 8-10)。同时，前、后轮直径大小相等的四轮驱动拖拉机，后轮沿前轮轮辙滚动，减少了后轮的滚动阻力并改善了后轮的附着性能。

(2) 减轻对土壤结构的破坏。拖拉机在田间作业时，车轮或履带对地面的压实使土壤团粒结构遭到一定程度的破坏，特别是滑转率较大时破坏更为严重。四轮驱动拖拉机由于重量分配均匀、附着性能好、滑转率小，减轻了对土壤的压实作用。大功率四轮驱动拖拉机采用宽幅和复式作业，减少了机组田间通过次数，不仅提高了生产率而且还可减少土壤压实的次数。

(3) 操纵性和通过性提高。四轮驱动拖拉机转向驱动桥也有较大重量，因此上坡、重负荷时纵向稳定性好。由于附着性能好，机组在松软、泥泞、冰雪等较差地面行驶时仍然具有较好的通行能力。

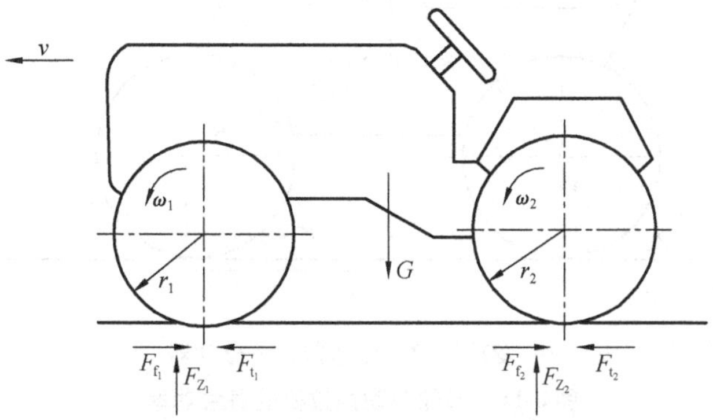

图 8-10 四轮驱动拖拉机受力图

2. 四轮驱动拖拉机附着原理

为分析四轮驱动拖拉机附着性能，设拖拉机前、后驱动轮的切线速度分别为 v_1、v_2，由于拖拉机前、后桥相连为一个整体，从理论上讲 $v_1 = v_2$。根据车轮运动学原理，前、后桥车轮切线速度相等（即 $v_1 = v_2$）的条件是前、后驱动轮的滚动半径 r_1、r_2 和角速度 ω_1、ω_2 之间应有下列关系

$$r_1/r_2 = \omega_1/\omega_2 = c \tag{8-25}$$

式中：c——常数。

四轮拖拉机实际作业中，由于前、后车轮载荷及轮胎的充气压力、磨损程度和滚动半径有一定差异，因而拖拉机前、后驱动轮的切线速度总存在一定差别。但因前、后驱动轮通过车桥安装在拖拉机上形成整体，前、后驱动轮的轮心实际速度总等于拖拉机实际速度。如果前、后驱动轮滑转率分别为 δ_1、δ_2，则

$$v = v_1(1-\delta_1) = v_2(1-\delta_2) \tag{8-26}$$

四轮驱动拖拉机行驶过程中会出现以下几种情况：

（1）当 $v_1 = v_2$ 时，$\delta_1 = \delta_2$，即前、后驱动轮的滑转率相等。在这种情况下，前、后驱动轮的附着力得到充分利用，所以拖拉机可以发挥最大的驱动力，这是最理想的情况。

（2）当 $v_1 > v_2 > v$ 时，$\delta_2 > \delta_1 > 0$，这时后驱动轮发挥的驱动力大于前驱动轮。当后轮滑转率 δ_2 达到容许值时，前轮尚未达到。因此前轮附着力没有得到充分利用。

（3）当 $v_2 > v_1 = v$ 时，$\delta_2 > 0$，$\delta_1 = 0$，这时只有后轮才产生驱动力，而前驱动轮做纯滚动，相当于两轮驱动拖拉机。

（4）$v_2 > v > v_1$ 时，$\delta_2 > 0$，$\delta_1 < 0$，这时后驱动轮产生驱动力而前轮在拖拉机机体的推动下出现滑转，并产生与运动方向相反的驱动力即制动力。这种情况出现在前、后轮理论速度差别较大、土壤较坚实、牵引负荷较小的条件下。

在上述第四种情况下，由于前轮作用着与拖拉机行驶方向相反的制动力 $\boldsymbol{F}_r$，它所形成的力矩经分动器和中央传动等传给后轮。因此，传至后轮的动力有两条线路，如图 8-11 所示。

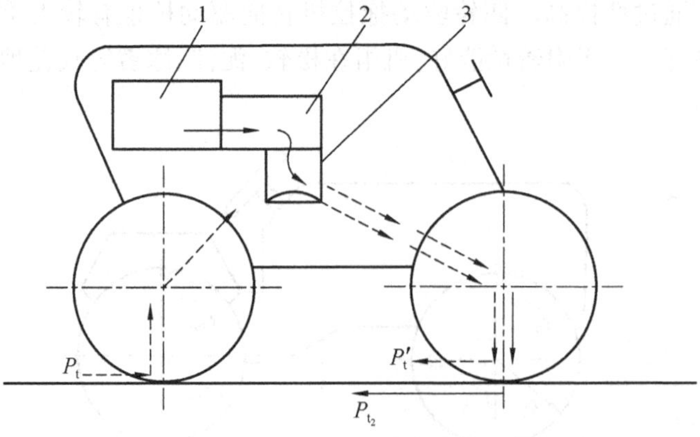

1—发动机；2—变速器；3—分动器

图 8-11　四轮驱动拖拉机的寄生功率

传到后轮的动力，一路是由发动机传来的，即正常的动力传递；另一路由前轮传来（图

8-11 中虚线所示)，两路汇合使后轮的驱动力由 F_{t_2} 增加到 $F_{t_2}+F_r$，但是后轮上的驱动力增大的部分 F_r 仍通过机体传给前轮，用来克服前轮制动所需的力。因此后轮上实际驱动力并未增加，由 F_r 所形成的功率 P_r 在下列闭路中循环：前驱动轮→分动器→后驱动轮→机体→前驱动轮。这种现象称为功率循环，循环功率 P_r 称为寄生功率。

寄生功率不但不能提高驱动功率或驱动力，还会使传动系统零件过载，使轮胎因滑动而加速磨损，增大了传动系统功率损失，降低了牵引效率。为避免寄生功率的产生，在结构上采取的措施有：在前桥(或后桥)传动系统中设置分离装置；在前、后桥间安装轴间差速器；在一个驱动桥传动系统中设置超越离合器等。

第三节　拖拉机牵引性能

一、拖拉机的功率平衡和牵引效率

(一) 拖拉机的功率平衡

拖拉机的功率平衡是表明拖拉机工作时，其发动机的有效功率是如何消耗和利用的。以下对带牵引或悬挂式农具的轮式、履带式拖拉机在水平地段上等速直线作业且无功率输出时的功率平衡加以讨论。

1. 轮式拖拉机的功率平衡

轮式拖拉机在上述条件下工作时，其发动机的有效功率 N_e 为

$$N_e=N_c+N_\delta+N_f+N_T \tag{8-27}$$

式中：N_c——传动系损失的功率，$N_c=(1-\eta_c)\cdot N_e$；

N_δ——因驱动轮滑转而损失的功率，$N_\delta=p_q\cdot v_\delta$；

N_f——因克服拖拉机滚动阻力而损失的功率，$N_f=P_f\cdot v$；

N_T——牵引农具的功率，$N_T=P_T\cdot v$。

式(8-27)就是轮式拖拉机在上述条件下工作时的功率平衡方程式。此式表明，在这种情况下，拖拉机发动机的有效功率等于传动系中损失的功率、滑转损失的功率、滚动损失的功率及牵引功率之和。

2. 履带拖拉机的功率平衡

履带拖拉机在上述条件下工作时，发动机有效功率的消耗和利用与轮式拖拉机大体相同，不同之处在于履带拖拉机的动力由驱动轮传给履带时存在功率损失，因此，与轮式拖拉机相比，多了一个履带驱动段的功率损失 N_l，其发动机的有效功率 N_e 为

$$N_e=N_c+N_l+N_\delta+N_f+N_T \tag{8-28}$$

式(8-28)就是履带拖拉机在上述条件下工作时的功率平衡方程式。此式表明，在这种情况下，拖拉机发动机的有效功率等于传动系中损失的功率、履带驱动段损失的功率、滑转损失的功率、滚动损失的功率及牵引功率之和。

(二) 牵引效率

为了衡量各种损失，相应地引进了各种效率的概念。

用传动系效率 η_c 来衡量传动系损失。在使用中它的变化较小,通常认为是个常数,对拖拉机来说,$\eta_c \approx 0.9$。

用履带驱动段效率 η_1 来衡量驱动段损失,在使用中它的变化也较小,通常也认为是个常数,$\eta_1 \approx 0.96 \sim 0.97$,对于轮式拖拉机,$\eta_1 = 1$。

用滑转效率 η_δ 来衡量滑转损失,它等于实际推动机架的功率 $p_q v$ 与假定无滑转时推动机架的功率 $p_q v_1$(对轮式拖拉机来,也就是驱动功率 N_q)之比,即

$$\eta_\delta = \frac{p_q v}{p_q v_1} = \frac{v}{v_1} = 1 - \eta \tag{8-29}$$

式(8-29)表明,滑转效率 η_δ 也等于拖拉机实际速度 v 与相应的理论速度 v_1 的比值,它与滑转率 δ 之和恒等于 1。因此滑转效率完全取决于滑转率,滑转率越大,滑转效率越低。凡影响滑转率的因素势必对滑转效率产生相反影响。滑转效率 η_δ 与驱动力 p_q 的关系如图 8-12 所示。驱动力越大,滑转越大,因此滑转效率越低。

用滚动效率 η_f 来衡量拖拉机的滚动损失,它等于拖拉机传给农机具的牵引功率 N_T 与推动机架的功率 $p_q v$ 之比,即

$$\eta_f = \frac{p_T v}{p_q v} = \frac{p_T}{p_q} = \frac{p_q - p_f}{p_q} = 1 - \frac{p_f}{p_q} \tag{8-30}$$

就是说滚动效率 η_f 等于拖拉机的牵引阻力 p_T 与驱动力 p_q 的比值,它与滚动阻力 p_f 对驱动力的比值之和恒等于 1。因此滚动效率完全取决于滚动阻力和驱动力的比值,既与滚动阻力有关,也与驱动力有关。当其他条件相同时,滚动阻力与驱动力的关系很小,可以认为是常数。所以随着驱动力增加,滚动效率增加(图 8-12),开始增加很迅速,后来曲线渐趋平坦。由上式可见,滚动效率一方面随滚动阻力的减小而提高,因此凡能减小滚动阻力的因素势必都能提高滚动效率;另一方面,要提高滚动效率,还要在不提高滚动阻力的情况下尽量提高驱动力。

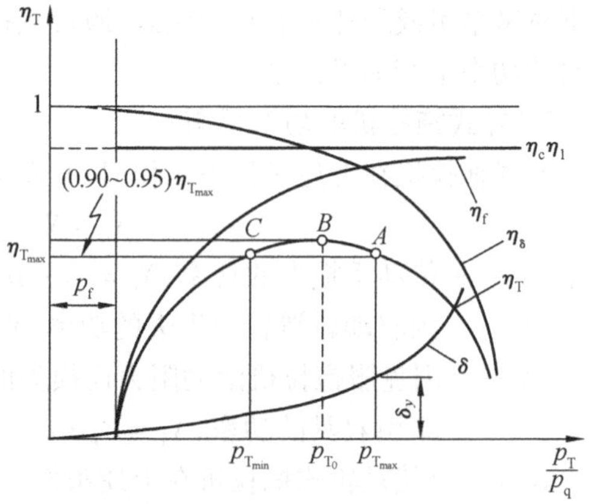

图 8-12　牵引效率曲线

用牵引效率 η_T 来衡量整个拖拉机的功率损失,它等于拖拉机的牵引功率 N_T 和相应的发动机功率 N_e 的比值,即

$$\begin{aligned}\eta_T &= \frac{N_T}{N_e} = \frac{N_q}{N_e} \cdot \frac{N_T}{N_q} = \eta_c \cdot \frac{p_T v}{M_q \omega_q} = \eta_c \cdot \eta_1 \cdot \frac{p_T v}{p_q v_1} = \eta_c \cdot \eta_1 \cdot \frac{v}{v_1} \cdot \frac{p_T}{p_q} \\ &= \eta_c \cdot \eta_1 \cdot \eta_\delta \cdot \eta_f \end{aligned} \tag{8-31}$$

由式(8-31)可知,牵引效率等于传动系效率 η_c、履带驱动段效率 η_1(轮式拖拉机 $\eta_1 = 1$)、滑转效率 η_δ 和滚动效率 η_f 的乘积。

牵引效率是各个效率综合影响的结果,是评价拖拉机牵引附着性能的一个综合指标。影响牵引效率的因素颇为复杂,凡是影响上述各个效率的因素都会影响牵引效率。在这些因素中,传动系效率和履带驱动段效率的变化较小,一般可认为是常数。因此牵引效率的变化主要取决于滑转效率和滚动效率。

由图 8-12 可见,开始时随着牵引力的增加,牵引效率迅速增加,并达到最大值,这是由于此时滑转不大,牵引效率的变化主要取决于滚动效率的变化。牵引力继续增加时,滑转损失显著增大,牵引效率开始下降,这时牵引效率主要取决于滑转效率。

对牵引效率曲线可做如下几点讨论:

(1) 牵引效率有一个最大值,在中等湿度的茬地上工作时,轮式拖拉机的 $\eta_{T_{max}}$ 可达60%左右,履带拖拉机的 $\eta_{T_{max}}$ 可达75%左右。

(2) 存在着一个最有利的驱动力值。此值与最大牵引效率相对应(图中 B 点)。为便于分析,也可将牵引效率曲线的横坐标换成无因次参数 φ_q(驱动力 p_q 与附着重量 G_φ 的比值),即

$$\varphi_q = p_q / G_\varphi$$

以附着重量利用系数 φ_q 为横坐标的牵引效率曲线如图 8-13 所示。统计资料表明,一般结构的轮式拖拉机在中等湿度的茬地上工作时,与 $\eta_{T_{max}}$ 相对应的 φ_q 值(图中 B 点)约为 0.5,对应的滑转率为 10% ~12%。例如,如果拖拉机工作时驱动轮的实际垂直载荷为 20 kN,则 p_q 约为 10 kN 时牵引效率最高。

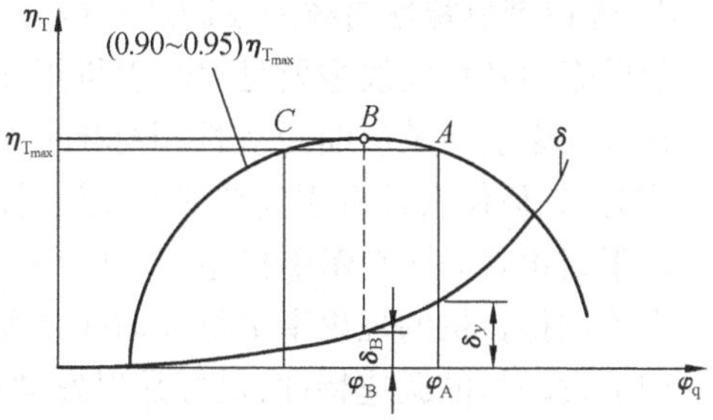

图 8-13　牵引效率与附着重量利用系数的关系

(3) 为了保证拖拉机在牵引效率较高的范围内工作,其使用的牵引力范围 $P_{T_{min}} \sim P_{T_{max}}$ 不能过大。统计资料表明,在茬地上,轮式拖拉机机组在$(0.90\sim0.95)\eta_{T_{max}}$范围内工作,其挂钩牵引力的范围 $p_{T_{max}}/p_{T_{min}}$ 应不超过 2。例如,某轮式拖拉机容许最大挂钩牵引力为 20 kN,则在 10 ~20 kN 挂钩牵引力范围内工作,其牵引效率可保持在$(0.90\sim0.95)\eta_{T_{max}}$范围内。

在留茬地上,轮式拖拉机对应于不低于$(0.90\sim0.95)\eta_{T_{max}}$的最大附着重量利用系数 φ 约为 0.6(图中与点 A 对应的 φ_q 值),此时所对应的滑转率为 16% ~20%,这个滑转率值就被定为拖拉机的容许滑转率 δ_y,而 φ_A 值也就是附着系数 φ。

(4) 为提高拖拉机的生产率和经济性,希望有较高的牵引效率,且在最高牵引效率两端的区间内,曲线变化平缓。这样拖拉机保持有较高牵引效率的牵引力范围较宽,且平均牵引效率高。

不同机组或不同的土壤条件,牵引效率曲线是不一样的,$\eta_{T_{max}}$及有利的牵引力范围也不一样。不难看出,如果附着性能不变而降低拖拉机的滚动阻力,由于滚动效率曲线较快上升且位置较高,因此有较大的 $\eta_{T_{max}}$,且曲线上部较为平坦,$\eta_{T_{max}}$ 往左移动,如果滚动阻力不变,提高附着力,由于滑转效率较高,也会有以上效果,但 $\eta_{T_{max}}$ 往右移动。

二 、拖拉机的牵引特性曲线

1. 牵引特性曲线的意义

拖拉机在某种土壤条件下的牵引特性曲线,是反映在该土壤条件下,拖拉机在水平地段上稳定工作时,其牵引性和燃油经济性的指标随水平载荷而变化规律的曲线,即拖拉机

滑转率 δ、实际速度 v、牵引功率 N_T，小时耗油量 G_e，耗油率 g_T 随牵引阻力而变化的关系曲线。为了更清晰地看出拖拉机的性能与发动机性能之间的关系，在拖拉机牵引特性曲线上，还可表示出发动机的有效功率 N_e、转速 n_e 和有效扭矩 M_e 随牵引阻力而变化的关系。

牵引特性曲线把拖拉机的各项牵引性和燃油经济性指标综合在一起，比较全面而具体地反映出拖拉机的各种性能指标之间的联系，可用以分析、比较、评价拖拉机的牵引性和燃油经济性。

拖拉机在某种道路或土壤条件下的牵引特性曲线，通常由对这台拖拉机在该种道路或土壤条件下的试验得出，这种由试验得出的牵引特性曲线叫试验牵引特性曲线。在新设计拖拉机时，为预先大致估计拖拉机的牵引性和燃油经济性，往往要通过估算，绘制出理论牵引特性曲线。

2. 理论牵引特性曲线的绘制及分析

目前牵引特性曲线主要是对牵引机组而言的，所以一般把牵引特性曲线理解成拖拉机的上述各项牵引性及燃油经济性指标随挂钩牵引力而变化的关系曲线。拖拉机带悬挂农具工作时，如何作出其牵引特性曲线，并用以分析拖拉机的性能，还是一个尚需探讨的问题。以下讨论将局限在牵引机组的牵引特性曲线上。

在绘制拖拉机的理论牵引特性曲线之前，必须已知下列各项参数：

（1）发动机的调速特性，最好是以发动机有效扭矩为横坐标的特性曲线；

（2）拖拉机传动系各挡总传动比 i，驱动轮动力半径 r_q，拖拉机的使用重量 G_s，传动系和履带驱动段效率 η_c，η_l；

（3）拖拉机的滚动阻力系数和滑转率曲线，可参照类似拖拉机的试验结果确定。

理论牵引特性曲线大致形状如图 8-14 和图 8-15 所示。现将具体绘制步骤及曲线的特点说明如下：

（1）按所取比例尺绘制曲线坐标。以 O 为原点的横坐标代表挂钩牵引力 p_T 值，从 O 点往左加一线段代表滚动阻力 p_f 值，得另一原点 O_1，以 O_1 为原点的横坐标则代表驱动力 p_q 值。

（2）画发动机调速特性。

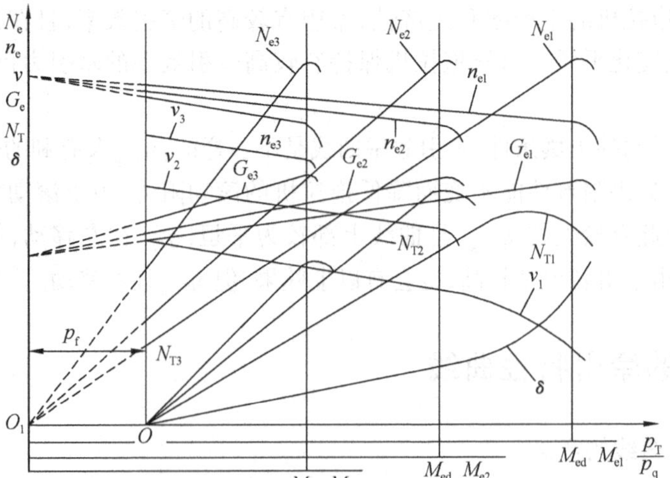

图 8-14　轮式拖拉机的理论牵引特性

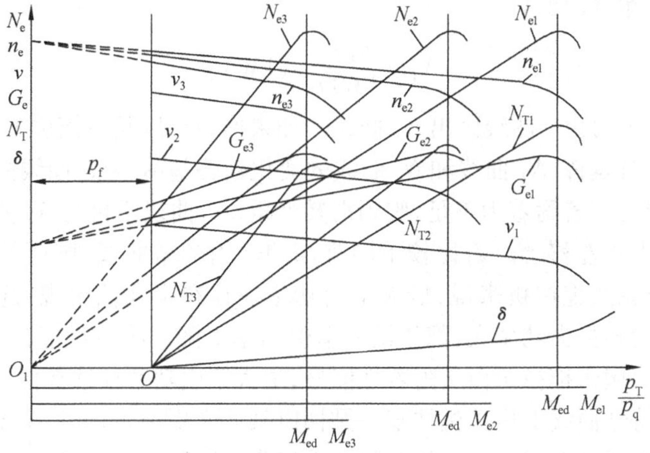

图 8-15　履带拖拉机的理论牵引特性

$$p_q = \eta_c \cdot \eta_1 \cdot \frac{i \cdot M_e}{r_q} = C \cdot i \cdot M_e \tag{8-32}$$

式中：r_q——驱动轮动力半径，m；

M_e——发动机的有效扭矩，N·m；

$C = \eta_c \cdot \eta_1 / r_q$，可认为基本上是一个常数。

由式(8-32)可知，当挡位一定时，i 是常数，驱动力 P_q 和发动机有效扭矩 M_e 之间呈直线关系，也就是说，原来代表驱动力 P_q 的横坐标换一种比例尺就代表了发动机的有效扭矩 M_e。按照上式所确定的 p_q 和 M_e 的数值之间的一一对应关系建立了 M_e 的坐标后，即可将以 M_e 为横坐标的发动机调速特性画上。这些曲线表明，拖拉机以某一挡工作时，发动机转速 n_e，有效功率 N_e，小时耗油量 G_e 和拖拉机驱动力 p_q 之间的关系。排挡不同，p_T 坐标和 M_e 坐标之间的比例关系不同，因而同一条发动机特性曲线，画到以 p_T 为横坐标的牵引特性曲线上，不同排挡曲线有不同的位置。

（3）画滑转率 δ 曲线。理论分析认为，$p_q = 0$ 时，$\delta = 0$，在实际使用中，为了方便，在土壤条件不是十分恶劣的情况下，通常假定 $p_T = 0$ 时，$\delta = 0$。当其他条件相同时，滑转率只与挂钩牵引力有关而与排挡无关，因此，滑转率曲线只有一条。

（4）画实际速度曲线。

$$v = \eta_\delta v_1 = 0.377 \eta_\delta r_q n_q = 0.377(1 - \delta)\frac{r_q n_e}{i} \tag{8-33}$$

式中：n_q——拖拉机驱动轮转速，r/min；

n_e——发动机转速，r/min。

当排挡一定时，实际速度的变化取决于滑转率和发动机转速的变化，可由该挡的 n_e 曲线和 δ 曲线画出 v 曲线。随着牵引力的增加，拖拉机的实际速度降低。当附着力足够时（履带拖拉机或轮式拖拉机高挡），滑转较小，速度曲线的变化趋势基本上与发动机转速曲线一致；当附着力不足时（轮式拖拉机低挡），滑转较大，牵引力达到一定程度之后，发动机转速虽无明显下降，但速度却由于滑转的急剧增加而迅速下降。

（5）画牵引功率 N_T 曲线。

$$N_T = \frac{p_T v}{3\,600} \quad (\text{kW}) \tag{8-34}$$

根据式(8-34)即可由 v 曲线画出 N_T 曲线。如果拖拉机以某一挡位工作时，附着力足以保证发动机功率充分发挥，N_T 曲线和 N_e 曲线的变化趋势基本一致，曲线的最高点也基本对应于同一挂钩牵引力。若附着力不足，则因滑转严重，N_T 曲线不再与 N_e 曲线的变化趋势一致，最大牵引功率点往左移动。若比较不同排挡的牵引功率曲线，则可见各挡最大牵引功率并不相等。对于轮式拖拉机来说，最大牵引功率往往在中间挡出现，这是由于高挡滚动损失功率大，低挡滑转损失功率大，都使最大牵引功率下降。附着性能越好，最大牵引功率便移向越低的挡位，履带拖拉机由于附着性能好，最大牵引功率往往在低挡出现。

显然，在牵引特性曲线上拖拉机挂某一排挡以某一牵引力工作时，N_e 曲线和 N_T 曲线对应点的高度差，即表示该工况下拖拉机总的功率损失，N_T 和 N_e 之比就是对应的牵引效率。

（6）画拖拉机的比油耗 g_T 曲线

$$g_T = 1\,000 \cdot \frac{G_e}{N_T} \quad [\text{g}/(\text{kW} \cdot \text{h})] \tag{8-35}$$

式中：G_e——发动机小时油耗，kg/h。

由式(8-35)即可根据发动机小时油耗 G_e 曲线和拖拉机牵引功率 N_T 曲线画出拖拉机比油耗 g_T 曲线。

综上所述，影响拖拉机牵引特性的最基本因素是发动机特性、拖拉机的重量和重量分配、传动系的传动比和排挡数、行走系的结构和土壤条件。只有这些因素恰当配合，才能得到较为理想的牵引特性。

思考题

1. 试画图分析后轮驱动拖拉机带牵引机具作业时驱动轮增重现象。
2. 试说明手扶拖拉机“上跃”现象的产生原因。
3. 试说明四轮驱动拖拉机的性能特点。
4. 何谓牵引效率？试述牵引效率随牵引力而变化的规律。
5. 试述牵引特性曲线的作用及理论牵引特性曲线的绘制步骤。

第九章

汽车动力学分析

第一节　汽车动力性

一、汽车的动力性指标

汽车是一种高效运输工具,运输效率的高低在很大程度上与汽车的平均行驶速度有关。汽车的动力性指的就是在良好路面上直线行驶时,由汽车所受的纵向外力决定的、能达到的平均行驶速度,主要用汽车的最高速度、加速性能及爬坡能力这3个指标进行评价。

1. 汽车的最高速度 u_{amax}

汽车的最高车速是指汽车满载在良好水平路面上能达到的最高行驶速度,单位为km/h。

2. 汽车的加速性能

汽车的加速能力是指汽车在各种使用条件下迅速增加行驶速度的能力。汽车的加速能力可用它在水平良好路面上行驶时能产生的加速度来评价,但由于加速度值不易测量,实际中常用加速时间来表明汽车的加速能力。

加速时间分原地起步加速时间和超车加速时间两种。

原地起步加速时间是指汽车由Ⅰ挡起步,并以最大加速强度(包括适当的换挡时机)逐步换至高挡后,达到一预定距离或车速所需的时间。常用0→400 m所用时间或0→100 km/h所用时间来表示。

超车加速时间是指用最高挡或次高挡由某一中等车速全力加速至某一高速所需时间。常用最高挡或次高挡由30 km/h或40 km/h全力加速至某一最高速度所需时间来表示。超车时,两车并行时间长易出危险,所以时间越短越安全。

3. 汽车爬坡能力

汽车爬坡能力用汽车满载时以最低挡位在坚硬路面上等速行驶所能克服的最大坡度角的正切值来表示,称为最大爬坡度。它表示汽车最大牵引力的大小。也可以用在一定坡度上汽车所能达到的车速表示其爬坡能力。

二、汽车行驶受力分析

确定汽车的动力性，就是确定汽车沿行驶方向的运动状况。为此，需要掌握沿汽车行驶方向作用于汽车上的各种外力，即驱动力与行驶阻力。

1. 汽车的驱动力

汽车发动机产生的转矩通过传动系传递到驱动轮，此时地面对驱动轮产生反作用力 $\boldsymbol{F}_t$ 推动汽车前进，$\boldsymbol{F}_t$ 称为汽车的驱动力。

$$F_t = \frac{T_t}{r} \tag{9-1}$$

式中：T_t——作用于驱动轮上的转矩，N·m；

r——车轮半径，m。

作用于驱动轮上的转矩 T_t 是由发动机产生的转矩经传动系传至车轮上的。若令 T_{tq} 表示发动机转矩，i_g 表示变速器的传动比，i_0 表示主减速器的传动比，η_t 表示传动系的机械效率，则有

$$T_t = T_{tq} i_g i_0 \eta_t \tag{9-2}$$

对于装有分动器、轮边减速器、液力传动等装置的汽车，上式应计入相应的传动比和机械效率。

因此，驱动力为

$$F_t = \frac{T_{tq} i_g i_0 \eta_t}{r} \tag{9-3}$$

2. 汽车的行驶阻力

汽车在水平道路等速行驶时，需要克服来自地面的滚动阻力 $\boldsymbol{F}_f$ 和空气阻力 $\boldsymbol{F}_w$。当汽车在坡道上上坡行驶时，还需要克服重力沿坡道的分力，称为坡道阻力 $\boldsymbol{F}_i$。当汽车加速行驶时，还需要克服加速阻力 $\boldsymbol{F}_j$。因此，汽车所受行驶总阻力为以上4个阻力之和。

$$\sum \boldsymbol{F} = \boldsymbol{F}_f + \boldsymbol{F}_w + \boldsymbol{F}_i + \boldsymbol{F}_j \tag{9-4}$$

上述阻力中，滚动阻力和空气阻力在任何行驶条件下均存在，坡道阻力和加速阻力仅在一定行驶条件下存在。在水平道路等速行驶就没有坡道阻力和加速阻力。接下来分别介绍这4种行驶阻力。

（1）滚动阻力 $\boldsymbol{F}_f$

车轮滚动时，轮胎与路面的接触区域产生法向、切向的相互作用力及相应的轮胎和支承路面的变形。轮胎和支承路面的相对刚度决定了变形的特点。当弹性轮胎在硬路面（混凝土路、沥青路）上滚动时，轮胎的变形是主要的。此时由于轮胎有内部摩擦而产生弹性迟滞损失，使轮胎变形时对它所做的功不能全部收回。

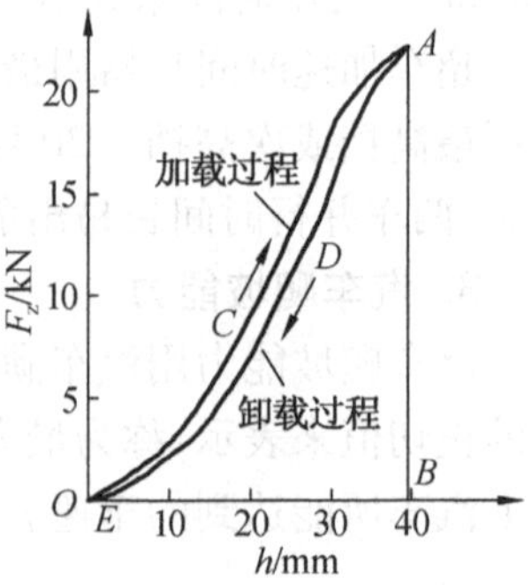

图9-1 轮胎的径向变形曲线

图9-1为9.00－20轮胎在硬支承路面上受径向载荷时的变形曲线。图中 OCA 为加载变形曲线，面积 $OCABO$ 为加载

过程中对轮胎做的功，ADE 为卸载变形曲线，面积 $ADEBA$ 为卸载过程中轮胎恢复变形时释放的功。由图可知两曲线并不重合，面积之差 $OCADEO$ 为加载与卸载过程中的能量损失。此能量是消耗在轮胎各组成部分相互间的摩擦以及橡胶、帘线等物质的分子间的摩擦，最后转化为热能消失在大气中。这种损失即称为弹性轮胎的迟滞损失。

通过进一步分析，便可知这种迟滞损失表现为阻碍车轮滚动的一种阻力偶。当车轮静止时，地面对车轮的法向反作用力的分布是前后对称的。但是当车轮滚动时，在法线 n-n' 前后相对应点 d 和 d'（图 9-2 a）的变形虽然相同，但由于弹性迟滞现象，处于压缩过程的前部 d 点的地面法向反作用力就会大于处于恢复过程的后部 d' 点的地面法向反作用力，这可以从图 9-2 b 中看出。设取同一变形 d，压缩时的受力为 CF，恢复时的受力为 DF，而 CF 大于 DF。这样就使地面法向反作用力的分布前后并不对称，而使它们的合力 $\boldsymbol{F}_z$ 相对于法线 $n-n'$ 向前移动了一个距离 a（图 9-3 a），这个距离随弹性迟滞损失的增大而增大。地面法向反作用力的合力 $\boldsymbol{F}_z$ 与法向载荷 $\boldsymbol{W}$ 大小相等，方向相反。

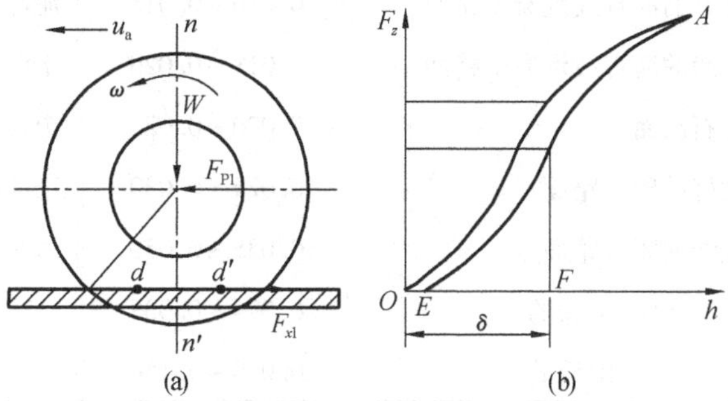

图 9-2　弹性车轮在路面上的滚动

如果将地面法向反作用力 $\boldsymbol{F}_z$ 平移至车轮中心，与通过车轮中心的垂线重合，则从动轮在硬路面上滚动时的受力情况见图 9-3 b，即滚动时有滚动阻力偶矩 $T_f = F_z a$ 阻碍车轮滚动。

由于有滚动阻力偶矩阻碍车轮滚动，所以要使从动轮在硬路面上滚动，必须在车轮中心施加一个推力 $F_{p1} = \dfrac{T_f}{r} = F_z \dfrac{a}{r}$，它与路面之间的切向反作用力构成一力偶矩，来克服阻力力偶矩。

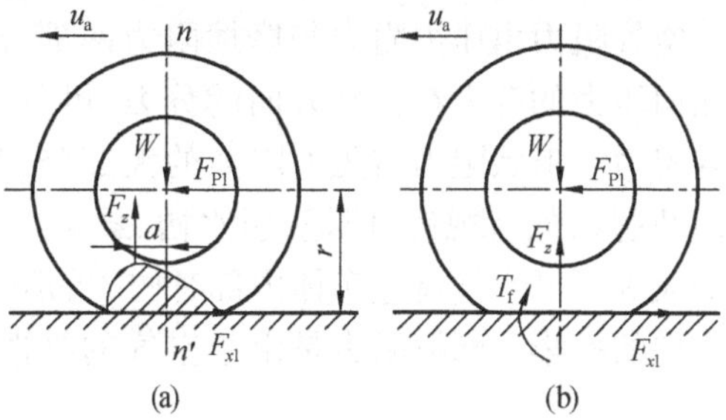

图 9-3　从动轮在硬路面上滚动时的受力情况

考虑到 $\boldsymbol{F}_z$ 与车轮的法向载荷 $\boldsymbol{W}$ 在数值上大小相等，并令滚动阻力系数 $f = \dfrac{a}{r}$，常将 F_{p1} 改写为

$$F_{p1} = Wf = F_z f \text{ 或 } f = \frac{F_{p1}}{W} \tag{9-5}$$

由式(9-5)可见，滚动阻力系数是车轮在一定条件下滚动时所需的推力与车轮法向载荷的比值。换言之，车轮的滚动阻力等于车轮法向载荷与滚动阻力系数的乘积，即

$$F_f = Wf \text{ 或 } F_f = F_z f \tag{9-6}$$

需要指出的是，滚动阻力是对车轮滚动时所有阻碍车轮滚动的力和力偶矩的综合表述，并不表示存在一个具体的力矢量。采用无量纲的滚动阻力系数 f 的目的是建立滚动阻力与车轮法向载荷之间的关系。滚动阻力系数与路面种类、轮胎结构、材料与气压、汽车行驶速度以及车轮与汽车行驶方向的夹角等因素有关。滚动阻力系数根据试验确定。表 9-1

给出汽车在一些路面上以中、低速行驶时滚动阻力系数f的大概数值。

表 9-1 滚动阻力系数f的数值

路面类型	滚动阻力系数	路面类型	滚动阻力系数
良好的沥青或混凝土路面	0.010~0.018	泥泞土路(雨季或解冻期)	0.100~0.250
一般的沥青或混凝土路面	0.018~0.020	干沙	0.100~0.300
碎石路面	0.020~0.025	湿沙	0.060~0.150
良好的卵石路面	0.025~0.030	结冰路面	0.015~0.030
坑洼的卵石路面	0.035~0.050	压紧的雪道	0.030~0.050
压紧土路:干燥的	0.025~0.035		
雨后的	0.050~0.150		

(2) 空气阻力 F_w

汽车行驶时受到空气作用力在行驶方向上的分力称为空气阻力。这种阻力与气流和汽车相对速度的平方成正比。为了克服空气阻力所消耗的发动机功率和燃料消耗量随车速的三次方急剧增加,当车速超过 100 km/h 时,发动机功率有 80% 用来克服空气阻力。汽车在高速行驶时,减少空气阻力意义重大,这会直接带来汽车动力性和燃油经济性的改善。

空气阻力由压力阻力与摩擦阻力两部分组成。压力阻力是空气作用在汽车外表面上的法向压力的合力在行驶方向的分力,可分为四部分:形状阻力、干扰阻力、内循环阻力和诱导阻力。形状阻力占压力阻力的大部分,与车身主体形状有很大关系;干扰阻力是车身表面凸起物如后视镜、门把、引水槽、悬架导向杆、驱动轴等引起的阻力;发动机冷却系、车身通风等所需空气流经车体内部时构成的阻力即为内循环阻力;诱导阻力是空气升力在水平方向的投影。摩擦阻力是由于空气的黏性在车身表面产生的切向力的合力在行驶方向的分力。

在一般轿车中,这几部分阻力的大致比例为:形状阻力占 58%,干扰阻力占 14%,内循环阻力占 12%,诱导阻力占 7%,摩擦阻力占 9%。

影响空气阻力的因素主要有汽车形状、迎风面积和车速。无风条件下汽车的空气阻力 F_w 为:

$$F_w = \frac{C_D A}{21.15} u_a^2 \tag{9-7}$$

式中:C_D——空气阻力系数;

A——迎风面积,即汽车行驶方向的投影面积,m^2;

u_a——汽车的行驶速度,km/h。

(3) 坡度阻力 F_i

当汽车上坡行驶时,汽车重力沿坡道的分力称为汽车坡度阻力。坡度阻力 F_i 可写为

$$F_i = G\sin\alpha \tag{9-8}$$

式中:G——汽车重量,N;

α——坡度角。

道路的坡度 i 是以坡高 h 与底长 s 之比来表示的,即

$$i = \frac{h}{s} = \tan \alpha \tag{9-9}$$

我国公路标准规定,高速公路平原微丘区最大坡度为3%,山岭重丘区为5%;一般四级路面山岭重丘区最大坡度为9%。当坡度不大时,$\cos \alpha \approx 1, \tan \alpha \approx \sin \alpha \approx i$,则

$$F_{i} = Gi \tag{9-10}$$

(4) 加速阻力 F_{j}

汽车加速行驶时,需要克服汽车质量加速运动时的惯性力,这就是加速阻力 F_{j}。汽车的质量分为平移质量和旋转质量两部分。加速时,不仅平移质量产生惯性力,旋转质量也要产生惯性力偶矩。为了便于计算,一般把旋转质量的惯性力偶矩转化为平移质量的惯性力。对于固定传动比的汽车,常以系数 δ 作为计入旋转质量惯性力偶矩后的汽车旋转质量换算系数,因而汽车加速时的阻力 F_{j} 可写作

$$F_{j} = \delta m \frac{\mathrm{d}u}{\mathrm{d}t} \tag{9-11}$$

式中:δ——汽车旋转质量换算系数;

m——汽车质量,kg;

$\frac{\mathrm{d}u}{\mathrm{d}t}$——汽车行驶加速度,$\mathrm{m/s^2}$。

δ 主要与飞轮的转动惯量、车轮的转动惯量及传动系的传动比有关。

$$\delta = 1 + \frac{1}{m}\frac{\sum I_{\mathrm{W}}}{r^2} + \frac{1}{m}\frac{I_{\mathrm{f}} i_{\mathrm{g}}^2 i_0^2 \eta_{\mathrm{t}}}{r^2} \tag{9-12}$$

式中:I_{W}——车轮的转动惯量,$\mathrm{kg \cdot m^2}$;

I_{f}——飞轮的转动惯量,$\mathrm{kg \cdot m^2}$;

i_0——主传动比;

i_{g}——变速器传动比。

3. 汽车行驶方程式

通过上述逐项分析的汽车驱动力及行驶阻力,可以得到汽车行驶方程式为

$$F_{t} = F_{f} + F_{w} + F_{i} + F_{j}$$

或

$$\frac{T_{tq} i_{g} i_0 \eta_{t}}{r} = Gf\cos \alpha + \frac{C_{D}A}{21.15}u_{a}^2 + G\sin \alpha + \delta m \frac{\mathrm{d}u}{\mathrm{d}t} \tag{9-13}$$

这个等式表示了无风天气、正常道路上行驶汽车的驱动力与行驶阻力的数量关系,可以用来进行汽车动力性分析。

三、汽车驱动力与行驶阻力平衡图

为了清晰而形象地表明汽车行驶时的受力情况及其平衡关系,一般将汽车行驶方程式用图解法来进行分析。考虑到式(9-13)中的发动机转矩 T_{tq} 随发动机功率 P_{e}、发动机曲轴转速 n 的变化而变化。如将发动机的功率 P_{e}、转矩 T_{tq} 及燃油消耗率 b 与发动机曲轴转速 n 之间的函数关系以曲线表示,则此曲线称为发动机转速特性曲线。如果发动机节气门全开

(或高压油泵在最大供油量位置),则此特性曲线称为发动机外特性曲线。如果节气门部分开启(或部分供油),则称为发动机部分负荷特性曲线。根据发动机外特性曲线中转矩 T_{tq} 与发动机转速 n 的关系,只要给定变速器的传动比 i_g、主减速器的传动比 i_0、传动系的机械效率 η_t 及车轮半径 r,由公式(9-3)即可求出各挡位下的汽车驱动力;再由发动机转速 n 与车速 u_a 关系($u_a=0.377\dfrac{rn}{i_g i_0}$),即可求出各挡的驱动力与车速关系。将各挡驱动力与车速之间的函数关系用曲线来表示,得到的图形称为汽车的驱动力图。如在汽车驱动力图上把汽车行驶时经常遇到的滚动阻力和空气阻力也画上,就得到了汽车驱动力与行驶阻力平衡图。

图 9-4 所示为某具有五挡变速器轻型卡车的驱动力-行驶阻力平衡图。从图中可以清楚看出不同车速时驱动力和行驶阻力之间的关系。汽车以最高挡行驶时的最高车速,即是 5 挡时驱动力曲线 F_{t5} 与行驶阻力曲线交点处对应的车速。因为此时驱动力和行驶阻力相等,汽车处于稳定的平衡状态。当车速低于最高车速时,驱动力大于行驶阻力。这样,汽车就可以利用剩余的驱动力加速或爬坡。

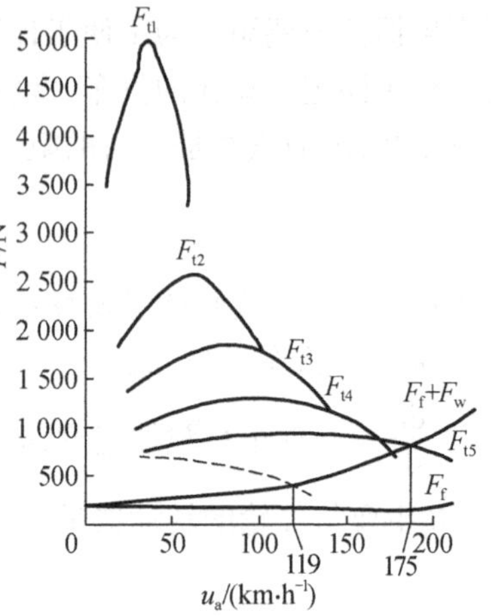

图 9-4 汽车驱动力-行驶阻力平衡图

汽车的加速时间可以根据图 9-4 求得。由汽车行驶方程式得

$$\frac{du}{dt}=\frac{1}{\delta m}[F_t-(F_f+F_W)](设 F_i=0)$$

显然,利用图 9-4 可计算得出各挡节气门全开时的加速度曲线,见图 9-5。由图可看出,高挡位时的加速度要小些,I 挡的加速度最大。根据加速度图可以进一步求得由某一车速 u_1 加速至另一较高车速 u_2 所需的时间。由运动学可知

$$dt=\frac{1}{a}du$$

$$t=\int_0^t dt=\int_{u_1}^{u_2}\frac{1}{a}du$$

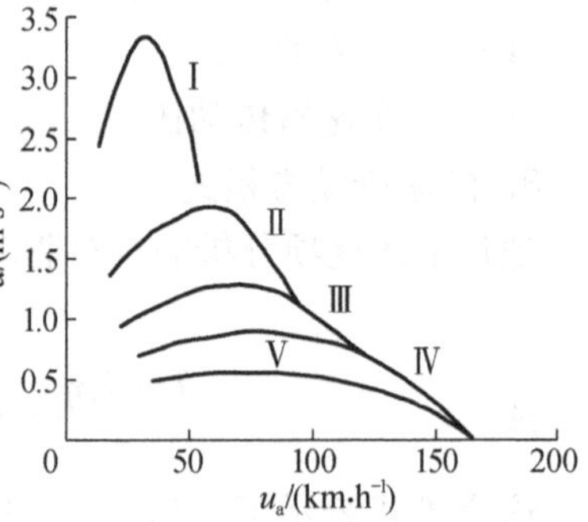

图 9-5 汽车的行驶加速度曲线

即加速时间可用计算机进行积分计算求出。用图解积分法,将 $a-u_a$ 曲线(图 9-5)转画成 $\dfrac{1}{a}-u_a$ 曲线(图 9-6)。曲线下两个速度区间的面积就是通过此速度区间的加速时间。常将速度区间分成若干间隔,通过确定面积 $\Delta_1,\Delta_2\cdots$ 来计算总加速时间(图 9-6 b)。

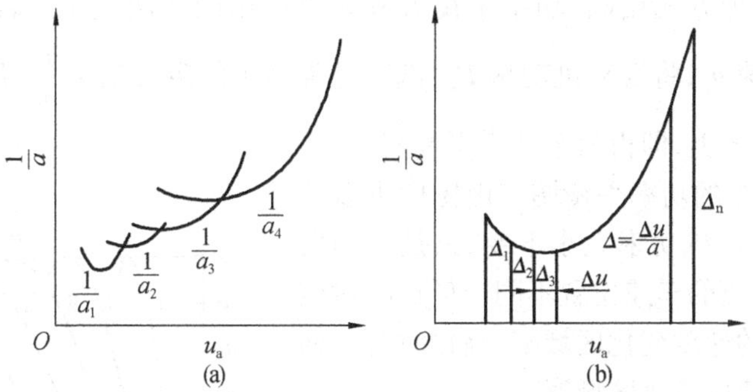

图 9-6 汽车的加速度倒数曲线

在进行一般动力性分析而计算原地起步加速时间时,可以忽略原地起步的离合器打滑过程,即假设在最初时刻,汽车已具有起步挡位的最低车速。加速过程中的换挡时刻,可根据各挡的 a-u_a 曲线来确定,参见图 9-5。若Ⅰ挡和Ⅱ挡的加速度曲线有交点,为了获得最短加速时间,应在交点对应车速由Ⅰ挡换Ⅱ挡。若Ⅰ挡和Ⅱ挡的加速度曲线不相交,则在Ⅰ挡行驶加速至发动机转速达到最高转速时换入Ⅱ挡。其他各挡间的换挡时刻亦按照此原则来确定。至于换挡过程所经历的时间,则常忽略不计。

根据汽车行驶方程式与驱动力－行驶阻力平衡图,可确定汽车的爬坡能力。一般所谓汽车爬坡能力,是指汽车在良好路面上克服汽车行驶时经常遇到的滚动阻力和空气阻力后的余力全部用来(即等速)克服坡度阻力时能爬上的坡度,所以 $\frac{\mathrm{d}u}{\mathrm{d}t}=0$。因此

$$F_i = F_t - (F_f + F_W)$$

一般汽车最大爬坡度达 30% 左右,因此利用汽车行驶方程式确定Ⅰ挡及低挡爬坡能力时,采用 $G\sin\alpha$ 作为坡度阻力,即上式应为

$$G\sin\alpha = \frac{T_{tq} i_g i_0 \eta_t}{r} - \left(Gf\cos\alpha + \frac{C_D A}{21.15} u_a^2\right)$$

即

$$\alpha = \arcsin\frac{F_t - (F_f + F_W)}{G}$$

利用图 9-4 即可求出汽车能爬上的坡度角,相应地根据 $\tan\alpha = i$ 可求出坡度值。其中,汽车最大爬坡度为Ⅰ挡时的最大爬坡度。最高挡最大爬坡度也应该引起注意,特别是货车、牵引车,因为货车经常是以最高挡行驶的,如果最高挡最大爬坡度过小,迫使货车在遇到较小的坡度时经常换挡,就会影响行驶的平均车速。

四、汽车功率平衡

汽车行驶时,不仅驱动力与行驶阻力相互平衡,而且发动机输出功率 P_e 与行驶阻力消耗的功率也相互平衡。

将汽车行驶方程式两边乘以行驶车速 u_a,经单位换算可得汽车的功率平衡方程式(式中功率单位为 kW)为

$$P_e = \left(\frac{Gf\cos\alpha u_a}{3600} + \frac{C_D A}{76140}u_a^3 + \frac{G\sin\alpha u_a}{3600} + \frac{\delta m u_a \mathrm{d}u}{3600\,\mathrm{d}t}\right)\frac{1}{\eta_t} \tag{9-14}$$

与力的平衡处理方式相同，功率平衡方程式也可用图解法表示。若以纵坐标表示功率，横坐标表示车速 u_a，将发动机功率 P_e、汽车经常遇到的阻力功率 $\frac{1}{\eta_t}(P_f+P_W)$ 对车速的关系曲线绘在坐标图上，即得汽车功率平衡图。

图 9-7 为某卡车的功率平衡图。由图中可以看出，不同挡位时，发动机功率大小不变，只是各挡发动机功率曲线所对应的车速位置不同。低挡时对应的车速低，所覆盖的速度变化区域窄；高档时对应的车速高，所覆盖的速度变化区域宽。

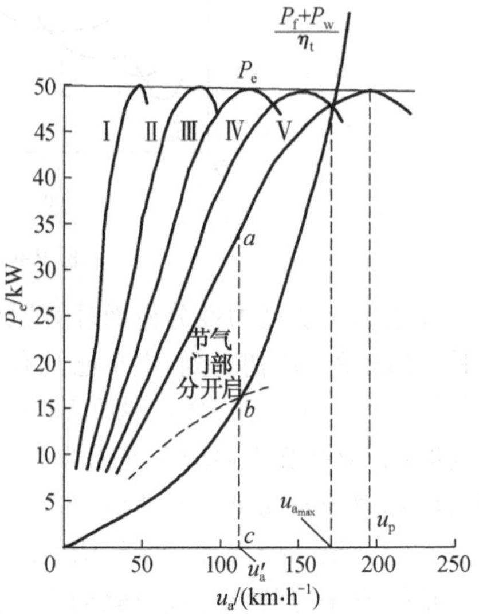

图 9-7 汽车功率平衡

等速行驶阻力功率 $\frac{1}{\eta_t}(P_f+P_W)$ 曲线与发动机输出功率 P_e 曲线的交点，对应汽车的最高车速。

滚动阻力消耗的功率 P_f 在低速区与车速成正比，而高速时由于滚动阻力系数 f 随车速 u_a 的增加而增大，所以 P_f 随 u_a 以更快的速率增大。空气阻力功率 P_W 是车速 u_a 的三次函数，车速越高，P_W 增加越快。滚动阻力功率 P_f 与空气阻力功率 P_W 叠加后，汽车等速行驶阻力消耗的功率曲线 $\frac{1}{\eta_t}(P_f+P_W)$ 是一条斜率越来越大的三次曲线。这表明高速行驶时，汽车主要克服空气阻力功率。

五、汽车驱动-附着条件

从式(9-13)可看出汽车驱动力等于滚动阻力、空气阻力和坡度阻力之和时，汽车匀速行驶；当驱动力大于这三者时，汽车才能起步或加速行驶；当驱动力小于这三者时，则汽车无法起步或加速行驶。但上述条件的驱动力是由汽车动力装置所确定的，这个结论只在轮胎-路面有足够大的附着力(例如良好轮胎在干燥的水泥路面上)时才能成立。在潮湿的沥青路面上附着性能差时，大的驱动力可能引起车轮在路面上急剧加速滑转，地面切向反作用力并不很大，动力性也未进一步提高。由此可见，汽车的动力性能不只受驱动力的制约，它还受到轮胎与地面附着条件的限制。

地面对轮胎切向反作用力的极限值称为附着力 F_φ，在硬路面上它与驱动轮法向反作用力 F_z 成正比，常写为

$$F_\varphi = F_{x\max} = F_z\varphi \tag{9-15}$$

式中：φ——附着系数，它是由路面与轮胎决定的。

由作用在驱动轮上的转矩 T_t 引起的地面切向反作用力不能大于附着力，否则将发生驱动轮滑转现象，即对于后轮驱动的汽车

$$\frac{T_t - T_{f2}}{r} = F_{x2} \leqslant F_{z2}\varphi$$

这就是汽车行驶的附着条件。上式可写成

$$\frac{F_{x2}}{F_{z2}} \leqslant \varphi$$

式中：$\frac{F_{x2}}{F_{z2}}$——后轮驱动汽车驱动轮的附着率 $C_{\varphi 2}$，即

$$C_{\varphi 2} \leqslant \varphi$$

对于前轮驱动汽车，其前驱动轮的附着率亦不能大于地面附着系数。

可以由发动机、传动系的参数及汽车的行驶工况确定汽车驱动轮的附着率。显然，驱动轮的附着率是表明汽车附着性能的一个重要指标，是汽车驱动轮在不滑转工况下充分发挥驱动力作用所要求的最低地面附着系数。

汽车的附着力决定于附着系数以及地面作用于驱动轮的法向反作用力。

附着系数主要取决于路面的种类和状况，行驶车速对附着系数也有影响。附着系数还受到车轮运动状况的影响。在一般的动力性分析中，只取附着系数的平均值。在良好的混凝土或沥青路面上，路面干燥时 φ 值为 0.7 ~0.8，路面潮湿时为 0.5 ~0.6；干燥的碎石路 φ 值为 0.6 ~0.7；干燥的土路 φ 值为 0.5 ~0.6，湿土路面 φ 值为 0.2 ~0.4。

驱动轮地面法向反作用力与汽车的总布置、车身形状、行驶状况及道路的坡度有关。

第二节　汽车燃油经济性

一、汽车燃油经济性指标

汽车燃料经济性，是指汽车以最少的燃料消耗完成单位运输工作量的能力。

为了评价汽车的燃料经济性，常选取单位行程的燃料消耗量（L/100 km），或单位运输工作的燃料消耗量[L/(t · km)]为评价指标。前者用于比较相同容载量的汽车燃料经济性，也可用于分析不同部件（如发动机、传动系等）装在同一种汽车上对汽车燃料经济性的影响；后者常用于比较和评价不同容载量的汽车燃料经济性。其数值越大，汽车的经济性越差。在我国及欧洲，燃料经济性指标的单位即为 L/100 km。

汽车燃料经济性也可用汽车消耗单位量燃料所经过的行程作为评价指标，称为汽车的经济性因数。例如，美国采用每加仑燃料能行驶的英里数，即 MPG 或 mile/USgal。其数值越大，汽车的燃料经济性越好。

等速行驶百公里燃油消耗量是常用的一个评价指标，指汽车在一定载荷（我国标准规定轿车为半载，货车为满载）下，以最高挡在良好、水平路面上等速行驶 100 km 的燃油消耗量。常用的方法是测出每隔 10 km/h 或 20 km/h 速度间隔的等速行驶百公里燃油消耗量，然后以车速为横坐标、燃油消耗量为纵坐标，在图上绘制曲线，称为等速百公里燃油消耗量曲线（图 9-8），以此来

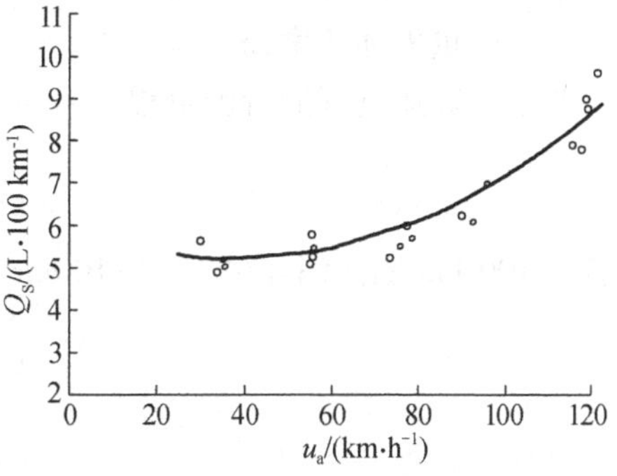

图 9-8　汽车等速百公里燃油消耗量曲线

评价汽车的燃油经济性。

等速行驶工况不能反映汽车的实际使用情况，特别是在复杂的道路交通状况下，汽车需要频繁地加速、减速和停车。因此，在对实际行驶车辆进行跟踪测试统计的基础上，国际上制定了一些典型的循环行驶试验方法，例如，欧洲经济委员会制定的欧洲城市 2 × ECE - R. 15 循环 2. 026 km 测试法、美国环境保护局制定的城市 UDDS 循环 17. 85 km 和公路 HW-FET 循环 16. 4 km 等测试方法等。对不同行驶工况测试的结果进行加权计算，以此得到的燃油消耗量（L/100km 或 MPG）来评价汽车的燃油经济性。

二、汽车燃油经济性计算

汽车燃油消耗量的估算常根据发动机台架试验得到的万有特性图与汽车功率平衡图进行。这里介绍燃油经济性循环试验工况的等速行驶、减速、怠速、加速以及停车等行驶工况下的燃油消耗量估算方法。

1. 等速行驶工况的燃油消耗量计算

图 9-9 为汽油发动机万有特性图。在万有特性图上有等燃油消耗率曲线。根据这些曲线，可以确定发动机在一定转速 n、发出一定功率 P_e 时的燃油消耗率 b。按照转速 n 和车速 u_a 的转换关系，可以换算得到发动机功率 P_e 以及对应燃油消耗率 b 与汽车行驶速度 u_a 的关系。汽车在水平路面上等速行驶时，发动机仅提供克服滚动阻力和空气阻力的功率 $P_e = \frac{1}{\eta_t}(P_f + P_W)$，利用插值法，能够在万有特性图上确定相应的燃油消耗率 b，计算出汽车以该车速等速行驶时单位时间内的燃油消耗量 Q_t（mL/s）为

$$Q_t = \frac{P_e b}{367.1\rho g}$$

式中：b——燃油消耗率，g/(kW · h)；

ρ——燃油的密度，kg/L；

g——重力加速度，m/s²。

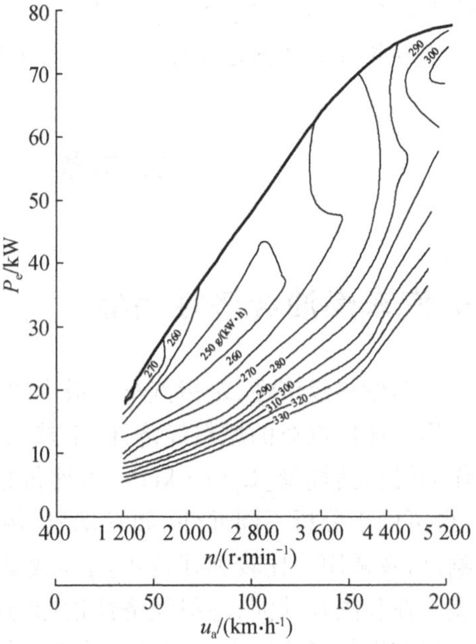

图 9-9 汽油发动机万有特性曲线

若整个等速过程的行驶里程为 s(m)，此段行程的燃油消耗量（mL）为

$$Q = \frac{P_e b s}{102 u_a \rho g}$$

折算成 100 km 燃油消耗量 Q_s（L/100km）为

$$Q_s = \frac{P_e b}{1.02 u_a \rho g} \tag{9-16}$$

2. 等加速行驶工况的燃油消耗量计算

汽车加速行驶时，发动机要提供克服加速阻力消耗的功率。若加速度为$\frac{du}{dt}$(m/s^2)，则发动机提供的功率 P_e(kW)的计算公式应为

$$P_e = \left(\frac{Gfu_a}{3\ 600} + \frac{C_D A}{76\ 140}u_a^3 + \frac{\delta m u_a}{3\ 600}\frac{du}{dt}\right)\frac{1}{\eta_t}$$

假设汽车等加速行驶，起始速度为 u_{a1}，终了速度为 u_{a2}。计算等加速行驶过程的燃油消耗量时，可以将加速过程划分为若干区段，每个区段的燃油消耗量等于该区段平均的单位时间燃油消耗量与行驶时间的乘积。各区段起始或终了车速所对应时刻的单位时间燃油消耗量 Q_t(mL/s)可由相应的发动机输出功率和燃油消耗率求得。

现将小区段按速度每增加 1 km/h 来划分，如图 9-10 所示。车速增加 1 km/h 所需的时间 Δt(s)为

$$\Delta t = \frac{1}{3.6\frac{du}{dt}}$$

从行驶初速度 u_{a1} 加速到($u_{a1}+1$)的过程中，汽车所需的燃油量 Q_1(mL)为

$$Q_1 = \frac{1}{2}(Q_{t0} + Q_{t1})\Delta t$$

式中：Q_{t0}——初速度为 u_{a1} 时的单位时间燃油消耗量，mL/s；

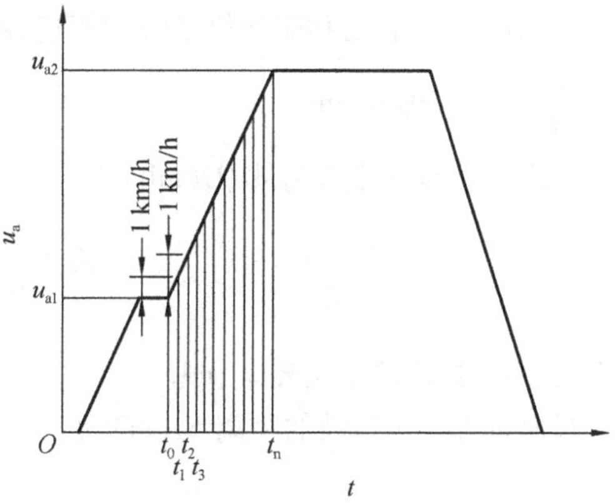

图 9-10　等加速过程的燃油消耗量计算

Q_{t1}——车速为($u_{a1}+1$)时的单位时间燃油消耗量，mL/s。

车速由($u_{a1}+1$)再增加 1 km/h 的过程中，汽车所需的燃油量 Q_2(mL)为

$$Q_2 = \frac{1}{2}(Q_{t1} + Q_{t2})\Delta t$$

式中：Q_{t2}——车速为($u_{a1}+2$)时的单位时间燃油消耗量，mL/s。

依此可得每个小区段的燃油消耗量为

$$Q_3 = \frac{1}{2}(Q_{t2} + Q_{t3})\Delta t$$

$$\vdots$$

$$Q_n = \frac{1}{2}(Q_{t(n-1)} + Q_{tn})\Delta t$$

式中：$Q_{t2}, Q_{t2}, \cdots, Q_{tn}$——$t_2, t_3, \cdots, t_n$ 时刻的单位时间燃油消耗量，mL/s。

这样，整个加速过程的燃油消耗量 Q_a(mL)为

$$Q_a = \sum_{i=1}^{n} Q_i = Q_1 + Q_2 + \cdots + Q_n$$

整个加速过程汽车行驶的距离 S_a(m)为

$$S_a = \frac{u_{a2}^2 - u_{a1}^2}{25.92\frac{du}{dt}}$$

需要指出的是,汽车在加速过程中,发动机处于瞬态加速工况,其燃料消耗率远远大于匀加速工况。因此,按照上述过程估算得到的加速过程的燃油消耗量,小于汽车实际加速时的燃油消耗量。

3. 等减速行驶工况的燃油消耗量计算

汽车等减速行驶时,加速踏板处于最高位置并伴有轻微制动,发动机处于强制怠速状态,其燃油消耗量即为正常怠速油耗。所以,等减速行驶工况的燃油消耗量就等于减速行驶时间与怠速油耗的乘积。等减速工况的总减速时间 t(s)为

$$t=\frac{u_{a2}-u_{a3}}{3.6\frac{du}{dt_d}}$$

式中:u_{a2},u_{a3}——起始和减速终了时的车速,km/h;

$\frac{du}{dt_d}$——减速度,m/s^2。

减速过程的燃油消耗量 Q_d(mL)为

$$Q_d=\frac{u_{a2}-u_{a3}}{3.6\frac{du}{dt_d}}Q_i$$

式中:Q_i——怠速燃油消耗率,mL/s。

减速过程汽车行驶的距离 S_d(m)为

$$S_d=\frac{u_{a2}^2-u_{a3}^2}{25.92\frac{du}{dt_d}}$$

4. 怠速停车时的燃油消耗量计算

如果怠速停车时间为 t_s(s),则燃油消耗量 Q_{id}(mL)为

$$Q_{id}=Q_i t_s$$

5. 整个循环工况的百公里燃油消耗量计算

对于由等速、等加速、等减速、怠速停车等行驶工况组成的整个循环,其的百公里燃油消耗量 Q_s(L/100 km)为

$$Q_s=\frac{\sum Q}{s}\times 100$$

式中:$\sum Q$——所有过程燃油消耗量的总和,mL;

s——整个循环的行驶距离,m。

三、汽车燃油经济性影响因素

影响汽车燃油经济性的主要因素,可以归纳为两个方面,即使用方面和汽车结构方面。

1. 使用方面

(1) 行驶速度

由图9-8可见,汽车等速油耗在中速行驶时最低,低速时稍高,高速时随行驶速度增加而

迅速增长。其原因是在高速行驶时,发动机功率利用率虽然较高,但汽车的行驶阻力增大得更多,导致百公里油耗增加;而当低速行驶时,尽管行驶阻力减小,但由于发动机功率利用率起决定作用,燃油消耗率上升,百公里油耗也将增加。正常行驶的经验表明,中速行驶能节约燃油。国外对轿车进行油耗试验表明,当平均行驶速度由 90 km/h 提高到 160 km/h 后,油耗增加 1 倍。目前美国尽管具有大量的高速公路,也拟把汽车最高车速限制在 88.5 km/h 以达到节油的目的。但这会导致运输效率的降低,因此有人对此做法持有不同意见。

(2) 挡位选择

在一定道路上,汽车选用不同挡位行驶,油耗是不一样的。虽然在同一道路条件和车速时,发动机发出的功率相同,但挡位越低,后备功率越大,发动机功率利用率越低,则燃油消耗率也就越大。而使用高挡的情况相反。因此,一般应尽可能选用高挡行驶。

(3) 挂车的应用

目前汽车运输普遍拖带挂车,这是提高运输生产率、降低油耗和运输生产成本的一项有效措施。例如,在经常遇到的坡度小于5%,最大坡度小于6%的道路上行驶的 CA10B 解放汽车,当拖挂 9~10 t 挂车(包括挂车的自重)时,生产率能提高 100%~150%,以 L/100 km 计的油耗降低 30%~40%,而在经常遇到的坡度小于 8%,最大坡度小于 11% 的道路上,拖挂 4.5~5 t 挂车时,生产率提高 30%~50%,油耗降低 20%~30%。但应指出,使用挂车还应综合考虑行驶安全和汽车寿命等因素。我国使用经验表明,大多数地区以拖挂牵引车总重的 70% 的挂车为宜。

(4) 正确调整与保养

为了保持汽车的技术状况良好,必须及时进行正确的调整与保养,特别是对燃油供给系和点火系,更应时刻注意保养,使其经常保持在良好的工作状态。而在底盘方面,首先要润滑正常、保证前轮定位和轮胎气压正常,以减小汽车的行驶阻力。所以正确的调整与保养对百公里油耗具有相当大的影响。

一般驾驶员常用汽车滑行距离来检查底盘的技术状况。例如,阻力较小的载重 2.5 t 的汽车在良好的水平路面以 30 km/h 的速度开始空挡滑行,滑行距离应达 200~250 m。当滑行距离由 200 m 增至 250 m 时,油耗可降低 7%。NJ130 跃进汽车,当其滑行距离由 220 m 减小至 175 m 时,油耗就增加 14%。对载重 4~5 t 的汽车,滑行距离应为 250~300 m。

(5) 运行条件

随着运行条件的不同,汽车克服行驶阻力所需消耗的功率以及发动机的工况均将随之变化,致使油耗也发生很大的变化。例如,在坏路上行驶时,油耗较在好路上行驶高 20%~30%,冬季行驶由于启动较困难,发动机在较长时间内达不到正常工作温度,所以油耗较大;在高原地区,空气稀薄,发动机因充气量不足,使功率下降,油耗增加。

2. 汽车结构方面

为了节约燃油,一方面要正确使用汽车,但更重要的是要设计制造节油的汽车。因此目前世界各国都把提高燃料经济性作为汽车发展与科研中的重大课题,有的国家甚至以法律文件强制规定制造厂生产的汽车油耗应下降到的标准。

要大幅度地降低油耗,需要改进汽车的各个主要部件。

(1) 轿车总尺寸与质量

20 世纪 50 年代,中、微型汽车曾引起世人广泛的兴趣。为了节能与环保,现在小型、微型轿车再次受到各国关注。素以产销大排量轿车为特色的美国，也开始研制和生产微型汽车。福特生产了 Ka 牌轿车，克莱斯勒展示了塑料车身复合式概念车 CCV。一向只生产高级轿车的奔驰公司也生产了 A－class 与奔驰－斯沃琪的 Smart 轿车。在我国，富康、捷达、夏利与奥拓等小型、微型汽车也正受到普遍的欢迎。

Ulrich Seiffert 先生以 Volkswagen Golf 轿车为实例，说明一辆轿车的质量若能减少 10%，按欧洲"1/3—混合"或美国综合循环油耗计，可节油 3%～4%。

为了减轻质量，轿车选用材料中铝与复合材料的比例日益增加。20 世纪 90 年代初，北美每辆轿车铝材的用量平均为 79 kg，日本为 61 kg，欧洲为 53 kg；2000 年欧洲每辆轿车的用铝量为 95.3 kg，占 8%；2000 年美国每辆轿车和轻型载货汽车平均用铝量为 124 kg。豪华轿车 Audi A8 采用全铝承载式本身，质量减小 15%，百公里油耗降低 5%～8%。

复合材料在汽车上的用量也在逐年增加。20 世纪 90 年代初，大量使用复合材料的所谓"复合材料汽车"，在西欧的销量为 25 万辆左右。预计这种轿车在西欧的产量，今后将以每年 25% 的比例增长。此类汽车在美国市场上的份额，目前已达到 30% 以上。

（2）发动机

发动机中的热损失与机械损耗占燃油化学能的 65% 左右。显然，发动机是对汽车燃油经济性最有影响的部件。目前看来提高发动机经济性的主要途径有：

① 提高现有汽油发动机的热效率与机械效率。

② 扩大柴油发动机的应用范围（1996 年西欧柴油轿车的市场份额已达 21.5%）。

③ 增压化（目前常提供选用的增压汽油机，采用增压的柴油机已很普遍）。

④ 广泛采用电子计算机控制技术（如电控汽油喷射系统、柴油机的高压共轨系统、可变进气流量控制和可变配气相位控制等）。

（3）传动系

传动系的挡位增多后，增加了选用合适挡位使发动机处于经济工作状况的机会，有利于提高燃油经济性。因此，近年来轿车手动变速器已基本上采用 5 挡，也有采用 6 挡的；轿车自动变速器广泛采用 4 挡或 5 挡，采用 6 挡的也日渐增多，甚至有采用 7 挡的；大型货车有采用更多挡位的趋势，如装载质量为 4 t 的五十铃货车装用了 7 挡变速器，由专职驾驶员驾驶的重型汽车和牵引车，为了改善动力性和燃油经济性，变速器的挡位可多至 16 个。

挡数无限的无级变速器，在任何条件下都提供使发动机在最经济工况下工作的可能性。若无级变速器始终能维持较高的机械效率，则汽车的燃油经济性将显著提高。

（4）汽车的外形与轮胎

降低空气阻力系数 C_D 值是节约燃油的有效途径。当 C_D 值由 0.42 降低到 0.3 时，其混合百公里燃油消耗可降低 9%，而以 150 km/h 等速行驶的油耗则可降低 25% 左右。

20 世纪 60 年代轿，车的 C_D 值在 0.45 左右，现代不少轿车的 C_D 值已降低到 0.3 左右，今后 C_D 值仍可能继续下降到 0.2，通用公司生产的电动车 EV－I 的 C_D 值为 0.19。

美国通用公司试验场资料表明，滚动阻力对油耗也有较大影响，其数值为滚动阻力每减小 1N，燃油消耗量减少 0.01 L/100 km，或估算为 f 减少 10%，省油 0.6%～1.2%。

汽车对轮胎提出各种要求，如强度、耐磨性、耐久性及要求它保证动力、经济等各种使用性能。现在子午线轮胎是公认的综合性能最好的轮胎。由于它的滚动阻力小，与一般斜交轮胎相比，可节油 6%～8%。

第三节　汽车制动性

一、汽车制动性指标

汽车制动性能无疑是影响汽车安全性的重要性能之一。任何汽车如果没有可靠的制动性能，那么再好的动力性也不能很好地发挥。

汽车的制动性能是指汽车行驶时，能在短距离内停车且维持行驶方向稳定或在下长坡时能维持一定车速的能力。制动性主要用以下3方面指标来评价：

1. 制动效能

制动效能是指在良好路面上，汽车以一定初速制动到停车的制动距离或制动时汽车的减速度。它是制动性能最基本的评价指标，包括制动减速度、制动距离、制动时间及制动力等。

2. 制动效能的恒定性

汽车高速行驶或下长坡连续制动时制动效能保持的程度，称为抗热衰退性能。因为制动过程实际上是把汽车行驶的动能通过制动器吸收转换为热能，所以制动器温度升高后，能否保持在冷状态时的制动效能已成为设计制动器时要考虑的一个重要问题。此外，涉水行驶后，制动器还存在水衰退问题。

3. 制动时的方向稳定性

方向稳定性是指制动时汽车按照驾驶员给定方向行驶的能力，即是否会发生制动跑偏、侧滑和失去转向能力等。制动时汽车的方向稳定性，常用制动时汽车按给定路径行驶的能力来评价。若制动器发生跑偏、侧滑或失去转向能力，则汽车将偏离原来的路径。

二、汽车制动受力分析

汽车受到与行驶方向相反的外力时，才能从一定速度制动到较小的车速直至停车。这个外力只能由地面和空气提供。但由于空气阻力相对较小，所以实际上外力主要由地面提供，称为地面制动力。下面通过分析单个轮胎制动受力，说明影响地面制动力的主要因素。

1. 地面制动力

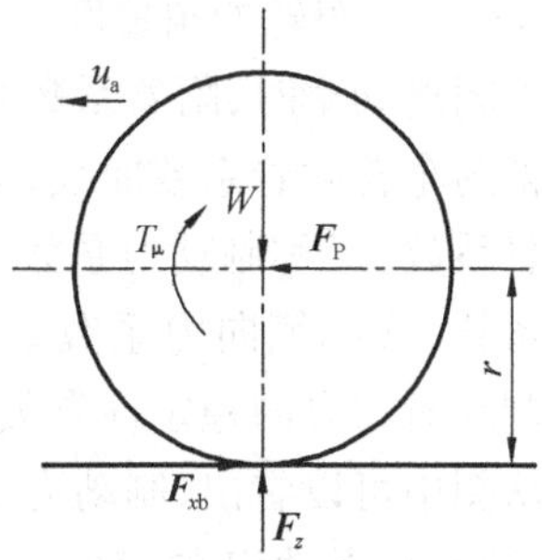

图9-11　车轮在制动时的受力情况

图9-11为在良好的硬路面上制动时，车轮的受力情况。图中滚动阻力偶矩和减速时的惯性力、惯性力矩均忽略不计。T_μ 是车轮制动器中摩擦片与制动鼓或盘相对滑转时的摩擦力矩，单位为N·m。F_{xb} 为地面制动力，W 为车轮垂直载荷，F_p 为车轴对车轮的推力，F_z 为地面对车轮的法向反作用力，单位均为N。从力矩平衡得

$$F_{xb}=\frac{T_\mu}{r}=F_p$$

地面制动力是使汽车制动而减速行驶的外力,但是,地面制动力取决于两个摩擦副的摩擦力:一个是制动器摩擦副间的摩擦力;另一个是轮胎与地面间的附着力。

2. 制动器制动力

在轮胎周缘克服制动器摩擦力矩 T_μ(N·m)所需的力,称为制动器制动力,用 F_μ(N)表示,显然

$$F_\mu=\frac{T_\mu}{r}$$

式中:r——车轮半径,m。

由此可知,制动器制动力是由制动系的设计参数决定的,即取决于制动器形式、尺寸、摩擦系数、车轮半径,它与制动系的油压或气压成正比。

3. 制动器制动力、地面制动力及附着力之间的关系

制动器制动力、地面制动力及附着力三者的关系如图 9-12 所示。由图可见,制动器制动力可以随制动系油压的增大而增大,而地面制动力 F_{xb} 在达到附着力 F_φ 的值后,就不再增加。此时若想提高地面制动力,以使汽车具有更大的制动效能,只有提高附着系数。

由此可见,汽车的地面制动力,首先取决于制动器制动力,但同时又受到地面附着条件的限制。所以,只有汽车具有足够的制动器制动力,同时,地面又能提供高的附着力时,才能获得足够的地面制动力。

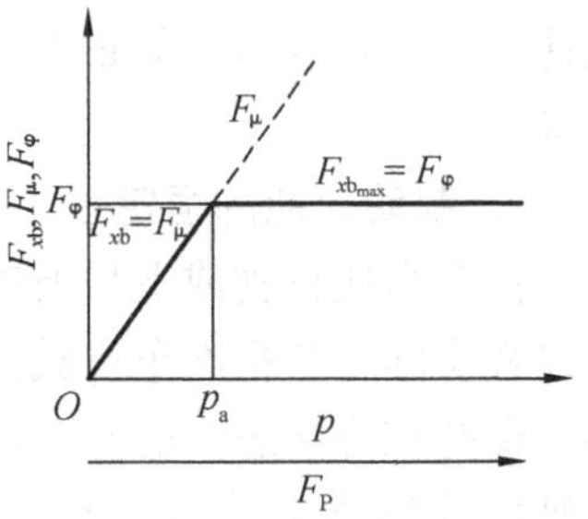

图 9-12　制动过程中地面制动力、制动器动力及附着力的关系

4. 附着系数 φ 与滑动率 s 的关系

前面曾假设附着系数在制动过程中是常数。但实际上,附着系数与车轮的运动状态,即滑动程度有关。滑动所占的比例为滑动率,用符号 s 表示,其表达式为

$$s=\frac{u_W-r_{r0}\omega_W}{u_W}\times100\%$$

式中:r_{r0}——自由滑动的车轮动态半径,m;

u_W——车轮中心的速度,m/s;

ω_W——车轮的角速度,rad/s。

不同滑动率时,附着系数是不一样的。图 9-13 为试验所得的车轮附着系数曲线,即 $\varphi-s$ 曲线。图上除了纵向附着系数(又称制动力系数 φ_b)曲线外,还给出了侧向附着系数(又称侧向力系数 φ_l)曲线。侧向附着系数是研究制动时与方向稳定性有关的参数。

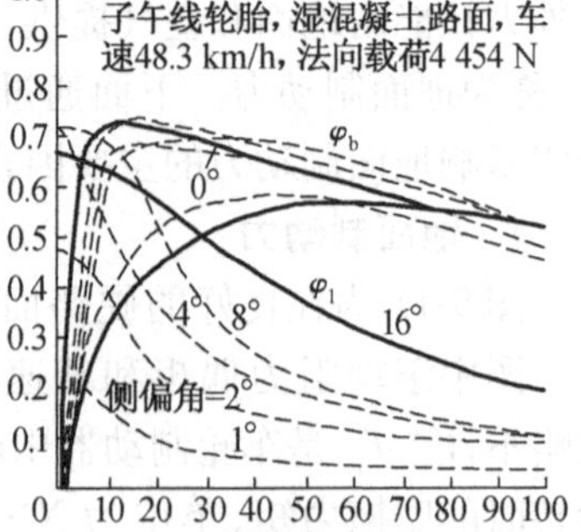

图 9-13　有侧偏时的 φ_b-s, φ_l-s 曲线

从图中可以看出,制动力系数 φ_b 随着滑动率的增加先增后减,在滑动率在 15%～20% 之间有最大值 φ_p(又称峰值附着系数),在滑动率为 100% 时称为滑动附着系数 φ_s。而侧向力系数 φ_l 随着滑动率的增加而减少,到滑

动率 100%（车轮抱死时）时其值接近于零。

三、汽车制动效能分析

汽车的制动效能是指汽车迅速降低车速直至停车的能力。评定制动效能的指标有制动距离 S 和制动减速度 a_b。

1. 制动距离与制动减速度

制动距离与汽车的行驶安全有直接的关系，它指的是汽车速度为 u_0 时，从驾驶员开始操纵制动控制装置（制动踏板）到汽车安全停住为止所驶过的距离。制动距离与制动踏板力、路面附着条件、车辆载荷、发动机是否接合等许多因素有关。在测试制动距离时，应对踏板力或制动系压力、路面附着系数以及车辆的状态做一规定。制动距离与制动器的热状况也有密切关系，若无特殊说明，一般制动距离是在冷试验的条件下测得的。此时，起始制动时制动器的温度在 100 ℃以下。由于各种汽车的动力性不同，对制动效能也提出了不同的要求：一般轿车、轻型货车行驶车速高，所以要求制动效能也高；重型货车行驶车速低，对制动效能要求就稍低一点。

在评价汽车的制动性能时，还采用平均减速度的概念，即

$$\bar{a} = \frac{1}{t_2 - t_1}\int_{t_2}^{t_1} a(t)\,\mathrm{d}t$$

式中：t_1——制动压力达到 75% 最大压力 $p_{\max}$ 的时刻；

t_2——到停车时总时间的 2/3 的时刻。

GB 7258—2012《机动车运行安全技术条件》采用的是充分发出的平均减速度 $MFDD$（$\mathrm{m/s^2}$），其计算公式为

$$MFDD = \frac{(u_{ab}^2 - u_{ae}^2)}{25.92(S_e - S_b)}$$

式中：u_{ab}——$0.8u_{a0}$ 的车速，km/h，u_{a0} 为起始制动车速；

u_{ae}——$0.1u_{a0}$ 的车速，km/h；

S_b——u_0 到 u_b 车辆经过的距离，m；

S_e——u_0 到 u_e 车辆经过的距离，m。

下面假设在 φ 值不变的条件下，对制动距离做一粗略的定量分析，以研究各种因素对制动距离的影响。

2. 制动距离的分析

为了分析制动距离，需要对制动过程有一个全面的了解。

图 9-14 是驾驶员在接受了紧急制动信号后，制动踏板力、汽车制动减速度与制动时间的简化关系曲线。图中 τ_1' 为驾驶员的反应时间，τ_1'' 为踩下制动踏板的时间，$\tau_1 = \tau_1' + \tau_1''$ 称为驾驶员反应时间，这段时间一般为 0.3～1.0 s；τ_2' 为消除蹄片与制动鼓间间隙的时间，τ''_2 为制动器制动力增长过程所需的时间，$\tau_2 = \tau_2' + \tau_2''$ 称为制动器的作用时间，τ_2 一般在 0.2～0.9 s 之间；τ_3 为持续制动时间；τ_4 为解除制动力的时间，一般在 0.2～1.0 s 之间。

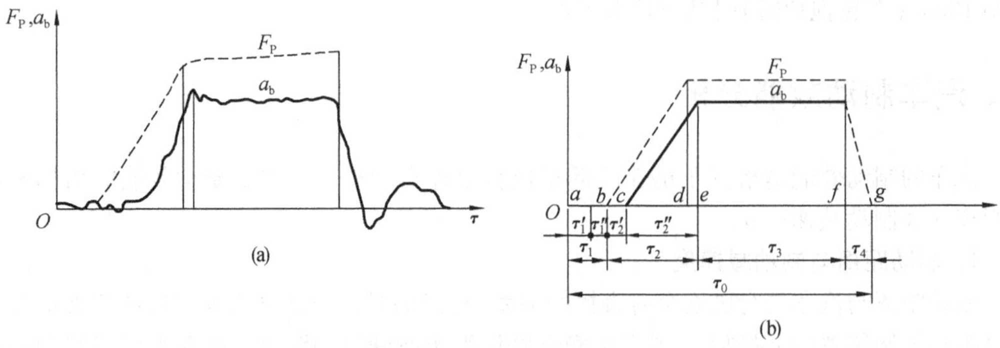

图 9-14　汽车的制动过程

制动距离一般是指开始踩着制动踏板到完全停车的距离。它包括制动器起作用和持续制动两个阶段中汽车驶过的距离 S_2 和 S_3。

总制动距离 S(m)为

$$S = S_2 + S_3 = \left(\tau_2' + \frac{\tau_2''}{2}\right)u_0 + \frac{u_0^2}{2a_{\mathrm{b\,max}}} - \frac{a_{\mathrm{b\,max}}\tau_2''^2}{24}$$

式中:u_0——起始制动车速,m/s。

因为 τ_2'' 很小,故略去 $\frac{a_{\mathrm{b\,max}}\tau_2''^2}{24}$ 项。设车速的单位为 km/h,则上式的 S(m)可写成

$$S = \frac{1}{3.6}\left(\tau_2' + \frac{\tau_2''}{2}\right)u_{\mathrm{a0}} + \frac{u_{\mathrm{a0}}^2}{25.92a_{\mathrm{b\,max}}} \tag{9-17}$$

从式(9-17)可以看出,决定汽车制动距离的主要因素是制动器起作用的时间、最大制动减速度即附着力(或最大制动器制动力)以及起始制动车速。附着力(或最大制动器动力)越大、起始制动车速越低,制动距离越短。

真正使汽车减速停车的是持续制动时间,但制动器起作用时间对制动距离的影响也是不小的。制动器起作用时间与制动系统的结构形式有密切的关系。当驾驶员急速踩下制动踏板时,液压制动系统的制动器起作用时间可短至 0.1 s 或更短;真空助力制动系统和气压制动系统为 0.3 ~0.9 s;货车有挂车时,制动器起作用时间有时竟长达 2 s,但精心设计的制动系统制动器起作用的时间可缩短到 0.4 s。

图 9-15 是根据 48 辆装有真空助力器的不同类型轿车在干燥、良好的路面上进行制动试验的结果,并按最小二乘法原理拟合得到的制动距离曲线。拟合得到的公式为

$$S = 0.003\,4u_{\mathrm{a0}} + 0.004\,51u_{\mathrm{a0}}^2$$

式中:u_{a0}——起始制动车速,km/h;

S——制动距离,m。

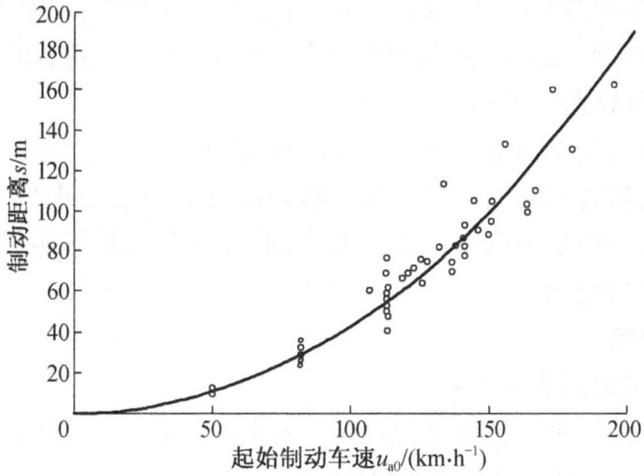

图 9-15　轿车的制动距离曲线

四、汽车制动效能的恒定性

以上的讨论仅限于在冷制动情况（制动器起始温度在 100 ℃以下）的制动效能。汽车在繁重的工作条件下制动时（例如在下长坡时，制动器就要较长时间连续地进行较大强度的制动），制动器温度常在 300 ℃以上，有时高达 600 ~ 700 ℃。高速制动时，制动器温度也会很快上升。制动器温度上升后，摩擦力矩常会有显著下降，这种现象称为制动器的热衰退。如 Lexus LS400 汽车在冷制动时，起始制动车速为 195 km/h，制动距离为 163.9 m，减速度为 8.5 m/s^2，而经过下山中的 26 次制动，前制动器温度达 693 ℃，这时以同样的起始车速制动，减速度为 6.0 m/s^2，制动距离加长了 80.6 m，达到 244.5 m。热衰退是目前制动器不可避免的现象，只是在程度上各制动器有所差别。制动效能的恒定性主要指的是抗热衰退性能。

山区行驶的货车和高速行驶的轿车，对抗热衰退性能有更高的要求。一些国家规定，大型货车必须装备辅助制动器，以保持山区行驶的制动效能。

抗热衰退性能与制动器摩擦副材料及制动器结构有关。

一般制动器的制动鼓、制动盘由铸铁制成，而摩擦片由石棉、半金属和无石棉等几种材料制成。正常制动时，摩擦副的温度在 200 ℃左右，摩擦副的摩擦系数为 0.3 ~ 0.4；但在更高的温度时，有些摩擦片的摩擦系数会有很大的降低而出现热衰退的现象。另外，如果制动器结构不合理或使用不当则会引起制动液的温度急剧上升，当温度超过制动液的沸点时会发生汽化现象，使制动完全失效。

五、汽车制动时的方向稳定性

一般称汽车在制动过程中维持直线行驶或按预定弯道行驶的能力为制动时汽车的方向稳定性。汽车试验中常规定一定宽度的试验通道（如 1.5 倍车宽或 3.7 m），制动时方向稳定性合格的车辆，在试验过程中不允许产生不可控制的效应使其离开这条通道。

制动时汽车自动向左或向右偏驶称为制动跑偏。侧滑是指制动时汽车的某一轴或两轴发生横向移动。最危险的情况是在高速制动时发生后轴侧滑，此时汽车常发生不规则的急剧回转运动而失去控制。跑偏与侧滑是有联系的，严重的跑偏有时会引起后轴侧滑，易发生侧滑的汽车也有加剧跑偏的趋势。

前轮失去转向能力，是指弯道制动时汽车不再按原来的弯道行驶而沿弯道切线方向驶出，直线行驶制动时虽然转动转向盘但汽车仍按直线方向行驶的现象。失去转向能力与后轴侧滑也是有联系的，一般如果汽车后轴不发生侧滑，则前轮就可能失去转向能力；后轴侧滑，前轮通常仍具有转向能力。

1. 汽车的制动跑偏

制动时汽车跑偏的原因有 2 个：

① 汽车左、右车轮，特别是前轴左、右车轮（转向轮）制动器的制动力不相等；

② 制动时悬架导向杆系与转向系拉杆在运动学上不协调（互相干涉）。

其中，第一个原因是由制造、调整误差造成的，汽车究竟向左或向右跑偏，要根据具体情况而定；第二个原因是由设计造成的，制动时汽车总是向左（或向右）一方跑偏。

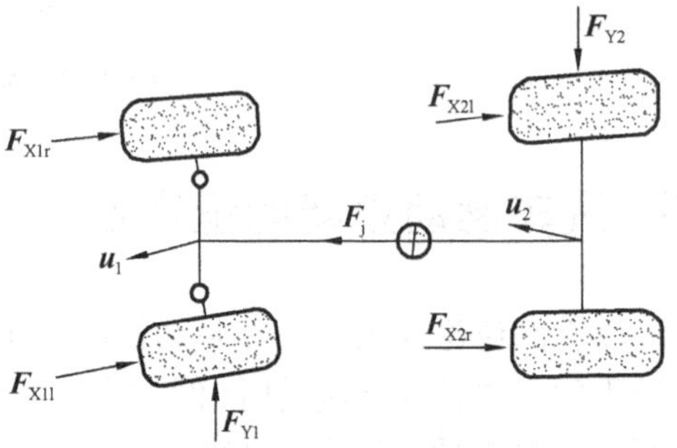

图 9-16　制动跑偏时的受力图

图 9-16 给出了制动时由于转向轴左、右车轮制动力不相等而引起跑偏的受力分析。为了简化，假定车速较低，跑偏不严重，且跑偏过程中转向盘是不动的，在制动过程中也没有发生侧滑，并忽略汽车做圆周运动时产生的离心力及车身绕质心的惯性力偶矩。

设前左轮的制动器制动力大于前右轮，故地面制动力 $F_{X1l} > F_{X2r}$。此时，前、后轴分别受到的地面侧向反作用力为 F_{Y1} 和 F_{Y2}。显然，F_{X1l} 绕主销的力矩大于 F_{X2r} 绕主销的力矩。虽然转向盘不动，由于转向系统各处的间隙及零部件的弹性变形，转向轮仍产生一向左转动的角度而使汽车有轻微的转弯行驶，即跑偏。同时，由于主销有后倾，也使 F_{Y1} 对转向轮产生同一方向的偏转力矩，这样也增大了向左转动的角度。

造成跑偏的第二个原因是悬架导向杆系与转向系拉杆发生运动干涉，且跑偏的方向不变。例如一试制中的货车，在紧急制动时总是向右跑偏，在车速 30 km/h 时，最严重的跑偏距离为 1.7 m。分析其原因主要是转向节上节臂处的球头销离前轴中心线太高，且悬架钢板弹簧的刚度又太小。图 9-17 给出了该货车的前部简图。在紧急制动时，前轴向前扭转了一角度，转向节上节臂球头销本应做相应的移动，但由于球头销又连接在转向纵拉杆上，仅能克服转向拉杆的间隙，使拉杆有少许弹性变形而不允许球头销做相应的移动，致使转向节臂相对于主销做向右的偏转，于是引起转向轮向右转动，造成汽车跑偏。后来改进了设计，使转向节上节臂处球头销位置下移，在前钢板弹簧扭转相同的角度时，球头销位移量减少，转向节偏转也减少；同时增加了前钢板弹簧的刚度，从而基本上消除了跑偏现象。

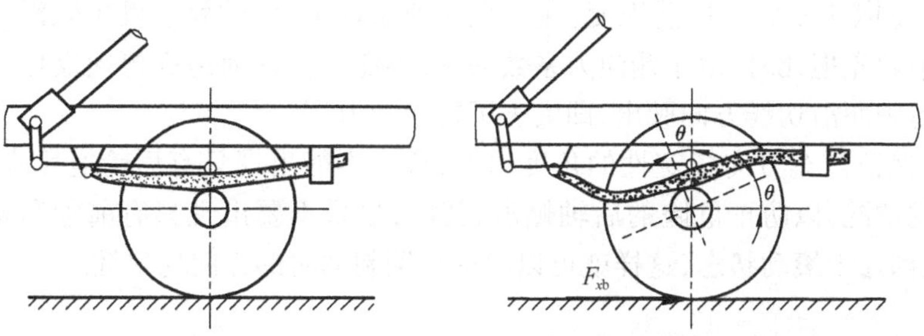

(a) 未制动时　　(b) 制动时前轴转动（转角为θ）

图 9-17　悬架导向杆与转向系拉杆在运动学上的不协调引起的制动跑偏

2. 制动时后轴侧滑与前轴转向能力的丧失

制动时发生侧滑，特别是后轴侧滑，将引起汽车剧烈的回转运动，严重时可使汽车调头。由试验与理论分析得知，制动时若后轴车轮比前轴车轮先抱死拖滑，就可能发生后轴侧滑。若能使前、后轴车轮同时抱死或前轴车轮先抱死，后轴车轮再抱死或不抱死，则能防止后轴侧滑。不过前轴车轮抱死将失去转向能力。

根据试验可以得出以下结论：

(1) 制动过程中，若是只有前轮抱死或前轮先抱死拖滑，则汽车基本上沿直线向前行驶（减速停车）；汽车处于稳定状态，但丧失转向能力。

(2) 若后轮比前轮提前一定时间先抱死拖滑，且车速超过某一数值时，汽车在轻微的侧向力作用下就会发生侧滑。路面越滑，制动距离和制动时间越长，后轴侧滑越剧烈。

下面用受力分析来说明汽车前轮抱死拖滑或后轮抱死拖滑的两种运动情况。

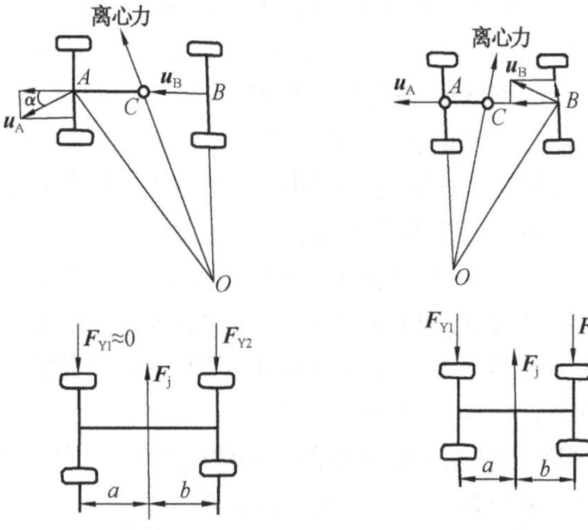

(a) 前轴侧滑　　(b) 后轴侧滑

图 9-18　汽车一根轴侧滑时的运动状况

图 9-18 a 所示为前轮制动抱死而后轮滚动。设转向盘固定不动，前轴如受侧向力的作用将发生侧滑，因此前轴中点 A 的前进速度 $\boldsymbol{u}_A$ 与汽车纵轴线的夹角为 α；后轴因未发生侧滑，所以 $\boldsymbol{u}_B$ 的方向仍为汽车纵轴方向。此时，汽车将发生类似转弯的运动，其瞬时回转中心为速度 $\boldsymbol{u}_A$、$\boldsymbol{u}_B$ 两垂线的交点 O；作圆周运动的汽车产生了作用于质心 C 的惯性力 $\boldsymbol{F}_j$。显然，$\boldsymbol{F}_j$ 的方向与汽车侧滑的方向相反，也就是说 $\boldsymbol{F}_j$ 能起到减小或阻止前轴侧滑的作用，即使汽车保持稳定状态。图 9-18 b 所示为后轮制动抱死而前轮未抱死工况。如受到侧向力作用，后轴发生侧滑的方向正好与惯性力的方向一致，于是惯性力加剧后轴侧滑，后轴侧滑又加剧惯性力 $\boldsymbol{F}_j$，汽车将急剧转动。因此，后轴侧滑是一种不稳定的、危险的工况。

上面是直线行驶条件下的制动试验，在弯道行驶时进行的制动试验也会得到类似的结果,即只有后轮抱死或后轮提前抱死,在一定车速条件下,后轴就会发生侧滑。另外,只有前轮抱死或前轮先抱死时,由于侧向力系数为零,不能产生任何地面侧向反作用力,汽车无法按原弯道行驶而沿切线方向驶出,即失去了转向能力。

因此,从保证汽车方向稳定性的角度出发,首先不能出现只有后轮抱死或后轮比前轴前轮先抱死的情况,以防止危险的后轴侧滑;其次,尽量不要出现只有前轴车轮抱死工况,使前、后车轮都处于滚动状态,这样就可以确保车辆制动时的方向稳定性。

六、制动性能及其改进措施

影响汽车制动性的因素很多,主要有汽车本身方面的因素和使用方面的因素。从前面的分析可知,要提高汽车的制动性,一是汽车要有足够的制动器制动力,同时要有足够的地面制动力,这样才能提高制动效能;二是要有稳定的制动效能的恒定性,以保证汽车在高速制动或下长坡制动时制动效能的稳定性;三是制动时要防止汽车发生跑偏、侧滑或失去转向能力,以提高汽车的方向稳定性。下面简单叙述一下具体的改进措施。

1. 改进制动器制动性能

制动器要有足够大的制动力,制动时制动力增加要平顺,制动器受热后间隙变化小,通风散热良好,自洁性好。研究制动器的新结构、摩擦片的新材料,从而改善制动效能及其恒定性。另外制动操纵系统对制动性能也有很大的影响。

2. 改善轮胎与地面的附着力

附着力直接影响制动性能,制动时不仅要有足够的制动器制动力,同时要有足够的地面制动力。轮胎与地面的附着力与地面状况有关,与轮胎的结构、轮胎的宽度有关。选择附着性能好的轮胎对提高地面制动力有重要的作用。

3. 防止制动时车轮的跑偏和侧滑

制动时车轮的抱死,特别是后轮抱死严重影响汽车的稳定性。电子防抱制动系统(ABS)能很好地解决这一问题。试验表明,汽车安装 ABS 可使汽车保持转向能力,ABS 能防止汽车前转向轮抱死,侧向附着能力较高,使汽车能按预定方向转弯;提高方向稳定性,当汽车后轮抱死时,就会失去稳定性,发生甩尾甚至调头,ABS 能对左右轮进行控制,达到综合平衡,保证行驶方向的稳定性;减小制动距离,在潮湿的沥青路面,车速较高时,装有 ABS 的车辆制动距离可减小 10% ~20%;减少轮胎磨损,由于车轮不抱死,轮胎的磨损就会减少,轮胎寿命可提高 6% ~10%。

使用时,对各车轮制动器的间隙进行调整,使每个车轮的制动力尽量相等,防止制动时各车轮的制动力不相等而发生制动跑偏。

4. EBD 系统

为了提高制动效果,充分利用各车轮上的附着力,最好在紧急制动时汽车前后车轮均能接近抱死状态,即应使前后轮制动器的制动摩擦力矩之比值等于其地面垂直反作用力之比值。

汽车行驶过程中,将发生轴间载荷再分配现象。当制动时,作用于前后轮上地面垂直反作用力与静止状态不同,其前轴地面垂直反作用力增加,后轴地面垂直反作用力减小。另外,随着汽车装载质量不同及装载货物的位置不同,汽车的前后轴地面垂直反作用力也随之变化。因此,汽车前后轴的载荷不是一个固定值,而是随着使用情况在不断地变化。

现代汽车制动系统前后轮制动器制动摩擦力矩之比值大多是常数,为此汽车只能在一种道路或工况上,可能使前后轮同时制动到抱死状态。而在其他道路上,不是前轮先开始制动抱死,就是后轮先开始制动抱死。当前轮制动抱死时,将丧失承受侧向力的能力,亦即汽车失去转向能力。当后轮制动抱死时,汽车可能发生甩尾现象,致失去行驶稳定性,两种情况均会造成严重事故。

EBD 系统能根据汽车前后轴的载荷大小,自动调整前后轮制动器制动摩擦力矩的大小,在各种情况下,使汽车前后轮均制动到理想状态,充分利用各车轮上的附着力,提高了制动效果。

第四节　汽车其他动力学性能

一、汽车操纵稳定性

汽车的稳定性是指汽车行驶时不致产生翻倾和滑移的性能。汽车的操纵性是指驾驶员以最少的修正而能维持汽车按给定的路线行驶,以及驾驶员按愿望转动转向盘以改变汽车行驶方向的性能。

汽车的操纵稳定性是指在驾驶员不感到过分紧张、疲劳的条件下,汽车能遵循驾驶员通过转向系统及转向车轮给定的方向行驶,且当遭遇外界干扰时,仍能抵抗干扰而保持稳定行驶的能力。

汽车操纵稳定性涉及的问题较为广泛,它需要采用较多的参数从多方面来进行评价。由于篇幅的限制,加之有些内容在其他章节已介绍,这里仅简单叙述部分内容。

1. 轮胎的侧偏特性

汽车在行驶过程中,由于路面侧向倾斜、侧向风或曲线行驶时的离心力等的作用,车轮中心将作用一个横向力 F_y,因此在轮胎与地面接触面处,地面产生横向反作用力 F_b,大小与横向力 F_y 相等,方向与横向力 F_y 相反。轮胎产生侧偏变形,如图 9-19 a 所示。轮胎将从原来运动方向向偏移 α 角的方向运动,如图 9-19 b 所示,横向反力 F_b 称为侧偏力,α 角称为侧偏角。

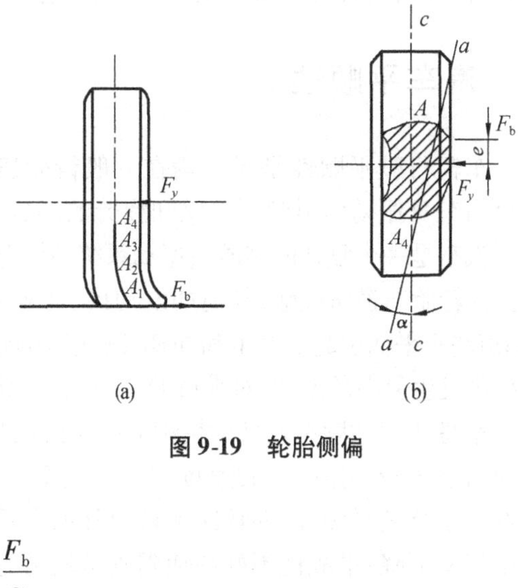

图 9-19　轮胎侧偏

轮胎侧偏特性常采用侧偏刚度 C_α 来衡量,一般情况,C_α 用侧偏力 F_b 与侧偏角 α 的比值来表示,即

$$C_\alpha = \frac{F_b}{\alpha}$$

侧偏角 α 的大小与轮胎的侧偏刚度 C_α、垂直载荷 Q_y 的大小及充气压力的高低有关，侧偏力 F_b 与侧偏角 α 的关系曲线如图 9-20 所示。

当侧偏角 α 小于某值时，侧偏力 F_b 与侧偏角呈直线关系；超过该值，随着侧偏力的增加，侧偏角迅速增加，当达到道路和车轮的附着极限时，轮胎就会侧滑。

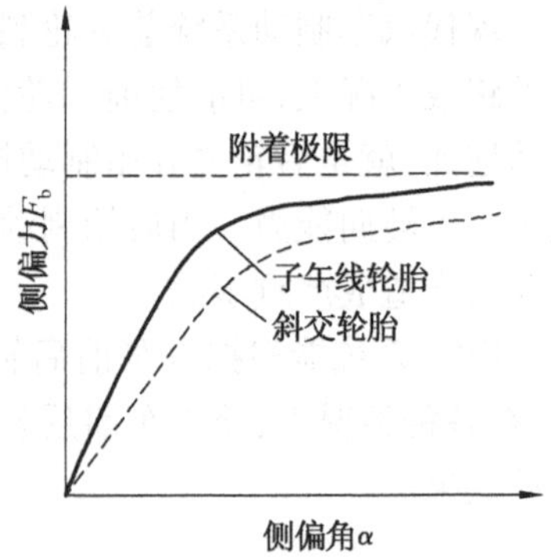

图 9-20　轮胎的侧偏性能

轮胎的侧偏力 F_b 与横向力 F_y 在地面的投影并非共线，F_b 常位于 F_y 的后方（图 9-19 b），其间距为 e，力矩 $F_b \cdot e$ 可使车轮平面朝向车轮行驶方向，并与其重合，该力矩称为自动回正力矩，它力图使车轮平面与行驶方向趋于一致。e 值与附着性能和横向力 F_y 的大小有关，F_y 增大，e 会变小，甚至可能出现负值，若 F_y 过大，其值超过附着极限，F_b 不能平衡 F_y，车轮就会发生侧滑。

2. 汽车稳态转向

汽车行驶时，驾驶员按需要操作方向盘使汽车转向，设驾驶员转动方向盘一个角度后保持不变，汽车按一定的中速或高速行驶转向，若其转向半径 R 增大，该车就有不足转向特性；若转向半径 R 保持不变，该车就有中性转向特性；若 R 越来越小，该车就有过多转向特性。这就是汽车做等速圆周运动的稳态时的 3 种特性，如图 9-21 所示，曲线 1 为中性转向车辆质心轨迹，曲线 2 为过多转向车辆质心轨迹，曲线 3 为不足转向车辆质心轨迹。

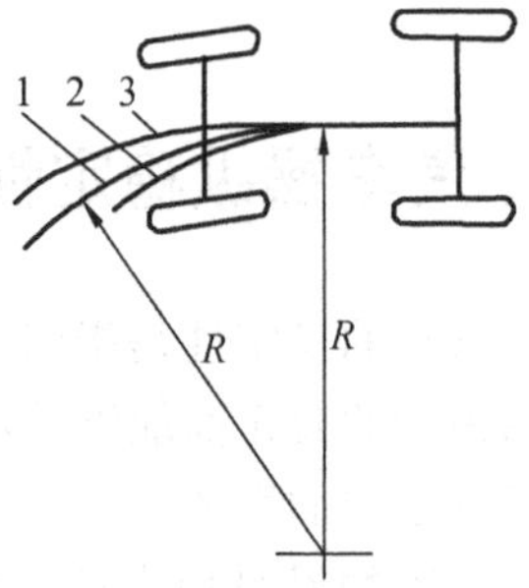

图 9-21　汽车三种稳态转向特性

一般情况下，汽车有适度的不足转向特性，其操纵性较好，人们已习惯于适度的不足转向而易于经过操作修正。汽车不应具有过多转向特性，也不应具有中性转向特性，因为中性转向汽车在使用条件变化时，有可能转变为过多转向特性。假若转向特性突然变为过多转向特性时，驾驶员经验不足，不能应付这种情况，就容易发生事故。

二、汽车平顺性

车辆行驶平顺性是指车辆在一般行驶速度范围内行驶或作业时，能保证驾驶员、乘员不会因车身振动而引起不舒服和疲劳的感觉，以及保持所运货物完整无损的性能。

汽车是一个复杂的多质量振动系统，其车身通过悬架的弹性元件与车桥连接，而车轿又通过弹性轮胎与道路接触，其他如发动机、驾驶室等也是以橡胶垫固定于车架。在激振力作用（如道路不平而引起的冲击和加速、减速时的惯性力等）以及发动机振动与传动轴等振动时，系统将发生复杂的振动，对乘员的生理反应和所运货物的完整性产生不利的影响。

车身的振动频率较低，共振区通常在低频范围内。为了保证汽车具有良好的平顺性，应使引起车身共振的行驶速度尽可能远离车辆常用的行驶速度。汽车的允许行驶速度主要取决于行驶平顺性，在坏路上被迫降低车辆行驶速度，将使汽车的平均技术车速降低，运输生产率下降；平顺性不好易使驾驶员疲劳，因而降低了作业质量和生产率，甚至会引起事故；振动产生的动载荷，加速了零件的磨损乃至引起损坏，缩短了汽车的使用寿命；振动还引起能量的消耗，使燃油经济性变差。因此，减少汽车本身的振动，不仅关系到乘坐的舒适和所运货物的完整性，而且关系到汽车的运输生产率、作业质量、燃油经济性、使用寿命、工作可靠性和安全性等。

车辆行驶平顺性的评价方法，通常是根据人体对振动的生理反应及对保持货物的完整性影响制定的，并用振动的物理量，如频率、振幅、加速度及加速度变化率等作为行驶平顺性的评价指标。

目前常用汽车车身振动的固有频率和振动加速度评价车辆的行驶平顺性。试验表明，为了保持汽车具有良好的行驶平顺性，车身振动的固有频率应为人体习惯步行时身体上、下运动的频率，即60～85次/min（1～1.6 Hz），振动加速度的极限值为0.2～0.3 *g*。为了保证运输货物的完整性，车身振动加速度也不宜过大，如果车身加速度达到1 *g*，未经固定的货物就有可能离开车厢底板，所以，车身振动加速度的极限值应低于0.7 *g*。

影响汽车行驶平顺性的结构因素主要有悬架结构、轮胎、悬挂质量和非悬挂质量等。

三、汽车通过性

通过性是指汽车在各种道路条件的通行能力，以及在无道路情况下的通过性（也称越野性），可从三个方面考虑。

1. 在潮湿松软地面上的通过性

在潮湿和松软地面上，车辆易发生下陷、严重滑转等现象，影响车辆的正常工作。在潮湿松软地面上，附着性差、滚动阻力大。当车辆的附着力小于牵引力与滚动阻力之和时，车辆就无法牵引机具工作；当附着力小于滚动阻力时，单车也无法通过。行走机构的形式和接地压力是影响车辆在潮湿松软地面上通过性的主要因素。

轮式车辆轮胎与地面的接地压力约为100 kPa，而履带与地面的接地压力仅为40～50 kPa，所以，履带式车辆较轮式车辆具有较好的通过潮湿松软地面的能力。

2. 轮廓通过性

汽车行驶时，由于与不规则地面的间隙不足，可能出现汽车被拖住而无法通过的现象，称为间隙失效。间隙失效主要有“顶起失效”“触头失效”“托尾失效”等形式。

汽车通过性的几何参数是与防止间隙失效有关的汽车本身的几何参数，主要包括最小离地间隙、接近角、离去角、纵向通过半径、横向通过半径和最小转弯直径等，如图9-22所示。

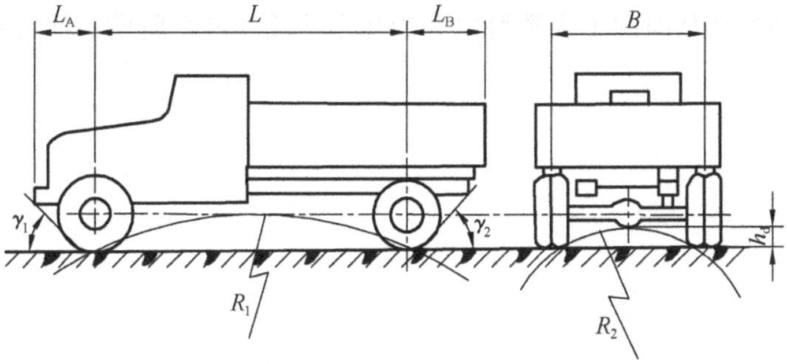

图9-22　车辆通过性的几何参数

(1) 最小离地间隙。最小离地间隙 h_d 是车辆除车轮外的最低点与地面之间的距离。它表征车轮无碰撞地越过石块、树桩等障碍物的能力。车轮的前桥、飞轮壳、变速器壳、消声器、主减速器外壳等有较小的离地间隙。一般地,由于后桥上装有直径较大的主减速齿轮,故其离地间隙最小。

(2) 接近角与离去角。接近角 γ_1 和离去角 γ_2 是指自车身前、后突出点向前、后车轮引切线时,切线与路面之间的夹角。它表征了汽车接近或离开障碍物(如小丘、沟洼地等)时,不发生碰撞的能力。接近角和离去角越大,汽车的通过性越好。

(3) 纵向通过半径。纵向通过半径 R_1 是指在车辆侧视图上做出的与前后车轮及两轴中间轮廓线相切圆的半径。它表征车辆可无碰撞地通过小丘、拱桥等障碍物的轮廓尺寸。纵向通过半径越小,汽车的通过性越好。

(4) 横向通过半径。横向通过半径 R_2 是指在车辆的正视图上做出的与左右车轮及两轮之间轮廓线相切圆的半径。它表征车辆通过小丘及凸起路面等横向凸起障碍物的能力。横向通过半径越小,汽车的通过性越好。

(5) 最小转弯半径。最小转弯半径是指转向盘转至极限位置时,从转向中心到前外轮接地中心的距离。它是汽车机动性的主要指标,对通过性有重要影响,因为它在很大程度上表征了汽车能够通过狭窄弯曲地带的能力。

思考题

1. 汽车行驶阻力是怎么形成的?
2. 试说明轮胎滚动阻力的定义、产生机理及作用形式。
3. 超车时该不该换入低一挡的排挡?
4. 汽车的最高行驶车速对应于发动机的最高转速,这种说法对吗?为什么?
5. 驱动力是否为真正作用在汽车上驱动汽车前进的(反)作用力?请说明理由。
6. “车开得慢,油门踩得小,就一定省油”这种说法对不对?
7. 如何从改进汽车底盘设计方面来提高燃油经济性?
8. 说明汽车行驶条件对燃油经济性的影响。
9. 请叙述制动器制动力、地面制动力和地面附着力三者之间的关系和区别,并用图表示三者之间的关系。
10. 汽车制动过程从时间上大致可以分为几个阶段?各个阶段有何特点?

参考文献

[1] 陈家瑞.汽车构造(上册).3版[M].北京:机械工业出版社,2009.
[2] 陈家瑞.汽车构造(下册).3版[M].北京:机械工业出版社,2009.
[3] 余志生.汽车理论.5版[M].北京:机械工业出版社,2009.
[4] 王海林,蔡兴旺.汽车构造与原理(上册).3版[M].北京:机械工业出版社,2012.
[5] 刘仁新,蔡兴旺.汽车构造与原理(中册).3版[M].北京:机械工业出版社,2012.
[6] 高连兴,吴明.拖拉机汽车学(上册)[M].北京:中国农业出版社,2009.
[7] 高连兴,师帅兵.拖拉机汽车学(下册)[M].北京:中国农业出版社,2009.
[8] 许绮川,樊啟洲.汽车拖拉机学(第一册)[M].北京:中国农业出版社,2011.
[9] 李文哲,刘宏新.汽车拖拉机学(第二册)[M].北京:中国农业出版社,2013.
[10] 机械电子工业部洛阳拖拉机研究所.拖拉机设计手册(上册).北京:机械工业出版社,1994.
[11] 周志立,方在华.拖拉机机组牵引动力学[M].北京:科学出版社,2010.
[12] 高翔.汽车工程学[M].北京:机械工业出版社,2013.
[13] 史文库,姚为民.汽车构造(下册).6版[M].北京:人民交通出版社,2013.
[14] 臧杰,阎岩.汽车构造(下册).2版[M].北京:机械工业出版社,2011.
[15] 舒华.汽车发动机电子控制技术[M].北京:北京理工大学出版社,2012.
[16] 舒华,姚国平.汽车电控系统结构与维修.3版[M].北京:北京理工大学出版社,2012.
[17] 张型磊.汽车构造[M].长沙:国防科技大学出版社,2010.